Der Bundesgerichtshof

- Justiz in Deutschland -

Dr. Klaus-Detlev Godau-Schüttke

Justizkritische Buchreihe

Verlag
Verlagsgesellschaft Tischler GmbH
ISBN 3-922 654-66-5
Berlin 2005

Satz und Druck
Verlagsgesellschaft Tischler GmbH
Postfach 301 770, D-10747 Berlin

Inhaltsverzeichnis

Justiz in Deutschland

- eine kritische Situationsanalyse -

Der demokratische Rechtsstaat ist keine Selbstverständlichkeit. Er ist in historischen Prozessen entwickelt und gegen massive Widerstände des politischen, religiösen und justiziellen Establishments erkämpft worden.

Mit welchen Problemen der Rechtsstaat dennoch konfrontiert sein kann, zeigte sich in Deutschland besonders in der Zeit der NS-Diktatur: In einem Land, dessen Rechtsordnung und Rechtskultur für andere Länder als Vorbild galten, wirkte auch die Richterschaft opportunistisch, aktiv und konsequent beim Untergang des Rechtsstaats mit.

Nach 1945 war die Gefahr des Machtmissbrauchs durch die Justiz keinesfalls gebannt. Denn eine große Anzahl der NS-Juristen setzte in der Bundesrepublik Deutschland ihre Tätigkeit als Richter oder Staatsanwalt fort. Es existierten auch keine gesetzlichen Bestimmungen, die es verhinderten, dass diese NS-Juristen wieder "Im Namen des Volkes" Recht sprechen konnten. Selbst für den am 1. Oktober 1950 in Karlsruhe gegründeten Bundesgerichtshof bestanden keine Ausnahmeregelungen. Auch dort bot die restaurative Politik der Adenauer-Ära "erprobten" NS-Juristen eine ideale Plattform für eine neue und erfolgreiche Karriere, obwohl ein Mangel an qualifizierten und unbelasteten Juristen ab 1950 nicht bestand.

Bis Anfang der sechziger Jahre waren in Deutschland noch zwischen 1.100 und 1.200 teils namentlich bekannte NS-Richter und Staatsanwälte als Justizjuristen tätig, und erst in den siebziger Jahren sind die letzten NS-Richter aus dem aktiven Dienst ausgeschieden. Diese personellen Kontinuitäten hatten auch inhaltliche Kontinuitäten zur Folge. Da erst in den Jahren 2003 und 2004 eine Einsichtnahme in die (aufgrund des Bundesarchivgesetzes unter Verschluss gehaltenen) Personalakten von Bundesrichtern möglich wurde, können erst jetzt dazu zahlreiche Beispiele mit den Lebensläufen von NS-Richtern dargestellt und kommentiert werden.

In diesem Kontext ist darauf hinzuweisen, dass es die Richter des Bundesgerichtshofs waren, die 1968 durch ihre Rechtsprechung die Verurteilung von NS-Juristen unmöglich machten (vgl. dazu das Urteil des 5. Strafsenats des BGH vom 30.4.1968, Az: 5 StR 670/67; in: NJW

1968, S. 1379 ff). Dieses "Grundsatz-Urteil" betraf den "Fall Rehse": Der ehemalige Kammergerichtsrat Rehse amtierte als Beisitzer am berüchtigten Volksgerichtshof in Berlin und hatte an über 230 Todesurteilen mitgewirkt. Im Juli 1967 verurteilte ihn das Landgericht Berlin wegen Beihilfe zum Mord zu fünf Jahren Zuchthaus. Vom Bundesgerichtshof in Karlsruhe wurde das Urteil wieder aufgehoben. Der BGH begründete sein Urteil sinngemäß damit, dass Rehse als Mitglied des Volksgerichtshofs unabhängig, gleichberechtigt und nur dem Gesetz verpflichtet war. Auch sei er nur seinem Gewissen verantwortlich gewesen und habe seiner eigenen Rechtsüberzeugung zu folgen gehabt. Nach Meinung der Richter galt es nur zu prüfen, ob er aus niedrigen Beweggründen für die Todesstrafe gestimmt habe. Dieser Nachweis war jedoch nicht zu führen, es sei denn, der beschuldigte Richter hätte ein Geständnis abgelegt.

Zu diesem Skandal, der die gesamte juristische Entwicklung in Deutschland begleitet und teils auch geprägt hat, wird in dieser Dokumentation noch Stellung bezogen. Das "Rehse-Urteil" wurde in der Öffentlichkeit konsterniert und mit Protest zur Kenntnis genommen. Das höchste bundesdeutsche Gericht, der Bundesgerichtshof, hat sich hier nicht zum ersten Mal disqualifiziert. Mit einer gewissen Skrupellosigkeit ergänzten die Richter ihre Begründung noch mit dem Hinweis, dass es eine besonders schwierige Aufgabe für ein Gericht sei, nach so langer Zeit "innere" Vorgänge aufklären und werten zu müssen, die sich möglicherweise aus einer Anzahl verschiedenartiger Beweggründe zusammensetzten.

Tatsache ist, dass die Richter des NS-Staates aktenkundig über 50.000 Menschen zum Tode verurteilt haben - mit hoher Dunkelziffer aufgrund unvollständiger Angaben zu den Urteilen der Sondergerichte, der SS-Standgerichte und der militärischen Gerichtsbarkeit. Die Verurteilungen erfolgten zum Teil aus politischen, religiösen und rassistischen Gründen sowie wegen Plünderung, Wehrkraftzersetzung, Feindbegünstigung und Desertion. In den Kriegsjahren wurden die Todesurteile auch aus ganz banalen, sogar die NS-Gesetze überschreitenden Gründen ausgesprochen und vollstreckt. In dieser Zeit hat sich die Justiz nicht nur opportunistisch, sondern willfährig und in totaler Form vom NS-Regime instrumentalisieren lassen.

Zu Recht sind die Justizverbrechen im Nationalsozialismus unter der Bezeichnung "Blutjustiz" in die Geschichte eingegangen. Kein einziger dieser Justizmörder ist in der Bundesrepublik Deutschland jemals rechtskräftig verurteilt worden. Auch diese Tatsache wird in die Geschichte eingehen. Ihre Nichtverfolgung verdanken die NS-Juristen der auf Selbstentlastung gerichteten Einstellung der Richter am Bundesgerichtshof. An diesem Gericht waren seit seiner Gründung selbst zahlreiche NS-Richter und -Staatsanwälte tätig, die zum Teil sogar bis zum Senatspräsidenten aufstiegen.

Die fragwürdigen Einstellungen der höchsten bundesdeutschen Richter wurden noch dadurch bestätigt, dass sie ihren inkriminierten Richterkollegen die Verteidigung abnahmen und deren strafwürdiges Verhalten sogar rechtsstaatlich legitimierten. In weiteren Urteilen ähnlicher Thematik kamen nach dem zitierten "Grundsatz-Urteil" des BGH andere bundesdeutsche Gerichte zu dem Ergebnis, dass die Tötung bzw. Ermordung von rassischen Minderheiten, von so genannten "Volksschädlingen", von Denunzierten sowie von Plünderern und Kleinkriminellen oder auch nur von systemkritischen Bürgern durch die Justiz zwar nicht gesetzmäßig, aber absurderweise auch kein Verbrechen war. Gerade diese Richter, die über "Schuld und Sühne" zu urteilen hatten, haben selbst größte "Schuld ohne Sühne" auf sich geladen. Weder akzeptierten sie die Last der Sühne noch die der Schuld. Ihre Verbrechen sind umso höher zu bewerten, als gerade sie das Recht und Gesetz in größtem Ausmaß pervertierten.

Im Ergebnis kann dazu festgestellt werden, dass die bundesdeutsche Justiz Totschlag, Mord und Völkermord deckte, billigte und/oder sogar noch belohnte. Honoriert wurden die Verbrechen der NS-Richter, indem ihnen nach Aufdeckung und öffentlicher Bekanntmachung ihrer Todesurteile der vorzeitige Ruhestand bei vollen Bezügen angeboten wurde. Dieses Angebot hoher Pensionszahlungen wurde auch von zahlreichen NS-Richtern (zum Teil allerdings erst auf politischen und öffentlichen Druck) angenommen. Damit finanzierten die Opfer oder die Angehörigen der Opfer "de facto" die Pensionszahlungen dieser Richter sogar noch mit.

Vor diesem Hintergrund drängt sich die Frage auf, welche Mitschuld die bundesdeutsche Justiz nicht nur an der Verharmlosung der Verbrechen in der NS-Zeit trägt, sondern welche Folgen die Bagatellisierung der NS-Verbrechen noch heute zeigt. Die Antwort darauf muss lauten: Die Aufarbeitung des NS-Terrors ist in Deutschland zwar in Teilbereichen gelungen, innerhalb der Justiz erfolgte sie jedoch nicht. Dieses Versäumnis hat nicht nur zu einer Bagatellisierung der Verbrechen, sondern zum Teil auch zu einer Glorifizierung der NS-

Vergangenheit innerhalb verschiedener exzessiv nationalistischer und neonazistischer Bevölkerungsgruppen geführt, die bis heute anhält.

Nicht nur in der bundesdeutschen Richterschaft wurde und wird dazu die These vertreten, dass die Vergangenheit der ehemaligen NS-Richter am Bundesgerichtshof und die Bewertung ihrer Taten nur noch von rechtshistorischer Bedeutung sind. Dem ist entschieden zu widersprechen. Denn ohne das Wissen um historische Prozesse wird es nicht gelingen, den Zustand und das Selbstverständnis der heutigen Justiz zu analysieren, zu bewerten und die aktuelle Situation in Deutschland kritisch zu kommentieren.

Kein Zweifel kann darüber bestehen, dass gerade die Richter und Richterinnen des Bundesgerichtshofs durch ihre (letztinstanzliche) Rechtsprechung auch gesellschaftspolitisch wirken. Dieses Wirken war, ist und bleibt aber letztlich viel zu oft elitär und orientiert sich auch zu selten an den Interessen der Bürger. Dies kann mehrere Gründe haben: Obwohl die Entscheidungen des Bundesgerichtshofs in der Regel von fundamentaler Bedeutung sind, werden ihre Auswirkungen auf das Zusammenleben der Bürger allenfalls in juristischen Fachzeitschriften oder in politischen Magazinen publiziert und diskutiert. Initiativen und Kommentare außerhalb ihres Amtes sind aber nicht nur den Richtern am Bundesgerichtshof fremd: Generell zeigt die bundesdeutsche Richterschaft viel zu oft gesellschaftspolitisches Desinteresse und bemüht sich kaum um Reformen und sozialen Wandel. Dabei wären entsprechende Maßnahmen von der Richterschaft spätestens dann einzuleiten, wenn gesellschaftliche Veränderungen und Trends eingetreten sind, auf die der Gesetzgeber reagieren müsste. Schon im eigenen Interesse sollte die Richterschaft in diesem Sinne aktiv werden.

Das Deutsche Richtergesetz steht diesen Grundsätzen nicht entgegen. Denn es fordert nur, dass der Richter innerhalb und außerhalb seines Amtes, auch bei politischer Betätigung, sich so zu verhalten hat, dass das Vertrauen in seine Unabhängigkeit nicht gefährdet ist. Tatsächlich aber hat sich innerhalb der Richterschaft eine "Machtelite" herauskristallisiert, die sich subtil organisiert und bevorzugt ohne Öffentlichkeit agiert.

Die generelle Situation der bundesdeutschen Justiz ist allerdings auch kritischen Juristen sowie vielen Gerichtsreportern und Gesellschaftskritikern unterschiedlicher Fachrichtungen bekannt. So äußerte sich beispielsweise einer der kritischen Richter (der Richter am Bundesgerichtshof wurde) bereits Anfang der neunziger Jahre zur bundesdeutschen Rechtsprechung mit den Argumenten, dass die deutsche Justiz "zeitraubend, zu teuer und nicht kalkulierbar" sei. Mit ihm sprachen auch andere Kritiker sogar vom "Lotteriecharakter der bundesdeutschen Rechtsprechung", stellten eine "Häufung gravierender Fehlurteile" fest und monierten eine "große Distanz vieler Richter im Umgang mit den Recht suchenden Bürgern". Auch die technische und personelle Ausstattung vieler Gerichte wurde kritisiert. Einige Kritiker sprachen in diesem Kontext sogar vom "Kollaps der bundesdeutschen Justiz".

Wird berechtigte Kritik am richterlichen Verhalten, an Gerichtsbeschlüssen und an Urteilen geäußert, so wird diese Kritik aus den Reihen der Richterschaft immer noch als unzulässiger Angriff auf die richterliche Unabhängikeit gewertet. Dabei setzt die Rechtsprechung in einem demokratischen Staatswesen eine breite, nicht nur durch die Massenmedien informierte Öffentlichkeit voraus, um möglichst jeden Machtmissbrauch zu verhindern und eine humanistische Entwicklung der Rechtskultur zu ermöglichen. Es bedarf informierter und couragierter Bürger oder Bürgerinitiativen, damit die Rechtsprechung nicht nur durch die Gerichtsinstanzen kontrolliert und gegebenenfalls neu bewertet wird. Nur auf diese Weise erhält die Rechtsprechung eine Bürgernähe und die vom Grundgesetz der Bundesrepublik Deutschland vorausgesetzte demokratische Legitimation.

Dass in Deutschland der kompetente und kritische Bürger mit fundiertem Rechtsverstand viel zu selten anzutreffen ist, hat mehrere Gründe: Schon während der Schulausbildung werden die Rechtslehre und die Interpretation der Gesetze fast völlig vernachlässigt. Zudem wird kein Bewusstsein dafür geweckt, dass "Recht und Gesetz" jeden Bürger angehen, dass sie maßgeblich das Leben mit gestalten und für ein menschenwürdiges Leben aller Bürger eines Staates von zentraler Bedeutung sind.

Gesetzestexte, Rechtsfragen und Gerichtsurteile außerhalb direkter Betroffenheit des Bürgers müssen keinesfalls nur abstrakt betrachtet und bewertet werden. Doch ein Vorschlag oder eine Forderung aus der Richterschaft (oder der Kultusminister-Konferenz), an den allgemeinbildenden Schulen und Fachschulen konsequent Unterricht zur Rechtslehre einzuführen oder die breite Öffentlichkeit zu Rechtsfragen zu informieren, sind nicht festzustellen. Ganz im Gegenteil:

Die bundesdeutsche Richterschaft beansprucht dieses Privileg exklusiv für sich.

Die hier nur exemplarisch aufgeführten Defizite der Justiz zeigen, dass selbst die elementarsten Forderungen des "Parlamentarischen Rates" aus den Jahren 1948/1949 nach einem "neuen Richtertyp", der gesellschaftspolitisches Engagement sowie technokratisches Können und Wissen in sich vereint, noch immer nicht erfüllt worden sind. Dies hat zur Konsequenz, dass die Judikative in Deutschland den Eindruck bestätigt, überwiegend elitär Recht zu sprechen. Von daher ist es auch nicht überraschend, dass die Bürger häufig die "Im Namen des Volkes" verkündeten Urteile nicht einmal verstehen, geschweige denn interpretieren können. Stattdessen müsste die Richterschaft aufgrund ihrer Kompetenz viel effektiver im Sinne einer kritischen und offenen Rechtskultur agieren, damit das Recht und die Gerechtigkeit eine kontinuierliche Weiterentwicklung erfahren. Dies waren auch die grundlegenden Zielvorstellungen des "Parlamentarischen Rates", als er für die Bundesrepublik Deutschland einen "neuen Richtertyp" forderte.

Die These, dass NS-Richter nach 1945 am Aufbau einer demokratischen Justiz erfolgreich mitgewirkt haben, wird auch heute noch zu Unrecht vertreten. Eine weitere Diskussion hierüber ist irrelevant und nur von "akademischer" Bedeutung. Viel problematischer für einen demokratischen Rechtsstaat ist die Tatsache, dass sich die NS-Juristen und die neue politische Führung (von wenigen Ausnahmen kritischer Parlamentarier abgesehen) nach 1945 darin einig waren, die NS-Vergangenheit mit ihren unmenschlichen Verbrechen stillschweigend "ad acta" zu legen.

Resümierend ist festzustellen, dass die Richterschaft mit ihrer nur auf technokratisches Können ausgerichteten justiziellen Personalpolitik zwangsläufig keine Katharsis zuließ und damit auch kein Bekenntnis zu den eigenen Verbrechen in der NS-Zeit ablegte. Das skandalöse Verhalten vieler Juristen sowie erzkonservativer und deutschnationaler Politiker nach 1950 hatte schließlich zur Folge, dass zahlreiche NS-Justizverbrecher am Bundesgerichtshof wieder "Im Namen des Volkes" Recht sprechen konnten. Nicht nur diese eine Tatsache gehört zu den schockierenden Ergebnissen der Dokumentation von Dr. Godau-Schüttke.

Stefan Tischler (Verleger), Berlin 2005

Einleitung

Diese Dokumentation beschreibt den Aufbau des Bundesgerichtshofs (BGH) als oberstes Gericht für die Straf- und Ziviljustiz in Deutschland. Dieser Aufbau vollzog sich parallel zur Konstituierung einer parlamentarischen Demokratie, die übergangslos auf die NS-Diktatur folgte.

Dass erst 55 Jahre nach der Gründung des Bundesgerichtshofs am 1. Oktober 1950 eine derartige Publikation vorgelegt wird, hat seinen Grund: Erstmals konnten ohne Beschränkungen die Personalakten von Bundesrichtern eingesehen werden. Denn nach dem Bundesarchivgesetz[1] läuft die Benutzungsschutzfrist bei Personalakten von Juristen erst 30 Jahre nach dem Tode des Betroffenen ab. Ohne die Auswertung dieser Berichte hätte die vorliegende Publikation erheblich an Relevanz verloren.

Untersucht wird speziell der Zeitraum vom 1. Oktober 1950 bis 30. Juni 1953. In dieser Zeitspanne wurden, einschließlich des Präsidenten Weinkauff, 100 Bundesrichter und Bundesrichterinnen ernannt. Allerdings konnten nur 68 Personalakten[2] eingesehen werden. Auch bei diesen Akten war die 30-jährige Schutzfrist teilweise noch nicht abgelaufen, jedoch genehmigten das Bundesjustizministerium, der Präsident des Bundesgerichtshofs und der Präsident des Bundesverfassungsgerichts eine Schutzfristverkürzung. Bei einem Untersuchungszeitraum über den 30. Juni 1953 hinaus wäre die Schutzfrist immer häufiger unterschritten gewesen. Daher wäre das Einholen von Sondergenehmigungen auf immer größere Probleme gestoßen.

Nach 12-jähriger NS-Herrschaft und defizitärer und halbherzig durchgeführter Entnazifizierung war die personelle Ausstattung des Bundesgerichtshofs mit besonderen Schwierigkeiten verbunden. Die nach 1945 zur Verfügung stehenden Justizjuristen hatten in ihrer überwältigenden Mehrheit von 1933 bis 1945 ein Unrechtssystem nicht nur durch Opportunismus, sondern auch aus Überzeugung unterstützt. Vor diesem Hintergrund musste es sich als besonders schwierig erweisen, sicherzustellen, dass die noch auszuwählenden Richter und Richterinnen tatsächlich als so genannte unabhängige Dritte Gewalt handeln. Folglich wurde die richterliche Unabhängigkeit im Grundgesetz in einem solchen Maße festgeschrieben, wie es nie zuvor in Deutschland möglich gewesen war. Die Mitglieder des Parlamentarischen Rates waren sich zudem mehrheitlich darin einig, dass der besondere Charakter der auszuwählenden Juristen als Repräsentanten der Dritten (staatlichen) Gewalt deutlich herauszustellen sei.[3] Ein „neuer Richtertyp" sollte zukünftig in Deutschland Recht sprechen. Er sollte nicht nur über gute technokratische Fähigkeiten verfügen, sondern auch umfassende Kenntnisse historischer Ereignisse und gesellschaftspolitischer Entwicklungen besitzen. Dieses Wissen sollte die zukünftigen Richter vor den Fehlern der Vergangenheit bewahren und sie sensibel für autoritäre und antidemokratische Strömungen und Meinungen machen.

Wie aber konnten diese Zielvorgaben des Parlamentarischen Rates umgesetzt werden, zumal die Ergebnisse der nach 1945 durchgeführten Entnazifizierung kein alleiniger Maßstab sein sollten? Vertreter beider großen Parteien erdachten und erarbeiteten daher bereits im Parlamentarischen Rat das Konzept eines Richterwahlausschusses für die Bundesgerichte, der durch das Richterwahlgesetz vom 25. August 1950 ins Leben gerufen wurde.[4]

Zwei Mitglieder des Parlamentarischen Rates, der spätere langjährige Ministerpräsident von Hessen, Georg August Zinn (SPD), und der Erste Staatssekretär im Bundesjustizministerium, Walter Strauß (CDU), waren die entscheidenden Impulsgeber. Beide trugen maßgeblich dazu bei, dieses neue Auswahlorgan im Grundgesetz zu verankern (Art. 95 Abs. 2 GG).

Es war ein glücklicher Umstand, dass ein politisch Verfolgter (Zinn) und ein rassistisch Verfolgter (Strauß) gemeinsame politische Ziele verfolgten und zu verwirklichen suchten. Eine solche personelle Konstellation war nach 1945 keinesfalls die Regel. Vielmehr verspürten überzeugte Demokraten keine Berührungsängste, wenn es galt, mit ehemaligen NS-Eliten zusammenzuarbeiten. Demnach überrascht es nicht, dass auch im Richterwahlausschuss NS-Täter auf NS-Verfolgte trafen, die sodann gemeinsam über die personelle Ausstattung des Bundesgerichtshofs befinden konnten.

Die Mitglieder des Richterwahlausschusses sollten in eigener Verantwortung unabhängig die zukünftigen Richter und Richterinnen auf Bundesebene wählen. Sie sollten primär gewährleisten, dass bei der Wahl die vom Parlamentarischen Rat vorgegebenen Auswahlkriterien strikt eingehalten wurden. Es wird darzustellen sein, ob der Richterwahlausschuss die Zielvorgaben des Parlamentarischen Rates berücksichtigt hat.

Dieser Bericht will zudem der noch heute nicht selten vertretenen Meinung entgegentreten, dem Bundesgerichtshof sei im Untersuchungszeitraum ein entscheidender Anteil am Aufbau einer demokratischen Justiz zu verdanken. Diese Annahme wird allein schon durch Weinkauffs gezieltes Handeln widerlegt. Als man ihn im Alter von 56 Jahren zum Präsidenten ernannte, wurde seine durch das Kaiserreich, die Weimarer Republik und das Dritte Reich geprägte Denkungsart in die Zeit nach 1945 transportiert. Insbesondere die Teilnahme am Ersten Weltkrieg hat, wie kein anderer Umstand, das Denken und Handeln Weinkauffs und seiner Altersgenossen entscheidend geprägt. Der Kontakt mit dem kaiserlichen Offizierskorps, das antidemokratisch, rassistisch, insbesondere antisemitisch, dachte, ist ein entscheidender Sozialisationsfaktor, der häufig nicht hinreichend berücksichtigt wurde und wird.

So überrascht es nicht, dass Weinkauffs Wertvorstellungen und politische Standpunkte zum Teil restaurativen Inhalts mit dem Grundgesetz unvereinbar waren. Seine Vorstellungen entfalteten eine eigene Dominanz. Weinkauffs Wirken als Präsident und Politiker macht in teils bestürzender Weise deutlich, auf der Basis welcher weltanschaulicher Zielvorstellungen er die bundesdeutsche Justiz aufzubauen und die höchstrichterliche Rechtsprechung zu beeinflussen gedachte.

Auch die meisten der übrigen im Untersuchungszeitraum (1. Oktober 1950 bis 30. Juni 1953) gewählten BGH-Richter hatten alters- und sozialisierungsbedingt noch keine gefestigten demokratischen Vorstellungen und Überzeugungen entwickeln können. Zwar waren sie in ihrer überwältigenden Mehrheit gute technokratische Justizjuristen und ihr Handeln und Wirken waren in demokratische Rahmenbedingungen eingebettet, dennoch gelang es ihnen nicht selten, in den hier zur Diskussion stehenden Anfangsjahren ihre restaurativen und antidemokratischen Grundhaltungen in ihre Entscheidungen einfließen zu lassen. Einschlägige Urteile belegen diese These. Auch das vom Parlamentarischen Rat als Kontrollorgan installierte Bundesverfassungsgericht konnte diese Einflussnahmen nicht verhindern, da es nicht von Amts wegen tätig werden durfte und dies bis heute nicht darf.

Der Bundesgerichtshof ist heute eine anerkannte Institution, ein Eckpfeiler unserer demokratischen Justiz. Die heutige Richtergeneration ist zweifellos demokratisch gesinnt. Kann also nunmehr die Rede davon sein, dass ein „neuer Richtertyp" Recht spricht? Diese Frage kann im Rahmen dieser Arbeit nicht umfassend beantwortet werden. Sie drängt sich aber deshalb auf, weil – diese These sei gewagt – die Richterschaft in ihrer Mehrheit mehr oder weniger an historischen und auch an gesellschaftspolitischen Zusammenhängen desinteressiert ist. Folglich scheint die Gefahr nicht ausgeräumt zu sein, dass sich noch keine hinreichende Sensibilität für autoritäre und antidemokratische Strömungen entwickeln und entfalten konnte.

Diese Dokumentation möge mit dazu beitragen, dass zukünftig eine wissenschaftlich fundierte Diskussion über die „Justiz in Deutschland" in Kreisen der Justizjuristen geführt wird. Allein dem Deutschen Richterbund und der Neuen Richterlichen Vereinigung dieses Thema überlassen zu wollen, hätte zur Folge, dass nur die Funktionäre dieser Verbände das Wort führen. Die schweigende Masse der Richterschaft muss sich positionieren und für eine demokratische Entwicklung engagieren.

---

[1] Vgl. § 5 Abs. 2 Bundesarchivgesetz v. 6.1.1988.

[2] 32 Personalakten konnten aufgrund beamtenrechtlicher Vorschriften nicht eingesehen werden, da Versorgungsansprüche immer noch nicht geklärt sind. Eine Verkürzung der Schutzfrist war daher nicht möglich.

[3] Vgl. Godau-Schüttke, Demokratische Justiz oder Justiz in der Demokratie?, in: Schleswig-Holsteinische Anzeigen, Teil A, 1995, S. 227 ff.

[4] BGBl. 1950 I, S. 368 f.

I. Teil

Der erste Präsident des Bundesgerichtshofs: Hermann Weinkauff

1. Von der Weimarer über die nationalsozialistische zur bundesdeutschen Justiz

1.1. Franz Gürtner: Justizminister unter Hitler und juristischer Ziehvater Weinkauffs

Hermann August Jakob Weinkauff wurde am 10. Februar 1894 in Trippstadt (Pfalz) geboren.[1] Sein Vater war Oberforstmeister und protestantischen Glaubens; dieser war Mitglied des in München ansässigen Corps Hubertia, in das Weinkauff 1912 ebenfalls eintrat. Er suchte also konservative Kreise, die den Blick mehr nach hinten gewandt hatten, die Vergangenheit betrauernd, und die jedem Neuen skeptisch gegenüberstanden. Sie waren überwiegend keine Freunde der späteren Weimarer Republik.

Nachdem Weinkauff in Speyer das Abitur abgelegt hatte, studierte er in München, Freiburg und Heidelberg Rechtswissenschaften; auch hielt er sich zu Studienzwecken in Paris auf. Als Anfang August 1914 der 1. Weltkrieg ausbrach, eilte er als Freiwilliger zu den Waffen – wie es damals hieß – und diente bei der leichten berittenen bayerischen Feldartillerie. Dort brachte er es bis zum Reserveleutnant und wurde u. a. mit dem EK II und dem Ehrenkreuz für Frontkämpfer ausgezeichnet. Diese Kriegsorden unterstrichen nicht nur sein Renommee als Offizier, sondern erhöhten auch sein soziales Ansehen als Bürger. Er war damit nicht nur – wie es zur damaligen Zeit in Offizierskreisen hieß – der ordinäre Zivilist, auf den Militärkreise in der Regel in überheblicher Art und Weise herabblickten. Die Teilnahme am 1. Weltkrieg, die Erlangung eines Reserveoffizierspatents und die Bewährung als Frontkämpfer waren Stationen einer Sozialisation, die prägenden Einfluss auf Weinkauff hatten. Insbesondere wird ihm nicht verborgen geblieben sein, dass das preußische Berufsoffizierskorps der Kaiserzeit "weit rechts angesiedelt" sowie "monarchistisch, obrigkeitsstaatlich, antisozialdemokratisch und antiliberal orientiert" war und dass "es im Offizierskorps des preußischen Heeres der Kaiserzeit eine antisemitische Grundeinstellung"[2] gab. Die meisten seiner zukünftigen Kollegen in der bayerischen Justiz, in der

Reichsanwaltschaft und am Reichsgericht wiesen einen analogen militärischen Lebenslauf auf. Die Juristenkreise, mit denen Weinkauff späterhin überwiegend beruflich zu tun hatte, zeichneten sich durch zwei wesentliche Elemente aus: den Korpsgeist der kaiserlichen Juristen und den Korpsgeist des kaiserlichen Reserveoffiziers.

Nachdem das Deutsche Reich am 11. November 1918 den Krieg an der Westfront durch einen Waffenstillstand beendet hatte, kehrte Weinkauff im November 1918 aus dem Feld – nach damaligem Sprachgebrauch – zurück und nahm seine juristischen Studien in München wieder auf. Sein Erstes juristisches Staatsexamen legte er im Mai 1920 mit der Note "bestanden" ab; die Große juristische Staatsprüfung bestand er im Juni 1922 mit der Note "ausgezeichnet" und als Erster seines Prüfungsjahrgangs. Er war 28 Jahre alt. Mit diesem Examensergebnis war er für eine Karriere im bayerischen Justizdienst prädestiniert. Allerdings wies sein bisheriger beruflicher Werdegang einen Makel auf. Er hatte nicht promoviert, wie die meisten seiner Mitstreiter in der damaligen Zeit.

Weinkauff wurde am 1. Dezember 1922 zum Gerichtsassessor ernannt; seine Wirkungsstätte war das bayerische Staatsministerium der Justiz. Hier traf er auf Franz Gürtner, der seit dem 4. August 1922 bayerischer Justizminister war und dieses Amt bis 1932 innehatte.[3] Nahtlos wechselte dieser sodann am 1. Juli 1932 als Reichsjustizminister in das Kabinett Papen; Gürtner blieb auch unter Hitler Reichsjustizminister bis zu seinem Tod am 29. Januar 1941.[4]

Gürtner förderte Weinkauffs Karriere; er war dessen Ziehvater. Schon deshalb ist es von Interesse, die politische Einstellung Gürtners zu hinterfragen.[5]

Gürtner, Jahrgang 1881, machte sowohl als Staatsanwalt bzw. Richter im bayerischen Justizdienst als auch im kaiserlichen Heer als Reserveoffizier Karriere. Er gehörte der Deutschnationalen Partei an und lehnte "das demokratisch-parlamentarische System Weimars ab."[6] Gürtner unterschrieb zum Beispiel das "Gesetz über Maßnahmen der Staatsnotwehr" vom 3. Juli 1934[7] mit, durch das die von der Gestapo und SS an SA-Leuten, Parteifunktionären und Gegnern der Nationalsozialisten im Rahmen der sog. Röhmaffäre[8] verübten Morde nachträglich legalisiert werden sollten. Er ließ als oberster Hüter von Recht und Gesetz die Strafbarkeit der sog. Rassenschande[9] zu und unternahm nichts gegen die Morde im Rahmen der NS-Euthanasie[10]. Dennoch wird seine Tätigkeit und Amtsführung als Reichsjustizminister unter Hitler fast wohlwollend beschrieben. Der Biograph Gürtners – Reitter – behauptet: "So vermeinte er [...] durch sein Ausharren im Amt, mit dem er schwerste moralische Schuld auf sich lud, den Rückweg zu einer, wenn auch veränderten Rechtsstaatlichkeit offen halten zu können [...]. Es bleibt [...] festzuhalten, dass das Schlimmste für die Justiz während der Amtszeit Gürtners verhütet wurde."[11] Demgegenüber kommt Gruchmann zu einem ausgewogeneren Urteil: "Die Entwicklung zum Unrecht zieht sich in den Jahren 1933 bis 1940 wie ein roter Faden durch die Tätigkeit des Reichsjustizministeriums. [...] Am Anfang dieser Entwicklung stand der verhängnisvolle Irrtum, dem Gürtner und die führenden konservativen Kräfte des Reichsjustizministeriums erlagen: dass das Gedeihen der Nation am besten durch einen autoritären, d. h. antidemokratischen, antiliberalen und antiparlamentarischen Staat gewährleistet werden könne [...] und dass zur Erreichung dieses Zieles die Unverbrüchlichkeit des Rechtsstaates ‚vorübergehend' missachtet werden könne, ohne Recht und Gerechtigkeit auf die Dauer zu zerstören."[12]

Nachdem Weinkauff am 1. Dezember 1922 als Gerichtsassessor im bayerischen Staatsministerium der Justiz seine Arbeit aufgenommen hatte, brauchte er nicht lange zu warten, bis er eine Planstelle erlangte. Auf Betreiben Gürtners wurde er am 1. November 1923 zum III. Staatsanwalt ernannt.[13] 1923 trat Weinkauff dem bayerischen Richterverein bei, dessen Mitglied er bis 1933 blieb. Am 1. Januar 1924 wechselte er zur Staatsanwaltschaft beim Landgericht München I. Dass er im bayerischen Staatsministerium der Justiz seine Fähigkeiten unter Beweis gestellt hatte, zeigt die "Dienstliche Würdigung" durch Staatsrat Schmitt – bayerisches Staatsministerium der Justiz – vom 18. Januar 1924[14]. Sie wies ihn als "besonders tüchtig" und als einen "ausgezeichneten Beamten" aus.

Parallel zu seinen ersten Schritten im Berufsleben hatte Weinkauff sein Leben im persönlichen Bereich geordnet. Am 6. März 1924 heiratete er die Tochter des Gärtnereibesitzers Böhlein, Maria Böhlein, die katholischen Glaubens war und die 1966 starb.[15] Aus der Ehe gingen zwei Söhne[16] hervor, von denen einer bereits im Alter von 14 Jahren verstarb.[17]

Auch die Leitung der Staatsanwaltschaft beim Landgericht München I war mit den Leistungen Weinkauffs sehr zufrieden.[18] Da Bayern bestrebt war, tüchtige Juristen auch auf Reichsebene zu platzieren, verwundert es nicht, dass das bayerische Staatsministerium der Justiz Weinkauff als Hilfsarbeiter für die Reichsanwaltschaft in Leipzig vorschlug.[19] Diese Initiative wurde vom Reichsjustizministerium in Berlin – dem die Reichsanwaltschaft unterstand – begrüßt; am 11. Mai 1925 beurlaubte Gürtner Weinkauff "zur Verwendung bei der Reichsanwaltschaft auf die Dauer von 6 Monaten ohne Bezüge."[20] Die Bezüge wurden nunmehr aus der Reichsschatulle gezahlt. Auch bei der Reichsanwaltschaft hatte Weinkauff Fortune, wo er sich "ausgezeichnet" bewährte.[21]

Weinkauffs Dienstantritt als so genannter Hilfsarbeiter bei der Reichsanwaltschaft war die Chance, in der Justiz schnell aufzusteigen. Galt die Reichsanwaltschaft doch als die "Kavallerie" bzw. als das "Paradepferd" der Justiz, in die ehrgeizige Juristen bevorzugt eintraten.[22]

Weinkauffs Tätigkeit bei der Reichsanwaltschaft endete wie vorgesehen am 15. November 1925; hiernach musste er – verheiratet und Vater eines Kindes – wieder nach München zurückkehren, wo er ja eine Planstelle als III. Staatsanwalt innehatte. Doch sein dortiger Aufenthalt währte nicht lange. Wieder war es Gürtner, der Weinkauff zum 1. Januar 1926 "zur Verwendung bei der Reichsanwaltschaft bis auf weiteres" beurlaubte.[23] Gürtner hätte diese Abordnung nicht allein bewerkstelligen können. Er, der mit Staatssekretär Curt Joël im Reichsjustizministerium nicht nur gut bekannt, sondern gesellschaftspolitisch eng verbunden war, wurde zu diesem Schritt geradezu von Joël ermuntert, der über Weinkauffs hervorragende Leistungen bei der Reichsanwaltschaft selbstverständlich gut unterrichtet war.[24] Die Abordnung Weinkauffs "bis auf weiteres" deutete schon darauf hin, dass die Spitze der bayerischen Justiz sein zukünftiges Fortkommen nicht in Bayern, sondern auf Reichsebene zu protegieren beabsichtigte.

Als Weinkauff am 1. Januar 1926 bei der Reichsanwaltschaft in Leipzig erneut als Hilfsarbeiter seinen Dienst aufnahm, konnte er noch nicht voraussehen, dass er bis zum 31. Dezember 1929 dort bleiben würde. Dass die Spitze der Reichsanwaltschaft Weinkauff als "ausgezeichnet qualifiziert"[25] ansah, wird nur der Vollständigkeit halber erwähnt. Da eine Beförderung auf Reichsebene aber auf sich warten ließ, sorgte Gürtner zunächst dafür, dass Weinkauff zum "Amtsrichter außer dem Stand" – also ohne Planstelle – am Amtsgericht München zum 16. November 1926 ernannt wurde[26], wobei er "zur Verwendung im Reichsdienst" weiterhin aus bayerischen Diensten beurlaubt wurde.[27] Die

Protektion Gürtners für Weinkauff war damit aber noch nicht beendet. Im August 1928 war es wiederum Gürtner, der Weinkauff für die Ernennung zum II. Staatsanwalt "außer dem Stande" bei der Staatsanwaltschaft des Landgerichts München I vorschlug[28], die zum 1. Oktober 1928 auch erfolgte.[29]

Während Quellen über das Arbeitsgebiet Weinkauffs bei der Reichsanwaltschaft keine Auskunft geben, berichten diese jedoch über ein Ereignis, dessen Zweck und Ziel letztlich ungeklärt ist. Am 1. Oktober 1928 konnte Weinkauff zu juristischen Studien nach Paris reisen, wo er sich bis Oktober 1929 aufhielt.[30] Als junger Mann lernte Weinkauff, der über gute französische Sprachkenntnisse verfügte, eine europäische Metropole kennen. Ob er allerdings vom französischen "savoir vivre" viel mitbekam, scheint fraglich zu sein. Denn in einem Bericht an das Reichsjustizministerium, dem er über seine Studien Bericht zu erstatten hatte, teilte er im Dezember 1928 mit, "gesellschaftlichen Verkehr mit Franzosen zu pflegen" sei "bei ihrer bekannten Zurückhaltung auf diesem Gebiete ziemlich schwierig". "Immerhin", so führte er weiter aus, sei es ihm durch seine "in Paris wohnenden französischen Verwandten[31] in gewissem Umfange gelungen".[32]

Die 1929 von ihm im Rahmen seines Aufenthaltes in Paris verfassten Abhandlungen beschäftigten sich mit Themen, die an sich für die deutsche Gesetzgebung ohne Belang waren: "Über auslieferungsrechtliche Entscheidungen der französischen Gerichte"[33], "Französische Justizreform 1926 – 1929"[34] und "Rechtsgutachten über die Eintreibung deutscher Gerichtskosten in Frankreich".[35]

Neben Gürtner hatte Weinkauff in der Person des Oberreichsanwalts Werner – über den ebenfalls noch zu reden sein wird – einen weiteren Förderer gefunden. Dieser sah ihn als "hervorragend befähigt"[36] an, wobei Weinkauff – so Werner weiter – "sich sowohl bei der Reichsanwaltschaft als auch beim Reichsgericht eines hohen Ansehens" erfreue, so dass dieser "für die spätere Verwendung im Reichsdienst [...] hervorragend geeignet" sei.[37] Und auch im Reichsjustizministerium fand diese Beurteilung Zustimmung.[38]

Diese Zeugnisse versprachen zukünftig alles. Doch Weinkauff – einer Karriere in Leipzig (Sitz von Reichsanwaltschaft und Reichsgericht) gewiss – wollte nach Bayern zurück, da seine Frau krank war und das Klima in Berlin nicht vertrug.[39] Doch so einfach war die Rückkehr nicht zu bewerkstelligen. Für Weinkauff musste eine freie Planstelle in der bayerischen Justiz gefunden werden, die mit den dortigen personellen Planungen in Einklang zu bringen war. Der Personalreferent im bayerischen Staatsministerium der Justiz, Karl Siegel[40], der von 1933 bis 1945 Präsident des Oberlandesgerichts Zweibrücken werden sollte, bemühte sich jedoch erfolgreich um eine Planstelle für Weinkauff. Zum 1. Januar 1930 wurde er dienstaufsichtsführender Oberamtsrichter am Amtsgericht Berchtesgaden[41], wo er bis zum 31. Mai 1932 bleiben sollte.

Gürtner war aus personalpolitischen Gründen mit Weinkauffs Rückkehr nach Bayern nicht einverstanden. Daher nahm er mit seinem Schwager, dem stellvertretenden bayerischen Bevollmächtigten beim Reichsrat, Ministerialrat Alfred Dürr[42], Kontakt auf. Dieser sollte in Berlin dafür sorgen, bayerische Interessen bei der Besetzung von Stellen am Reichsgericht und bei der Reichsanwaltschaft zu wahren.

Nach Gürtners Willen sollte Dürr für Weinkauff eine Oberstaatsanwaltschaftsstelle bei der Reichsanwaltschaft einfordern.[43] Doch Weinkauff selbst hatte andere Pläne. Dennoch ließ er sowohl den Oberreichsanwalt als auch Gürtner wissen, jederzeit zur Reichsanwaltschaft zurückkehren zu wollen.[44]

Zunächst blieb Weinkauff jedoch in der Provinz. Die dienstliche Beurteilung des Präsidenten des Landgerichts Traunstein – Zettler – vom 13. Januar 1931 kam zum Gesamturteil "ganz besonders tüchtig".[45] Die Art und Weise, wie diese Beurteilung zustande kam, ist bemerkenswert. Der Landgerichtspräsident hatte dieselbe nämlich nicht allein gefertigt, sondern zusammen mit den beiden dienstältesten Landgerichtsdirektoren Schwendt und Lohrer. Auf der Beurteilung wurde vermerkt, dass das Votum "einstimmig" zustande gekommen war. Eine für damalige Zeiten doch überraschende Handhabung, die gewährleistete, dass der jeweilige Richter nicht allein vom Gutdünken des zuständigen Landgerichtspräsidenten abhängig war.

An sich hätte man annehmen können, dass sich Weinkauff schon im Hinblick auf seine familiäre Situation, deretwegen er nach Bayern zurückgekehrt war, mit seiner Stellung als "Chef" des Amtsgerichts Berchtesgaden angefreundet hätte. Dennoch wurde er, ehrgeizig wie er war, sofort aktiv, um sein wahres Berufsziel zu erreichen: eine Abordnung an das Reichsgericht nach Leipzig.[46]

Doch all seine Bemühungen, auch die unmittelbare Kontaktaufnahme mit dem Personalreferenten im Reichsjustizministerium, hatten zunächst keinen Erfolg.[47] Allerdings gelang es ihm zum 1. Juni 1932 wieder, als Hilfsarbeiter an die Reichsanwaltschaft abgeordnet zu werden, wo er bis zum 30. April 1935 blieb.[48] Während dieser Abordnung wurde er zum 1. Juni 1932 Landgerichtsrat mit einer Planstelle im bayerischen Staatsministerium der Justiz.

1.2. Der kaiserliche Jurist Ludwig Ebermayer und der verkappte Nationalsozialist Karl August Werner: Oberreichsanwälte und Vorgesetzte von Weinkauff

Wir erinnern uns, dass Weinkauff im Mai 1925 zum ersten Mal aus der beschaulichen Provinzstadt München in das weltoffene Leipzig kam. Die wirtschaftlichen Verhältnisse der Weimarer Republik hatten sich zu diesem Zeitpunkt durch die Einführung der so genannten Rentenmark am 15. November 1923[49] einigermaßen stabilisiert. Die zuvor grassierende Inflation war gestoppt, die Arbeitslosenzahlen gingen zurück und die Preise waren im Sinken begriffen. Der bescheidene Aufschwung belebte auch das Kulturleben in der Reichshauptstadt Berlin und im Reich, das geradezu explodierte. Weinkauff konnte nicht ahnen, dass er eine Zeitspanne miterleben durfte, die später als die "Goldenen Zwanziger" (1923 bis 1929) bezeichnet wurde.

Innenpolitisch hatten sich die Verhältnisse ebenfalls stabilisiert, als Weinkauff im Frühjahr 1925 in Leipzig seine Arbeit bei der Reichsanwaltschaft aufnahm. Aus den Wahlen zum 3. Reichstag am 7. Dezember 1924 war die demokratische Mitte gestärkt hervorgegangen, während die Kommunisten und die Rechtsradikalen – die Nationalsozialisten und Deutsch-Völkischen – an Boden verloren. Das liberale Berliner Tageblatt unter seinem Chefredakteur Theodor Wolff[50] glaubte an eine politische Wende und vermeldete: "Jetzt geht der Zug nach links."[51] Ob die Angehörigen der Reichsanwaltschaft diese Entwicklung begrüßten, mag bezweifelt werden. Erleichterung wird man allerdings dort empfunden haben, dass nach dem überraschenden Tod des Reichspräsidenten Friedrich Ebert am 28. Februar 1925[52] der ehemalige Generalfeldmarschall Paul von Hindenburg am 26. April 1925 im 2. Wahlgang zum neuen Reichspräsidenten gewählt wurde. Denn seine Wahl bedeutete eine "Niederlage der Republik"[53], hatten doch die NSDAP, DNVP, DVP und die BVP Hindenburg unterstützt. Demgegenüber blieben die demokratischen Parteien (SPD, Zentrum, DDP) mit ihrem Kandidaten, dem Zentrumsführer Wilhelm Marx, ebenso erfolglos wie die Kommunisten, die ihren Vorsitzenden Ernst Thälmann ins Rennen geschickt hatten.[54]

Parallel zu diesen wirtschafts- und gesellschaftspolitischen Verhältnissen, mit denen Weinkauff sich als 34 Jahre alter Staatsanwalt konfrontiert sah, gab es eine aufs schärfste geführte justizpolitische Debatte. Dabei ging es nicht etwa um die Gesetzesvorhaben der Reichsregierung, sondern um die Ermittlungstätigkeit der Staatsanwaltschaften und die Urteile der Gerichte in politischen Prozessen. Die These von der "Vertrauenskrise der Justiz" machte im Frühjahr 1926 die Runde.[55] Denn die Weimarer Justiz ging in politischen Prozessen mit Angeklagten aus dem linken Lager hart ins Gericht, während sie rechte bzw. rechtsradikale Täter schonend behandelte.[56] So wurden etwa Publizisten wegen Landesverrats verurteilt, die z. B. Kritik an der sog. "Schwarzen Reichswehr" geübt hatten; andererseits erhielten rechtsradikale Täter ausgesprochen milde Strafen.[57] Die Mehrzahl der Staatsanwälte und Richter gingen dabei geschickt vor.[58] Sie vermieden Fehler in der juristischen Methode und wandten das einschlägige Gesetz formell in der Regel richtig an. Ihre antidemokratische und antirepublikanische Einstellung ließen sie jedoch in die Wahrheitsfindung und Strafzumessung einfließen.

Im Mai 1925 war Oberreichsanwalt Ludwig Ebermayer Chef der Staatsanwaltschaft beim Reichsgericht.[59] Ebermayer – Jahrgang 1858 – kam wie Weinkauff aus dem bayerischen Justizdienst und wurde 1902 zum Reichsgerichtsrat und 1918 zum Senatspräsidenten am Reichsgericht ernannt. 1921 wurde er dann Oberreichsanwalt. Er war persönlich und beruflich durch das Kaiserreich geprägt, und er wird als sog. kaiserlicher Jurist nach diesem Credo gehandelt haben: "Seine Majestät, der Kaiser, unser aller gnädigster Kaiser, König und Herr!"[60] Nachdem das Kaiserreich 1918 untergegangen war, schien Ebermayer aus Vernunft Republikaner geworden zu sein; von seiner Herkunft und von seiner inneren Einstellung her blieb er aber kaiserlicher Jurist. Ebermayer ist ein Beispiel dafür, dass die junge Republik auf kaiserliches Personal angewiesen war, das sich in der Republik nicht zuhause fühlte.

Ebermayer genoss als Oberreichsanwalt allgemein Vertrauen. So überrascht es nicht, dass die Spitze des Reichsjustizministeriums 1923 dafür eintrat, seine anstehende Versetzung in den Ruhestand bis auf weiteres hinauszuschieben.[61] Es konnte keinen Juristen damals überraschen, dass gerade der langjährige Staatssekretär im Reichsjustizministerium, Curt Joël, diesen Antrag im Reichskabinett einbrachte und durchboxte. Joël war auch sog. kaiserlicher Jurist, der bereits 1918 im Reichsjustizamt – dem Vorläufer des Reichsjustizministeriums – Karriere gemacht hatte.[62] Als Begründung für seinen Antrag führte Joël aus, dass Ebermayer für die Reichsjustizverwaltung "in Anbetracht der vielen politischen Prozesse zur Zeit unersetzlich sei".[63] Ebermayer ging am 31. August 1926 schließlich in den Ruhestand.[64]

Wie Ebermayer die politischen Prozesse bewertete, wurde erst nach seiner Pensionierung im Jahre 1930 deutlich, als er Folgendes kundtat: "[...], dass man nie daran gedacht hat, in politischen Prozessen nach rechts und nach links mit verschiedenem Maß zu messen. Man hatte seinerzeit die Teilnehmer am Kapp-Putsch, am Rathenau-Mord, am Attentat auf Scheidemann mit dem gleichen Nachdruck verfolgt wie kommunistische Hochverräter, und wenn von diesen mehr 'zur Strecke gebracht wurden' als von der anderen Seite, so lag es einzig und allein an ihrer großen Aktivität."[65]

Erstaunlich ist aus heutiger Sicht, dass Ebermayer während seiner aktiven Zeit als Oberreichsanwalt von der Linkspresse so gut wir gar nicht kritisiert wurde.[66] Das mag auch daran gelegen haben, dass er keiner politischen Partei angehörte, damit nicht in parteipolitische Auseinandersetzungen hineingezogen werden konnte und dass er während seiner aktiven Zeit keine Bewertungen in der Öffentlichkeit abgab. Zudem genoss er als juristischer Fachmann hohes Ansehen.

Dass Ebermayers Nachfolger von öffentlicher Kritik nicht verschont blieb, hatte sich dieser selbst zuzuschreiben. Am 5. Juni 1926 wurde Karl August Werner[67] – Jahrgang 1876 – Oberreichsanwalt. Er hatte seit 1919 im Reichsjustizministerium Karriere gemacht und es dort bis zum Ministerialrat gebracht. In dieser Eigenschaft leitete er seit 1923 die Abteilung IV, die für Verfassungs- und Verwaltungsrecht sowie für Hochverrats- und Landesverratssachen zuständig war. Obwohl diese beiden letzten Sachgebiete ihn für die Ernennung zum Oberreichsanwalt aus fachlichen Gründen prädestinierten, verwundert sie angesichts seiner politischen Einstellung noch heute.

Förderer und guter Bekannter Werners war der bereits erwähnte Staatssekretär Curt Joël, der als "Graue Eminenz" und Zentralfigur der Wei-

marer Justiz[68] über Jahrzehnte die Personalpolitik nicht nur im Reichsjustizministerium, sondern auch bei der Reichsanwaltschaft und am
Reichsgericht beeinflusste und bestimmte. Im Falle Werners initiierte und
unterstützte Joël dessen Ernennung zum Oberreichsanwalt. Der seit dem
17. Mai 1926 amtierende Reichsjustizminister Wilhelm Marx (Zentrum)
war gleichzeitig Reichskanzler und konnte sich deshalb nicht intensiv
um Belange der Justiz kümmern. Als ehemaliger Senatspräsident am
Kammergericht[69] wäre er an sich hierzu in der Lage gewesen.

Als die DDP im Mai 1926 von der Absicht hörte, Werner zum Oberreichsanwalt zu ernennen, waren die Proteste aus dieser Partei nicht zu
überhören. Auch die demokratische Presse ließ ihrer Empörung freien
Lauf. Der Republikaner Georg Bernhard, Chefredakteur der Vossischen
Zeitung, legte am 30. Mai 1926 in einem Artikel seine Bedenken dar,
dass nämlich Werner "jener Nuancierung der Beamtenschaft" angehö-
re, "die sich zweifellos andere Ideale eines Staatsaufbaues vorstelle als
den, der unbedingt auf der demokratisch-sozialen Linie" liege.[70] Auch
nach der Ernennung Werners zum Oberreichsanwalt blieb die demokratische Presse nicht stumm. Das Berliner Tageblatt setzte die Kritik in
einem Artikel "Der neue Oberreichsanwalt – Mit dem Herzen bei der
Republik" fort.[71] Der Artikel stellte Werners republikfeindliche Einstellung indirekt heraus. Beweise konnte die demokratische Presse damals
jedoch nicht präsentieren. Ihre Kritik stellte sich aber im Nachhinein als
richtig heraus.

Werner war nämlich bereits 1933 der NSDAP beigetreten, seine Mitgliedschaft wurde aber geheim gehalten.[72] Nicht überraschend ist daher, dass Werner nichts gegen Hitler, Goebbels und andere Funktionäre der NSDAP unternahm, als das preußische Innenministerium im
August 1930 eine die NSDAP belastende Denkschrift, die die staatsfeindlichen Ziele dieser Partei belegte, der Reichsanwaltschaft zuleitete.

Auch ein Jahr später hätte Oberreichsanwalt Werner die Chance gehabt,
gegen Funktionäre der NSDAP wegen Hochverrats einzuschreiten.
Doch auch diesmal unternahm er nichts. Am 5. August 1931 trafen sich
im Boxheimer Hof bei Lampertheim Parteigenossen der NSDAP aus dem
Gau Hessen - Darmstadt.[73] Ein Teilnehmer dieses Treffens war der damalige Gerichtsassessor Werner Best, der nach der sog. Machtergreifung 1933 zum Rechtsberater der Gestapo aufstieg und zum wichtigsten Mitarbeiter Heydrichs beim Aufbau des Sicherheitsdienstes (SD) der
SS wurde.[74] Nach dem Krieg begann er eine zweite Karriere. Er wurde

Direktor im Stinnes Konzern und koordinierte außerdem die Verteidigungsstrategie angeklagter NS-Täter.[75]

Bei dem Treffen in Lampertheim trug Best seine zuvor schriftlich niedergelegten Gedanken vor, wie die Nationalsozialisten für den Fall eines kommunistischen Umsturzes vorgehen sollten. Die Machtübernahme durch die NSDAP sollte nach Best mit Hilfe der SA und SS erst dann erfolgen, wenn die Kommunisten die bestehende Staatsordnung beseitigt hatten. Dabei befürwortete er auch die Liquidierung politischer Gegner.

Die Aufzeichnungen Bests gingen als die Boxheimer Dokumente in die Geschichte ein und ließen keinen Zweifel daran, dass die NSDAP staatsfeindliche Ziele verfolgte. Nachdem diese Dokumente im November 1931 öffentlich geworden waren, hätte es nahe gelegen, dass die Reichsanwaltschaft die Eröffnung der gerichtlichen Voruntersuchung wegen Vorbereitung zum Hochverrat gegen Best beim Reichsgericht unverzüglich beantragt hätte. Aber erst nachdem der öffentliche Druck aus dem linken und dem linksliberalen Lager nicht zu überhören und auch nicht mehr zu negieren war, sah sich Oberreichsanwalt Werner genötigt, am 30. November 1931 die gerichtliche Voruntersuchung gegen Best zu beantragen.

Diese dilatorische Handhabung Werners – die Nationalsozialisten haben ihm später hierfür noch öffentlich Dank gesagt – hatte Methode und wurde auch vom Reichsgericht richtig verstanden. Der für die gerichtliche Voruntersuchung zuständige 4. Strafsenat des Reichsgerichts unter der Leitung des Senatspräsidenten Wilhelm Bünger ließ sich dann auch fast ein Jahr Zeit, um zu einer Entscheidung zu gelangen. Am 12. Oktober 1932 teilte das Reichsgericht der Öffentlichkeit lapidar mit, dass es Best außer Verfolgung gesetzt habe, weil die in den Boxheimer Dokumenten genannten Schritte gegen eine kommunistische Revolution, nicht aber gegen die legale Regierung geplant gewesen seien, so dass Hochverrat ausscheide.[76]

Die Frage, warum der 4. Strafsenat so lange für seine Entscheidung benötigte, kann definitiv nicht beantwortet werden. Jedoch soll nicht unerwähnt bleiben, dass vor dem 4. Strafsenat unter Bünger der Reichstagsbrand-Prozess (21. September bis 23. Dezember 1933) verhandelt wurde, in dem Werner die Anklage vertrat und gegen den Angeklagten van der Lubbe die Todesstrafe beantragte, die der 4. Strafsenat auch aussprach.[77] Die Todesstrafe konnte allerdings nur deshalb verhängt und vollstreckt werden, weil durch die "lex van der Lubbe" vom 29. März 1933 die Todesstrafe für Hochverrat und Brandstiftung rückwirkend, damit das Verbot der rückwirkenden Straffestsetzung (nulla poena sine lege) bewusst verletzend, eingeführt wurde. Damit war der seit der französischen Revolution in ganz Europa geltende "Fundamentalsatz" (keine Strafe ohne Gesetz) außer Kraft gesetzt.[78] Bünger und seine Kollegen im Senat sowie Werner sprachen also Recht im Sinne der Nationalsozialisten.

Dass die Nationalsozialisten Werners Hilfe dankbar aufnahmen, wurde offenbar, als dieser am 12. Oktober 1936 überraschend verstarb.[79] Über die Trauerfeier berichtete die Leipziger Presse ausführlich. Reichsminister Frank – der spätere berüchtigte Generalgouverneur im besetzten Polen – und der hinlänglich bekannte Staatssekretär Freisler – der zukünftige Präsident des Volksgerichtshofes – lobten Werners Verdienste überschwänglich. Er sei ein "treuer Vorkämpfer der Freiheitsbewegung des deutschen Volkes" und "immer ein treuer verständiger Fürsprecher" gewesen. Und dann sprach Frank konkret eine Hilfsaktion Werners an: "Du halfst uns in den Tagen der Boxheimer Dokumente. Ich danke dir im Namen des Führers [...] für diese Tat [...]. Dein Name leuchtet unter den ersten Kämpfern der Bewegung, du warst ein Mitarbeiter des Führers."[80]

Dass die Reichsanwaltschaft unter Führung Werners gegen nationalsozialistische Täter nicht ermittelte bzw. gegen sie keine Anklagen unter anderem wegen Hochverrats erhob, hatte aber nicht nur staatspolitische Folgen. Die Person des Oberreichsanwalts und seine Amtsführung strahlten auch nach innen in die Reichsanwaltschaft und beeinflussten Denkweise und Handeln der unter ihm arbeitenden Juristen. Werners Amtsführung, die antidemokratisch und pronationalsozialistisch ausgerichtet war, wird Sogwirkung auf seine Untergebenen und damit auch auf Weinkauff entfaltet haben.

Neben diesem Klima in der Reichsanwaltschaft wird auch ein innenpolitisches Ereignis, dass das höchste Gericht der Weimarer Republik beschäftigte, Weinkauffs juristisches Denken nachhaltig geprägt haben.

Am 4. Juni 1932 wurde der Reichstag aufgelöst; Neuwahlen wurden auf den 31. Juli 1932 festgesetzt. Das SA-Verbot fiel am 16. Juni 1932, so dass die sog. Braunhemden wieder auf den Straßen Terror verbreiten konnten. Am 17. Juni 1932 vertraute Goebbels geradezu verzückt seinem Tagebuch an: "Abends fährt man dann in die Versammlungen. [...]. Großer S.A.-Aufmarsch. Zum ersten Mal seit langer Zeit sieht man wieder Braunhemden. Ein wunderbarer, ergreifender Anblick, der das Herz aufs tiefste bewegt. In Lauterbach[81] ist der ganze Marktplatz überfüllt. Ein paar rote Schreier haben sich im Hintergrund der Demonstration aufgestellt und brüllen den ganzen Eindruck weg. [...] Dann nehme ich mir ein paar beherzte S.A.- und S.S.-Männer und mache der Schreierei sehr bald ein Ende."[82]

Obwohl Goebbels sein Einschreiten verniedlichend beschreibt, wird aus dieser Tagebuchnotiz dennoch deutlich, wie die NSDAP den angelaufenen Wahlkampf zu bestreiten beabsichtigte, um insbesondere die Kommunisten zu bekämpfen, die ihrerseits nicht zimperlich in der Wahl ihrer Mittel waren. Von Mitte Juni 1932 bis zum 20. Juli 1932 waren in Preußen 99 Tote und 1.125 Verletzte durch den Straßenterror zu beklagen.[83]

Insbesondere der 17. Juli 1932 ist als "Altonaer Blutsonntag"[84] in die Geschichte eingegangen. Eine Straßenschlacht zwischen SA, Kommunisten und Polizei forderte 17 Tote und über 100 Verletzte.[85] Dieses Ereignis nahm die Regierung Papen zum Anlass, um ihren bereits von langer Hand vorbereiteten Plan in die Tat umzusetzen, die preußische Regierung unter der Führung des Sozialdemokraten Otto Braun abzusetzen. Dieser sog. Preußenschlag[86] erfolgte aufgrund einer gemäß Artikel 48 Abs. 1 und 2 der Reichsverfassung erlassenen Verordnung vom 20. Juli 1932[87], durch die Papen gleichzeitig zum Reichskommissar für Preußen bestellt wurde.

Für die Ministerialbürokratie und Justiz konnten kein Zweifel bestehen, dass die Absetzung der legitimen preußischen Regierung durch die Verfassung nicht gedeckt war und einen glatten Staatsstreich darstellte.[88] Doch Proteste aus diesen Kreisen gegen die Zerschlagung Preußens wurden nicht laut. Auch Reichsjustizminister Gürtner, der seit dem 1. Juni 1932 Reichsjustizminister war, duldete letztlich die eklatante Verletzung der Reichsverfassung.[89]

Die Frage, wie Weinkauff diesen Verfassungsbruch, den er als solchen erkannt haben wird, aufgefasst hat, kann nur vermutend beantwortet werden. Weinkauff war als Hilfsarbeiter bei der Reichsanwaltschaft verpflichtet, staatsanwaltschaftliche Aufgaben nach Recht und Gesetz einzuleiten und durchzuführen.

Als Mitglied der obersten Strafverfolgungsbehörde hätte er, staatspolitisch betrachtet, gegen die Maßnahmen der Reichsregierung Protest erheben müssen. Doch da gab es auch den Bürger Weinkauff, der wie die überwältigende Mehrheit der Deutschen den Preußen-Putsch der Regierung stillschweigend hinnahm.[90] Weinkauff wird gleichfalls nicht verborgen geblieben sein, dass sein Ziehvater Gürtner im Amt blieb und nichts gegen die Verletzung der Reichsverfassung unternahm. Als dann noch das oberste Gericht der Weimarer Republik, der Staatsgerichtshof für das Deutsche Reich[91], unter Vorsitz des Reichsgerichtspräsidenten Erwin Bumke am 25. Oktober 1932 die nachfolgende Entscheidung fällte, wird sich auch Weinkauff in seiner passiven und biedermeierlichen Haltung, die ganz auf seine Karriere ausgerichtet war, im Nachhinein als exkulpiert angesehen haben.

Die Entscheidung des Staatsgerichtshofs machte denn auch deutlich, dass die Richter dieses Gerichtshofes "weder zu einer juristisch überzeugenden noch einer staatspolitisch konstruktiven Lösung in der Lage"[92] waren. Der Spruch des Staatsgerichtshofs sanktionierte die Übernahme der preußischen Exekutive durch das Reich, erklärte aber die Absetzung der preußischen Minister für verfassungswidrig. Folglich war von zwei preußischen Regierungen auszugehen: Der Reichskommissar mit seinen Machtbefugnissen und die preußische Regierung, die allein das Recht auf ihrer Seite hatte.[93] Diese angepasste Entscheidung rechtfertigte letztlich den Verfassungsbruch und stärkte das antidemokratische und antiparlamentarische Bewusstsein und Denken all derer, die damals zur Machtelite der Weimarer Republik gehörten, Weinkauff eingeschlossen.

Weinkauffs Karriere wurde durch all diese Ereignisse nicht negativ beeinflusst. Sein Juristenleben lief in gewohnten Bahnen und Ritualen ab. Nachdem Gürtner am 1. Juni 1932 Reichsjustizminister geworden war, dauerte es nicht lange, bis Weinkauff zum Landgerichtsdirektor – außer dem Stand, also ohne Planstelle – beim Landgericht München I befördert wurde, was am 1. Oktober 1932 erfolgte.[94]

Die Machtergreifung der Nationalsozialisten am 30. Januar 1933 hatte auch auf Weinkauffs Leben Auswirkungen. So trat er, der niemals Mitglied der NSDAP wurde, am 1. Februar 1934 in den Bund Nationalsozialistischer Deutscher Juristen (BNSDJ) ein und wurde am 1. November 1934 Mitglied der Nationalsozialistischen Volkswohlfahrt (NSV).[95] Griffen diese Mitgliedschaften noch nicht in das jeweilige Leben unmittelbar ein, so änderte sich dies mit dem "Gesetz über die Vereidigung der Beamten und der Soldaten der Wehrmacht" vom 20. August 1934[96], das von jedem Einzelnen das Bekenntnis forderte: "Ich schwöre: Ich werde dem Führer des Deutschen Reiches und Volkes Adolf Hitler treu und gehorsam sein, die Gesetze beachten und meine Amtspflichten gewissenhaft erfüllen, so wahr mir Gott helfe." Am 27. August 1934 legte Weinkauff vor Oberreichsanwalt Werner diesen Eid ab.[97] Dass der Eid die totale Hinwendung des jeweiligen Beamten und Soldaten zum neuen System und die absolute Bindung an die Person Hitlers bezweckte, wird offenkundig, wenn der Wortlaut des davor geltenden Eides vergleichend herangezogen wird: "Ich schwöre: Ich werde Volk und Vaterland Treue halten, Verfassung und Gesetze beachten und meine Amtspflichten gewissenhaft erfüllten, so wahr mir Gott helfe."[98]

Die Ablegung des neuen Eides muss nicht immer aus innerer Überzeugung erfolgt sein. Hieraus eine Hinwendung zum Nationalsozialismus pauschal folgern zu wollen, wäre verfehlt. Auch Carlo Schmid – um ein Beispiel zu nennen -, der nach 1945 ein bekannter SPD-Politiker werden sollte und der gewiss kein Nationalsozialist war, legte den Eid auf den Führer ab.[99]

Weinkauff, der nach 1945 die NS-Juristen und damit sich selbst quasi als Opfer der NS-Gewalthaber hinzustellen versuchte, widerlegte durch eigenes Tun nach der Machtergreifung seine These von der Opferrolle der Justiz. Obwohl auch er erkannt haben wird, dass das NS-Regime im Rahmen der Röhm-Affäre nicht vor Morden zurückschreckte, wählte er nicht den Weg in die sog. innere Emigration. Vielmehr strebte der ehrgeizige Weinkauff nach wie vor an das Reichsgericht, das Machtzentrum der NS-Rechtsprechung. Als sog. Einser-Jurist glaubte er sogar, einen Anspruch darauf zu haben. Doch so leicht konnte er seinen unbändigen Willen nicht in die Tat umsetzen.

Gleich nach der Machtergreifung versuchte Weinkauff, ans Reichsgericht berufen zu werden.[100] Am 21. April 1933 – Weinkauff war 39 Jahre alt – wandte er sich schriftlich an den ihm seit langem bekannten Personalreferenten im bayerischen Staatsministerium der Justiz, Ministerialrat Siegel: "Man spricht davon, dass [...] das Reichsgericht sich genötigt sehen würde, neue Hilfsrichter einzustellen. Wenn dabei die Möglichkeit bestehen sollte, mich zu berücksichtigen, so wäre ich außerordentlich dankbar."[101] Diese Eingabe macht deutlich, was Weinkauff stets im Blick hatte. Doch Siegel konnte Weinkauffs Vermutung nicht bestätigen, betonte vielmehr, dass für die Einberufung als Hilfsrichter ein Mindestalter von 40 Jahren[102] zwingend vorausgesetzt werde.

Doch Weinkauff gab nicht auf. Allerdings war sein weiteres Antichambrieren sowohl im bayerischen Staatsministerium der Justiz als auch im Reichsjustizministerium zunächst von keinem Erfolg gekrönt. Das Reichsgericht blieb ihm weiterhin versperrt.[103]

Im März 1935 wendete sich allerdings das Blatt. Das Reichsjustizministerium suchte "bei der angespannten Geschäftslage des Reichsgerichts" ein oder zwei Hilfsrichter für die Zivilsenate. Als Hilfsrichter kamen Oberlandesgerichtsräte oder Landgerichtsdirektoren infrage, die "nicht jünger als 44 Jahre" waren und die "nach ihrer ganzen Persönlichkeit die Gewähr eines rückhaltlosen Eintretens für den nationalsozialistischen Staat" boten.[104] Am 30. April 1935 – Weinkauff war erst 41 Jahre alt – wurde er zum Hilfsrichter beim Reichsgericht mit Wirkung ab 15. Mai 1935 berufen.[105] Weinkauff war am Ziel; nach jahrelangem und zähem Ringen hatte er sich seinen Berufswunsch erfüllt.

1.3. Hermann Weinkauff als Reichsgerichtsrat

1.3.1. Das Reichsgericht in Leipzig: Treffpunkt der juristischen Elite?

Dass Weinkauff mit seinen Leistungen für eine Karriere als Reichsgerichtsrat geeignet war, stand außer Frage. Am Reichsgericht war er von seinen Fähigkeiten her aber nur einer unter vielen. Als er im Mai 1935 Hilfsrichter wurde, gehörten die richterlichen Mitglieder dieses Gerichts immer noch zur juristischen Leistungselite des Reiches. In technokratischer Hinsicht waren sie Könner. Doch wie hatten sie seit der Machtergreifung[106] am 30. Januar 1933, als Hitler zum Reichskanzler ernannt wurde, auf die neuen politischen Verhältnisse und die innenpolitisch einschneidenden Veränderungen als Staatsbürger reagiert?

Für jeden Justizjuristen[107] drängte sich angesichts der von den Nationalsozialisten betriebenen Personalpolitik die Frage auf, ob er der NSDAP beitreten sollte. Insoweit ist anzumerken, dass erst ab März 1939 jedem neuen Bewerber für die Beamtenlaufbahn vorgeschrieben war, in die Partei oder in eine ihrer Gliederungen einzutreten.[108] Nach der Juristenausbildungsordnung war die Zulassung zum Ersten juristischen Staatsexamen allerdings von einer Betätigung in einer dieser Gliederun-

gen "de facto"[109] Voraussetzung. Für bereits amtierende Reichsgerichtsräte bzw. Hilfsrichter waren diese Regelungen nicht einschlägig.

Den heutigen Betrachter wird überraschen, dass Ende März 1933 von
über 100 Reichsgerichtsräten lediglich 4 Mitglieder der NSDAP waren.[110] Die NSDAP genoss vor der Machtergreifung bei den Justizjuristen
kein großes Ansehen. So sollen nur 30 preußische Richter von insgesamt ca. 7.000 vor dem 30. Januar 1933 Parteigenossen gewesen sein
(0,43 %).[111] Bereits im Jahre 1938 – um die Entwicklung der Mitglie-
derzahlen zu verdeutlichen – gehörten von allen Richtern im Reich
54,28 % der NSDAP oder ihrer Gliederungen an[112]; bis 1945 sollten es
über 90 % werden.[113] Der Eintritt in die NSDAP geschah aus unterschiedlichen Gründen. Er musste nicht unbedingt auf einen fanatischen
Nationalsozialisten schließen lassen. Er wird auch aus opportunistischen
Gründen erfolgt sein, um die Karriere zu beschleunigen. "Ganz und gar
contre coeur war der Beitritt der meisten"[114] aber auch nicht. Und diejenigen Justizjuristen, die nicht Parteigenossen wurden, waren nicht
gleichzeitig Gegner des NS-Regimes. Denn die Nichtzugehörigkeit zur
NSDAP war nämlich nur selten auf die Überzeugung des betreffenden
Justizjuristen zurückzuführen. Richter und Staatsanwälte sind "vielfach
nur deshalb nicht in die Partei eingetreten, weil sie entweder zu alt gewesen" waren, "einer Loge angehört" hatten oder weil bei ihnen
"Interessenlosigkeit" vorlag.[115]

Zwar forderte das Reichsjustizministerium im Dezember 1937 die Richter auf, nicht nur passive Mitglieder der Partei zu sein, sondern sich aktiv
für den Nationalsozialismus einzusetzen, die NSDAP-Mitgliedschaft
wurde jedoch erst ab August 1942 zwingende Voraussetzung für eine
Beförderung.[116] Für Weinkauff war also der Eintritt in die NSDAP keine zwingende Voraussetzung für eine weitere Karriere. Er begnügte sich
mit einem Beitritt in den Bund Nationalsozialistischer Deutscher Juristen (BNSDJ), der im Mai 1936 in Nationalsozialistischer Rechtswahrerbund (NSRB) umbenannt und zur "Größten Rechtswahrerorganisation
der Welt"[117] wurde.

Da nur wenige statistische Daten über die Mitgliederzahl von Justizjuristen in der NSDAP vorliegen, sind die folgenden besonders
aufschlussreich, geben sie doch eine Antwort auf die Frage, in welchem
Maße die Parteizugehörigkeit auf eine Karriere am Reichsgericht Einfluss
hatte.[118] Vom 1. April 1935 – dem Tag der Verreichlichung der Justiz[119]
– bis zum 24. März 1939 wurden 9 Senatspräsidenten – davon 3 Par-

teigenossen – und 38 Reichsgerichtsräte – davon 27 Parteigenossen – ernannt.

Nach alledem kann allein aus der Zugehörigkeit zur NSDAP oder zu einer ihrer Gliederungen nicht zweifelsfrei gefolgert werden, dass der betreffende Justizjurist auch wirklich von den nationalsozialistischen Ideen beseelt war. Aber auch aus der diesbezüglichen Nicht-Zugehörigkeit kann verallgemeinernd nicht der Schluss auf eine Ablehnung der Partei bzw. des Dritten Reiches gezogen werden. Und doch wird Reichsgerichtsrat Freiherr Prätorius von Richthofen (Jahrgang 1895), der seit dem 1. Mai 1933 Parteigenosse war – von 1918 bis 1939 gehörte er der DNVP an[120] – und der am 1. Januar 1934 Senatspräsident und schließlich am 1. Oktober 1939 Vizepräsident des Reichsgerichts wurde, mit folgenden im Jahre 1933 gemachten Äußerungen die Stimmung und Überzeugung der meisten seiner Kollegen zutreffend beschrieben haben: "Das Reichsgericht hat sich immer vor Augen gehalten, dass seine Rechtsprechung den Zielen Rechnung tragen muss, welche die Regierung der nationalen Erhebung verfolgt." Und seit der Machtergreifung, so von Richthofen weiter, habe das Reichsgericht "auch im neuen Reiche und im neuen Geiste die [...] ihm zugewiesene hohe Aufgabe, die einheitliche Rechtsauffassung zu gestalten und zu wahren, getreulich zu erfüllen gesucht. Es wird dies auch in Zukunft tun."[121]

Diese Worte von Richthofens waren unter seinen Kollegen mehrheitsfähig. Die Regierung der "nationalen Erhebung", deren antidemokratisches, antirepublikanisches und autoritäres Credo von der Masse der Justizjuristen geteilt wurde, löste "das innere Knäuel im Kopf der Juristen auf"[122], unter denen diese seit dem Sturz der Monarchie im November 1918 gelitten hatten und das die Weimarer Republik nicht ordnen konnte. Und Tucholsky beschrieb dieses Knäuel bereits 1922 wie folgt: "Für diese Richter bildet Folgendes ein wirres Knäuel: Bolschewismus – Proletarier – Sozialdemokratie – Erzberger – Juden – Gewerkschaften – Streikende – Dadaismus – Republik – Betriebsräte – die neue Zeit."[123]

Der sich nun abzeichnende neue Staat offerierte den Justizjuristen auf einmal die einmalige Chance, ihren Kopf wieder freizubekommen und sich endlich wieder zu den alten Überzeugungen offen bekennen zu können. Diese gesellschaftspolitischen Auffassungen und diese Atmosphäre herrschten in Justizkreisen vor, als Weinkauff seinen Dienst als Hilfsrichter beim Reichsgericht 1935 antrat.

Wenn in diesem Zusammenhang die Machtergreifung als entscheidender Markstein genannt wird, so darf dennoch nicht unerwähnt bleiben,
dass Hitler seit dem 30. Januar 1933 einem Kabinett vorstand, dem auch
Vertreter der Deutschnationalen Volkspartei angehörten, nämlich Reichsjustizminister Gürtner und der damalige Medienzar[124] Alfred Hugenberg
als Minister für Wirtschaft und Ernährung. Und in Richterkreisen stand
die DNVP in hohem Ansehen.[125] Diese Koalitionsregierung war es, die
die rechtsstaatliche Ordnung zerschlug.

Der Deutsche Richterbund, dem die Masse der Justizjuristen angehörte
und der erst Ende Mai 1933 seine Selbstauflösung beschloss[126], erhob
gegen die Suspendierung der Weimarer Reichsverfassung keinen Protest. Vielmehr begrüßte er die neue "rechtsstaatliche Ordnung": "Der
Deutsche Richterbund sieht seine Hauptaufgabe [...] in der Mitwirkung
des gesamten Richtertums an der Neugestaltung des deutschen Rechts
und der deutschen Rechtsordnung, die in Zukunft von einem
Reichsrichtertum getragen sein soll. Frei von Fesseln, entsprechend dem
germanischen Richterideal, muss der Richter jeder Vergewerkschaftung
oder Verfachschaftung entzogen bleiben."[127] Und zu welchem Pathos
der Deutsche Richterbund fähig war, wenn es um den neuen Staat ging,
verdeutlichen diese Sätze: "Hohe Verehrung, aber auch unverbrüchliche Treue schlingen ein unauflösliches Band zwischen dem, der die
Geschicke des deutschen Volkes leitet, seinem Führer, und den deutschen Richtern. Eng um ihn geschart, wie der Heerbann um seinen
Herzog, werden wir im Kampfe ihm zur Seite stehen und das Schlacht-
feld entweder nie oder erst dann verlassen, wenn der Sieg errungen ist:
die Rettung des deutschen Volkes."[128]

Angesichts dieser weihevollen Verehrung des Führers muss gefragt werden, ob die Spitze des Deutschen Richterbundes und damit dessen Mitglieder überhaupt wussten, was sie taten, wenn beispielhaft folgende,
die Weimarer Verfassung aus den Angeln hebenden Maßnahmen der
neuen Regierung zur Diskussion gestellt werden.

Am 4. Februar 1933 schränkte die "Verordnung des Reichspräsidenten[129] zum Schutze des deutschen Volkes"[130] die Presse- und Versammlungsfreiheit ein. Am Tag nach dem Reichstagsbrand[131] wurden durch
die "Verordnung des Reichspräsidenten zum Schutz von Volk und Staat"
vom 28. Februar 1933[132] – die so genannte Reichstagsbrandverordnung –
die Grundrechte der Weimarer Verfassung aufgehoben. Diese Verordnung war wohl die folgenschwerste Maßnahme der Nationalsozialisten;

denn die neuen Machthaber verwendeten sie als "Rechtsgrundlage für das gesamte nachfolgende Schreckensregime von Polizei und SS."[133]

Nicht nur auf Gesetzesebene, sondern bereits im Alltag zeigte das neue Regime sein wahres Gesicht. Am 1. April 1933 lief in Deutschland eine zentralgelenkte Aktion unter dem Motto ab "Deutsche wehrt Euch, kauft nicht bei Juden"[134], die sich auch gegen Juden in Verwaltung und Justiz richtete. Goebbels jubelte: "Der Boykott gegen die Weltgreuelhetze ist in Berlin und im ganzen Reich in voller Schärfe entbrannt. [...] Alle Judengeschäfte sind geschlossen. [...] Das Publikum hat sich überall solidarisch erklärt. Es herrscht eine musterhafte Disziplin. Ein imponierendes Schauspiel! [...] Der Boykott ist für Deutschland ein großer moralischer Sieg."[135] Und am 2. April 1933 analysierte er: "Die Auswirkungen unseres Boykotts sind schon deutlich zu verspüren. Das Ausland kommt allmählich zur Vernunft. Die Welt wird einsehen lernen, dass es nicht gut tut, sich von den jüdischen Emigranten über Deutschland aufklären zu lassen. Es steht uns ein geistiger Eroberungsfeldzug bevor, der in der Welt genau so durchgesetzt werden muss, wie wir ihn in Deutschland selbst durchgesetzt haben."[136]

Die Worte Goebbels machen deutlich, mit welcher Konsequenz die Nationalsozialisten gegen jüdische Mitbürger und Mitbürgerinnen vorgingen und vorzugehen beabsichtigten. Der durch seine antijüdischen Schriften bekannte Gerichtsassessor Sievert Lorenzen[137], der nach 1945 in Schleswig-Holstein noch Oberlandesgerichtsrat werden sollte, offenbarte: "Am Morgen des 1. April 1933 war mit einem Schlage die deutsche Justiz fast judenfrei. Die Mehrzahl der jüdischen Richter und Staatsanwälte hatte sofort Urlaubsgesuche eingereicht. Wer die Stirn hatte, noch an seiner Dienststelle zu erscheinen, wurde von SA- und SS-Posten, die sowohl die Polizeigewalt wie – im Auftrage der Gerichtspräsidenten – das Hausrecht ausübten, schon am Eingang des Gebäudes zurückgewiesen."[138] Keiner der amtierenden Staatsanwälte und Richter protestierte gegen die Ausgrenzung der jüdischen Kollegen.

Entbehrten die am 1. April 1933 gegen die jüdischen Bürger und Bürgerinnen durchgeführten Maßnahmen noch einer "gesetzlichen" Grundlage, so wurde diese am 7. April 1933 aus Sicht der Nationalsozialisten mit dem "Gesetz zur Wiederherstellung des Berufsbeamtentums"[139] nachgeholt. Der Wortlaut dieses Gesetzes konnte nicht zynischer sein: Es stellte nichts wieder her, sondern zerstörte letztlich das Beamtentum und auch die richterliche Unabhängigkeit. Politisch und rassisch nicht genehme Beamte, Staatsanwälte und Richter konnten ihres Amtes enthoben werden.

Auch Weinkauff wurde im Sinne dieses Gesetzes überprüft. Oberreichsanwalt Werner konnte aber am 3. Juni 1933 feststellen, dass Weinkauff "nicht kommunistisch organisiert" sei und die Gewähr dafür biete, dass er jederzeit rückhaltlos für den nationalen Staat eintreten werde.[140] Auch kam Weinkauff nicht umhin, "den Nachweis seiner arischen Abstammung durch Vorlage der gesetzlich vorgeschriebenen Urkunden"[141] zu erbringen. Seine Ehefrau wurde ebenfalls einer solchen Überprüfung unterzogen; sie galt als arisch.[142]

Als Weinkauff im Mai 1935 von der Reichsanwaltschaft als Hilfsrichter ans Reichsgericht wechselte – beide Behörden waren in einem Gebäude in Leipzig untergebracht – , war auch hier "der Entjudungsprozess"[143] abgeschlossen. Aufgrund des "Gesetzes zur Wiederherstellung des Beamtentums" bzw. seiner nachfolgenden Änderungen wurden 1 Senatspräsident und 6 Reichsgerichtsräte wegen ihrer jüdischen Abstammung aus dem Dienst entfernt.[144]

Es bleibt anzumerken, dass Proteste aus den Reihen der Richter am Reichsgericht gegen diese rassistischen Maßnahmen nicht auszumachen waren. Lediglich zu einer Entschließung konnten sich die richterlichen Mitglieder des Reichsgerichts durchringen, als das Gesetz vom 7. April 1933 kurz vor seiner Verabschiedung stand. Aber diese Entschließung, die am 29. März 1933 vom Plenum des Reichsgerichts gefasst wurde – nicht einstimmig, weil bereits 4 Richter zu diesem Zeitpunkt Parteigenossen waren –, richtete sich nicht konkret gegen die Entfernung von Kollegen jüdischer Herkunft. Sie betonte "die Notwendigkeit der richterlichen Unabhängigkeit und stellte sich im Übrigen in allgemeinen Wendungen hinter die auf das Recht und die Gerichte bezüglichen Teil der Regierungserklärung vom 23.3.1933."[145] Diese Entschließung sagte damit letztlich nichts aus und bewirkte auch nichts.

Warum gerade die Richter des Reichsgerichts so unterwürfig waren, versuchte Weinkauff nach 1945 apologetisch zu erklären: Während der Weimarer Republik seien seine Kollegen "zwar unabhängig" gewesen, jedoch "in rechtsstaatlichem Denken und in unbedingter Gesetzestreue erzogen"[146] worden. Sie seien "sachlich, unparteiisch und pflichttreu" gewesen und hätten sich durch "handwerkliche Treue in der Rechtsanwendung" ausgezeichnet; ihnen sei ein "überkommenes rechtsstaatliches Denken" eigen gewesen, verbunden mit einem "Berufsethos" und einem richterlichen "Gewissen". Mit diesen Thesen verfolgte Weinkauff ein ganz bestimmtes Ziel, dass er sich nicht scheute darzulegen:

Nach den Vorstellungen seiner Kollegen "hatte sich die nationalsozialistische Revolution [...] machtmäßig durchgesetzt und war schon deswegen rechtlich anzuerkennen."[147] Und noch eine Schlussfolgerung zog er aus seinen obigen pauschalen Thesen: "Auf einen Widerstand grundsätzlicher Art gegen nationalsozialistische Rechtsetzung und Rechtshandhabung waren die deutschen Juristen und die deutschen Richter kraft ihrer Organisation und ihrer überkommenen rechtlichen Grundhaltung keineswegs vorbereitet; dazu fehlten ihnen einfach die rechtlichen Voraussetzungen."[148] Weinkauff, in seinem Bestreben, seine Kollegen zu salvieren, schreckte auch nicht davor zurück, die justizpolitischen Verhältnisse im Dritten Reich nicht nur zu ignorieren, sondern diese auch oberflächlich und sogar falsch darzustellen: Es wäre "ungerecht, ja utopisch", von seinen Kollegen nachträglich zu fordern, dass sie "Widerstand hätten leisten müssen." "Wohl aber" – so Weinkauff weiter, da er die NS-Terrorjustiz selbst nicht bagatellisieren konnte – hätte man von seinen Kollegen erwarten dürfen, "die Härten und Ungerechtigkeiten des nationalsozialistischen Rechts bei der Anwendung im Einzelfall unter dem Antriebe ihres natürlichen Rechtsgefühls und ihres richterlichen Gewissens nach Möglichkeit zu mildern." Und selbstkritisch merkte er an, dass die NS-Juristen "entgegen ihrem Gewissensantriebe" die Härten und Ungerechtigkeiten der NS-Justiz nicht voll zur Entfaltung hätten kommen lassen dürfen und dass sie diese nicht hätten "übersteigern" dürfen. Weinkauff hatte damit im Kern den wahren Charakter der NS-Justiz zwar erkannt, doch seine Kollegen – und damit sich selbst einschließend – exkulpierte er historisch verzerrend zugleich wieder: "Doch ist dabei auch der im Laufe der Jahre sich bis zum Unerträglichen steigernde terroristische Druck zu berücksichtigen, unter den der Nationalsozialismus den Rechtsstand setzte und dem der einzelne und vereinzelte, aus allen Bindungen gelöste Richter mehr oder minder hilflos gegenüberstand."[149]

Was waren das für Juristen, die als höchste Richter des Reiches politische und rassistische Verfolgungsmaßnahmen der neuen Regierung stillschweigend duldeten? Der seit 1929 amtierende Reichsgerichtspräsident Erwin Bumke hatte von den Eigenschaften, die ein Reichsgerichtsrat aufweisen sollte, ganz klare Vorstellungen. Dieser sollte "nicht nur reiche juristische Kenntnisse und Erfahrungen, tiefes menschliches Verständnis, klare Einblicke in die Bedürfnisse des Staats- und Wirtschaftslebens" haben, "sondern auch die Fähigkeit" besitzen, "auf einem bestimmten Gebiete der gesamten Rechtsentwicklung ein Führer zu sein."[150]

1.3.2. Hilfsrichter am Reichsgericht: Bewährung Weinkauffs im 3. Strafsenat unter Leitung des Reichsgerichtspräsidenten Erwin Bumke

Dass Weinkauff am 15. Mai 1935 als Hilfsrichter ans Reichsgericht kommen konnte, wurde durch die Tatsache begünstigt, dass zu diesem Zeitpunkt die Zahl der Strafsenate von 5 auf 6 erhöht wurde.[151] Das Amt eines Hilfsrichters, der im Senat voll stimmberechtigt war, wurde erst durch das "Gesetz über die Zuziehung von Hilfsrichtern zum Reichsgericht" vom 1. März 1930[152] eingeführt. Der Grund hierfür war der gestiegene Arbeitsanfall am Reichsgericht und der Mangel an Planstellen für Reichsgerichtsräte.

Weinkauff wurde durch Präsidiumsbeschluss des Reichsgerichts dem von Reichsgerichtspräsident Bumke geführten 3. Strafsenat zugeteilt.[153] Bumke[154], Jahrgang 1874, symbolisiert den Untergang der deutschen Rechtspflege. Er trat 1919 zwar in die DNVP ein, exponierte sich aber nie parteipolitisch.[155] Dass gerade der der DDP angehörende Reichsjustizminister Koch-Weser – ein ausgemachter Demokrat – Bumke 1929 zum Reichsgerichtspräsidenten vorschlug[156], ist im Nachhinein geradezu als tragisch zu bezeichnen. Bumke, der am 1. Mai 1937 der NSDAP beitrat und durch einen besonderen "Führer-Erlass" vom 4. Juli 1939 über sein 65. Lebensjahr hinaus bis zum Ende des Dritten Reiches im Amt blieb[157], "verstrickte sich [...] immer tiefer in das Unrecht des 3. Reiches."[158]

Dass er das Portrait des ersten Präsidenten des Reichsgerichts – Eduard von Simson –, den die Nationalsolisten als Juden stigmatisierten, nach der Machtergreifung aus der im Reichsgericht befindlichen Bildergalerie entfernen und wegschaffen ließ,[159] untermauert Bumkes Opportunismus und Charakterlosigkeit.

Bumke, der wie so viele Karrierejuristen aus dem kaiserlichen Reichsjustizamt kam, leitete seit 1920 die Abteilung II im Reichsjustizministerium und war für die Bereiche Strafrecht, Strafprozessrecht und Strafvollzug zuständig.[160] Er war maßgebend an den Reformarbeiten auf dem Gebiete des Strafrechts beteiligt. Er hatte einen ausgezeichneten Ruf in Juristenkreisen sowohl im Inland als auch im Ausland. Er war eine anerkannte Persönlichkeit, als er 1929 im 55. Lebensjahr Reichsgerichtspräsident wurde.

Für den ehrgeizigen Weinkauff bot sich die Chance, unter den Augen Bumkes seine Fähigkeiten unter Beweis zu stellen. Bei seinem Eintritt in den 3. Strafsenat gehörten diesem folgende Reichsgerichtsräte an:

Dienstältester Reichsgerichtsrat und damit Stellvertreter Bumkes war Hermann Schmitz[161], der – Jahrgang 1873 – seine Sozialisation im Kaiserreich erhalten hatte. Mit guten Examensergebnissen hatte er es 1913 bis zum Oberlandesgerichtsrat gebracht, ehe er am 1. Dezember 1919 Reichsgerichtsrat wurde. Die Tatsache, dass er bereits im Juli 1938 das 65. Lebensjahr erreichte, macht plausibel, dass er der NSDAP nicht beitrat, zumal eine Beförderung zum Senatspräsidenten sich nicht abgezeichnet hatte. Anlässlich seiner Pensionierung umschrieb Bumke diese Tatsache beschönigend: "Nur besonders ungünstige, völlig außerhalb seiner Person liegende Umstände haben bewirkt, dass ihm die verdiente Beförderung zum Senatspräsidenten nicht mehr hat zuteil werden können."[162] Andererseits machte Bumke deutlich, dass Schmitz "wesentlich dazu beigetragen" habe, "dass das Reichsgericht sich bei der Erneuerung des Rechtsdenkens im nationalsozialistischen Staat eine führende Stellung gesichert" habe.[163] Damit meinte Bumke auch die Beteiligung von Schmitz an der "Rechtsprechung" des 3. Strafsenats in den so genannten Rassenschandefällen.

Diese "Rechtsprechung", auch "Blutschutzrechtsprechung" genannt, fußte auf dem "Gesetz zum Schutze des deutschen Blutes und der deutschen Ehre" vom 15. September 1935.[164] Um überhaupt im Ansatz erahnen zu können, was mit diesem "Gesetz" bezweckt wurde, ist die teilweise Wiedergabe seines Inhalts vonnöten.

In der Präambel dieses "Gesetzes" hieß es: "Durchdrungen von der Erkenntnis, dass die Reinheit des deutschen Blutes die Voraussetzung für den Fortbestand des Deutschen Volkes ist, und beseelt von dem unbeugsamen Willen, die Deutsche Nation für alle Zukunft zu sichern, hat der Reichstag einstimmig das folgende Gesetz beschlossen, das hiermit verkündet wird." Durch § 1 Abs. 1 wurden "Eheschließungen zwischen Juden und Staatsangehörigen deutschen oder artverwandten Blutes" verboten. § 2, mit dem sich auch der 3. Strafsenat zu beschäftigen hatte, lautete: "Außerehelicher Verkehr zwischen Juden und Staatsangehörigen deutschen oder artverwandten Blutes ist verboten." Dieses Verbot wurde durch § 5 Abs. 2 – der nur auf Männer als potentielle "Täter" abzielte – mit folgender Strafe belegt: "Der Mann, der dem Verbot des § 2 zuwiderhandelt, wird mit Gefängnis oder mit Zuchthaus bestraft."

Diese Bestimmungen zwangen auch den 3. Strafsenat sozusagen Farbe zu bekennen, wenn es galt, den Begriff "außerehelicher Verkehr" auszulegen und einen strafbaren Versuch im Rahmen dieses Begriffes zu definieren. Insbesondere bei der letzten Rechtsfrage mussten die Mitglieder des 3. Strafsenats den Intimbereich und die sexuellen Praktiken beim Geschlechtsverkehr Dritter auf ihre strafrechtliche Relevanz untersuchen. Diese "richterliche" Arbeit, die nicht nur der 3. Strafsenat zu erledigen hatte, verschwiegen Juristenkreise nach 1945 tunlichst. Auch Weinkauff, der nach der Quellenlage nicht an dieser "Rechtsprechung" beteiligt war[165], erwähnte nach 1945 diese Tätigkeit des Reichsgerichts wohlweislich nicht.[166]

Von der durch diese Bestimmungen beabsichtigten Diskriminierung jüdischer Mitbürger einmal abgesehen, war diese Art der "Rechtsprechung" in einem Bereich angesiedelt, der zum Tabubereich damaliger Moralvorstellungen gehörte. Nun aber mussten ausgerechnet die Richter am Reichsgericht dieses Tabu nicht nur brechen, sondern es auch ausführlich thematisieren. Dieser Peinlichkeit ging man nach Möglichkeit aus dem Weg, wie nachfolgender Fall veranschaulicht.[167]

Am 27. April 1936 verurteilte die große Strafkammer des Landgerichts Koblenz den Viehhändler Jakob D. wegen versuchten Verbrechens gegen das "Gesetz zum Schutze des deutschen Blutes und der deutschen Ehre" zu einer Gefängnisstrafe von sechs Monaten. Der Verurteilung lag folgender Sachverhalt zugrunde: Der Angeklagte war aufgrund damaliger Bestimmungen Jude. Er wollte mit der Prostituierten, der Zeugin S., geschlechtlich verkehren. Nachdem er mit ihr in deren Behausung gegangen war, zog sie sich ihren Schlüpfer aus und setzte sich auf ihr Bett. Der Angeklagte knöpfte seine Hose auf. Als die Zeugin S. das Geschlechtsteil des Angeklagten anfasste, kam es bei ihm zum Samenerguss. Aus diesem Grunde war der Angeklagte zur Ausübung des Beischlafes mit der Zeugin S. nicht mehr in der Lage. Bei seinem Weggang gab er der Zeugin S. 1 Reichsmark.

Gegen dieses Urteil legte der Angeklagte Revision ein, weil er meinte, es habe nur eine (straflose) vorbereitende Handlung zum Geschlechtsverkehr vorgelegen. Die Reichsanwaltschaft, vertreten durch Reichsanwalt Kirchner – der noch Richter am Bundesgerichtshof werden sollte –, vertrat hingegen die Auffassung, dass die Revision des Angeklagten mit der Maßgabe zu verwerfen sei, dass dieser wegen vollendeter Rassenschande zu verurteilen sei.

So weit wollte der 3. Strafsenat nun doch nicht gehen. Berichterstatter in diesem Fall war Reichsgerichtsrat Erich Schultze[168]. Er musste sich mit folgender Ausgangsfrage auseinander setzen: War der voreilige Samenerguss, nachdem die Prostituierte lediglich das Geschlechtsteil des Angeklagten berührt hatte, schon der Versuch eines Geschlechtsverkehrs? Schultze gab sich reichlich Mühe, anhand des vorliegenden Sachverhalts eine Abgrenzung zwischen vorbereitender (strafloser) Handlung und einem strafbaren Versuch zu definieren. Schultzes handschriftlich gefertigter Entscheidungsvorschlag beinhaltete einen strafbaren Versuch. Seine Darlegung setzte sich mit Einzelheiten des Geschehens auseinander; sie las sich daher mehr als peinlich.

Dies wollte Bumke unter allen Umständen vermeiden, obwohl er mit dem Ergebnis einverstanden war. Deshalb verwies er Schultze auf einen Beschluss des Großen Senats für Strafsachen vom 9. Dezember 1936, der bereits veröffentlicht war[169]. In diesem Beschluss hatte der Große Senat unter Vorsitz von Bumke Folgendes festgestellt: "Der Begriff Geschlechtsverkehr im Sinne des Blutschutzgesetzes umfasst nicht jede unzüchtige Handlung, ist aber auch nicht auf den Beischlaf beschränkt. Er umfasst den gesamten natürlichen und naturwidrigen Geschlechtsverkehr, also außer dem Beischlaf auch alle geschlechtlichen Betätigungen mit einem Angehörigen des anderen Geschlechtes, die nach der Art ihrer Vornahme bestimmt sind, an Stelle des Beischlafs der Befriedigung des Geschlechtstriebes mindestens des einen Teiles zu dienen." Diese Entscheidung verstieß eindeutig gegen die "gesetzliche" Vorgabe. Denn in der ersten Verordnung zur Ausführung des "Gesetzes" zum Schutze des deutschen Blutes und der deutschen Ehre vom 14. November 1935[170] wurde in § 11 Folgendes geregelt: "Außerehelicher Verkehr im Sinne des § 2 des Gesetzes ist nur der Geschlechtsverkehr."

Nach der Entscheidung vom 9. Dezember 1936 "gab es kein Halten mehr in der einschlägigen Rechtsprechung des Reichsgerichts".[171] Dass die für "Rassenschande" zuständigen Strafsenate des Reichsgerichts die Bestimmungen dieses "Gesetzes, über den eigentlichen ,Gesetzes'text hinaus auslegten und damit Rechtsbeugung begingen, ohne durch die politische Führung hierzu gezwungen worden zu sein, muss nicht unbedingt auf einer nationalsozialistischen Überzeugung der betreffenden Reichsgerichtsräte beruht haben. Denn die DNVP, die sich in Richterkreisen größter Beliebtheit erfreute, hatte bereits im April 1920 "antisemitisches Gedankengut in ihr Programm"[172] aufgenommen.

Durch Urteil vom 4. Februar 1937 verwarf der 3. Strafsenat unter Beteiligung von Bumke, Güngerich, Hartung, Müller und Schultze die Revision des angeklagten Viehhändlers Jakob D. Und der Berichterstatter Schultze hatte – ganz offensichtlich auf Bumkes Vorschlag hin – in den Gründen einen eleganten Weg gewählt; diese enthielten nämlich keine langatmigen Ausführungen zum Sachverhalt mehr, sondern stellten unter Bezugnahme auf die Entscheidung des Großen Senats für Strafsachen vom 9. Dezember 1936 Folgendes fest: "[...] Die äußeren und inneren Merkmale des Versuchs dieses Verbrechens sind rechtlich bedenkenfrei festgestellt worden. Es handelt sich nicht um bloße Vorbereitungshandlungen (RGSt, Bd. 70, S. 375).[...]".

Der Berichterstatter im oben erwähnten Urteil war wie gesagt Reichsgerichtsrat Erich Schultze, Jahrgang 1880.[173] Er gehörte von 1919 bis 1924 der DNVP an und wurde am 1. Mai 1933 Mitglied der NSDAP. Er nahm am 1. Weltkrieg bis November 1918 teil, zuletzt im Range eines Hauptmanns der Reserve; er wurde mit dem EK II und EK I dekoriert.

1922 wurde er Landgerichtsdirektor am Landgericht Berlin I. 1931 berief man ihn als Hilfsrichter zum Reichsgericht, wo er am 1. Januar 1933 zum Reichsgerichtsrat ernannt wurde. Er war ständig im Strafrechtsbereich eingesetzt. Ab 1. Juli 1937 war er Senatspräsident des 1. Strafsenats. Ende 1947 starb er in einem sowjetischen Lager.[174]

Ein weiteres Mitglied des 3. Strafsenats war Walther Froelich – 1880 geboren –, der einer der Beisitzer im allseits bekannten Reichstagsbrandprozess war.[175] Er blieb bis 1945 Reichsgerichtsrat und war während dieser Zeit fast ständig dem 3. Strafsenat zugeteilt.[176] Auch er war zunächst Hilfsrichter am Reichsgericht (1930), ehe er 1932 Reichsgerichtsrat wurde. Der DVP gehörte er 1919/1920 an; sodann wechselte er zur DNVP, wobei er später aber der NSDAP nicht beitrat. Wie so viele seiner Kollegen war er im Reserve-Offiziersrang Teilnehmer des 1. Weltkrieges. Er starb im Sommer 1946 in einem sowjetischen Lager.[177]

Der seit 1927 amtierende Reichsgerichtsrat Gustav Güngerich[178] – Jahrgang 1872 – arbeitete viele Jahre im 3. Strafsenat. Er gehörte nie einer Partei an. Im 1. Weltkrieg brachte er es bis zum Hauptmann der Reserve. 1938 trat er altersbedingt in den Ruhestand. Doch nach Ausbruch des 2. Weltkrieges ließ er sich als Beamter auf Widerruf reaktivieren und gehörte sodann bis 1942 wieder dem 3. Strafsenat an.

Richard Oesterheld[179], der seit 1932 Reichsgerichtsrat war, trat 1937 im Alter von 57 Jahren noch der NSDAP bei, wohl in der Hoffnung, Senatspräsident werden zu können, was sich aber nicht erfüllte. Vor 1933 gehörte er für zwei Jahre der DVP an. Auch er hatte als Leutnant der Reserve am 1. Weltkrieg teilgenommen. Als Frontkämpfer war er mit dem EK II dekoriert worden. Ab 1936 war er zunächst Mitglied des VII. Zivilsenats unter Leitung des Nationalsozialisten Freiherr von Richthofen, bevor er 1945 in den VI. Zivilsenat wechselte. Die Personalie Oesterheld müsste an sich nicht so ausführlich erwähnt werden, wenn nicht von folgendem Ereignis zu berichten wäre. Am 29. März 1945 verfügte Reichsgerichtspräsident Bumke Folgendes: "1. Am 11. April 1945 hat Reichsgerichtsrat Oesterheld 65. Geburtstag. 2. Das Werk ‚Mein Kampf' ist vorzubereiten [...] 7. Wvl (Wiedervorlage) am 9.4.45" und am 12. April 1945 vermerkte Bumke sodann in der Personalakte Oesterheld: "Das Werk ‚Mein Kampf' habe ich heute ausgehändigt."

Reichsgerichtsrat Eugen Kamecke[180], der ebenfalls am 1. Weltkrieg teilnahm – zuletzt im Range eines Hauptmanns der Reserve –, gehörte von 1926 bis 1932 der DVP an; er trat aber nicht in die NSDAP ein. Im Alter von 55 Jahren wurde er Reichsgerichtsrat. Bis 1945 gehörte er sowohl dem 3. als auch dem 5. Strafsenat an. Auch Kamecke – als Mitglied des 5. Strafsenats – war für die extensive "Rechtsprechung" in den sog. Rassenschandefällen mitverantwortlich, die den strafbaren Versuch der "Rassenschande" auch auf die bloße Vorbereitungshandlung ausweitete.[181] Kamecke starb 1945 in einem sowjetischen Lager.[182]

Reichsgerichtsrat Otto Müller[183] wurde 1924 zum Oberlandesgerichtsrat am Oberlandesgericht Königsberg ernannt. Und obwohl der dortige Oberlandesgerichtspräsident ihn bereits 1925 zum Reichsgerichtsrat vorgeschlagen hatte, erhielt er erst 1931 im Alter von 53 Jahren diese Stellung. Sein Parteibeitritt 1937 wird seine Ernennung zum Senatspräsidenten 1938 befördert haben. Danach wechselte er vom 3. in den 4. Strafsenat, den er bis 1945 leitete.[184]

Friedrich Wilhelm – genannt Fritz – Hartung[185] war seit 1929 Reichsgerichtsrat; er blieb es bis zur Kapitulation 1945. Hartung, der 1923 zum Ministerialrat im preußischen Justizministerium aufstieg und dort Referent für Straf- und Strafprozessrecht war, hatte sich als Ministerialbeamter einen ausgezeichneten Ruf erworben. Es wäre daher nur eine Frage der Zeit gewesen, bis er – der Reichsgerichtsrat werden wollte – einen Ruf an das Reichsgericht erhalten hätte. Doch Hartung, Jahrgang 1884, wollte seine Karriere nicht Zufällen überlassen. Als Mann der Tat, er war Leutnant im 1. Weltkrieg, trat er Ende August 1929 der Deutschen Demokratischen Partei bei; eine Mitgliedschaft im Republikanischen Richterbund[186] folgte im September 1929.

Diese opportunistischen Bekenntnisse zur Demokratie werden dem preußischen Justizminister Hermann Schmidt[187] nicht unbekannt geblieben sein. Schmidt, ehemals Senatspräsident am Kammergericht in Berlin, wurde – dem linken Zentrumsflügel nahe stehend – 1927 preußischer Justizminister unter Ministerpräsident Braun (SPD). Dieses Amt hatte er bis März 1933 inne. Er war bestrebt, "eine gezielte Personalpolitik im demokratischen Sinne"[188] zu betreiben, um die Demokratisierung der Justiz einzuleiten und zu festigen.

Bei so einem Chef machte es sich also gut, wenn man seine demokratische Überzeugung – die offensichtlich keine war – durch Bekenntnisse unter Beweis stellte. Und Hartung sollte mit seinem Opportunismus Erfolg haben. Am 18. November 1929 wandte sich Justizminister Schmidt an den rechtskonservativen Staatssekretär im Reichsjustizministerium, Joël, und schlug Hartung zum Reichsgerichtsrat vor. Da gegen dessen fachliche Eignung nicht das Geringste sprach, er hatte beide juristische Examen mit gut bestanden, wurde er zum 1. Dezember 1929 Reichsgerichtsrat. Er wurde dem 3. Strafsenat zugeteilt, in dem er bis 1945 blieb.[189] Kaum war er Reichsgerichtsrat, trat er aus der DDP aus; sein Rückzug aus dem Republikanischen Richterbund folgte im Frühjahr 1932. Nach der Machtergreifung trat er im Mai 1937 der NSDAP bei. Doch diese Häutung zeitigte keinen Karriereerfolg. Hartung blieb bis zur Kapitulation Reichsgerichtsrat.

Obwohl er die "Rechtsprechung" des 3. Strafsenats in den sog. Rassenschandefällen mit zu verantworten hatte[190], scheute er sich nach 1945 nicht, die These zu vertreten, unter Bumke habe der 3. Strafsenat Schlimmeres verhütet.[191] Seine Lebenserinnerungen unter dem Titel "Jurist unter vier Reichen" erschienen 1971. Darin bezieht er die Bundesrepublik als viertes Reich mit ein. Seine Autobiographie entlarvt ihn als jemanden, der die Realitäten der Vergangenheit nicht zur Kenntnis nehmen wollte. Auch er – und dies wollte er wohl mit der Formulierung "unter vier Reichen" zum Ausdruck bringen – sah sich lediglich als Diener des Rechts, der stets dem gesetzten Recht oberste Priorität eingeräumt habe.[192] Hartungs Vergangenheit mag der Grund dafür gewesen sein, dass er nicht Mitglied des Bundesgerichtshofes wurde.

Diese vorbenannten 8 Reichsgerichtsräte wiesen folgende soziologischen Merkmale auf:[193]

Ihr Durchschnittsalter zum Zeitpunkt der Ernennung zum Reichsgerichtsrat betrug 51,5 Jahre, während Weinkauff bereits im Alter von 43 Jahren diese Stellung erlangte. 4 Reichsgerichtsräte kamen aus akademischen Haushalten (Vater war Akademiker); 2 waren bäuerlicher Herkunft (Bauer bzw. Rittergutsbesitzer) und 2 entstammten gehobenen Beamtenfamilien. Ihre Herkunft erklärte sich daraus, dass das Gerichtsreferendariat zur damaligen Zeit nicht bezahlt wurde und die angehenden Richter bzw. Staatsanwälte auf Unterstützung aus dem Elternhaus angewiesen waren.

7 Reichsgerichtsräte waren evangelischen Glaubens, während 1 Richter Katholik war. 6 Beisitzer hatten im 1. Weltkrieg als Offizier gedient (75 %); 1 Richter war Unteroffizier. Von den 8 Richtern hatten also 87,5 % den 1. Weltkrieg miterlebt. Der Katholik war sog. Ungedienter. Auffallend ist, dass dieser weder vor noch nach 1933 einer Partei angehörte.

Eine Parteizugehörigkeit vor 1933 war bei 5 Reichsgerichtsräten festzustellen, wobei 4 der DVP bzw. DNVP angehörten. Da Hartungs Mitgliedschaft zur DDP lediglich opportunistischer Natur war, er wird in Wirklichkeit wohl der DVP bzw. DNVP nahe gestanden haben, waren folglich 62,5 % der Senatsmitglieder bereits vor der Machtergreifung konservativer bzw. rechtskonservativer Einstellung. 3 Reichsgerichtsräte waren vor 1933 parteilos.

4 Reichsgerichtsräte gehörten der NSDAP an; 1 trat 1933 und 3 traten 1937 der Partei bei. Von diesen Parteigenossen waren 3 bereits vor 1933

parteilich gebunden; nur 1 war vor 1933 parteilos. Von den anderen 4 Richtern, die nicht der NSDAP angehörten, waren 2 vor 1933 bereits Mitglied der DVP bzw. DNVP, während die restlichen 2 vor 1933 parteilos waren.

Die Mitglieder des 3. Strafsenats – ohne Reichsgerichtspräsident Bumke, der einer Arztfamilie entstammte[194] – kamen somit aus gutbürgerlichen Familien. Sie waren also nicht in Arbeiterkreisen aufgewachsen und verkehrten mit diesen in aller Regel nicht. Diese soziale Distanz wird noch dadurch verstärkt worden sein, dass diese Richter mit Ausnahme eines Kollegen im Offiziers- bzw. Unteroffiziersrang den 1. Weltkrieg aktiv miterlebt hatten.

Weinkauff, selbst Weltkriegsteilnehmer als Leutnant der Reserve, kam also in einen Senat, dessen Mitgliedern militärisches Denken nicht fremd war. Autoritäres, elitäres und selbstbewusstes sowie auf Respekt bedachtes Auftreten hatten diese Reichsgerichtsräte während ihrer militärischen Ausbildung und Laufbahn kennen gelernt. Diese Eigenschaften hatten sie auch verinnerlicht. Ihre soziale Herkunft förderte nicht gerade liberales Denken.

Als 41-jähriger Hilfsrichter kam Weinkauff in einen Senat, dessen Mitglieder im Durchschnitt mehr als 10 Jahre älter waren als er.[195] Auch dieser Umstand macht deutlich, dass seine Kollegen – noch mehr als er selbst – ihre Wurzeln im untergegangenen Kaiserreich hatten.[196]

Der 3. Strafsenat war natürlich nicht nur für die sog. Rassenschandefälle zuständig. Er musste als Revisionsinstanz alle Strafsachen aus den Bezirken der Oberlandesgerichte Celle, Düsseldorf, Hamburg, Hamm, Kassel, Kiel, Oldenburg und Stettin sowie aus den Bezirken der Landgerichte Königsberg, Magdeburg und Stendal bearbeiten.[197]

Die Quellen – soweit sie stichprobenartig überprüft wurden – ergeben[198], dass Weinkauff als Berichterstatter im 3. Strafsenat mit Fällen beschäftigt war, die die gängige Kriminalität zum Gegenstand hatten. Dabei fällt auf, dass er häufig die Frage zu prüfen hatte, ob der Rechtsbegriff "gefährlicher Gewohnheitsverbrecher" im Sinne des § 20 a StGB durch die 1. Instanz richtig angewandt worden war.

Diese Bestimmung galt seit dem 1. Januar 1934 und war durch das "Gesetz gegen gefährliche Gewohnheitsverbrecher und über Maßregeln der

Sicherung und Besserung" vom 24. November 1933[199] eingeführt worden. Sie berücksichtigte die Lehre vom Tätertyp, ohne dass der Gesetzgeber den Begriff "gefährlicher Gewohnheitsverbrecher" definiert hatte. Folglich war der Beurteilungsspielraum des erkennenden Gerichts sehr weit. Eine stichprobenartige Untersuchung der vom 3. Strafsenat gefällten Entscheidungen im Zeitraum vom 15. Mai 1935 bis zum 30. November 1936 – als Weinkauff diesem Senat als Hilfsrichter angehörte – ergab, dass bei der Prüfung des § 20 a StGB keine nationalsozialistische Phraseologie Eingang gefunden hatte und dass sich die juristische Argumentation durch "Normalität" auszeichnete. Diese Handhabung bezieht sich auch auf die Fälle, in denen Weinkauff als Berichterstatter den Begriff des "gefährlichen Gewohnheitsverbrechers" zu hinterfragen hatte.[200]

Zum historischen Hintergrund des § 20 a StGB ist anzumerken, dass dieser keine Erfindung der Nationalsozialisten war. Bereits während der Reformarbeiten zum Strafrecht in der Weimarer Republik war im StGB-Entwurf von 1925 durch § 77[201] eine ähnliche Vorschrift aufgenommen worden; dasselbe galt auch für den StGB-Entwurf von 1929, der § 78[202] die Überschrift "Gewohnheitsverbrecher" gab. Bekanntlich scheiterten allerdings diese Reformvorhaben in der Weimarer Republik. § 20 a StGB in der Fassung von 1933 wurde in der Bundesrepublik erst 1969 durch das "1. Gesetz zur Reform des Strafrechts" aufgehoben.

Festzuhalten ist also, dass § 20 a StGB "noch keineswegs spezifisch nationalsozialistische Vorstellungen vom Strafrecht"[203] beinhaltete. Allerdings bewertete § 20 a StGB nicht allein die Tat, sondern machte eine Verurteilung auch vom Begriff des "gefährlichen Gewohnheitsverbrechers" abhängig. Diese Hinwendung zum "Tätertypenstrafrecht"[204] nahmen später die Nationalsozialisten zum Anlass, neue Tätertypen zu erfinden, wie z. B. den "Gewaltverbrecher", der in der Gewaltverbrecher-Verordnung vom 5. Dezember 1939[205] Eingang fand.

Als am 4. September 1941 das "Gesetz zur Änderung des Strafgesetzbuchs"[206] erlassen wurde, gab es für die nationalsozialistische "Rechtsprechung" kein Halten mehr. Nach § 1 dieses Gesetzes wurde jede mit Hilfe von Gewalt oder gefährlichen Werkzeugen begangene Straftat eines "gefährlichen Gewohnheitsverbrechers" im Sinne des § 20 a StGB mit der Todesstrafe bedroht, "wenn der Schutz der Volksgemeinschaft oder das Bedürfnis nach gerechter Sühne es erforderten."

Diese Abläufe machen bereits deutlich, dass Weinkauff in einer Zeit dem 3. Strafsenat angehörte, als die Nationalsozialisten ihre Vorstellungen von der Verbrechensbekämpfung noch nicht abschließend in die Tat umgesetzt hatten. Hinzu kam, dass durch die Errichtung von Sondergerichten gemäß der "Verordnung der Reichsregierung über die Bildung von Sondergerichten" vom 21. März 1933[207] und des Volksgerichtshofes gemäß dem "Gesetz zur Änderung von Vorschriften des Strafrechts und des Strafverfahrens" vom 24. April 1934[208] eine Vielzahl von Straftaten diesen "Gerichten" zur Aburteilung übertragen wurden.[209] Folglich war auch das Reichsgericht als Revisionsinstanz zumindest während Weinkauffs Hilfsrichtertätigkeit überwiegend für "normale" Straftaten zuständig.

Als Weinkauff als Hilfsrichter in den 3. Strafsenat eintrat, waren die von den Nationalsozialisten beabsichtigten Reformpläne, die allerdings umfassend nie Gesetzeskraft erlangten, auf dem Gebiet der Strafverfahrens-, Friedensrichter- und Schiedsmannsordnung sowie des Gerichtsverfassungsgesetzes in vollem Gange[210], die am 27. Februar 1936 in einen ersten Entwurf mündeten. Auch das Reichsgericht sollte nun hierzu Stellung nehmen. Reichsgerichtspräsident Bumke wollte sich hieran persönlich beteiligen. Um den Standpunkt des Reichsgerichts nach außen eindrucksvoll deutlich zu machen, berief er einen Ausschuss ein, dem die Reichsgerichtsräte Goedel, Hartung, Raestrup, Scheurlen, Schmitz, Schultze, Tittel, Vogt, Willhöfft, Zeiler, Zoeller, der Senatspräsident Witt, der Reichsanwalt Schneidewin und Weinkauff angehörten.[211]

Dass Bumke Weinkauff in dieses Gremium berief, spricht für dessen juristisches Können. Und Weinkauff war denn auch nicht untätig. Soweit der Ausschuss Weinkauffs Vorarbeiten in wichtigen Fragen in sein Beratungsergebnis mit aufnahm, werden diese – soweit erwähnenswert – hier referiert.

Auf Einzelheiten der von den Nationalsozialisten beabsichtigten Reformarbeiten kann hier nicht eingegangen werden. Ein wichtiges Ziel der Nationalsozialisten im Rahmen der Reform lief auf eine Erweiterung der Befugnisse des Vorsitzenden im Strafprozess hinaus. Insoweit sollte auch hier der Führergrundsatz an Bedeutung gewinnen. Zum ersten Mal wurde diese Frage bei der Überarbeitung/Reform des Gerichtsverfassungsgesetzes (GVG) aktuell.[212] Am 27. Februar 1936 hatte das Reichsjustizministerium den "Entwurf eines Gerichtsverfassungsgesetzes mit

Ausnahme der die Zivilrechtspflege betreffenden Vorschriften" vorgelegt, der am 9. Mai 1936 "den an der Gesetzgebung beteiligten Stellen ‚streng vertraulich' übersandt"[213] wurde.

Kernstück des Entwurfs waren die §§ 134, 136 GVG.[214] § 134 Abs. 1 GVG beinhaltete den Grundsatz, dass der Vorsitzer des Gerichts die Entscheidungen erlässt.[215] § 134 Abs. 2 S. 1 GVG bestimmte sodann: "In den Gerichten, die mit mehreren Richtern (Schöffen oder Berufsrichter) besetzt sind, beraten den Vorsitzer die mitwirkenden Richter." Nach § 134 Abs. 2 S. 2 GVG musste der Vorsitzer allerdings "zu den Entscheidungen, die nach der Verfahrensordnung dem Gericht vorbehalten" waren (z. B. das Urteil), die Zustimmung von "mindestens der Hälfte der mitwirkenden Richter" einholen. Wenn er diese qualifizierte Zustimmung nicht bekam, sollte durch § 136 Abs. 1 S. 1 GVG der Fortgang der Entscheidungsfindung gewährleistet werden: Fand "der Vorsitzer nicht die nötige Zustimmung der anderen Richter", so war er befugt anzuordnen, "dass in der Sache von einem anders besetzten Gericht zu entscheiden" war. In diesem Fall bestimmte aber § 136 Abs. 2 S. 2 GVG: "In diesem Gericht dürfen der Vorsitzer und die Richter nicht wirken, die bei der früheren Beratung mitgewirkt haben."

Nach Vorliegen dieses Entwurfs beauftragte Bumke Weinkauff mit einer kurzen Stellungnahme zu §§ 134, 136 GVG, die dieser am 22. Juni 1936 den Ausschussmitgliedern vorlegte.[216] Weinkauffs Ausführungen geben einen Einblick in seine Gedankenwelt über den Sinn und das Wesen des "Richtertums". Er plädierte für einen unabhängigen Richter, der "die geschichtliche Wahrheit über ein vergangenes Stück Leben und die Rechtsfolge zu ergründen"[217] habe, "die die gültige Rechtsordnung [...] daran" knüpfe, wobei der Richter insoweit "nur unter dem Zwang seines Gewissens" stünde.

Dieses Bekenntnis zur Unabhängigkeit der Richterschaft war auf den ersten Blick zwar nicht angreifbar. Es war jedoch deshalb oberflächlich und damit nichtssagend, weil die Unabhängigkeit des Richters an die damalige "gültige Rechtsordnung" gekoppelt war. Dabei wurde der "gültigen Rechtsordnung" – den politisch herrschenden Verhältnissen – letztlich der Vorrang eingeräumt. Im Einzelnen führte Weinkauff in seiner Stellungnahme aus:

"Der Führergrundsatz kann ein Doppeltes bezeichnen wollen: die echte Führung kraft innerer Berufung (die ist selten und ein Geschenk von

oben) und den organisatorischen Grundsatz, dass innerhalb einer ge-
gliederten Ordnung die Entscheidungsgewalt jeweils bei einem Einzelnen liegen soll, dem Berater zur Seite stehen (die sog. monokratische
Amtsverfassung). Innerhalb der Rechtsprechung könnte der Führergrundsatz nur in dieser letzteren Bedeutung in Frage kommen. Er widerspräche jedoch m. E. dem inneren Wesen des Richtertums.

Die Menschen zerfallen ihrer Anlage und ihrem natürlichen Aufgaben-
bereich nach in vorwiegend Handelnde und vorwiegend Erkennende
(Betrachtende). Die einen gestalten kraft eigener Willensmacht die Zukunft. So der Staatsmann, der Feldherr, der Wirtschaftende. In ihrem Bereich ist das Führertum die natürliche Lebensform. Die anderen verhalten sich aufnehmend (erkennend) zu den objektiven Ordnungen der
Welt und ihrem Sinn. So der Forscher, der Gläubige und bis zu einem
gewissen Grade der Künstler. In ihrem Bezirk ist die Forderung nach
menschlicher, willensmäßiger Über- und Unterordnung sinnlos. Hier
herrschen die übermenschlichen, objektiven Ordnungen, die nur in frei-
er Entschließung des persönlichen Gewissens ergriffen werden können.

Der Richter verhält sich vorwiegend erkennend. Er hat die geschichtliche Wahrheit über ein vergangenes Stück Leben und die Rechtsfolge
zu ergründen[218], die die gültige Rechtsordnung (nicht etwa sein eigener Wille) daran knüpft und steht dabei nur unter dem Zwang seines
Gewissens. Darum ist Weisheit, nicht Willensmacht, die eigentliche richterliche Tugend. Man nimmt dem Richter die ihm eigentümliche Würde und den Sinn seines Amtes, wenn man ihm die eigenverantwortli-
che Entscheidungsmacht nimmt.

Nun ist es aber uralte Weisheit der Völker, und insonderheit der germanischen, dass die Aufgabe der Wahrheits- und Rechtsfindung am besten einer Mehrheit unabhängiger Richter anvertraut wird. Gerade die
germanischen Völker haben immer die Richterbank, die Schöffenbank
gekannt. Ja, sie sind vielfach so weit gegangen, dem Einzelrichter, der
die Verhandlung leitet und Auskunft über das Recht gibt, gegenüberzu-
stellen die Mehrheit der Urteiler, die den Richterspruch fällen. Dieses
aus Urzeiten kommende Gefühl ist auch heute noch im deutschen Volk
lebendig. Es fühlt – vielleicht unbewusst –, dass sein Recht besser aufgehoben ist bei einer Mehrheit unabhängiger Männer als bei einem Einzelnen, der Glied einer hierarchischen Ordnung ist.

Schlussfolgerungen: Gegen den Entwurf, der zu vermitteln strebt, wo
nicht vermittelt werden kann. Für stärkere Herausstellung des Vorsitzen-

den außerhalb der eigentlichen Spruchtätigkeit und ihrer Vorentscheidungen. Für die Richterbank.

Zusatz: Sollten politische Gründe den Führergrundsatz erzwingen, so könnte er nur im Wege des Einzelrichtertums, nicht im Wege einer innerlich entwerteten Kollegialverfassung durchgeführt werden."

Der Reichsgerichtsausschuss folgte im Kern Weinkauff. Allein Reichsgerichtsrat Schmitz, der aus einem katholischen Elternhaus stammte und der der NSDAP nicht angehörte[219], sprach sich für den Führergrundsatz in der Rechtsprechung aus.[220]

Im Wesentlichen führte der Ausschuss aus, wobei Weinkauffs Einfluss auf diese Stellungnahme unverkennbar war:[221] Der Führergrundsatz in der Rechtsprechung sei deshalb abzulehnen, weil "ein wesentlicher Unterschied zwischen der Arbeit des Richters und der des Führers in der Politik, im Heer und in der Wirtschaft" bestünde und weil es "noch an der erforderlichen Zahl der Führerpersönlichkeiten" unter den Richtern fehle. Im Übrigen sei es "ein alter germanischer Rechtsgedanke, der heute noch im Volke herrsche, dass die Wahrheit am besten durch eine Mehrheit unabhängiger Richter gefunden" werde.

Indem der Ausschuss den Führergrundsatz in der Rechtsprechung mehrheitlich ablehnte, musste er zwangsläufig auch die Rechte des Vorsitzers beschneiden, wofür er auch eintrat. So lehnte der Ausschuss den Vorschlag im Entwurf ab, dass der Vorsitzer alle dem Urteil vorausgehenden Entscheidungen allein treffen sollte. Auch insoweit – wie für die Fällung des Urteils – sollte die Zuständigkeit des Gerichts beibehalten werden.[222]

Dass sich Weinkauff neben seiner zeitaufwändigen Hilfsrichtertätigkeit noch den beabsichtigten Reformen zuwenden konnte, spricht nicht nur für seinen Ehrgeiz, sondern auch für seine Belastbarkeit. Er kommentierte im Übrigen nicht nur die Reformarbeiten zum Gerichtsverfassungsgesetz, er nahm auch Stellung zur beabsichtigten Reform der Strafverfahrensordnung.[223]

1.3.3. Hermann Weinkauff als Mitglied des I. Zivilsenats - eine unpolitische Wirkungsstätte (1937 bis 1945)?

Am 1. Dezember 1936 war es endlich so weit. Weinkauff wechselte als Hilfsrichter in den I. Zivilsenat. Bereits jetzt war klar, dass er in naher

Zukunft zum Reichsgerichtsrat ernannt werden würde. Im Herbst 1936 hatte Reichsjustizminister Gürtner ihn für diese Position vorgeschlagen, und auch Reichsgerichtspräsident Bumke schloss sich am 3. November 1936 diesem Votum an: "An der Eignung (Weinkauffs) bestehen keine Bedenken."[224]

Am 22. Februar 1937 – Weinkauff war 43 Jahre alt – ernannte Hitler als Führer und Reichskanzler ihn zum Reichsgerichtsrat: "Im Namen des Reiches – Ich ernenne den Landgerichtsdirektor Hermann Weinkauff zum Reichsgerichtsrat im Reichsdienst. Ich vollziehe diese Urkunde in der Erwartung, dass der Ernannte getreu seinem Diensteide seine Amtspflichten gewissenhaft erfüllt und das Vertrauen rechtfertigt, das ihm durch diese Ernennung bewiesen wird. Zugleich sichere ich ihm meinen besonderen Schutz zu."[225] Zum 1. März 1937 trat er sein Amt an.[226]

Dem I. Zivilsenat waren im Wesentlichen Urheber- und Patentrechtssachen zur Entscheidung zugewiesen.[227] Er hatte sich also überwiegend mit Rechtsfragen zu beschäftigen, die wirtschaftlicher Natur waren. Da die Nationalsozialisten keine Staatswirtschaft installiert hatten, waren auch die mit den wirtschaftlichen Abläufen zusammenhängenden Rechtsgebiete mehr oder weniger von ideologischen Eingriffen verschont geblieben. Hinzu kam, dass 1938 – insbesondere nach der "Kristallnacht"[228] am 9./10. November 1938 – die sog. Arisierung[229] von den Nationalsozialisten weiter vorangetrieben wurde. Folglich war der I. Zivilsenat nicht mit – nach damaligem Sprachgebrauch – jüdischen Rechtsstreitigkeiten befasst.[230]

Weinkauff hatte also das Glück, sozusagen auf unpolitischem Gebiet als Richter agieren zu können. Dennoch übten die nationalsozialistischen Machthaber an der Rechtsprechung des I. Zivilsenats Kritik. Auch wenn der nachfolgend beschriebene Rechtsstreit vor dem Eintritt Weinkauffs in diesen Senat entschieden wurde, so bleibt er erwähnenswert. Durch ihn wird nämlich deutlich, dass die Nationalsozialisten jede Rechtsprechung, die noch Gesetze und rechtsstaatliche Grundsätze beachtete, dann zu bekämpfen versuchten, wenn das Urteil nicht mit ihren politischen Zielen im Einklang stand.

Am 14. November 1936 fällte der I. Zivilsenat des Reichsgerichts unter Vorsitz von Fritz Lindenmaier – über den zu berichten sein wird – ein Urteil, wonach der Rundfunk bei Schallplattenwiedergabe lizenzpflichtig sei.[231] Dieser an sich nicht überraschenden Feststellung lag aber ein politisch brisanter Sachverhalt zugrunde. Das Urteil erregte insbesondere Goebbels Zorn – Reichsminister für "Volksaufklärung" und Propaganda – , der seinem Tagebuch anvertraute: "Das Reichsgericht hat doch tatsächlich in der Schallplattenfrage gegen den Rundfunk entschieden. [...] Das sind unsere ‚Rechtswahrer'. Juristen haben einen Defekt im Gehirn und im Herzen. Aber die werden mich noch kennen lernen. Ich nehme die Herausforderung an."[232] Warum hatte dieses Urteil Goebbels Unmut hervorgerufen?

Der Entscheidung des I. Zivilsenats lag folgender Sachverhalt zugrunde:

Die Klägerinnen waren Hersteller von Schallplatten, die bis Anfang Mai 1935 der Deutsche Rundfunk zu den üblichen programmmäßigen Schallplattensendungen benutzte. Die Beklagte war eine 1925 errichtete und im Handelsregister eingetragene GmbH. Gegenstand ihres Unternehmens war die politische, künstlerische, wirtschaftliche und technische Gesamtleitung des deutschen Rundfunkbetriebes.

Das Stammkapital befand sich in der Hand des durch Goebbels vertretenen Deutschen Reiches. Die beklagte GmbH hatte für die Benutzung der Schallplatten zu Rundfunksendungen an die Klägerinnen bisher kein Entgelt entrichtet. Die Frage, ob sie hierzu verpflichtet war, war in diesem Rechtsstreit zu klären.

Hatten noch das Landgericht Berlin und das Kammergericht das klägerische Begehren für unbegründet gehalten, also die Klage abgewiesen, so entschied der I. Zivilsenat des Reichsgerichts zu Gunsten der Klägerinnen. Folglich hatte der Deutsche Rundfunk künftig Zahlungen an die Klägerinnen zu entrichten, was natürlich nicht im Sinne Goebbels war.

Dieser wollte an sich das Urteil des Reichsgerichts einfach negieren.[233] Doch Hitler zeigte sich wirtschaftsfreundlich und wies Goebbels an, das Urteil zu akzeptieren.[234]

Als Lindenmaier nach 1945 die übliche Entnazifizierung durchlief, verwies er auf dieses Urteil als Beleg seiner Unangepasstheit.[235] Dabei hob er hervor, dass Reichspropagandaminister Goebbels zunächst die Veröffentlichung dieses Urteils verboten habe. Durch Quellen kann seine Behauptung nicht bestätigt werden. Das Urteil wurde vielmehr im 153. Band der Entscheidungen des Reichsgerichts der juristischen Öffentlichkeit bekannt gemacht.

Was nun den Alltag im I. Senat anging, so verlief dieser nach einem festen Ritus. Der jeweilige Berichterstatter fertigte in aller Regel einen Urteilsentwurf an, sobald der Rechtsstreit entscheidungsreif war. Dieses Votum erhielten im Umlauf der Senatspräsident und die übrigen für die Entscheidung zuständigen Senatsmitglieder. Der jeweilige Zivilsenat entschied in der Besetzung von 5 Mitgliedern unter Einschluss des Vorsitzenden. Soweit der Urteilsentwurf nicht die Zustimmung der übrigen Senatsmitglieder erhielt, skizzierten diese in Stichworten am Rand ihre Kritik/Bemerkungen. Falls eine Beratung notwendig war, so wurde diese vom Vorsitzenden unverzüglich anberaumt. Dieses routinierte Prozedere spielte sich rechtzeitig vor der mündlichen Verhandlung ab.[236] Dieser unspektakuläre Arbeitsalltag darf nicht zu der Annahme verführen, dass die Mitglieder des Senats nicht mit der politischen Realität konfrontiert wurden. Das Gegenteil war der Fall.

Am 26. März 1941[237] ließ Schlegelberger, der nach dem Tod von Reichsjustizminister Gürtner durch Führererlass vom 29. Januar 1941 mit der Führung der Geschäfte des Justizressorts beauftragt worden war[238], dem Präsidenten des Reichsgerichts eine Entscheidung des Reichsgerichts zukommen, die bereits aus dem Jahre 1939 stammte. Die Art und Weise, wie diese Entscheidung innerhalb des Reichsgerichts bekannt gemacht und stillschweigend akzeptiert wurde, belegt, dass kein richterliches Mitglied dieses Gerichts Skrupel gehabt hätte, entsprechend der Entscheidung des Reichsgerichts zukünftig zu handeln. Was beinhaltete nun dieses Urteil, das der 1. Strafsenat des Reichsgerichts am 6. Oktober 1939 verkündet hatte und das den Vermerk trug: "Zur Veröffentlichung nicht zugelassen"[239]?

Angeklagt war der Ingenieur Dr. Erwin Israel[240] H. Diesem wurde vorgeworfen, in einer Strafsache vor dem Schöffengericht Nürnberg in der Hauptverhandlung am 27. Juli 1936 als Zeuge einen Meineid geleistet zu haben. Daraufhin wurde gegen ihn wegen dieser Tat Anklage vor dem Schwurgericht des Landgerichts Nürnberg erhoben, das ihn am 14. März 1939 wegen Meineids auch verurteilte. Aber nicht nur wegen der Verurteilung selbst ließ der Verurteilte Revision beim Reichsgericht einlegen. Er begründete diese auch mit Verfahrensfehlern.

So vertrat er in der Revision die Meinung, dass § 338 (Absolute Revisionsgründe) Nr. 6 StPO durch das Schwurgericht verletzt worden sei. Nach dieser Bestimmung ist ein Urteil "stets auf einer Verletzung des Gesetzes beruhend anzusehen: 6. wenn das Urteil auf Grund einer mündlichen Verhandlung ergangen ist, bei der die Vorschriften über die Öffentlichkeit des Verfahrens verletzt sind." Und dieser Öffentlichkeitsgrundsatz, der in einem Strafverfahren fundamentale Bedeutung hat, findet in § 169 GVG seinen Niederschlag: "Die Verhandlung vor dem erkennenden Gericht einschließlich der Verkündung der Urteile und Beschlüsse ist öffentlich."

Was warf der Verurteilte H. dem Schwurgericht in dieser Hinsicht vor?

Da der Ingenieur im Dritten Reich als Jude galt, blieb es nicht aus, dass Zuhörer die Hauptverhandlung verfolgen wollten, die ebenfalls damals als Juden betrachtet wurden. Diese ließ der Vorsitzende des Schwurgerichts sogleich nach Beginn der Hauptverhandlung kommentarlos aus dem Sitzungssaal entfernen.

Der 1. Strafsenat des Reichsgerichts sah durch diese Anordnung den Öffentlichkeitsgrundsatz des § 169 GVG als nicht verletzt an und führte zur Begründung aus: "Was geschehen ist, stellt sich als eine vorbeugende [241] Maßnahme des Vorsitzenden zur Aufrechterhaltung der Ordnung in der Sitzung dar (§ 176 GVG). Sie kann nicht deshalb als eine Verletzung der Vorschriften über die Öffentlichkeit des Verfahrens angesehen werden, weil sie einer Störung der Ordnung vorbeugen sollte, oder weil sie sich nicht gegen einzelne bestimmte Personen richtete, sondern gegen alle Personen, die der Rasse nach bestimmbar waren (Juden); das trifft hier um so weniger zu, als die Anordnung – wie die Ermittlungen ergeben haben – auf vorhergegangenen Vorfällen beruhte, die die Ordnung in früheren Sitzungen empfindlich gestört hatten und die durch Angehörige der jüdischen Rasse verursacht worden waren."

Schlegelberger stimmte dieser Entscheidung des Reichsgerichts ausdrücklich zu und teilte Reichsgerichtspräsident Bumke weiter mit: "[...] wird der Grundsatz der Öffentlichkeit der Verhandlung [...] nicht dadurch verletzt, dass den Juden der Zutritt zu den Zuhörerräumen der deutschen Gerichte allgemein oder im Einzelfall untersagt wird. [...]. Ich bitte, die unterstellten Dienststellen von dieser Rechtsauffassung in Kenntnis zu setzen [...]."

Daraufhin verfügte Bumke am 8. April 1941: "Dem Herrn Vizepräsidenten beim Reichsgericht und den Herren Präsidenten der Zivil- und Strafsenate zur Kenntnis und mit der Bitte um Bekanntgabe in ihrem Geschäftsbereich [...]."[242] Am 16. April 1941 zeichnete Weinkauff den entsprechenden Umlauf ab, durch den das Schreiben Schlegelbergers bekannt gemacht wurde.[243]

Für das Urteil des 1. Strafsenats vom 6. Oktober 1939 trug dessen Vorsitzender, Senatspräsident Erich Schultze, die entscheidende Verantwortung. Wir erinnern uns, dass er mehrere Jahre Mitglied des 3. Strafsenats war und dass Weinkauff daher dienstlich mit ihm Bekanntschaft machte. Schultze war es, der mit dazu beitrug, dass die "Rechtsprechung" in den sog. Rassenschandefällen durch Rechtsbeugung noch verschärft wurde. Er war es nämlich, der mit Erfolg dafür plädierte, die Bestimmungen des "Gesetzes zum Schutze des deutschen Blutes und der deutschen Ehre" über den eigentlichen Gesetzeswortlaut hinaus auszulegen. Seinen Rassismus offenbarte er auch durch einen Vortrag, den er am 1. Oktober 1933 vor der Fachgruppe Richter und Staatsanwälte im Bund Nationalsozialistischer Deutscher Juristen (BNSDJ) hielt und dessen Inhalt verdeutlicht, dass die von den Nationalsozialisten zukünftig beabsichtigte Politik bereits 1933 von jedem kritischen Juristen hätte erkannt werden können und müssen. Schultzes Darlegungen dienten nicht der Zierde des Reichsgerichts:

"Wir bilden die Fachgruppe ,Richter und Staatsanwälte' im BNSDJ. Damit ist es auch unsere Aufgabe, diese Gruppe in der deutschen Rechtsfront immer mehr mit dem Geiste der nationalsozialistischen Weltanschauung zu erfüllen. [...] Bei unserer Bewegung sehen wir, wie das Volk längst von den Gedanken erfasst war, ehe sie Gemeingut der sog. Gebildeten wurden. Volksverbunden, echt und deutsch! Daher versteht das Volk, um was es geht. [...] Wenn es auch die vornehmste Aufgabe aller Glieder der Rechtspflege ist, das geltende Recht in lebendigem Zusammenhange mit den wirksamen Kräften des Lebens zu halten, so ist der Richter doch durch seine Arbeit erhaltend, weltanschaulich konservativ. Das muss jetzt seine Grenze haben. Es werden so viele neue Gedanken auf uns einstürmen, dass wir mitarbeiten müssen. Zunächst an uns! Wir dürfen nicht sagen: ich bin Nationalsozialist! Wie früher jemand sagen konnte: ich bin deutschnational. Nationalsozialist sein, heißt Kämpfer sein. [...] Wir müssen uns hineinfühlen in unsere neue Aufgabe, sonst bleibt dem Einzelnen das Gebäude hohl und leer. Was soll ich sagen, wenn ein Richter zu mir äußerte: ,Das war ja gar keine Revolution, was Ihr so nennt: es ist ja alles von Rechts wegen zugegangen. Ihr hattet ein Ermächtigungsgesetz und alle Befugnisse.' Ja, hat denn dieser deutsche Richter noch nichts von einer Revolution der Geister gehört? Müssen denn Achselstücke abgerissen und Fensterscheiben eingeschlagen werden wie bei jener geistlosen Revolution vor fünfzehn Jahren? [...]

Gewiss haben wir es nicht leicht. Je älter wir sind, um so schwerer mag es uns werden. Ein großer Denker hat dem Menschen von einem bestimmten Alter überhaupt die Fähigkeit abgesprochen, sich innerlich restlos umzustellen. Aber wir wollen das für uns nicht gelten lassen. Auch wir Älteren werden uns noch alle bis zu den Quellen durcharbeiten, wo der reine Strom neuer deutscher Gedanken fließt. [...] Deutsch in den Gedanken, deutsch in der Sprache und deutsch in allem, was wir schreiben. [...] Kaum hatte die neue Regierung die Macht übernommen, so schuf sie Gesetze, die für den deutschen Menschen von Ewigkeitswert sind und die uns den Weg zeigen, den wir geführt werden. [...] ein Gesetz der neuen Regierung will ich in diesem Zusammenhang erwähnen, durch das [...] der Richter vor neue, ehrenvolle Aufgaben gestellt ist. Das Gesetz ‚zur Verhütung erbkranken Nachwuchses'. Gefahr war im Verzuge! Die Erbverfassung des deutschen Volkes ist bedroht. [...] Da ist es eine Großtat zur Erhaltung eines erbgesunden Nachwuchses, dass im Juli dieses Jahres das grundlegende Gesetz erlassen wurde, das die Unfruchtbarmachung Erbkranker ermöglicht.

[...] Wir Beamte sollen für das deutsche Volk mit die Lehrer und Erzieher im Gedankengut der nationalsozialistischen Weltanschauung sein. Dann müssen wir uns aber hüten, selbst etwa die Maßnahmen der Regierung, die zum Wohle des Volkes erlassen sind, zu durchkreuzen. Noch immer erleben wir Fälle solcher Durchkreuzungsversuche, manchmal gewiss aus Unbedachtsamkeit, aus alter liberalistischer Nörgelei. Das muss nun aufhören! [...] Wer seinen ‚Hitler' kennt, weiß, dass der Führer immer und immer wieder auf die Reinerhaltung der Rasse hinweist und mit prophetischen Worten die Anerkennung und auch die Verkennung dieser Gedanken bespricht. Rasseverrat – d. i. kurz gesagt – die Vermischung eines Deutschen mit Angehörigen bestimmter vom Gesetz bezeichneter Rassen –, Rassegefährdung – d. i. der Verstoß gegen Gesetze zum Schutz der Rasse –, Verletzung der Rassenehre – d. i. der öffentliche und schamlose Verkehr mit Farbigen –, also: Rasseverrat, Rassegefährdung, Verletzung der Rassenehre sollen unter Strafe gestellt werden. Wer in Nürnberg die Reden der Parteigenossen Goebbels und Rosenberg recht in sich aufgenommen hat und wem die Worte unseres Führers Frank, die er gestern sprach, noch im Herzen brennen, der weiß: so ähnlich werden die Gesetze lauten, die wir später anzuwenden haben. [...]"[244]

An Schultze, der in einem sowjetischen Lager (Mühlberg/Elbe) 1946 verstarb, wird heute noch im Bundesgerichtshof erinnert.[245] Am 24. Oktober 1957 wurde in einer Feier eine Gedenktafel im Bundesgerichtshof mit folgender Inschrift enthüllt: "Zum Gedächtnis der 34 Mitglieder des Reichsgerichts und der Reichsanwaltschaft, die in den Jahren 1945 und 1946 in den Lagern Mühlberg an der Elbe und Buchenwald umgekommen sind." Weinkauff hielt eine Ansprache, in der er ausführte: "[...] danach wurden schlagartig an einem Tage etwa 35 Mitglieder des Reichsgerichtes und der Reichsanwaltschaft von der russischen Geheimpolizei verhaftet [...]. Später folgten noch einige Verhaftungen, so dass schließlich insgesamt 38 oder 39 Mitglieder des Reichsgerichtes und der Reichsanwaltschaft im Lager Mühlberg saßen. Das Schicksal des 39. Mitgliedes ist unklar geblieben. Die Auswahl, die man bei den Verhaftungen getroffen hatte, war für jeden Kenner der Verhältnisse völlig rätselhaft und unter keinem irgendwie denkbaren Gesichtspunkt zu begreifen. Unter den Verhafteten befanden sich beispielsweise die meisten der Nicht-Parteigenossen am Reichsgericht und verschiedene bekannte leidenschaftliche Gegner des nationalsozialistischen Regimes.

[...] Von den 38 Verhafteten starben 34 in der Gefangenschaft [...]. Einige wenige kamen später in das Lager Buchenwald und wurden dann bis auf einen in den berüchtigten Waldheimer Prozessen unter nichtigen Vorwänden zu durchschnittlich 25 Jahren Zuchthaus verurteilt und später nach etwa einem Jahrzehnt im ,Gnadenwege' entlassen. [...] Von den 38 Verhafteten haben [...] nur drei die mörderische Haft überlebt. [...] Warum rühren wir heute wieder an diese Dinge? Warum enthüllen wir heute hier im Bundesgerichtshof diese schlichte Gedenktafel, die das Andenken an die Opfer eines mörderischen Regimes wachhalten soll? Gewiss kann man sagen: Hier wurden die namenlosen Greuel des nationalsozialistischen Regimes mit ebenso namenlosen Gegengreueln beantwortet, die mit den nationalsozialistischen Greueln auch das gemeinsam hatten, dass sie ebenso blind, fühllos und rechtlos zuschlugen wie jene. Aber einmal muss ja dieser tödliche Zirkel von Greueln und Gegengreueln durchbrochen werden, und einmal muss der rettende Absprung gefunden werden. Einmal müssen die Wahrheit und das Recht wieder siegen, und sei es auch nur in den Herzen der Menschen. Es geziemt sich gerade für die Männer des Rechtes, im Bekenntnis zu diesem Glauben der unschuldigen Opfer und der Märtyrer des Unrechtes zu gedenken, die stellvertretend für uns gelitten haben, ihr Andenken zu ehren und sich vor ihrem Schicksal in Ehrfurcht zu neigen. Es geziemt sich besonders für den Bundesgerichtshof und die Bundesanwaltschaft, das zu tun, weil der Bundesgerichtshof die Ehre hat, das Nachfolgegericht des Reichsgerichtes zu sein [...]. Indem ich jetzt die Tafel enthülle und diesen Kranz an ihr niederlege, bitte ich Sie, in einer Minute des Schweigens der Toten und der Hinterbliebenen zu gedenken."[246]

Der Rassist, Antisemit und Nationalsozialist Schultze wurde durch die weihevollen Worte Weinkauffs und die Gedenktafel im Bundesgerichtshof quasi nachträglich rehabilitiert.

Der Umstand, dass Weinkauff bis zur Kapitulation im Jahre 1945 ununterbrochen im I. Zivilsenat arbeiten konnte, wäre an sich nicht besonders hervorzuheben. Nicht wenige seiner Kollegen waren wie er vom Wehrdienst freigestellt; sie waren uk-gestellt,[247] wie es zu damaliger Zeit hieß, weil ihre zivile Tätigkeit im Reichsverteidigungsinteresse lag. Die uk-Stellung war nicht unbeliebt, auch wenn darüber öffentlich nicht gesprochen wurde, verschonte sie doch den Betreffenden vor allem Unheil, das an der Front drohte. Weinkauff war also in einer komfortablen Situation. Doch am 20. März 1943 entschloss er sich zu einem überraschenden Schritt.[248] Er bat Reichsgerichtspräsident Bumke "um die Aufhebung seiner uk-Stellung". Der Senatsvorsitzende Lindenmaier befürwortete dieses Gesuch wegen des großen Geschäftsanfalls nicht. Am 29. März 1943 ließ Bumke Weinkauff wissen: "Ihrem Gesuch vom 20. März 1943 vermag ich zu meinem Bedauern nicht zu entsprechen. Heil Hitler."

Was mag Weinkauff zu diesem Schritt bewogen haben? Die Antwort auf diese Frage muss zwar im Ergebnis Spekulation bleiben, doch folgende Beweggründe könnten für seine Absicht ursächlich gewesen sein.

Mit der Ernennung von Otto Thierack zum Reichsjustizminister am 20. August 1942 trat in der Justiz eine entscheidende Wende ein. Er und sein Staatssekretär Curt Rothenberger machten die Justiz konsequent zu einem "Instrument nationalsozialistischer Menschenvernichtung."[249] Dass Weinkauff aus "Zorn"[250] über diese Entwicklung die Justiz verlassen wollte, ist nicht auszuschließen. Allerdings kann auch das Kriegsgeschehen nicht unberücksichtigt bleiben. Am 31. Januar / 2. Februar 1943 kapitulierte die 6. Armee in Stalingrad. Diese kriegsentscheidende

Niederlage der deutschen Wehrmacht, das musste auch Propaganda-minister Goebbels konstatieren, hatte bei den Deutschen "eine Art von Schockwirkung"[251] hervorgerufen. Goebbels Taktik stand von Anfang an fest. Er beabsichtigte, alles zu tun, um "das Volk über diese schwere Stunde hinwegzubringen."[252] Das Ergebnis dieser Überlegungen war seine berüchtigte Sportpalastrede am 18. Februar 1943, auf der er den "totalen Krieg" ausrief: "Wollt ihr den totalen Krieg [...]? [...] Volk, stehe auf! Und Sturm, brich los!"[253] Goebbels war sich der Wirkung seiner Rede durchaus bewusst: "Ich bin [...] rednerisch sehr gut in Form und bringe die Versammlung in einen Zustand, der einer totalen geistigen Mobilmachung gleicht. Der Schluss der Versammlung geht in einem Tohuwabohu von rasender Stimmung unter. Ich glaube, der Sportpalast hat noch niemals, auch nicht in der Kampfzeit, solche Szenen erlebt. Das Volk ist, wie diese Kundgebung beweist, bereit, alles für den Krieg und für den Sieg hinzugeben."[254]

Hatte Weinkauff die Forderung Goebbels nach einem "totalen Krieg" als einen Appell an sich selbst aufgefasst, wieder "zu den Waffen" zu eilen? Dass auch er die Bolschewisten als die Hauptfeinde des Deutschen Reiches ansah, würde nicht verwundern. So ist es denn wohl mehr als nur eine Vermutung, dass er als Leutnant des 1. Weltkrieges entschlossen war, wieder seine vaterländische Pflicht zu erfüllen.

Die personelle Zusammensetzung des I. Zivilsenats blieb seit dem Eintritt Weinkauffs in diesen über Jahre hinweg fast unverändert.[255] Vorsitzender bis 1945 war der bereits erwähnte Fritz Lindenmaier[256] – Jahrgang 1881 –, der als Einziger im Senat aus einer Arbeiterfamilie stammte; sein Vater war Schlossermeister. Er wurde 1926 mit 45 Jahren Reichsgerichtsrat und 1937 Senatspräsident am Reichsgericht. Am 1. Weltkrieg nahm er als Hauptmann der Reserve teil und wurde mit dem EK II und EK I ausgezeichnet. Der DVP gehörte er von 1925 bis 1930 an; am 1. Mai 1937 trat er der NSDAP bei. Kein Zufall war es, dass er einer der Ersten war, den Weinkauff zum Bundesgerichtshof holte. Hier wurde er Mitglied des I. Zivilsenats, dem nunmehr Weinkauff vorstand. Über Lindenmaiers Tätigkeit am Bundesgerichtshof wird noch zu berichten sein.

Ältester im I. Zivilsenat war Heinrich Delius[257], der 1877 geboren war. Er, aus einer Hamburger Kaufmannsfamilie stammend und als Rittmeister der Landwehr-Kavallerie im 1. Weltkrieg mit dem EK II und EK I ausgezeichnet, trat nicht der NSDAP bei. Dieser Umstand kann damit begründet sein, dass er bereits 1928 Reichsgerichtsrat geworden war und dass er eine Beförderung zum Senatspräsidenten für sich ausschloss. Eine Mitgliedschaft im Nationalsozialistischen Rechtswahrerbund (NSRB) hielt er allerdings für notwendig. Altersbedingt ging Delius 1944 in den Ruhestand.

Der ebenfalls seit 1928 amtierende Reichsgerichtsrat Werner Pinzger[258] verstarb 1939 im Alter von 61 Jahren. Er war als Feldgerichtsrat Teilnehmer des 1. Weltkrieges. Von 1921 bis 1924 gehörte er der DVP an; er war aber kein Mitglied der NSDAP.

Der 1881 geborene Robert Siller[259] war offensichtlich der Karriere wegen 1933 in die NSDAP eingetreten, ehe er 1936 zum Reichsgerichtsrat ernannt wurde. Als Leutnant der Reserve hatte auch er, mit dem EK II dekoriert, den 1. Weltkrieg miterlebt. Im Alter von knapp 54 Jahren wurde er als Oberlandesgerichtsrat an das Reichsgericht abgeordnet, wo er im Mai 1935 seine Tätigkeit als Hilfsrichter im I. Zivilsenat aufnahm. Zu diesem Zeitpunkt waren bereits Lindenmaier, Delius, Pinzger und Heidenhain Mitglied dieses Senats.[260] 1942 ging er aus Krankheitsgründen in den vorzeitigen Ruhestand.

Die Personalie Siller ist erwähnenswert, weil in seiner Personalakte folgender Vorgang vermerkt ist: Nachdem er zum Reichsgerichtsrat ernannt worden war, wandte er sich an Reichsgerichtspräsident Bumke, um diesen absprachegemäß über seine Erfahrungen als Hilfsrichter in diesem Senat Folgendes zu berichten: "Zur Stellung des Hilfsrichters im Allgemeinen kann ich nur sagen, dass ich sie als unwürdig empfunden habe. So fühlt nach meiner Erfahrung jeder Richter von starkem Unabhängigkeitsbewusstsein. Bei dem weniger selbstständigen Richter aber – das glaube ich beobachtet zu haben – besteht jene Gefahr, welche der Gesetzgeber durch das frühere Verbot der Verwendung von Hilfsrichtern am Reichsgericht ausschließen wollte. Die Unsicherheit und Zwiespältigkeit der Stellung beeinträchtigen auch die Arbeitsfreudigkeit, derer der Hilfsrichter zur Einarbeitung in hohem Maße bedarf."[261] Bumke übersandte Sillers Schreiben auf dem Dienstweg an das Reichsjustizministerium, indem er kurz anmerkte: "Die Ausführungen (Sillers) decken sich vollkommen mit meinen Erfahrungen."[262] Am Bundesgerichtshof sind Hilfsrichter nicht mehr zugelassen, womöglich eine Konsequenz aus Erfahrungen dieser Art.

Walter Tölke[263] war Mitglied der DNVP von 1919 bis zu deren Auflösung im Juni 1933; Parteigenosse wurde er aber nicht. Als 1914 der 1. Weltkrieg ausgebrochen war, eilte er zu den Waffen und kämpfte als Leutnant der Reserve bis 1918 an der Westfront. Ausgezeichnet mit dem EK II trat er nach Ende des Krieges wieder in das Berufsleben ein; er brachte es 1937 im Alter von 54 Jahren zum Reichsgerichtsrat. In dieser Position arbeitete er bis zur Kapitulation.

Edmund Bryde[264] war ebenfalls Teilnehmer des 1. Weltkrieges. Die Reserveoffizierslaufbahn blieb ihm aus unbekannten Gründen versperrt. Er brachte es nur zum Gefreiten. Als Mitglied der NSDAP seit Mai 1933 wurde er 1937 mit 41 Jahren Reichsgerichtsrat. Nach Ausbruch des 2. Weltkrieges wurde er zur Wehrmacht eingezogen und kehrte bis zur Kapitulation nicht mehr an das Reichsgericht zurück.[265]

Einziger Zivilist – wie es nach damaligem Sprachgebrauch hieß – im I. Zivilsenat war Leo Brandenburg[266], der 1885 geboren war. Er trat 1933 der NSDAP bei; 1937 wurde er Reichsgerichtsrat. Er blieb bis zum Ende des 2. Weltkrieges in diesem Senat.

Die rassistische Politik der Nationalsozialisten hatte auch auf die Besetzung des I. Zivilsenats Einfluss, wie die nachfolgend beschriebene Zwangspensionierung zeigt.

Betroffen von dieser Maßnahme war Reichsgerichtsrat Martin Heidenhain, der – was für Juristen ungewöhnlich war – 1903 im Alter von 23 Jahren zum Dr. phil. promovierte.[267] Er kam aus einem bürgerlichen Elternhaus; sein Vater war Gymnasialprofessor. Beide Examen (1905/1910) hatte Heidenhain mit gut bestanden. Am 1. Weltkrieg nahm er als Oberleutnant der Reserve teil. Nach dem Untergang des Kaiserreiches trat er 1919 der DNVP bei. Seine Mitgliedschaft war aber nur von kurzer Dauer; im Frühjahr 1920 verließ er aus ungeklärten Gründen diese Partei wieder. Dass er mit seinem juristischen Können für eine Tätigkeit am Reichsgericht in Frage kam, verstand sich von selbst. 1931 wurde er als Landgerichtsdirektor Hilfsrichter am Reichsgericht; im August 1933 erfolgte seine Ernennung zum Reichsgerichtsrat. Der NSDAP trat er nicht bei. 1937 wurde er dem I. Zivilsenat zugeteilt und wurde damit ein Kollege von Weinkauff.[268] Ihre Wege trennten sich aber 1943. Zum 1. Februar 1943 wurde Heidenhain nämlich in den Ruhestand versetzt, da ein Großelternteil von ihm nicht arisch war. Mit 63 Jahren musste er das Reichsgericht verlassen.

Wie seine Zwangspensionierung vonstatten ging, schilderte Heidenhain nach dem Zusammenbruch des Dritten Reiches. Dieser Bericht[269] enthält auch Einzelheiten über die Atmosphäre und Verhältnisse am Reichsgericht und über den Verlauf seiner vorzeitigen Pensionierung: "Zum Reichsgerichtsrat bin ich durch eine von Hindenburg (Reichspräsident) am 12. August 1933 unterschriebene Urkunde ernannt worden. Zu dieser Zeit stellte meine Abstammung, obwohl die NSDAP [...] bereits die Macht übernommen hatte, noch keinen Hinderungsgrund für meine Ernennung dar, weil nach der nationalsozialistischen Gesetzgebung ursprünglich die Frontkämpfer des Ersten Weltkrieges [...] nicht benachteiligt werden sollten. [...] Als ich um die Jahreswende 1936/37 einen Fragebogen ausgefüllt und Angaben über meine Abstammung gemacht hatte, stießen dem Reichsgerichtspräsidenten (Bumke) Bedenken auf, ob ich im Amte bleiben konnte. [...] Bumke nahm damals [...] den Standpunkt ein, dass meine Ernennung zum Reichsgerichtsrat rückgängig gemacht und ich als Oberlandesgerichtsrat an ein Oberlandesgericht versetzt werden müsse. Er versuchte deshalb den [...] Präsidenten des 1. Zivilsenats, Senatspräsident Triebel (Vorgänger von Lindenmaier), in dessen Senat ich arbeitete, mich zur Stellung eines entsprechenden Antrages zu veranlassen. [...] Triebel hat dies [...] mit der Begründung abgelehnt, er halte die Auffassung des Reichsgerichtspräsidenten im Hinblick auf meine Persönlichkeit für eine so ungeheuerliche Unbilligkeit, dass er mit der Sache nichts zu tun haben wolle. [...]. Als dann [...] Ende [...] 1941 auf Betreiben der Parteikanzlei Ermittlungen darüber angeordnet worden, welche nicht rein arischen Beamten sich noch im Amt befanden, hat mich der Reichsgerichtspräsident (Bumke) durch den Präsidenten des I. Zivilsenats, Dr. Lindenmaier, auffordern lassen, meine Versetzung in den Ruhestand zu beantragen."

Heidenhain gelang es aber, durch Intervention im Reichsjustizministerium im Amt zu bleiben. 1942 war es wiederum Bumke, der Heidenhain ersuchte, seine Versetzung in den Ruhestand zu beantragen: "Da der Reichsgerichtspräsident (so Heidenhain in seinem Bericht weiter) sich für mein Verbleiben im Amte nicht einsetzen wollte, konnte ich auf eine wohlwollende Beurteilung meiner Angelegenheit durch den Reichsjustizminister (Thierack) nicht rechnen. [...] Für die Annahme, dass der Reichsgerichtspräsident persönlich gegen mich eingestellt gewesen sei, habe ich keine ausreichenden Gründe. [...] Er (Bumke) halte meine Versetzung in den Ruhestand nur für erforderlich, um das Reichsgericht und sich selber gegen Nachteile zu schützen. Ich stand unter dem Eindruck, dass der Reichsgerichtspräsident völlig von der Besorgnis, um nicht zu sagen Angst, beherrscht war, wenn er sich für mein Verbleiben im Amt einsetze, könnte der Vorwurf gegen ihn erhoben werden, dass er in Rassefragen nicht so streng denke, wie die nationalsozialistische Regierung es von dem Leiter einer großen Behörde verlange [...]."

Heidenhain überlebte das Dritte Reich und wurde 1950 Richter am Bundesgerichtshof. Hier wurde er dem I. Zivilsenat zugeteilt, so dass er ehemalige Kollegen aus dem I. Zivilsenat des Reichsgerichts wieder traf: Lindenmaier und Weinkauff. Als wäre die Zeit von 1933 bis 1945 nicht existent gewesen, sprachen diese drei Richter wieder Recht, nun aber im Schoße einer werdenden Demokratie.

Als Weinkauff am 1. Dezember 1936 in den I. Zivilsenat des Reichsgerichts eintrat, betrug das Durchschnittsalter der übrigen 8 Senatsmitglieder 52 Jahre, während er selbst 42 Jahre alt war.[270] Mit Ausnahme von Lindenmaier, der aus einer Arbeiterfamilie stammte, kamen alle übrigen Reichsgerichtsräte aus bürgerlichen Kreisen. Nur ein Richter war katholischen Glaubens; die übrigen gehörten der evangelischen Kirche an. Lediglich der Katholik Brandenburg hatte am 1. Weltkrieg nicht teilgenommen. Die übrigen Richter (87,5 %) waren Weltkriegsteilnehmer. Allein Bryde hatte es nur zum Gefreiten gebracht, während seine Kollegen Offiziere der Reserve waren.

Eine Parteizugehörigkeit vor 1933 ist bei 4 Richtern festzustellen (DNVP bzw. DVP). Nach der Machtergreifung traten 4 Senatsmitglieder der NSDAP bei. Von denjenigen, die sich der NSDAP zuwandten, war allein der aus einer Arbeiterfamilie stammende Lindenmaier bereits vor 1933 Mitglied einer Partei gewesen (DVP). Die Parteienlandschaft im I. Zivilsenat veränderte sich nach der Machtergreifung nicht. Vor und nach 1933 waren jeweils 50 % der 8 Senatsmitglieder Mitglied einer Partei.

Die Mitgliedschaft in der NSDAP als alleiniges Merkmal dahin zu interpretieren, dass der betreffende Richter ein nicht nur nach außen hin überzeugter Nationalsozialist war, wäre – wie bereits dargelegt – in dieser Pauschalität verfehlt. Hinzu kommen müssen weitere Kriterien, wie zum Beispiel die richterliche Tätigkeit, die darüber Auskunft geben kann, ob der jeweilige Jurist das nationalsozialistisch ausgerichtete Recht nicht nur widerspruchslos und willfährig anwandte, sondern es auch im Sinne der nationalsozialistischen Weltanschauung extensiv auslegte. Im

Rahmen dieser Fragestellung darf jedoch insbesondere ein Umstand nicht unberücksichtigt bleiben, der oftmals in seiner Bedeutung unterschätzt wird: die Teilnahme am 1. Weltkrieg.

Das Berufs-Offizierskops des kaiserlichen Heeres, das im 1. Weltkrieg die Führung innehatte, dachte antidemokratisch, antibolschewistisch und antisemitisch. Das Schlagwort vom jüdischen Bolschewismus war bereits während des 1. Weltkrieges in den Offizierskasinos kein unbekanntes Schlagwort mehr.[271] Dass die hier genannten Richter, die als Reserveoffiziere am 1. Weltkrieg teilgenommen hatten, gegen diese Parolen und undifferenzierten Thesen immun waren, muss bezweifelt werden. Ihr Weltbild und ihre Überzeugungen wurden nicht nur durch die eigentlichen Kampfhandlungen geprägt. Vielmehr waren es auch die Gespräche in den Offizierskasinos an der Front und in der Etappe, die den jeweiligen Reserveoffizier beeindruckten und beeinflussten.

Die Atmosphäre und die lebensbedrohenden Umstände im Kampf an der Front und das inhaltslose, aber emphatisch geführte Gespräch in den Kasinos zeigte bei diesen Zivilisten, die nur auf Zeit den "Rock" trugen, Wirkung: Sie assimilierten sich und verinnerlichten das Gehörte. Die Machtergreifung 1933 und die politischen Verhältnisse danach wurden daher in der Regel bei diesen Richtern und Staatsanwälten nicht als etwas Wesensfremdes empfunden. Die politischen Verhältnisse nach 1933 beinhalteten nur die konsequente Umsetzung ihrer bereits seit langem im Kern gehegten Gedanken und Wünsche. So wird es plausibel, dass nicht wenige Justizjuristen, die nicht der NSDAP angehörten, ihren Beruf dennoch in völliger Übereinstimmung mit den nationalsozialistischen Zielen ausübten.

Nach Ausbruch des 2. Weltkrieges war der I. Zivilsenat zunächst von Personalfluktuationen verschont geblieben. Am 1. April 1939 war allerdings Oberlandesgerichtsrat Johannes Dinter[272] als Hilfsrichter bereits in den Senat eingetreten, der zukünftig seine Wirkungsstätte bleiben sollte. Am 1. Dezember 1940 im Alter von 46 Jahren wurde er zum Reichsgerichtsrat ernannt. Es steht zu vermuten, dass Dinter aus Karrieregründen noch im November 1940 seine Aufnahme in die NSDAP beantragte, die zum 1. Januar 1941 wirksam wurde. Doch auch ohne dieses Bekenntnis zum Nationalsozialismus hätte er wohl aufgrund seines fachlichen Könnens Karriere gemacht. Beide Examen hatte er mit "Auszeichnung" bzw. mit "sehr gut bis vorzüglich" abgelegt. Dass auch er den 1. Weltkrieg als Leutnant der Reserve, mit dem EK II ausgezeichnet, miterlebte, soll nicht unerwähnt bleiben.

Während des Krieges veränderte sich die personelle Zusammensetzung des I. Zivilsenats, da auch das Reichsgericht von Einberufungen zur Wehrmacht nicht ausgenommen wurde. Folglich mussten Nachrücker gefunden werden, die in den I. Zivilsenat passten, also insbesondere über Kenntnisse im Urheber- und Patentrecht verfügten. Dabei waren auch pragmatische Entscheidungen angesichts der Personalknappheit zu treffen. Um eine solche handelte es sich ganz offensichtlich bei Hans Elten.[273] Als dieser 1919 die Große Staatsprüfung im Alter von 32 Jahren abgelegt hatte, wurde er Beamter im Reichspatentamt. 1937 hatte er es dort zum Senatsrat gebracht. Obwohl er nicht über Erfahrungen im Revisionsrecht verfügte, bot sich ihm angesichts der Kriegsverhältnisse die Chance, Anfang August 1942 im Alter von 54 Jahren als Hilfsrichter zum Reichsgericht zu wechseln. Diesen beruflichen Aufstieg wird sein Parteibeitritt Anfang Dezember 1939 befördert haben.

Während seiner Hilfsrichtertätigkeit wurde am 20. August 1942 ein fanatischer Nationalsozialist, der bereits erwähnte Otto Thierack, Reichsjustizminister. Er sollte im Auftrag Hitlers die Personalpolitik im Ministerium und auch am Reichsgericht und in der Reichsanwaltschaft revolutionieren.[274] Reichspropagandaminister Goebbels frohlockte: "Endlich ist nun die personelle Umstellung im Justizministerium erfolgt. [...] Der Führer gibt dazu eine Verlautbarung heraus, dass er dem neuen Justizminister besondere Vollmachten für die Ausrichtung der Justiz und die nationalsozialistische Gestaltung der gesamten Justizpflege erteilt habe. Das ist sehr notwendig und hilft nun hoffentlich einem seit Jahren von jedem Nationalsozialisten nur mit Bitterkeit festgestellten Übelstand zu steuern. [...] Es muss doch gelingen, in absehbarer Zeit auch die Justizpflege nationalsozialistisch auszurichten."[275]

Elten wurde am 1. Juli 1943 zum Reichsgerichtsrat ernannt; er blieb bis zur Kapitulation im I. Zivilsenat. Wenn Elten noch nicht als ein klassisches Beispiel einer konsequenten nationalsozialistischen Personalpolitik angesehen werden kann, so gilt dies aber für die beiden nachfolgenden Personalien.

In beiden Fällen war aber nicht Reichsjustizminister Thierack der Initiator der Personalentscheidungen, sondern sein Staatssekretär Curt Rothenberger[276], der nach der Machtergreifung zunächst Justizsenator in Ham-

burg und dort sodann im April 1935 Präsident des Hanseatischen Oberlandesgerichts wurde. Am 20. August 1942 wurde er Staatssekretär im
Reichsjustizministerium. Dass er Richter aus Hamburg, die er aufgrund
seiner dortigen Funktionen gut kannte, insbesondere protegierte,
verstand sich von selbst. Natürlich mussten diese mit seinen gesellschaftspolitischen Ansichten übereinstimmen. Bei Johannes Segelken,
Jahrgang 1897,[277] traf dies zu. Er nahm nach dem Abitur im Jahre 1916
am 1. Weltkrieg als sog. Frontkämpfer teil. Als Oberleutnant der Reserve, mit dem EK II und I ausgezeichnet, kehrte er aus dem Krieg zurück.
Nach der Kapitulation im Jahre 1918 studierte er in München Rechtswissenschaften, war aber gleichzeitig 1919 und 1920 Mitglied des Freikorps Epp.[278] Franz Xaver Ritter von Epp, der 1928 der NSDAP beitrat,
gründete nach Kriegsende das Freikorps Epp, das unter seiner Führung
an der Zerschlagung der Münchener Räterepublik beteiligt war, indem
es mit anderen Freikorpsverbänden "ein Schreckensregiment" errichtete, "das den roten Terror bei weitem in den Schatten stellte und innerhalb von zwei Tagen sechshundert Menschen das Leben kostete."[279]

Es ist wohl nicht übertrieben zu behaupten, dass Segelken angesichts
seiner in jungen Jahren erfahrenen Sozialstation als ein antidemokrati-
scher und antisemitischer Desperado der Nachkriegszeit bezeichnet
werden kann.[280] 1921 legte er das Erste juristische Staatsexamen in München ab und promovierte dort. Das Große Staatsexamen folgte 1925
mit der Note "voll-gut". Zunächst strebte er aber nicht in den Richterberuf, sondern ließ sich 1925 in Bremen als Rechtsanwalt nieder. Parallel dazu war er Syndikus bei der Industrie- und Handelskammer Wes-
termünde. Erst 1927 wechselte er aus unbekannten Gründen zur Justiz;
1927 wurde er Amtsrichter in Bremerhaven. Seine Mitgliedschaft in der
NSDAP (Mai 1933) war angesichts seiner Vergangenheit keine Überraschung; sein Beitritt in die SA im selben Jahr war ein zusätzliches Bekenntnis zum neuen Staat. Da Rothenberger in Hamburg überzeugte
Nationalsozialisten für die dortige Justiz suchte, war es nur eine Frage
der Zeit, bis er auf Segelken aufmerksam wurde. Dieser wurde denn
auch im Dezember 1936 Oberlandesgerichtsrat in Hamburg und dort
im Dezember 1941 Amtsgerichtspräsident. Und als Rothenberger nach
Berlin ins Reichsjustizministerium ging, wechselte auch Segelken in die
Reichsjustiz. Im Juni 1943 wurde er durch Protektion Rothenbergers zum
Ministerialdirektor ernannt und leitete zunächst die Abteilung VII (Aus-
bildung) und sodann die Handelsrechtsabteilung (Abteilung V). Als sein
Mentor Rothenberger zum 21. Dezember 1943 seines Amtes enthoben

wurde, hielt es Segelken nicht mehr im Reichsjustizministerium. Ihm gelang es, zum 1. Juni 1944 Reichsgerichtsrat zu werden. Mitglied des I. Zivilsenats wurde er deshalb, weil er seit 1925 ununterbrochen Vorsitzer des Reichsoberseeamtes war und damit in Seesachen, für die der I. Zivilsenat auch zuständig war, Kenntnisse hatte. Segelken blieb aber nicht bis zur Kapitulation im I. Zivilsenat. Anfang April 1945 wurde er "zur Wahrnehmung der Geschäfte als Vorsitzer des Reichsoberseeamtes und des Reichsdisziplinarhofes in Hamburg und damit Reichskommissar für die Seeschifffahrt [...] zur Verfügung gestellt."

Die andere juristische Karriere, die sowohl Rothenberger als auch Thierack förderten, betrifft Günther Löhmann.[281] Als er im Dezember 1937 zum Volksgerichtsrat am Volksgerichtshof[282] ernannt wurde, da war er in das juristische Machtzentrum der Nationalsozialisten gerückt. Diese Karriere wäre fast nicht möglich gewesen. Denn Löhmann, Jahrgang 1896, war von 1919 bis 1926 Mitglied einer Freimaurerloge mit dem Namen "Zu den drei Rosen" in Hamburg gewesen und hatte den 3. Grad erreicht. Seinen Eintritt begründete er später damit, er habe "nach dem Zusammenbruch aller Ideale nach dem Ersten Weltkrieg eine neue Grundlage für seine Lebensführung finden wollen."[283] Seine neue Lebensaufgabe fand Löhmann nicht nur im juristischen Beruf – er wurde Richter in Hamburg –, sondern auch in der Partei, der er im Mai 1933 beitrat. Im selben Jahr, sich dem Nationalsozialismus ganz hingebend, wurde er förderndes Mitglied der SS. Hierdurch glaubte er, seine ehemalige Logenzugehörigkeit ungeschehen zu machen, was ihm auch gelang. 1934 wurde er Landgerichtsdirektor in Hamburg und kurze Zeit später sogar Hilfsrichter beim Volksgerichtshof. Doch eine Planstelle blieb ihm dort zunächst verwehrt. Hierfür musste er erst noch seinen früheren Status als Logenbruder tilgen. 1936 stellte er bei Hitler ein Gnadengesuch, durch das er dieses Ziel erreichen wollte.[284] Da er neben seiner totalen Hinwendung zum Nationalsozialismus noch sog. Frontkämpfer des 1. Weltkrieges war, war sein Gnadengesuch Ende 1936 erfolgreich. Der Ernennung zum Volksgerichtsrat stand nun nichts mehr im Wege. Warum er sodann zum 1. Juli 1944 zum Reichsgerichtsrat ernannt wurde, ist letztlich ungeklärt geblieben. Die Vermutung liegt auf der Hand, dass er auf Initiative Thieracks diesen Posten einnahm. Löhmann wurde dem I. Zivilsenat zugeteilt, in den er gar nicht passte. Er verfügte über keine Kenntnisse im Revisionsrecht und hatte auf den Rechtsgebieten, für die der I. Zivilsenat zuständig war, bislang noch nicht gearbeitet.

Trotz dieser personellen Veränderungen ist zusammenfassend festzustellen, dass der I. Zivilsenat auch während des 2. Weltkrieges in seiner personellen Substanz keine wesentlichen Einbußen erfuhr. Lindenmaier, Weinkauff, Tölke und Brandenburg als bewährte Kräfte gaben sozusagen den Ton an und bestimmten damit weiter die Grundzüge der Rechtsprechung. Die von Weinkauff nach 1945 geäußerte Ansicht, dass nämlich "der Nationalsozialismus den Versuch" unternommen habe, "das Reichsgericht durch seine Personalpolitik und durch seinen Terror politisch, menschlich und rechtlich zu zersetzen"[285], traf damit auf den I. Zivilsenat nicht zu.

1.4. Das Ende des Reichsgerichts in Leipzig

1.4.1. Die Siegermächte des 2. Weltkriegs: Amerikaner und Russen organisieren die Justiz in Deutschland

Während des Dritten Reiches spielte das Reichsgericht im Bewusstsein einer breiten Bevölkerung keine große oder auch gar keine Rolle. Diese Feststellung betrifft sowohl die Zeit vor Ausbruch des 2. Weltkrieges als auch danach. Die damalige Justiz erfüllte ihre dienende Funktion mit Eifer.

Nach der Kapitulation der 6. Armee in Stalingrad am 31. Januar / 2. Februar 1943 hätte für die richterlichen Mitglieder des Reichsgerichts an sich klar sein müssen, dass der Staat, dessen Ziele sie mit verfolgten, seinem Ende zuging. Doch es zeigte sich, dass nicht wenige von ihnen die Realität noch nicht verinnerlicht hatten oder dieselbe einfach nicht zur Kenntnis nehmen wollten.

So berichtete Reichsgerichtsrat August Schaefer[286] über das Ende des Reichsgerichts in einem Aufsatz mit dem Titel "Das große Sterben im Reichsgericht": "Mit dem Einmarsch amerikanischer Streitkräfte in Leipzig am 19. April 1945[287] war das Ende des Reichsgerichts gekommen. [...]. Ein großer Teil der Mitglieder des Reichsgerichts war auch nach dem Zusammenbruch in Leipzig geblieben, und zwar – im Vertrauen auf ihr gutes Gewissen – auch dann noch, als im Juni 1945 sowjetische Truppen die amerikanischen ablösten."[288]

Ob die Amerikaner vorhatten, das Reichsgericht bestehen zu lassen, erscheint zweifelhaft.[289] Jedenfalls war Weinkauff noch nach der Kapitulation der Ansicht, dass diese das Reichsgericht nicht zerschlagen

75

würden.[290] Hierfür sprach, dass die Amerikaner eine Kommission zur Verwaltung des Reichsgerichts einrichteten, der ein Reichsgericht-Kontrollamt unterstand, das von dem amerikanischen Major Donald P. White geleitet wurde. Ihm zur Seite stand Reichsgerichtsrat Franz Schäfer[291], der den Amerikanern offenbar unbelastet erschien, da er der NSDAP nicht angehörte. Kontrolloffizier White praktizierte ein von ihm entworfenes Entnazifizierungsverfahren. Jeder Richter des Reichsgerichts, soweit er in Leipzig war, musste einen Fragebogen[292] ausfüllen. Auf Grund dieses Fragebogens sollte entschieden werden, ob und in welchem Umfang der betreffende Richter am Reichsgericht verbleiben konnte. Mit dem Fragebogen war eine Bescheinigung vorzulegen, die Reichsgerichtsrat Schäfer für jeden Kollegen ausstellte. Dass diese wohlwollend abgefasst waren, versteht sich von selbst.

Auch nach dem Einmarsch der Russen in Leipzig am 2. Juli 1945[293] blieb die Kommission zur Verwaltung des Reichsgerichts bestehen. Die Russen leiteten eine neue Fragebogenaktion ein, da die Amerikaner ihre Fragebögen mitgenommen hatten. So ist nachvollziehbar, dass im Falle Weinkauff Reichsgerichtsrat Schäfer erst am 17. September 1945 eine Bescheinigung über dessen Vergangenheit ausstellte: "[...] hier ist amtlich bekannt, dass Reichsgerichtsrat Weinkauff stets ein entschiedener Gegner Hitlers und seiner Lehren gewesen ist. [...]"[294] Doch die Russen hatten im Gegensatz zu den Amerikanern nicht vor, das Reichsgericht bestehen zu lassen. Vielmehr verhafteten sie am 25. August 1945 den größten Teil der in Leipzig noch anwesenden ehemaligen Richter des Reichsgerichts.[295]

Weinkauff gehörte nicht zu den Festgenommenen. Er konnte mit seiner Familie zu Verwandten nach Heidelberg fliehen.[296] Das Schicksal war ihm nicht nur in diesem Fall gnädig gesonnen. Auch das Kriegsende hatte er unversehrt überstanden. Zwar wurde er noch am 16. April 1945 zum Volkssturm eingezogen,[297] der den Einmarsch der Amerikaner in Leipzig am 18. April 1945 aber nicht mehr verhindern konnte.

Die Russen zerschlugen also das Reichsgericht. Daher ist die Frage, wann das Reichsgericht aufgehört hat, förmlich zu existieren, nur akademischer Art.[298] Der Bundesgerichtshof legte durch Beschluss vom 5. Mai 1952 das Ende des Reichsgerichts auf den 30. Oktober 1945 fest.[299]

Als Weinkauff mit seiner Familie Ende August 1945 aus Leipzig floh, hatten bereits Repräsentanten des Reichsgerichts ihrem Leben ein Ende gemacht.[300] Reichsgerichtspräsident Bumke beging am 20. April 1945 mittels Gift Selbstmord, während Hitler seinen letzten Geburtstag in Berlin feierte, "dem er sich über viele Jahre verbunden gefühlt hatte."[301] Dass sich der höchste deutsche Richter durch Selbstmord der Verantwortung für seine Taten entzog, blieb einer breiten Öffentlichkeit auch nach der Kapitulation unbekannt. Diese Tatsache überrascht angesichts der Nachkriegsverhältnisse nicht. Aber auch Juristenkreise thematisierten dieses Ereignis nicht. Der Grund hierfür lag auf der Hand. Bumkes Person sollte den Ruf des Reichsgerichts, der nach 1945 hochgehalten werden sollte, nicht beflecken. Erst die 1975 von Kolbe veröffentlichte Abhandlung "Reichsgerichtspräsident Dr. Erwin Bumke", die den bezeichnenden Untertitel "Studien zum Niedergang des Reichsgerichts und der deutschen Rechtspflege" trägt, beschäftigte sich mit Bumkes Werdegang. Doch fand dieses Buch nach seinem Erscheinen in Juristenkreisen keine große Leserschaft.

Diese auffällige Vergesslichkeit und dieses Desinteresse an dem Schicksal der Richter des Reichsgerichts nach 1945 betraf nicht nur Bumke, sondern auch Martin Jonas, der nicht nur durch seine richterliche Tätigkeit, sondern vor allem durch seine wissenschaftlichen Arbeiten in Justizkreisen einen Ruf genoss, und der noch heute oftmals zitiert wird.

Martin Jonas, 1884 als Sohn eines Gymnasialprofessors geboren, legte 1906 das Erste Examen mit "Auszeichnung" und 1912 die Große Staatsprüfung mit "gut" ab. [302] Als Oberleutnant und Bataillonsführer mit dem EK II und EK I ausgezeichnet, nahm er am 1. Weltkrieg teil. Diese Qualifikationen auf zivilem und militärischem Gebiet prädestinierten ihn für eine schnelle juristische Karriere. Bereits am 1. April 1933, im Alter von 39 Jahren, wurde er zum Oberregierungsrat im Reichsjustizministerium ernannt, nachdem er es zuvor schon zum Kammergerichtsrat gebracht hatte. Am 1. Dezember 1924 wurde er Ministerialrat, zu einer Zeit, als das Ministerium von keinem Minister geleitet wurde. Vielmehr war der bereits erwähnte langjährige Staatssekretär Joël mit der Wahrnehmung der Geschäfte eines Reichsjustizministers beauftragt.[303]

Jonas war als Ministerialrat für das Referat 8 in der Abteilung IV (Bürgerliches Recht, bürgerliche Rechtspflege) zuständig, das vorrangig für Fragen des Zivilprozesses und der Prozessreform zuständig war. Auf diesem Gebiet machte er sich nicht nur als Ministerialbeamter einen Namen. 1925 hatte er die Bearbeitung des renommierten ZPO-Kommentars (14. Auflage) übernommen, den Ludwig Gaupp[304] begründet hatte. Seit 1896 wirkte Friedrich Stein am Kommentar mit. Nach der Machtergreifung wurde Stein jedoch wegen seiner jüdischen Vorfahren als Mitkommentator nicht mehr genannt. Bis 1943 arbeitete Jonas nebenberuflich als Bearbeiter für dieses Nachschlagewerk.

Nachdem Jonas am 1. Mai 1938 auf Vorschlag von Staatssekretär Schlegelberger zum Senatspräsidenten am Reichsgericht ernannt worden war, übernahm er dort den IV. Zivilsenat, der unter anderem für Familienrecht, insbesondere für Eherecht zuständig war.[305] 1938 erschien die 16. Auflage "seines" Kommentars, der im Vorwort den neuen Geist zum Ausdruck brachte, der auch Eingang in den Zivilprozess finden sollte: Die "größte Entwicklung vom alten, individualistisch orientierten zum neuen, vom Gemeinschaftsgeist getragenen Prozess" habe sich "erst nach dem Umbruch voll durchgesetzt."[306] Und als das "Gesetz über die Mitwirkung des Staatsanwalts in bürgerlichen Rechtssachen" im Juli 1941[307] in Kraft trat, da war Jonas dessen Protagonist: "Die liberale Zeit, der unsere ZPO entstammt, sah den Prozess im Wesentlichen nur als eine die Allgemeinbelange nicht berührende Einzelangelegenheit [...]. Wir dagegen sehen jetzt, wie schon häufig dargelegt, den Prozess weit- gehend auch unter dem Gesichtspunkt der Allgemeinbelange. Mit der Einschaltung des Staatsanwalts in den Zivilprozess zieht nun der Gesetzgeber – man kann wohl sagen, zum ersten Male – in einer neuen grundsätzlichen Vorschrift eine wichtige Folgerung aus diesem Umbruch der Grundanschauung. [...] im Großen geht es um die Lösung von der landläufig unter der Bezeichnung Verhandlungsmaxime zusammengefassten starren Parteidisposition und die Unterstellung des gesamten Zivilprozesses unter die Vorschriften, die schon jetzt für die Verfahren mit öffentlichem Interesseneinschlag (Ehe- und Statussachen) gelten."[308]

Jonas, der vor 1933 keiner Partei angehörte, trat erst zum 1. Januar 1940 der NSDAP bei. Ob er sich durch diesen Schritt einen weiteren Karriereschub erhoffte, erscheint zweifelhaft. Denn alle höheren Positionen in der Justiz und in der Justizverwaltung waren 1940 bereits vergeben. Vermutlich wurde er aus Überzeugung Parteigenosse. Diese Annahme wird durch den Beschluss des IV. Zivilsenats vom 27. Oktober 1943[309] untermauert. Durch diese Entscheidung bekräftigte der Senat im Rahmen von Ehescheidungen nationalsozialistische Wertvorstellungen: Hatte die Ehefrau, die Jüdin war, ihren Ehemann, der ein ehebrecherisches Verhältnis unterhielt, deswegen mit einem jüdischen Fluch belegt, so begründete bereits der rassische Charakter der Verfluchung eine Eheverfehlung. Unter dem Vorsitz von Jonas führte der IV. Zivilsenat insoweit u. a. aus: "Die Verwünschung, der jüdische Fluch solle auf dem Mann ruhen, muss, auch wenn die Frau die Worte in Zorn und in Aufregung über das Verhalten des Mannes, sei es über sein ehebrecherisches Verhältnis, sei es über seinen Entschluss, sich endgültig von ihr zu lösen, gebraucht hat, als schwere Eheverfehlung [...] gesehen werden. Gerade die Betonung der rassischen Seite gibt diesem Hassbekenntnis eine Schärfe, die die Grenze des Entschuldbaren weit überschreitet."[310]

Da ein Senatsbeschluss in Rede stand, so dass Jonas durchaus hätte überstimmt worden sein können, so liegt dennoch die Vermutung nahe, dass ohne seine Zustimmung diese Entscheidung nicht gefällt worden wäre. Jonas, dem bewusst gewesen sein muss, dass er zukünftig keine Karriere mehr machen würde, hätte sein Amt sozusagen "still" ausüben können. Er hätte daher keine öffentlichen Bekenntnisse zum Nationalsozialismus ablegen müssen. Dass er dennoch im Rahmen juristischer Abhandlungen dem Nationalsozialismus huldigte, beweist seine nationalsozialistische Gesinnung.[311]

Ob Jonas überhaupt gewillt war, sein Amt als Richter unabhängig wahrzunehmen, erscheint fraglich. Seine engen Kontakte zum Reichsjustizministerium zeitigten Folgen. "Die Wirkung dieser Beziehungen zwischen dem Senatspräsidenten und dem Ministerium im Sinne einer indirekten Einflussnahme auf die reichsgerichtliche Spruchpraxis"[312] war gegeben. Im Ministerium war man der Überzeugung, dass "ein Wink an das Reichsgericht genügen dürfte, um eine entsprechende Rechtsprechung"[313] des IV. Zivilsenats herbeizuführen.

In Anbetracht dieser totalen Hinwendung zum Nationalsozialismus handelte Jonas nur konsequent. Wenige Tage vor dem Einmarsch der Amerikaner in Leipzig – am 14. April 1945 – erschoss er sich in seinem Dienstzimmer. Eine offizielle Trauerfeier, so die Verfügung von Reichsgerichtspräsident Bumke vom 16. April 1945[314], fand nicht statt. Als 1949 die 17. Auflage des hier in Rede stehenden ZPO-Kommentars herauskam, wurde dieser mit Stein/Jonas tituliert. "Der zeitweise verschütteten Tradition" – so das Vorwort zur 20. Auflage – "wurde mit dem Namenspaar Stein/Jonas obenan Reverenz erwiesen." Die überwiegende

Zahl der Benutzer dieses Kommentars werden die Hintergründe dieses Namenspaares nicht kennen.

Dass der herausgebende Verlag den Kommentar heute wieder Stein/ Jonas tituliert und damit einen Schulterschluss zwischen dem aus rassischen Gründen verfolgten Stein und dem Rassisten Jonas mit der Formulierung "zeitweise verschüttete Tradition" zieht, kann nur als zynisch bezeichnet werden.

1.4.2. Weinkauffs Mythenbildung: Das Reichsgericht als Hort der Rechtssicherheit

1.4.2.1 Die Nichtigkeitsbeschwerde als Instrument der Gerechtigkeit

Als die amerikanischen Streitkräfte im April 1945 nicht nur Leipzig, sondern ganz Thüringen besetzten, glaubten viele Deutsche, dass die Amerikaner auch zukünftig dort bleiben würden. Doch auf der Konferenz in Jalta (Krim) vom 4. bis zum 11. Februar 1945 hatten die Regierungschefs (Stalin, Roosevelt und Churchill) der damaligen Großmächte (UdSSR, USA und Großbritannien) bereits beschlossen, Deutschland in je eine amerikanische, britische, sowjetische und französische Besatzungszone aufzuteilen.[315] Thüringen und damit Leipzig sollte den Russen zufallen.

Ob auch Weinkauff an den Verbleib der Amerikaner in Leipzig glaubte, scheint wahrscheinlich zu sein. Denn Weinkauff war zumindest[316] Mitverfasser einer Denkschrift – "Allgemeines über die Aufgaben und Bedeutung des Reichsgerichts"[317] –, die der amerikanischen Militärregierung zugeleitet wurde und durch die der Siegermacht "die Funktion des Reichsgerichts und die Einwirkung des NS-Regimes auf das höchste deutsche Gericht"[318] aufgezeigt werden sollte. Die Amerikaner reagierten auf diese Denkschrift nicht, was schon angesichts der oben dargelegten politischen Abläufe nicht verwundert. Wie ihre Antwort auf diese Denkschrift ausgefallen wäre, wenn die Militärregierung sich mit dieser auseinander gesetzt hätte, muss Spekulation bleiben. Das Kapitel IV dieser "Denkschrift"[319] – "Die Stellung des Reichsgerichts unter der Herrschaft des Nationalsozialismus"[320] – stellt den Beginn einer Mythenbildung dar, die in späteren Jahren fortgesetzt und intensiviert wurde. Denn dieses Kapitel enthielt Ansichten, Feststellungen und Bewertungen, die mit den wahren geschichtlichen Abläufen während des Dritten Reiches kaum etwas oder gar nichts gemein haben. Die Stoßrichtung dieser Denkschrift war nicht zu übersehen: Die Mitglieder des Reichsgerichts wurden als Opfer der NS-Machthaber dargestellt, die trotz politischer Repressalien stets bemüht waren, das Reichsgericht vor Schlimmeren und letztlich noch als Hort der Gerechtigkeit zu bewahren. In der Denkschrift wurde in obigem Kapitel ausgeführt:

"Die vorstehenden allgemeinen Bemerkungen über die Aufgaben und den organisatorischen Aufbau des Reichsgerichts können nicht geschlossen werden, ohne dass mit einigen Worten auf die Verhältnisse eingegangen wird, unter denen das Reichsgericht in den Jahren 1933 bis 1945 gestanden hat. Einer eigenmächtigen, nicht allein auf das Volkswohl bedachten Diktatur ist eine aufrechte, nur der Gerechtigkeit dienende Rechtspflege ein Dorn im Auge. Der Diktator sucht seine Ziele meist mit anderen Mitteln als denen des Rechts zu erreichen. Er empfindet deshalb die Rechtspflege naturgemäß als Hemmschuh, als lästigen Mahner, als Gegner und als eine Gefahr für seine Pläne. Die Folge ist, dass er systematisch darauf ausgehen wird, die Stellung der Rechtspflege im Staatsorganismus und ihren Einfluss auf das öffentliche und private Leben nach Möglichkeit zu verkleinern und herabzudrücken und die Rechtspflege und ihre Organe in den Augen der Volksgenossen als etwas erscheinen zu lassen, was mit Nachteilen für die Allgemeinheit behaftet sei und einer grundlegende Umgestaltung und Verbesserung bedürfe. Schließlich wird er trotz gelegentlich den Richtern von nachgeordneten Stellen gespendeten Lobes bemüht sein, nach und nach alles zu beseitigen, was die Rechtspflege oder einzelne ihrer Organe aus dem Kreise der sonstigen Behörden heraushebt und als Anerkennung ihrer besonderen Bedeutung im Staatsgefüge gewertet werden könnte.

Alles das trifft im besonderem Maße auf die Stellung der Justiz im nationalsozialistischen Deutschland zu, vor allem auch auf das Verhältnis des Nationalsozialismus zum Reichsgericht. Die Garantien der richterlichen Unabhängigkeit, insbesondere der Grundsatz der Unabsetzbarkeit und Unversetzbarkeit des Richters, wurden im Laufe der Entwicklung allmählich völlig beseitigt. Auch nach Ablauf der in der Anfangszeit erlassenen und wiederholt verlängerten Gesetze zur Reinigung der Beamtenschaft verblieb der Staatsführung die Möglichkeit, den Richter wegen politischer Unzuverlässigkeit abzusetzen (§ 71 des Reichsbeamtengesetzes) oder ihn auf verwaltungsmäßigem (Wege) in einen anderen Wirkungskreis zu versetzten.

Noch weiter ging der bekannte Reichstagsbeschluss vom 26. April 1942; durch ihn wurde die Sonderstellung des Richters an der Wurzel getroffen. Denn der politischen Führung wurde damit bestätigt, dass sie befugt sei, jeden Richter ohne Einleitung eines ordentlichen Verfahrens aus seinem Amte zu entfernen und rechtlos zu stellen. [...]

Diese [...] ständigen Herabsetzungen lassen die Abneigung erkennen, die die nationalsozialistische Staatsführung den Gerichten, vor allem dem Reichsgericht, entgegenbrachte; sie zeigt zugleich, dass der Nationalsozialismus mit einer ihm gefügigen Rechtsprechung nicht glaubte rechnen zu können. Hätte er wirklich auf eine solche gehofft, so hätte er sicherlich nicht dauernd Maßnahmen getroffen, die auf die Beteiligten nur kränkend und verbitternd wirken konnten, und er hätte der Staatsführung nicht sogar die Befugnis erteilt, einen missliebigen Richter mit einem bloßen Federstrich aus dem Amt zu entfernen. Gerade diese Umstände zeigen deutlicher wie vieles andere, dass es der ehemaligen Staatsführung nicht gelungen ist, die Rechtspflege vom richtigen Wege abzubringen."

Diese Behauptungen Weinkauffs hatten mit den wahren Begebenheiten nichts gemein. Die Kernforderungen der Rede Hitlers am 26. April 1942 beschloss der "Großdeutsche Reichstag" noch förmlich.[321] Was hatte Hitler im Reichstag über die Justiz gesagt?[322]

Hitler forderte: "Front und Heimat, Transportwesen und Justiz haben nur einem einzigen Gedanken zu gehorchen, nämlich der Erringung des Sieges. Es kann in dieser Zeit keiner auf seine wohlerworbenen Rechte pochen, sondern muss wissen, dass es heute nur Pflichten gibt. Ich bitte den Deutschen Reichstag um die ausdrückliche Bestätigung, dass ich das gesetzliche Recht besitze, jeden zur Erfüllung seiner Pflichten anzuhalten bzw. denjenigen, der seine Pflichten nach meiner gewissenhaften Einsicht nicht erfüllt, entweder zur gemeinsamen Kassation zu verurteilen oder ihn aus dem Amt und Stellung zu entfernen [...]. Ebenso erwarte ich, dass die deutsche Justiz versteht, dass nicht die Nation ihretwegen, sondern dass sie der Nation wegen da ist, das heißt, dass nicht die Welt zugrunde gehen darf, in der auch Deutschland eingeschlossen ist, damit ein formales Recht lebt, sondern dass Deutschland leben muss, ganz gleich, wie immer auch formale Auffassungen der Justiz dem widersprechen mögen." Und nachdem Hitler ein Strafurteil heftig kritisiert hatte, mit dem er nicht einverstanden war, weil es seiner Ansicht zu milde ausgefallen war,[323] drohte er: "Ich werde von jetzt ab in diesen Fällen eingreifen und Richter, die ersichtlich das Gebot der Stunde nicht erkennen, ihres Amtes entheben."

Wenn Weinkauff und seine möglichen Mitautoren in der Denkschrift behaupteten, diese Rede Hitlers habe "die Sonderstellung des Richters an der Wurzel getroffen", dann ist dieser These zuzustimmen. Der Reichstagsbeschluss war in der Tat "als eine Drohung an die Adresse der Beamten und Richter gedacht", "künftig strikt im Sinne der politischen Führung zu funktionieren." [324] Wenn Weinkauff weiter ausführte, von nun ab (26. April 1942) habe jeder Richter mit seiner sofortigen Entlassung zu rechnen gehabt, der nicht entsprechend der nationalsozialistischen Zielsetzung urteilte, so ist dies falsch. Denn eine solche Konsequenz drohte zu keiner Zeit. Unfolgsame Richter wurden "nicht unter Anwendung des Beschlusses kassiert, sondern auf gesetzlicher Grundlage in den Ruhestand versetzt." [325] Der Reichstagsbeschluss hatte also für die Entfernung von Richtern aus ihrem Amt keine reale Bedeutung. "Seine Relevanz lag eher darin, dass er durch die Androhung außernormativer Maßnahmen in der Personalpolitik als psychologisches Druckmittel wirkte, um die Richter dem Willen der politischen Führung gefügig zu machen." [326]

Die zitierte Denkschrift behandelte in einem weiteren Kapitel "Strafsachen beim Reichsgericht" [327] nicht nur das Rechtsmittel der Revision, sondern auch die Nichtigkeitsbeschwerde. Dieses "Rechtsmittel" wurde durch die "Verordnung über die Zuständigkeit der Strafgerichte, die Sondergerichte und sonstige strafverfahrensrechtliche Vorschriften" vom 21. Februar 1940 [328] eingeführt. In Artikel V (Nichtigkeitsbeschwerde des Oberreichsanwalts) bestimmte § 34 (Voraussetzungen der Nichtigkeitsbeschwerde): "Gegen rechtskräftige Urteile des Amtsrichters, der Strafkammer und des Sondergerichts kann der Oberreichsanwalt beim Reichsgericht binnen einem Jahr nach Eintritt der Rechtskraft Nichtigkeitsbeschwerde erheben, wenn das Urteil wegen eines Fehlers bei der Anwendung des Rechts auf die festgestellten Tatsachen ungerecht ist." Die Nichtigkeitsbeschwerde war beim Reichsgericht schriftlich einzulegen, das über sie aufgrund einer Hauptverhandlung durch Urteil oder mit Zustimmung des Oberreichsanwalts ohne Hauptverhandlung durch Beschluss zu entscheiden hatte (§ 35 Abs. 1 der Verordnung).

Wie ordnete nun die Denkschrift die Nichtigkeitsbeschwerde juristisch und rechtspolitisch ein? "Eine ganz neue und große Aufgabe wurde den Strafsenaten" durch die Nichtigkeitsbeschwerde gestellt. "Dieses neue

Rechtsmittel wuchs allmählich so stark heran, dass es die Strafsenate kaum minder beschäftigte als die Revision. Von der Revision unterscheidet sich die Nichtigkeitsbeschwerde in den folgenden Beziehungen: a) Das Rechtsmittel steht nicht dem Angeklagten oder sonstigen Beteiligten zu, auch nicht der Staatsanwaltschaft der unteren Gerichte, sondern allein dem Oberreichsanwalt beim Reichsgericht. b) Die Revision gehört in den regelmäßigen Instanzenzug. Solange die Frist von einem Monat für sie noch offen ist, ist das Urteil noch nicht rechtskräftig. Die Nichtigkeitsbeschwerde dagegen richtet sich gegen rechtskräftige Urteile. Dieser Eingriff in die Rechtskraft wird dadurch gemildert, dass die Nichtigkeitsbeschwerde nur innerhalb eines Jahres seit der Rechtskraft erhoben werden darf. [...] Die Nichtigkeitsbeschwerde stimmte mit der Revision zunächst darin überein, dass sie nur wegen Fehler rechtlicher Art durchdringen konnte. Ihre Wirkung war dadurch sogar noch enger als die der Revision, weil nicht schon der Umstand allein, dass ein rechtlicher Fehler begangen worden war, zur Aufhebung des Urteils führen durfte; es musste vielmehr hinzutreten, dass das Ergebnis ‚ungerecht' war, d. h. eine Belastung des Rechtsgefühls bedeutete.

Durch die Verordnung vom 13. August 1942 (RGBl. I S. 508) wurde die Wirkung der Nichtigkeitsbeschwerde wesentlich erweitert. Jetzt kann sie auch auf Bedenken tatsächlicher Art gestützt werden.[329] Von nun an darf das Reichsgericht auch selbstständig Tatsachen feststellen, Beweise erheben und nach seinem Ermessen selbst die Strafe festsetzen. Von dieser Befugnis hat es freilich nur mit Vorsicht Gebrauch gemacht. Es wäre übrigens ein Irrtum anzunehmen, dass die Nichtigkeitsbeschwerde eine Einrichtung nationalsozialistischen Geistes war. Den Rechtsordnungen anderer Länder war längst der Gedanke nicht fremd, dass der höchste Gerichtshof auf den Antrag des höchsten Beamten der Staatsanwaltschaft auch rechtskräftige Entscheidungen, durch die das Gesetz verletzt worden war, beseitigen durfte. So gab es in Österreich, schon zur Zeit des Kaiserstaates, die ‚Nichtigkeitsbeschwerde zur Wahrung des Gesetzes' [...]."

Die Darlegungen in der Denkschrift zu diesem "Rechtsmittel" waren zum Teil nicht vollständig und damit zumindest irreführend. Die „Nichtigkeitsbeschwerde zur Wahrung des Gesetzes", die Bestandteil der österreichischen Strafprozessordnung vom 23. Mai 1877 war, unterschied sich nämlich von der hier zur Diskussion stehenden in Folgendem: Die österreichische Nichtigkeitsbeschwerde konnte sich – und diese Tatsache unterschlug die Denkschrift einfach – nur zu Gunsten des Verurteilten auswirken. Sie sollte weiter zur Wahrung der Rechtseinheit, "nicht aber der konkreten Gerechtigkeit der Entscheidung und der Beseitigung von Unrecht dienen, das durch richterliches Urteil geschaffen worden war."[330]

Durch diese Unterschiede wird klar, wie beschönigend die Denkschrift die Nichtigkeitsbeschwerde als "Rechtsmittel" darzustellen versuchte. Die nationalsozialistische Ideologie gab im Übrigen vor – und die Sachbearbeiter der Reichsanwaltschaft handelten entsprechend –, welches Urteil im Sinne dieser Verordnung als "ungerecht" zu gelten hatte. Bei der Bewertung und Einordnung dieses Begriffes berief man sich auf das "gesunde Volksempfinden". Die Nichtigkeitsbeschwerde zerstörte den letzten Rest von Rechtssicherheit und "wurde im Laufe des Krieges zu einem Instrument, um die Strafrechtsprechung rigoros zu verschärfen und das Regime durch Abschreckung und ‚Unschädlichmachung' zu sichern."[331] Dass die nationalsozialistische Führung bei der Erreichung dieses Ziels auf die beflissenen Justizjuristen in der Reichsanwaltschaft und im Reichsgericht bauen konnte, machen die Geschäftszahlen des 3. Strafsenats des Reichsgerichts deutlich: Von 1940 bis 1945 legte die Reichsanwaltschaft allein bei diesem Senat insgesamt in 437 Fällen Nichtigkeitsbeschwerde ein, davon 118 zu Gunsten und 319 zu Ungunsten der Verurteilten.[332]

1.4.3. Ein Exkurs: Die Folgen der Legendenbildung – einige Fallbeispiele

1.4.3.1 Die Karrieren der Verfechter der Nichtigkeitsbeschwerde in Karlsruhe: Generalbundesanwalt Wolfgang Fränkel, Senatspräsident Hans Richter, Senatspräsident Max Hörchner, Bundesrichter Carl Kirchner

Fränkel war ein in der Hierarchie der auf Standesbewusstsein und auf Macht bedachten Reichsanwaltschaft "kleines Licht". Er war kein Reichsanwalt während des Dritten Reiches, arbeitete in dieser Behörde allerdings als Staatsanwalt, zuletzt im Range eines Landgerichtsdirektors.[333] Als die Nationalsozialisten am 30. Januar 1933 die Macht ergriffen, da war er – Jahrgang 1905 – gerade einmal 28 Jahre alt. Am 1. Mai 1933 trat er in die NSDAP ein. 1936 wurde er Hilfsarbeiter bei der Reichsanwaltschaft. 1941 im Alter von 36 Jahren wurde er Landgerichtsdirektor; er blieb jedoch bei der Reichsanwaltschaft.

An seinem Beispiel wird erneut deutlich, dass der Parteibeitritt allein wenig oder gar nichts darüber aussagen muss, in welchem Maße der betreffende Jurist die nationalsozialistische Ideologe verinnerlicht hatte. Vielmehr ist die jeweilige berufliche Tätigkeit und die Art und Weise ihrer Ausübung zu hinterfragen, um eine Antwort hierauf zu finden. Als Staatsanwalt bei der Reichsanwaltschaft war Fränkel vorrangig für die Bearbeitung von Nichtigkeitsbeschwerden zuständig, bei deren Einlegung er in 50 Fällen die Todesstrafe beantragte.[334] Dabei ging sein Ehrgeiz dahin, mittels dieses nationalsozialistischen "Rechtsbehelfs", die Todesstrafe verhängen zu lassen. Er war geradezu ein "Fanatiker der Todesstrafe".[335]

Da das Reichsgericht 6 Strafsenate aufwies und jeder Senat auch Nichtigkeitsbeschwerden zu bearbeiten hatte, waren bei der Reichsanwaltschaft die dort bestehenden 6 Abteilungen "korrespondierend"[336] ebenfalls hierfür zuständig. Die Abteilung 3 der Reichsanwaltschaft leitete Reichsanwalt Carl Kirchner, der Vorgesetzter Fränkels war.[337] Es wäre abwegig zu glauben, dass Kirchner vom Agieren Fränkels keine Kenntnis hatte. Über Kirchner wird noch zu reden sein, wenn die Hintergründe der Berufung Fränkels zum Generalbundesanwalt aufgezeigt werden.

Von welchem Geist Fränkel beseelt war, wenn es um die Frage ging, ob und mit welchem Ziel die Nichtigkeitsbeschwerde eingelegt werden sollte, ist hinlänglich beschrieben worden.[338] Hier soll exemplarisch nur ein Fall geschildert werden.[339]

Am 14. Dezember 1942 verurteilte das Sondergericht Halle den vorbestraften Willy T. wegen Diebstahls, Betruges sowie Arbeitsvertragsbruchs zu 7 Jahren Zuchthaus. Die von der Staatsanwaltschaft beantragte Todesstrafe lehnte das Gericht ab: Der Schutz der Volksgemeinschaft erfordere dies nicht, da die Hauptverhandlung ergeben habe, dass der Angeklagte noch eine wertvolle und zuverlässige Arbeitskraft als Bäcker sei. Auch das Bedürfnis nach gerechter Sühne mache die endgültige Ausmerzung des Angeklagten nicht erforderlich, da seine Straftaten noch keinen ihn zum gefährlichen Volksschädling machenden Umfang angenommen hätten.

Fränkel legte gegen dieses Urteil Nichtigkeitsbeschwerde ein. Seinen Antrag, den Angeklagten zum Tode zu verurteilen, begründete er wie folgt: Die Tatsache, dass der Verurteilte eine brauchbare Arbeitskraft sei, dürfe die Verhängung der Todesstrafe "bei einem sonst der Volksgemeinschaft wertlosen und schädlichen Verbrecher nicht ausschließen". Wenn das Sondergericht schon "seine geistige und seelische Minderwertigkeit" als mildernde Umstände bewertet habe, so hätten diese Eigenschaften "ihn im Übrigen veranlassen müssen, seine gemeinschaftsgefährlichen Anlagen durch besondere Anstrengungen auszugleichen".

Der für diese Nichtigkeitsbeschwerde zuständige 3. Strafsenat des Reichsgerichts war anderer Meinung und wies die Nichtigkeitsbeschwerde im April 1943 ab. Dieses Urteil erregte Fränkels Zorn, der sich daraufhin an seinen Chef, den Oberreichsanwalt, schriftlich wandte und sich über die Rechtsprechung des vom Reichsgerichtspräsidenten geführten 3. Strafsenats beschwerte.[340]

Nach dem Krieg gelang es Fränkel, zunächst Bundesanwalt beim Bundesgerichtshof zu werden, ehe er am 23. März 1962 zum Generalbundesanwalt ernannt wurde.[341] Angesichts seiner Vergangenheit drängt sich die Frage nach den Hintergründen dieser Karriere auf. Anhand neuer Quellen ist diese Frage nunmehr zu beantworten.[342]

Als Max Güde, der von April 1956 bis Oktober 1961 Generalbundesanwalt[343] war, in der 4. Wahlperiode (1961 – 1965) für die CDU in den Deutschen Bundestag einzog,[344] war die Nachfolgefrage noch ungeklärt . Daher blieb die Generalbundesanwaltschaft zunächst ohne Chef; der dienstälteste Bundesanwalt – und das war Fränkel – wurde mit der Wahrnehmung der Geschäfte des Generalbundesanwalts beauftragt.[345] Die Spitze des Bundesministeriums der Justiz, Minister Fritz Schäffer[346] und sein Staatssekretär Walter Strauß, hatte sich aber in Kenntnis der Tatsache, dass Güde für den 4. Bundestag kandidieren wollte, schon vor dessen Ausscheiden Gedanken gemacht, wer sein Nachfolger werden könnte. Schäffer und Strauß, ohne das Personalreferat einzuschalten, berieten im kleinen Kreis über diese Frage. Nur Güde, der amtierende Präsident des Bundesgerichtshofes, Heusinger, und der Leiter der Strafrechtsabteilung im Bundesministerium der Justiz, Ministerialdirektor Josef Schafheutle[347], dessen reiche Personenkenntnis sowohl der Minister als auch der Staatssekretär zu schätzen wussten, wurden um Rat gefragt. Dass auch Schafheutle zur Beratung dieser vertraulichen Personalie hinzugezogen wurde, war nicht nur auf seine Insiderkenntnisse zurückzuführen. Vielmehr war er ein profunder Kenner des Straf- und Strafprozessrechts, insbesondere des politischen Strafrechts der Bundesrepublik.[348] Sein diesbezügliches Wissen war historisch gewachsen:

Im Juni 1933 wurde er nach sehr guten Examensnoten ins Reichs-justizministerium berufen, wo er zunächst als Regierungsrat in der Abteilung II (Strafgesetzgebung) das Referat 11 (Mitarbeit an der Strafprozessreform) leitete.[349] Später war er an der Ausarbeitung des nationalsozialistischen politischen Sonderstrafrechts beteiligt.[350] Er war nicht Mitglied der NSDAP. Im 2. Weltkrieg fungierte er als Oberfeldrichter der Reserve, hatte also die sog. Manneszucht in der deutschen Wehrmacht aufrechtzuerhalten.

Von seiner Tätigkeit im Reichsjustizministerium her kannte Schafheutle einen Kollegen, der während des 2. Weltkrieges wie er Heeresrichter war. Es war Paul-Heinz Baldus, Jahrgang 1906, über den der oben erwähnte Personenkreis "ohne jede Diskussion" einig war, dass er "alle Eigenschaften besitze, die ihn zum Nachfolger" von Güde "geeignet erscheinen ließen".[351] Was zeichnete Baldus aus?[352]

Er hatte gute Examensergebnisse aufzuweisen und machte schnell Karriere. Kaum war er 1933 Gerichtsassessor geworden, da wurde er, was außergewöhnlich war, ins Reichsjustizministerium berufen. Dort wurde er in der Abteilung II eingesetzt, die für die Strafgesetzgebung zuständig war. Und hier traf er auf Schafheutle, der in derselben Abteilung tätig war. So ist es wohl keine Vermutung, dass Minister Schäffer und Staatssekretär Strauß durch Schafheutle auf Baldus aufmerksam wurden. Baldus blieb bis September 1937 im Reichsjustizministerium; sodann ging er, zum Landgerichtsrat befördert, an das Landgericht Wiesbaden. 1938 trat er in die NSDAP ein, ein Schritt, der seine Karriere befördern sollte. Und in der Tat zahlte sich dieses Bekenntnis aus. Im April 1938 wurde er in die Präsidialkanzlei des Führers versetzt, deren Chef Staatsminister Otto Meißner war.[353] Seine Karriere hätte womöglich jetzt erst begonnen, wenn nicht der 2. Weltkrieg ausgebrochen wäre. So wurde er am 1. September 1939 zur Wehrmacht eingezogen, wo er bis zur Kapitulation als Feldgerichtsrat wirkte. 1943, was üblich war, wurde er zum Landgerichtsdirektor befördert. Nach der Kapitulation fand er schnell wieder Fuß in seinem zivilen Beruf. Auf Vorschlag von Justizminister Dehler wurde er 1951 Bundesrichter. Ob es Zufall oder Absicht war, muss ungeklärt bleiben. Jedenfalls fehlte auf dem ministeriellen Vorschlagsbogen, der den beruflichen Lebenslauf des in Aussicht genommenen Bundesrichters enthielt und den die Mitglieder des Richterwahlausschusses bekamen, ein Hinweis auf seine Heeresrichtertätigkeit. Am 1. Januar 1956 wurde er zum Senatspräsidenten ernannt. Er leitete den 2. Strafsenat des Bundesgerichtshofes. Baldus war grundsätzlich bereit, das Amt des Generalbundesanwalts zu übernehmen. Da er aber herzkrank war, musste er auf Anraten seiner Ärzte das Angebot Schäffers ausschlagen. Er starb 1971 vor Erreichen der Altersgrenze.

Die Bundestagswahlen vom 17. September 1961 ermöglichten eine Koalition aus CDU/CSU und FDP. Neuer Bundesminister der Justiz wurde im November 1961 Wolfgang Stammberger (FDP), der wie Staatssekretär Strauß Jurist war.[354] Da sein Vorgänger keinen neuen Generalbundesanwalt gefunden hatte, musste nun er diese Aufgabe übernehmen. Auch Stammberger wählt hierzu denselben Beraterkreis wie Schäffer. Die Suche nach einem geeigneten Kandidaten stellte sich wiederum als schwierig heraus.[355] Als dann Stammberger im Januar 1962 seinen Antrittsbesuch beim Bundesverfassungsgericht und Bundesgerichtshof sowie bei der Bundesanwaltschaft machte, lernte er zwangsläufig Fränkel – mit der Wahrnehmung der Geschäfte des Generalbundesanwalts beauftragt – kennen, von dem er "einen sichtlich guten Eindruck"[356] gewann. Um diesen zu überprüfen und zu hinterfragen, teilte er seine Meinung dem amtierenden Präsidenten des Bundesgerichtshofes, Heusinger und Senatspräsident Baldus mit, die nichts Negatives über Fränkel zu berichten wussten. Das Gegenteil war vielmehr der Fall. Fränkel galt – so Güde – als "hervorragender Revisionist"[357] und hatte nach Ansicht Stammbergers bislang "die Geschäfte in fehlerfreier und erfolgreicher Weise geführt".[358] Folgerichtig kam in Stammberger der Gedanke hoch, ob nicht Fränkel als geeigneter Nachfolger Güdes in Betracht zu ziehen war. So studierten er und Staatssekretär Strauß zunächst einmal die Personalakten Fränkels, die nach Auffassung beider "keine Anhaltspunkte" enthielten, "die zu weiteren Ermittlungen Anlass"[359] gaben. Damit war an sich die Entscheidung bereits gefallen. Stammberger und auch Strauß wurden in ihrem Entschluss, Fränkel zum Generalbundesanwalt ernennen zu lassen, noch dadurch bestärkt, dass der ehemalige Reichsanwalt Kirchner, Vorgesetzter Fränkels in der Reichsanwaltschaft, diesen für die neue Position empfohlen hatte.

Über Kirchner, der nach Gründung des Bundesgerichtshofes Bundesrichter wurde, wird noch zu berichten sein. Und auch Güde hielt die Berufung Fränkels zum Generalbundesanwalt für "denkbar", "wenn keine überzeugendere Lösung gefunden werden könne."[360] Schließlich erhoben auch Heusinger und Schafheutle gegen Fränkel keine Einwände. Am 20. Februar 1962 kam es dann zu einem entscheidenden Gespräch zwischen Stammberger und Fränkel, in dem der Minister seinem Gesprächspartner das Amt des Generalbundesanwalts anbot. Fränkel willigte sogleich ein. Am 21. Februar 1962 wurde dieser Personalvorschlag des Ministers im Kabinett erörtert, das ihm zustimmte. Fränkels Ernennung erfolgte am 23. März 1962; doch seine Amtsdauer endete bereits am 24. Juli 1962.[361] Die Vergangenheit hatte den obersten Ankläger der Bundesrepublik Deutschland eingeholt.

Gleich nach der Ernennung Fränkels hatte die DDR belastendes Material zusammengestellt, das seine Tätigkeit bei der Reichsanwaltschaft betraf.[362] Die Behörden der DDR waren hierzu im Stande, weil die Akten der Reichsanwaltschaft und des Reichsgerichts in ihren Archiven lagerten. Staatssekretär Strauß schilderte die Reaktion Fränkels, als dieser mit dem Material aus der DDR konfrontiert worden war, so: "[...] Fränkel erklärte, dass er die Akten für echt hielte und stellte auch seine darin geschilderte Tätigkeit nicht in Abrede. [...] Fränkel machte auf mich einen ebenso bestürzten wie absolut aufrichtigen Eindruck. Ich glaube vor allen Dingen [...] an die Wahrhaftigkeit seiner Erklärung, dass er die meisten Einzelheiten jener Vorgänge schlechthin aus der Erinnerung verloren habe, bis der Anblick der Akten diese Erinnerung wieder kommen ließ. [...] Zu den in den Aktenablichtungen behandelten Vorgängen äußerte [...] Fränkel, dass er nach der geltenden Rechtslage seinerzeit nicht hätte anders handeln können und dürfen."[363]

Staatssekretär Strauß, über den noch später zu reden sein wird, beschönigte die Vergangenheit Fränkels: Er hielt diesen "für einen vollkommen ehrlichen und aufrichtigen Menschen", der "die Relevanz der Vorgänge jener Zeit und ihre etwaige Bedeutung für (die) heutige Beurteilung nicht erkannt"[364] habe. Darüber hinaus tat Strauß so, als ob er über das wahre Aufgabengebiet der Reichsanwaltschaft keine genauen Kenntnisse hatte. Ob seine Unwissenheit der Wahrheit entsprach, muss ungeklärt bleiben: "Aus Erzählungen der früheren Angehörigen" der Reichsanwaltschaft (gemeint waren die Senatspräsidenten Richter und Hörchner sowie Bundesrichter Kirchner) habe er gewusst, "dass die Reichsanwaltschaft beim Reichsgericht im Gegensatz zu der Reichsanwaltschaft beim Volksgerichtshof (diese beiden Behörden – so Strauß – würden häufig miteinander verwechselt) überwiegend mit normalen Revisionssachen befasst" gewesen seien und "dass erstaunlicherweise die meisten ihrer Mitglieder nicht der NSDAP angehört" hätten, "vielmehr darüber hinaus dafür bekannt" gewesen seien, "dass sie das damalige Regime" abgelehnt hätten. Er habe "also davon ausgehen" können, "dass der junge Hilfsarbeiter bei der Reichsanwaltschaft Fränkel in dieser Atmosphäre"[365] gearbeitet habe.

Und selbst Güde musste einräumen: "Mit Vorgängen aus dem Gebiet der Nichtigkeitsbeschwerde habe" er (Güde) "nicht gerechnet". Er habe sich unter Fränkels Tätigkeit bei der Reichsanwaltschaft "immer nur eine normale Revisionstätigkeit vorgestellt." Er "hätte allerdings hingewiesen auf eine gewisse Unausgewogenheit im menschlichen Urteil (gemeint war Fränkel), eine manchmal störende Neigung zu komplexhaften Vorurteilen und auf einen manchmal zutage tretenden Mangel an Maß, übrigens gerade in der Beurteilung nationalsozialistischen Unrechts."[366]

Ganz anders reagierte die Presse auf den Fall Fränkel: Dieser verfüge über „einen ziemlich gespenstischen, wenn man es so nennen will, Rechtfertigungsgrund. Wenn sein unmittelbarer Vorgesetzter von damals [...] Reichsanwalt Dr. Kirchner nach Kriegsende Richter am Bundesgerichtshof werden konnte [...], wenn ein anderer Reichsanwalt aus jener blutrünstigen Phase, Dr. Richter, Senatspräsident am Bundesgerichtshof werden konnte, wenn ein weiterer einstiger Sachbearbeiter der Reichsanwaltschaft [...], Dr. Hörchner, Senatspräsident am Bundesgerichtshof werden konnte – und sie alle blieben unbehelligt –, warum sollte, so mag er sich gesagt haben, ausgerechnet Herr Fränkel Skrupel haben, weil er damals auch an einer jener Quellen saß, aus denen man Unrecht und Blut wie Wasser fließen ließ?"[367]

Diese eindeutigen Worte des Journalisten Ernst Müller-Meiningen (Süddeutsche Zeitung) verfehlten ihre Wirkung nicht. Er beließ es aber nicht bei dieser Kritik. Seine folgenden Fragen im selben Leitartikel trafen ins Schwarze: "Wie lässt es sich denn überhaupt erklären, dass man beim Aufbau eines höchsten Gerichts frisch-fröhlich die ehemaligen Reichsanwälte zu Richtern und die ehemaligen Sachbearbeiter der Reichsanwaltschaft zu Bundesanwälten machen konnte? Antwort: Das ist nur dadurch zu erklären, dass der Bundesgerichtshof, in dessen Gestalt ein neues, moralisch und geistig unbelastetes höchstes Gericht gegründet hätte werden müssen und sollen, unter der Hand eine Art Traditionskompanie des alten Reichsgerichts wurde." Und zum Schluss nannte Müller-Meiningen auch Personen: "Ist es vorstellbar, dass nicht bloß der verantwortliche höchste Beamte des Bundesjustizministeriums in all den

Jahren, Staatssekretär Strauß, sondern auch der erste und langjährige Präsident des Bundesgerichtshofs, der ja ebenfalls dem einstigen Reichsgericht [...] angehörte, wenn auch in einem Zivilsenat, keine Ahnung hatte, wer Fränkel damals war, wo man doch im gleichen Hause gesessen hatte? Hatte Weinkauff wirklich nicht gewusst, was in Sachen "Nichtigkeitsbeschwerde" sozusagen auf dem Nachbarflur im Leipziger Reichsgericht praktiziert wurde? Wenn ja, was man kaum anzunehmen wagt, dann hätte der Präsident des Bundesgerichtshofs seine Pflichten verletzt, wenn nein, dann wäre ein solches Maß von Nichtwissen geradezu bestürzend bei einem Mann, der nach Kriegsende einer der beharrlichsten Fürsprecher der kämpferischen Wahrheit und des Widerstandsrechts in einer Diktatur wurde. [...]"

Als dieser Leitartikel erschienen war, befand sich Weinkauff bereits im vorzeitigen Ruhestand. Dennoch teilte er seine Empörung über diesen Artikel umgehend dem Bundesminister der Justiz mit. Dabei gab er jede Zurückhaltung auf:

"Während Herr Fränkel Hilfsarbeiter bei der Reichsanwaltschaft in Leipzig war, war ich Mitglied des I. Zivilsenates des Reichsgerichts. Die Verhältnisse bei der Reichsanwaltschaft waren mir zu der Zeit, in der die Nichtigkeitsbeschwerde eine Rolle spielte, also von 1941 an, längst nicht mehr bekannt. Ich habe Herrn Fränkel nicht nur nicht gekannt, sondern nicht einmal gewusst, dass damals unter den zahlreichen juristischen Hilfsarbeitern der Reichsanwaltschaft ein Herr Fränkel war. [...] Es trifft aber auch in keiner Weise zu, [...] dass man seinerzeit im Reichsgericht allgemein gewusst habe, was in Sachen Nichtigkeitsbeschwerde praktiziert werde. Das Gegenteil ist der Fall: Diese Dinge wurden stets sehr streng geheim gehalten. Im Übrigen waren die menschlichen Beziehungen unter den Mitgliedern des Reichsgerichts damals schon derart zersetzt, dass sich jeder misstrauisch hütete, Dinge, die an das Politische streiften, anders als im engsten Kreise von vertrauten Bekannten zu erörtern. Ebenso wenig treffen die leichtfertigen Vorwürfe zu, die [...] gegen ehemalige [...] Mitglieder der Reichsanwaltschaft (gerichtet werden), die später Bundesrichter oder Senatspräsidenten beim Bundesgerichtshof wurden, die ich allerdings aus der Zeit vor 1933 her kannte. Im Jahre 1933 gab es gerade unter den damaligen Reichsanwälten die leidenschaftlichsten und überzeugtesten Gegner des Nationalsozialismus. Reichsanwalt Dr. Kirchner war als ein geradezu fanatischer Gegner des Nationalsozialismus allgemein bekannt. [...] Der verstorbene

damalige Reichsanwalt Dr. Richter war eine der lauterste und ver-
ehrungswürdigsten Persönlichkeiten, die es in der deutschen Justiz gab
[...]. Auch der damalige Oberstaatsanwalt Dr. Hörchner war ein entschiedener Gegner des Nationalsozialismus. Er war überdies m. W. nur
in Revisionssachen beschäftigt. Dass diese Männer, besonders in späteren Jahren, die Last des nationalsozialistischen Strafrechtes tragen und
Anweisungen des Reichsjustizministeriums vollziehen mussten, die ihrem Rechtsgefühl heftig widerstrebten, steht auf einem anderen Blatte
und zwang sie in einen tragischen Zwiespalt hinein, den spätere Beur-
teiler wenigstens erst einmal zur Kenntnis nehmen müssten, ehe sie
pharisäerhafte Verdammungsurteile fällen. Gerade die Nichtigkeitsbeschwerde wurde, wie mir Dr. Kirchner nach 1945 sagte und wie es
sich unter den Verhältnissen des nationalsozialistischen Staates von
selbst versteht, meist unmittelbar vom Reichsjustizministerium aus diri-
giert.

Der Bundesgerichtshof hätte gar nicht aufgebaut werden können ohne
die Mitwirkung wenigstens einiger Mitglieder des Reichsgerichtes und
der Reichsanwaltschaft, die Revisionserfahrungen hatten und die die
Tradition des Reichsgerichtes kannten. Es waren weiß Gott wenige genug, die zugelassen wurden. Es könnte uns wohl nichts Schlimmeres
zustoßen, als wenn – wofür leider vieles spricht – die kollektiven
Verdammungsurteile, die [...] unbeschwert von jeder Sachkenntnis,
gegen alle ehemaligen Mitglieder des Reichsgerichtes und der Reichsanwaltschaft (gerichtet werden), Gemeingut der deutschen und auslän-
dischen Publizistik würden. Das erinnert fatal an kollektive Verdammungsurteile, wie sie zwischen 1933 und 1945 üblich waren. Ich glaube, das Bundesjustizministerium sollte dem entgegentreten. Ich kann
endlich meine tiefe Sorge darüber nicht verschweigen, in welch unheilvoller und fast nicht wieder gut zu machender Weise der Ruf der deutschen Justiz vor allem durch die publizistische Behandlung des Falles
Fränkel [...] gelitten hat. (Der Verfasser des Artikels in der Süddeutschen
Zeitung), der den Weltbühnen-Ton der 20er Jahre gegen die Justiz imi-
tiert, benutzt diese Fälle zu einer verantwortungslosen Gesamtabwertung
des Bundesgerichtshofes und zu einer bösartigen Stimmungsmache gegen ihn. Dagegen sollte m. E. etwas unternommen werden.

Eine objektive Darstellung, wie die Verhältnisse der Justiz unter dem Nationalsozialismus wirklich waren, wie und warum das alles kam und was
man nun tun muss, damit das nicht wiederkommt, scheint mir unter
solchen Umständen dringender als je. [...]"[368]

Während Weinkauff die NS-Justiz pauschal und ohne Selbstkritik zu verteidigen versuchte, wandte sich der amtierende Vorsitzende der CDU/CSU-Fraktion im Deutschen Bundestag, Heinrich von Brentano[369,] in einem vertraulichen und persönlichen Schreiben vom 12. Juli 1962[370] an Staatssekretär Strauß. Brentano war 1904 geboren, von Beruf Rechtsanwalt und spielte bereits im Parlamentarischen Rat eine nicht unbedeutende Rolle. Er war Mitbegründer der CDU in Hessen. Von 1955 bis 1961 war er Bundesminister des Auswärtigen; sodann wurde er von 1961 bis 1964 Vorsitzender der CDU/CSU-Fraktion in Bonn. Schon während seiner Arbeit im Parlamentarischen Rat galt er als loyaler Parteimann, der "immer bereit" gewesen sei, "mit seinem Juristenverstand den Standpunkt aus einer anderen Partei nachzuvollziehen." Er galt als "zuverlässig", "integer" und "autark".[371]

Sein Schreiben war eine Abrechnung mit der damaligen Justiz; seine eindeutigen, nicht auslegbaren Worte bedeuteten auch eine unverhohlene Kritik an der Personalpolitik seines Parteifreundes Strauß:

"Lieber Herr Strauß, die Angelegenheit Fränkel macht mir ernste Sorgen. Ich fand nicht mehr die Möglichkeit, mich vor meiner Abreise mit Ihnen darüber zu unterhalten. Aber ich halte es gerade darum für nötig, Ihnen noch zu schreiben. Der normale Staatsbürger – und ich rechne mich zu dieser Kategorie von Menschen – kann und wird nicht verstehen, wie es möglich war, einem Mann wie Fränkel [...] den Posten des Obersten Anklägers anzuvertrauen. Der Hinweis darauf, dass die Akten nicht bekannt waren, die nunmehr das Zonenregime zur Verfügung gestellt hat, gibt keine befriedigende Antwort. Ich habe doch das ungute Gefühl, dass hier ein Mann von so genannten Kollegen gedeckt wurde, der auf die Anklagebank, aber nicht auf den Richterstuhl gehört! In Karlsruhe waren und sind doch zahlreiche Richter tätig, die dem früheren Reichsgericht angehört haben. Dass keiner von diesen Leuten sich moralisch verpflichtet fühlte, auf die makabre Vergangenheit dieses Herrn Fränkel hinzuweisen, spricht dafür, dass der Geist an diesem Gericht ein schlechter ist. Ich glaube, dass das Justizministerium gut beraten wäre, wenn es Ermittlungen darüber anstellen würde, wer zu gleicher Zeit mit Herrn Fränkel in Leipzig tätig war, und damit auch klären würde, warum diese Zeitgenossen geschwiegen haben. Es ist doch geradezu peinlich für uns alle, dass es eines Hinweises aus der Zone bedurfte, um den höchsten Vertreter der Bundesanwaltschaft in dieser Weise zu Fall zu bringen. Aber ich habe auch ein ungutes Gefühl über die Art der Erledigung dieses Falles. Die Zeitungen berichten, dass Herr Fränkel nun mit einem Ruhegehalt von etwa DM 2.500,- - den Dienst verlassen wird. Können wir es uns wirklich leisten, Menschen dieser Art so großzügig zu "versorgen"? Wenn man Strafverfahren gegen die armseligsten Handlanger des Dritten Reiches einleitet, dann kann man, wie ich glaube, den Fall Fränkel nicht mit einer Pensionierung zum Abschluss bringen. [...] Ich kann Ihnen nur sagen, dass mich die Sache in höchstem Maße anekelt. Wie soll ein anständiger Mensch noch Vertrauen in die deutsche Justiz haben, wenn sich solche Dinge ereignen? [...]"

Die Befürchtungen von Brentanos sollten sich bewahrheiten; Fränkel ging strafrechtlich und diziplinarrechtlich ungeschoren in Pension. Kontroverser konnten die Standpunkte nicht sein, für die Weinkauff und von Brentano standen. Daher ist es vonnöten, sich mit den Personalien der drei ehemals bei der Reichsanwaltschaft tätigen Juristen auseinander zu setzen, die am Bundesgerichthof wieder Karriere machten.

Richter und Kirchner als Reichsanwälte und Hörchner als Oberstaatsanwalt waren bei der Reichsanwaltschaft auch zuständig für die Bearbeitung von Nichtigkeitsbeschwerden. Kirchner leitete die Abteilung 3, Hörchner ab 1941 die Abteilung 4 und Richter die Abteilung 5 der Reichsanwaltschaft. Die Quellen belegen,[372] dass alle drei willfährig diesem "Rechts"instrument der Nationalsozialisten Geltung verschafften. Wenn auch Kirchner aus juristischen Gründen "gegen eine vermehrte Anwendung der Todesstrafe"[373] eintrat,[374] so wird ihm andererseits vorgeworfen, "Recht gebeugt"[375] zu haben.

Kirchner und Richter gehörten der NSDAP nicht an, während Hörchner 1937 Parteigenosse wurde. Auch an diesen Beispielen wird wieder deutlich, dass der berufliche Bereich und die Zugehörigkeit bzw. die Nicht-Zugehörigkeit zur NSDAP getrennt voneinander bewertet werden müssen. Auffallend ist, dass Richter und Hörchner trotz ihres beruflichen Vorlebens Senatspräsidenten am Bundesgerichtshof wurden, während – was noch geschildert werden wird – keinem ehemaligen Reichsgerichtsrat eine solche Beförderung zuteil wurde.

Als Hans Richter, von 1936 bis 1945 Reichsanwalt, nach 1945 seine Entnazifizierung durchlief, konnte er sich erfolgreich als Opfer der Nationalsozialisten darstellen. So legte er eine Erklärung von Frau Christine von Dohnanyi, geborene Bonhoeffer – Ehefrau des Widerstandskämpfers Hans von Dohnanyi – vor, in der diese kundtat, Richter sei, nachdem er einen Parteibeitritt abgelehnt habe, anstatt vom Ministerialrat zum Ministerialdirektor im Reichsjustizministerium befördert zu werden, zur Reichsanwaltschaft versetzt worden.[376] Richters Personalakten[377] bestätigen indes einen solchen Vorgang nicht.

Richter gehörte von 1919 bis 1921 der liberalen Deutschen Demokratischen Partei (DDP) an. An seiner parteipolitischen Vergangenheit nahm Hitlers Stellvertreter und Leiter der Parteikanzlei, Rudolf Hess, keinen Anstoß, nachdem sich Reichsjustizminister Gürtner für Richters Ernennung zum Reichsanwalt eingesetzt hatte. Hess, der bei Beförderungen ein Anhörungs- und Mitspracherecht hatte, teilte Gürtner lapidar mit: "Ich beabsichtige nicht, Folgerungen aus der Tatsache zu ziehen, dass ein Beamter [...] der demokratischen Partei angehört hat."[378]

Richter verstand es im Rahmen seiner Entnazifizierung auch, die zuständige Spruchkammer davon zu überzeugen, dass er "überhaupt nicht belastet" war, da er "in erster Linie" eine "rechtswissenschaftliche Tätigkeit" als Reichsanwalt ausgeübt habe und an "politischen Prozessen [...] nie beteiligt gewesen" sei.[379] Dieser 1947 von der Spruchkammer Frankfurt am Main gefasste Beschluss war mit Richters wahrer Vergangenheit nicht in Einklang zu bringen, wie der nachfolgende Fall belegt.[380]

Am 8. Juli 1941 verurteilte die 2. Strafkammer des Landgerichts Wuppertal ein ehemaliges SPD-Mitglied wegen Vergehens gegen die "Verordnung des Reichspräsidenten zum Schutz von Volk und Staat" vom 28. Februar 1933[381] zu einer Gefängnisstrafe von 5 Monaten. Dieser Verurteilung lag folgender von der Strafkammer festgestellte Sachverhalt zugrunde: Über Adolf Hitler und über die nationalsozialistische Bewegung sprach der Angeklagte abfällig. "Er erklärte unter anderem, die Bibel und nicht des Führers ‚Mein Kampf' sei das Buch aller Bücher, aus ihr könne man die Zukunft lesen. Weiter forderte er die (Zeugin) auf, nicht mehr mit ‚Heil Hitler', sondern mit ‚Guten Morgen' oder ‚Guten Tag' zu grüßen, und redete auf sie ein, sie müsse aus dem BDM[382] ausscheiden [...]."

Diese läppischen Äußerungen glaubten die Strafkammermitglieder unter Strafe stellen zu müssen, die sie wie folgt begründeten: "Seine Verfehlung selbst muss aber als recht ernst angesehen werden. Es ist nicht nur besonders verwerflich, sondern es bedeutet auch eine besondere Gefahr für Staat und Volk, wenn versucht wird, die im Geiste des Nationalsozialismus erzogene Jugend zu staatsfeindlichen Anschauungen und Organisationen hinüberzuziehen. Mildernd konnte nur berücksichtigt werden, dass es sich lediglich um einen Einzelfall gehandelt hat. [...]"

Gegen dieses Urteil legte die Verteidigung des Angeklagten Revision ein, woraufhin Richter als zuständiger Reichsanwalt beim zuständigen 5. Strafsenat des Reichsgerichts am 6. September 1941 den Antrag stellte, "die Revision durch Beschluss als offensichtlich unbegründet zu verwerfen." Mit Beschluss vom 11. September 1941 verwarf der 5. Strafsenat antragsgemäß die Revision.

Nach 1945 wurde Richter Mitglied der CDU und machte in Hessen Karriere. Der amtierende hessische Justizminister, Georg August Zinn (SPD), ernannte ihn im Februar 1947 zum Ministerialrat im hessischen Justizministerium. Er wurde Nachfolger von Adolf Arndt (SPD) – dem späteren "Kronjuristen" der SPD-Bundestagsfraktion –, der sich in Kenntnis von Richters Vergangenheit für diesen einsetzte.[383] Richter leitete die Abteilung III (Strafrecht und Strafprozessrecht). Ob Richters ehemalige Zuständigkeit auch für Nichtigkeitsbeschwerden vor seiner Berufung ins hessische Justizministerium thematisiert wurde, muss ungeklärt bleiben. Auch als Richter auf Vorschlag des amtierenden Bundesministers der Justiz, Thomas Dehler (FDP), durch den Richterwahlausschuss 1950 zum Senatspräsidenten am Bundesgerichtshof gewählt wurde, scheint seine Zuständigkeit für die Bearbeitung von Nichtigkeitsbeschwerden nicht Gegenstand von Erörterungen gewesen zu sein.

Richter blieb gut 2 Jahre am Bundesgerichtshof. Nachdem er zum 1. Januar 1953 aus Gesundheitsgründen in den Ruhestand getreten war, wurde ihm das Große Verdienstkreuz des Verdienstordens der Bundesrepublik Deutschland verliehen. Diese Auszeichnung hatte der Präsident des Bundesgerichtshofes, Hermann Weinkauff, in die Wege geleitet.[384]

Carl Kirchner[385], der im Juli 1928 im Alter von 48 Jahren Reichsanwalt wurde, hatte diese Karriere nicht nur seinen guten juristischen Leistungen zu verdanken. Im 1. Weltkrieg brachte er es bis zum Hauptmann der Reserve. 1924 wurde er Mitglied der DNVP, einer antidemokratischen Partei. Bei diesem Lebenslauf war es fast zwangsläufig, dass sich der bereits erwähnte Oberreichsanwalt Werner und der von Januar 1927 bis Ende Juni 1928 amtierende Reichsjustizminister Oskar Hergt[386] (DNVP) für die Ernennung Kirchners zum Reichsanwalt stark machten.

Bei der Reichsanwaltschaft lernte er Weinkauff kennen, der dort ja von 1925 bis 1929 Hilfsarbeiter war. Die These Weinkauffs, Kirchner sei "ein geradezu fanatischer Gegner des Nationalsozialismus" gewesen, muss aufgrund seines aufgezeigten Arbeitsfeldes bei der Reichsanwaltschaft als widerlegt gelten. Auch Kirchner war ein williger Vollstrecker nationalsozialistischen "Rechts".

Seine Vergangenheit interessierte den Bundesminister der Justiz, Dehler, offensichtlich nicht. Denn dieser wollte auch Kirchner zum Senatspräsidenten am Bundesgerichtshof ernennen lassen. Deshalb unterbreitete er dem Richterwahlausschuss einen diesbezüglichen Vorschlag, der jedoch bei den Mitgliedern dieses Gremiums – die eigentlichen Gründe bleiben ungeklärt – keine Mehrheit fand. Kirchner wurde im Oktober 1950 nur zum Bundesrichter gewählt und ernannt. Doch das Präsidium des Bundesgerichtshofes fand einen Weg, dass Kirchner dennoch de facto Vorsitzender eines Strafsenats – was Dehler und Weinkauff von Anfang an vorhatten – werden konnte:[387] Zunächst wurde er am 24. Oktober 1950 stellvertretender Vorsitzender des 2. Strafsenats; ein Senatspräsident stand diesem Senat zu diesem Zeitpunkt noch nicht zur Verfügung.

Dies änderte sich erst, als Dagobert Moericke[388] am 6. April 1951 den Vorsitz dieses Senats übernahm. Auch er war von 1928 bis 1936 als Oberstaatsanwalt bei der Reichsanwaltschaft tätig gewesen. Er, der der NSDAP nicht angehörte, ist damit neben Richter, Kirchner und Hörchner ein weiteres Beispiel für die personelle Kontinuität zwischen Reichsanwaltschaft und Bundesgerichtshof. Was nun Kirchner anging, so blieb er nur kurz unter Moericke im 2. Strafsenat. Zum 15. April 1952 wechselte er als stellvertretender Vorsitzender in den 3. Strafsenat, der auch noch keinen Vorsitzenden hatte. Diese Funktion übte er bis zu seiner Pensionierung am 31. Dezember 1952 aus.

Seine Stellung als stellvertretender Vorsitzender im 3. Strafsenat nahm er konsequent wahr. Als sich seine Dienstzeit dem Ende näherte, beurteilte er die übrigen Mitglieder des Senats, ohne dass hierfür ein Anlass bestand. Deshalb ließ er seine Beurteilungen in einem verschlossen Umschlag zur jeweiligen Personalakte nehmen. So verfuhr er auch im Falle des bereits erwähnten Paul-Heinz Baldus, den Kirchner als einen hervorragenden Juristen "ersten Ranges" bezeichnete, der "der gegebene höhere Richter" sei und der "bei seiner stark ausgeprägten Persönlichkeit" die Eigenschaften habe, "die zur Leitung und Führung eines Senats gehören"[389] würden. Baldus musste allerdings bis zum 1. Januar 1956 warten, ehe er Senatspräsident wurde.

Kirchners Einfluss auf die Besetzung der Bundesanwaltschaft und des Bundesgerichtshofes scheint nicht gering gewesen zu sein. Die Tatsache, dass er der NSDAP nicht angehörte und dass ihn Weinkauff wegen seines vergangenen Tuns nicht nur exkulpierte, sondern auch als Opfer der nationalsozialistischen Politik hinzustellen versuchte, vergrößerten noch seinen Einfluss. Sein Wort und seine Einschätzung über Kollegen hatten innerhalb der Justiz und auch bei den maßgeblichen Politikern Gewicht.

Der 1890 geborene Max Hörchner[390] wurde zwar im Mai 1937 Mitglied der NSDAP; insoweit unterschied er sich von seinen Kollegen Richter und Kirchner. Jedoch konnte er auf ein Schreiben des Leiters der Parteikanzlei, Martin Bormann, aus dem Jahre 1944 verweisen, das ihn politisch entlastete. Womöglich trug dieses Schreiben mit dazu bei, dass ihn Dehler 1951 erfolgreich zum Bundesrichter vorschlug.

Hörchner, der von 1933 bis 1945 durchgehend bei der Reichsanwaltschaft tätig war, zunächst in der Stellung eines Landgerichtsrats und seit 1936 als Landgerichtsdirektor, wurde zwar im April 1939 noch Oberstaatsanwalt bei der Reichsanwaltschaft und avancierte damit zum Sachbearbeiter. Seine Beförderung zum Reichsanwalt scheiterte aber 1944 wegen eines Schreibens von Bormann (Hitlers Sekretär), wonach Hörchner für eine Eignung zum Reichsanwalt nicht geeignet sei, da er "sich trotz seiner Zugehörigkeit zur Partei bisher nicht in der Bewegung betätigt habe", zu der ihm "jede Verbindung" fehle. Er "vermeide es insbesondere auch, die Zugehörigkeit zur Partei nach außen hin in Erscheinung treten zu lassen."[391]

Dieses Schreiben der Parteikanzlei kann natürlich nicht darüber hinwegtäuschen, dass Hörchner dennoch die NS-Justiz ganz im Sinne der politischen Führung umsetzte. Obwohl sein Parteibeitritt ganz offensichtlich nur aus Karrieregründen erfolgte und er auch gegenüber den Repräsentanten von Partei und Staat eine kritische Haltung an den Tag legte, war er in seinem Beruf dennoch ganz Nationalsozialist.[392]

Auch wenn Kirchner, Richter, Hörchner und Fränkel die Nichtigkeitsbeschwerden kraft Geschäftsverteilung zugewiesen waren, bearbeiteten sie diese letztlich freiwillig. Bei Ablehnung dieser Tätigkeit hätten sie aber wohl die Reichsanwaltschaft verlassen müssen. Auch wären sie Gefahr gelaufen, dass ihre uk-Stellung aufgehoben worden wäre, so dass sie womöglich an die Front gekommen wären. Allerdings ist nicht auszuschließen, dass ihnen lediglich eine niedrigere Dienststellung zugewiesen worden wäre. In keinem dieser Personalakten findet sich ein Hinweis, dass ein Weggang von der Reichsanwaltschaft beabsichtigt war.

1.5. Die Ernennung Weinkauffs zum Präsidenten des Bundesgerichtshofs (1. Oktober 1950)

1.5.1. Der Jurist Wilhelm Hoegner (SPD) und der erste Bundesminister der Justiz Thomas Dehler (FDP): Die Protektoren für Nachkriegs-Karrieren?

Die Flucht aus Leipzig Ende August 1945 führte Weinkauff nach Heidelberg, wo er mit seiner Familie bei Verwandten unterkam. Da er ursprünglich aus bayerischen Diensten kam, versuchte er, dort wieder als Richter Fuß zu fassen. Die politische Entwicklung in den westlichen Besatzungszonen war ihm dabei behilflich.

Bayern gehörte zur amerikanischen Besatzungszone. Bereits kurz nach der Kapitulation, am 28. Mai 1945, hatte die amerikanische Militärregierung Fritz Schäffer (CSU) als Ministerpräsidenten eingesetzt[393], der in späteren Jahren noch von sich reden machte, als er Bundesminister der Finanzen (1949 – 1957) war. Im Auftrag der Amerikaner sollte er auch die Justiz in Bayern aufbauen; insoweit stellte die Besatzungsmacht die Bedingung, die Spitzenpositionen der Gerichte und der Staatsanwaltschaften mit unbelasteten Juristen zu besetzen. Schäffer, als Ministerpräsident, war hierzu allein nicht in der Lage. So suchte er einen Helfer und fand ihn in Wilhelm Hoegner, der nicht nur in Bayern als Politiker bekannt war. Er, Jahrgang 1887, gehörte der SPD an und war von 1924 bis 1930 Mitglied des bayerischen Landtages. Vor 1933 war er Staatsanwalt und Richter in Bayern.[394] Bis zur Machtergreifung war er Mitglied der SPD-Reichstagsfraktion. 1933 musste er Deutschland aus politischen Gründen verlassen; er emigrierte in die Schweiz, von wo er im Juni 1945 nach München zurückkehrte. Schäffer ernannte ihn am 15. September 1945 zum Senatspräsidenten am Oberlandesgericht München, das im Oktober 1945 wieder eröffnet werden sollte. Hoegner trat diese Stellung aber nicht an; vielmehr war er damit beschäftigt, geeignete Richter für dieses Gericht zu suchen und der amerikanischen

Militärregierung entsprechende Personalvorschläge zu unterbreiten. Er, der in späteren Jahren der Ansicht war, ein "großer Teil der Münchener Richter" sei "nicht dem Nationalsozialismus verfallen"[395] gewesen, fungierte damit praktisch als Justizminister.[396]

Doch bereits am 28. September 1945 setzten die Amerikaner Schäffer als Ministerpräsidenten ab und beriefen den "Erzbajuwaren"[397] Hoegner in dieses Amt, der gleichzeitig auch Justizminister wurde.[398]

Die ersten freien Landtagswahlen in Bayern im Dezember 1946 hatten eine Koalitionsregierung aus CSU und SPD zur Folge, die von Ministerpräsident Ehard (CSU) angeführt wurde, während Hoegner stellvertretender Ministerpräsident und Justizminister wurde. Doch schon im September 1947 schied er aus dieser Regierung wieder aus. Hoegner hatte allerdings in den beiden vergangenen Jahren wichtige Aufbauarbeiten für die bayerische Justiz geleistet und auch Weinkauffs Karriere befördert.[399]

Zunächst musste sich Weinkauff mit einer Stelle am Amtsgericht Schrobenhausen zufrieden geben, wo er im November 1945 aufsichtsführender Richter wurde. Die Stelle hatte er dem Personalreferenten im bayerischen Staatsministerium der Justiz, dem ehemaligen Richter Konrad, zu verdanken, den Hoegner gut kannte und ins Ministerium geholt hatte, wo dieser zum Staatssekretär avancierte.[400] Weinkauff war natürlich mit seiner jetzigen Position nicht zufrieden. Als ehemaliger Reichsgerichtsrat war er wieder in die "Niederungen" der Justiz zurückgekehrt; er strebte nach Höherem. So bewarb er sich im Februar 1946 für die Stelle eines Senatspräsidenten am Oberlandesgericht Bamberg und in zweiter Linie für die Stelle des Präsidenten des Landgerichts Bamberg.

Justizminister Hoegner reagierte prompt. Am 11. März 1946 wandte er sich an die amerikanische Militärregierung und teilte dieser seine Absicht mit, Weinkauff zum Präsidenten "eines Landgerichts in Bayern zu ernennen." Die Amerikaner waren hiermit einverstanden, so dass Hoegner Weinkauff mit Wirkung zum 1. April 1946 zum Präsidenten des Landgerichts Bamberg ernennen konnte. Zu diesem Zeitpunkt hatte Weinkauff die übliche Entnazifizierung noch nicht durchlaufen. Erst im Mai 1947 wurde er aufgrund des "Gesetzes Nr. 104 zur Befreiung von Nationalsozialismus und Militarismus"[401] als "nicht betroffen" eingestuft.[402]

Warum Hoegner gerade Weinkauff protegierte, muss ungeklärt bleiben. Allerdings hatte er nach seiner Ernennung zum Ministerpräsidenten im September 1945 in seiner Regierungserklärung noch seine Absicht bekräftigt, "dass nun sämtliche Nationalsozialisten, auch die kleinen Nazis, so schnell wie möglich aus ihren Ämtern entfernt"[403] werden müssten.

Hoegner, als Verfolgter des Nazi-Regimes, war es, der Weinkauffs neuer Karriere[404] den entscheidenden Impuls verlieh. Auch ein anderer Jurist und Politiker, der kein Freund der Nationalsozialisten war, sollte sich als Förderer Weinkauffs erweisen: Thomas Dehler (FDP).[405]

Dehler, Jahrgang 1897, war sowohl vor als auch nach 1933 als Rechtsanwalt in Bamberg tätig. Er gehörte als Freimaurer der Loge "Zur Verbrüderung an der Regnitz" an, die 1933 von den Nationalsozialisten verboten wurde. Dehler war mit einer Jüdin verehelicht. Seine ablehnende Einstellung gegenüber den Nationalsozialisten tat er auch kund. So verweigerte er den Hitler-Gruß. Auf der anderen Seite unterhielt er freundschaftliche Beziehungen zu einem in Bamberg bekannten Nationalsozialisten, der Träger des "Blutordens"[406] war. 1938 kam er sogar kurzfristig in Gestapohaft und wurde Ende 1944 als "jüdisch Versippter" in ein Zwangsarbeitslager deportiert. Dennoch hatte Dehler nach 1945 keine "Berührungsangst"[407] gegenüber ehemaligen Nationalsozialisten. Er, der "auf Grund seiner vorzeigbaren, durch Mut und Temperament geprägten Haltung"[408] während der NS-Zeit Hochachtung genoss, nahm sich in seiner durch die Freimaurerei beeinflussten Rigorosität das Recht heraus, welchen ehemaligen Nationalsozialisten er nach 1945 eine neue Chance im Beruf eröffnen wollte.

1947 wurde Dehler Präsident des Oberlandesgerichts Bamberg. Er war damit Dienstvorgesetzter Weinkauffs, der Präsident des dortigen Landgerichts war.

In bayerischen Justizkreisen sprach sich schnell herum, dass zwischen Dehler und Weinkauff ein enges menschliches Verhältnis bestand.[409] Und Weinkauff wird nicht entgangen sein, dass ihn Dehler noch für "Höheres" vorgesehen hatte.

Am 29. Mai 1948 eröffneten die Briten in Köln den Deutschen Obersten Gerichtshof für die Britische Zone.[410] Im Rahmen der personellen Besetzung dieses Gerichtshofes war der Vizepräsident des Zentraljustiz-

amtes für die Britische Zone[411] – Ekhard Koch –, der als progressiver Jurist
mit demokratischen Grundüberzeugungen galt[412], im Frühjahr 1949 an
Weinkauff herangetreten und hatte diesem eine Senatspräsidentenstelle
an diesem Gericht angeboten.[413] Dort sollte Weinkauff den Patentrechts-
senat übernehmen.[414] Diese Offerte lehnte er im Einvernehmen mit dem
bayerischen Staatsministerium der Justiz und Dehler ab. Die Gründe
hierfür lagen auf der Hand. Bayern wollte Weinkauff auf Bundesebene
platzieren. Denn dass die Errichtung eines Oberen Bundesgerichts nur
noch eine Frage der Zeit war, war offensichtlich. So wollte man im bayerischen Staatsministerium der Justiz nicht ausschließen, Weinkauff bei
einem zukünftigen Oberen Bundesgericht als Senatspräsidenten vorzuschlagen.[415] Auch Dehler hatte derartige Pläne, die er durch folgende Beurteilung im Februar 1949 als zuständiger Oberlandesgerichtspräsident abzusichern gedachte: "[...] Weinkauff repräsentiert bestes
deutsches Richtertum; er gehört zur Elite der deutschen Juristen. (Er hat)
nicht nur in hervorragendem Maße umfassende Kenntnis des geltenden
Rechts, sondern auch die in diesem Maße seltene Gabe, alles positive
Recht in seiner Bezogenheit auf die hinter ihm stehende absolute Wert-
ordnung zu sehen, auszulegen und zusammenzufassen [...]. Weinkauff
ist eine vornehme Erscheinung, die durch ihre Würde, wahre Menschlichkeit, ihren hohen sittlichen Ernst, ihre unbestechliche Rechtlichkeit
und ihren Takt imponiert [...]. Gesamturteil: ausgezeichnet."[416]

Zunächst wollte Weinkauff aber noch in Bayern bleiben. Sein Mentor
und Förderer Dehler hatte in der ersten Wahl zum Deutschen Bundestag am 14. August 1949 als bayerischer Spitzenkandidat der FDP den
Einzug in den Bundestag geschafft.[417] Folglich musste er sein Amt als
Oberlandesgerichtspräsident in Bamberg aufgeben. Als seinen Nachfolger hatte er in Übereinstimmung mit dem bayerischen Staatsministerium der Justiz Weinkauff auserkoren, der am 9. September 1949 sodann auch Chefpräsident wurde.[418] Ob er seinen neuen Posten lediglich als Zwischenstation ansah, muss ungeklärt bleiben. Einerseits meinte
er, dass seine "Meldung an das Obere Bundesgericht gegenstandslos"[419]
sei. Andererseits trat er sogleich nach seiner Ernennung eine seit langem geplante mehrwöchige Reise mit Hochschullehrern in die USA an.
Während er in den USA weilte, tat sich auf Initiative Dehlers Entschei-
dendes in Deutschland.

Dehler, der seit dem 20. September 1949 Bundesminister der Justiz war,
musste nicht nur sein Ministerium mit Personal bestücken, sondern auch

den Bundesgerichtshof, dessen Gründung bevorstand. Er war in beiden Fällen bemüht, Fachpersonal seines Vertrauens anzuwerben. Dabei konnte er auf die Unterstützung von ihm gut bekannten Juristen bauen. Am 27. Dezember 1949 wandte er sich an den amtierenden bayerischen Justizminister Josef Müller, der sein Duzfreund war.[420] Müller, der wegen seiner Widerstandstätigkeit im Dritten Reich[421] in Gestapo- und KZ-Haft gesessen und nur mit viel Glück überlebt hatte, war gewillt, seinen Freund Dehler zu unterstützen. Dehler teilte ihm Folgendes mit: "Mein lieber Josef Müller! Ich komme mit einer Bitte. Ich habe den Wunsch, das Obere Bundesgericht für Zivil- und Strafsachen, den Bundesgerichtshof, bis zum 1. April stehen zu haben. Einer der wenigen Überlebenden des früheren Reichsgerichtes, die Qualität haben, politisch nicht belastet und nicht überaltert sind, ist der nunmehrige Chefpräsident in Bamberg, Herr Weinkauff. Ich möchte ihn schon von Anfang an eingeschaltet sehen, um sachliche und persönliche Fehlleistungen zu vermeiden [...]. Ich möchte dich bitten, damit einverstanden zu sein, dass er sofort zu mir nach Bonn abgeordnet wird. Ich weiß, dass die mit ihm getroffenen Vereinbarungen anders lauten. Es will mir aber nicht sinnvoll erscheinen, dass er noch die Präsidialtätigkeit beim Oberlandesgericht Bamberg aufnimmt, da es sich praktisch nur um einige Wochen Intervall handeln kann, bis er zum Bundesgerichtshof hinüberwechselt [...]."[422]

Nachdem Weinkauff Anfang 1950 aus den USA zurückkehrte, nahm er sogleich Kontakt mit Dehler auf. Hierüber berichtete er pflichtgemäß dem Amtschef im bayerischen Staatsministerium der Justiz (Konrad): Dehler habe den Wunsch, ihn "als Staatssekretär in das Bundesjustizministerium einzuberufen. Er sei bereits dem Bundeskanzler vorgestellt worden. Die Entscheidung werde im Kabinett getroffen." Die Verwendung würde er annehmen. "Für den Fall, dass seine Verwendung als Staatssekretär nicht in Frage käme, wünsche [...] Dehler seine Abordnung in das Bundesjustizministerium zur Vorbereitung des Oberen Bundesgerichts." Mit einer Abordnung wäre er (Weinkauff) "nur für eine ganz kurze Zeit – 4 bis 6 Wochen – einverstanden" [...]. Ob er dann für das Obere Bundesgericht in Frage komme, könne er nicht sagen.[423]

Dass Dehler einen Staatssekretär seines Vertrauens suchte, war in Bonn ein offenes Geheimnis. Jedoch war bereits Walter Strauß (CDU) für diesen Posten vorgesehen, den Dehler wegen der Koalitionsarithmetik – die erste Bundesregierung wurde von der CDU/CSU, FDP und DP getragen – wohl oder übel akzeptieren musste.[424] Das Verhältnis zwischen Dehler und Strauß war von Anfang an daher gespannt, zumal Strauß oftmals ohne Absprache mit seinem Minister Politik zu machen versuchte. Dabei arbeitete er besonders eng mit Staatssekretär Globke im Bundeskanzleramt zusammen, dem er hinter dem Rücken Dehlers Gesetzesentwürfe zukommen ließ, die der Minister noch nicht einmal abgezeichnet hatte.[425]

So war es nur zwangsläufig, dass Dehler Ausschau nach einem neuen Staatssekretär hielt. Und für ihn kam – wie dargestellt – nur Weinkauff in Frage, den er "in menschlicher und fachlicher Hinsicht" als "besten Mann" bei Adenauer ins Gespräch brachte.[426] Doch Dehlers Unterfangen war von keinem Erfolg gekrönt; denn die CDU/CSU-Fraktion bestand darauf, dass Strauß Staatssekretär blieb. Folglich ging Weinkauff in der Position eines Oberlandesgerichtspräsidenten für einige Wochen nach Bonn, um Dehler als Berater für den Aufbau des Bundesgerichtshofes behilflich zu sein.[427] Seine Mitarbeit sollte sich auszahlen.

1.5.2. Ein ehemaliger Reichsgerichtsrat und ein Verfolgter des NS-Regimes als Kandidaten für das Präsidentenamt: Hermann Weinkauff contra Ernst Wolff

In der Kabinettssitzung am 12. September 1950 zeigte sich, dass Dehler ein gewiefter Taktiker war, wenn es galt, Personalentscheidungen in seinem Sinne vorzubereiten: Er bat die Kabinettsmitglieder, "sich die in Bälde an die Bundesregierung herantretende Frage zu überlegen, wer zum Präsidenten des Bundesgerichtshofes [...] vorgeschlagen werden solle. Für den Posten des Präsidenten des Bundesgerichtshofes käme s. E. der jetzige Präsident des Obersten Gerichtshofes für die Britische Zone, Dr. Ernst Wolff, sowie Oberlandesgerichtspräsident Weinkauff in Frage."[428] Zu diesem Zeitpunkt hatte sich Dehler allerdings bereits für Weinkauff entschieden. Wolff brachte er allein deshalb ins Spiel, weil dieser von der SPD favorisiert wurde.[429] Dehler wollte damit der SPD nur pro forma signalisieren, dass noch Verhandlungsspielraum bei dieser Personalfrage bestünde. Doch die These aufzustellen, dass Dehler Wolff als Person und Jurist schlechthin für kein höheres Amt geeignet hielt, wäre falsch. Als wenige Monate später die Diskussion über die Position eines Präsidenten des Bundesverfassungsgerichts entbrannte, da war es Dehler, der Wolff dieses Amt antrug, indem er Staatssekretär Strauß bat, mit Wolff diskret Kontakt aufzunehmen. Wolff war auch bereit, das Angebot Dehlers anzunehmen. Doch es zeigte sich, dass er keine Unterstützung bei der CDU fand, die Hermann Weinkauff für dieses Amt ausersehen hatte. Doch dieser wurde von der SPD abgelehnt.[430]

Wer war Ernst Wolff, den Dehler nur aus taktischen Gründen als Präsident des Bundesgerichtshofes zur Diskussion gestellt hatte?[431] Aus großbürgerlichem Hause kommend, wurde er ein erfolgreicher Anwalt und Notar in Berlin. 1877 geboren, schlug er das juristische Studium wohl auch deshalb ein, weil er seinen Großvater Eduard von Simson stets als Vorbild ansah. Von Simson war nicht nur Präsident der ersten Deutschen Nationalversammlung in der Paulskirche (1848/1849), sondern auch Präsident des Reichstages (1871 – 1874) und schließlich erster Präsident des Reichsgerichts (1879 – 1891). Für Wolff spielte seine jüdische Herkunft keine Rolle; seine Eltern und Großeltern hatten sich bereits zum christlichen Glauben bekannt. Wie Weinkauff eilte auch Wolff nach Ausbruch des 1. Weltkrieges zu den Waffen, wurde mit dem EK II ausgezeichnet und avancierte zum Hauptmann der Reserve.[432] Wolff, der sich in seinem Beruf erfolgreich engagierte, fand auch Zeit, über juristische Fragen zu publizieren und betätigte sich im Gegensatz zu Weinkauff, der nur auf seine Karriere bedacht war, auch auf gesellschaftspolitischem Gebiet. Er war Mitglied der Deutschen Demokratischen Partei (DDP)[433]; 1929 wurde er zum Vorsitzenden der Berliner Rechtsanwaltskammer gewählt und war seit 1929 gleichzeitig Vorsitzender der Vereinigung der Vorstände der deutschen Anwaltskammern. In diesen Funktionen trat er öffentlich gegen die Nationalsozialisten auf, wenn diese die deutsche Anwaltschaft angriffen. Auch setzte er sich für nach 1933 verhaftete kommunistische Kollegen ein. Wolff, den die Nationalsozialisten als "Volljuden" ansahen, musste 1933 von diesen Ämtern zurücktreten. 1935 verlor er sein Notariat und 1938 seine Zulassung als Rechtsanwalt. Die Emigration nach England im Februar 1939 war für ihn der einzige Ausweg, sein Leben zu retten. Bereits 1946 zeichnete sich ab, dass Wolff nach Deutschland zurückstrebte, obwohl er in England beruflich und persönlich Fuß gefasst hatte. Er fühle "aber doch sehr stark" – so ließ er aus der Emigration verlauten –, dass sein "Platz jetzt in Deutschland" sei und dass er, falls man ihn brauchen könne, "gern nach besten Kräften am Wideraufbau, besonders an dem der deutschen Justiz, helfen würde."[434] So kehrte er schließlich im Herbst 1947 nach Deutschland zurück, wo er als Remigrant Karriere machte. Doch dabei mussten Widerstände aus dem Weg geräumt werden.

Nachdem die Briten in Köln am 29. Mai 1948 den Obersten Gerichtshof für die Britische Zone (OGH) als Revisionsgericht eröffnet hatten[435], war noch nicht geklärt, wer dessen Präsident werden sollte.[436] Zur Diskussion standen Wolff und Karl Geiler (Professor für internationales Recht), der 1939 seine Professur verloren hatte und der von 1945 bis 1947 in Großhessen als von den Amerikanern eingesetzter Ministerpräsident (parteilos) amtierte.[437]

Bezeichnenderweise opponierte gegen Wolff der Präsident des Zentraljustizamtes für die Britische Zone[438], Wilhelm Kiesselbach, der gesellschaftspolitisch "von den vaterländischen Kreisen der Weimarer Republik nicht weit entfernt"[439] war und der dafür sorgte, "dass die draußen stehenden Kollegen" – also die ehemaligen NS-Juristen – "möglichst bald wieder in ihre Ämter zurückkehren konnten".[440] Er hatte folgende Einwände gegen Wolff. Dieser habe "von den späteren Vorgängen in Deutschland" – damit meinte er die Zeit des Dritten Reiches – "keine Kenntnis" und er könne "als Person Angriffe provozieren", "die in seinem Interesse wie auch im Interesse des Gerichts vermieden werden müssten."[441] Diese Vorbehalte gegen Wolff geben in treffender Art und Weise das Stimmungsbild wieder, das in Westdeutschland 1946/1947 in Juristenkreisen vorherrschte, wenn Remigranten im Begriff waren, einflussreiche Positionen einzunehmen. Insbesondere der bayerische Ministerpräsident Ehard (CSU) sträubte sich aus den obigen Gründen gegen eine Präsidentschaft Wolffs.[442] Folge dieser Querelen war, dass der Oberste Gerichtshof zunächst führungslos blieb. Erst zum 1. Dezember 1947 wurde Wolff Vizepräsident und mit der kommissarischen Leitung des Gerichts beauftragt.[443] Dass er dann doch noch zum 1. März 1949 zum Präsidenten ernannt werden konnte, hatte er Walter Strauß zu verdanken, der hinter den Kulissen die Vorbehalte der süddeutschen Länder gegen Wolff auszuräumen verstand.[444] Das Engagement von Strauß war auch darauf zurückzuführen, dass dieser Wolff seit langem kannte. Denn als Referendar hatte Strauß 1 ½ Jahre in der über Berlin hinaus bekannten Anwaltspraxis von Wolff gearbeitet, den er seit dieser Zeit als Jurist und Mensch verehrte.[445]

Ob Kiesselbachs Einwände gegen Wolff, die vorrangig ganz offensichtlich gesellschaftspolitisch und rassisch geprägt waren, auch justizpolitisch begründet waren, scheint zweifelhaft zu sein. Der humanliberale Großbürger Wolff, der in anderen Kreisen als die meisten Justizjuristen zu verkehren pflegte, unterschied sich in seiner Denkweise im

Grunde nicht von den etablierten Juristen, wenn es um Fragen der Gestaltung einer demokratischen Justiz ging.[446]

Auch Wolff warnte vor der Gefahr einer Politisierung der Justiz. Einen Richterwahlausschuss lehnte er ab, da sich die politischen Parteien "darin einmischen" würden, so dass "bei der Ernennung" von Richtern "politische Gesichtspunkte mitspielen" würden. Die Mitglieder des Bundesverfassungsgerichts und Bundesgerichtshofes sollten "im Wege der Selbstverwaltung" von Ausschüssen gewählt werden, in denen "die Oberlandesgerichtspräsidenten, die Richter selber" vertreten seien. Wolff vertrat damit "die uralten und sich jeder Einsicht in das Geschehen der Jahre vor und nach 1933 verweigernden Positionen der Mehrheit der Berufsrichter so, als wären sie nie etwas anderes gewesen."[447] Der Korps- und Kastengeist, der die Juristen zusammenhielt, war auch bei Wolff ungebrochen. Insoweit unterschied er sich nicht von seinem Konkurrenten Weinkauff.

In der Kabinettssitzung am 15. September 1950 unterrichtete Dehler – ganz Diplomat – Bundeskanzler Adenauer, dass "die Kabinettsberatungen" ergeben hätten, dass Weinkauff und Wolff als Präsidenten des Bundesgerichtshofes "in der engeren Wahl" stünden. Aus der Antwort Adenauers wurde aber deutlich, dass Weinkauff bereits das Rennen gemacht hatte. Er bat Dehler, Weinkauff "einmal zu ihm zu schicken".[448] Am 20. September 1950 war es dann soweit: "Das Kabinett beschließt, den Oberlandesgerichtspräsidenten Weinkauff als Präsidenten in Aussicht zu nehmen."[449]

Weinkauff wurde am 8. Oktober 1950 während der Eröffnungsfeier des Bundesgerichtshofes durch den amtierenden Bundesminister der Justiz, Dehler, vereidigt, der am Schluss seiner Ansprache ausführte: "Ich meine, ich habe einen gefunden, der wert ist, an der Spitze dieses Obersten Gerichtshofes zu stehen: Hermann Weinkauff. Herr Weinkauff, wir sind in meiner fränkischen Heimat die letzten Jahre zusammen gegangen in der Arbeit am Recht, in der Erziehung der Richter und in dem Wiederaufbau der deutschen Gerichte. Ich habe Sie erfahren und meine, es gibt keinen Würdigeren an der Spitze des Bundesgerichtshofes, denn Sie, den Mann, der in sich die beste Tradition unseres Reichsgerichts, seinen Geist und – wir wollen es nicht unterschätzen – seine Technik, seine Erfahrung verkörpert, der Mann, der die Brücken geschlagen hat zum Rechte anderer Länder, der weiß, dass alle Völker –

ich darf ein Wort von Ihnen wiederholen –, nur einem Recht, dem gleichen Recht dienen'. Ich sehe in Ihnen, Hermann Weinkauff, das Vorbild der deutschen Richter, das Maß, das sie erfüllen sollen. Darf ich Sie bitten, zu mir zu kommen, damit Sie hier in dieser feierlichen Stunde und vor diesem Kreis den Eid leisten auf die Erfüllung Ihrer richterlichen Pflicht; ich meine, Sie sollten ihn leisten stellvertretend auch für die anderen deutschen Richter, deren Funktion und Ansehen in dieser Stunde mittelbar an Wert und Würde gewinnt. Ich bitte, mir nachzusprechen: ‚Ich schwöre, dass ich als gerechter Richter das Grundgesetz der Bundesrepublik Deutschland und die in der Bundesrepublik geltenden Gesetze getreulich wahren und meine Richterpflichten jedermann gegenüber gewissenhaft erfüllen werde. So wahr mir Gott helfe.'"[450]

Es war Weinkauffs vierter Eid als Jurist: Nach dem auf Kaiser Wilhelm II. geleisteten Eid, legte er nach 1918 den auf die Weimarer Republik ab und schwörte nach der Machtergreifung, Hitler treu und gehorsam zu sein. Er wird sich bewusst gewesen sein, dass sein letzter Eid der Beginn einer großen beruflichen Herausforderung war. Ob Dehlers Erwartungen, die er in hymnisch-weihevoller Form der Festgemeinde darbot, sich bewahrheiteten, wird noch zu schildern sein.

---

1   Das Folgende aus: PA Weinkauff, in: BA Berlin R 3002 (RG/PA) / 1038; BA Koblenz Pers. 101/39881 – 39885, 40057; Huberten-Zeitung v. 31.10.1981 (Nr. 171); schriftl. Ausk. v. Wolfgang Weinkauff v. 18.2.2000.

2   Vgl. Wette, Die Wehrmacht, S. 40 f.

3   Zur Person Gürtner: Reitter, Franz Gürtner; Gruchmann, Justiz im Dritten Reich.

4   Reitter, Franz Gürtner, S. 234 f.

5   Vgl. hierzu Reitter, Franz Gürtner, S. 219 ff; Gruchmann, Justiz im Dritten Reich, S. 9 ff, 1113 ff; Majer, "Fremdvölkische" im Dritten Reich, S. 74 f; Hiller von Gaertringen, Die Deutschnationale Volkspartei, in: Das Ende der Parteien 1933, S. 560, 585.

6   Reitter, a. a. O., S. 219.

7   RGBl. 1934 I, S. 529; das Gesetz lautete: "Die Reichsregierung hat das folgende Gesetz beschlossen, das hiermit verkündet wird: [...] Die zur Niederschlagung hoch- und landesverräterischer Angriffe am 30. Juni, 1. und 2. Juli 1934 vollzogenen Maßnahmen sind als Staatsnotwehr rechtens."

8   Zur sog. Röhmaffäre vgl. Bracher, Die deutsche Diktatur, S. 258 ff; Thamer, Verführung und Gewalt, S. 321 ff; Gruchmann, a. a. O., S. 433 ff.

9   Vgl. hierzu Recht, Verwaltung und Justiz im Nationalsozialismus, a. a. O., S. 350 ff; Gruchmann, a. a. O., S. 864 ff.

10   Vgl. Godau-Schüttke, Die Heyde/Sawade-Affäre; Gruchmann, a. a. O., S. 497 ff.

11   Reitter, a. a. O., S. 221.

12   Gruchmann, Justiz im Dritten Reich, S. 1145 f .

13   Vgl. PA Weinkauff, in: BA Koblenz Pers. 101/39883.

14   PA Weinkauf, in: BA Berlin R 3002 (RG/PA) / 1038.

15   Huberten-Zeitung v. 31.10.1981.

16   Wolfgang, geb. 29.1.1925 und Walter, geb. 29.9.1926 (PA Weinkauff, in: BA Koblenz Pers. 101/39884).

17   Der Sohn Walter verstarb mit 14 Jahren (vgl. Huberten-Zeitung v. 31.10.1981).

18   Dienstliche Würdigung des Oberstaatsanwalts beim Oberlandesgericht München unter Mitwirkung des I. Staatsanwalts für den Landgerichtsbezirk München I v. 10.2.1925: "Weinkauff ist außer-

ordentlich begabt, er besitzt hervorragende Kenntnisse auf allen Rechtsgebieten [...]. Seine Leistungen sind sehr gut [...]. Gesamturteil: ‚besonders tüchtig'."

19 Schreiben des Staatsrats Schmitt v. 7.5.1925 an den Reichsjustizminister: "Weinkauff [...] hat sich durchwegs vorzüglich bewährt [...]" (PA Weinkauff, in: BA Koblenz Pers. 101/39883).

20 PA Weinkauf, in: BA Berlin R 3002 (RG/PA) / 1038.

21 Staatssekretär Joël – Reichsjustizministerium – am 19.11.1925 an das bay. Staatsministerium der Justiz (PA Weinkauff, in: BA Koblenz Pers. 101/39883).

22 Vgl. Godau-Schüttke, Rechtsverwalter des Reiches, S. 16 f.

23 PA Weinkauff, in: BA Berlin R 3002 (RG /PA) / 1038.

24 Joël am 19.11.1925 an das bay. Staatsministerium der Justiz (PA Weinkauff, in: BA Koblenz Pers. 101/39883); vgl. auch Schreiben Joëls an das bay. Staatsministerium der Justiz v. 3.12.1925: "Einer Mitteilung des Oberreichsanwalts entnehme ich, dass er [...] Weinkauff als einen geeigneten Ersatz begrüßen würde [...]." (PA Weinkauff, in: BA Koblenz Pers. 101/39885).

25 So Staatssekretär Joël in einem Schreiben v. 29.10.1926 an den Staatsrat von Nüßlein – stellvertretender bay. Bevollmächtigter zum Reichsrat (PA Weinkauff, in: BA Koblenz Pers. 101/39883).

26 PA Weinkauff, in: BA Berlin R 3002 (RG / PA) / 1038.

27 Gürtner an das Reichsjustizministerium am 8.11.1926 (PA Weinkauff, in: BA Koblenz Pers. 101/39885).

28 PA Weinkauff, in: BA Koblenz Pers. 101/39883.

29 PA Weinkauff, in: BA Koblenz Pers. 101/39885.

3o PA Weinkauff, in: BA Berlin R 3002 (RG/PA) / 1038.

31 Die Verwandtschaftsverhältnisse Weinkauffs konnten nicht aufgeklärt werden.

32 Bericht v. 22.12.1928 an das RJM (PA Weinkauff, in: BA Berlin R 3002 (RG / PA) / 1038).

33 Bericht v. 10.3.1929 (PA Weinkauff, in: BA Koblenz Pers. 101/ 39883).

34 Bericht v. 29.3.1929, a. a. O., veröffentlicht auch in: JR 1929, S. 221 ff.

35 Bericht v. 28.6.1929, a. a. O.

36 So Werner in einem Schreiben an Reichsjustizminister Hergt (vgl. hierzu Godau-Schüttke, Rechtsverwalter des Reiches, S. 90 ff) v. 28.4.1927 (PA Carl Kirchner, in: BA Koblenz Pers. 101/39821).

37 Schreiben Werners an das Reichsjustizministerium v. 29.10.1929 (PA Weinkauff, in: BA Koblenz Pers. 101/39885).

38 Staatssekretär Joël an das bay. Staatsministerium der Justiz am 2.11.1929: "[...], dass die günstige Beurteilung seiner Leistungen durch den Oberreichsanwalt in vollem Umfange gerechtfertigt ist." (PA Weinkauff, in: BA Koblenz Pers. 101/39885).

39 Vgl. Angaben in PA Weinkauff, in: BA Koblenz Pers. 101/39883.

40 Vgl. hierzu Gruchmann, Justiz im Dritten Reich, S. 232, 1214.

41 Mitteilung von Siegel an das Reichsjustizministerium am 6.12.1929 (PA Weinkauff, in: BA Koblenz Pers. 101/39883).

42 Dürr war seit 1919 langjähriger Strafrechtsreferent im bay. Staatsministerium der Justiz gewesen. Er hatte bei den Nationalsozialisten keinen guten Ruf; seinem 1935 gestellten Antrag auf Aufnahme in die NSDAP wurde erst zum 1.5.1937 entsprochen. Von 1937 – 1943 war Dürr Oberlandesgerichtspräsident in München (Gruchmann, a. a. O., S. 274, 1213).

43 Gürtner an Dürr am 9.1.1930 und am 24.1.1930 (PA Weinkauff, in: BA Koblenz Pers. 101/39883).

44 So Gürtner an Dürr am 24.1.1930 (a. a. O.).

45 PA Weinkauff, in: BA Berlin R 3002 (RG/PA) / 1038.

46 Vgl. Vorgänge in PA Weinkauff, in: BA Koblenz Pers. 101/39883.

47 Das Folgende aus: PA Weinkauff, in: BA Koblenz Pers. 101/39883, 39884.

48   PA Weinkauff, in: BA Berlin R 3002 (RG/PA) / 1038.

49   Vgl. hierzu Winkler, Von der Revolution zur Stabilisierung, S. 670 ff (674); Schulze, Weimar, S. 270, 287 ff.

50   Vgl. hierzu Köhler, Der Chef-Redakteur, Düsseldorf 1978.

51   Zitiert nach Schulze, Weimar, S. 291 m. Anm. 334.

52   Schulze, Weimar, S. 293.

53   Zitiert nach Mommsen, Die verspielte Freiheit, S. 247.

54   Mommsen, Die verspielte Freiheit, S. 244 ff.

55   Vgl. hierzu Kuhn, Die Vertrauenskrise der Justiz (1926 – 1928); am 11.4.1926 erschien in der sozialdemokratischen Parteizeitung Vorwärts anonym ein Artikel mit der Überschrift "Vertrauenskrise der Justiz", den Erich Kuttner (1887 – 1942) verfasst hatte (vgl. Kuhn, am a. a. O., S. 58 m. Anm. 105), der diesen Begriff damit prägte. Kuttner war von 1921 bis 1933 Mitglied des preußischen Landtages und einer der justizpolitischen Sprecher der SPD-Fraktion (Kuhn, a. a. O., S. 34, m. Anm. 99).

56   Vgl. hierzu Senfft, Richter und andere Bürger, S. 121 ff; Im Namen des Deutschen Volkes – Justiz im Nationalsozialismus (Katalog zur Ausstellung), S. 28 ff, jeweils mit weiteren Hinweisen; Bracher, Die Auflösung der Weimarer Republik, S. 172 ff.

57   Vgl. den anonymen Artikel "Die Feme-Morde", in: Die Weltbühne v. 17.11.1925 (Nr. 46).

58   Bracher, a. a. O., S. 174 f.

59   Zur Person vgl. Lobe, Fünfzig Jahre Reichsgericht, S. 201 f, 400.

60   Vgl. Godau-Schüttke, Rechtsverwalter des Reiches, S. 35.

61   Vgl. Godau-Schüttke, Rechtsverwalter des Reiches, S. 191 f.

62   Vgl. Godau-Schüttke, Rechtsverwalter des Reiches.

63   Vgl. Godau-Schüttke, Rechtsverwalter des Reiches, S. 192 m. Anm. 1.

64   Ebermayer, Fünfzig Jahre Dienst am Recht, S. 194.

65 Zitiert nach Senfft, Richter und andere Bürger, S. 118; vgl. auch Ebermayer, 50 Jahre Dienst am Recht, S. 178 ff; vgl. Kuhn, Die Vertrauenskrise der Justiz, S. 24 m. Anm. 152.

66 Vgl. aber Die Weltbühne v. 29.11.1927 (Nr. 48).

67 Zur Person Werners und das Folgende: vgl. Katalog zur NS-Justiz, S. 57; Godau-Schüttke, Rechtsverwalter des Reiches, S. 191 ff; Godau-Schüttke, Curt Joël – "Graue Eminenz" und Zentralfigur der Weimarer Justiz, in: Kritische Justiz, 1992, S. 82 ff (90 f); Kaul, Geschichte des Reichsgerichts, S. 323; PA Werner, in: BA Berlin R 3002 (RG/PA) / 1050.

68 Godau-Schüttke, Curt Joël – "Graue Eminenz" und Zentralfigur der Weimarer Justiz, a. a. O.

69 Godau-Schüttke, Rechtsverwalter des Reiches, S. 76.

70 Vossische Zeitung v. 30.5.1926.

71 Berliner Tageblatt v. 23.6.1926; vgl. Ossietzky, Der Oberreichsanwalt, in: Die Weltbühne v. 15.3.1927 (Nr. 11).

72 Das Folgende aus: Kempner, Ankläger einer Epoche, S. 67; Kempner, Der verpasste Nazi-Stopp, S. 139; Morsey, Staatsfeinde im öffentlichen Dienst, S. 111 ff, S. 217 f.

73 Das Folgende aus: Bracher, Die Auflösung der Weimarer Republik, S. 381 ff; Godau-Schüttke, Rechtsverwalter des Reiches, S. 119 ff; Herbert, Best, S. 112 ff; Das große Lexikon des Dritten Reiches, S. 73, 84 f.

74 Von November 1942 bis Kriegsende war Best – im Range eines SS-Obergruppenführers – in Dänemark Reichsbevollmächtigter (Das große Lexikon des Dritten Reiches, S. 73).

75 Vgl. Herbert, Best.

76 Vgl. Herbert, Best, S. 118; Bracher, Die Auflösung der Weimarer Republik, S. 383. Die Mitteilung des Reichsgerichts lautete: "Durch einen nach nicht öffentlicher Beratung gefassten Beschluss des vierten Strafsenats des Reichsgerichts ist der Verfasser der Boxheimer Dokumente, Dr. Best, aus Gründen mangelnden Bewei-

ses hinsichtlich der Anschuldigung des versuchten Hochverrats außer Verfolgung gesetzt worden."

77 Vgl. Das große Lexikon des Dritten Reiches, S. 486.

78 Das Gesetz lautete: "Gesetz über die Verhängung und Vollzug der Todesstrafe" v. 29.3.1933 (RGBl. 1933 I, S. 141); im Übrigen vgl. hierzu Wrobel, Der Deutsche Richterbund im Jahre 1933, S. 78.

79 Das Folgende aus: PA Werner, in: BA Berlin R 3002 (RG/PA) / 1050.

80 Leipziger Neueste Nachrichten v. 16.10.1936.

81 Die dortige Versammlung beschreibt Goebbels.

82 Goebbels, Die Tagebücher, Teil I, Bd. 2, S. 186 f.

83 Schulze, Weimar, S. 376.

84 Schulze, Weimar, S. 380; Schulze, Otto Braun, S. 743.

85 Zum neuesten Forschungsstand vgl. Schirmann, Altonaer Blutsonntag 17. Juli 1932.

86 Vgl. hierzu Bracher, Die Auflösung der Weimarer Republik, S. 510 ff; Schulze, Otto Braun, S. 725 ff.

87 RGBl. 1932 I, S. 377.

88 Vgl. Schulze, Weimar, S. 380.

89 Vgl. hierzu Reitter, Franz Gürtner, S. 117 f.

90 Vgl. Schulze, Weimar, S. 381 f.

91 Vgl. hierzu Kolbe, Reichsgerichtspräsident Dr. Erwin Bumke, S. 124 ff.

92 Kolbe, a. a. O., S. 186.

93 Vgl. Schulze, Weimar, S. 382.

94 PA Weinkauff, in: BA Koblenz Pers. 101/39885.

95 PA Weinkauff, in: BA Koblenz Pers. 101/39884. Soweit in der Personalakte Weinkauffs dessen Eintritt in den Nationalsozialistischen Rechtswahrerbund (NSRB) zum 14.2.1934 vermerkt ist, ist dies falsch. Den BNSDJ gründete Hans Frank 1928 (vgl. hierzu Das große Lexikon des Deutschen Reiches, S. 183; Wrobel, Der Deutsche Richterbund im Jahre 1933, in: Der Unrechts-Staat Band II, S. 83

m. Anm. 55). Erst im Mai 1936 wurde er in Nationalsozialistischer Rechtswahrerbund (NSRB) umbenannt (vgl. Gruchmann, Justiz im Dritten Reich, S. 221).

96 RGBl. 1934 I, S. 785.

97 PA Weinkauff, in: BA Berlin R 3002 (RG/PA) / 1038; § 2 Abs. 1 des Gesetzes über die Vereidigung der Beamten und der Soldaten der Wehrmacht v. 20.8.1934.

98 VO über die Vereidigung der Beamten und der Soldaten der Wehrmacht v. 2.12.1933 (RGBl. 1933 I, S. 1017).

99 Wrobel, Verurteilt zur Demokratie, S. 23 f.

100 Vgl. Vorgänge in PA Weinkauff, in: BA Koblenz Pers. 101/39883.

101 PA Weinkauff, in: BA Koblenz Pers. 101/39883.

102 Schreiben Siegel an Weinkauff v. 22.4.1933 (PA Weinkauff, in: BA. Koblenz Pers. 101/39883).

103 Vgl. Vorgänge in PA Weinkauff, in: BA Koblenz Pers. 101/39883, 39885.

104 Schreiben Schlegelbergers v. 28.3.1935 an den Beauftragten des Reichsjustizministers in Hamburg (PA Weinkauff, in: BA Koblenz Pers. 101/39885).

105 PA Weinkauff, in: BA Koblenz Pers. 101/39885.

106 Zu diesem Begriff: Das große Lexikon des Dritten Reiches, S. 367 f.

107 Vgl. hierzu z. B. Wrobel, Verurteilt zur Demokratie, S. 7 ff.

108 Vgl. § 2 S. 1 der VO über die Vorbildung und die Laufbahnen der deutschen Beamten v. 28.2.1939 (RGBl. 1939 I, S. 371).

109 Gruchmann, Justiz im Dritten Reich, S. 216 m. Anm. 69.

110 Hartung, Jurist unter vier Reichen, S. 96; vgl. hierzu Katalog zur NS-Justiz, S. 57 f.

111 Gruchmann, Justiz im Dritten Reich, S. 218; Wrobel, Verurteilt zur Demokratie, S. 8.

112 Gruchmann, Justiz im Dritten Reich, S. 220 m. Anm. 88.

113 Wrobel, Verurteilt zur Demokratie, S. 20; hierzu auch Wassermann, Auch die Justiz kann aus der Geschichte nicht aussteigen, S. 189 f.

114 Wrobel, Verurteilt zur Demokratie, S. 20.

115 Wassermann, a. a. O., S. 189 m. Anm. 116.

116 Angermund, Deutsche Richterschaft, S. 85 f; Weinkauff, Die deutsche Justiz und der Nationalsozialismus, S. 121; Justiz im Nationalsozialismus (Katalog zur Ausstellung), S. 274.

117 Gruchmann, Justiz im Dritten Reich, S. 221 m. Anm. 93; Wrobel, Verurteilt zur Demokratie, S. 22.

118 Das Folgende aus: Gruchmann, Justiz im Dritten Reich, S. 263 f.

119 Vgl. hierzu, Gruchmann, Justiz im Dritten Reich, S. 84 ff.

120 Zur Person: Kaul, Geschichte des Reichsgerichts, S. 61, 80.

121 Zitiert nach Wrobel, Verurteilt zur Demokratie, S. 20 m. Anm. 64.

122 Vgl. Wrobel, Verurteilt zur Demokratie, S. 16.

123 Zitiert nach Wrobel, Verurteilt zur Demokratie, S. 9 m. Anm. 7.

124 Hierzu Holzbach, Das "System Hugenberg"; Hugenberg trat am 27.6.1933 aus der Regierung aus; am 27.6.1933 löste sich die DNVP auf. Durch das Gesetz gegen die Neubildung von Parteien v. 14.7.1933 (RGBl. 1933 I, S. 479) wurde die Alleinherrschaft der NSDAP gesetzlich verankert (vgl. Hiller von Gaertringen, Die Deutschnationale Volkspartei, a. a. O., S. 613 f).

125 Wrobel, Verurteilt zur Demokratie, S. 16.

126 Wrobel, Der Deutsche Richterbund im Jahre 1933, a. a. O., S. 86.

127 Entschließung des DRB v. 9.7.1933, zitiert nach Wrobel, Der Deutsche Richterbund im Jahre 1933, a. a. O., S. 90 f m. Anm. 96.

128 Zitiert nach Wrobel, Verurteilt zur Demokratie, S. 21 m. Anm. 66.

129 Die nachfolgenden Verordnungen stützten sich auf Art. 48 der Weimarer Verfassung; vgl. hierzu Recht, Verwaltung und Justiz im Nationalsozialismus, S. 87 ff.

130 RGBl. 1933 I, S. 35.

131 Hierzu: Das große Lexikon des Dritten Reiches, S. 485 f.

132 RGBl. 1933 I, S. 83.

133 Recht, Verwaltung und Justiz im Nationalsozialismus, S. 87. Diese VO setzte in § 1 wichtige Grundrechtsartikel der Verfassung außer Kraft: "Die Artikel 114 (Freiheit der Person), 115 (Unverletzlichkeit der Wohnung), 117 (Briefgeheimnis), 118 (Meinungsfreiheit, Zensur), 123 (Versammlungsfreiheit), 124 (Vereinigungsfreiheit) und 153 (Eigentum, Enteignung) der Verfassung des Deutschen Reiches werden bis auf weiteres außer Kraft gesetzt. Es sind daher Beschränkungen der persönlichen Freiheit, des Rechts der freien Meinungsäußerung, einschließlich der Pressefreiheit, des Vereins- und Versammlungsrechts, Eingriffe in das Brief-, Post-, Telegraphen- und Fernsprechgeheimnis, Anordnungen von Haussuchungen und von Beschlagnahmung sowie Beschränkungen des Eigentums auch außerhalb der sonst hierfür bestimmten gesetzlichen Grenzen zulässig." Und in § 5 wurde die Todesstrafe u. a. für Hochverrat (§ 81 StGB) und Brandstiftung (§ 307 StGB) angedroht. An sich hatte Hitler vorgehabt, die rückwirkende Anordnung der Todesstrafe für Brandstiftung schon in dieser VO zu verankern. Doch Reichsjustizminister Gürtner, juristischer Ziehvater Weinkauffs, widersetzte sich diesem Ansinnen mit Erfolg (Wrobel, Verurteilt zur Demokratie, S. 25). Doch Gürtners Beharren auf rechtsstaatlichen Grundsätzen war nicht von langer Dauer. Nachdem das Gesetz zur Behebung der Not von Volk und Reich – das sog. Ermächtigungsgesetz – vom 24. März 1933 (RGBl. 1933, S. 141) in Kraft getreten war, das "einschneidende Veränderungen in der Verfassung des Deutschen Reiches vorsah" (vgl. Recht, Verwaltung und Justiz im Nationalsozialismus, S. 92 ff), war Hitler verfassungsrechtlich in der Lage, ohne dass ein Protest Gürtners ausgemacht werden kann, die rückwirkende Anwendung der Todesstrafe doch noch einzuführen. Dies ermöglichte das Gesetz über die Verhängung und den Vollzug der Todesstrafe vom 29. März 1933 (RGBl. 1933 I, S. 151). § 1 dieses Gesetzes lautete lapidar: "§ 5 der Verordnung des Reichspräsidenten zum Schutz von Volk und Staat vom 28. Februar 1933 [...] gilt auch für Taten, die in der Zeit zwischen dem 31. Januar und dem 28. Februar 1933 begangen sind." Nicht von ungefähr wurde dieses Gesetz als "lex van der Lubbe" bezeichnet. Hitler ging es darum, den der Brandstiftung am Reichstag (27. Februar 1933) verdächtigten Angeklagten

Marinus van der Lubbe zu Tode zu bringen (vgl. hierzu Wrobel, Der Deutsche Richterbund im Jahre 1933, S. 77 f.). Damit wurde Artikel 116 der Weimarer Verfassung ("Eine Handlung kann nur dann mit einer Strafe belegt werden, wenn die Strafbarkeit gesetzlich bestimmt war, bevor die Handlung begangen wurde") und damit § 2 Abs. 1 StGB abgeschafft.

134 Vgl. Wrobel, Verurteilt zur Demokratie, S. 11 f.

135 Goebbels am 1. April 1933, in: Die Tagebücher, Teil I, Band 2, S. 400 f.

136 Goebbels, a. a. O., S. 401.

137 Vgl. hierzu Godau-Schüttke, Ich habe nur dem Recht gedient, S. 160 ff.

138 Lorenzen, Die Juden und die Justiz, S. 175 ff.

139 RGBl. 1933 I, S. 175 f.

140 PA Weinkauff, in: BA Berlin R 3002 (RG/PA) / 1038.

141 So Bumke in einer Bescheinigung am 5.2.1936, in: PA Weinkauff (BA Berlin R 3002 (RG/PA) / 1038.

142 So der OLG-Präsident München am 20.2.1936, in: PA Weinkauff (BA Berlin R 3002 (RG/PA) / 1038.

143 Lorenzen, Das Eindringen der Juden in die Justiz vor 1933, in: Deutsche Justiz 1939, S. 956 ff (964).

144 Vgl. hierzu Gruchmann, Justiz im Dritten Reich, S. 165 f; Kaul, Geschichte des Reichsgerichts, S. 52 ff.

145 Weinkauff, Die deutsche Justiz und der Nationalsozialismus, S. 103.

146 Das Folgende: Weinkauff, Die deutsche Justiz und der Nationalsozialismus, S. 37.

147 Weinkauff, Die deutsche Justiz und der Nationalsozialismus, S. 35.

148 Weinkauff, Die deutsche Justiz und der Nationalsozialismus, S. 37 f.

149 Weinkauff, Die deutsche Justiz und der Nationalsozialismus, S. 38.

150 Zitiert nach Kolbe, Reichsgerichtspräsident Dr. Erwin Bumke, S. 103 m. Anm. 1.

151 Kaul, Geschichte des Reichsgerichts, S. 23; vgl. hierzu auch Kolbe, a. a. O., S. 102 f.

152 RGBl. 1930 I, S. 31. Das Gesetz lautete: "[...] Der Reichsminister der Justiz wird ermächtigt, für die Zeit bis längstens zum 1. April 1933 aus der Zahl der Mitglieder der Oberlandesgerichte und Landgerichte sowie der Amtsrichter und Vorsitzenden von Arbeitsgerichten Hilfsrichter zum Reichsgericht zur Erledigung der Geschäfte der Zivil- und Strafsenate einzuberufen. [...]." Die Ermächtigung des Reichsjustizministers, Hilfsrichter einzuberufen, wurde ständig verlängert, so durch die VO v. 18.3.1933 (RGBl. 1933 I, S. 119) bis zum 1.4.1936; durch VO v. 26.2.1940 (RGBl. 1940 I, S. 455) wurde diese Ermächtigung schließlich bis auf weiteres verlängert.

153 Beschluss v. 8. und 10.5.1935 PA Weinkauff, in: BA Berlin R 3002 (RG/PA) / 1038.

154 Vgl. die detaillierte Studie über seine Person: Kolbe, Reichsgerichtspräsident Dr. Erwin Bumke.

155 Kolbe, a. a. O., S. 59 m. Anm. 2.

156 Kolbe, a. a. O., S. 55 ff.

157 Kolbe, a. a. O., S. 406.

158 Kolbe, a. a. O., S. 406.

159 Vgl. Schroeder, Eduard von Simson. Professor, Richter und Parlamentarier, in: Eduard von Simson (1810 – 1899). "Chorführer der Deutschen" und erster Präsident des Reichsgerichts, S. 1 ff; zur Person von Simson vgl. auch Pfeiffer, Eduard von Simson (1810 – 1899), in: Deutsche Juristen jüdischer Herkunft, S. 101 ff.

160 Kolbe, a. a. O., S. 22 f.

161 PA Schmitz, in: BA Berlin R 3002 (RG/PA) / 869; Kaul, a. a. O., S. 290.

162 So Bumke am 9.6.1938 an das Reichsjustizministerium mit der Bitte, Schmitz den Dank der Reichsregierung auszusprechen (PA Schmitz, in: BA Berlin R 3002 (RG/PA) / 869).

163 So Bumke am 9.6.1938 (a. a. O.).

164 RGBl. 1935 I, S. 1146, 1147; hierzu vgl. auch Kaul, a. a. O., S. 113 ff.

165 Vgl. das Findbuch der Reichsanwaltschaft den 3. Strafsenat des Reichsgerichts betreffend; dieses Findbuch ist nach Jahrgängen ge-

gliedert: BA Berlin R 3002 (Prozesslisten/III. – so die Bezeichnung des BA Berlin - Strafsenat), z. B. 1936. Diese Findbücher der Reichsanwaltschaft sind nach dem Eingang des Urteils 1. Instanz durchnummeriert. Die Namen der Angeklagten sind nicht alphabetisch geordnet, jedoch ist das jeweilige Delikt bezeichnet. Aufgrund des jeweiligen Findbuches konnte also die einschlägige Akte, soweit Rassenschande vermerkt war, herausgefunden werden (R 3002 (RG/III. Strafsenat) Nr. [...] Daher konnte im Falle Weinkauffs in den betreffenden Findbüchern 1935, 1936 festgestellt werden, dass er an keinem sog. Rassenschandefall beteiligt war.

166 Vgl. Weinkauff, Die deutsche Justiz und der Nationalsozialismus, S. 119 ff.

167 BA Berlin R 3002 (RG/III. Strafsenat) 20971.

168 PA Schultze, in: BA Berlin R 3002 (RG/PA) / 901; Kaul, a. a. O., S. 291 f.

169 RGSt, Bd. 70, S. 375 ff.

170 RGBl. 1935 I, S. 1334 ff.

171 Vgl. Kaul, Geschichte des Reichsgerichts, S. 113 ff.

172 Longerich, Der ungeschriebene Befehl, S. 31.

173 PA Schultze, in: BA Berlin R 3002 (RG/PA) / 901.

174 Schaefer, Das große Sterben im Reichsgericht, in: DRiZ 1957, S. 249 f; Schaefer war von 1939 bis 1945 Reichsgerichtsrat und gehörte dem 3. Strafsenat an (Kaul, a. a. O., S. 208 f, 328 ff).

175 Kaul, a. a. O., S. 88.

176 Kaul, a. a. O., S. 325 ff; eine Personalakte über Froelich ist nicht vorhanden; Angaben zur Person, in: Kaul, a. a. O., S. 269 f.

177 Vgl. Schaefer, Das große Sterben am Reichsgericht, a. a. O., S. 249 f.

178 Eine Personalakte über Güngerich ist nicht vorgefunden worden; zur Person vgl. Kaul, a. a. O., S. 272.

179 PA Oesterheld, in: BA Berlin R 3002 (RG/PA) / 668; Kaul, a. a. O., S. 283 f.

180 PA Kamecke, in: BA Berlin R 3002 (RG/PA) / 428; Kaul, a. a. O., S. 276.

181 Vgl. Kaul, a. a. O., S. 144 f; RGSt 73, 76.

182 Vgl. Schaefer, Das große Sterben am Reichsgericht, a. a. O., S. 250 f.

183 PA Müller, in: BA Berlin R 3002 (RG/PA) / 634; Kaul, a. a. O., S. 282.

184 Vgl. Kaul, a. a. O., S. 328 ff.

185 PA Hartung, in: BA Berlin R 3002 (RG/PA) / 338; zur Person auch Kaul, a. a. O., S. 273, der Hartung fälschlicherweise als Mitglied der DNVP bezeichnet. Weitere Einzelheiten zum Lebenslauf, in: Schubert, Akademie für Deutsches Recht, Bd. VI, S. 97; vgl. auch Hartung, Jurist unter vier Reichen.

186 Vgl. hierzu Schulz, Der Republikanische Richterbund.

187 Zur Person Schmidt vgl. Schulze, Otto Braun, S. 569, 1086; Godau-Schüttke, Rechtsverwalter des Reiches, S. 189.

188 Schulze, Otto Braun, S. 569.

189 Kaul, a. a. O., S. 324 ff.

190 Vgl. Kolbe, a. a. O., S. 266 ff.

191 Hartung, Jurist unter vier Reichen, S. 80 ff, 95 ff.

192 Hartung führte in der Einleitung seines Buches aus: ",Ein Jurist unter vier Reichen' zu sein, das war kein leichter Beruf. Und am Ende eines langen, dem Rechte gewidmeten Lebens steht als bittere – und doch auch für den Juristen als die ,Ordnende Kraft' im Leben eines Volkes wieder befriedigende – Erkenntnis, eine wie wechselvolle Größe doch alles ,Recht' ist. Die Göttin Justitia hat viele Gesichter, wandelt ihre Erscheinung mit der Entwicklung der politischen und wirtschaftlichen Verhältnisse. Was heute als ,Recht' gilt, kann morgen ,Unrecht' sein. Der Jurist aber ist an das ,Recht' gebunden, das ,heute' gilt." (Hartung, a. a. O., S. 3).

193 Vgl. die obigen Personalakten und Kaul, a. a. O., S. 269 ff, 326; nach Eintritt Weinkauffs in den 3. Strafsenat bestand dieser einschließlich Weinkauff aus nur noch 7 Beisitzern (Kaul, a. a. O., S. 327).

194 Kolbe, a. a. O., S. 3.

195 Vgl. die Einzelnen Personalakten und Kaul, a. a. O., S. 261 ff.

196 Nur Reichsgerichtsrat Hartung war am 15.5.1935 ebenfalls 41 Jahre alt (PA Hartung, in: BA Berlin R 3002 (RG/PA) / 338).

197 Kaul, a. a. O., S. 34 f.

198 Vgl. Findbuch des Reichsgerichts bzgl. des III. (so in BA Berlin) Strafsenats: R 3002 (Prozesslisten/III. Strafsenat 1935 – 1937). Dieses Findbuch weist in alphabetischer Reihenfolge – jahrgangsmäßig geordnet – die Nachnamen der Angeklagten auf. Das Findbuch der Reichsanwaltschaft bzgl. des III. Strafsenats lautet: R 3002 (Prozesslisten/III. Strafsenat) Nr. (z. B.) 1936 (= Jahrgang). Dieses Findbuch ist nach dem Eingang des Urteils 1. Instanz bei der Reichsanwaltschaft gegliedert; die Nachnamen der Angeklagten sind nicht alphabetisch geordnet. Jedoch ist das jeweilige Delikt angegeben, so dass das Tätigkeitsfeld – hier von Weinkauff – anhand dieses Delikts kontrolliert werden konnte. Folgende Akten sind insbesondere überprüft worden: Vgl. das Literaturverzeichnis unter Ziffer A – Unveröffentlichte Quellen –: BA Berlin R 3002 (RG/III. Strafsenat).

199 RGBl. 1933 I, S. 995, 1000; § 20 a dieses Gesetzes lautete: "Hat jemand, der schon zweimal rechtskräftig verurteilt worden ist, durch eine neue vorsätzliche Tat eine Freiheitsstrafe verwirkt und ergibt die Gesamtwürdigung der Taten, dass er ein gefährlicher Gewohnheitsverbrecher ist, so ist, soweit die neue Tat noch mit schwerer Strafe bedroht ist, auf Zuchthaus bis zu fünf Jahren und, wenn die Tat auch ohne diese Strafverschärfung ein Verbrechen wäre, auf Zuchthaus bis zu fünfzehn Jahren zu erkennen. Die Strafverschärfung setzt voraus, dass die beiden früheren Verurteilungen wegen eines Verbrechens oder vorsätzlichen Vergehens ergangen sind und in jeder von ihnen auf Todesstrafe, Zuchthaus oder Gefängnis von mindestens sechs Monaten erkannt worden ist. (Abs. 1) Hat jemand mindestens drei vorsätzliche Taten begangen und ergibt die Gesamtwürdigung der Taten, dass er ein gefährlicher Gewohnheitsverbrecher ist, so kann das Gericht bei jeder abzuurteilenden Einzeltat die Strafe ebenso verschärfen, auch wenn die übrigen in Abs. 1 genannten Voraussetzungen nicht erfüllt sind." (Abs. 2); vgl. Wagner, Das Strafrecht im Nationalsozia-

lismus, in: Recht und Rechtslehre im Nationalsozialismus, S. 141 ff (149 f); Gruchmann, a. a. O., S. 838 ff; Schubert, Quelle zur Reform des Straf- und Strafprozessrechts, Bd. 1, S. 209, 445; Bästlein, Zur "Rechts"praxis des schleswig-holsteinischen Sondergerichts, a. a. O., S. 111 ff.

200 Vgl. BA Berlin R 3002 (RG/III. Strafsenat) / 21146, 20853, 20890.

201 § 77 Abs. 1 (zitiert nach Schubert, a. a. O., S. 209) lautete: "Wegen Rückfalls kann die Strafe erhöht werden, wenn jemand, der schon zweimal wegen eines Verbrechens oder eines vorsätzlichen Vergehens zum Tode oder zu erheblichen Freiheitsstrafen verurteilt worden war, durch ein neues Verbrechen oder vorsätzliches Vergehen eine Freiheitsstrafe verwirkt, und wenn aus der neuen Tat in Verbindung mit den früheren Taten hervorgeht, dass der Täter ein für die öffentliche Sicherheit gefährlicher Gewohnheitsverbrecher ist."

202 § 78 Abs. 1 (zitiert nach Schubert, a. a. O., S. 445) lautete: "Hat jemand, der schon zweimal wegen eines Verbrechens oder eines vorsätzlichen Vergehens zum Tode oder zu Freiheitsstrafe von wenigstens sechs Monaten verurteilt worden ist, durch ein neues Verbrechen oder vorsätzliches Vergehen eine Freiheitsstrafe verwirkt, und geht aus der neuen Tat in Verbindung mit den früheren Taten hervor, dass er ein für die öffentliche Sicherheit gefährlicher Gewohnheitsverbrecher ist, so kann, soweit die neue Tat nicht mit schwererer Strafe bedroht ist, auf Zuchthaus bis zu fünf Jahren, und wenn die neue Tat ein Verbrechen ist, auf Zuchthaus bis zu fünfzehn Jahren erkannt werden."

203 Gruchmann, a. a. O., S. 843.

204 Zitiert nach Gruchmann, a. a. O., S. 843.

205 RGBl. 1939 I, S. 1609, 1679, 2378; § 1 Abs. 1 dieser VO lautete: "Wer bei einer Notzucht, einem Straßenraub, Bankraub oder einer anderen schweren Gewalttat Schuss-, Hieb- oder Stoßwaffen oder andere gleich gefährliche Mittel anwendet oder mit einer solchen Waffe einen anderen an Leib oder Leben bedroht, wird mit dem Tode bestraft."

206 RGBl. 1941 I, S. 549.

207 RGBl. 1933 I, S. 136.

208 RGBl. 1934 I, S. 341.

209 Vgl. hierzu Bästlein, Zur "Rechts"praxis, a. a. O., S. 111 ff;
     Gruchmann, a. a. O., S. 944 ff.

210 Zum Folgenden und zu den Abläufen der Reformen vgl.
     Gruchmann, a. a. O., S. 931 ff.

211 Gruchmann, a. a. O., S. 1012 m. Anm. 5; wegen der Personalien
     der Ausschussmitglieder vgl. Kaul, a. a. O., S. 271 ff.

212 Hierzu Gruchmann, Justiz im Dritten Reich, S. 937.

213 Gruchmann, a. a. O., S. 935, 937.

214 Entwurf eines Gerichtsverfassungsgesetzes, in: BA Berlin R 3001 /
     1054.

215 Zum Folgenden Gruchmann, Justiz im Dritten Reich, S. 937.

216 Die Präsidialabteilung des Reichsgerichts übersandte Weinkauffs
     Stellungnahme mit Schreiben v. 24.6.1936 an die Geschäftsstelle
     II a des Reichsjustizministeriums (BA Berlin R 3001 / 1054, Bl. 343
     ff).

217 Unterstreichung von Weinkauff.

218 Unterstreichung von Weinkauff.

219 PA Schmitz, in: BA Berlin R 3002 (RG/PA) / 869.

220 Gruchmann, Justiz im Dritten Reich, S. 1013.

221 Das Folgende zitiert nach Gruchmann, Justiz im Dritten Reich, S.
     1013.

222 Weitere Einzelheiten in: Gruchmann, Justiz im Dritten Reich, S.
     1011 ff.

223 Bericht des Landgerichtsdirektors Weinkauff v. 8.6.1936 zu den §§
     253 – 350 StVO (Strafverfahrensordnung, nicht zu verwechseln mit
     Straßenverkehrsordnung), den die Präsidialabteilung des Reichsge-
     richts am 12.6.1936 der Geschäftsstelle II a des Reichsjustiz-
     ministeriums übersandte, in: BA Berlin R 3002 / 1054, Bl. 299 ff.

224 PA Weinkauff, in: BA Berlin R 3002 (RG/PA) / 1038.

225 PA Weinkauff, in: BA Koblenz Pers. 101/39884; die Urkunde hat-
     te Gürtner mit unterzeichnet.

226 PA Weinkauff, in: BA Koblenz Pers. 101/39885.

227 Geschäftsverteilungsplan für das Jahr 1933, der sich bis 1945 für den I. Zivilsenat nicht änderte (vgl. Kaul, Die Geschichte des Reichsgerichts, S. 35, 36 m. Anm. 10). Im Einzelnen war der I. Zivilsenat für folgende Rechtsstreitigkeiten zuständig: 1. alle Seesachen (HGB §§ 474 ff. nebst Seemannsordnung und § 44 der Strandungsordnung vom 17. Mai 1874 – RGBl. S. 73 –) sowie alle Streitigkeiten aus den Reichsgesetzen über Binnenschifffahrt und Flößerei nebst Streitigkeiten über Schleppverträge und Versicherungen einschließlich von Rückversicherungen, wegen Wasser – (See- oder Fluss-) Transports allein oder in Verbindung mit Landtransport, ferner alle Rechtsstreitigkeiten über Schiffspfandrechte (BGB §§ 1259 ff.) und Zwangsvollstreckung in Schiffe (Zwangsversteigerungsgesetz §§ 162 ff.); 2. die Rechtsstreitigkeiten über Ansprüche aus Speditions-, Lager- und Frachtgeschäften; 3. die Rechtstreitigkeiten über a) Ansprüche aus Kauf und Tausch von Wertpapieren, b) Besitz und Eigentum (einschließlich von Fällen des § 771 ZPO), Nießbrauch und Pfandrecht (einschließlich des kaufmännischen Zurückbehaltungsrechts, HGB § 369) an Wertpapieren sowie Rechtsgeschäften hierüber, c) Ansprüche auf Grund des Börsengesetzes und des Gesetzes betr. die Pflichten der Kaufleute bei Aufbewahrung fremder Wertpapiere, d) Ansprüche aus Kontokorrenten (HGB § 355), e) Ansprüche aus Kommissionsgeschäften (HGB §§ 383 – 406); 4. alle Rechtsstreitigkeiten über a) Urheberrecht und Verlagsrecht, b) Musterschutz und Patentrecht nebst Verträge hierüber, ferner über Ansprüche gegen einen Patentanwalt in Anlass seiner Berufstätigkeit (Gesetz betreffend die Patentanwälte vom 21. Mai 1900 – RGBl. S. 233 –) einschließlich von Schadensersatzansprüchen, c) Verträge über die Benutzung eines Geheimverfahrens oder die ausschließliche Verwertung nicht geschützter gewerblicher Erzeugnisse; 5. die Rechtsstreitigkeiten über Ansprüche aus Kauf und Tausch von beweglichen Sachen und Forderungen, einschließlich der Ansprüche aus Werkverträgen über vertretbare Sachen, auf welche die Vorschriften über den Kauf Anwendung fanden (§ 651 Abs. 1 BGB), aus den Oberlandesgerichtsbezirken Düsseldorf, Köln und Königsberg, soweit nicht [...]; 6. für das ganze Reich die Entscheidung in Fällen des § 28 des Reichsgesetzes über die Angelegenheiten der freiwilligen Gerichtsbarkeit vom 17. Mai 1898 sowie des § 14 Nr. 3

des Reichsgesetzes über die Konsulargerichtsbarkeit vom 7. April 1900 (RGBl. S. 213) [...]; 7. die Bestimmung des zuständigen Gerichts auf Grund des deutsch-französischen Abkommens über elsass-lothringische Rechtsangelegenheiten [...] sowie etwaiger sonstiger Rechtsabkommen, die zur Durchführung des Vertrages von Versailles geschlossen waren.

228 Hierzu Das große Lexikon des Dritten Reiches, S. 335.

229 Vgl. hierzu Das große Lexikon des Dritten Reiches, S. 39.

230 Eine stichprobenartige Überprüfung der vom I. Zivilsenat in den Jahren 1937 – 1939 entschiedenen Revisionen hat keinen einschlägigen politischen oder rassischen Fall zu Tage gefördert, an dem Weinkauff beteiligt war. (Vgl. BA Berlin R 3002 (RG/ I. Zivilsenat) / + Nr. [...] – Unter dieser Signatur sind im Bundesarchiv Berlin alle Akten des I. Zivilsenats jahrgangsmäßig durchnummeriert.) Auch eine Überprüfung des Nachschlagewerks des Reichsgerichts – Bürgerliches Gesetzbuch Bd. 1 – 4, a. a. O. – enthält keinen derartigen Rechtsstreit.

231 RGZ 153, S. 1 ff.

232 Eintrag am 15.11.1936, in: Die Tagebücher von Joseph Goebbels, Teil I (Aufzeichnungen), Bd. 2, S. 727.

233 Eintrag am 18.11.1936, a. a. O., S. 729.

234 Eintrag am 16.12.1936, a. a. O., S. 757, 758: "Führer hat im Schallplattenprozess gegen unsere Haltung entschieden. Schade! [...] nur die Fabrikanten haben etwas davon. Aber es muss nun so gemacht werden."

235 Vgl. PA Lindenmaier, in: BA Koblenz Pers. 101/39999.

236 Vgl. u. a. BA Berlin R 3002 (RG/I. Zivilsenat) / 2429, 2680, 2780, 2870; auch eine weitere stichprobenartige Durchsicht der Akten des I. Zivilsenats seit Weinkauffs Eintritt in denselben hat diese Feststellung bestätigt.

237 Vgl. Vorgänge in: BA Berlin R 3002 (RG/Gen) / 301.

238 Vgl. Förster, Jurist im Dienst des Unrechts, S. 55.

239 Das Urteil trägt das Aktenzeichen 1 D 472/39. Es befindet sich in der Bibliothek des Bundesgerichtshofes.

240 Die 2. VO zur Durchführung des Gesetzes über die Änderung von Familiennamen und Vornamen v. 17.8.1938 (RGBl. 1938 I, S. 1044) bestimmte für jüdische Mitbürger/Innen Folgendes: "Auf Grund des § 13 des Gesetzes über die Änderung von Familiennamen und Vornamen vom 5. Januar 1938 (Reichsgesetzbl. I S. 9) wird Folgendes verordnet: § 1 (1) Juden dürfen nur solche Vornamen beigelegt werden, die in den vom Reichsminister des Inneren herausgegebenen Richtlinien über die Führung von Vornamen aufgeführt sind. [...]. § 2 (1) Soweit Juden andere Vornamen führen, als sie nach § 1 Juden beigelegt werden dürfen, müssen sie vom 1. Januar 1939 ab zusätzlich einen weiteren Vornamen annehmen, und zwar männliche Personen den Vornamen Israel, weibliche Personen den Vornamen Sara. [...]"

241 Unterstreichungen sind im Urteil vorhanden.

242 BA Berlin R 3002 (RG/Gen) / 301.

243 A. a. O.

244 Schultze, Richter und Staatsanwalt im Dritten Reich, in: DRiZ 1933, S. 278 ff.

245 Das Folgende aus Schäfer, Das große Sterben im Reichsgericht, in: DRiZ 1957, S. 249 ff.

246 Weinkauff, Ansprache des Herrn Chefpräsidenten des Bundesgerichtshofes anlässlich der Enthüllung der Gedenktafel am 24.10.1957, in: Bibliothek des BGH (Sign.: Min 50012).

247 Vgl. hierzu Das große Lexikon des Dritten Reiches, S. 590, 592.

248 Vorgänge in PA Weinkauff (BA Berlin R 3002 (RG/PA) / 1038).

249 Vgl. hierzu Bästlein, Vom hanseatischen Richtertum zum nationalsozialistischen Justizverbrechen, a. a. O., S. 118 ff (124).

250 So Wolfgang Weinkauff in einem Schreiben v. 18.2.2000 an den Verfasser.

251 Eintrag am 4.2.1943, in: Die Tagebücher von Joseph Goebbels, Teil II (Diktate), Bd. 7, S. 256.

252 A. a. O.

253 Zitiert nach Das große Lexikon des Dritten Reiches, S. 555 f.

254 Eintrag am 19.2.1943, in: Die Tagebücher von Joseph Goebbels, Teil II (Diktate), Bd. 7, S. 373 f.

255 Vgl. Kaul, a. a. O., S. 335 ff.

256 PA Lindenmaier, in: BA Koblenz Pers. 101/39834, 39998 – 39999 und BA Berlin R 3002 (RG/PA) / 533.

257 PA Delius, in: BA Berlin R 3002 (RG/PA) / 147.

258 PA Pinzger, in: BA Berlin R 3002 (RG/PA) / 702.

259 PA Siller, in: BA Berlin R 3002 (RG/PA) / 807.

260 Kaul, Geschichte des Reichsgerichts, S. 335.

261 Schreiben v. 8.11.1936, in: PA Siller, a. a. O.

262 Schreiben v. 16.11.1936, in: PA Siller, a. a. O.

263 PA Tölke, in: BA Berlin R 3002 (RG/PA) / 989.

264 PA Bryde, in: BA Berlin R 3002 (RG/PA) / 105.

265 Vgl. Kaul, a. a. O., S. 330 f.

266 PA Brandenburg, in: BA Berlin R 3002 (RG/PA) / 86.

267 Das Folgende aus PA Heidenhain (BA Koblenz Pers. 101/48802 – 48804).

268 Kaul, a. a. O., S. 335.

269 Bericht v. 10.5.1946, in: PA Heidenhain (BA Koblenz Pers. 101/ 48804).

270 In der Festschrift „50 Jahre Bundesgerichtshof", S. 787, wird das Geburtsdatum Weinkauffs fälschlicherweise mit "10.2.1884" angegeben; Weinkauff wurde aber erst am 10.2.1894 geboren.

271 Wette, Die Wehrmacht, S. 13 ff.

272 PA Dinter, in: BA Berlin R 3002 (RG/PA) / 164.

273 PA Elten, in: BA Berlin R 3002 (RG/PA) / 200.

274 Vgl. Kolbe, a. a. O., S. 354 ff; Bästlein, Vom hanseatischen Richtertum zum nationalsozialistischen Justizverbrechen, a. a. O., S. 74 ff (118 ff).

275 Goebbels am 25.8.1942, in: Die Tagebücher von Joseph Goebbels, Teil II, Bd. 5, S. 398 f.

276 Hierzu Bästlein, Vom hanseatischen Richtertum zum nationalsozialistischen Justizverbrechen, a. a. O., S. 74 ff.

277 PA Segelken, in: BA Berlin R 3002 (RG/PA) / 792; Grabitz, In vorauseilendem Gehorsam, a. a. O., S. 21 ff; Bästlein, Vom hanseatischen Richtertum zum nationalsozialistischen Justizverbrechen, a. a. O., S. 74 ff.

278 Zur Person Epp vgl. Das große Lexikon des Dritten Reiches, S. 155 f.

279 Vgl. Mommsen, Die verspielte Freiheit, S. 59 f.

280 Vgl. hierzu Wette, Die Wehrmacht, S. 57 ff.

281 PA Löhmann, in: BA Berlin R 3002 (RG/PA) / 545; Stein-Stegemann, In der "Rechtsabteilung" des "Unrechts-Staates", a. a. O., S. 168, 176.

282 Das Gesetz über den Volksgerichtshof und über die fünfundzwanzigste Änderung des Besoldungsgesetzes v. 18.4.1936 (RGBl. 1936 I, S. 369) erhob den Volksgerichtshof zum ordentlichen Gericht i. S. d. GVG; die 6 hauptamtlichen Richter des Volksgerichtshofes wurden Volksgerichtsräte genannt (vgl. Gruchmann, Justiz im Dritten Reich, S. 968).

283 Zitiert nach Stein-Stegemann, a. a. O., S. 168.

284 Vgl. hierzu Stein-Stegemann, a. a. O., S. 176.

285 Weinkauff, 75 Jahre Reichsgericht, in: Ansprachen aus Anlass der 75. Wiederkehr [...] der Errichtung des Reichsgerichts, S. 49.

286 Zur Person Schaefer vgl. Kaul, a. a. O., S. 288 f; Kolbe, a. a. O., S. 303 m. Anm. 1.

287 Vgl. Glöckner, Die Auflösung des Reichsgerichts, S. 422 m. Anm. 4, der die Besetzung Leipzig durch amerikanische Truppen auf den 18.4.1945 legt.

288 Schaefer, Das große Sterben im Reichsgericht, in: DRiZ 1957, S. 249 ff.

289 Vgl. hierzu Glöckner, Die Auflösung des Reichsgerichts, S. 421 ff.

290 So Weinkauff im Schreiben v. 21.10.1945 und v. 12.2.1946 an das bay. StaatsM d. J., in: PA Weinkauff (BA Koblenz Pers. 101/39882).

291 Zur Person vgl. Kaul, a. a. O., S. 288 f.

292 Zur Fragebogenaktion auch Glöckner, Die Auflösung des Reichsgerichts, S. 441.

293 Glöckner, Die Auflösung des Reichsgerichts, S. 445.

294 PA Weinkauff, in: BA Berlin R 3002 (RG/PA) / 1038.

295 Schaefer, a. a. O., S. 249; insgesamt wurden 38 oder 39 Mitglieder des Reichsgerichts und der Reichsanwaltschaft verhaftet (a. a. O.).

296 So Weinkauff am 21.10.1945 in einem Schreiben an das bay. StaatsM d. J., in: PA Weinkauff (BA Koblenz Pers. 101/39882).

297 PA Weinkauff, in: BA Berlin R 3002 (PA/RG) / 1038.

298 Vgl. hierzu Buschmann, Reichsgericht und Bundesgerichtshof, S. 132 m. Anm. 1; Glöckner, Die Auflösung des Reichsgerichts, S. 421 ff; Kissel, Kommentar zum GVG, 3. Aufl., München 2001, Einl. Rdnr. 7, 41, 83.

299 BGH NJW 1952, S. 937 f.

300 Vgl. im Einzelnen hierzu Kolbe, a. a. O., S. 394 ff.

301 Kolbe, a. a. O., S. 397.

302 PA Jonas, in: BA Berlin R 3002 (RG/PA) / 421; vgl. auch: Schubert, Akademie für Deutsches Recht, Bd. VI, S. 56 ff, 98 f; Hoffmann-Steudner, Die Rechtsprechung des Reichsgerichts zu dem Scheidungsgrund des § 49 EheG (EheG 1938) in den Jahren 1938 – 1945, S. 65 ff; Gruchmann, Justiz im Dritten Reich, S. 243, 1162; Kaul, a. a. O., S. 306.

303 Godau-Schüttke, Rechtsverwalter des Reiches, S. 74 f.

304 Vgl. hierzu Schubert, Akademie für Deutsches Recht, a. a. O., S. 241 f; Stein-Jonas, 21. Aufl., Bd. 1 (aus dem Vorwort zur 20. Aufl.).

305 Kaul, a. a. O., S. 38.

306 Zitiert nach Schubert, Akademie für Deutsches Recht, S. 56 f.

307 15.7.1941 (RGBl. I, S. 383).

308 Deutsche Justiz 1941, S. 871 f.

309 Vgl. hierzu Hoffmann-Steudner, a. a. O., S. 76, 95 ff.

310 Zitiert nach Hoffmann-Steudner, a. a. O., S. 96.

311 Diese Feststellung wird noch durch Folgendes untermauert: Im Rahmen der damaligen Diskussion über eine Prozessreform meinte Jonas zur Verhandlungs- und Offizialmaxime ausführen zu müssen: "Die liberale Zeit, der die ZPO entstammt, betrachtet den Prozess im Wesentlichen als Einzelerscheinung – wir sehen ihn jetzt [...] als Massenerscheinung, und zwar nicht zuletzt unter dem Gesichtswinkel einer wirtschaftlich-sozialen Reibung, die [...] auch für die Gemeinschaft ein [...] Übel ist, das Energien bindet und verzehrt, die nutzbringender verwandt werden könnten. [...]" (Jonas, Gedanken zur Prozessreform, in: DR 1941, S. 1697 ff, 1698.) Und seine Auffassung, dass der Privatrechtsstreit letztlich ein Übel sei, bekräftigte er wiederholt. So auch in seinem Plädoyer für die Abschaffung der zweiten Tatsacheninstanz in der streitigen Gerichtsbarkeit: "Gewiss gehört die Rechtssprechung zu den wichtigsten und höchsten Funktionen des völkischen Gemeinschaftslebens. Dass aber die zwei Tatsacheninstanzen begrifflich zum Wesen der Rechtspflege eines Kulturstaates gehören, wird niemand ernstlich behaupten wollen [...]. Private Rechtsstreitigkeiten sind zwar unvermeidlich, sie sind aber allemal übel, denn sie binden und verzehren Kräfte und Werte, die einer besseren Verwendung wert sind. Bei der Größe der uns im neuen Zeitalter zufallenden Gemeinschaftsaufgaben müssen die Individualinteressen zurücktreten [...]." (Jonas, Gedanken über die Neugestaltung der Gerichtsorganisation, in: DR 1941, S.1329 ff (1331)).

312 Nahmmacher, Die Rechtsprechung des Reichsgerichts und der Hamburger Gerichte zum Scheidungsgrund § 55 EheG, S. 90 f.

313 Zitiert nach Nahmmacher, a. a. O., S. 91.

314 PA Jonas, in: BA Berlin R 3002 (PA/RG) / 421.

315 Das Große Lexikon des Dritten Reiches, S. 282.

316 Kolbe, a. a. O., S. 402 m. Anm. 1 geht von einer Allein-Autorenschaft Weinkauffs aus; vgl. im Übrigen Buschmann, Reichsgericht

und Bundesgerichtshof, S. 131 m. Anm. 2; Glöckner, Die Auflösung des Reichsgerichts, S. 443 f.

317 Die Abhandlung befindet sich in der BGH-Bibliothek, Bestand RG, Signatur: E 51.

318 Kolbe, a. a. O., S. 401.

319 So Kolbe, a. a. O.

320 Seite 12 ff der Denkschrift.

321 Vgl. Recht, Verwaltung und Justiz im Nationalsozialismus, S. 187.

322 Die gesamte Rede ist abgedruckt: Recht, Verwaltung und Justiz im Nationalsozialismus, S. 507 ff.

323 Vgl. hierzu Kolbe, a. a. O., S. 337 ff.; Angermund, Deutsche Richterschaft, S. 249 f.

324 Gruchmann, „Generalangriff gegen die Justiz"?, in : VfZG 2003, S. 509 ff. (519); vgl. auch Angermund, Deutsche Richterschaft, S. 248 ff.

325 Gruchmann, a. a. O., S. 518 f.

326 Gruchmann, a. a. O., S. 520.

327 Seite 21 ff der Denkschrift.

328 RGBl. 1940 I, S. 405 ff (410).

329 Artikel 7 § 2 der VO zur weiteren Vereinfachung der Rechtspflege v. 13.8.1942 bestimmte insoweit: "[...] oder wenn erhebliche Bedenken gegen die Richtigkeit der in der Entscheidung festgestellten Tatsachen oder gegen den Strafausspruch bestehen; hierzu erhebt das Gericht erforderlichenfalls Beweise."

330 Gruchmann, Justiz im Dritten Reich, S. 1084.

331 Gruchmann, a. a. O., S. 1088.

332 Vgl. Kaul, a. a. O., S. 220 ff; Gruchmann, a. a. O., S. 1086 f.

333 Das Folgende aus: Kaul, Geschichte des Reichsgerichts, S. 317.

334 Vgl. hierzu Kolbe, Reichsgerichtspräsident Bumke, S. 354, 368 ff; Kaul, Geschichte des Reichsgerichts S. 182, 221 ff; Müller, Furchtbare Juristen, S. 137 f.

335 Zitiert nach Kramer, Die Aufarbeitung des Faschismus durch die Nachkriegsjustiz in der Bundesrepublik Deutschland, S. 110.

336 Kaul, a. a. O., S. 220 f.

337 Kolbe, a. a. O., S. 354, 369, 373.

338 Kolbe, a. a. O., S. 368 ff.

339 Das Folgende zitiert nach Kolbe, a. a. O., S. 371 ff.

340 Weitere Einzelheiten bei Kolbe, S. 372 ff.

341 50 Jahre Bundesgerichtshof, S. 833.

342 Das Folgende aus: IfZ, ED 94/218; vgl. auch von Miquel, Ahnden oder amnestieren?, S. 99 ff.

343 Bis zum 16.8.1957 war die Bezeichnung Oberbundesanwalt.

344 Schindler, Datenhandbuch zur Geschichte des Deutschen Bundestages, Bd. I, S. 759.

345 Das Folgende aus: Schreiben Güde an Staatssekretär Walter Strauß v. 18.7.1962; Vernehmung von Staatssekretär Strauß in dem Vorermittlungsverfahren gegen den Generalbundesanwalt im einstweiligen Ruhestand, Fränkel, wegen Verdachts eines Dienstvergehens v. 15.1.1963 – jeweils in: IfZ, ED 94/218.

346 Schäffer (CSU) war von 1957 – 1961 Bundesminister der Justiz.

347 Ein kurzer Lebenslauf von Schafheutle befindet sich in den Protokollen der SPD-Bundestagsfraktion (1949 – 1953), in: AdsD, Mappe 17.

348 Müller, Furchtbare Juristen, S. 213 f.

349 Gruchmann, Justiz im Dritten Reich, S. 1155.

350 Müller, a. a. O., S. 213.

351 So Strauß in seiner Vernehmung am 15.1.1963, a. a. O.

352 Das Folgende aus: PA Baldus, in: BA Koblenz Pers. 101/39773 – 39775; 39933 – 39936.

353 Baldus war nie in der Reichskanzlei; so aber Müller, Furchtbare Juristen, S. 219 m. Anm. 39 unter Berufung auf die Stuttgarter Zeitung v. 13.3.1971. Diese Zeitung berichtete in einem Artikel "BGH: Präsident Baldus nicht befangen" allerdings – entgegen Müller –,

dass Baldus in der Präsidialkanzlei war. Auch Posser, Anwalt im kalten Krieg, S. 123, geht fälschlicherweise davon aus, dass Baldus 1939 in die Reichskanzlei als juristischer Berater versetzt wurde.

354 Kurzbiographie in: Schuhmacher, M.d.B., Nr. 5586.

355 So lehnte der frühere Generalstaatsanwalt Dr. Bader, der 1961 ordentlicher Professor in Zürich war, ein Angebot Stammbergers ab (a. a. O.).

356 So Strauß in seiner Vernehmung am 15.1.1963 (a. a. O.).

357 Güde an Strauß am 18.7.1962 (a. a. O.).

358 So Strauß am 15.1.1963 (a. a. O.).

359 A. a. O.

360 Güde an Strauß am 18.7.1962 (a. a. O.).

361 50 Jahre Bundesgerichtshof, S. 833.

362 Vgl. hierzu Kaul, a. a. O., S. 221 m. Anm. 9.

363 Strauß in seiner Vernehmung am 15.1.1963 (a. a. O.).

364 Strauß, a. a. O.

365 Strauß, a. a. O.

366 Güde an Strauß am 18.7.1962 (a. a. 0.).

367 Süddeutsche Zeitung v. 11.7.1962

368 Schreiben Weinkauff v. 12.7.1962 an den Bundesminister der Justiz, in: IfZ, ED 94/218.

369 Zur Person vgl. Schuhmacher, M.d.B., Nr. 671.

370 IfZ, ED 94/218.

371 Vgl. Pommerin, Porträtskizzen des britischen Verbindungsoffiziers Chaput de Saintonge, in: VfZG 1988, S. 557 ff (564 f).

372 Vgl. hierzu Kaul, a. a. O., S. 218 ff; Kolbe, a. a. O., S. 367 ff.

373 Kolbe, a. a. O., S. 373 m. Anm. 2.

374 Schorn, Der Richter im Dritten Reich, S. 327 ff, stilisiert Kirchner zum Widerstandskämpfer hoch, ohne diese apologetische These durch Quellen näher belegen zu können.

375 Vgl. Kolbe, a. a. O., S. 310 ff (314), 337 ff (350/351); Kaul, a. a. O., S. 194 ff.

376 Erklärung v. 20.10.1946, in: PA Richter (BA Koblenz Pers. 101/ 39858). Hans von Dohnanyi und Richter kannten sich aus gemeinsamer Arbeit im Reichsjustizministerium (vgl. Godau-Schüttke, Rechtsverwalter des Reiches, S. 1451; Gruchmann, Justiz im Dritten Reich, S. 253).

377 BA Berlin R 3002 (RG/PA) / 752; BA Koblenz Pers. 101/39857 – 39860, 40030.

378 Schreiben v. 19.12.1935, in: PA Richter (BA Koblenz Pers. 101/ 39860).

379 Beschluss der Spruchkammer Frankfurt am Main v. 21.1.1947, in: PA Richter (BA Koblenz Pers. 101/39858).

380 BA Berlin R 3002 (RG/V. Strafsenat) / 50513.

381 RGBl. 1933 I, S. 83.

382 Bund Deutscher Mädel.

383 So Arndt in seiner Klage gegen Thomas Dehler v. 15.12.1952, S. 33, in: Nachlass Arndt (AdsD, Box 19, Mappe 48).

384 Die Auszeichnung erfolgte am 8.1.1953 (PA Richter, in: BA Koblenz Pers. 101/39857).

385 Das Folgende aus: PA Kirchner, in: BA Koblenz Pers. 101/39821 – 39823, 39982 – 39984.

386 Zur Person Hergt vgl. Godau-Schüttke, Rechtsverwalter des Reiches, S. 90 ff.

387 Das Folgende aus: Sammelakten des BGH – Beschlüsse des Präsidiums, a. a. O., Bl. 13, 53 a, 138 (Beschlüsse v. 24.10.1950, 5.4.1951, 9.4.1952).

388 Das Folgende aus: PA Moericke, in: BA Berlin R 3002 (RG/PA) / 621; BA Koblenz Pers. 101/39847 – 39894, 40014 – 40017.

389 PA Baldus, in: BA Koblenz Pers. 101/39933.

390 Das Folgende aus: PA Hörchner, in: BA Berlin R 3002 (RG/PA) / 388; BA Koblenz Pers. 101/48824, 48825.

391 Schreiben des Reichsjustizministeriums an den Oberreichsanwalt v. 20.6.1944, in dem die Meinung der Parteikanzlei wiedergegeben wurde (PA Hörchner, in: BA Berlin R 3002 (RG/PA) / 388).

392 Vgl. auch von Miquel, Ahnden oder amnestieren ?, S. 99 ff.

393 Hubensteiner, Bayerische Geschichte, S. 484 f.

394 Vgl. Hoegner, Der schwierige Außenseiter, S. 189; IfZ, ED 120/ Findbuch (Lebenslauf Hoegner).

395 Hoegner, a. a. O., S. 192.

396 Kritzer, Wilhelm Hoegner, S. 171 f.

397 Zerback, Solche Drecksgeschichten, in: Die Zeit v. 20.6.2002 (Nr. 26), S. 88.

398 Hoegner, a. a. O., S. 199 f.

399 Das Folgende aus: PA Weinkauff, in: BA Koblenz Pers. 101/39882.

400 Hoegner, a. a. O., S. 192.

401 Das Gesetz trat am 5.3.1946 in der amerikanischen Besatzungszone in Kraft; vgl. hierzu Fürstenau, Entnazifizierung, S. 53 ff.

402 Im Rahmen seiner Entnazifizierung hatte Weinkauff auch ein Entlastungsschreiben des katholischen Universitätsseelsorgers Dr. Werner Becker v. 14.2.1946 eingereicht. Die darin enthaltenen Angaben waren nicht mehr zu überprüfen: "[...] Es war in Leipzig allgemein bekannt, dass [...] Weinkauff ein evangelischer Christ war, der im Kirchenkampf ganz auf seiten der Kirche stand. Sein Denken war stets antimilitaristisch und antifaschistisch. Den von Hitler entfesselten Krieg hat er [...] abgelehnt und auch seinen Sohn in diesem Sinne erzogen [...]. Ausländische Zivilarbeiter ohne Unterschied des Standes und der Konfession fanden im Hause Weinkauff Aufnahme [...]. Noch wichtiger war für mich, dass ich meine jüdischen Schützlinge ohne Bedenken bei [...] Weinkauff einführen konnte. Seinen jüdischen Freunden hat [...] Weinkauff stets die Treue gehalten und sie mit Lebensmitteln, Marken und mit Kleidungsstücken unterstützt [...]. Auch bei meinem Bestreben, einen untergetauchten jüdischen Flüchtling vor der Gestapo zu verbergen, hat mich [...] Weinkauff unterstützt und mir selbst auch geholfen, als ich infolgedessen gezwungen war, mein Amt in Leip-

zig aufzugeben. [...]" (PA Weinkauff, in: BA Koblenz Pers. 101/ 39882). Einziger lebender Zeuge, der hierzu hätte noch Stellung nehmen können, wäre Herr Wolfgang Weinkauff (Sohn Weinkauffs) gewesen. Dieser teilte dem Verfasser auf eine entsprechende schriftliche Anfrage v. 14.2.2000 am 18.2.2000 mit: "[...] Ihre Briefe stimmen mich ein wenig nachdenklich. [...] Anders 1943, das Jahr der Gleichschaltungsversuche (Präsident Bumke) und der Sondergerichtsbarkeit (Juden und Polen). Aus Zorn wollte mein Vater die Jusitz verlassen; er war kein guter Diplomat, und zweimal vor ein Leipziger Parteigericht zitiert. [...] Mit wem mein Vater besonders verkehrte, weiß ich nicht aus dem Handgelenk zu sagen; meine Alterskrankheiten haben mich vergesslich gemacht. Für eine Veröffentlichung geeignete private Unterlagen besitze ich leider nicht. [...]"

403 Zitiert nach Fürstenau, a. a. O., S. 55 m. Anm. 11.

404 Der ehrgeizige Weinkauff war mit der Position eines Landgerichtspräsidenten noch nicht zufriedengestellt. So beabsichtigte Staatssekretär Konrad, Weinkauff als Senatspräsidenten an das Bayerische Oberste Landesgericht, das am 1.7.1948 eröffnet worden war, zu berufen. Alternativ sollte Weinkauff zunächst Ministerialdirigent und dann Ministerialdirektor im bayerischen Staatsministerium der Justiz werden. Das letztgenannte Amt lehnte Weinkauff aber ab, da er richterliche Arbeiten bevorzugte (vgl. Vorgänge in PA Weinkauff, in: BA Koblenz Pers. 101/39882).

405 Das Folgende aus Wengst, Thomas Dehler, S. 57 ff, 113.

406 Vgl. hierzu Das große Lexikon des Dritten Reiches, S. 79.

407 Frei, Vergangenheitspolitik, S. 31.

408 Frei, a. a. O., S. 31.

409 Vgl. Vorgänge in PA Weinkauff, in: BA Koblenz Pers. 101/39882.

410 Auch OGH genannt; vgl. Wenzlau, Wiederaufbau, S. 305 ff.

411 Vgl. hierzu Wenzlau, a. a. O., S. 193 ff; Godau-Schüttke, Ich habe nur dem Recht gedient, S. 34 f.

412 Vgl. hierzu Wenzlau, a. a. O., S. 205 f.

413 Schreiben Weinkauff v. 30.4.1949 an Konrad im bay. StaatsM d. J. (PA Weinkauff, in: BA Koblenz Pers. 101/39882).

414 Schreiben Geiger an Dehler v. 30.4.1949, in: Adl, N1/456.

415 Vgl. Schreiben Weinkauff v. 9.5.1949 an MinDir Konrad, in: PA Weinkauff (BA Koblenz Pers. 101/39882).

416 Beurteilung v. 9.2.1949 (PA Weinkauff, in: BA Koblenz Pers. 101/39882).

417 Wengst, Thomas Dehler, S. 137.

418 PA Weinkauff, in: BA Koblenz Pers. 101/39882.

419 Schreiben Weinkauff an das bay. StaatsM d. J. v. 6.9.1949, in: PA Weinkauff (BA Koblenz Pers. 101/39882).

420 Frei, Vergangenheitspolitik, S. 32.

421 Vgl. Müller, Bis zur letzten Konsequenz; Frei, a. a. O., S. 32 f.

422 PA Weinkauff, in: BA Koblenz Pers. 101/39882.

423 Vermerk Konrad v. 18.1.1950, in: PA Weinkauff (BA Koblenz Pers. 101/39882).

424 In der Kabinettssitzung am 2.11.1949 war noch offen, ob Strauß Staatssekretär werden sollte: "[...] Justiz: offen (Strauß) von Dehler abgelehnt [...]", in: Die Kabinettsprotokolle der Bundesregierung, Bd. 1 (1949), S. 166.

425 Vgl. hierzu Wengst, Staatsaufbau, S. 156.

426 Zitiert nach Wengst, Staatsaufbau, S. 157.

427 Wengst, Thomas Dehler, S. 148.

428 Zitiert aus: Die Kabinettsprotokolle der Bundesregierung 1950 (Bd. 2), S. 688 f.

429 Wengst, Thomas Dehler, S. 148. Dass Dehler Weinkauff nicht nur aus fachlichen Gründen favorisierte, sondern weil er diesen auch menschlich mochte, belegt der Briefwechsel zwischen ihm und Frau Weinkauff (vgl. Vorgänge in AdL, N1/2145).

430 Vgl. hierzu Wengst, Staatsaufbau, S. 237 f.

431 Das Folgende aus: Maier-Reimer, Ernst Wolff, in: Deutsche Juristen jüdischer Herkunft, S. 643 ff; Ladwig-Winters, Anwalt ohne Recht, S. 221.

432 Er wurde "mit dem Charakter als Major der Reserve entlassen" (PA Wolff, in: BA Koblenz Z21/2215).

433 PA Wolff, in: BA Koblenz Z21/2215.

434 Wolff an den Präsidenten des ZJA Kiesselbach v. 3.10.1946, in: BA Koblenz Z21/2215.

435 Zu den Aufgaben im Einzelnen vgl. Wenzlau, Der Wideraufbau der Justiz in Nordwestdeutschland, S. 305 ff. Nach Gründung des Bundesgerichtshofes wurde der OGH durch VO v. 27.12.1951 aufgelöst (Wenzlau, a. a. O., S. 322).

436 Das Folgende aus: Rüping, Das "kleine Reichsgericht", in: NStZ 2000, S. 355 f.

437 Frei, Vergangenheitspolitik, S. 164. Meyers Großes Taschenlexikon, Bd. 8, S. 56.

438 Hierzu Wenzlau, a. a. O., S. 194 ff.

439 Wenzlau, a. a. O., S. 115.

440 Zitiert nach Wrobel, Verurteilt zur Demokratie, S. 145.

441 Zitiert nach Rüping, a. a. O., S. 356 m. Anm. 20; vgl. auch Wenzlau, a. a. O., S. 308 m. Anm. 2.

442 So Wolff an Strauß am 2.3.1949, in: IfZ, ED 94/223.

443 Maier-Reimer, a. a. O., S. 650.

444 So Wolff an Strauß am 2.3.1949 und Stauß an Wolff ebenfalls am 2.3.1949, in: Ifz, ED 94/223.

445 So Strauß an Bundesrichter von Werner am 23.12.1960, in: IfZ, ED 94/216.

446 Das Folgende aus: Wrobel, a. a. O., S. 300 ff.

447 Zitiert nach Wrobel, a. a. O., S. 305.

448 Die Kabinettsprotokolle der Bundesregierung 1950 (Bd. 2), S. 699.

449 A. a. O., S. 709.

450 Ansprache des Bundesministers der Justiz Dr. Thomas Dehler, in: Ansprachen zur Eröffnung des Bundesgerichtshofes, S. 12 ff (16/17).

II. Teil

Der Bundesgerichtshof (BGH):

Die Errichtung eines "oberen" Bundesgerichts für die ordentliche Gerichtsbarkeit

1. Die Eröffnungsfeier des BGH am 8. Oktober 1950: Wünsche, Hoffnungen und Zielvorstellungen aus politischer und juristischer Sicht

Das am 23. Mai 1949 in Kraft getretene Grundgesetz forderte in Artikel 96 Abs. 1, dass für die ordentliche Gerichtsbarkeit ein "oberes" Bundesgericht zu errichten sei. Der Name "Bundesgerichtshof" fand erst durch das "Sechzehnte Gesetz zur Änderung des Grundgesetzes" vom 18. Juni 1968[1] Eingang in das Grundgesetz, indem nunmehr Artikel 95 Abs. 1 bestimmte, dass der Bund für die ordentliche Gerichtsbarkeit "als obersten Gerichtshof" den Bundesgerichtshof zu schaffen habe.

Allerdings hatte schon das "Gesetz zur Wiederherstellung der Rechtseinheit auf dem Gebiete der Gerichtsverfassung, der bürgerlichen Rechtspflege, des Strafverfahrens und des Kostenrechts" vom 12. September 1950[2], durch das das zukünftige Funktionieren der Justiz gewährleistet werden sollte, die Errichtung des "Bundesgerichtshofes" zum 1. Oktober 1950 in die Wege geleitet.[3]

Dass der Bundesgerichtshof seinen Sitz in Karlsruhe erhielt, war auf das geschickte Taktieren Thomas Dehlers zurückzuführen.[4] Bundeskanzler Adenauer als ehemaliger Oberbürgermeister von Köln (1917 – 1933) favorisierte natürlich diese Stadt als zukünftigen Sitz. Obwohl sich das Bundeskabinett in seiner Sitzung am 12. Mai 1950 mehrheitlich für Köln ausgesprochen hatte, erreichte Dehler, dass sich der Deutsche Bundestag dieser Frage annahm.[5] Und dieser votierte in seiner Sitzung am 26. Juli 1950 dann auch gegen den Vorschlag des Bundeskabinetts. Er beschloss "gegen einige wenige Stimmen"[6], dass Karlsruhe den Zuschlag erhielt. In der Eröffnungsfeier am 8. Oktober 1950 gab sich Dehler ganz staatsmännisch und genoss seinen Sieg über Adenauer im Stillen: "Es war – meine ich – ein glücklicher Entschluss, als der Bundestag sich entschied, dieses Oberste Deutsche Gericht in den süddeutschen Raum zu legen; dadurch wird das Gefühl der inneren Verbundenheit zwischen dem Süden und dem Bund gestärkt werden: das Bewusstsein der Verantwortung in den traditionsreichen, süddeutschen Ländern gegenüber dem Bund wird wachsen. Ich glaube auch, dem Bundesgerichtshof wird die Wärme des Südens wohl tun. Es wird ein Klima sein, das zu der Härte, zur Klarheit des Rechts, die Wärme des Herzens fügt."[7]

Die wichtigsten Reden anlässlich der Eröffnung des Bundesgerichtshofes hielten zweifellos Bundespräsident Theodor Heuss, Dehler und Weinkauff. Sie teilten der Festversammlung die wichtigsten Eckpunkte mit, die die zukünftige Justiz und damit auch das Wirken des Bundesgerichtshofes bestimmen sollten. Ihre Wünsche, Hoffnungen und Zielvorstellungen sprachen sie aber nicht immer direkt an. Ihre Ansprachen gaben aber letztlich die Diskussion wieder, die bereits im Parlamentarischen Rat bzw. außerhalb desselben über die Ausgestaltung der zukünftigen Justiz geführt worden war.[8] Dabei ging es auch um die Frage, wie die NS-Justiz, insbesondere das Tun der NS-Juristen, zu bewerten war.

Bundespräsident Heuss vermied es in seiner Ansprache zwar, den NS-Juristen ihre Vergangenheit vorzuwerfen. Jedoch ließ er es an klaren Worten nicht fehlen: Er wolle "hier nicht breit polemisieren". "Aber jene These: ‚Recht ist, was meinem Volke nützt'", sei eine "Pervertierung des Rechtsgedankens als solchem, mit der kecken Meinung", "der Richter wisse, ‚was dem Volke nützt'". Und den anwesenden Bundesrichtern teilte er unmissverständlich mit, auf welche Art und Weise sie ihr zukünftiges Amt ausüben sollten: "Das Rechtsdenken" müsse "aus der Sphäre der propagandistischen Überspitztheit und der politischen Machtzweckhaftigkeit ganz einfach zur nüchternen Redlichkeit zurückgeführt werden." Er "sage ‚nüchtern'; denn die Nüchternheit" erkenne "auch die eingeborenen, gegen individuelle wie gegen gruppenhafte Willkür schutzberechtigten und zu schützenden Lebensnotwendigkeiten aller[9], auch der demokratischen Staatlichkeit." Er "denke", es werde "verstanden", was er "dazu meine".[10]

Diametral zu Heuss dachte Dehler. Schon im Parlamentarischen Rat hatte er sich "als Apologet der Richter des Dritten Reiches betätigt"[11]: Er wisse nicht, "ob man der Justiz damit" diene, "dass man sie aus der Vergangenheit her mit Misstrauen" belaste. Man vergesse zu sehr, "wie heroisch der deutsche Richter zum Teil gegen das Unrecht gekämpft", "wie sehr er sich im Rahmen des Möglichen für das ewige Recht eingesetzt"[12] habe. Der größte Teil der Richter habe sich "innerlich und weitgehend auch äußerlich" gegen "die Nazidiktatur im Rechtswesen" gestemmt und sei "immun gegen den Nazismus" geblieben und "seinem Gewissen"[13] gefolgt. Zu Recht wird Dehler der Vorwurf gemacht, er habe sich "zum Weißwäscher der Justiz"[14] gemacht.

Die Eröffnung des Bundesgerichtshofes nahm Dehler zum Anlass, seine Apologie zu wiederholen, wenn auch aus gegebenem Anlass in wohlformulierten Worten: "Über 40 Reichsgerichtsräte sind von den bolschewistischen Machthabern verschleppt worden. Ein Einziger ist zurückgekehrt. Wir gedenken dieser Toten, die ihr Leben am Ende für das deutsche Recht geopfert haben."[15]

Dehler war trotz sachlicher Meinungsverschiedenheiten mit Georg August Zinn[16] befreundet. Zinn (Jahrgang 1901) trat 1920 der SPD bei und blieb seiner politischen Überzeugung auch während des Dritten Reiches treu. 1933 wurde er für drei Monate von den Nationalsozialisten in "Schutzhaft" genommen, die ihn jedoch nicht davon abhielt, sich hiernach (1933/1934) einer Widerstandsgruppe anzuschließen. Von 1941 bis 1945 war er als Feldwebel Teilnehmer des 2. Weltkrieges. Nach der Kapitulation war er, der seit 1931 als Rechtsanwalt arbeitete, zunächst als Landgerichtsdirektor in Kassel tätig, ehe er im Oktober 1945 hessischer Justizminister wurde. Dieses Amt behielt er bis 1949. Nur für kurze Zeit gehörte er dem ersten Deutschen Bundestag an; denn 1950 wurde er zum hessischen Ministerpräsidenten gewählt. Von 1950 bis 1963 hatte er gleichzeitig das Justizressort inne. Er bewerkstelligte den Aufbau der hessischen Justiz und machte seinen Einfluss bei der Besetzung des Bundesgerichtshofes geltend.

Als Mitglied des Parlamentarischen Rates (1948/1949) leitete er den "Ausschuss für Verfassungsgerichtshof und Rechtspflege." Er gehörte auch noch dem "Allgemeinen Redaktionsausschuss" an, zu dessen Mitgliedern Dehler und der spätere Außenminister Heinrich von Brentano (CDU) gehörten. Die Bezeichnung dieses Ausschusses war an sich irreführend. Denn er nahm nicht nur redaktionelle Aufgaben wahr. Seine Mitglieder erarbeiteten auch Vorlagen für den Hauptausschuss und hatten maßgeblichen Anteil an der abschließenden Gestaltung des Grundgesetzes. Stellvertretender Vorsitzender des „Ausschusses für Verfassungsgerichtshof und Rechtspflege" war der spätere Staatssekretär im Bundesministerium der Justiz, Walter Strauß. Dieser übernahm

für einige Zeit die Funktion von Brentanos im "Allgemeinen Redaktionsausschuss", als es um die Themen "Bundesverfassungsgericht" und
"Rechtspflege" ging. Dehler, Zinn und Strauß erarbeiteten nunmehr,
ohne dass der zuständige Fachausschuss eingebunden war, für diese
beiden Bereiche einen Entwurf, der dem "Ausschuss für Verfassungsgerichtshof und Rechtspflege" als Diskussionsgrundlage diente.[17] Letztlich
fand dieser Entwurf ohne große Veränderung Eingang in das Grundgesetz. Die Zusammenarbeit im "Allgemeinen Redaktionsausschuss"
war nicht nur von der Sache her erfolgreich. "Bei aller Entschiedenheit
in der Wahrnehmung des eigenen Standpunktes" suchten die Mitglieder dieses Ausschusses einen Weg, "den der Gegner mitgehen konnte,
ohne auf Selbstachtung verzichten zu müssen."[18] Seit diesen Tagen waren Dehler und Zinn eng befreundet, die bei der Auswahl von Richtern
für den Bundesgerichtshof ihren Einfluss geltend machten. Grundlagen
ihrer engen menschlichen Beziehung und ihrer effektiven Zusammenarbeit im Parlamentarischen Rat, so steht zu vermuten, waren ihre Gegnerschaft zum Nationalsozialismus und ihr Wille, ein demokratisches
Gemeinwesen aufzubauen, auch wenn sie in der Sache nicht immer
übereinstimmten. In der gesellschaftspolitischen Einordnung der NS-
Juristen war Zinn im Übrigen ganz anderer Meinung als sein Freund
Dehler.

Für Zinn war der sich als "kleiner Justizbeamter" verstehende, so den-
kende und danach handelnde Richter früherer Zeiten "mitverantwortlich für die Verwicklung der Justiz in den NS-Staat."[19] Als er als Justizminister am 8. März 1946 das Oberlandesgericht Frankfurt wieder eröffnete, ließ er keinen Zweifel daran, dass er zu einer kritischen Auseinandersetzung mit den NS-Juristen bereit war: "Nur der Richter kann
wahrer Träger der Rechtsidee des neuen Staates sein, der selbst Träger
der Staatsidee ist. Das war nicht immer so. [...]. Die Erneuerung des
Rechtes aber setzt eine Erneuerung des Richterstandes voraus. An die
Stelle des farblos richtenden Beamten muss der Richter treten, der aus-
gestattet mit der Toga der richterlichen Unabhängigkeit, sich als leidenschaftlicher Repräsentant einer neuen demokratischen und sozialen Gemeinschaft fühlt."[20] Ob ein solcher neuer Richtertyp in späteren Jahren
in der Justiz mehrheitlich vertreten war, bezweifelte Zinn noch 1956.
Er beklagte den Umstand, dass bei vielen Gerichten "der Nazigeist offensichtlich wieder erweckt sei".[21]

Anlässlich der Eröffnungsfeier 1950 musste Weinkauff, der in späteren
Jahren als "gefürchteter Präsident"[22] galt, auch zur Vergangenheit Stel-

lung nehmen. Mit weicher und bedächtiger Stimme führte er aus: "Noch fehlen allerdings Brüder, die ihren Platz in unserer Mitte haben sollten. Wir vergessen sie nicht. Wir denken an sie. Niemand wäre glücklicher als wir, wenn sie bald gemeinsam mit uns an dem gemeinsamen deutschen Recht mitarbeiten könnten. [...] Die Gesamtleistung des Reichsgerichts war unbestritten bedeutend. Ihm danken wir die praktische Verwirklichung der deutschen Rechtseinheit. Seine Leistung wirkt bis heute in unverminderter Stärke nach. Ein solcher Vorgänger verpflichtet. [...] Ich spreche nicht nur von den außerordentlichen organisatorischen Schwierigkeiten des Wiederaufbaus und von dem erschreckenden Substanzverlust der deutschen Eliten. Der ganze Bau des deutschen Bürgerlichen und Strafrechts ist im Sturm der Geschichte, der Revolution, Kriege und Niederlagen, der entgegengesetztesten politischen Einwirkungen, der Zeiträume der Gewalt und des Unrechts, auch des in die äußere Form des Rechts gekleideten Unrechts, der Zersplitterung und Auflösung weithin zerbröckelt, zerfallen, unanwendbar und fragwürdig geworden."[23]

Hatte Weinkauff noch in geschickter Form seine ehemaligen Kollegen zu exkulpieren versucht, so offenbaren seine letzten Ausführungen, dass er nicht seine Kollegen, sondern "die Entwicklungen der Vergangenheit für den Niedergang des deutschen Rechts verantwortlich"[24] machte. "Dabei erweckte er den Eindruck, dass alle von ihm aufgezählten geschichtlichen Ereignisse gleichbedeutend für den Verlust an Rechtskultur waren." Er kannte keine Scheu, die "Revolution" von 1919 mit der "Gewalt" und dem "Unrecht" der NS-"Zeit" wertig gleichzusetzen.

Die Reden zur Eröffnung des Bundesgerichtshofes konnten sich natürlich nicht nur auf eine Art Vergangenheitsbewältigung beschränken. Sie mussten auch zum Ausdruck bringen, welche Stellung die zukünftige Richterschaft einnehmen sollte und welche Rechten und Pflichten ihr zugedacht waren. Insoweit sah sich Heuss zu einer Anmerkung veranlasst, die indirekt auch eine Kritik an der ehemaligen Justiz beinhaltete: "Die rechtspolitische Bemerkung sucht die große Veränderung im Charakter der ,Grundrechte'. Ich darf ohne falsche Anmaßung sagen, dass ich an ihnen kräftig in Bonn mitgearbeitet habe – einzelne Formulierungen stammen von mir. Was war denn unser Bemühen? Den deklamatorischen Charakter in einen rein deklaratorischen überzuführen. Nicht der unverbindliche Gesinnungsausdruck einer sentimentalen Regung, sondern die Grundrechte verbindlich für die Gesetzgebung und für die Rechtsprechung."[25]

Unausgesprochen appellierte damit Heuss an die Richterschaft, dass diese sich zukünftig der Demokratie verpflichtet fühlen sollte. Seine Worte konnten nur dahin interpretiert werden, dass er keinen Richter nur in der Demokratie favorisierte. Vielmehr forderte er einen demokratisch gesinnten und einen politisch, nicht parteipolitisch, denkenden und handelnden Richter. Dieser sollte seine Rechtsprechung strikt nach den Grundrechten ausrichten. Die Richterschaft sollte von ihrem Denken und von ihren Überzeugungen her im demokratischen Gemeinwesen fest verwurzelt sein.

Ganz anders sah Dehler die Rolle der zukünftigen Richterschaft: "Und nun ein neuer Beginn durch neue Menschen, die das hohe Amt, die hohe Aufgabe des Richters am Obersten Gerichtshof übernehmen sollen: ‚Da wählte Moses fähige Männer aus dem Volke, Männer, die die Wahrheit lieben, das Unrecht hassen und Gott fürchten, und setzte sie über das Volk als Richter.'" Zwar sollten es nach Dehler "Männer aus dem Volke" sein, "die die Hand am Puls des Volkes" haben sollten und die "die Sprache des Volkes verstehen und die Sprache des Volkes auch als Richter sprechen". Jedoch sollten die Richter eben über dem Volke stehen; denn sie sollten "nur Gott fürchten und sonst niemanden, und sonst keine Macht auf Erden".[26]

Unausgesprochen forderte er damit eine Art Richteraristokratie, die über dem noch zu gestaltenden demokratischen Staat "thronen" sollte. Konsequenz dieser Forderung wäre gewesen, dass die Richterschaft sich bei ihrer Rechtsfindung gerade nicht strikt nach den Grundrechten hätte zu orientieren brauchen. Dehler trat damit für eine Entpolitisierung der Rechtspflege ein.

Diese Forderung war neu. Von einer unabhängigen Justiz könne – so die Vertreter dieser Ansicht – erst dann gesprochen werden, wenn diese entpolitisiert sei. So deutlich konnte Dehler seine Zielvorstellung bei der Eröffnung des Bundesgerichtshofes natürlich nicht zum Ausdruck bringen. Aber die Festgemeinde in ihrer Mehrheit wusste natürlich, was er meinte. Denn Dehlers Protegé, der spätere Bundesrichter Hans Eberhard Rotberg, hatte die Forderung nach einer "Entpolitisierung der Rechtspflege"[27] bereits 1947 in einem Aufsatz aufgestellt: "Die Rechtspflege muss entpolitisiert werden! Man wende nicht ein, der Richter könne sich ohne Einfluss an Persönlichkeitswert und Lebenskenntnis nicht von der Anteilnahme an den auch für sein Weltbild und seine Le-

bensgestaltung bedeutsamen Erlebnissen des politischen Alltags ausschließen. [...]. Gerade eine Demokratie ist auf eine rein sachlich ein-
gestellte, über den Parteien stehende Rechtspflege im besonderen Maße
angewiesen. Je größer die Freiheit in der politischen Willensbildung und
–betätigung, um so mehr besteht die Notwendigkeit, zuverlässige, an
den Idealen des Rechtes ausgerichtete Grenzen gegen Missbräuche und
Übergriffe aufzurichten. Freiheit kann nur in Ordnung bestehen. Je mehr
Meinungen geduldet werden, um so wichtiger ist ein Hort verlässlicher
Rechtssicherheit, der aus der Parteiengunst [...] herausgehoben ist. [...].
Welches sind nun die Mittel der Entpolitisierung der Rechtspflege? Es
ist klar, dass sie beim Richter selbst beginnen muss [...]. Er muss auch
auf das aktive und passive Wahlrecht verzichten. Diese völlige politische Abstinenz wird als weithin sichtbares Opfer des Richterstandes zur
Steigerung seines Ansehens und seiner Autorität beitragen. Die Richterschaft möge die gewiss schwer wiegende Preisgabe ihrer wichtigsten
staatsbürgerlichen Rechte als ein Gelübde politischer Keuschheit dar-
bringen, das im besonderen Maße zur Läuterung und Verinnerlichung
aufruft. Jeder, der diesem Stande beitritt, soll immer wieder auf seine besonderen Pflichten hingewiesen werden, damit er sich prüft, ob er dem
Orden der Diener und Hüter des Rechts mit starkem Willen und rei-
nem Gewissen angehören kann. Es mögen Weihe und Würde ausgehen von diesem Opfer, auf dass die heilige Flamme des Rechts reiner
und leuchtender brenne in der Düsternis unserer Tage. [...]." Dehler
stimmte mit Rotberg im Ergebnis überein.

Auch Weinkauff trat für eine Entpolitisierung der Justiz und für eine
Richteraristokratie ein: (Es wird gelingen), "nicht von heute auf morgen,
aber binnen einer bemessenen Zeit, nicht ein Kollegium von Richter-
königen – das ist eine literatenhafte Fehlbezeichnung – zu gewinnen,
aber eine genügende Anzahl starker, selbstbewusster, lebenserfahrener
und nur dem Recht verpflichteter Richterpersönlichkeiten, die der persönlichen Ausstrahlung auf die Rechtsgenossen fähig und zum selbstständigen Widerstand aus eigener Kraft gegen die totalitäre Bedrohung
des Rechts imstande wären. An die Stelle eines Richterheeres träte dann
eine Richteraristokratie. Auf diese Weise könnte man allmählich auch
einen wirklich geschlossenen Richterstand, ja einen wirklichen Rechtsstand möglich machen, der seinen legitimen Platz im Volksganzen einnehmen könnte."[28] Weinkauff benannte sogar die Eigenschaften, die
eine solche Richteraristokratie auszeichnen sollten: "Wir müssen mit
dem Einfachen und Nächstliegenden beginnen. Die Mitglieder und

Mitarbeiter des Bundesgerichtshofes müssten die fachliche Tüchtigkeit mit sich bringen, die ihr hohes Amt erfordert. Sie dürfen aber beileibe nicht nur intelligente Routiniers und Techniker des gesetzten Rechts sein. Sie müssen vielmehr in erster Linie die schlichten, alten Richtertugenden besitzen: Weisheit, Menschlichkeit, Unparteilichkeit, Gerechtigkeit und zuletzt bürgerlichen Mut. Sie müssen darüber hinaus von einem unerschütterlichen Glauben an die metaphysische Substanz und den göttlichen Kern des Rechts beseelt sein."[29]

Die weitaus überwiegende Anzahl der in jenen Jahren amtierenden Justizjuristen teilten die Ansichten Dehlers und Weinkauffs. Die Mindermeinung vertraten der bereits erwähnte Georg-August Zinn und Elisabeth Selbert (SPD)[30], die bereits im Parlamentarischen Rat ihren Standpunkt artikuliert hatten, der natürlich am 8. Oktober 1950 unerwähnt blieb. Zinn und Selbert wehrten sich gegen eine Entpolitisierung der Rechtspflege. Es möge "interessant und schön sein in einer Zeit, in der es keine sozialen Unterschiede in der Gesellschaft mehr" gebe, "in der zumindest die formale Demokratie, der Gedanke der Gleichheit aller vor dem Gesetz, so fest im Bewusstsein der gesamten Bevölkerung verankert" sei, "dass ein Rückfall in autoritäre Gedankengänge unmöglich" erscheine. Aber "zwei Jahre nach dem Zusammenbruch eines Systems, das die Ungleichheit auf seine Fahnen" geschrieben habe, "sei für solche idealistischen Gedankengänge kein Raum vorhanden." Was heute gebraucht werde, seien "keine Astronomen, sondern Richter, die mit beiden Beinen auf der Erde stehen" und die sagen würden, "wo sie hingehören." "Die Erfahrungen der Weimarer Republik und der vergangenen zwölf Jahre Hitlerregime" würden "nur zu klar" zeigen, "dass sich hinter der vermeintlichen unpolitischen Objektivität doch eine klare und wohlfundierte Anschauung" verborgen habe. Derjenige, der diesen Standpunkt in einem Aufsatz "Justiz und Politik"[31] 1947 den juristischen Fachkreisen mitteilte, war Ministerialrat Kurt Oppler (SPD), ein Vertrauter Zinns und in diesem Fall quasi dessen Sprachrohr.[32]

Bereits im Parlamentarischen Rat wurde die Frage "Unabhängigkeit der Justiz" kontrovers diskutiert. Als Gegenspielerin von Dehler trat Elisabeth Selbert auf, für deren Berufung zur Bundesverfassungsrichterin sich der "Kronjurist" der SPD-Bundestagsfraktion, Adolf Arndt, in späteren Jahren vergeblich stark machen sollte.[33] Sie wandte sich vehement gegen eine Entpolitisierung der Justiz. Selbert, die als "leidenschaftliche" Rednerin galt, deren "rednerische Qualitäten" aber "dürftig"[34] gewesen sein sollen, ließ keinen Zweifel darüber aufkommen, welche Ziele ihre Partei verfolgte: "Unterstellen Sie[35] uns doch nicht, dass wir den Richter unter die Parteipolitik einordnen wollen. Wir wollen zwar den politischen Richter, nicht aber den parteipolitischen Richter. Der politische Richter ist der Richter, der den Geist des Staates versteht, der sich als Diener des Staates, als Repräsentant des Staates fühlt und der nicht hämisch über die Demokratie witzelt."[36] Selberts Forderungen fußten auf den Erfahrungen der Vergangenheit; sie wollte zukünftig Kontrollmechanismen installieren, die zumindest eine Hoffnung auf eine demokratisch gesinnte Justiz eröffneten. Folglich trat sie im Gegensatz zur Mehrheit der etablierten Justizjuristen für einen politischen Richter ein.

Aber nicht nur dieses Thema war Gegenstand der Ansprachen am 8. Oktober 1950. Die Vergangenheit zwang die Redner, auch zur Wertigkeit von Rechtspositivismus und Naturrecht in der zukünftigen Rechtsprechung Stellung zu nehmen.

Es war wieder Heuss, der differenziert und auf philosophische Art und Weise, dennoch ganz pragmatisch Folgendes ausführte: "Und das ist nun eine Aufgabe [...], eine bedeutende und merkwürdige, vor der das Bundesgericht steht, vielleicht seine größte Aufgabe: nämlich wie weit aus der Auseinandersetzung mit den Grundrechten ein Akt der Rechtsschöpfung selber sich vollzieht. In (den) Grundrechten begegnen sich die Ansprüche dessen, was man ,Naturrecht' nennt, und das, was als ,Positivismus' gilt. Das ist ein weites ,Feld'. [...] Wie weit das ,Naturrecht' als Formgebung verbindlicher Art zitiert werden solle, dürfe, müsse, sind grundsätzliche Fragen gewesen. Ich sprach davon schon bei anderer Gelegenheit: Der Amtsrichter in Böblingen oder in Eckernförde, falls dort ein Amtsgericht ist, was ich nicht weiß, der kommt etwas in Verlegenheit, wenn man ihm sagt, das ,Naturrecht' will dies; er muss das positive, das gesetzte Recht kennen und interpretieren. Auch der Bundesrichter steht vor dieser Aufgabe. Gleichzeitig aber wird das für ihn transparent, dass das ,Naturrecht' als Maßstab und Träger ewiger Werte, die in ihrer Substanz nicht paragraphiert sind, lebendig bleibt."[37]

Dehler als amtierender Bundesminister der Justiz erwähnte nur kurz und indirekt den Naturrechtsgedanken: "Ich habe Sie (Weinkauff) erfahren und meine, es gibt keinen würdigeren an der Spitze des Bundesgerichtshofes [...], der weiß, dass alle Völker – ich darf ein Wort von Ihnen wiederholen – ,nur einem Recht, dem gleichen Recht dienen'."[38]

Ganz anders konnte Weinkauff sein Postulat für das Naturrecht zum Ausdruck bringen: Das Recht gewinne "seine verpflichtende Kraft in letzter Linie aus göttlicher Setzung". Die Entwicklung dränge dahin, "darüber hinaus künftig bei der Begriffsbildung und bei der Rechtsfortbildung dem Gesichtspunkt des richtigen Rechts, des Gerechten und des aus der Natur der Sache heraus Gesollten ein stärkeres, ja, das ausschlaggebende Gewicht einzuräumen. Ob und wie der Bundesgerichtshof zu der unsere Zeit bewegenden [...] Frage: Rechtspositivismus und Naturrecht Stellung nehmen wird, lässt sich noch nicht vorhersagen. Nach meiner persönlichen Meinung hat wohl keine Generation die Grenzen einer rein positivistischen Begründung des Rechtes schärfer und schmerzhafter gefühlt als die unsere, die nur allzu gut weiß, wie man gröbstes Unrecht in die Form gesetzten Rechts kleiden kann."[39]

Wenn Weinkauff sich am 8. Oktober 1950 für den Naturrechtsgedanken stark machte, dann geschah dies nicht ohne Grund[40]: "Der extreme Rechtspositivismus, wie er in der Weimarer Zeit herrschte" – so meinte Weinkauff – "war ein Kind relativistischer und skeptischer Erschöpfung und gerade deswegen fast unüberwindlich".[41] Deshalb hätten die Richter des Dritten Reiches, die nur rechtspositivistisch gedacht und gehandelt hätten, "dem Einbruch des Nationalsozialismus in das Recht nicht begegnen"[42] können. Diese These war natürlich eine Lebenslüge, deren Protagonist Weinkauff bis zu seinem Tode war.[43] Das Gegenteil war der Fall.[44] Die Juristen des Dritten Reiches waren "alles Mögliche, nur keine Positivisten". "Positivisten waren sie allenfalls da, wo es galt, nationalsozialistischen Geist atmende Gesetze anzuwenden und dadurch den Willen des Führers zu vollstrecken." "Wären Sie", so stellte Wrobel zu Recht fest, "damals doch nur Positivisten geworden!"

Weinkauff neigte der thomistischen Naturrechtslehre[45] zu. Mit deren Argumenten wollte er auf zwei Ebenen, einer offensiven und einer defensiven[46], Folgendes bezwecken: Zum einen konnte durch das Naturrechtsbekenntnis die "Etablierung höchster ethischer Werte im Recht"[47] ermöglicht und die Rechtsprechung als Rechtserneuerer im "guten" und "souveränen" Sinne dargestellt werden. Zum anderen, nämlich defensiv, ließ sich durch den naturrechtlichen Gedanken "das vergangene Justizunrecht rechtfertigen oder zumindest entschuldigen"[48].

Weinkauff, der die Renaissance des Naturrechts nach 1945 wie kein anderer beförderte, fand mit diesen Thesen bei seinen Kollegen Gehör.

Seine von ihm vertretenen Naturrechtslehre war allerdings nur "eine apologetische Reaktion auf das justizielle Unrecht des Dritten Reiches"[49] und sollte letztlich alle NS-Juristen exkulpieren.

Anders als Weinkauff lehnte es Zinn ab, naturrechtliche Überlegungen für eine Defensivfunktion zu instrumentalisieren. Doch auch er wusste, dass eine strikte Handhabung des Rechtspositivismus, die Bindung des Richters nur an den Wortlaut des Gesetzes, zukünftig nicht gewollt war. Folglich bejahte er grundsätzlich naturrechtliche Gesichtspunkte, jedoch in engen zeitlichen Grenzen: Als höchstes Gut sollte der zukünftige Richter die Freiheit der Menschen, nicht etwa nur das Gesetz, in sein Handeln mit einbeziehen.[50] Seine Ansichten hatte Zinn bereits bei der Eröffnung des Oberlandesgerichts Frankfurt/Main am 8. März 1946 kund getan: "Muss nicht in einer Epoche des Übergangs [...] der Richter, der doch im Rechtsstaat dem Gesetz und nur dem Gesetz unterworfen sein soll, durch pflichtgemäße Achtung der Gesetzestreue sich in ständigen Widerspruch zu dem richtigen Recht setzen? [...] Nur wenn das Gesetz selbst in seinen Grundzügen gerecht ist, ist auch seine stete und gleichmäßige Anwendung – und darin besteht ja die Rechtssicherheit – gerecht. Sonst muss die Gesetzestreue des Richters, auf der die Rechtssicherheit beruht, zur Ungerechtigkeit führen. In einem in allen Teilen vollendeten Rechtsstaat wird der weise Richter der Rechtssicherheit den Vorrang einräumen, auch dann, wenn sie im Einzelfall ein ungerechtes Urteil zur Folge haben mag. [...]

Kann diese Maxime aber auch heute gelten? Zwei Dinge seien mit aller Deutlichkeit ausgesprochen: [...] So wird keine Gemeinschaft auch in Zeiten einer geschichtlichen Wende ohne Übernahme der bestehenden Rechtsordnung und deren allmählichen Ersatz auskommen. Und dennoch kann die bestehende ‚Rechtsordnung' nicht schlechthin übernommen werden. Die ‚Normen' jener hinter uns liegenden Zeit [...] gehören [...] in die Kategorie des nicht mehr nur mangelhaften Rechts, sondern des schlechthin als Recht sich nur tarnenden Unrechts. Ihre Nichtbeachtung muss die notwendige Folge sein. Nicht immer aber wird das Wesen solcher Normen so augenfällig werden, um den Gesetzgeber zu ihrer sofortigen Beseitigung zu veranlassen. Dann wird in der Zeit des Übergangs der Richter berufen sein, den Gesetzgeber bei der Erkenntnis des Wesens dieser Norm zu ergänzen. Hier muss die formale Rechtssicherheit, die Anwendung des ungerechten positiven Rechts [...] insoweit zugunsten der Gerechtigkeit zurücktreten."[51]

Auf den ersten Blick wollte Zinn nur "in der Zeit des Übergangs" einen Richter, der kein bloßer Anwender des positiven Rechts sein sollte. Allerdings war ihm klar, dass auch "in einem in allen Teilen vollendeten Rechtsstaat" der Naturrechtsgedanke nicht völlig in den Hintergrund treten durfte. Doch im neuen Gemeinwesen war dieser im Grundgesetz-katalog des Grundgesetzes "normiert". Nur im Rahmen der Grundrechte war der Richter befugt, der Gerechtigkeit zum Siege zu verhelfen. Damit dieses Ziel erreicht werden konnte, forderte Zinn ein Korrektiv: "Nur der Richter kann wahrer Träger der Rechtsidee des neuen Staates sein, der selbst Träger der Staatsidee ist. [...] Wer heute Richter sein will, muss sich selbst danach richten lassen, ob er mit seinem Leben zum lebendigen Gesetz steht oder nicht. Dann werden wir auf dem Wege zur Gerechtigkeit sein, die keine formale mehr ist, sondern eine soziale. [...] An die Stelle des farblos richtenden Beamten muss der Richter treten, der [...] sich als leidenschaftlicher Repräsentant einer neuen demokratischen und sozialen Gemeinschaft fühlt."[52]

2. Der Aufbau des Bundesgerichtshofs: Weinkauff als Organisator und Zuchtmeister

Nach der feierlichen Eröffnung des Bundesgerichtshofes, die aber breite Bevölkerungskreise angesichts ihrer existentiellen Sorgen nicht wahrnahmen, zog der Justizalltag in das hohe Gericht ein.

Der Chefpräsident musste sich auch um die sächliche Ausstattung des Gerichts kümmern. Seine Sorgen und Probleme in dieser Hinsicht können ob ihres Umfanges nur beispielhaft geschildert werden. Der Bundesgerichtshof kam im Erbherzoglichen Palais unter, das im Krieg zerstört worden war. Nachdem der Bundestag Karlsruhe als Sitz dieses Gerichts bestimmt hatte, wurde "in wahrhaft amerikanischem Tempo" – wie der seit dem 6. Dezember 1950 amtierende Bundesrichter Johannsen zu berichten wusste[53] – "innerhalb von zwei Monaten" das zerbombte Palais "vollkommen neu ausgebaut". Zeitweilig waren "bis zu 500 Arbeiter gleichzeitig an dem Bau tätig", die durch Überstunden, Nachtschichten und Sonntagsarbeit den Bau restaurierten. Doch die Räumlichkeiten reichten am Anfang nicht aus, "jedem Richter ein eigenes Arbeitszimmer zu geben." 2 bis 3 Richter mussten sich ein Dienstzimmer teilen, so dass sie gezwungen waren, zu Hause zu arbeiten.

Die erste Präsidiumssitzung fand am 3. Oktober 1950 statt. An ihr nahmen neben Weinkauff die Senatspräsidenten Richter und Pritsch sowie die Bundesrichter Heidenhain, Selowsky, von Normann und Busch teil.[54] Richter, der Reichsanwalt gewesen war, übernahm den Vorsitz des Strafsenats, während Erich Pritsch[55] im Alter von 63 Jahren Vorsitzender des noch einzigen Zivilsenats wurde. Er hatte bereits im preußischen Justizministerium Karriere gemacht; als Ministerialrat bearbeitete er dort Personalangelegenheiten für Richter. Nach der Machtergreifung und nach der Verreichlichung der Justiz blieb er Ministerialrat im Reichsjustizministerium und war für unpolitische Referate zuständig. Vor 1933 gehörte er zeitweilig dem Zentrum an; er trat der NSDAP nicht bei. Nach der Kapitulation wurde er problemlos entnazifiziert und setzte seine Karriere zunächst im Zentraljustizamt für die Britische Zone fort, von wo er 1948 an den Obersten Gerichtshof für die Britische Zone wechselte. Dort brachte er es bis zum Senatspräsidenten. Als dieser Gerichtshof im Zuge der Errichtung des Bundesgerichtshofes aufgelöst wurde, war es Ernst Woff, der Pritsch erfolgreich nach Karlsruhe weiter empfahl.

In der ersten Präsidiumssitzung übernahm Weinkauff, der mit Verwaltungssachen genug zu tun hatte, noch keinen Senat. Vielmehr schloss er sich dem Zivilsenat unter Vorsitz von Pritsch an. Am 3. Oktober 1950 waren neben dem Chefpräsidenten und den beiden Senatspräsidenten bereits weitere 9 Bundesrichter ernannt.[56] Es waren dies Heidenhain, Ascher, Wilde, Selowsky und von Normann, die dem I. Zivilsenat zugeteilt wurden. Busch, Geier, Hülle und Werner wurden Mitglieder des 1. Strafsenats.[57] Am 3. Oktober 1950 standen also insgesamt 12 richterliche Kräfte zur Verfügung. Auffallend ist der hohe Anteil von rassisch Verfolgten, die nach 1933 ihren Beruf als Richter bzw. Rechtsanwalt verloren hatten oder sogar emigrieren mussten. Dieses Schicksal erlitten die Bundesrichter Ascher[58], Heidenhain[59], Selowsky[60] und Wilde[61].

Bereits in der dritten Sitzung des Präsidiums am 11. Oktober 1950[62] konnte der Geschäftsverteilungsplan für 4 Strafsenate und 5 Zivilsenate diskutiert und beschlossen werden. Da offensichtlich eine Schreibkraft noch nicht zur Verfügung stand, fertigte Bundesrichter Busch bis einschließlich 24. Oktober 1950 handschriftlich das jeweilige Protokoll.

Haushaltsmittel hatte man in Bonn zunächst für 5 Zivilsenate und 4 Strafsenate mit insgesamt 45 Bundesrichtern und 9 Senatspräsidenten einschließlich des Chefpräsidenten eingeplant. Doch bereits Anfang 1951 wurden Gelder für weitere 10 Bundesrichter bereitgestellt, da der Arbeitsanfall größer als vorhergesehen war. Damit bestand der Bundesgerichtshof aus 64 Richterstellen einschließlich des Chefpräsidenten.[63]

Allerdings erhöhte sich die Zahl der Planstellen bis zum 25. Juli 1952 auf insgesamt 86. "Da jedoch die Besetzung der Planstellen schwierig war und inzwischen Richter ausschieden, konnte die planmäßige Besetzung erst am 1. Juli 1953 erreicht werden."[64] Die Erhöhung der Richterstellen war auch deshalb erforderlich, weil zum 1. Januar 1952 ein 5. Strafsenat (Berliner Strafsenat)[65] und zum 1. November 1952 ein 6. Zivilsenat[66] gebildet wurden. Mit dem 1. Juli 1953 war der eigentliche Aufbau des Bundesgerichtshofes aber abgeschlossen.

Der Arbeitsanfall war gleich nach der Errichtung des Bundesgerichtshofes beträchtlich, zumal die beim Obersten Gerichtshof für die Britische Zone anhängigen und noch nicht erledigten Sachen auf den Bundesgerichtshof übergingen.[67] Die Erledigungsquote war in den ersten beiden Jahren nicht erfreulich. Das lag zum einen auch daran, dass der Richterwahlausschuss nicht zügig genug die Richter/Innen wählte. Zum anderen betrug die Krankheitsrate angesichts des hohen Alters der Bundesrichter in den Aufbaujahren 12 %. Schließlich waren die meisten Bundesrichter ohne Revisionserfahrung, so dass Weinkauff ihre Einarbeitungszeit auf zwei bis drei Jahre veranschlagte.[68] Aber Weinkauff glaubte noch einen anderen Grund für die schlechte Erledigungsquote ausgemacht zu haben: Die "Qualität" der Bundesrichter "sei sehr unterschiedlich".[69] Und noch 1954 mussten die Bundesrichter selbst feststellen, dass die gesellschaftlichen und wirtschaftlichen Verhältnisse sich nach 1945 wesentlich verändert hatten. Diese Tatsache zeitigte nach Ansicht der Bundesrichter Folgen: "[...] stellt die Gegenwart Aufgaben von teilweise völlig anderer Art und lässt die Anknüpfung an Gedankengänge und Gepflogenheiten des Reichsgerichts und den Vergleich mit dessen Tätigkeit nur eingeschränkt zu. Bis alle Zivil- und Strafsenate des Bundesgerichtshofs zu in sich gefestigten Arbeitskörpern zusammengewachsen sein [...] können, muss noch erhebliche Zeit vergehen. Der Altersaufbau des Gerichts und die Gesichtspunkte, nach welchen die Gerichtsmitglieder in ihre Ämter berufen werden, sind dafür von ausschlaggebender Bedeutung."[70]

In der Tat ergaben die Geschäftseingänge bei den Zivil- und Strafsenaten kein erfreuliches Bild für die Jahre 1950 bis 1953[71]: Für diesen Zeitraum beliefen sich die eingegangenen Revisionen, die von Jahr zu Jahr anwuchsen, bei den Zivilsenaten auf insgesamt 4.595. Hingegen machten die Erledigungen, wenn sich auch insoweit eine Steigerung feststellen ließ, nur 3.169 Sachen aus. Folglich waren Ende 1953 noch 1.426

Revisionen anhängig. Bei den Strafsenaten war die Statistik erfreulicher. In den Jahren 1950 bis 1953 betrugen die neu eingegangenen Revisionen und Vorlegungssachen insgesamt 11.725 bei einer Erledigung von 10.811, so dass Ende 1953 nur noch 914 Sachen offen waren.

Die mit dieser Arbeitslast zusammenhängenden Probleme sah natürlich auch Weinkauff. Verzagtheit und Weichheit ließ er allerdings nicht zu, so auch im Falle des Bundesrichters Hans Hannebeck[72]: Seine Karriere vor 1945 wies ihn als qualifizierten Juristen aus. Obwohl er im Mai 1933 Parteigenosse und SA-Rottenführer wurde, war seine Beförderung 1938 zum Oberlandesgerichtsrat auf seine Leistungen zurückzuführen. Seine Ernennung zum Bundesrichter am 3. November 1952 beruhte ganz offensichtlich auf einer Beurteilung des Oberlandesgerichtspräsidenten Schneider (Hamm)[73] aus dem Jahre 1943, der Hannebeck für die Beförderung zum Senatspräsidenten wie zum Reichsgerichtsrat für "vorzugsweise geeignet und reif" hielt.

Für Weinkauff überraschend teilte Hannebeck, der dem VI. Zivilsenat angehörte, im Mai 1953 dem Bundesminister der Justiz mit, dass er den Justizminister des Landes Nordrhein-Westfalen ersucht habe "um Rückübernahme in den (dortigen) Dienst [...] unter Einweisung in die Stelle eines Senatspräsidenten beim Oberlandesgerichts Hamm". Als Grund hierfür gab er Kreislaufbeschwerden angesichts des Klimas in Karlsruhe an.

Hannebeck war kein Einzelfall. Würde seine Rückübernahme Schule machen, so fürchtete Weinkauff, wäre ein Zusammenwachsen und damit ein effektives Arbeiten des jeweiligen Senats gefährdet. So wandte er sich ebenfalls im Mai 1953 an das Bundesministerium der Justiz und teilte diesem seine Überlegungen mit: "Hannebeck ist zweifellos eine gute Kraft und wird sich nach einer gewissen Anlaufzeit im Bundesgerichtshof durchaus bewähren, ja wahrscheinlich zu seinen überdurchschnittlichen Mitgliedern zählen. Er hat jedoch bei der Einarbeitung hier, wie übrigens sehr zahlreiche andere Bundesrichter, am Anfang einen gewissen Schock erlitten, da er sich das Übermaß von Arbeit und die Schwierigkeiten der Umstellung an das Revisionsrecht ursprünglich wohl nicht in vollem Umfang vorgestellt hatte. [...] Das scheint mir der eigentliche Grund des Gesuchs zu sein. [...] Grundsätzlich ist es m. E. vollkommen untragbar, dass Herren, die sich als Bundesrichter gemeldet haben und dann dazu ernannt worden sind, nun wieder versuchen, in den Landesdienst zurückzutreten. Diese Tendenz, die Bundesrichter-stelle anzunehmen, um in ihr abzuwarten, ob eine Senatspräsidenten-stelle an einem Oberlandesgericht [...] erlangt werden kann, hat sich hier auch schon anderweitig gezeigt. Würde ihr nachgegeben werden, so würde der Bundesgerichtshof, der an sich schon die größten Schwie-rigkeiten hat, alle seine Stellen angemessen zu besetzen, in eine wahr-haft unerträgliche Lage gebracht werden. Ein solches Verfahren würde nach meiner festen Überzeugung hier Schule machen."

Nach Erhalt dieser Zeilen stellte Staatssekretär Strauß im Bundesmini-sterium der Justiz Hannebeck die Frage, ob er "auch dann" seinen Rück-tritt in den Landesdienst anstreben wolle, wenn ihm "lediglich eine Stelle eines Oberlandesgerichtsrats oder Landgerichtsdirektors im Landesdienst übertragen"[74] werden würde. Hannebeck war nicht bereit, diesen Weg zu gehen und blieb beim Bundesgerichtshof.

Weinkauff suchte natürlich nach Wegen, um die Arbeitslast der Bun-desrichter zu verringern. Hilfsrichter waren beim Bundesgerichtshof anders als beim Reichsgericht nicht mehr zulässig. Folglich konnten kranke Bundesrichter durch Hilfsrichter, die früher voll stimmberech-tigt im Senat waren, nicht mehr zügig ersetzt bzw. vertreten werden. Auch dieser Umstand förderte nicht gerade eine höhere Erledigungs-quote. Ob Weinkauff die folgende Idee hatte, muss unbeantwortet blei-ben. Jedenfalls gab er in der Präsidiumssitzung am 16. April 1951 seine Absicht bekannt, "von dem Bundesminister der Justiz die Zuteilung je eines juristischen Hilfsarbeiters für jeden Zivilsenat des BGH zu erbitten."[75] Seine Initiative hatte Erfolg. Am 1. Juni 1951 wurde Landge-richtsrat Hoffmann (Freiburg) erster wissenschaftlicher Hilfsarbeiter am Bundesgerichtshof.[76] Diese Handhabung wird bis heute praktiziert.

Dass Weinkauff sich auch um die wissenschaftliche Ausstattung des Ge-richts kümmern musste, versteht sich von selbst. Noch im Frühjahr 1951 beklagte er sich beim Bundesminister der Justiz über die mangelhafte Bestückung der Bibliothek mit Fachliteratur[77], obwohl nicht unerhebli-che Mittel bereits zur Verfügung gestellt worden waren.[78] Dennoch wa-ren die Bundesrichter gezwungen, Büchereien anderer in Karlsruhe an-sässiger Gerichte aufzusuchen. Allerdings war der Bundesgerichtshof im Hinblick auf das Personal seiner Bibliothek in einer komfortablen Situa-tion. Dieses bestand mehrheitlich aus ehemaligen Mitarbeitern des Reichsgerichts, die entsprechend der Systematik der Reichsgerichtsbibliothek die neue aufbauten: "Die Bibliothek (des BGH) war das markante Beispiel" dafür, "dass die Tradition (des Reichsgerichts) auch die innere Ordnung des BGH"[79] bestimmte.

Anlässlich des einjährigen Bestehens des Bundesgerichtshofes zog Weinkauff ein vorläufiges Resümee seiner Aufbauarbeit. Er nahm dieses Ereignis aber auch zum Anlass, der Öffentlichkeit Grundsätzliches über die Justiz, wie er sie zu gestalten gedachte, mitzuteilen:

"Am 1. Oktober 1951 wird der Bundesgerichtshof ein Jahr lang tätig gewesen sein. Es war ein sehr schweres Jahr der Improvisation und des Aufbaus [...]. Es gibt im Bereich des modernen arbeitsteiligen Staates gewisse hochgezüchtete [...] Gebilde, die nur eine unversehrte [...] Gesellschaft [...] aufzubauen und zu erhalten vermag [...]. Ein solches Gebilde war das Reichsgericht, das 1945 völlig zerschlagen wurde, dessen Mitglieder in den Jahren 1945 und 1946 großenteils zu Tode gebracht wurden, von dessen Einrichtungen für uns nichts mehr greifbar ist [...]. Die Öffentlichkeit macht sich die Schwere einer solchen Aufgabe selten klar genug [...].

Bei diesem Wiederaufbau ist Kritik sicher förderlich, ja schlechthin unentbehrlich, aber nur eine Kritik, der man anspürt, dass sie aus der Kenntnis der Sache heraus und um der Sache willen geübt wird, nicht aber ein leichtfertiges, ressentimentgeladenes oder sachfremde Ziele verfolgendes bloßes Absprechen. Der technische Apparat des Bundesgerichtshofes steht nun einigermaßen. Selbst die Bücherei [...] ist [...] in einem erfreulichen Aufblühen begriffen. Dagegen ist der Aufbau der eigentlich rechtsprechenden Körperschaften, der Senate, immer noch nicht abgeschlossen. [...]

Auch lässt sich fragen, ob die Wahlausschüsse für die oberen Bundesgerichte nicht noch sinnvoller arbeiten würden, wenn ihnen nicht nur die Länderfachminister und Vertreter des Bundestages, sondern auch Vertreter des Rechtsstandes selbst, also insbesondere Vertreter des Richtertums und der Rechtsanwaltschaft, angehörten [...]. Doch ist der Bundesgerichtshof erst auf dem Wege zu dem ihm gesteckten Ziele. Um es voll zu erreichen, ist vor allem nötig, dass sich das Volk und Juristen mindestens gefühlsmäßig über die Grundfragen des Rechts einig werden und dass sich das Gefühl einer schlichten und selbstverständlichen Achtung vor dem Recht durch unser ganzes Volk verbreitet. Die [...] entgiftende und aufbauende Kraft einer solchen Haltung könnte gar nicht überschätzt werden."[80]

Weinkauff war also Taktiker genug, wenn es um die Außendarstellung des Bundesgerichtshofes ging, seine Kritik und Ziele diplomatisch verpackt zu offenbaren. Hausintern schlug er ganz andere Töne an. Da war er der Zuchtmeister "seiner" Richter. Seine Unzufriedenheit mit ihrer Arbeitstechnik und mit den Arbeitsabläufen in den Senaten äußerte er deutlich: Von 1952 auf 1953 sei "eine nicht unerhebliche Minderung in dem Arbeitsertrag sowohl des Gerichts im ganzen wie des einzelnen durchschnittlichen Beisitzers eingetreten". Der Arbeitsertrag sei "stärker hinter den vergleichsweisen Arbeitsergebnissen des Reichsgerichts zurückgeblieben", "als es die an sich anzuerkennenden größeren Schwierigkeiten beim Bundesgerichtshof notwendig machten." Die Senatspräsidenten müssten "mehr Sitzungen" ansetzen und "den einzelnen Beisitzer etwas stärker belasten als bisher". Von allein müssten die Senatspräsidenten "auf eine zweckmäßigere Arbeitstechnik (Urteilsentwürfe, Gutachten, Lieferungen der endgültigen Urteilsentwürfe möglichst im Anschluss an die Sitzung u. dgl.)" hinwirken. Auch müssten sie "bei der Bescheidung der Anträge auf Verlängerung der Revisionsbegründungsfrist eine möglichst einheitliche und eine wesentlich strengere Praxis" durchführen. Und die Präsidenten der Strafsenate bat er, ihre richterliche Unabhängigkeit negierend, "sich dafür einzusetzen, dass bei der Prüfung, ob eine Sache als offensichtlich unbegründet verworfen werden könne, einen strengeren Maßstab anzulegen."[81]

3. Personelle Kontinuitäten: Der Fortbestand des Reichsgerichts?

Der "Kronjurist" der SPD-Bundestagsfraktion, Adolf Arndt, meinte im Hinblick auf vermeintliche personelle Kontinuitäten am Bundesgerichtshof, dass dieser die "Traditionskompanie des Reichsgerichts"[82] sei. Dass diese politische Kampfthese nicht zutraf, wird er gewusst haben, zumal er als stellvertretendes Mitglied des Richterwahlausschusses ausreichende Kenntnisse über die personelle Zusammensetzung des Bundesgerichtshofes in seinen Anfangsjahren hatte. Folglich wird Arndts These wohlmeinend dahin ausgelegt, er werde wohl "mehr Geist und Selbstverständnis"[83] des Bundesgerichtshofes gemeint haben.

Es gab wenige personelle Kontinuitäten zwischen dem Reichsgericht bzw. der Reichsanwaltschaft und dem Bundesgerichtshof, was im

Bundesministerium der Justiz lebhaft bedauert wurde.[84] Es muss allerdings auch die Tatsache berücksichtigt werden, dass nicht nur ehemalige Reichsgerichtsräte und Reichsanwälte, sondern auch Rechtsanwälte, die beim Reichsgericht zugelassen waren, den Weg an den Bundesgerichtshof fanden. Hiervon ausgehend sind folgende personelle Kontinuitäten festzustellen.

Carl Hertel[85], der im August 1932 im Alter von 53 Jahren Reichsgerichtsrat wurde, war als hochdekorierter Hauptmann der Reserve Teilnehmer des 1. Weltkrieges. Er wurde kein Mitglied der NSDAP. Er gehörte dem 5. Zivilsenat des Reichsgerichts an und wurde im März 1943 wegen Dienstunfähigkeit in den Ruhestand versetzt; er war knapp 64 Jahre alt. Als er im Oktober 1950 zum Bundesrichter ernannt wurde, hatte er das 71. Lebensjahr bereits vollendet. Sein neues Amt übte er gemäß den damals geltenden Bestimmungen bis zur Vollendung des 72. Lebensjahres aus.[86]

Emil Lersch[87], der am 1. November 1933 im Alter von knapp 54 Jahren Reichsgerichtsrat wurde, trat zwar im Mai 1937 noch der NSDAP bei; hierdurch wurde seine Karriere jedoch nicht weiter befördert. Lersch galt als Fachmann auf dem Gebiet des Strafrechts.[88] So war es wohl kein Zufall, dass er nach seiner Ernennung zum Reichsgerichtsrat dem 4. Strafsenat zugeteilt wurde, vor dem der bereits erwähnte Reichstagsbrandprozess verhandelt wurde.[89] Lersch gehörte also einem Senat an, der den Angeklagten van der Lubbe unter Verletzung des Grundsatzes "nulla poena sine lege" zum Tode verurteilte. Diese Vergangenheit war offensichtlich kein Makel; denn am 20. Dezember 1950 wurde er Bundesrichter und trat am 30. Dezember 1952 in den Ruhestand.

Der am 13. Mai 1894 geborene Wilhelm Menges[90] hatte nicht nur als Jurist vor 1945 Karriere gemacht, sondern auch als Reserveoffizier. Er war als Leutnant der Reserve Teilnehmer des 1. Weltkrieges, und nach Ausbruch des 2. Weltkrieges brachte er es bis zum Hauptmann der Reserve. 1937 wurde er aufgrund seiner guten Leistungen im Alter von 42 Jahren Reichsgerichtsrat und wurde dem 2. Strafsenat zugeteilt. In die Partei trat er am 1. Dezember 1939 ein. Es entsprach der Strategie Weinkauffs, dass Menges wieder dem 2. Strafsenat zugeteilt wurde, nachdem er am 29. Juni 1953 zum Bundesrichter ernannt worden war. Er blieb knapp 10 Jahre in Karlsruhe, ehe er am 31. Mai 1962 in den Ruhestand ging.

Als Fritz Lindenmaier[91] am 23. Oktober 1950 im Alter von 69 Jahren zum Bundesrichter ernannt wurde, da wusste er bereits, dass er ab sofort unter seinem ehemaligen Beisitzer aus dem I. Zivilsenats des Reichsgerichts arbeiten musste. Er, der von 1937 bis 1945 Vorsitzender des I. Zivilsenats[92] war, musste sich nun damit abfinden, dass Weinkauff dem I. Zivilsenat des Bundesgerichtshofes vorstand.

Lindenmaier war vor 1945 nicht nur Mitglied der NSDAP. Nachdem am 10. Mai 1933 der Vorstand des Richtervereins beim Reichsgericht zurückgetreten war, und zwar auf Druck der Nationalsozialisten, ließ er sich in den neuen Vorstand wählen. Er und die übrigen Mitglieder des neuen Vorstandes sorgten sodann dafür, dass der Richterverein beim Reichsgericht einstimmig Ende Mai seinen Beitritt zum Bund Nationalsozialistischer Deutscher Juristen (BNSDJ) erklärte.[93] Lindenmaier, den ein Teil seiner Kollegen als "eine völlig unpolitische Natur" charakterisierte, der "kaum etwas anderes als seine Arbeit und die von ihm so sehr geliebte Juristerei"[94] kenne, wurde demgegenüber von einem anderen Kollegen, nämlich vom ehemaligen Reichsanwalt Kirchner, als Nationalsozialist bezeichnet.[95] Ob Lindenmaier jemals von der Behauptung Kirchners, die dieser 1947 kund getan hatte, Kenntnis erlangte, ist ungeklärt geblieben.

Lindenmaiers Vergangenheit interessierte Weinkauff nicht, der diesen als einen "der führenden Köpfe auf dem Gebiete des gewerblichen Rechtsschutzes im Allgemeinen und des Patentrechts im Besonderen" in ganz Deutschland bezeichnete. Da der I. Zivilsenat – so Weinkauff in seiner Laudatio weiter – bei der Eröffnung des Bundesgerichtshofes "mit fast lauter neuen Kräften beginnen musste", "wäre sein Aufbau ohne die [...] Mitwirkung und Leitung" Lindenmaiers "schlechthin undenkbar gewesen".[96] In der Tat musste sich Weinkauff vorwiegend um die Organisation des Bundesgerichtshofes kümmern, so dass er seine Funktion als Vorsitzender des I. Zivilsenats während der ersten Jahre de facto nicht ausüben konnte.

Lindenmaier, der am 31. Dezember 1953 in den Ruhestand ging, ist der juristischen Nachwelt durch das Nachschlagewerk "Lindenmaier/ Möhring"[97] in Erinnerung geblieben, das er zusammen mit Rechtsanwalt Möhring aufbaute. Doch sein Ruf war nicht unumstritten, als er noch in Karlsruhe tätig war. Im Bundesministerium der Justiz störte man sich an seiner umfangreichen lukrativen Nebentätigkeit; er war nämlich ein gesuchter Schiedsrichter. Am 14. April 1951 lehnte Bundesjustizminister Dehler eine von ihm beantragte Nebentätigkeit angesichts "der starken Geschäftslast" ab. Und derartige Verfügungen des Ministeriums wiederholten sich fortan, obwohl sich Weinkauff für seinen ehemaligen "Chef" stark machte: Lindenmaier beherrsche "den Rechtsstoff des I. Zivilsenats [...] in einem solchen Maße" und sei "von einer solchen Arbeitskraft, dass ihn die gelegentliche Übernahme eines Schiedsrichteramtes in seiner dienstlichen Tätigkeit in keiner Weise zu beeinträchtigen"[98] vermöge. So großzügig zeigte sich Weinkauff in der Regel nicht, wenn andere Bundesrichter Schiedsrichteraufträge annehmen wollten.

Welches Schicksal der ehemalige Reichsgerichtsrat Martin Heidenhain[99] vor 1945 erlitt, ist schon berichtet worden.[100] Er war ein enger Kollege von Lindenmaier und Weinkauff, mit denen er im I. Zivilsenat des Reichsgerichts zusammen gearbeitet hatte. Folgerichtig war es daher, dass Weinkauff ihn für eine Tätigkeit am Bundesgerichtshof gewann. Im Alter von knapp 70 Jahren wurde Heidenhain am 2. Oktober 1950 Bundesrichter und wurde natürlich dem I. Zivilsenat zugeteilt. Am 31. Dezember 1952 ging er in den Ruhestand.

Als Richard Neumann[101], Jahrgang 1878, im Alter von fast 72 Jahren am 25. November 1950 Senatspräsident wurde, da drängte sich angesichts seines sehr hohen Alters die Frage auf, ob seine Ernennung denn noch Sinn machen würde. Doch in der Jüdischen Gemeinde in Berlin hatte er eine Befürworterin. Diese hatte sich bei Dehler, ohne den Namen Neumanns ausdrücklich zu nennen, für ihn eingesetzt.[102] Er übernahm zunächst den Vorsitz des 3. Strafsenats und sodann den des 5. (Berliner Senat).

Im Richterwahlausschuss – folgt man den Darlegungen von Bundesjustizminister Dehler – war Neumanns Wahl nicht unumstritten. Das Ausschussmitglied Otto Greve (SPD), der Berichterstatter in dieser Sache war, hatte Bedenken geltend gemacht. Diese teilte Dehler in einem Schreiben vom 3. Februar 1951 den Mitgliedern des Richterwahlausschusses mit: Neumanns Ehefrau habe "in Auschwitz eine ,Sonderbehandlung' erfahren".[103] Aus Neumanns Personalakte ergebe sich "nach einem nicht sehr glaubwürdigen Vermerk"[104], dass dessen Ehefrau in Auschwitz angesichts der "Sonderbehandlung" nicht ermordet worden sei, sondern vielmehr überlebt habe. Dieser Umstand erregte offensichtlich Greves Argwohn, der sich gegen Neumanns Wahl aussprach.

Aus Neumanns Personalakten, die erst nach 1945 neu angelegt worden waren, konnten die Mitglieder des Richterwahlausschusses und somit auch Greve nur entnehmen, dass die Nationalsozialisten ihn als "Volljuden" ansahen und in das Konzentrationslager Theresienstadt verschleppt hatten. Neumann überlebte jedoch. Dass er als "Volljude" erst 1944 deportiert wurde, wird Greves Argwohn noch verstärkt haben. Doch über welche Erkenntnisse konnte Greve noch verfügt haben? Aus Neumanns Personalakten ergab sich nur, dass er von 1921 bis 1935 Reichsanwalt war. 1935 wurde er in den Wartestand und zum 1. Januar 1936 in den Ruhestand versetzt, also im Alter von nur 58 Jahren. Seine Personalakten, die seinen beruflichen Werdegang vor 1945 wiedergaben, lagerten 1950 noch im Zentralarchiv der DDR. Sie dienten dem DDR-Rechtsanwalt und Rechtshistoriker Friedrich Kaul zur Erstellung seiner Abhandlung "Geschichte des Reichsgerichts", die erst 1971 erschien. Und Kaul berichtete erstmalig Einzelheiten über Neumanns Leben vor 1945.[105] Seit 1990 ist Neumanns alte Personalakte nunmehr im Bundesarchiv Berlin einsehbar. Aus ihr und aus in den 80er Jahren erschienenen Veröffentlichungen kann Neumanns Berufsweg nunmehr nachgezeichnet werden.

Neumann, der keiner Partei angehörte, war während der Weimarer Republik kein Unbekannter. Die Linkspresse und insbesondere kommunistische Reichstagsabgeordnete kritisierten ihn heftigst[106] wegen seiner hartnäckigen Ermittlungen gegen Kommunisten und wegen seines nur laxen Vorgehens bei Fememorden.[107] Daraufhin ließ der preußische Justizminister, Hermann Schmidt, Ermittlungen über Neumann einholen. Schmidt, der dem linken Flügel des Zentrums nahe stand, betrieb als Justizminister (1927 – 1933) "eine gezielte Personalpolitik im demokratischen Sinne".[108] Daher interessierte er sich auch für die gegen Neumann erhobenen Vorwürfe, obwohl dieser im Reichsdienst stand. Und Schmidt verfügte über einen verlässlichen Informanten, den Präsident des Oberlandesgerichts Königsberg, Krüger, der zuvor Reichsgerichtsrat gewesen war.[109] Dieser hatte sich, untypisch für Reichsgerichtsräte, öffentlich zur Deutschen Demokratischen Partei (DDP) bekannt. Krüger kannte natürlich Interna aus dem Reichsgericht und aus der Reichsanwaltschaft. Und was er über Neumann zu berichten hatte, war für diesen nicht gerade schmeichelhaft: Die Rechtsprechung des Reichsgerichts in Kommunistensachen habe zu Recht Anstoß erregt. Wesentlich treffe die Verantwortung aber auch die Reichsanwaltschaft – insbesondere Reichsanwalt Neumann –, die die Kommunisten weitgehend verfolge, während sie sich gegenüber den Rechtsverbänden größere Zurückhaltung auferlege.[110]

Neumann galt u. a. als Repräsentant der Vertrauenskrise der Weimarer Justiz.[111] Dessen einseitige Ermittlungen damit zu rechtfertigen, so Friedrich Scholz – ehemals Vorsitzender Richter am Kammergericht –, Neumann sei ein "engagierter ,Deutschnationaler'" gewesen, der "die sog. Kommunistenprozesse zu dem von der Weimarer Regierung erwarteten Ende gebracht"[112] habe, kann nur als apologetisch bezeichnet werden.

Es überrascht nicht, dass die Nationalsozialisten nach der Machtergreifung Neumann als sog. Schutzjuden[113] behandelten und ihn, obwohl "Volljude" , nicht sofort aus dem Dienst entfernten. Noch am 25. August 1934 legte er den Eid auf Hitler ab[114] und war grundsätzlich bereit, weiter als Reichsanwalt Dienst zu tun.[115] Doch durch "Erlass des Führers und Reichskanzlers" vom 9. Mai 1935 wurde er "mit Gewährung des gesetzlichen Wartegeldes in den Ruhestand"[116] versetzt. Es ist also falsch, wenn behauptet wird, die Nationalsozialisten hätten Neumann "zunächst gern behalten", er habe "aber eine weitere Beschäftigung"[117] abgelehnt. Wie sehr die neuen Machthaber sein Wirken in der Vergangenheit schätzten, brachte Oberreichsanwalt Werner, selbst überzeugter Nationalsozialist und langjähriger Kollege Neumanns, zum Ausdruck: "Zu Ihrem Ausscheiden aus dem Amte ist es mir ein Bedürfnis, Ihnen für die ausgezeichneten Dienste, die Sie der Reichsanwaltschaft in aufopfernder Hingabe während über 15 Jahren geleistet haben, meinen aufrichtigsten und herzlichsten Dank auszusprechen."[118]

Neumann hatte das Glück, bis 1944 zunächst unbehelligt in Leipzig leben zu können, ehe er "ersucht" wurde, "nach Theresienstadt überzusiedeln", wo ihm "eine Behausung zu alleiniger Benutzung zur Verfügung"[119] gestellt wurde.

Dass Greve[120] 1950 all diese Einzelheiten über Neumanns Werdegang kannte, scheint ausgeschlossen zu sein. Zu vermuten steht, dass ihm vage Hinweise über "Reichsanwalt Neumann" bekannt waren, zumal dieser nicht nur gegen Kommunisten, sondern auch einseitig gegen Sozialdemokraten ermittelt hatte. Da Greve aber offensichtlich keine konkreten und damit verwertbaren Tatsachen in der Hand hatte, die er gegen Neumanns Wahl ins Feld hätte führen können, instrumentalisierte er die "Sonderbehandlung" von Neumanns Ehefrau für seine ablehnende Haltung.

Wie bereits dargelegt worden ist, kam nicht nur Neumann von der Reichsanwaltschaft. Auch die Senatspräsidenten Richter[121] und Hörchner[122] sowie der Bundesrichter Kirchner[123] entstammten dieser Behörde.

Wenn personelle Kontinuitäten zwischen dem Reichsgericht bzw. der Reichsanwaltschaft und dem Bundesgerichtshof in Rede stehen, dann können die ehemaligen Rechtsanwälte beim Reichsgericht gleichwohl nicht außer Betracht bleiben. Es waren zwei Rechtsanwälte, die vor 1945 beim Reichsgericht zugelassen waren und die in der Aufbauphase des Bundesgerichtshofes zu Bundesrichtern gewählt und ernannt wurden: Hans Drost[124] und Georg Benkard.[125] Die Art und Weise ihrer Berufungen zum Bundesgerichtshof ist schon deshalb von Interesse, weil ein Beziehungsgeflecht für ihre Berufungen von erheblicher Bedeutung war.

Schaltstelle des hier in Frage stehenden Beziehungsgeflechts war Georg Petersen[126], der von 1929 bis 1945 Rechtsanwalt beim Reichsgericht war und der nach der Kapitulation Vortragender Rat im Zentraljustizamt für die Britische Zone wurde. Er war kein Mitglied der NSDAP, so- dass er nach 1945 eine neue Karriere ohne Schwierigkeiten machen konnte. Dehler berief ihn ins Bundesjustizministerium, wo er als Ministerialdirektor die Abteilung I (Bürgerliches Recht) übernahm. Petersen war ein Mann, der restaurativ dachte. Sein Beitrag in der Festschrift zur Eröffnung des Bundesgerichtshofes "Die Tradition des Reichsgerichts" verdeutlicht seine Geisteshaltung. Er hatte keine Bedenken, ohne kritische Distanz die These aufzustellen, "dass die Rechtsprechung des Reichsgerichts in Zivil- und Strafsachen die wichtigste Grundlage für die Arbeit des Bundesgerichtshofs bilden"[127] werde. Dieses Ziel konnte natürlich nur mit geeignetem Personal erreicht werden. Daher verband Petersen seine obige These mit einem Wunsch: "Zunächst ist zu hoffen, dass es möglich werden wird, frühere Mitglieder des Reichsgerichts, denen seine Tradition bekannt ist, in den Bundesgerichtshof zu berufen."[128]

Gut bekannt war Petersen mit Drost, der von 1927 bis 1945 ebenfalls Rechtsanwalt beim Reichsgericht war. Drost, der von 1911 bis 1918 der

Freikonservativen Partei angehörte, die die Politik Bismarcks unterstützte,[129] war kein Mitglied der NSDAP. Doch 1934 wurde er "Förderndes Mitglied" der "Allgemeinen SS", eine der fünf Säulen der SS. Die "Allgemeine SS" bestand aus Mitgliedern, "die einem zivilen Beruf nachgingen, die aber durch militärische Ausbildung in der Wehrmacht und sportliche Stählung sich den Gefahren der modernen städtischen Zivilisation entgegenstemmen sollten."[130] Und die "Fördernden Mitglieder" waren u. a. die Geldgeber der "Allgemeinen SS". Ob Petersen mit dafür sorgte, dass Drost am 15. Januar 1951 Bundesrichter werden konnte, muss unbeantwortet bleiben. Jedenfalls schlug ihn das bayerische Staatsministerium der Justiz zum Bundesrichter vor. Bemerkenswert ist nur, dass im diesbezüglichen Vorschlagsbericht, der neben einem kurzen Lebenslauf auch die Beurteilungen enthielt, die Fördernde Mitgliedschaft zur SS (FMSS) nicht vermerkt war.

Kaum war Drost Bundesrichter geworden, da nutzte er seine Verbindungen zu Petersen, um einem "gemeinsamen"[131] Freund zu helfen, dessen Wahl zum Bundesgerichtshof auf "politische Unstimmigkeiten" gestoßen war. Petersen war bereit, den Freund zu unterstützen, riet aber, die erforderliche Diskretion zu beachten: "Wie ich [...] schon telefonisch andeutete, macht es die besonders bei Berufungen von Bundesrichtern bestehende Sachlage notwendig, in Bezug auf die Vorgänge bei der Berufung von Bundesrichtern bis zur Beendigung des Verfahrens die Vorschriften über die Amtsverschwiegenheit sorgfältig zu beachten."[132] Diese sensible Handhabung der Personalie zahlte sich aus. Der gemeinsame Freund, Georg Benkard, wurde am 23. Mai 1951 im Alter von fast 70 Jahren zum Bundesrichter ernannt. Warum waren aber bei seiner Wahl "politische Unstimmigkeiten" aufgetreten?

Lagen diese darin begründet, dass Benkard, der von 1927 bis 1945 Rechtsanwalt am Reichsgericht war und der sich als Kommentator zum Patent- und Gebrauchsmustergesetz einen Namen machte, kein Mitglied der NSDAP war, vielmehr von 1919 bis 1933 der DDP angehörte und damit ein Bekenntnis zur Weimarer Republik abgelegt hatte? Eine Antwort auf diese Frage ist mangels Quellen nicht möglich. Jedenfalls konnten sachliche Gründe gegen Benkard nicht ins Feld geführt werden, zumal Weinkauff ihn aus Leipzig her gut kannte und sich für dessen Berufung zum Bundesgerichtshof einsetzte.[133]

Es bleibt festzustellen, dass die personelle Kontinuität zwischen Leipzig, dem Sitz des Reichsgerichts und der Reichsanwaltschaft, und Karlsruhe 12 Juristen[134] ausmachte. Und durch diese Kontinuität hatte Weinkauff sein Ziel im Sommer 1951 fast erreicht. Nur im III. Zivilsenat fehlte noch ein ehemaliges Mitglied des Reichsgerichts.[135]

Wenn es nach den Plänen des Bundesjustizministeriums gegangen wäre, die Weinkauff als Berater Dehlers ganz offensichtlich mit zu verantworten hatte, dann sollten insgesamt 17 Reichsgerichtsräte und Reichsanwälte zum Bundesgerichtshof berufen werden. Mit Ausnahme Hörchners waren auch die oben erwähnten Juristen auf einer Vorschlagsliste des Ministeriums verzeichnet.[136] Erwähnenswert ist, dass auch Emil Niethammer[137] auf dieser Liste stand. Schon wegen seines Alters, Jahrgang 1869, wäre er für eine Stelle am Bundesgerichtshof überhaupt nicht mehr in Frage gekommen, obwohl er als betagter Mann nach 1945 zeitweilig noch Präsident des Oberlandesgerichts Tübingen war.[138] Doch durch seine Nennung auf der Vorschlagsliste wird deutlich, dass man im Bundesjustizministerium nur auf fachliches Können setzte, die gesellschaftspolitische Einstellung des jeweiligen Bewerbers unberücksichtigt ließ. Niethammer, der als ein "aktiver Gestalter" der nationalsozialistischen Rechtspflege angesehen wird und der meinte, "alle Entscheidungen" des Reichsgerichts seien "auf Menschlichkeit, Wahrheit und Gerechtigkeit ausgerichtet"[139] gewesen, war ein enger Bekannter Weinkauffs, der anlässlich Niethammers Tod einen überschwänglichen Nachruf verfasste: "[...] In Deutschland tritt – im Gegensatz zu manchen anderen Ländern – der Richter, auch der hohe Richter, so gut wie nie aus der Anonymität heraus; das deutsche Volk kennt im Allgemeinen seine Richter nicht. Niethammer hat diesen Rang der Anonymität kraft seiner Persönlichkeit wenigstens teilweise gesprengt; er hätte es darüber hinaus verdient, vom ganzen Volke als Vorbild, als Urbild des Richters gekannt zu sein. [...]"[140]

Wenn die personellen Kontinuitäten unter statistischen Gesichtspunkten betrachtet werden, so ergibt sich folgendes Bild: Das Durchschnittsalter aller 12 Juristen im Zeitpunkt ihres Eintrittes in den Bundesgerichtshof betrug 66 Jahre und 3 Monate, ein schon fast biblisches Alter im Vergleich zur heutigen Altersstruktur in der Justiz. Die durchschnittliche Amtszeit belief sich auf ca. 3 Jahre und 10 Monate. Da Weinkauff die Einarbeitungszeit für einen Richter ohne Revisionserfahrung auf zwei bis drei Jahre veranschlagte,[141] konnten diese personellen Kontinuitäten die neuen Kollegen effektiv einarbeiten. Damit war auch eine inhaltliche Kontinuität zwischen Reichsgericht und Bundesgerichtshof im Sinne Weinkauffs gewährleistet.

Hinsichtlich der personellen Kontinuitäten sind folgende Parteibindungen festzustellen:

In der Weimarer Republik gehörten Heidenhain und Kirchner der Deutschnationalen Volkspartei (DNVP) an, die antidemokratische Ziele verfolgte. Lediglich Richter und Benkard hatten sich zur ersten Demokratie in Deutschland bekannt, indem sie Mitglieder der Deutschen Demokratischen Partei (DDP) wurden. Bemerkenswert ist, dass beide nach 1945 der CDU beitraten, während Weinkauff Mitglied der CSU geworden sein soll.[142] 1 Richter (Lindenmaier) gehörte der Deutschen Volkspartei (DVP) an, war also sog. Vernunftsrepublikaner, "eine Haltung, die in einem Großteil des Bürgertums verbreitet"[143] war. Die übrigen (7) waren vor 1933 parteilos. Von den 12 Juristen waren damit nur 2 Demokraten, wenn man unterstellt, dass ihre Mitgliedschaft zur DDP ihrer wahren Überzeugung entsprach.

Nach 1933 wurden 4 Parteigenossen. Auffallend ist, dass davon 3 Richter waren. Von der Reichsanwaltschaft gehörte lediglich Hörchner der NSDAP an. 9 Juristen waren evangelischen Glaubens, während 3 Katholiken waren. Bemerkenswert ist, dass unter den letzteren ein "Förderndes Mitglied" der "Allgemeinen SS" war (Drost).

Am 1. Weltkrieg nahmen alle 6 Richter sowie Hörchner und Kirchner von der Reichsanwaltschaft teil. Mit Ausnahme von Lersch und Hörchner waren alle Reserveoffiziere. Von diesen war allein Menges als Hauptmann noch Teilnehmer des 2. Weltkrieges. Dass die 12 Genannten aus bürgerlichen Familien kamen, ist nicht überraschend. Allein Lindenmaiers Vater war Schlossermeister, während der von Hertel als Glasmaler tätig war. Die übrigen Haushaltsvorstände waren Beamte, Kaufleute und Akademiker.

4. Der Richterwahlausschuss: Verfassungsauftrag und politischer Konsens

4.1. Die Diskussion im Parlamentarischen Rat: Zur Einigkeit der Demokraten

Dem heutigen Betrachter wird es nicht leicht fallen, sich über die Vielzahl der Ausschüsse und Unterausschüsse des Parlamentarischen Rates sowie deren Zuständigkeiten einen Überblick zu verschaffen. So wurden nicht im "Ausschuss für Verfassungsgerichtshof und Rechtspflege"[144], sondern im "Hauptausschuss" und im "Allgemeinen Redaktionsausschuss".[145] die Weichen für eine zukünftige Richterwahl gestellt. Wie bereits geschildert,[146] waren es Zinn, Strauß und Dehler, die die Fragen der Richterwahl einer Lösung zuführten. Von diesen drei "Machern" ist allein Walter Strauß noch nicht vorgestellt worden.

Strauß (Jahrgang 1900), der als "das graue Muster des korrekten, in der Routine sich verbrauchenden Beamten"[147] galt, war der erste Staatssekretär im Bundesministerium der Justiz. Er, der im Dritten Reich als "Halbjude" mit dem Leben davon kam, war der einzige rassisch Verfolgte unter den auf Bundesebene amtierenden Staatssekretären der ersten Stunde. "Er ist damit, ohne es zu wollen" – so Der Spiegel 1962 – "Aushängeschild der bewältigt-unbewältigten Vergangenheit der Deutschen, zugleich aber, ohne es zu wollen, lebendiges Indiz für den Zwiespalt der Republik: Bonn hat einen Staatssekretär, der die Nürnberger Gesetze kommentierte, aber doch auch einen, der unter ihnen litt."[148] Der Kommentator war Hans Globke[149], der als Ministerialbeamter im Reichsinnenministerium zusammen mit Staatssekretär Stuckart den Kommentar zu den sog. Nürnberger Gesetzen[150] verfasste. Zu diesen "Gesetzen" zählte das bereits erwähnte "Gesetz zum Schutz des deutschen Blutes und der deutschen Ehre."[151] Globke wurde 1949 Ministerialbeamter im Bundeskanzleramt, dessen Amtschef er von 1953 bis 1963 als Staatssekretär war. Er war einer der engsten Mitarbeiter Adenauers.[152] Wenn Der Spiegel 1962 Strauß und Globke als Beispiele einer bundesdeutschen Zwiespältigkeit benannte, dann war diese Charakterisierung zwar zutreffend, doch zugleich oberflächlich. Denn soweit das Funktionieren der bürokratischen und politischen Abläufe in Bonn in Frage stand, arbeiteten beide Spitzenbeamten engstens miteinander zusammen. Strauß als rassisch Verfolgter hatte keine Bedenken, dem ehemaligen NS-Ministerialbeamten hinter dem Rücken seines Ministers (Dehler) Gesetzesentwürfe zukommen zu lassen, die dieser noch nicht einmal abgezeichnet und damit gebilligt hatte.[153]

Strauß, der von 1928 bis 1935 als Ministerialbeamter im Reichswirtschaftsministerium arbeitete, wurde 1935 als sog. Halbjude entlassen.[154] Hiernach schlug er sich als Wirtschaftsberater, als Mitarbeiter in Anwaltskanzleien und schließlich als Rüstungsarbeiter durch. Nach der Kapitulation wurde er Staatssekretär im hessischen Staatsministerium unter Ministerpräsident Karl Geiler und schließlich 1949 Staatssekretär im Bundesministerium der Justiz. Dieses Amt hatte er unter wechselnden Ministern bis 1963 inne.

Dass er mit dieser Vergangenheit eine Justizpolitik verfolgen würde, die auf eine inhaltliche und personelle Neuorientierung im Sinne eines demokratischen Gemeinwesens hinauslaufen würde, hätte an sich außer Frage stehen müssen. Doch sein Handeln war im Sinne dieser Maxime nicht immer konsequent. Wie er dachte und handelte, brachte er an sich am 2. Oktober 1954 in einer Rede zum Ausdruck, die er anlässlich der 75. Wiederkehr des Reichsgerichts-Gründungstages hielt: "Sie (gemeint sind die Bundesrichter) feiern heute nicht den 75. Geburtstag eines vergangenen Gerichts [...], nein, Sie feiern die 75. Wiederkehr des Gründungstages Ihres eigenen Gerichts. Jedenfalls nach der Auffassung derjenigen von uns, die an den [...] Gesetzgebungsarbeiten 1949/1950 beteiligt waren, wurde am 1. Oktober 1950 (Eröffnung des Bundesgerichtshofes) das Reichsgericht wiedereröffnet [...]. Genau so, wie unsere Bundesrepublik keine Neugründung, sondern eine nicht nur historische, sondern unmittelbar rechtliche Fortsetzung des Deutschen Reiches darstellt, [...], so sehen wir den BGH nicht als eine rechtshistorische Fortsetzung des RG an, sondern betrachten ihn als identisch mit dem RG. Die fünf Jahre 1945 bis 1950 bedeuten demgegenüber nur ein tragisches Justitium."[155]

Zinn, Dehler und Strauß waren keine Nationalsozialisten. Ihre Erfahrungen mit einem Unrechtssystem verbanden sie zu einer Schicksalsgemeinschaft, die trotz aller Meinungsunterschiede von dem Bestreben geprägt war, ein demokratisches Gemeinwesen aufzubauen. Ihre kontroversen Standpunkte auch bei der Frage, ob und auf welche Art und Weise ein Richterwahlausschuss im Grundgesetz verankert werden sollte, hatten sich diesem gemeinsamen Ziel unterzuordnen. Dass ein Ergebnis nicht immer leicht zu erreichen war, verdeutlicht die Debatte über die Einrichtung dieser Institution.

Die Diskussion über die Wahl der zukünftigen Bundesrichter im "Ausschuss für Verfassungsgerichtshof und Rechtspflege" und im "Hauptausschuss" war quälend und durch Streitigkeiten im Detail geprägt. Dabei hatte die hessische Landesverfassung bereits Maßstäbe gesetzt, die in Artikel 127 bestimmte: "Über die vorläufige Anstellung und die Berufung (der Richter) auf Lebenszeit entscheidet der Justizminister gemeinsam mit einem Richterwahlausschuss."[156] Von diesem Grundgedanken ausgehend hatten Strauß und Zinn dem "Ausschuss für Verfassungsgerichtshof und Rechtspflege" am 3. November 1948 "Formulierungsvorschläge" unterbreitet, die eine Richterwahl beinhalteten, ohne dass bereits Einzelheiten festgeschrieben waren.[157] Das war ein mutiger Schritt, wussten doch beide, dass auf einer Zusammenkunft der Oberlandesgerichtspräsidenten am 18. Oktober 1948 in Frankfurt am Main, an dem auch der bereits erwähnte Ernst Wolff als Präsident des Obersten Gerichtshofes für die Britische Zone teilgenommen hatte[158], eine "Entschließung" verabschiedet worden war, die zur Richterwahl unzweideutig ausführte: "Die Richter der ordentlichen Gerichtsbarkeit werden auf Lebenszeit ernannt. Ihre Ernennung und Beförderung erfolgt unabhängig von parteipolitischen Gesichtspunkten. Den Weg hierzu sieht eine Mehrheit der Versammlung in einer Wahl der zu ernennenden Richter durch Wahlausschüsse. Die Zusammensetzung der Wahlausschüsse muss die Gewähr dafür bieten, dass parteipolitische Erwägungen bei der Entscheidung ausgeschlossen sind. Der für jeden Oberlandesgerichtsbezirk zu bildende Wahlausschuss wolle demnach bestehen aus dem Oberlandesgerichtspräsidenten als dem Vorsitzenden, zwei vom Parlament gewählten Mitgliedern, die nicht Abgeordnete sein dürfen, zwei vom Landesminister der Justiz bestimmten Mitgliedern, zwei vom Präsidium des Oberlandesgerichts gewählten, planmäßig angestellten Richtern und zwei vom Vorstand der Rechtsanwaltskammer gewählten Rechtsanwälten. [...] Für die Beschlussfassung des Ausschusses ist eine 2/3 Mehrheit erforderlich."[159] Die Oberlandesgerichtspräsidenten sprachen natürlich nur die Richterwahl auf Länderebene an. Allerdings sollten diese Grundsätze auch für die Wahl von Bundesrichtern gelten.

Dass Zinn, der die hessische Landesverfassung und damit auch die darin enthaltene Bestimmung über einen Richterwahlausschuss mit gestaltet hatte, Einwände gegen einen Richterwahlausschuss im oben dargelegten Sinne erhob, kann nicht überraschen: Es komme darauf an, "der Justiz wieder eine gewisse Vertrauensbasis zu schaffen." Dieses Ziel werde nicht dadurch erreicht, dass der Richterwahlausschuss so gestaltet werde, "dass die Richter sich gewissermaßen aus sich selbst erneuern."[160] Hatten Strauß und Zinn sich also vom Grundsatz her auf einen Richterwahlausschuss für die zukünftigen Bundesrichter geeinigt, war Dehler ganz anderer Meinung: Die Bundesrichter sollten "von der Bundesregierung mit Zustimmung des Bundesrats berufen"[161] werden. Er "halte die Festlegung des Grundsatzes, dass Richter gewählt werden sollen, nicht für tragbar." Eine Wahl würde "zu einer völligen Verwischung der Verantwortungen führen." Es sei "Sache der zuständigen Stellen der Exekutive", die Richter zu ernennen. "Die Behördenleiter (gemeint waren die Direktoren bzw. Präsidenten der Gerichte)" müssten "gegenüber dem Parlament die Verantwortung für ihre Entscheidungen in Personalsachen tragen." Durch die Einsetzung eines Richterwahlausschusses "würde diese Verantwortung genommen werden; es würde eine anonyme Verantwortlichkeit geschaffen werden." "Daneben" würde "noch die erhebliche Gefahr" bestehen, "dass die Auswahl von Richtern nach politischen Gesichtspunkten, nicht nach rein fachlichen und charakterlichen Gesichtspunkten" erfolge.[162]

Insoweit war er ganz anderer Meinung als sein Freund Zinn, dessen Ansicht Elisabeth Selbert im Hauptausschuss kundtat: Es müsse "eine Institution" errichtet werden, um die Richter "auf ihre demokratische Zuverlässigkeit zu prüfen." Es solle "geprüft werden, ob (die Richter) die Gewähr dafür bieten, dass sie ihr Amt im Geiste der Demokratie und des sozialen Verständnisses ausüben würden."[163]

Im Parlamentarischen Rat konnte sich Dehler mit seinen Forderungen nicht durchsetzen. Nach quälenden und langwierigen Beratungen gelang es dem "Allgemeinen Redaktionsausschuss", den Zinn, Strauß und Dehler bildeten, eine Einigung über die Richterwahl zu erzielen, die im "Hauptausschuss" am 5. Mai 1949 eine überwältigende Mehrheit fand.[164] Das Grundgesetz nahm der Parlamentarische Rat dann in seiner 10. Sitzung am 8. Mai 1949 mit 53 Ja-Stimmen gegen 12 Nein-Stimmen an. Es trat am 23. Mai 1949 in Kraft.[165] Damit war die Richterwahl verfassungsrechtlich verankert. Nun kam es darauf an, diese Regelung in ein ordentliches Gesetz umzusetzen.

Wie hatte das Grundgesetz die Richterwahl vom Grundsatz her geregelt? Im Folgenden wird zunächst nur auf die Artikel in der Fassung vom 23. Mai 1949 abgestellt. Über die 1968 beschlossene Änderung des Grundgesetzes und des Richterwahlgesetzes wird an späterer Stelle eingegangen werden.

Artikel 95 Abs. 3 des Grundgesetzes bestimmte noch Folgendes: "Über die Berufung der Richter des Obersten Bundesgerichts entscheidet der Bundesjustizminister gemeinsam mit einem Richterwahlausschuss, der aus den Landesjustizministern und einer gleichen Anzahl von Mitgliedern besteht, die vom Bundestage gewählt werden." Wenn insoweit von einem "Obersten Bundesgericht" die Rede war, so sollte dieses Gericht gemäß Artikel 95 Abs. 2 GG in der Fassung vom 23. Mai 1949 in Fällen entscheiden, "deren Entscheidung für die Einheitlichkeit der Rechtsprechung der oberen Bundesgerichte von grundsätzlicher Bedeutung ist." Durch das "Sechzehnte Gesetz zur Änderung des Grundgesetzes" vom 18. Juni 1968[166] nahm man aber von einem "Obersten Gerichtshof" Abstand. Durch Artikel 95 Abs. 3 GG in der heutigen Fassung wurde sodann ein "Gemeinsamer Senat" installiert.

Die Wahl der Richter der oberen Bundesgerichte, wozu der Bundesgerichtshof zählt, wurde in Artikel 96 Abs. 2 GG in der Fassung vom 23. Mai 1949 geregelt: "Auf die Richter der oberen Bundesgerichte findet Artikel 95 Absatz 3 mit der Maßgabe Anwendung, dass an die Stelle des Bundesjustizministers und der Landesjustizminister die für das jeweilige Sachgebiet zuständigen Minister treten."[167]

4.2. Das Richterwahlgesetz vom 25. August 1950

Kaum war das Grundgesetz in Kraft getreten, da musste der Deutsche Bundestag über ein Richterwahlgesetz entscheiden.[168] Sowohl die Regierungsparteien (CDU, CSU, FDP und DP) als auch die Opposition (SPD) legten einen Entwurf eines Richterwahlgesetzes vor. Während die SPD in ihrem Entwurf vom 14. Dezember 1949[169] – und das war der eigentliche Streitpunkt zwischen den Regierungsparteien und der Opposition – forderte, dass "der zuständige Bundesminister und die Mitglieder des Richterwahlausschusses" vorschlagen könnten, "wer zum Bundesrichter berufen ist" (§ 9 Abs. 1 des Entwurfs), forderten die Fraktionen der Regierungsparteien in ihrem Entwurf vom 13. Mai 1950, dass "der zuständige Bundesminister und die Mitglieder kraft Amtes (und dies waren die Landesjustizminister)" Vorschläge "für die Wahl der Bundesminister machen" könnten (§ 13 des Entwurfs).[170]

Die Regierungsparteien wollten also das Vorschlagsrecht in der Exekutive ansiedeln. Und diesen Standpunkt vertrat auch Bundesjustizminister Dehler, wie die Diskussion im Parlamentarischen Rat bereits gezeigt hatte. Seine Ansicht teilte er auch dem Bundeskanzler und seinen Kabinettskollegen mit: Das Vorschlagsrecht müsse bei der Exekutive verbleiben, wodurch er sicher stellen wolle, "den Richterwahlausschuss [...] zu entpolitisieren, den Einfluss der parteipolitisch gebundenen Mitglieder (des Richterwahlausschusses) möglichst zurückzudrängen und die gewählten Richter von einer parteipolitischen Abstempelung freizuhalten."[171] Doch Dehler konnte sich im Kabinett nicht durchsetzen. Der Bundesminister des Inneren, Gustav Heinemann, der nur bis zum 11. Oktober 1950 im Kabinett verbleiben sollte, aus der CDU austrat und später Mitglied der SPD wurde, mit deren Hilfe er 1969 erster sozialdemokratischer Bundespräsident wurde,[172] widersprach Dehler: Er halte den Standpunkt des Bundesjustizministers "für bedenklich und mit demokratischen Grundsätzen nicht vereinbar".[173] Die Reaktion Dehlers war eindeutig: Er erkläre "sich bereit, diese Bestimmung fallen zu lassen."[174]

Zwischenzeitlich hatte der Ausschuss für Rechtswesen und Verfassungsrecht (23. Ausschuss) einen Entwurf eines Richterwahlgesetzes[175] erarbeitet. Dieser basierte auf dem Entwurf der Regierungsparteien und auf dem der SPD. Als am 14. Juli 1950 im Deutschen Bundestag diese Gesetzesvorlage in 2. und 3. Lesung beraten und verabschiedet werden sollte, da zeigte sich, dass die Legislative nicht bereit war, dem zukünftigen Richterwahlgesetz die an sich notwendige Beachtung zukommen zu lassen. Diesen Umstand bedauerte als einziger Georg August Zinn (SPD), der nur für kurze Zeit dem ersten Deutschen Bundestag angehörte: "So bedauerlich es ist, dass dieses Gesetz, das eine weit größere Bedeutung hat, als die Öffentlichkeit vielleicht glaubt annehmen zu können, vor leeren Bänken und mit so geringer Aufmerksamkeit hier im Hause erörtert wird, so sehr begrüßen wir (SPD) es, dass diese Vorlage des Rechtsausschusses zustande gekommen ist, nicht nur, weil es sich, wie ich bereits andeutete, um ein sehr wichtiges Organisationsgesetz handelt, eines der ersten verfassungsergänzenden Gesetze, das nunmehr verabschiedungsreif wird, sondern vor allen Dingen auch deshalb, weil es in diesem Falle möglich gewesen ist, ein solches verfassungsänderndes Gesetz aus der Mitte des Parlaments heraus ohne Regierungsvorlage zu erarbeiten. [...] So groß die Verschiedenheiten in der Auffassung zu sein schienen, wenn man die ursprünglichen Entwürfe betrachtet, so sehr ist es gelungen, hier allgemein befriedigende Lösungen zu finden, und zwar ohne dass schlechte Kompromisse geschlossen worden sind. Es ist hier gelungen, sich gegenseitig zu überzeugen. Ich glaube, sagen zu dürfen, dass das ein erfreuliches Ergebnis der legislativen Vorarbeit innerhalb dieses Parlaments ist."[176]

Den Entwurf des Ausschusses erläuterte dessen Berichterstatter Hans Joachim von Merkatz (DP), indem er die wichtigsten Bestimmungen ansprach. Dabei hob er die konstruktive Arbeit Adolf Arndts (SPD) hervor, der Mitberichterstatter im Ausschuss war.[177] Seine Ausführungen betrafen die Interpretation des Entwurfs (Drucksache 1088); sie waren rein sachlicher Natur. Nur Zinn machte eine Ausnahme, indem er die gesellschaftspolitische Bedeutung des Richterwahlgesetzes hervorhob, wobei er Beifall sowohl von der SPD als auch von der CDU erhielt:

"Ich möchte bei dieser Gelegenheit der sachlichen Bedeutung dieses Gesetzes noch einige Worte widmen. Von Gegnern der Richterwahl ist vielfach behauptet worden, diese führe zu einer Politisierung der Richterschaft im Sinne einer Parteipolitisierung. Ich glaube, dass nichts unrichtiger ist als das. Ich bin der Auffassung und der Überzeugung, dass die Richterwahl, so wie sie das Grundgesetz vorgesehen hat und wie sie nunmehr nach dieser Gesetzesvorlage, wenn sie angenommen wird, durchzuführen wäre, zu dem Gegenteil dessen führt, was jetzt befürchtet worden ist. Sie führt zu einer Entparteipolitisierung der Richter. [...]

Bei der jetzt gefundenen Lösung [...] besteht die Möglichkeit, dass die Fachminister oder der Fachminister auf der einen Seite und der Richterwahlausschuss auf der anderen Seite, die ja gemeinsam über die Berufung zu entscheiden haben, sich gegenseitig an einer einseitigen Parteipolitik bei der Richterberufung hindern. Hinzu kommt, dass durch diese Regelung dem Parlament bei der Berufung der Richterschaft die Möglichkeit der Kontrolle der Exekutive gegeben wird. [...]

Wir betrachten diesen Gesetzesentwurf als einen ersten Schritt, um die Justizkrise zu überwinden. Wir glauben, dass die Richter, die in dieser Weise berufen werden, eine weit größere Vertrauensgrundlage haben als jene, die, wie das früher die Regel war, nur durch die Exekutive ernannt worden sind. Wir hegen bei dieser Gelegenheit die Erwartung, dass diesem Gesetzesentwurf bald auch die Vorlage eines Richtergesetzes nachfolgen möge, das jenem Zustand ein Ende setzen soll, den wir seither hatten [...]. Wir brauchen dieses Richtergesetz, um aus dem deutschen Richter endlich das zu machen, was er sein soll: einen wirklichen Repräsentanten der dritten, der rechtsprechenden Gewalt."[178]

Dass Zinn Recht hatte, als er das geringe Interesse der im Deutschen Bundestag vertretenen Parteien für ein Richterwahlgesetz rügte, wurde insbesondere offenbar, als am 14. Juli 1950 in der 75. Sitzung die Abstimmung in 2. Lesung vonstatten ging. Bundestagspräsident Köhler (CDU) musste nämlich offenbaren, dass die Beschlussunfähigkeit des Deutschen Bundestages "durch die Abstimmung eindeutig festgestellt"[179] worden sei. Köhler blieb nichts anderes übrig, als am 14. Juli 1950 nach einer Pause von 10 Minuten eine neue Sitzung, die 76., einzuberufen, was auch geschah. Und in dieser wurde das zukünftige Richterwahlgesetz in 3. Lesung verabschiedet, und zwar – wie das Protokoll vermerkt – "gegen eine kleine Mehrheit".[180]

Welchen Inhalt hatte das Richterwahlgesetz nun, das aus der Drucksache 1088 hervorgegangen war und das am 25. August 1950[181] in Kraft trat? Die wichtigsten Bestimmungen lauten:

§ 1 Abs. 1 des Gesetzes legt fest, dass die Richter der oberen Bundesgerichte nur durch einen Richterwahlausschuss gemeinsam mit dem zuständigen Bundesminister zu berufen sind. Es war Dehlers Bestreben von Anfang an, nur einen Richterwahlausschuss zu errichten. Er konnte sich trotz vereinzelten Widerstandes im Bundeskabinett durchsetzen, obwohl Finanzminister Schäffer (CSU) und Bundesinnenminister Heinemann für "mehrere Ausschüsse mit fachlicher Zusammensetzung für die jeweiligen Zweige der oberen Gerichtsbarkeit"[182] eintraten. Nach der jeweiligen "Wahl" – im Gesetz hatte man das Verb "berufen" verwendet – bestimmte § 1 Abs. 1 weiter, dass die Richter "vom Bundespräsidenten ernannt" werden.

Wer dem Richterwahlausschuss angehören soll, regelt § 2: "Der Richterwahlausschuss besteht aus den Mitgliedern kraft Amtes und einer gleichen Zahl von Mitgliedern kraft Wahl."

§ 3 Abs. 1 definiert die "Mitglieder kraft Amtes". Es sind dies "die Landesminister, zu deren Geschäftsbereich die diesem oberen Bundesgericht im Instanzenzug untergeordneten Gerichte des Landes gehören." Die Landesjustizminister sind folglich für die Wahl der Richter/Innen am Bundesgerichtshof mit zuständig.

§ 4 Abs. 1 lautet: "Die Mitglieder kraft Wahl müssen zum Bundestag wählbar und im Rechtsleben erfahren sein." Anzumerken bleibt folglich, dass diese Mitglieder nicht notwendig auch Abgeordnete des Deutschen Bundestages sein müssen.

Die Berufung der "Mitglieder kraft Wahl" und ihrer Stellvertreter hat allerdings "der Bundestag nach den Regeln der Verhältniswahl" vorzunehmen (§ 5 Abs. 1).

Der Bundesminister der Justiz hat den Richterwahlausschuss einzuberufen (§ 8 Abs. 1). Hervorzuheben ist, dass der "zuständige Bundesminister oder sein Vertreter in der Bundesregierung" zwar den Vorsitz im Richterwahlausschuss führt, er jedoch "kein Stimmrecht" hat (§ 9 Abs. 1).

Was das Vorschlagsrecht betrifft, worüber schon berichtet worden ist, so regelt § 10 Abs. 1 Folgendes: "Der zuständige Bundesminister und die Mitglieder des Richterwahlausschusses können vorschlagen, wer zum Bundesrichter zu berufen ist." Wie die Richterwahl in formeller Hinsicht zu erfolgen hat, wird in § 10 Abs. 2, 3 bestimmt: "Der zuständige Bundesminister legt dem Richterwahlausschuss die Personalakten der für ein Richteramt Vorgeschlagenen vor (Abs. 1). Zur Vorbereitung der Entscheidung bestellt der Richterwahlausschuss zwei seiner Mitglieder als Berichterstatter (Abs. 2)." Die materiellen Voraussetzungen der Richterwahl sind im § 11 niedergelegt: "Der Richterwahlausschuss prüft, ob der für ein Richteramt Vorgeschlagene die sachlichen und persönlichen Voraussetzungen für dieses Amt besitzt."

§ 12 beinhaltet die Regeln der Abstimmung: "Der Richterwahlausschuss entscheidet in geheimer Abstimmung mit der Mehrheit der abgegebenen Stimmen (Abs. 1). Der Richterwahlausschuss ist beschlussfähig, wenn die Mehrzahl sowohl der Mitglieder kraft Amtes als auch der Mitglieder kraft Wahl anwesend ist (Abs. 2)."

§ 12 Abs. 1 war im Ausschuss für Rechtswesen und Verfassungsrecht nicht unumstritten. Der SPD-Entwurf (Drucksache 327) sah insoweit folgende Regelung vor (§ 8 des Entwurfs): "Der Richterwahlausschuss fasst seine Beschlüsse mit Stimmenmehrheit. Die Abstimmung kann nicht geheim vorgenommen werden." Der Entwurf der Regierungsparteien war demgegenüber mit § 12 Abs. 1 des Richterwahlgesetzes identisch. Im Ausschuss konnten sich also die Regierungsparteien durchsetzen, was im Bundeskanzleramt mit Genugtuung aufgenommen wurde. Denn die von der SPD geforderte offene Abstimmung war in der Regierungszentrale als "schwer wiegender Mangel" angesehen worden.[183]

Die Machtbefugnis, die der Bundesminister der Justiz bei der Wahl von Richtern/Innen des Bundesgerichtshofes hat, kommt in § 13 zum Ausdruck: "Stimmt der zuständige Bundesminister zu, so hat er die Ernennung des Gewählten beim Bundespräsidenten zu beantragen." Dieses Gesetz war nun umzusetzen. Dabei war entscheidend, wer dem Richterwahlausschuss angehörte.

Anzumerken bleibt noch, dass durch das bereits erwähnte "Sechzehnte Gesetz zur Änderung des Grundgesetzes" vom 18. Juni 1968 Art. 96 GG in der Fassung vom 23. Mai 1949 aufgehoben wurde.[184] Dafür erhielt Art. 95 GG folgende Fassung: "Für die Gebiete der ordentlichen, der Verwaltungs-, der Finanz-, der Arbeits- und der Sozialgerichtsbarkeit errichtet der Bund als oberste Gerichtshöfe den Bundesgerichtshof, das Bundesverwaltungsgericht, den Bundesfinanzhof, das Bundesarbeitsgericht und das Bundessozialgericht (Abs. 1). Über die Berufung der Richter dieser Gerichte entscheidet der für das jeweilige Sachgebiet zuständige Bundesminister gemeinsam mit einem Richterwahlausschuss, der aus den für das jeweilige Sachgebiet zuständige Ministern der Länder und einer gleichen Anzahl von Mitgliedern besteht, die vom Bundestag gewählt werden. (Abs. 2)."[185]

Diese Grundgesetzänderung hatte natürlich auch eine Änderung des seit dem 25. August 1950 geltenden Richterwahlgesetzes zur Folge. § 1 des Richterwahlgesetzes lautet seit dem 19. Juni 1968[186] wie folgt: "Die Richter der obersten Gerichtshöfe des Bundes werden von dem zuständigen Bundesminister gemeinsam mit einem Richterwahlausschuss berufen und vom Bundespräsidenten ernannt. (Abs. 1) Bei der Berufung eines Richters an einen obersten Gerichtshof wirkt der für das jeweilige Sachgebiet zuständige Bundesminister mit. (Abs. 2)"

Trotz dieser auf den ersten Blick nur schwer nachzuvollziehenden Bestimmungen sind seit dem 18./19. Juli 1968 im Kern nur folgende Veränderungen auszumachen: Die Begriffe "Oberstes Bundesgericht" und "Obere Bundesgerichte" verloren ihre Bedeutung und wurden durch "oberste Gerichtshöfe" ersetzt. An der eigentlichen Richterwahl änderte sich jedoch nichts.

4.3. Die Mitglieder des ersten Richterwahlausschusses: NS-Täter, Demokraten, NS-Verfolgte

Nach § 2 Richterwahlgesetz besteht der Richterwahlausschuss aus Mitgliedern kraft Amtes, den Landesjustizministern (§ 3 des Gesetzes) und einer gleichen Zahl von Mitgliedern kraft Wahl, die nicht notwendig Abgeordnete des Deutschen Bundestages zu sein brauchen. Von der Anzahl der Länder hing (und hängt) es also ab, wie viele Personen kraft Wahl diesem Gremium angehören können. Als der Deutsche Bundestag am 12. September 1950 über die zukünftigen Mitglieder kraft Wahl abstimmte, da existierten 11 Bundesländer:[187] Schleswig-Holstein, Hamburg, Bremen, Niedersachsen, Nordrhein-Westfalen, Hessen, Rheinland-Pfalz, Bayern, Baden, Würtenberg-Hohenzollern und Würtenberg-Baden.[188] Daher berief der Deutsche Bundestag am 12. September 1950

– "gegen wenige Stimmen" – 11 Personen in den Richterwahlausschuss[189], wobei die wichtigsten hier genannt seien:[190]

Heinrich von Brentano, der im Parlamentarischen Rat durch seine qualifizierte Mitarbeit von sich reden machte.[191] Insbesondere seine konstruktive Zusammenarbeit mit Georg August Zinn trieb die Beratungen im Parlamentarischen Rat voran. Die britische Besatzungsmacht nahm diese Einigkeit der beiden überzeugten und profilierten Demokraten wohlwollend zur Kenntnis. Dabei kam es "nicht selten vor", dass von Brentano, "den Ansichten seiner eigenen Partei entgegengesetzt, in Details mit Zinn konform ging".[192] Von Brentano gehörte der CDU an und war Mitbegründer dieser Partei in Hessen. Er war Rechtsanwalt und Notar und Mitglied des Deutschen Bundestages von 1949 bis zu seinem Tode im Jahre 1964. Von 1955 bis 1961 bekleidete er das Amt des Bundesministers des Auswärtigen.[193]

Wilhelm Laforet (Jahrgang 1877), der vor 1933 der Bayerischen Volkspartei angehörte, konnte während des Dritten Reiches als Professor für Staats- und Verwaltungsrecht nur deshalb im Amt bleiben, weil er "als Fachmann"[194] geschätzt wurde. Zu seinen Doktoranden zählte Willi Geiger, über den noch zu reden sein wird. 1945 zählte er zu den Gründungsmitgliedern der CSU in Unterfranken. Er war Mitglied des Deutschen Bundestages (1949 – 1953). Als Vorsitzender des Ausschusses für Rechtswesen und Verfassungsrecht hatte er maßgeblichen Anteil am Zustandekommen des Richterwahlgesetzes.

Hermann Höpker-Aschoff (FDP) konnte bereits auf einen langen und erfolgreichen politischen Lebensweg zurückblicken, als er 1949 in den Bundestag gewählt wurde.[195] Als Oberlandesgerichtsrat trat er 1921 in die Deutsche Demokratische Partei ein und machte Karriere. Von 1925 bis 1931 war er preußischer Finanzminister. Als Fachmann für Finanzfragen war er im Parlamentarischen Rat, dem er angehörte, eine Autorität. 1951 wurde er erster Präsident des Bundesverfassungsgerichts. 1954 verstarb er im Alter von knapp 71 Jahren.

Joachim von Merkatz[196], der der Deutschen Partei angehörte, die neben der CDU/CSU und der FDP als kleinster Partner das erste Kabinett Adenauer mit trug, trat vehement für eine Beendigung der Entnazifizierung ein. Diese bezeichnete er als "modernes Hexentreiben", als "Missgeburt aus totalitärem Denken und klassenkämpferischer Zielsetzung" und sogar als "heimtückische Waffe".[197] Er forderte die restlose Liquidierung der aus "fremdrechtlicher Quelle"[198] hervorgegangenen Entnazifizierung. Er, der Jurist war, gehörte dem Deutschen Bundestag von 1949 bis 1969 an und war u. a. Bundesminister der Justiz, wobei er im Ministerium wegen seiner "relativ geringen Sachkenntnis"[199] keinen guten Ruf genoss.

Dem ersten Richterwahlausschuss gehörte auch ein Politiker an, der als ehemaliger Justizminister den Aufbau der schleswig-holsteinischen Justiz entscheidend mitgestaltet hatte. Es war Rudolf Katz, der als ehemaliges NS-Opfer wichtige Ämter in der bundesdeutschen Justiz nach 1945 innehatte.[200]

Der Lebensweg von Katz, Jahrgang 1895, ähnelte bis zum Jahre 1933 dem von Weinkauff. Beide nahmen als Kriegsfreiwillige am 1. Weltkrieg teil, wurden zum Leutnant der Reserve ernannt und mit dem EK II ausgezeichnet. Katz, der mehrfach verwundet wurde, nahm sein Jurastudium nach Kriegsende wieder auf. Nachdem er 1920 zum Dr. jur. promoviert hatte, war er als Rechtsanwalt und Notar in Hamburg-Altona erfolgreich.

Obwohl er aus einem strenggläubigen jüdischen Elternhaus stammte – sein Vater war Lehrer und Kantor in der jüdischen Gemeinde Kiel –, entfremdete er sich schon in frühen Jahren weitgehend "von seinem jüdischen Herkunftsmilieu".[201] Neben seinem Beruf engagierte er sich in der Politik. Von 1929 bis 1932 war er Abgeordneter und Fraktionsvorsitzender der SPD in der Stadtverordnetenversammlung von Altona. Diese bürgerliche Karriere fand ihr Ende, als die Nationalsozialisten am 30. Januar 1933 die Macht ergriffen. Anfang 1933 musste er mit seiner Familie Deutschland verlassen, weil seine Verhaftung unmittelbar bevorstand.

Seine Flucht führte ihn über China in die USA, wo er 1941 die amerikanische Staatsbürgerschaft erwarb. Seinen Lebensunterhalt verdiente er dort als Redakteur einer Zeitung. 1946 kam er als Delegierter der amerikanischen Gewerkschaften nach Deutschland, um den deutschen Gewerkschaften bei deren Wiederaufbau behilflich zu sein. Doch Katz, der kurz entschlossen in Deutschland blieb, hatte andere Ziele. Er wollte an einem demokratischen Aufbau Deutschlands mitarbeiten.

Am 1. Dezember 1947 berief ihn der schleswig-holsteinische Ministerpräsident Hermann Lüdemann als Justizminister in sein Kabinett, das von einer absoluten Mehrheit der SPD im Kieler Landtag getragen wurde.

Katz blieb bis zum 5. September 1950 in dieser Funktion. Von seinem Lebenslauf her hätte man vermuten dürfen, dass er eine Personalpolitik nicht nur im Justizministerium selbst, sondern insbesondere in der Justiz betreiben würde, die ehemaligen NS-Staatsanwälten und NS-Richtern eine Rückkehr in ihre alten Stellungen verwehrt hätte. Doch derartige Hoffnungen enttäuschte Katz; seine Personalpolitik trug ganz wesentlich mit dazu bei, dass sich ehemalige NS-Juristen in der schleswig-holsteinischen Justiz "geradezu tummelten".[202]

Einem NS-Standartenführer (Oberst) aus dem Hauptamt SS-Gericht erleichterte er die Wiedereinstellung in die ordentliche Justiz.[203] Dem Antisemiten Sievert Lorenzen, der im Auftrage der Parteikanzlei über die Prozesse, die wegen des gescheiterten Umsturzversuches am 20. Juli 1944 vor dem Volksgerichtshof stattfanden, in menschenverachtender Weise berichtete – den Angeklagten Graf Helmuth von Moltke bezeichnete er als "ein ungewöhnliches Charakterschwein" –, gab Katz wieder eine Chance. Lorenzen wurde als Gerichtsassessor eingestellt und ging als Oberlandesgerichtsrat in Pension.[204] Und schließlich hatte Katz keine Bedenken, bei den von ihm verantworteten Einstellungen das berufliche Vorleben des jeweiligen Bewerbers unberücksichtigt zu lassen. Die Zugehörigkeit zu einem Sondergericht oder gar zum Volksgerichtshof war grundsätzlich kein Einstellungshindernis. Und auch einen Bericht des schleswig-holsteinischen Generalstaatsanwalts Karl Mannzen, der 1954 noch Richter am Bundesgerichtshof werden sollte, über die vom Sondergericht Kiel gefällten Todesurteile billigte Katz. Im Bericht behauptete der Generalstaatsanwalt, dass diese Verfahren mit "peinlichster Sorgfalt" verhandelt und dass die diesbezüglichen Ermittlungen "mit ruhiger Objektivität" geführt worden seien.[205]

Während seiner Ministerzeit in Schleswig-Holstein war Katz auch Mitglied des Parlamentarischen Rates; als stellvertretender Vorsitzender des Organisationsausschusses spielte er eine bedeutende Rolle bei den Beratungen des Grundgesetzes. Er wurde "zu den vielversprechenden SPD-Mitgliedern"[206] gezählt. Katz wurde 1951 Vizepräsident des Bundesverfassungsgerichts; er verstarb 1961 im 66. Lebensjahr.

Warum Remigranten wie Katz so "unbefangen und voller Tatendrang an den Wiederaufbau"[207] gingen, kann nur ansatzweise beantwortet werden. Wurde diese Einstellung dadurch begünstigt, dass Katz – wie andere Remigranten auch – so wenig über Hitlerdeutschland wusste, so dass sie "nach dem Krieg die Zeit des Nationalsozialismus einfach überbrückten und vermeintlich dort wieder anknüpften, wo sie 1933 unterbrochen worden waren?"[208] Bei Bejahung dieser Frage wird dann auch plausibel, warum sie mit ehemaligen NS-Funktionsträgern zusammen arbeiteten, als sei nichts geschehen. Die Remigranten eröffneten damit den ehemaligen NS-Eliten wieder eine Karrierechance. Diese Symbiose zwischen NS-Opfern und NS-Tätern setzte allerdings die strikte "Ausklammerung der Vergangenheit"[209] voraus, indem auch die Schuld der NS-Täter nach Möglichkeit tabuisiert wurde.

Von den 11 Mitgliedern kraft Wahl stellte die CDU/CSU 5.[210] Davon waren 3 Mitglieder des Deutschen Bundestages.[211] Zusammen mit Höpker-Aschoff und von Merkatz hatten die Regierungsparteien damit die Mehrheit im Ausschuss, in dem "mit der Mehrheit der abgegebenen Stimmen" entschieden wurde. Der SPD gehörten 4 Politiker an[212], wovon allein Katz kein Mitglied des Deutschen Bundestages war.

Von den 11 Landesjustizministern, die 1950 kraft Amtes dem Richterwahlausschuss angehörten, ist allein der rechtskonservative Politiker Hans-Adolf Asbach, Mitglied des BHE[213], erwähnenswert. Als NS-Täter passte er so gar nicht in diesen Ausschuss, der doch eine demokratische Justiz etablieren sollte.[214]

Der Volljurist Asbach, der am 30. Mai 1932 bereits der NSDAP beitrat, wechselte 1941 freiwillig in die Regierung des sog. Generalgouvernements.[215] Bis Februar 1943 war er dort Kreishauptmann (Leiter der zivilen Verwaltung) in verschiedenen polnischen Kreisen, so auch im Kreis Brzezany. Zumindest bis Ende Juni 1942[216] bereitete er in dieser Funktion die "Endlösung" – die systematisch und industriemäßig durchgeführte Ermordung der Juden – mit vor.[217]

Anfang der 60er Jahre wurde Asbach mit seiner Vergangenheit konfrontiert, da er verdächtigt wurde, "in sieben Fällen zum Teil gemeinschaftlich mit [...] anderen Tätern handelnd, insgesamt wenigstens 3.148 Juden und Polen aus niedrigen Beweggründen, nämlich aus Rassenhass, teilweise auch heimtückisch oder grausam getötet zu haben." Dieser Mordvorwurf war zunächst Gegenstand eines sog. Vorermittlungsverfahrens bei der ehemaligen Zentralen Stelle der Landesjustizverwaltungen zur Aufklärung nationalsozialistischer Verbrechen in Ludwigsburg. Im Februar 1964 wurde das Verfahren von dort an die schleswig-holsteinische Staatsanwaltschaft abgegeben, die nach über einem Jahrzehnt, im November 1975, beim Landgericht Lübeck den aus juristischen Gründen nicht nachvollziehbaren Antrag stellte, Asbach außer Verfolgung zu setzten, was auch prompt erfolgte.[218]

Die Ermittlungsbehörden hatten u. a. folgenden Sachverhalt ermittelt, durch den Asbach aufs schwerste belastet wurde: Einen Tag vor Jom Kipur, am 1. Oktober 1941, ließ er in seiner Eigenschaft als Kreishauptmann den Befehl zur Versammlung aller erwachsenen Juden im Alter bis zu 60 Jahren in Brzezany geben. Von den etwa 4.000 bis 5.000 erschienenen Personen brachte die Sicherheitspolizei mit Unterstützung ukrainischer Hilfskräfte etwa 500 Juden ins örtliche Gefängnis. Am nächsten Morgen wurden die inhaftierten Juden in einem etwa 4 Kilometer von Brzezany entfernten Wald erschossen. Asbach hatte sich im Rahmen dieses mörderischen Geschehens noch auf perfide Art zu bereichern gewusst. Vom örtlichen Judenrat verlangte er für die Freilassung der verhafteten Juden Gold (fünf Kilogramm, wobei er sich auch mit drei Kilogramm zufrieden geben wollte), das er auch erhielt, ohne aber die im Gefängnis sitzenden Juden freizulassen.[219]

Dass diese Vergangenheit von Asbach in allen Einzelheiten bereits Anfang der 50er Jahre in politischen Kreisen sowohl in Schleswig-Holstein als auch in Bonn bekannt war, muss bezweifelt werden, zumal das oben dargestellte Ermittlungsergebnis erst in den 60er Jahren feststand. Allerdings wird die Tatsache, dass Asbach Kreishauptmann im sog. Generalgouvernement war, Gesprächsthema gewesen sein, wobei eine kritische Diskussion über die Funktion eines Kreishauptmannes geflissentlich nicht stattfand.

Asbach war zwar von 1950 bis 1957 Minister für Arbeit, Soziales und Vertriebene in Schleswig-Holstein. In den Jahren 1950 bis 1953 war er auch Stellvertreter des schleswig-holsteinischen Justizministers.[220] In dieser Funktion war er damit auch Mitglied des Richterwahlausschusses kraft Amtes, wenn der amtierende Justizminister verhindert war. In der Tat nahm Asbach an den Sitzungen des Richterwahlausschusses im oben genannten Zeitraum teil und beeinflusste damit die Wahl; er bestimmte also mit, wer zum Bundesgerichtshof[221] berufen wurde.[222]

4.4. Interna aus dem Richterwahlausschuss: Arbeitsalltag und Parteiquerelen

Wie schon bei der Besetzung des Reichsgerichts[223] werden auch beim Bundesgerichtshof die Richterstellen auf die einzelnen Länder nach einer bestimmten Quote verteilt. Dabei ist vorrangig die Größe des jeweiligen Landes ausschlaggebend. So besaßen 1951 Bayern und Nordrhein-Westfalen einen Anteil von 12 bzw. 17 Richterstellen, während Bremen nur eine Quote von 1 Richter innehatte. Diese Aufteilung war und ist natürlich auch von den Planstellen am Bundesgerichtshof und von der Anzahl der Bundesländer abhängig.[224] Diese Handhabung, die nicht nur den Bundesgerichtshof betrifft, sondern auch die anderen Bundesgerichte, beruht letztlich auf Artikel 36 Abs. 1 Satz 1 Grundgesetz, wonach bei den obersten Bundesbehörden "Beamte aus allen Ländern in angemessenem Verhältnis zu verwenden" sind.

Nach § 10 Abs. 2 Richterwahlgesetz legt – soweit der Bundesgerichtshof zur Diskussion steht – der Bundesjustizminister dem Richterwahlausschuss "die Personalakten der für ein Richteramt Vorgeschlagenen vor". § 10 Abs. 3 bestimmt sodann, dass der Richterwahlausschuss zur Vorbereitung der Entscheidung "zwei seiner Mitglieder als Berichterstatter" bestellt. In der Praxis wurde in dem hier in Rede stehenden Zeitraum (1950 – 1953) diese Bestimmung wie folgt umgesetzt: Hatte z. B. ein Landesjustizminister einen Vorschlag unterbreitet, dann wurde er auch zum 1. Berichterstatter bestellt, während der 2. Berichterstatter aus den Reihen der übrigen Mitglieder des Richterwahlausschusses kam.

Die konstituierende Sitzung des Richterwahlausschusses fand am 13. September 1950 statt, in der bereits eine Liste – das Bundesjustizministerium hatte die Vorarbeiten in aller Eile erledigt – über die in Aussicht genommenen Bundesrichter/Innen mit dem jeweiligen 1. und 2. Berichterstatter vorlag.[225] Hiernach konnte der Richterwahlausschuss zum ersten Mal am 29. September 1950 tagen und wählte Weinkauff zum Präsidenten, Erich Pritsch und Hans Richter zu Senatspräsidenten und Walther Ascher, Richard Busch, Friedrich-Wilhelm Geier, Karl Heck, Martin Heidenhain, Werner Hülle, Alexander von Normann, Richard Karl Selowsky, Wolfhart Werner und Günther Wilde zu Bundesrichtern sowie Elisabeth Krumme zur Bundesrichterin.[226]

Bei den am 29. September 1950 gewählten Bundesrichtern fällt auf, dass vier (Pritsch, Geier, Werner und Wilde) bereits beim Deutschen Obersten Gerichtshof für die Britische Zone[227] (OGHZ) gearbeitet hatten. Dieser war als Revisionsgerichtshof für die britische Zone errichtet worden. Seine Mitglieder durften weder der NSDAP noch einer ihrer Gliederungen angehört haben. Womöglich war dies der Grund, dass auch nach dem 29. September 1950 weitere Angehörige dieses Gerichtshofs zu Richtern am Bundesgerichtshof ernannt wurden. Insgesamt waren es zehn ehemalige Mitglieder des OGHZ, die ihre Karriere am Bundesgerichtshof fortsetzten; von diesen brachten es immerhin sieben zu Senatspräsidenten.[228]

Diese Berufungspolitik des Richterwahlausschusses fand nicht immer das Wohlwollen des Präsidenten des Bundesgerichtshofes, wie die nachfolgende Personalie deutlich macht. Fritz von Werner[229], dessen Vater es im kaiserlichen Heer zum Generalleutnant gebracht hatte, strebte keine militärische Laufbahn an. Der 1. Weltkrieg, an dem er von Beginn an als Freiwilliger, zuletzt im Range eines Leutnants, teilnahm, verzögerte allerdings sein berufliches Fortkommen, so dass er erst 1922 im Alter von 30 Jahren sein Assessorexamen ablegen konnte. Sein gutes Examen ermöglichte ihm den Eintritt in eine der renommiertesten Anwaltspraxen Berlins, die von den Brüdern Ernst und Bernhard Wolff betrieben wurde. Über Ernst Wolff, dem späteren Präsidenten des OGHZ, ist schon berichtet worden.[230] Sein Bruder Bernhard musste wie er nach der Machtergreifung Deutschland verlassen; nach der Kapitulation kehrte auch er nach Deutschland zurück und wurde 1951 Bundesverfassungsrichter.[231] Dass in dieser Praxis nur qualifizierte Juristen Eingang fanden, verstand sich von selbst. Auch bei Referendaren, die hier ihre Anwaltsstation absolvieren wollten, war man wählerisch. Auch der bereits erwähnte erste Staatssekretär im Bundesjustizministerium, Walter Strauß, hatte das Glück, als Referendar in der Sozietät Wolff seine Station ableisten zu können. Und hier traf Strauß auf von Werner, der gerade Rechtsanwalt geworden war. Diese Bekanntschaft sollte sich nach 1945 für von Werner noch als nützlich erweisen.

Von Werner, der als Major der Reserve am 2. Weltkrieg ebenfalls teilgenommen hatte, konnte nach der Kapitulation Karriere machen. Seine guten juristischen Kenntnisse und die Tatsache, dass er der NSDAP nicht beigetreten war, beförderten sein berufliches Fortkommen. Dass er 1949 Richter beim OGHZ wurde, war keine Überraschung, war doch sein ehemaliger Seniorsozius, Ernst Wolff, Präsident dieses Gerichts geworden. Und nachdem der Bundesgerichtshof gegründet worden war, drängte sich geradezu die Frage auf, ob nicht von Werner Mitglied dieses Gerichts werden könnte.

Doch so einfach lief seine Wahl zum Bundesrichter nicht ab. Sowohl der "Kronjurist" der SPD, Adolf Arndt, der stellvertretendes Mitglied des

Richterwahlausschusses war, setzte sich für von Werners Wahl ein[232], als auch Präsident Wolff. Schließlich bekam dieser auch aus dem Bundesjustizministerium Schützenhilfe. In dessen Vorschlagsbericht, der die Einschätzung des Ministeriums über den zu Wählenden enthielt und der den Mitgliedern des Richterwahlausschusses stets zugeleitet wurde, hieß es: "Für den Bundesgerichtshof wird ein Richter mit besonderen Erfahrungen auf dem Gebiet des Landwirtschaftsrechts [...] schwerlich entbehrt werden."[233] Diese Formulierung zielte offensichtlich auf von Werners Tätigkeit am OHGZ ab, wo er vorrangig Landwirtschaftssachen bearbeitet hatte. Hinter den Kulissen hatte sich Staatssekretär Strauß für von Werners Wahl zum Bunderichter eingesetzt.[234]

Doch der Präsident des Bundesgerichtshofes wollte von Werners Berufung nach Möglichkeit verhindern. Diskret erkundigte er sich beim Vorsitzenden des II. Zivilsenats des OGHZ, Erich Pritsch, der ja einer der ersten Senatspräsidenten am Bundesgerichtshof wurde, über von Werner. Von Werner war Mitglied dieses Senats. Doch auch Pritsch bezeichnete von Werner als "einen ausgezeichneten Juristen mit sehr gutem Judiz".[235] An der Qualifikation von Werners konnte Weinkauff damit nichts aussetzen. So versuchte er sein Glück bei Oberregierungsrat Winners, der Personalreferent im Bundesjustizministerium (Angelegenheiten der Bundesgerichte) war. Seine Vorbehalte gegen von Werner verlagerte Weinkauff nunmehr auf dessen bisheriges Tätigkeitsfeld beim OGHZ. Er ließ Winners wissen, dass der Bundesgerichtshof einen Zivilisten suche, der für den III. Zivilsenat bestimmt sei.

Weinkauff machte denn auch gleich konkrete Personalvorschläge. Er würde es begrüßen, wenn die ehemaligen Reichsgerichtsräte Wilhelm Bechmann[236] und Johannes Deneke[237] zu Bundesrichtern ernannt werden würden.[238]

Beide ehemaligen Reichsgerichtsräte hatten nahezu den gleichen Werdegang aufzuweisen. Als Frontkämpfer des 1. Weltkrieges, zuletzt im Range eines Oberleutnants der Reserve, erlebten sie das Grauen des Krieges von Beginn an mit, nachdem sie beide 1913 das Assessorexamen mit gutem Erfolg bestanden hatten. Als sie 1918 mit dem EK II und I wieder in das Zivilleben zurückkehrten, machten sie als Richter Karriere.

Nach der Machtergreifung trat Bechmann am 1. Mai 1933 der NSDAP bei, während Deneke erst am 1. April 1941 Parteimitglied wurde, obwohl er zu diesem Zeitpunkt bereits Reichsgerichtsrat war und eine weitere Karriere sich für ihn nicht abzeichnete. Nachdem beide 1938 als Hilfsrichter am Reichsgericht erfolgreich gearbeitet hatten, wurde Bechmann 1938 und Deneke 1939 Reichsgerichtsrat und Mitglied des III. Zivilsenats. Bis zur Kapitulation waren sie am Reichsgericht tätig.[239]

Als sich Weinkauff 1951 für beide bei Winners stark machte, da war Bechmann 64 und Deneke 67 Jahre alt; sie waren also noch jung genug für eine zweite Karriere. Doch der Intervention Weinkauffs war kein Erfolg beschieden. Der Einfluss von Strauß und Wolff scheint größer gewesen zu sein. Von Werner wurde am 14. November 1951 Bundesrichter; 1960, nach Erreichen der Altersgrenze, ging er in den Ruhestand. Er war über neun Jahre Mitglied des Bundesgerichtshofes.

Auch eine andere Personalie belegt, dass Wolff gewillt war, "seine" Richter beim Bundesgerichtshof unterzubringen, auch wenn er selbst dabei persönliche Beschädigungen erfuhr. Es betraf Georg Kuhn[240], der während des Dritten Reiches Rechtsanwalt am Oberlandesgericht Breslau war und der 1948 Richter am OGHZ wurde. Während der NS-Zeit galt er als sog. Mischling 2. Grades.[241] Warum das Bundesjustizministerium in seinem an die Mitglieder des Richterwahlausschusses gerichteten Vorschlagsbericht vom 1. September 1950 diesen Umstand bei Kuhns Personalien vermerkte, bleibt nicht nachvollziehbar. Dieser hatte nämlich als Glaubensbekenntnis evangelisch angegeben, was aus dem Bericht ebenfalls hervorging. Diese Vorgehensweise des Ministeriums, nicht nur in diesem Fall, sollte noch den Protest der SPD-Mitglieder im Richterwahlausschuss auslösen, worüber noch zu reden sein wird.

Kuhn wurde überraschenderweise nicht zum Bundesrichter gewählt. Folglich trat Wolff wieder auf den Plan, der ihn als Bundesrichter ins Gespräch gebracht hatte. Am 12. Dezember 1950 wandte er sich schriftlich an Thomas Dehler.[242] Sein Schreiben war zum einen ein geschickter Schachzug, damit Kuhn doch noch zum Bundesrichter berufen werden konnte, und zum anderen war es der Beginn einer kurzen Korrespondenz mit Dehler, die verdeutlichte, wie dieser mit Remigranten umzugehen pflegte.

Wolff teilte Dehler mit, Kuhn habe erfahren, dass der Richterwahlausschuss ihn wegen unzureichender Revisionserfahrung nicht gewählt habe. Hiergegen wandte sich Wolff, der Kuhns Erfahrungen und Kenntnisse auf diesem Gebiet lobte. Dieser Inhalt hätte dem Schreiben noch keine Brisanz verliehen; diese lag allein in den letzten Zeilen des Schreibens: "Ich (Wolff) habe mich für verpflichtet gehalten, dies zur Aufklärung eines etwa bestehenden Missverständnisses auszuführen, und lasse eine Abschrift dieser meiner Äußerung dem Herrn Vorsitzenden des Rechtsausschusses beim Bundestag zugehen." Dieses Amt hatte der CSU-Politiker Laforet inne, der gleichzeitig Mitglied des Richterwahlausschusses war.

Die Antwort Dehlers hierauf war schroff und unzweideutig.[243] Dieser war empört, dass Wolff sich an den Vorsitzenden des Rechtsausschusses gewandt hatte, der – so Dehler – mit Angelegenheiten des Richterwahlausschusses "weder persönlich befasst, noch kraft seiner Funktion [...] kompetent" sei, sich mit ihnen zu beschäftigen. Zum Schluss wies Dehler den 74 Jahre alten Wolff schulmeisterlich zurecht: "Wo immer Anlass dazu besteht, die dienstliche Äußerung eines Gerichtspräsidenten weiteren Stellen bekannt zu machen, ist das Sache des Ministers." Diese Antwort zeigte bei Wolff Wirkung, der daraufhin Dehler am 5. Januar 1951 antwortete. Wenn er eine Abschrift seines Schreibens vom 12. Dezember 1950 auch Laforet habe zukommen lassen, so habe dies auf der – "anscheinend irrtümlichen" – Meinung beruht, dass dieser "zugleich Vorsitzender des Richterwahlausschusses" sei. Er, Wolff, habe mit diesem Schreiben "nur zur Vereinfachung und Beschleunigung des Geschäftsgangs" beitragen wollen, zumal eine neue Sitzung des Richterwahlausschusses bevorgestanden habe. "Nichts" – so Wolff schließlich – "lag mir ferner als die Absicht, eine unzuständige Instanz einzuschalten oder gar gegen das Ministerium auszuspielen." Bei dieser Entschuldigung beließ es Wolff aber nicht; denn zum Schluss führte er unterwürfig aus: "Ich bedaure, mich versehentlich an einen falschen Adressaten gewandt zu haben, glaube aber, eine solche Zurechtweisung, die mich geschmerzt und gekränkt hat, nicht verdient zu haben."[244]

Wolffs Engagement war dennoch erfolgreich. Am 25. Juni 1951 wurde Kuhn Bundesrichter; im April 1968 übernahm er sogar den Vorsitz des II. Zivilsenats. Im Alter von 64 Jahren ging er 1971 in den vorzeitigen Ruhestand. Er war knapp 20 Jahre Mitglied des Bundesgerichtshofes.

Kaum hatte sich der Richterwahlausschuss konstituiert, da entbrannte ein heftiger Streit zwischen den SPD-Mitgliedern dieses Ausschusses und Bundesjustizminister Dehler. Die Auseinandersetzung wurde zunächst hinter den Kulissen ausgetragen, wurde dann aber der Öffentlichkeit bekannt.[245]

Der Streit begann mit einem Schreiben vom 18. Dezember 1950, das Zinn, Böhm, Katz, Greve und Arndt, Vertreter von Greve im Richterwahlausschuss, unterschrieben hatten und das sie an Dehler richteten:

"Sehr geehrter Herr Bundesminister!

Die unterzeichneten Mitglieder des Richterwahlausschusses tragen ernste Bedenken, sich weiterhin an den Arbeiten des Richterwahlausschusses zu beteiligen, solange nicht in einigen verfassungsrechtlichen Grundlagen eine befriedigende Klärung erzielt ist.

Wie wir mit wachsender Besorgnis beobachten mussten, mehren sich die Anzeichen dafür, dass im Richterwahlausschuss nicht allein sachliche Erwägungen und demokratische Grundsätze den Ausschlag geben, sondern parteipolitischen und möglicherweise sogar rassischen Gesichtspunkten ein unzulässiger Einfluss eingeräumt wird.

Diese Gefahren sind nicht zuletzt durch die Art Ihrer Verhandlungsführung und durch Eingriffe Ihrer Mitarbeiter heraufbeschworen worden, obgleich wir frühzeitig und wiederholt auf unsere Besorgnis gegen Ihre Verfahrensweise ausdrücklich hingewiesen haben.

Diese Entwicklung hat dazu geführt, dass nach unserer Überzeugung ohne gerechtfertigten Grund die Wünsche einzelner Länder missachtet sind. Sie hat auch eine Verschärfung durch die dem Grundgesetz widersprechende Beteiligung der Bundesregierung erfahren. Nach Ihrer eigenen Erklärung hat die Bundesregierung in Einzelfällen beschlossen, dass die Zustimmung zur Ernennung einiger vom Richterwahlausschuss bereits gewählter Richter ausnahmsweise zurückgestellt werden soll. Nach (den Bestimmungen) des Grundgesetzes hat aber über die Berufung der Bundesrichter ausschließlich der Bundesjustizminister gemeinsam mit dem Richterwahlausschuss zu entscheiden. [...]"[246]

Das Schreiben zeigte, dass die Atmosphäre zumindest zwischen Dehler und den Unterzeichnern des Briefes schon nach kurzer Zusammenarbeit im Richterwahlausschuss vergiftet war. Verwundert mussten Insider zur Kenntnis nehmen, dass auch Zinns Name unter dem Brief stand, waren doch Dehler und er eng befreundet. Dehler machte denn auch hierüber aus seiner Enttäuschung keinen Hehl, indem er Zinn wissen ließ: "Ich kann es schwer verwinden, dass Du den Brief [...] unterzeichnet hast. Gröblichster ist selten eine Wahrheit entstellt, und selten ist verantwortungsloser gehandelt worden als bei diesem Anlass."[247]

Das Schreiben vom 18. Dezember 1950 konnte angesichts der Tatsache, dass die Mitglieder des Richterwahlausschusses zur Verschwiegenheit verpflichtet waren, keine konkreten Einzelheiten enthalten. Doch eine Rüge war auch für Außenstehende leicht zu überprüfen. So hatte Dehler in der Kabinettssitzung am 27. September 1950 selbst noch die Bitte ausgesprochen, das Kabinett möge der Berufung von Bundesrichtern, die der Richterwahlausschuss gewählt hatte, "zustimmen".[248] Erst nachdem die SPD-Politiker diese Verfahrensweise in ihrem Brief gerügt hatten, wurde Dehler im Kabinett am 12. Januar 1951 aktiv: "Nach Auffassung des Bundesjustizministers sind die bisherigen Protokolle – soweit sie die Ernennung von Bundesrichtern betreffen – ungenau, weil es einer Beschlussfassung über derartige Kabinettsvorlagen nicht bedürfe. In Zukunft soll gegebenenfalls dahin formuliert werden, dass die Vorlage die Billigung des Kabinetts findet."[249]

Sein Fehlverhalten versuchte Dehler im Nachhinein zu rechtfertigen: Er "habe nicht nur im Richterwahlausschuss, sondern auch innerhalb des Kabinetts [...] von Anfang an den Standpunkt vertreten, dass nach der Verfassung und den Vorschriften des Richterwahlgesetzes ausschließlich" er "über die Zustimmung oder ihre Verweigerung zur Wahl eines Richters entscheide". Es sei aber sein Recht, sich "über jeden gewählten Richter ein eigenes Urteil zu bilden und dazu gegebenenfalls auch dritte Personen zu hören, insbesondere das Kabinett zu unterrichten und ihm Gelegenheit zur Äußerung zu geben."[250]

Die zweite Rüge im Schreiben vom 18. Dezember 1950 betraf die Behauptung, im Richterwahlausschuss würden "parteipolitische und möglicherweise sogar rassische" Gesichtspunkte bei der Richterwahl eine Rolle spielen. Da Dehler auf das Schreiben nicht sogleich reagierte, übergaben dessen Verfasser den Brief an die Presse,[251] die die Rüge wie folgt konkretisierte: "Wie dazu weiter zu erfahren war, hat der Bundesjustizminister bei den Beratungen über die Kandidaten für (den Bundesgerichtshof) nach Ansicht der genannten Abgeordneten[252] zu erkennen gegeben, dass er grundsätzlich gegen jüdische Richter [...] eingestellt ist."[253] Und weiter berichtete die Presse: "Unter den etwa 50 Richtern für (den Bundesgerichtshof) befinden sich nach diesen Mitteilungen zur Hälfte Richter, die Mitglieder in der NSDAP waren. Die Vertreter der Opposition sehen in der formalen Belastung keinen Grund, diese Kandidaten auszuschließen, bezeichnen diese Häufung aber als auffällig."[254]

Die Wirklichkeit sah aber anders aus:[255] Bis einschließlich 18. Dezember 1950, dem Datum des hier in Rede stehenden Briefes, waren insgesamt 36 Bundesrichter einschließlich des Präsidenten Weinkauff gewählt und ernannt worden. Davon gehörten 5 Richter der NSDAP an, 5 waren rassisch Verfolgte und eine Richterin (Krumme) erfuhr wegen ihrer Zugehörigkeit zur SPD während des Dritten Reiches dienstliche Nachteile.[256] Diese statistische Übersicht ist allerdings mit einem Vorbehalt zu versehen, da drei Personalakten insoweit nicht eingesehen werden konnten.

Schließlich wurde der ganze Brief vom 18. Dezember 1950 in der Presse veröffentlicht.[257] Da die SPD-Führung in Bonn daran interessiert war, dass auch Bundespräsident Heuss, der ja die gewählten Bundesrichter zu ernennen hatte, von dem hier in Rede stehenden Schreiben Kenntnis erhielt, wandte sich der Fraktionsvorsitzende der SPD-Bundestagsfraktion, Erich Ollenhauer, im Namen der Mitglieder seiner Fraktion am 19. Dezember 1950 schriftlich an den Bundespräsidenten, indem er den Brief vom 18. Dezember 1950 als Anlage beifügte: "[...] Da nach dem Grundgesetz die Bundesrichter von Ihnen zu ernennen sind, dürfen wir Sie bitten, in Erwägung zu ziehen, welche Folgen Sie aus dieser Sachlage für Ihre Entschließungen beimessen. Auf Ihren Wunsch hin wird eines der Mitglieder des Richterwahlausschusses, die den Brief an den Herrn Bundesjustizminister gerichtet haben, bereit sein, Ihnen im Einzelnen über die Gründe Auskunft zu geben. [...]"[258]

Die Aktivitäten der SPD in dieser Sache blieben natürlich Dehler nicht unbekannt. Er selbst konnte aber der Öffentlichkeit keine detaillierten Antworten angesichts seiner Verschwiegenheitspflicht mitteilen. Am 3. Februar 1951 wandte er sich daher an die Mitglieder des Richterwahlausschusses und deren Stellvertreter mit einer schriftlichen Stellungnahme, in der er jegliche Zurückhaltung ablegte. Er benannte diejenigen Personalien, die im Schreiben vom 18. Dezember 1950 noch verschlüsselt kritisiert worden waren.[259]

Nachdem er dargelegt hatte, dass ihm aus seiner Sicht als Vorsitzender des Richterwahlausschusses in sachlicher Hinsicht nichts vorzuwerfen sei, kam er auf sein Hauptanliegen zu sprechen: "Der Brief vom 18. Dezember 1950 erscheint aber in einem ganz besonderen Licht, wenn man folgende weitere Tatsachen ins Auge fasst: [...] (Die Unterzeichner des Briefes haben) sich in auffälliger Weise dagegen gewehrt, dass der Präsident des Bundesgerichtshofes über seine Erfahrungen aus der Zeit seiner reichsgerichtlichen Tätigkeit und über seine Erfahrungen bei der Errichtung des Bundesgerichtshofes berichtet. [...] Vor allem aber: [...] Es war schließlich der Abgeordnete Dr. Greve, unterstützt von Dr. Katz, der sich gegen die Wahl des Senatspräsidenten (Alfred) Groß, ebenfalls eines rassisch Verfolgten, aussprach, [...] nur deshalb, weil er an einem Brief aus dem Jahre 1933 Anstoß nahm."

Was hatte Greve und Katz bewogen, gegen die Wahl von Groß zu stimmen?[260] Groß, der aus einer jüdischen Kaufmannsfamilie stammte und 1885 geboren war, war bereits 1915 zum evangelischen Glauben übergetreten. 1930 im Alter von 45 Jahren wurde er zum Landgerichtsdirektor in Görlitz befördert. Er gehörte vor 1933 keiner Partei an. Nach der Machtergreifung drohte ihm, der als Volljude galt, die Entlassung. Doch er hatte in Görlitz Fürsprecher, Rechtsanwalt Sadler, einen überzeugten Nationalsozialisten. Dieser wandte sich an Ministerialdirektor Nadler im Reichsjustizministerium: Groß solle wegen seiner "Verdienste im vaterländischen Interesse"[261] im Amt bleiben. Dass er gerade Nadler um Mithilfe bat, hatte seinen Grund. Dieser war als Leiter der Abteilung I im Reichsjustizministerium für die Personalangelegenheiten der Richter zuständig.[262] Und Nadler, selbst Parteigenosse, hatte Sadler gleich nach der Machtergreifung mitgeteilt, dass Groß "der einzige sei, den man auf Grund seiner hervorragenden Leistungen und seiner Befähigung im vaterländischen Interesse"[263] im Justizdienst behalten habe.

Doch der berufliche Abstieg von Groß und die damit verbundene persönliche Diffamierung waren nicht aufzuhalten. Am 19. September 1933 teilte der Präsident des Oberlandesgerichts Breslau dem preußischen Justizministerium mit, dass Landgerichtsdirektor Groß beim Amtsgericht Görlitz beschäftigt werde: "Ich habe mich mit Rücksicht auf seine frühere der Bewegung gegenüber freundliche Einstellung, die Schwierigkeiten mit der Bevölkerung nicht befürchten lässt, ausnahmsweise damit einverstanden erklärt, dass er auch in Zivilsachen beschäftigt wird."[264]

Ende 1935 wurde Groß aber aufgrund des "Reichsbürgergesetzes" vom 15. September 1935 in den Ruhestand versetzt. Hiernach konnten Juden keine Reichsbürger sein und mussten mit Ablauf des 15. Dezember 1935 in den Ruhestand treten. [265]

Offensichtlich war es das Schreiben des Oberlandesgerichtspräsidenten vom 19. September 1933, das die SPD-Politiker Greve und Katz veranlasste, gegen eine Wahl von Groß zu stimmen, die sie aber nicht verhindern konnten. Groß wurde am 2. April 1951 Senatspräsident und leitete bis zu seiner Pensionierung Anfang 1955 den IV. Zivilsenat.[266]

Warum gerade Katz diesem qualifizierten Richter keine neue berufliche Chance einräumen wollte, ist im höchsten Maße verwunderlich. War es doch gerade Katz in seiner Eigenschaft als ehemaliger schleswig-holsteinischer Justizminister, der – wie bereits berichtet wurde[267] – sogar schwerst belastete NS-Juristen wieder einstellte.

Dehler jedenfalls erwähnte in seiner Stellungnahme auch Richter, an deren Wahl die Unterzeichner des Schreibens vom 18. Dezember 1950 nach seiner Auffassung "ein ganz offensichtliches parteipolitisches Interesse" gehabt hätten. Er nannte insoweit Ross und Reiter: Karl Mannzen und Kurt Staff.[268] Dehlers Kritik war unmissverständlich: "In diesen [...] Fällen gingen jedenfalls ihre Bemühungen, den Ausschuss von der besonderen Eignung dieser Kandidaten für das Amt eines Bundesrichters zu überzeugen, erheblich weiter als in den bisherigen Debatten über die übrigen Kandidaten. Das war um so auffallender, als diese [...] Kandidaten aus der Zahl der übrigen Vorschläge weder nach ihrer Befähigung, Leistung und Persönlichkeit herausragten, noch frei waren von gewissen Mängeln [...]."

Zur Qualifikation von Mannzen meinte Dehler: "Mannzen war bisher als Richter nur an Amtsgerichten tätig; nach 1945 war er ausschließlich im schleswig-holsteinischen Justizministerium verwendet, bis er [...] zum Generalstaatsanwalt ernannt wurde. Er gehörte formell seit 1939 der NSDAP an, war Truppführer in der SA und Kreisrichter im Parteigericht. Ich habe mir durch eine Aussprache ein persönliches Bild über Mannzen verschafft. Unter Abwägung aller Umstände habe ich die Entscheidung über meine Zustimmung zu seiner Wahl zum Bundesrichter zurückgestellt."

Dehler hatte diese Personalie nicht vollständig geschildert.[269] Mannzen war von 1926 bis 1933 Mitglied der SPD. Nach 1933 kam er daher mit den Nationalsozialisten in Konflikt. Als er nach dem Grund seiner SPD-Mitgliedschaft gefragt wurde, stellte er diese als Irrtum dar. Dabei merkte er an, dass der Nationalsozialismus ihn genauso hätte anziehen können, wenn dieser ihm 1926 "vor die Augen getreten" wäre. Offensicht-

lich ist, dass diese Erklärung eine Schutzbehauptung war, um eine Anstellung im schleswig-holsteinischen Richterdienst zu erlangen. 1935
wurde er Hilfsrichter am Amtsgericht Kiel, hatte es aber schwer, eine
Planstelle zu bekommen. Nachdem er 1937 Parteianwärter der NSDAP
geworden war, wurde er im Alter von 34 Jahren Amtsgerichtsrat in Lud-
wigshafen. Sein Beitritt zur NSDAP im Jahre 1939 beförderte allerdings
seine Karriere nicht. Nach der Kapitulation wurde er 1948 Amtsgerichtsrat und 1949 schließlich Oberlandesgerichtsrat in Schleswig. Mit Hilfe
des bereits erwähnten Justizministers Katz wurde er am 15. Juli 1950
Generalstaatsanwalt.

Seine Personalpolitik als Generalstaatsanwalt ist nicht frei von Kritik. Wie
Katz hatte er keine Scheu, einen ehemaligen Anklagevertreter beim
Volksgerichtshof als Staatsanwalt wieder einzustellen. Auch seine be-
reits erwähnte unkritische Bewertung[270] der vom Sondergericht Kiel ver-
hängten Todesurteile belegt, dass Mannzen trotz seiner parteipolitischen
Einstellung offenbar ein Jurist alter Schule war.

Hatte Dehler die Wahl von Mannzen, obwohl dieser von seinem Freund
Zinn vorgeschlagen worden war,[271] zum Bundesrichter 1950 noch verhindert, so wurde dieser sodann in der Sitzung des Richterwahlausschusses am 25. Juni 1954 gewählt,[272] nachdem der Staatssekretär im
schleswig-holsteinischen Justizministerium seine Kandidatur "wärmstens"
befürwortet hatte. Zu diesem Zeitpunkt amtierte im nördlichsten Bun-
desland eine rechtskonservative Regierung[273], die ein Interesse daran
hatte, Mannzen als Generalstaatsanwalt loszuwerden. Mannzen trat sein
Amt als Bundesrichter am 15. Juli 1954 an.[274] Anzumerken bleibt noch,
dass die Wahl von Mannzen letztlich nur deshalb möglich war, weil er
auf die Quote des Landes Nordrhein-Westfalen angerechnet wurde.
Dieses Land hatte sich hierzu bereit erklärt, obwohl Mannzen aus
Schleswig-Holstein stammte, so dass dessen Quote an sich zur Diskussion gestanden hätte.[275]

Was Dehler über Kurt Staff den Mitgliedern des Richterwahlausschusses
mitteilte, hatte mit einer sachlichen Auseinandersetzung überhaupt
nichts mehr zu tun: "[...] Staff ist 49 Jahre alt. Er ist eine Persönlichkeit,
von der viele, die ihn kennen, sagen, dass er ‚psychisch auffällig' ist.
Ich halte ihn nach seiner Gesamtpersönlichkeit für das Amt eines Senatspräsidenten für nicht geeignet. Der Ausschuss hat ihn, ohne dass
ich mich dazu geäußert hatte, nicht gewählt. Im Falle seiner Wahl hätte ich ihr nicht zugestimmt."

Der nach Dehler "psychisch auffällige" Staff, einziger sozialdemokratischer Richter in Braunschweig, wurde 1933, er war Richter am Landgericht Braunschweig, auf der Straße von SA- und SS-Angehörigen zu-
sammengeschlagen und nach der Machtergreifung entlassen. 1945
wurde er in Braunschweig Generalstaatsanwalt, von wo er in das
Zentraljustizamt für die Britische Zone wechselte. Hiernach wurde er
Senatspräsident am OGHZ und leitete dort den 1. Strafsenat.[276] Als seine Wahl zum Bundesrichter gescheitert war, wurde er Oberlandesgerichtspräsident in Frankfurt/Main.

Ganz anders beurteilte Arndt diese beiden Fälle[277]: Als in der Sitzung
des Richterwahlausschusses am 15. Dezember 1950 die Wahl von Staff
zum Senatspräsidenten auf der Tagesordnung gestanden habe, habe
Dehler "den größten Wert darauf gelegt, dass Herr Landesminister
Asbach für Schleswig-Holstein bis zum Schluss der Sitzung da bliebe,
um bei der Abstimmung über [...] Staff anwesend zu sein." Diese Tatsache stellte Dehler nie in Abrede. Die Frage drängt sich also auf, ob er
nicht wusste, dass Asbach als Kreishauptmann im besetzten Polen (1940
– 1943) – wie bereits dargelegt[278] – an der Ermordung der Juden beteiligt war.

Zwar betonte Arndt, "dass jedermann mit bestem Gewissen erklären
könne, dass Herrn Bundesminister Dr. Dehler (eine) antisemitische
Haltung fern liege." Jedoch rügte er andererseits, "dass auf dem Fragebogen über die Kandidaten jeweils die Konfession angegeben werde
und dass dabei Ausdrücke wie ,Mischling ersten Grades' oder ,Mischl-
ling zweiten Grades' verwandt würden." Auch diese Handhabung
wusste Dehler nicht plausibel zu machen.

Bei der Ablehnung von Staff im Richterwahlausschuss, so Arndt weiter,
sei "entscheidend die Rechtsprechung (seines Strafsenats) in der Anwendung des Kontrollratsgesetzes Nr. 10 [...] gewesen." So abwegig war
diese Vermutung nicht.[279] Das Kontrollratsgesetz (KRG) Nr. 10 stellte in
Artikel II Nr. 1 c Verbrechen gegen die Menschlichkeit unter Strafe,
darunter auch Denunziationen als "Verfolgung aus politischen Gründen"[280]. Dabei ging der Strafsenat von Staff konsequent vor und wendete diese Bestimmung strikt an. Diese Art von Rechtsprechung, durch
die nationalsozialistische Verbrechen geahndet werden sollten, wurde
in der bundesdeutschen Justiz und in der Bevölkerung "als unbequem,
unpassend, oktroyiert und rechtlich angreifbar empfunden".[281] Staff war
einer der Repräsentanten dieser Rechtsprechung.

Nachdem Bundespräsident Heuss mit dem Streit im Richterwahlausschuss konfrontiert worden war, versuchte er, zwischen den Kontrahenten zu vermitteln. Er empfing sowohl Arndt als auch Dehler im Februar 1951 zu getrennten Gesprächen.[282] Dehler stellte aber für eine Einigung die Bedingung, dass die Unterzeichner des Briefes vom 18. Dezember 1950 erklären sollten, "er habe weder die Wahl eines Bundesrichters aus politischen Gründen beeinflusst noch bei der Ernennung von Bundesrichtern parteipolitischen Gesichtspunkten Raum gegeben." Eine solche Erklärung wollten die SPD-Politiker aber nicht abgeben.[283] Daraufhin sah Dehler den Vermittlungsversuch des Bundespräsidenten als gescheitert an.[284] Dabei waren sich die Streithähne durch die Vermittlung des Bundespräsidenten über eine Reform des noch jungen Richterwahlgesetzes schon recht nahe gekommen.

Im Kompromisspapier des Bundespräsidenten[285] hieß es u. a.: "[...] 3. Die sozialdemokratischen, gewählten Mitglieder des Richterwahlausschusses erklären, dass der in der Presse dem Bundesminister der Justiz gemachte Vorwurf rassischer Voreingenommenheit völlig gegenstandslos ist. Eine solche Behauptung ist auch in ihrem Schreiben vom 18. Dezember 1950 nicht aufgestellt worden. 4. Über alle noch offenen Richterstellen am Bundesgerichtshof soll möglichst eine en bloc-Abstimmung stattfinden. Dabei sollen keine Kandidaten gewählt werden, gegen die eine beachtliche Gruppe des Richterwahlausschusses beachtliche Bedenken vorträgt. 5. Der Bundesminister der Justiz erklärt sich bereit, in der Sitzung des Richterwahlausschusses zu den einzelnen Vorschlägen im Anschluss an die Referate Stellung zu nehmen. Er wird darüber hinaus im Anschluss an die Wahl seine Entschließung im Richterwahlausschuss mitteilen oder sie in der nächsten Sitzung des Richterwahlausschusses bekannt geben, falls ihm eine sofortige Entschließung nicht möglich ist. 6. Der Bundesminister der Justiz wird die Mitglieder des Richterwahlausschusses laufend über die Ernennungsvorschläge unterrichten, die er dem Herrn Bundespräsidenten unterbreitet hat."[286]

Durch den Streit im Richterwahlausschuss hatte dieser seit Mitte Dezember 1950 nicht mehr getagt. Obwohl es zu keiner Einigung gekommen war, setzte der Richterwahlausschuss seine Arbeit in der alten Besetzung fort. Man ging zur Tagesordnung über, indem Dehler am 15. März 1951 den Richterwahlausschuss einberief. In dieser Sitzung wurden 6 Bundesrichter gewählt, die auch ernannt wurden. Es waren dies Dagobert Moericke (Senatspräsident), Erwin Stein, Wolfgang Gelhaar, Carlhans Scharpenseel, Heinz Schuster und Wilhelm Kregel.[287]

Zu Fragen bleibt, was die SPD-Mitglieder im Richterwahlausschuss mit dieser Auseinandersetzung erreichen wollten. Gerade die in Aussicht genommene Regelung im Kompromisspapier des Bundespräsidenten, dass über alle offenen Richterstellen eine en bloc-Abstimmung zukünftig stattfinden sollte, hätte der SPD einen größeren Einfluss im Richterwahlausschuss garantiert. Die von Dehler geforderte Erklärung hätte im Übrigen zu keinem Gesichtsverlust für die SPD-Politiker in der Öffentlichkeit geführt. Der wahre Grund dieses Streits scheint wohl allein "in einem ausgesprochenen feindseligen Verhältnis"[288] gelegen zu haben, das Dehler und Arndt verband.[289] Dass sich diese beiden Politiker befehdeten, war an sich tragisch. Denn beide waren überzeugte Demokraten. Während Dehler, wie geschildert[290], als "jüdisch Versippter" von den Nationalsozialisten in ein Zwangsarbeitslager deportiert wurde, galt Adolf Arndt nach der Machtergreifung als Halbjude und wurde aus dem Richterdienst entfernt. Nur mit Glück konnte er das Dritte Reich überleben.[291]

---

1   BGBl. 1968 I, S. 657 f.

2   BGBl. 1950 I, S. 455 ff.

3   Art. 1 (Änderung von Vorschriften über die Gerichtsverfassung) Nr. 52 lautete: "Der Neunte Titel erhält die Überschrift ‚Bundesgerichtshof'; die Vorschriften dieses Titels erhalten folgende Fassung: ‚§ 123 Sitz des Bundesgerichtshofes ist Karlsruhe [...]'".

4   Zum Folgenden Wengst, Thomas Dehler, S. 144 ff; Maassen/ Hucko, Thomas Dehler, S. 19 ff, 79 ff; Die Kabinettsprotokolle der

Bundesregierung Bd. 2 (1950): Sitzungen am 17.2.1950 (S. 208), am 21.2.1950 (S. 215 f), am 7.3.1950 (S. 246), am 21.3.1950 (S. 280 f), am 25.4.1950 (S. 343 f), am 12.5.1950 (S. 379 f) und am 11.7.1950 (S. 529).

5 Das Folgende aus: Maassen/Hucko, a. a. O., S. 127 ff, 131 ff, 139 ff.

6 A. a. O., S. 141.

7 Ansprachen zur Eröffnung des Bundesgerichtshofes, S. 13.

8 Das Folgende aus: Wrobel, Verurteilt zur Demokratie, S. 269 ff; Godau-Schüttke, Demokratische Justiz oder Justiz in der Demokratie, a. a. O., S. 225 ff; Ansprachen zur Eröffnung des Bundesgerichtshofes am 8.10.1950, a. a. O., S. 7 ff (Heuss), S. 12 ff (Dehler), S. 24 ff (Weinkauff); Frenzel, Das Selbstverständnis der Justiz nach 1945, S. 142 ff; Arndt, Das Bild des Richters; Arndt, Die Unabhängigkeit des Richters; Der Parlamentarische Rat, Bd. 9, 13; Parlamentarischer Rat, Verhandlungen des Hauptausschusses.

9 Hervorhebung von Heuss.

10 Ansprache Heuss, S. 8 f.

11 Zitiert nach Wrobel, Verurteilt zur Demokratie, S. 328.

12 24. Sitzung des Hauptausschusses (9.12.1948), a. a. O., S. 292; vgl. auch Wengst, Thomas Dehler, S. 138.

13 Zitiert nach Wrobel, a. a. O., S. 274.

14 Wrobel, a. a. O., S. 328.

15 Ansprache Dehler, S. 15.

16 Das Folgende aus: Schumacher, M. d. B., Nr. 6586; Der Parlamentarische Rat, Bd. 13, S. XXIX.

17 Der Parlamentarische Rat, Bd. 13, S. XXIX, C I; vgl. auch Wengst, Thomas Dehler, S. 123.

18 Zitiert nach Der Parlamentarische Rat, Bd. 13, S. XXIX m. Anm. 87.

19 Zitiert nach Wrobel, Verurteilt zur Demokratie, S. 340.

20 Zitiert nach Frenzel, Das Selbstverständliche der Justiz nach 1945, S. 119 f.

21   Zitiert nach Strobel, Informationsbericht v. 15.6.1956, in: IfZ, ED 329/8.

22   So Bundesanwalt Walter Wagner, in: BA Koblenz NL 12887.

23   Ansprache Weinkauff, S. 25, 27.

24   Zitiert nach Frenzel, a. a. O., S. 144.

25   Ansprache Heuss, S. 9.

26   Ansprache Dehler, S. 15, 16.

27   Rotberg, Entpolitisierung der Rechtspflege, in: DRZ 1947, S. 107 ff.

28   Weinkauff, Die deutsche Justiz und der Nationalsozialismus, S. 187, 188.

29   Ansprache Weinkauff, S. 27, 28.

30   Zur Person Selbert vergl. Gille/Meyer-Schoppa, "Frauenrechtlerei" und Sozialismus, in: Zeitschrift für historische Frauenforschung und feministische Praxis 1999, S. 22 ff; Meyer, Elisabeth Selbert (1896 – 1986), in: Streitbare Juristen, S. 427 ff.

31   DRZ 1947, S. 323 ff.

32   Vgl. Godau-Schüttke, Demokratische Justiz oder Justiz in der Demokratie?, a. a. O., S. 225 ff; Wengst, Staatsaufbau, S. 92, 176.

33   Schreiben Selbert an Arndt v. 19.4.1951, in: Protokolle der SPD-Bundestagsfraktion 1949 – 1953 (AdsD, Mappe 17).

34   So die Charakterisierung des britischen Verbindungsoffiziers Chaput de Saintouge, in: Pommerin, Die Mitglieder des Parlamentarischen Rates (VfZG 1988, S. 557 ff (583)).

35   Gemeint waren die Mitglieder der CDU und FDP im Hauptausschuss des Parlamentarischen Rates.

36   Verhandlungen des Hauptausschusses, S. 290.

37   Ansprache Heuss, S. 10.

38   Ansprache Dehler, S. 16.

39   Ansprache Weinkauff, S. 28, 29, 30.

40 Vgl. hierzu Frenzel, a. a. O., S. 144 ff; Gottwald, Das allgemeine Persönlichkeitsrecht, S. 155 ff; Wrobel, Verurteilt zur Demokratie, S. 211 ff.

41 Weinkauff, Die deutsche Justiz und der Nationalsozialismus, S. 29, 30.

42 Weinkauff, a. a. O., S. 21.

43 Vgl. u. a. Weinkauff, 75 Jahre Reichsgericht, in: DRiZ 1954, S. 251 ff; Über das Widerstandsrecht, a. a. O.; Richtertum und Rechtsfindung in Deutschland, a. a. O.; Was heißt das: "Positivismus als juristische Strategie"?, in: JZ 1970, S. 54 ff; Der Naturrechtsgedanke in der Rechtssprechung des Bundesgerichtshofes, in: NJW 1960, S. 1689 ff.

44 Das Folgende zitiert nach Wrobel, Verurteilt zur Demokratie, S. 215.

45 Gottwald, a. a. O., S. 162.

46 Gottwald, a. a. O., S. 159.

47 Das Folgende Gottwald, a. a. O., S. 159, 160, jeweils m. w. N.

48 Gottwald, a. a. O., S. 160.

49 Gottwald, a. a. O., S. 161 m. w. N.

50 Vgl. Frenzel, a. a. O., S. 118.

51 Zitiert nach Frenzel, a. a. O., S. 117 f.

52 Frenzel, a. a. O., S. 119 f.

53 Das Folgende aus: Johannsen, Der Bundesgerichtshof, in: Schleswig-Holsteinische Anzeigen 1951, S. 133 ff.

54 Nach § 131 GVG in der damaligen Fassung setzte sich das Präsidium des Bundesgerichtshofes aus dem Präsidenten, den Senatspräsidenten und den 4 dem Dienstalter nach ältesten Mitgliedern des Gerichts zusammen; Sammelakten des BGH – Beschlüsse des Präsidiums, Bl. 1.

55 Das Folgende aus: PA Pritsch, in: BA Koblenz Pers. 101/48896 – 48901; Gruchmann, Justiz im Dritten Reich, S. 244, 1156, 1193, der den Namen fälschlicherweise mit "Pritzsch" (S. 244 m. Anm. 21) angibt.

56 Johannsen, Der Bundesgerichtshof, a. a. O., S. 135.

57 Am 3.10.1950 wurde Bundesrichterin Krumme bereits dem 1. Strafsenat zugeteilt, obwohl sie erst am 1.11.1950 in den BGH eintrat (50 Jahre Bundesgerichtshof, S. 801).

58 PA Ascher, in: BA Koblenz Pers. 101/39771, 39772, 39941, 39942.

59 PA Heidenhain, in: BA Koblenz Pers. 101/48802 – 48804.

60 PA Selowsky, in: BA Koblenz 48937 – 48939.

61 PA Wilde, in: BA Koblenz 39888 – 39890, 40061, 40062.

62 Sammelakten des BGH – Beschlüsse des Präsidiums, Bl. 4 – 12.

63 Johannsen, a. a. O., S. 135; Geiß, 50 Jahre Bundesgerichtshof, a. a. O., S. 394.

64 Petersen, Die Richter des Bundesgerichtshofes, in: DRiZ 1960, S. 361.

65 Beschluss in der Präsidiumssitzung am 15.12.1951, in: Sammelakten des BGH – Beschlüsse des Präsidiums, Bl. 119 ff.

66 Beschluss in der Präsidiumssitzung am 18.10.1952, in: Sammelakten des BGH – Beschlüsse des Präsidiums, Bl. 160, 162, 167.

67 Das Folgende aus: Johannsen, a. a. O., S. 135 f.

68 Zitiert nach Schubert/Glöckner, Vom Reichsgericht zum Bundesgerichtshof, in: NJW 2000, S. 2973.

69 Niederschrift über die Tagung der Oberlandesgerichtspräsidenten in Hamm/Westfalen am 4./5.5.1961, in: BA Koblenz B 141/25117.

70 Gemeinsamer Bericht der Ausschüsse der Zivil- und Strafsenate des Bundesgerichtshofs für gesetzgeberische Vorschläge betreffend die Tätigkeit des Bundesgerichtshofes v. 16.12.1954, S. 6 f, in: IfZ, ED 94/193.

71 Das Folgende aus: 50 Jahre Bundesgerichtshof, S. 849 f.

72 Das Folgende aus: PA Hannebeck, in: BA Koblenz Pers. 101/48794 – 48799.

73 Schneider war bereits am 23.1.1933 zum Präsidenten des OLG Hamm ernannt worden; er gehörte der NSDAP zum Zeitpunkt seiner Ernennung nicht an (Gruchmann, Justiz im Dritten Reich, S. 225 m. Anm. 23).

74 Schreiben Strauß an Hannebeck v. 23.5.1953, in: PA Hannebeck Pers. 101/48794.

75 Sammelakten des BGH – Beschlüsse des Präsidiums, Bl. 58.

76 Petersen, Die Richter des Bundesgerichtshofes, S. 363 f. Gerichtsassessor Dr. Schaefer (Staatsanwaltschaft München) war seit dem 1.12.1950 für "Präsidialrat, Nachschlagewerk" zuständig (a. a. O.).

77 Schreiben Weinkauff v. 9.3.1951, in: BA Koblenz B 141/25115.

78 Johannsen, a. a. O., S. 136: "Zur Anschaffung von Büchern wurden erstmalig 110.000,— DM, für das folgende Haushaltsjahr (1952 ff) laufend 63.000,— DM und weiter einmalig 10.000,— DM zur Verfügung gestellt."

79 Schubert/Glöckner, Vom Reichsgericht zum Bundesgerichtshof, a. a. O., S. 2975.

80 Bericht v. 20.9.1951 für die Deutsche Presseagentur, in: BA Koblenz B 141/25115.

81 Niederschrift über die Konferenz der Senatspräsidenten am 18.12.1953, in: Sammelakten des BGH – Beschlüsse des Präsidiums, S. 250 b, 250 c; die Niederschrift ist kein Wortprotokoll.

82 Zitiert nach Müller, Kein Grund zur Nostalgie: das Reichsgericht, in: Betrifft Justiz 2001, S. 12 ff (17).

83 Zitiert nach Müller, a. a. O., S. 17.

84 Petersen, Die Tradition des Reichsgerichts, a. a. O., S. 27.

85 Das Folgende aus: PA Hertel, in: BA Berlin R 3002 (RG/PA) / 364; BA Koblenz Pers. 101/39815, 39816, 39973.

86 § 1 Abs. 1 des "Gesetzes über die Dienstaltersgrenze von Richtern an den oberen Bundesgerichten und Mitgliedern des Bundesrechnungshofes" v. 19.12.1952 lautete: "Die vor dem 1. April 1953 ernannten Richter an den oberen Bundesgerichten treten mit Ablauf des Vierteljahres in den Ruhestand, in dem sie das 72. Lebensjahr vollenden. [...]" In § 2 Abs. 2 dieses Gesetzes hieß es: "Bundesrichter an den oberen Bundesgerichten [...], die bis zum Ablauf des 30. September 1952 das 72. Lebensjahr vollendet haben, treten mit dem Ende des Jahres 1952 in den Ruhestand." (BGBl. I, S. 806).

87   Das Folgende aus: PA Lersch, in: BA Berlin R 3002 (RG/PA) 525; BA Koblenz Pers. 101/39843, 39998, 39999; Kaul, a. a. O., S. 279.

88   So Reichsjustizminister Gürtner in einem Schreiben an das RJM v. 8.2.1932: "Er ist ein Beamter von sehr großen Fähigkeiten und Kenntnissen [...], insbesondere auf dem Gebiet des Strafrechts." (PA Lersch, in: BA Berlin R 3002 (RG/PA) / 325).

89   Vgl. I. Teil, Kap. 1.2.

90   Das Folgende aus: PA Menges, in: BA Berlin R 3002 (RG/PA) / 592; Kaul, a. a. O., S. 282.

91   Das Folgende aus: PA Lindenmaier, in: BA Berlin R 3002 (PA/RG) / 533; BA Koblenz Pers. 101/39834, 39998, 39999; Kaul, a. a. O., S. 308 f.

92   Vgl. I. teil, Kap. 1.3.3.

93   Wrobel, Der Deutsche Richterbund im Jahre 1933, a. a. O., S. 86.

94   So Senatspräsident Sommerfeld (OLG Hamburg) in einem Schreiben an den Beratenden Ausschuss "Justiz" für die Ausschaltung von Nationalsozialisten in Hamburg v. 29.8.1947, in: PA Lindenmaier (BA Koblenz Pers. 101/39999).

95   Vgl. Bericht des Beratenden Ausschusses v. 9.9.1947 (a. a. O.).

96   Schreiben Weinkauff an das BMJ v. 27.11.1953, in: PA Lindenmaier (BA Koblenz Pers. 101/39998).

97   Philipp Möhring, Jahrgang 1900, wurde am 2.10.1950 als Rechtsanwalt beim Bundesgerichtshof zugelassen (Krüger-Nieland, a. a. O., S. 381).

98   Schreiben Weinkauff an das BMJ v. 23.6.1952 (a. a. O.).

99   Vgl. PA Heidenhain, in: BA Koblenz Pers. 101/48802 – 48804.

100 Vgl. I. Teil, Kap. 1.3.3.

101 Das Folgende aus: PA Neumann, in: BA Berlin R 3002 (RG/PA) / 646; BA Koblenz Pers. 101/8705 – 8708; Kaul, a. a. O., S. 319 f.

102 Schreiben der Jüdischen Gemeinde an Dehler v. 8.9.1950, in: BA Koblenz B 141/25115.

103 Zitiert aus dem Schreiben Dehlers v. 3.2.1951, in: BA Koblenz B 122/2164.

104 So Dehler in seinem Schreiben v. 3.2.1951 (a. a. O.).

105 Kaul, S. 58 m. Anm. 13.

106 Vgl. Godau-Schüttke, Rechtsverwalter des Reiches, S. 186 ff.

107 So wurden Morde genannt, die Freikorpsmitglieder an angeblichen "Wehrverrätern" verübten, die den Behörden Hinweise z. B. auf geheime Waffenverstecke rechtsradikaler Gruppierungen gaben. (Vgl. Das große Lexikon des Dritten Reiches, S. 175.)

108 Zitiert nach Schulze, Otto Braun, S. 568.

109 Das Folgende aus: Kuhn, Die Vertrauenskrise der Justiz, S. 172 m. Anm. 310, 311.

110 Zitiert nach Godau-Schüttke, Rechtsverwalter des Reiches, S. 186 m. Anm. 2.

111 Vgl. Kuhn, Die Vertrauenskrise der Justiz.

112 Scholz, Berlin und seine Justiz, S. 272.

113 Scholz, a. a. O.

114 "Ich schwöre: Ich werde dem Führer des Deutschen Reiches und Volkes Adolf Hitler treu und gehorsam sein [...]." (RGBl. 1934 I, S. 785.)

115 So Oberreichsanwalt Werner in einem Schreiben v. 30.4.1935 an Gürtner, in: PA Neumann (BA Berlin R 3002 (RG/PA) / 646).

116 PA Neumann, in: BA Berlin R 3002 (RG/PA) / 646.

117 So Scholz, a. a. O., S. 272.

118 Schreiben Werner an Neumann v. 17.5.1935, in: PA Neumann (BA Berlin R 3002 (RG/PA) / 646).

119 Kaul, a. a. O., S. 58 m. Anm. 13.

120 Vgl. Schuhmacher, M. d. B., Nr. 1788.

121 I. Teil, Kap. 1.4.3.1.

122 I. Teil, Kap. 1.4.3.1.

123 I. Teil, Kap. 1.4.3.1.

124 Das Folgende aus: PA Drost, in: BA Berlin R 3002 (RG/PA) / 181; BA Koblenz Pers. 101/39792 – 39794, 39960.

125 Das Folgende aus: PA Benkard, in: BA Berlin R 3002 (RG/PA) / 47; BA Koblenz Pers. 101/39776, 39777, 39937.

126 Daten aus: IfZ, ED 94/72.

127 Petersen, Die Tradition des Reichsgerichts, in: Festschrift zur Eröffnung des Bundesgerichtshofes in Karlsruhe, S. 25 ff.

128 Petersen, a. a. O.

129 Gall, Bismarck, S. 612 f.

130 Vgl. Thamer, Verführung und Gewalt, S. 373; Kogon, Der SS-Staat, S. 25.

131 So Drost in einem Schreiben an Petersen v. 31.1.1951, in: PA Drost (BA Koblenz Pers. 101/39792).

132 So Petersen an Drost am 12.1.1951, in: PA Drost (a. a. O.).

133 Weinkauff in einer Beurteilung v. 17.11.1950: "Benkard ist ein tiefreligiöser Mann, dem das Recht eine Herzensangelegenheit ist", in: PA Benkard (BA Koblenz Pers. 101/39937).

134 Diese Zahl nennen richtigerweise auch Schubert/Glöckner, Vom Reichsgericht zum Bundesgerichtshof, a. a. O., S. 2974; Pauli, Die Rechtsprechung des Reichsgerichts, S. 32, spricht von 11 ehemaligen Mitgliedern des Reichsgerichts bzw. der Reichsanwaltschaft; Müller, Kein Grund zur Nostalgie, S. 17 meint: "Nur ein rundes Dutzend der ersten Bundesrichter war schon Reichsrichter gewesen [...]"; Johannsen, Der Bundesgerichtshof, S. 136 (Den Aufsatz verfasste er im Dezember 1951) kommt einschließlich von 3 Rechtsanwälten beim Reichsgericht auf die Zahl 11; Kirchner, Reichsgericht und Bundesgerichtshof, S. 109 untersucht nur die Senatspräsidenten bis Ende 1952.

135 Schreiben Weinkauff an ORR Winners (Bundesministerium der Justiz) v. 20.8.1951 (PA von Werner, in: BA Koblenz Pers. 101/39886).

136 Vorschläge des BJM v. 8.9.1950, in: LAS 786/1827. In dieser Liste wird auch Werner Birnbach als früheres Mitglied des Reichsge-

richts genannt. Er wäre dann der 18. gewesen. Jedoch war er nicht Reichsgerichtsrat, sondern vor 1945 Kammergerichtsrat (vgl. PA Birnbach, in: BA Koblenz Pers. 101/39778).

137 Vgl. hierzu Kaul, a. a. O., S. 283.

138 So Weinkauff in einem Nachruf auf Niethammer, in: JZ 1958, S. 230.

139 Zitiert nach Müller, Furchtbare Juristen, S. 201 f, 229; vgl. auch Gruchmann, Justiz im Dritten Reich, S. 1033 ff, 1038 ff.

140 Weinkauff, in: JZ 1958, S. 230.

141 Schubert/Glöckner, Vom Reichsgericht zum Bundesgerichtshof, S. 2973.

142 Schriftliche Mitteilung an den Verfasser von Wolfgang Weinkauff v. 18.2.2000.

143 Schulze, Weimar, S. 80.

144 Eine Übersicht über die Ausschüsse und Unterausschüsse des Parlamentarischen Rates bei Feldkamp, Der Parlamentarische Rat 1948 – 1949; wegen der Mitglieder dieses Ausschusses vgl. Parlamentarischer Rat, Bd. 13, S. XI.

145 Vgl. II. Teil, Kap. 1.

146 Vgl. II. Teil, Kap. 1.

147 Der Spiegel v. 24.1.1962, Nr. 4, S. 26.

148 Der Spiegel, a. a. O.

149 Zur Person vgl. Die Kabinettsprotokolle der Bundesregierung, Bd. 2 (1950), S. 173 m. Anm. 18; Das große Lexikon des Dritten Reiches, S. 217 f.

150 Vgl. Das große Lexikon des Dritten Reiches, S. 423.

151 Vgl. I. Teil, Kap. 1.3.2.

152 Vgl. hierzu Lenz, Im Zentrum der Macht, S. I; Wengst, Staatsaufbau, S. 146 ff.

153 Wengst, Staatsaufbau, S. 156; Wengst, Thomas Dehler, S. 141.

154 Lebenslauf von Strauß in: Findbuch NL Strauß (IfZ, ED 94).

155 "Zum 75. Geburtstag des Reichsgerichts", in : JZ 1954, S. 680 f.

156 Zitiert nach Parlamentarischer Rat, Bd. 13, S. 1268 m. Anm. 7.

157 Parlamentarischer Rat, Bd. 13, S. 1263 ff, 1276. In der Sitzung am 10.11.1948 erklärte Strauß: "[...] Zinn und ich haben nur über den Grundsatz gesprochen und wollten das übrige dem Ausschuss überlassen."

158 Teilnehmer war auch Herbert August Ruschewey als Präsident des Obergerichts für das Vereinigte Wirtschaftsgebiet (vgl. IfZ, ED 94/ 136; Parlamentarischer Rat, Bd. 13, S. 1297 m. Anm. 65).

159 Parlamentarischer Rat, Bd. 13, S. 1297 f.

160 So Zinn in der 37. Sitzung des "Hauptausschusses" am 13.1.1949 zu einem Vorschlag Seebohms (DP), der eine ähnliche Zusammen-setzung des Richterwahlausschusses favorisierte wie die Oberlandesgerichtspräsidenten (Parlamentarischer Rat, Verhand-lungen des Hauptausschusses, S. 465).

161 24. Sitzung des Hauptausschusses am 9.12.1948, a. a. O., S. 286.

162 A. a. O., S. 287.

163 A. a. O., S. 288.

164 57. Sitzung des Hauptausschusses, a. a. O., S. 743 ff.

165 Parlamentarischer Rat, Bd. 9, S. 617; nur die CSU (6 Stimmen) – die beiden CSU-Abgeordneten Mayer und Schlör hatten für das Grundgesetz gestimmt –, die Deutsche Partei (2 Stimmen), das Zentrum (2 Stimmen) und die KPD (2 Stimmen) lehnten das Grund-gesetz ab; BGBl. 1949 I, S. 1 ff.

166 BGBl. 1968 I, S. 657 f.

167 Artikel 96 Abs. 1 GG in der Fassung v. 23.5.1949 bestimmte noch: "Für das Gebiet der ordentlichen, der Verwaltungs-, der Finanz-, der Arbeits- und Sozialgerichtsbarkeit sind obere Bundesgerichte zu errichten."

168 Vgl. hierzu Wengst, Thomas Dehler, S. 146 f.

169 Drucksache 327, in: Anlagen zu den Stenographischen Berichten (I. WP), 1. Teil.

170 Drucksache 955, in: Anlagen zu den Stenographischen Berichten (I. WP), 4. Teil.

171 Zitiert nach Wengst, Thomas Dehler, S. 147 m. Anm. 19.

172 Schumacher, M. d. B., Nr. 2112.

173 Kabinettsitzung am 16.6.1950, in: Kabinettsprotokolle der Bundesregierung Bd. 2 (1950), S. 462.

174 A. a. O.

175 Drucksache 1088, in: Anlagen zu den Stenographischen Berichten (I. WP), 4. Teil.

176 Stenographische Berichte, Bd. 4, S. 2731.

177 Stenographische Berichte, Bd. 4, S. 2727 ff.

178 A. a. O., S. 2731 f.

179 An der Abstimmung hatten zu wenige Abgeordnete teilgenommen, a. a. O., S. 2733 f.

180 A. a. O., S. 2736.

181 BGBl. 1950 I, S. 368 f.

182 Zitiert nach Wengst, Thomas Dehler, S. 147.

183 Vermerk für den Bundeskanzler – der Verfasser konnte nicht identifiziert werden – v. 25.5.1950, in: BA Koblenz B 136/7067.

184 Art. 96 GG a. F. lautete: "Für das Gebiet der ordentlichen, der Verwaltungs-, der Finanz-, der Arbeits- und Sozialgerichtsbarkeit sind obere Bundesgerichte zu errichten (Abs. 1). Auf die Richter der oberen Bundesgerichte findet Art. 95 Absatz 3 mit der Maßgabe Anwendung, dass an die Stelle des Bundesjustizministers und der Landesjustizminister die für das jeweilige Sachgebiet zuständigen Minister treten. Ihre Dienstverhältnisse sind durch besonderes Bundesgesetz zu regeln. (Abs. 2)."

185 Art. 95 GG in der Fassung vom 23.5.1949 lautete: "Zur Wahrung der Einheit des Bundesrechts wird ein Oberstes Bundesgericht errichtet (Abs. 1). Das Oberste Bundesgericht entscheidet in Fällen, deren Entscheidung für die Einheitlichkeit der Rechtsprechung der oberen Bundesgerichte von grundsätzlicher Bedeu-

tung ist. (Abs. 2) Über die Berufung der Richter des Obersten Bundesgerichtes entscheidet der Bundesjustizminister gemeinsam mit einem Richterwahlausschuss, der aus den Landesjustizministern und einer gleichen Anzahl von Mitgliedern besteht, die vom Bundestag gewählt werden. (Abs. 3)"

186 Durch § 19 des "Gesetzes zur Wahrung der Einheitlichkeit der Rechtsprechung der obersten Gerichtshöfe des Bundes" v. 19.6.1968 (BGBl. 1968 I, S. 661 ff (663)) wurden § 1 und § 3 Abs. 1 des Richterwahlgesetzes v. 25.8.1950 geändert. § 3 Abs. 1 erhielt folgende Fassung: "Mitglieder kraft Amtes im Ausschuss, der die Richter eines obersten Gerichtshofs wählt, sind die Landesminister, zu deren Geschäftsbereich die diesem obersten Gerichtshof im Instanzenzug untergeordneten Gerichte des Landes gehören."

187 Berlin zählte wegen des Viermächtestatus nicht dazu.

188 Am 25.4.1952 schlossen sich die 3 zuletzt genannten Länder in Baden-Würtenberg zusammen. Damit existierten von da ab nur noch 9 Bundesländer. Am 16.7.1952 konnte der Deutsche Bundestag folglich nur noch 9 Mitglieder in den Richterwahlausschuss entsenden (vgl. Stenografische Berichte, Bd. 12, S. 9957).

189 Nach dem d' Hondt'schen Wahlverfahren (vgl. Model, Staatsbürgertaschenbuch, S. 113).

190 Stenografische Berichte, Bd. 15, S. 3104; Drucksache 1334, in: Anlagen zu den Stenografischen Berichten (I. WP), 6. Teil.

191 Vgl. I. Teil, Kap. 1.4.3.1.; II. Teil, Kap. 1.

192 So der britische Verbindungsoffizier Chaput de Saintonge, in: Pommerin, Die Mitglieder des Parlamentarischen Rates (VfZG 1988, S. 564 f).

193 Angaben aus: Schumacher, M. d. B., Nr. 671; Feldkamp, a. a. O., S. 186.

194 Angaben aus: Schumacher, M. d. B., Nr. 3276; Feldkamp, a. a. O., S. 191; Parlamentarischer Rat, Bd. 13, S. XXVII f, Pommerin, a. a. O., S. 573 f.

195 Angaben aus: Feldkamp, a. a. O., S. 189; Schumacher, a. a. O., Nr. 2340; Wengst, Thomas Dehler, S. 233 ff.

196 Angaben aus: Schumacher, a. a. O., Nr. 3784; Frei, Vergangenheitspolitik, S. 55, 59.

197 Vgl. Frei, a. a. O., S. 55.

198 Frei, a. a. O., S. 59.

199 Strobel, Informationsbericht v. 3.4.1957, in: IfZ, ED 329/9.

200 Das Folgende aus: Godau-Schüttke, Ich habe nur dem Recht gedient, S. 41 ff, 160 ff, 172 ff; Parlamentarischer Rat, Bd. 13, S. XX; Paul, "Herr K. ist nur Politiker und als solcher aus Amerika zurückgekommen", in: Menora und Hakenkreuz, S. 699 ff; Pommerin, a. a. O., S. 571 f; Schumacher, a. a. O., Nr. 2718.

201 Paul, a. a. O., S. 710.

202 Zitiert nach Paul, a. a. O., S. 707.

203 Godau-Schüttke, Ich habe nur dem Recht gedient, S. 172 ff.

204 Godau-Schüttke, Ich habe nur dem Recht gedient, S. 160 ff.

205 Godau-Schüttke, Ich habe nur dem Recht gedient, S. 47 f.

206 So de Saintonge, in: Pommerin, a. a. O., S. 572.

207 Zitiert nach Paul, a. a. O., S. 710.

208 Zitiert nach Paul, a. a. O., S. 710 m. Anm. 68 (Die Anm. 68 ist im Text versehentlich nicht enthalten.)

209 Zitiert nach Paul, a. a. O., S. 711.

210 Von Brentano; Laforet; Rechtsanwalt und Notar Werner Hofmeister, der vor 1933 der DVP angehörte; nach 1945 war er Mitbegründer der niedersächsischen CDU (Schumacher, a. a. O., Nr. 2376); Prof. Dr. Walther Fischer war von 1945 – 1954 Präsident der Hamburger Rechtsanwaltskammer (Auskunft der Hanseatischen Rechtsanwaltskammer Hamburg v. 22.5.2003); Anton Sabel, von Beruf Schreiner, der vor 1933 Mitglied des Zentrums war; nach der Kapitulation war er Mitbegründer der CDU in Hessen (Schumacher, a. a. O., Nr. 4857).

211 Von Brentano, Laforet und Sabel.

212 Der bereits erwähnte Georg August Zinn, der aber nur bis zum 21.1.1951 Bundestagsabgeordneter blieb; Johannes Böhm (von Be-

ruf Möbelpolier), der dem Bundestag von 1949 – 1957 angehörte (Schumacher, a. a. O., Nr. 540); Rechtsanwalt und Notar Otto Heinrich Greve, der zunächst Mitglied der FDP war, ehe er 1948 zur SPD wechselte; er war von 1949 – 1961 Bundestagsabgeordneter (Schumacher, a. a. O., Nr. 1788).

213 Block der Heimatvertriebenen und Entrechteten, vgl. hierzu Varain, Parteien und Verbände, S. 49 ff, 159 f, 256 ff.

214 Das Folgende aus: Godau-Schüttke, Die Heyde/Savade-Affäre, S. 120 ff.

215 Nach dem Polenfeldzug wurde am 26.10.1939 das "Generalgouvernement für die besetzten polnischen Gebiete" gegründet. Seit Juli 1940 wurde insoweit nur noch die Bezeichnung Generalgouvernement benutzt, das von Generalgouverneur Hans Frank geleitet wurde. Es war in folgende Distrikte eingeteilt: Krakau, Warschau, Radon, Lublin. Am 18.1.1941 kam noch Ostgalizien mit Lemberg als Distrik Galizien hinzu (vgl. Aly, "Endlösung", S. 292 f). Das Wartheland, südlich der Weichsel und Netze gelegen, mit den Regierungsbezirken Posen, Hohensalza und Lodz (seit 12.4.1940 Litzmanstadt genannt) wurde als Reichsgau Wartheland (Warthegau) nach dem Polenfeldzug am 8.10.1939 vom Deutschen Reich annektiert, was auch für Danzig-Westpreußen galt. Die polnischen Gebiete östlich des Bug wurden gemäß dem deutsch-sowjetischen Nichtangriffspakt nach dem Polenfeldzug von der Sowjetunion besetzt (vgl. Das große Lexikon des Dritten Reiches, S. 108, 125, 208, 621).

216 Durch Erlass v. 3.6.1942 über die Überweisung von Dienstgeschäften auf den Staatssekretär für das Sicherheitswesen (Verordnungsblatt für das Generalgouvernement v. 23.6.1942, Nr. 50) wurde bestimmt, dass "Judenangelegenheiten" ausschließlich von der Sicherheitspolizei durchzuführen waren.

217 Pohl, Judenverfolgung in Ostgalizien, S. 153, 155, 162, 196, 284 f; Sandkühler, "Endlösung" in Galizien, S. 139, 263, 453.

218 Diese juristische "Aufarbeitung" gibt zu vielen Fragen Veranlassung, vgl. hierzu Godau-Schüttke, Die Heyde/Sawade-Affäre, S. 121 f.

219 Vgl. hierzu Godau-Schüttke, Die Heyde/Sawade-Affäre, S. 121 f.

220 Vgl. Godau-Schüttke, Ich habe nur dem Recht gedient, S. 64 ff; Godau-Schüttke, Die Heyde/Sawade-Affäre, S. 122.

221 Die Sozialgerichtsbarkeit wurde erst zum 1.1.1954 geschaffen (BGBl. 1953 I, S. 1239 ff). Ab diesem Zeitpunkt wählte Asbach also auch die Richter/Innen des Bundessozialgerichtes mit.

222 Vgl. Vorgänge in: LAS 786/1827.

223 Vgl. Godau-Schüttke, Rechtsverwalter des Reiches, S. 177 m. Anm. 6.

224 Vgl. die Übersicht über die Stellenbesetzung beim Bundesgerichtshof – "landsmannschaftliche Zugehörigkeit" – v. 20.10.1951. Dabei wurde Berlin mit einbezogen, das bei der Zusammensetzung des Richterwahlausschusses – Mitglied kraft Amtes – zu diesem Zeitpunkt aufgrund des Viermächtestatuts natürlich keine Berücksichtigung finden konnte (LAS 786/1827).

225 Vgl. die Vorschläge v. 13.9.1950, in: LAS 786/1827).

226 Schriftliche Auskunft des BJM v. 16.6.2003. Wenn Wengst, Thomas Dehler, S. 147 f. unter Hinweis auf die Kabinettssitzung der Bundesregierung v. 27.9.1950 (Kabinettsprotokolle der Bundesregierung Bd. 2 (1950), S. 717 f) davon ausgeht, dass Dehler dem Kabinett bereits am 27.9.1950 eine Liste von gewählten ("durch den Richterwahlausschuss gegangen" – so Dehler laut Kabinettsprotokoll) Bundesrichtern präsentierte, so ist dies offensichtlich unrichtig. Andererseits vermerkt das Kabinettsprotokoll v. 27.9.1950: "Die Vorgeschlagenen (!) seien mit vielen Schwierigkeiten durch den Richterwahlausschuss gegangen [...]." So auch Dehler: "In der heutigen (27.9.1950) Kabinettssitzung nahm der [...] Bundeskanzler starken Anstoß daran, dass die zunächst vorgeschlagenen Bundesrichter [...]" (Kabinettsprotokoll der Bundesregierung, a. a. O., S. 717 m. Anm. 10).

227 Vgl. hierzu Wenzlau, Der Wiederaufbau der Justiz in Nordwestdeutschland, S. 297 ff; Rüping, Das "Kleine Reichsgericht", in: NStZ 2002, S. 355 ff.

228 Es waren dies: Erich Pritsch, Alfred Groß, Friedrich-Wilhelm Geier, Günther Wilde, Joseph Engels (Hilfsrichter beim OGHZ), Heinrich Jagusch, Georg Kuhn, Wolfhart Werner, Helmuth Delbrück,

Fritz von Werner (vgl. 50 Jahre Bundesgerichtshof, S. 788 ff; Rüping, a. a. O., S. 356 m. Anm. 25).

229 Das Folgende aus: PA von Werner, in: BA Koblenz Pers. 101/39886, 39887, 40058 – 40060.

230 Vgl. I. Teil, Kap. 1.5.2.

231 Ladwig-Winters, Anwalt ohne Recht, S. 221.

232 In der Sitzung des Richterwahlausschusses v. 4.9.1951, die die Wahl von Bundesverfassungsrichtern allerdings zum Gegenstand hatte, regte Arndt an, "den Fall [...] von Werner in der nächsten Sitzung [...] zu behandeln." Das Protokoll über die Sitzung v. 4.9.1951 ist als Anlage in den Protokollen der SPD-Bundestagsfraktion 1949 – 1953 enthalten, in: AdsD, Mappe 17.

233 Bericht v. 1.9.1950, in: PA von Werner (BA Koblenz Pers. 101/ 39886).

234 Strauß an von Werner am 23.12.1960: "[...] Es war mir eine ganz persönliche Genugtuung, an Ihrer Berufung an den Bundesgerichtshof mitwirken zu können [...]", in: IfZ, ED 94/216.

235 Schreiben Pritsch an Weinkauff v. 17.8.1951, in: PA von Werner (BA Koblenz Pers. 101/40060).

236 Das Folgende aus: PA Bechmann, in: BA Berlin R 3002 (RG/PA) / 34.

237 Das Folgende aus: PA Deneke, in: BA Berlin R 3002 (RG/PA) / 148.

238 Schreiben Weinkauff an Winners v. 20.8.1951, in: PA von Werner (BA Koblenz Pers. 101/40060).

239 Kaul, Geschichte des Reichsgerichts, S. 337 ff.

240 Das Folgende aus: PA Kuhn, in: BA Koblenz Pers. 101/39827, 39828, 39993 – 39996.

241 Nach den sog. Nürnberger Gesetzen war jeder mit nur einem jüdischen Großelternteil jüdischer Mischling 2. Grades (vgl. Das große Lexikon des Dritten Reiches, S. 386).

242 Dieses Schreiben befindet sich im Nachlass Walter Strauß (IfZ, ED 94/223) im Original und in Abschrift in der PA Kuhn (BA Koblenz Pers. 101/39827).

243 Schreiben Dehler an Wolff v. 2.1.1951, in: Ifz, ED 94/223.

244 Schreiben Wolff an Dehler v. 5.1.1951, in: IfZ, ED 94/223.

245 Vgl. dazu auch Wengst, Thomas Dehler, S. 148 ff.

246 BA Koblenz B 122/2164; IfZ, ED 94/223.

247 Zitiert nach Wengst, Thomas Dehler, S. 149 m. Anm. 37.

248 Kabinettsprotokolle der Bundesregierung Bd. 2 (1950), S. 717.

249 Kabinettsprotokolle der Bundesregierung Bd. 4 (1951), S. 65.

250 So Dehler am 12. 1.1951 in der Frankfurter Rundschau; Stellungnahme Dehler v. 3.1.1951 zum Schreiben v. 18.12.1950, in: BA Koblenz B 122/2164.

251 Vgl. Wengst, Thomas Dehler, S. 148 f; so auch Arndt am 19.2.1951 gegenüber Bundespräsident Heuss (BA Koblenz B 122/2164).

252 Sowohl Wengst, a. a. O., S. 149 als auch die Frankfurter Rundschau v. 3.1.1951 nennen lediglich 4 Unterzeichner: Zinn, Arndt, Greve und Böhm. Allerdings hatte auch Katz den Brief unterschrieben. So auch der Vorsitzende der SPD-Bundestagsfraktion Ollenhauer in einem Schreiben an Heuss v. 19.12.1950 (BA Koblenz, B 122/2164).

253 Frankfurter Rundschau v. 3.1.1951.

254 A. a. O.

255 BGH-Präsident Weinkauff, die Senatspräsidenten Richter, Pritsch, Dürig, Canter und Neumann sowie die Bundesrichter Nr. 1 – 30 (beginnend mit Heidenhain und endend mit Tasche – vgl. 50 Jahre Bundesgerichtshof, S. 79 ff) konnten mit Ausnahme der Bundesrichter Sauer, Haidinger und Johannsen nach Parteizugehörigkeit pp hinterfragt werden, da insoweit die Personalakten einzusehen oder aus anderen Quellen die diesbezüglichen Daten zu entnehmen waren.

256 PA Krumme, in: BA Koblenz Pers. 39825, 39826, 39988 – 39992.

257 Am 12.1.1951 musste die Frankfurter Rundschau eine Gegendarstellung Dehlers gem. § 10 Pressegesetz abdrucken, in deren Rahmen auch der Inhalt des Schreibens v. 18.12.1950 im Wortlaut widergegeben wurde.

258 BA Koblenz B 122/2164.

259 Stellungnahme Dehlers v. 3.2.1951, in: BA Koblenz B 122/2164.

260 Das Folgende aus: PA Groß, in: BA Koblenz Pers. 101/39810 – 39812, 39968, 39969.

261 So Sadler an Nadler am 7.8.1933, in: PA Groß (BA Koblenz Pers. 101/39812).

262 Gruchmann, Justiz im Dritten Reich, S. 1151.

263 So Sadler in seinem Schreiben an Nadler v. 7.8.1933 (a. a. O.).

264 PA Groß, in: BA Koblenz Pers. 101/39812.

265 § 3 des Gesetzes v. 15.9.1935 (RGBl. I, S. 1146) i. V. m. § 4 der 1. VO zum Reichsbürgergesetz v. 14.11.1935 (RGBl. I, S. 1333 f).

266 Nach der Kapitulation wurde er zunächst Senatspräsident am OLG Oldenburg, ehe er Ministerialbeamter im Zentraljustizamt für die Britische Zone wurde. Im Dezember 1949 wurde er Senatspräsident am OGHZ in Köln (PA Groß, in: BA Koblenz Pers. 101/39810).

267 Vgl. II. Teil, Kap. 4.3.

268 Bei diesen beiden Fällen beließ es Dehler in seiner Stellungnahme aber nicht. Doch die hier erwähnten Beispiele beleuchten bereits Dehlers Absicht, die er mit seiner Stellungnahme verfolgte.

269 Das Folgende aus: Godau-Schüttke, Ich habe nur dem Recht gedient, S. 47 f, 59 ff.

270 Vgl. II. Teil, Kap. 4.3.

271 Angabe aus dem Schreiben des schleswig-holsteinischen Justizministeriums an den Bundesjustizminister v. 19.12.1957, in: LAS 786/1828.

272 LAS 786/1828.

273 Vgl. Godau-Schüttke, Ich habe nur dem Recht gedient, S. 63 ff.

274 50 Jahre Bundesgerichtshof, S. 807.

275 LAS 786/1828.

276 Angaben aus: Rüping, Das "kleine Reichsgericht", a. a. O., S. 356; Lein, Braunschweiger Justiz im Nationalsozialismus, a. a. O., S. 73, 75.

277 So Arndt in einer Unterredung mit Bundespräsident Heuss am 19.2.1951, in: BA Koblenz B 122/2164.

278 Vgl. II. Teil, Kap. 4.3.

279 Das Folgende aus: Rüping, Das "kleine Reichsgericht", a. a. O., S. 357 f.

280 Zitiert nach Rüping, a. a. O.

281 Zitiert nach Rüping, a. a. O.

282 Arndt am 19.2.1951 und Dehler am 20.2.1951 (BA Koblenz B 122/2164).

283 So Arndt gegenüber dem Leiter des Rechtsreferats im Bundespräsidialamt, Lehmann, am 20.2.1951 und am 21.2.1951, in: BA Koblenz B 122/2164.

284 Dehler am 21.2.1951 gegenüber Lehmann, in: BA Koblenz B 122/2164.

285 Die Reform hatte Arndt bereits in einem Gespräch mit Lehmann am 13.2.1951 in groben Zügen skizziert (vgl. Vermerk Lehmann v. 13.2.1951 (BA Koblenz, a. a. O.)). Bundespräsident Heuss nahm diese Anregung im Gespräch mit Arndt am 19.2.1951 auf: "Der Herr Bundespräsident erklärte sich nochmals bereit, seine guten Dienste zur Verfügung zu stellen. Als Ziel schwebe ihm ein gentleman agreement vor, in dem sich die Beteiligten über das Verfahren im Richterwahlausschuss einigen." (Vermerk Lehmann v. 20.2.1951 (BA Koblenz, a. a. O.).) Gegenstand dieses gentleman agreement sollten die von Arndt angesprochenen Punkte sein, die dann auch in das Kompromisspapier des Bundespräsidenten einflossen, das als undatierter "Entwurf Betrifft: Richterwahlausschuss" (BA Koblenz, a. a. O.) – offensichtlich von Lehmann entworfen – in den Akten des Bundespräsidialamtes vorhanden ist. Im Gespräch mit Heuss am 20.2.1951 akzeptierte Dehler die Vorschläge Arndts im Wesentlichen, machte eine Einigung aber von der von ihm geforderten Erklärung abhängig (Vermerk Lehmann v. 21.2.1951 (BA Koblenz, a. a. O.)).

286 BA Koblenz B 122/2164.

287 50 Jahre Bundesgerichtshof, S. 788, 802 f.

288 So Wengst, Thomas Dehler, S. 149.

289 Dabei schreckte Dehler nicht von dem Versuch zurück, Arndt persönlich zu diskreditieren; vgl. hierzu Gosewinkel, Adolf Arndt, S. 330 ff.

290 Vgl. I. Teil, Kap. 1.5.1.

291 Wegen weiterer Einzelheiten vgl. Gosewinkel, a. a. O., S. 53 ff.

III. Teil

Der Präsident und Politiker Weinkauff

1. Die Stellungnahme evangelischer Christen zum deutschen Verteidigungsbeitrag vom 21. Januar 1952

Als 1950 die Wiederbewaffnung der Bundesrepublik an Aktualität gewann[1], stand die protestantische Kirche nicht geschlossen hinter der Politik Adenauers, die auf eine Remilitarisierung angelegt war. Die wohl bekanntesten Opponenten seiner Politik im protestantischen Lager waren Gustav Heinemann, der am 9. Oktober 1950 wegen dieser Politik als Innenminister aus dem Kabinett Adenauers austrat, und Martin Niemöller. Dieser war U-Boot-Kommandant im 1. Weltkrieg und nach 1918 Freikorpskämpfer gewesen. Als aktiver Gegner Hitlers mutierte er nach 1945 zum „praktischen" Pazifisten.[2] Beide waren Vertreter des Linksprotestantismus; doch es gab auch andere Wortführer innerhalb der Evangelischen Kirche in Deutschland (EKD).[3] Es waren dies, um nur einige zu nennen, der Ratsvorsitzende der EKD und Bischoff von Berlin und Brandenburg, Otto Dibelius, der Gründer des Evangelischen Arbeitskreises der CDU/CSU (EAK), Hermann Ehlers, erster Präsident des Deutschen Bundestages, und der Theologe Eugen Gerstenmaier, Nachfolger von Ehlers als Bundestagspräsident. Die letzten beiden Politiker standen „für eine evangelische Wendung zur ‚konservativen Demokratie'".[4]

Innerhalb der evangelischen Kirche war die Wiederaufrüstungspolitik also nicht unumstritten.[5] Kirchenführer und Mitglieder der evangelischen Kirche, die der CDU/CSU nahe standen oder sogar deren Mitglieder waren, beschlossen Anfang 1952 eine eigene Stellungnahme für den deutschen Verteidigungsbeitrag abzugeben, die dem Rat der EKD für dessen Sitzung am 24. Januar 1952 zugeleitet wurde.

An der „Ausarbeitung und Abfassung" dieser Stellungnahme waren „im Wesentlichen folgende Vertreter der Evangelischen Kirche und des öffentlichen Lebens"[6] beteiligt: Hans Lilje, 1944 als Mitarbeiter der Bekennenden Kirche inhaftiert, der u. a. von 1947 bis 1971 Bischof der Evangelisch-Lutherischen Landeskirche Hannovers war;[7] Reinhold von Thadden, ebenfalls ehemaliges Mitglied der Bekennenden Kirche, der u. a. von 1949 bis 1964 Präsident des Deutschen Evangelischen Kirchentages war;[8] der Staatsbeauftragte für Wiedergutmachung Küster; der Generaldirektor Kost (Essen); der Oberkirchenrat Erich Ruppel (Hannover); der Journalist Ernst Friedländer[9] und Hermann Weinkauff, der CSU-Mitglied gewesen sein soll.[10]

Die Stellungnahme evangelischer Christen zum deutschen Verteidigungsbeitrag vom 21. Januar 1952 hatte den folgenden Wortlaut: „Die Frage des deutschen Verteidigungsbeitrages hat die deutsche evangelische Christenheit weithin in Verwirrung und Gewissensnot gebracht. Wir versuchen, auf die Frage eine Antwort zu geben, soweit sie das christliche Gewissen betrifft.

Gott will, dass eine staatliche Ordnung das Recht schützt und den Frieden sichert. Recht und Friede werden von der Machtgier, aber auch von der Unterdrückung im Namen menschlicher Ideen bedroht. Die Bedrohung kommt von innen und außen. Um sich der Gewalt zu erwehren, haben die Staaten eine Polizei und ein Heer. Sie haben sie so lange mit Recht, als sie diese Machtmittel im Dienst des Rechts und zur Abwehr des Unrechts verwenden.

Es ist dem Christen nicht erlaubt, diese Tatbestände zu leugnen. Es ist vielmehr seine Pflicht, sie in seine Verantwortung aufzunehmen. Er soll insbesondere durch lebendige Teilnahme am öffentlichen Leben den immer möglichen Missbrauch der bewaffneten Gewalt verhindern. In dieser tätigen Verantwortung, nicht aber dadurch, dass er um jeden Preis die Gewalt verwirft, vollzieht er ein Stück der Bruderliebe, die in der Bergpredigt geboten ist. Das gilt im Allgemeinen. Gilt es auch für die besondere Lage, in der sich Deutschland heute befindet?

Auch wir sehen diese Lage so, dass Gott es war, der uns die Waffen aus der Hand geschlagen hat. Auch für uns folgt daraus, dass wir sie nicht zu dem Zweck wieder aufnehmen dürften, um im abermaligen Vertrauen auf die Gewalt unsere alte nationale Machtstellung wieder zu erobern.

Es hieße aber den Weg einer selbstgewählten, nicht von Gott befohlenen Buße gehen, wollten wir sagen, es sei unserem Volk auch verwehrt, gemeinsam mit seinen Nachbarn diese und uns, den Frieden und das Recht vor der erneuten Bedrohung durch die nackte Gewalt zu schützen. Wenn die daraus entstehende Verteidigungsgemeinschaft unserem Volke früher, als es hoffen konnte, wieder einen Platz unter den freien

Völkern verschafft, haben wir das dankbar als eine verpflichtende Gnade aufzunehmen. Vor allem die Christen in unserem Volke, die die Größe dieser Verpflichtung ermessen können, haben die Aufgabe, auf das Denken unseres Volkes einzuwirken, damit aus einer Wiederbewaffnung nicht neuer Schaden für seine Seele entsteht. Sie haben von den ersten Vorbereitungen an unbekümmert und wachsam dahin zu wirken, dass eine künftige soldatische Erziehung frei bleibt von jeder Entwürdigung des einfachen Mannes, vom Geist des Hasses, der Rache und der hemmungslosen Vernichtungslust, aber auch von den unsachlichen Haltungen der Ruhmsucht, des Ranggeistes und der Soldatenspielerei.

Wir glauben nicht, dass eine Weigerung unseres Volkes, an der europäischen Verteidigungsgemeinschaft mitzuwirken, bessere Gewähr für die Erhaltung des Friedens bietet als der Entschluss, sich mit den Nachbarvölkern zur Abschreckung der Gewalt zu verbinden. Namentlich scheint uns die Erfahrung zu lehren, dass die Waffenlosigkeit derer, denen es mit Recht und Frieden Ernst ist, die Kriegsgefahr erhöht, und dass neutrale Räume zum Zugriff verlocken. Wir wissen aber, dass dies nicht mehr Ergebnisse der Gewissenserforschung, sondern solche bloßer Vernunftüberlegung sind. Wenn ein Mitchrist hierin auf Grund seiner Vernunft und Weltkenntnis anders urteilt und zu dem Ergebnis kommt, unser Beitritt zu einer europäischen Verteidigungsgemeinschaft bedeute den sicheren Krieg, oder auch, er führe uns notwendig wieder in den Militarismus, so werden wir seine Entscheidung gegen den Verteidigungsbeitrag als eine christliche Gewissensentscheidung anerkennen. Dagegen weisen wir das Urteil, für den Beitritt zur Verteidigungsgemeinschaft zu stimmen sei dem Christen verboten, als das Urteil eines irrenden Gewissens zurück."[11]

Die Stellungnahme schürte in geschickter Formulierung die Kommunistenangst, die damals vorherrschend war. Naturrechtliche Gedanken, die vermutlich auf Weinkauff zurückgingen, sollten den legitimen Charakter der Thesen unterstreichen. Eine kritische Auseinandersetzung mit den Gefahren und Nachteilen einer Wiederaufrüstung fand zielgerichtet nicht statt. Der christliche Glaube, gepaart mit antibolschewistischen Überzeugungen, diente als Rechtfertigungsgrund, eine Remilitarisierung zu fordern.

Die in der Stellungnahme vom 21. Januar 1952 enthaltenen Thesen und Forderungen entsprachen Weinkauffs Überzeugungen voll und ganz. Auch in späteren Jahren bestimmten sie sein Handeln. Als die Diskussion über die Ostpolitik Brandts ihren Höhepunkt erreicht hatte, gab der Rheinische Merkur 1971 einen Sonderdruck heraus. In diesem referierte Weinkauff über das Thema: „Ostverträge vor Gericht? Das Selbstbestimmungsrecht ist kein Formelkram"[12].

Obwohl er sich bemühte, juristisch zu argumentieren, konnte er dennoch seine tiefe Abneigung gegen die neue Ostpolitik, von seinem Antikommunismus gespeist, nicht immer unterdrücken. Dabei stellte er gewagte außenpolitische Thesen auf: „Verpflichtet sich die Bundesrepublik gegenüber der Sowjetunion völkerrechtlich, nicht nur auf Gewalt zu verzichten, sondern den ganzen außenpolitischen europäischen Besitzstand, wie er sich 1945 durch Gewalt herausgebildet hat, rechtlich endgültig und so anzuerkennen, dass sie ihn auch in einem etwaigen Friedensvertrag nicht mehr in Frage stellen kann, also alle gegenwärtig nur tatsächlich bestehenden europäischen Grenzen einschließlich der Oder-Neiße-Linie und der innerdeutschen Trennungslinie als zu Recht bestehende Staatsgrenzen und alle nach 1945 durch Gewalt entstandenen Staaten oder staatsähnliche Gebilde einschließlich der DDR als selbständige souveräne Staaten und Völkerrechtssubjekte mit völliger innerer Autonomie endgültig rechtlich anzuerkennen und eine Art von Oberausicht der Sowjetunion bei dem Abschluss von Verträgen mit den Staaten des Warschauer Paktes zu respektieren; übernimmt die Bundesrepublik weiter in einem völkerrechtlichen Vertrag mit Polen dieselben Verpflichtungen in Bezug auf die Grenzen und den völkerrechtlichen Bestand Polens und der DDR, schließt sie endlich mit der DDR einen völkerrechtlichen Vertrag, der sie als selbständigen souveränen Staat und als Völkerrechtssubjekt, ihre Grenzen einschließlich der innerdeutschen Trennungslinie als Staatsgrenzen und ihre völlige innere Autonomie anerkennt, und nimmt sie den völkerrechtlichen Verkehr von Staat zu Staat zu ihr auf – und sei es auch zunächst nur durch Emissäre und nicht durch Diplomaten, was völkerrechtlich auf dasselbe hinauslaufen würde – und fördert sie endlich die Aufnahme der DDR in die UN, so wäre der ganze 1945 durch bloße Gewalt entstandene Besitzstand durch die Bundesrepublik endgültig als zu Recht bestehend anerkannt.

Dieses Anerkenntnis bände die Bundesrepublik als solche, also auch alle ihrer künftigen Regierungen. Die Bundesrepublik hätte dadurch gleichzeitig ihre westlichen Verbündeten einseitig aus ihren Verpflichtungen aus dem Deutschlandvertrag entlassen, also aus der sie bisher rechtlich bindenden Verpflichtung, eine deutsche Außenpolitik zu unterstützen, die im Sinne des Verfassungsauftrages auf die staatliche Wiedervereinigung Gesamtdeutschlands in Freiheit gerichtet ist."

Weinkauff war mit dieser Meinung kein Einzelgänger. Er repräsentierte vielmehr das einflussreiche konservative Lager in der Bundesrepublik, das sich gegen die Ostpolitik von Bundeskanzler Brandt (SPD) und seines Außenministers Scheel (FDP) mit Vehemenz, wenn auch vergeblich, zur Wehr setzte. Die Konservativen im Land suchten Mitstreiter wie Weinkauff und schätzen dessen Hilfe. Seine ehemalige Amtsstellung strahlte noch immer Autorität aus, mit der man sich schmücken konnte. Hinzu kam, dass Weinkauff durch seine geschickte Argumentation den in weiten Bevölkerungskreisen latent vorhandenen Antibolschewismus wachzurufen verstand. Hierdurch konnte er eindrucksvoll die Politik des Ostblocks, angeführt von der UdSSR, als gegenwärtige Bedrohung für die Existenz der Bundesrepublik darstellen. Indem er seine Meinung juristisch untermauerte, verlieh er dieser zudem Seriosität und Plausibilität.

2. Für den „Richterkönig" und gegen Pluralität

Den Begriff „Richterkönig" bezeichnete Weinkauff als eine „literatenhafte Fehlbezeichnung".[13] Vielmehr sprach er von einer „Richteraristokratie", die „an die Stelle eines Richterheeres" treten solle. Und was er damit meinte, wurde in den 50er und 60er Jahren vom damaligen amtierenden Richterheer in seiner übermäßigen Mehrzahl wohlwollend zur Kenntnis genommen. Weinkauff sprach seinen Kolleginnen und Kollegen sozusagen aus dem Herzen. Dass seine Ansichten und Postulate den Zielvorstellungen des Parlamentarische Rates zum Teil eklatant widersprachen, kümmerte keinen Repräsentanten des Deutschen Richterbundes. Und auch die politischen Parteien CDU/CSU, SPD und FDP, die im Parlamentarischen Rat noch von einem Einigungswillen beseelt waren, hielten sich bedeckt. Weinkauff und mit ihm das Richterheer konnten sich, ohne öffentliche Kritik zu erfahren, quasi ungestört ausleben.

Welche Vorstellungen hatte nun Weinkauff?:

Die Rechtsordnung in der Bundesrepublik sei „abstrakt" und „wissenschaftlichen Charakters". Diese beiden Momente würden „ein gerüttelt Maß von Schuld an der Rechtsferne" des Volkes tragen. Auch die

Akademiker, die „im Bereich des Rechtes nur gelten lassen" wollten, „was wissenschaftlich zwingend bewiesen werden" könne, würden für diesen Zustand verantwortlich sein. Das Recht in Deutschland sei aber „nicht ein wissenschaftlich zwingendes Geflecht von Normen, sondern der Niederschlag einer Jahrtausende alten praktischen Erfahrung und eines durch eben diese Erfahrung geschärften Gefühls für das Billige und Gerechte". Inzwischen sei man aber „in eine Epoche einer übermäßigen Gesetzesinflation von so genannten Maßnahmegesetzen eingetreten, in denen oft nicht mehr das Gerechte, sondern nur noch die Übermacht und der Kompromiss der Interessenten zum Zuge zu kommen" pflege.

Als Ursache für die Rechtsferne des Volkes glaubte Weinkauff auch „die so genannte pluralistische Gesellschaft" und den „Pluralismus der Wertvorstellungen" ausgemacht zu haben. Als „bedrohlich" sah er insoweit „insbesondere die Selbstverständlichkeit und das Unisono" an, „mit denen man gerade unter Juristen wieder von der pluralistischen Gesellschaft und ihren in sich gespaltenen und miteinander unvereinbaren Leitbildern" ausgehe. Diese Haltung stünde im Widerspruch zum Grundgesetz, das „sehr wohl allgemein verbindliche rechtliche Grundwerte" kenne und setze. Quasi einer Abrechnung mit den gesellschaftspolitischen Verhältnissen in der Bundesrepublik kam es gleich, wenn Weinkauff sich in folgende These geradezu hineinsteigerte: „Das pflegt einherzugehen mit einem Lobpreis der Toleranz, aber einer Toleranz nicht aus Freiheit, sondern aus Leere und Schwäche." Und parallel dazu glaubte er erkannt zu haben, dass im Volke „sich teilweise nicht nur die elementaren Werte des Rechtes" zersetzen würden, sondern „auch die der Sitte und die einer allgemeine Geltung beanspruchenden und findenden Sittlichkeit".

Die Ursachen hierfür glaubte Weinkauff ausfindig gemacht zu haben: Das „weit verbreitete Gefühl der Bindungslosigkeit", das „Abreißen jeglicher Tradition", das „Programm der ‚Tabuzertrümmerung' gewisser Massenmedien und gewisser Literaten". Und was er unter der letzten These verstand, daran ließ er keinen Zweifel: „Tabus" seien „Zeugnisse einer von weither überkommenen Ehrfurcht. Wer Ehrfurcht planmäßig ‚zertrümmere'", führe „ein nihilistisches Chaos herauf, in dem auch das Gefühl für das Recht" sterbe. Resigniert stellte er dann fragend fest, ob man denn „unter solchen Umständen überhaupt noch Hoffnung hegen" könne, „Volk und Recht allmählich wieder in eine innere Beziehung zu bringen". Um diese Missstände abbauen zu können, forderte Weinkauff

einen „elementaren Rechtsunterricht in den Volks- und Mittelschulen".
Und die Publizistik könne dabei „eine ungemein segensreiche Rolle"
spielen. Allerdings meinte er sogleich einschränkend: Diese spiele diese Rolle „oft nicht", sondern erschöpfe „sich nicht selten in einer nihilistischen und dazu selbst rechtsfremden Kritik".

Weinkauffs Kritik war nicht konstruktiv, sondern destruktiv. Ihm passte
ganz offensichtlich das demokratische Fundament des neuen Staates
nicht: „Und was endlich den Pluralismus der Wertvorstellungen angeht,
so wird darüber mehr geschwatzt und von selbst wurzellosen Intellek-
tuellen geredet als in Wirklichkeit an der Sache ist. Ginge man ihr
nämlich unbefangen und mit gesundem Menschenverstand und gesundem Rechtsgefühl zu Leibe, so würde man finden, dass unter allen wechselnden Oberflächenmeinungen ein nur verschüttetes Urgestein gemeinsamer Rechtsüberzeugungen liegt, die es freizulegen und in das helle
Bewusstsein zu heben gilt; eine Aufgabe, die allerdings sehr schwer,
aber nicht von Haus aus unmöglich ist. Was hier gemeint ist, ist allein
der angebliche Pluralismus der Vorstellungen über die Grundwerte des
Rechtes. Das hat nichts zu tun mit der in einer Demokratie legitimen
Vielfalt der politischen Zielsetzungen, wenn sie sich nur innerhalb dieser rechtlichen Grundwerte halten. Wohl aber hat es sehr viel zu tun
mit der noch ernsteren und tieferen Frage, ob und wie den Zeichen einer
nihilistischen Zersetzung der ethischen Imperative unsere Gesellschaft
begegnet werden könne."

Wenn Weinkauff einen Rechtskundeunterricht an den Schulen als ein
Mittel bezeichnete, um das Verhältnis zwischen Volk und Recht zu sta-
bilisieren, so war dieses Argument nur von peripherer Bedeutung. Ihm
ging es um etwas Elementareres. Die Einheit von Volk und Recht könne nur dann erreicht werden, wenn das Recht auf eine naturrechtliche
Grundlage gestellt und wenn eine große Justizreform in die Wege geleitet werden würde. Seine erste Forderung stand aber im krassen Widerspruch zu den Vorgaben des Grundgesetzes: „Die Erarbeitung einer Grundlage des Rechtes, die jenseits von Rechtspositivismus und
Wertpluralismus liegt, mit anderen Worten: die Erarbeitung einer naturrechtlichen Grundlage des Rechtes, ist daher das A und O jeder wirklichen Erneuerung von Recht und Gericht." Dabei beklagte er, dass im
„existierenden Rechtsstaat" das Naturrecht „naturgemäß weitgehend
hinter den Vorhang des positiven Rechtes" zurücktrete. Und die Gefahr,
die er hierdurch im Wachsen begriffen sah, beschrieb er, die wahren
Realitäten in der Justiz nicht sehen wollend, apokalyptisch: Die Tatsa-

che, dass auch „die jungen Juristengenerationen" überwiegend im „Pluralismus der Wertvorstellungen" und im „Rechtspositivismus" aufwachsen würden, eröffne eine Gefahrenquelle „für ein erneutes Versagen des Rechtes und der Justiz vor einer erneuten totalitären Bedrohung des Rechtes."

Bereits 1947 forderte er: „Das deutsche Recht und die deutsche Justiz sind gegenwärtig in einer ernsten Krise. Ihr Ziel muss es sein: der strenge Rechtsstaat auf dem Boden eines Naturrechts, das die Werte des Christentums und der Menschlichkeit verwirklicht."[14] Wie er seinen Naturrechtsgedanken verstanden wissen wollte, machte er der juristischen Öffentlichkeit in einem mehrseitigen Aufsatz mit dem Titel „Der Naturrechtsgedanke in der Rechtsprechung des Bundesgerichtshofes"[15] bekannt, in dem er ausführte: „Nach naturrechtlicher Auffassung sind die äußeren, die sozialen Beziehungen der Menschen untereinander, zu den Dingen und zu den grundlegenden gesellschaftlichen Einrichtungen durch eine letzte, objektive, aus sich selbst heraus geltende, in ihren Umrissen erschaubare, rechtliche Geordnetheit gekennzeichnet. Es handelt sich um einen Bereich objektiven rechtlichen Sollens, der einer vorgegebenen Ordnung der Werte entspricht, der mit dem Anspruch auf schlechthinige Verbindlichkeit auftritt, der den positiven Rechtsordnungen, die sich in seinem Rahmen halten, erst ihre innere Verbindlichkeit verleiht und der positive Rechtsnormen, die ihm grob widersprechen, ihrer rechtlichen Geltung entkleidet. Diese letzte rechtliche Ordnung kann nicht wissenschaftlich zwingend bewiesen werden [...], wohl aber kann sie durch die redliche Anspannung der Vernunft und des Gewissens, insbesondere der Vernunft und des Gewissens eines rechtlich gesinnten und erfahrenen Beurteilers, mit verhältnismäßig großer intuitiver Sicherheit ergriffen werden. Aus den obersten naturrechtlichen Sätzen lässt sich nicht, im Wege des rationalen Schließens nach unten hin, ein umfassendes und in das Einzelne gehendes System rechtlicher Normen ableiten. Dem entziehen sie sich. Sie geben vielmehr nur die Umrisse einer rechtlichen Urordnung an und stecken gewissermaßen die äußersten Grenzen ab, die die positiven Rechtsordnungen nicht überschreiten dürfen. Die naturrechtlichen Sätze sind nicht alle im gleichen Maße einsichtig; sie schaffen auch nicht alle Antinomien aus der Welt, auf die man im Bereich des Rechts trifft und für die etwa die christliche Lehre vom Fall der Schöpfung kennzeichnend ist; sie sind endlich, obwohl selber zeitlos, insofern in den geschichtlichen Wandel hineingezogen, als sie stets auf geschichtlich wechselnde Bedingungen ihrer Anwendung und auf geschichtlich wechselnde positive Rechtsordnungen treffen. Gleichwohl sind sie in der Hand des Richters das stärkste, ja das unerlässliche Mittel, um das Unrecht aus dem Raume des Rechtes fernzuhalten."

Weinkauff machte aber unmissverständlich deutlich, welche Konsequenzen aus „seiner Naturrechtslehre"[16] zu ziehen seien, die mit den Vorgaben des Grundgesetzes kollidierten: „Bei der richterlichen Handhabung des Rechts wird vor allem dieser verbietende, das positive Recht begrenzende Charakter der Naturrechtsordnung praktisch. Ihrem sachlichen Gehalte nach stehen dabei unter den naturrechtlichen Normen die Folgenden im Vordergrund: Der Gleichheitssatz, der das formale Grundgesetz jeder Rechtsordnung ist, die elementaren Grund- und Freiheitsrechte, die sich auf die menschliche Personhaftigkeit gründen und aus ihr abzuleiten sind, und die vorgegebenen grundlegenden Ordnungen der Elemente des gesellschaftlichen Zusammenlebens wie Familie, Volk, Staat, Kirche und Völker- und Staatengemeinschaft. Die materielle Gerechtigkeit und das Sittengesetz gehören insofern in diesen Zusammenhang hinein, als der Staat und die staatlichen Gemeinschaften grundsätzlich gehalten sind, das von ihnen gesetzte Recht im Rahmen des Gerechten und des sittlich Gebotenen zu halten."[17]

Damit diese Ziele auch umgesetzt werden könnten, forderte Weinkauff eine große Justizreform, die aus zwei Elementen bestehen sollte: „Einmal die organisatorische Einheit der Recht sprechenden Gewalt, die Einheit der Justiz, das allzuständige Gericht, und dann die Verwirklichung des Grundsatzes: ‚Viel weniger, aber viel höher gestellte und höher qualifizierte Richter'".[18] Die große Justizreform gedachte er wie folgt umzusetzen: „Es soll ein Richtertum geschaffen werden mit einem einheitlichen Ethos und mit einer einheitlichen richterlichen Grundüberzeugung. [...] Die Gerichte sind nicht die Annexe von sechs oder sieben Verwaltungen, sondern sie sind [...] das Bollwerk für die Freiheit und Sicherheit des Volkes. Gerade in unserer Zeit, die sich durch eine Anarchie der Werte kennzeichnet, wie sie noch selten da war, in unserer Zeit, in der die sittlichen und die rechtlichen Grundanschauungen [...] praktisch nicht mehr vorhanden sind, gerade in einer solchen Zeit muss wenigstens in den Gerichten ein einheitlicher richterlicher Geist erstrebt werden und darf nicht im Wege einer immer weiter gehenden Aufsplitterung und eines immer mehr fortschreitenden Auseinanderjudizierens in den Grundfragen dieser unheilvollen Entwicklung noch

Vorschub geleistet werden. [...] In allen richterlichen Gremien sollen Richter verschiedener richterlicher Erfahrung mitwirken. Eine Gefahr des Überspezialistentums ist in unserer Zeit größer als die umgekehrte Gefahr. Die Gefahr ist die, dass der Richter nur noch Spezialist, Überspezialist und Techniker auf einem ganz bestimmten Gebiet ist, dass er aber nichts mehr weiß von den gemeinsamen Grundüberzeugungen des Rechts und von den gemeinsamen echten und elementaren richterlichen Antrieben. Deswegen muss versucht werden, dadurch, dass man das gesamte Richterkorps zusammenfasst, wieder zu einheitlichen Grundüberzeugungen des Rechtes zu kommen. [...] Grund und Ziel dieser Reform ist: Kein in sieben Gerichtszweige zersplittertes, übergroßes [...] graues Heer von Richterbeamten und Rechtstechnikern, die das Recht im Volk nicht eindrucksvoll darstellen können, sondern ein einheitliches Gericht, besetzt mit verhältnismäßig wenigen, aber hochstehenden und hochgestellten Richtern, die auch als Persönlichkeit eindrucksvoll sind."[19] Dass mit dieser Forderung gleichzeitig die soziale Stellung des Richters in der Bundesrepublik gehoben werden sollte, hierüber ließ Weinkauff keine Zweifel aufkommen: „Der Richter" sei „soziologisch so niedrig eingestuft, dass es in einem schreienden Missverhältnis zu der Bedeutung seines Amtes" stünde. Die „äußere Stellung des echten, d. h. des streitentscheidenden Richters"[20] müsse angehoben werden.

Diese Forderungen stellte Weinkauff in der juristischen Öffentlichkeit auf. Intern ging er sogar noch einen Schritt weiter, indem er propagierte: Der Beruf des Richters sei „ein sog. Ur-Beruf". Die Zahl der streitentscheidenden Richter sei „stark zu vermindern". „Sachfremde, besonders politische Einflüsse auf das Berufsschicksal des Richters" müssten „ausgeschaltet werden". „Das Richtertum" müsse sich „in einem begrenzten Umfange selbst verwalten können".[21]

Weinkauffs Ziel war also, „eine genügende Anzahl starker, selbstbewusster, lebenserfahrener und nur dem Recht verpflichteter Richterpersönlichkeiten, die der persönlichen Ausstrahlung auf die Rechtsgenossen fähig und zum selbständigen Widerstand aus eigener Kraft gegen die totalitäre Bedrohung des Rechts imstande wären", zu gewinnen. „An die Stelle eines Richterheeres" – so Weinkauff weiter – „träte dann eine Richteraristokratie". Und diese könnte dann letztlich „einen wirklich geschlossenen Richterstand, ja einen wirklichen Rechtsstand" bilden, „der seinen legitimen Platz im Volksganzen einnehmen könnte".[22]

Weinkauff war aber nicht nur Theoretiker. Er verstand es auch, konkrete Vorschläge zu unterbreiten. 1954 übermittelte er sie dem Bundesminister der Justiz, da sie sich auf die Struktur des Bundesgerichtshofs bezogen: „Die gegenwärtige Ordnung der Revision zum Bundesgerichtshof erstrebt zwei Ziele. Der Bundesgerichtshof soll jede von der Revision angegriffene Entscheidung der Untergerichte auf ihre rechtliche (nicht auf ihre tatsächliche) Richtigkeit hin nachprüfen und er soll bei Gelegenheit dieser Nachprüfung gleichzeitig für die einheitliche Auslegung und die Fortbildung des Rechts sorgen."[23] Gleich hier setzte bei Weinkauff die Kritik ein, indem er monierte, „von den vor den Bundesgerichtshof gebrachten Verfahren" gebe „jedoch nur ein nicht allzu großer Bruchteil Gelegenheit zu Entscheidungen, die für die einheitliche Auslegung und die Fortbildung des Rechts von Bedeutung" seien. Nach seiner Einschätzung seien „mindestens zwei Drittel der Verfahren, wahrscheinlich noch mehr", „in diesem Sinne ohne rechtlichen Belang". Darüber hinaus hob er die Unterschiede zwischen den bürgerlichen Rechtsstreitigkeiten und den Strafsachen hervor. Während nämlich im zivilrechtlichen Bereich zwei Tatsacheninstanzen der Revision vorausgingen, sei es bei den Strafsachen nur eine.

Deshalb glaubte er feststellen zu können: Der Bundesgerichtshof sei „unter den gegenwärtigen Verhältnissen und sicher noch auf sehr lange Zeit einfach nicht in der Lage", seine Aufgaben „in entsprechendem Maße zu bewältigen". Als Gründe hierfür glaubte er Folgendes ausgemacht zu haben: „das Übermaß der rechtlich bedeutungslosen Sachen", „die Zerrüttung und Komplizierung des Rechts, die durch das nationalsozialistische Regime, den Krieg, den Zusammenbruch, die Rechtsverwirrung und Rechtszersplitterung der Nachkriegszeit (Besatzungsrecht), das untergeordnete und kaum mehr zu bewältigende Überwuchern des öffentlichen Rechts über das bürgerliche Recht, das Übermaß der staatlichen Betätigung, die kaum mehr erträgliche Gesetzesinflation und das Fehlen allgemein anerkannter Wertvorstellungen entstanden" seien.

Aber auch das Personal des Bundesgerichtshofes beleuchtete er in diesem Zusammenhang kritisch: „Die Richter des Bundesgerichtshofes" seien „nach Alter, Gesundheit, fachlicher Eignung, richterlicher Erfahrung, innerer Einstellung zu den Grundfragen des Rechts, geistigem Rang und menschlicher Haltung allzu verschieden, so verschieden, dass es ungemein schwer" falle, „eine fundierte einheitliche Rechtsprechung zu bilden und auf Dauer zu erhalten."

Bei dieser Kritik beließ es Weinkauff aber nicht; hinsichtlich seiner Kollegen kannte er keine Zurückhaltung: „Die Fähigkeiten und Leistungen der Einzelnen sind ebenso unterschiedlich wie ihre Grundhaltung zum Recht und ihre Wertvorstellungen." Worin das wiederum begründet lag, machte er unmissverständlich deutlich: „Die zur Zeit geübten Auslesmethoden haben es keineswegs vermocht, eine auch nur einigermaßen homogene Richterschaft beim Bundesgerichtshof hervorzubringen. Sie könnten das auch dann nicht leisten, wenn sie durch bessere Auslesmethoden ersetzt würden, weil gar nicht so viele gleichmäßig gute und geeignete Kräfte in der Justiz vorhanden sind." Diese Behauptung war vernichtend.

Nachdem er seine Vorschläge und seine Kritik noch näher dargelegt hatte, kam er auf sein eigentliches Kredo zu sprechen: „Das alles drängt danach, ein wesentlich kleineres, dafür aber hochwertig zu besetzendes Gericht zu bilden, das nur noch über wirklich wichtige Fragen des Rechts zu entscheiden hat. [...]

Der Bundesgerichtshof sollte streng auf seine Funktion der einheitlichen Auslegung und Fortbildung des Rechts beschränkt werden. Dagegen sollte er nicht mehr die Aufgabe haben, eine mehr oder minder willkürlich ausgewählte Vielzahl von Entscheidungen auf ihre jeweilige rechtliche Richtigkeit hin nachzuprüfen. Im Einzelnen würde das bedeuten, dass der Bundesgerichtshof nur noch in sog. Grundsatzfragen oder bei wesentlichen Abweichungen unterer Gerichte in der Rechtsprechung zu entscheiden hätte. [...] Das würde es nach einer Übergangszeit, in der die vorhandenen Rückstände aufzuarbeiten und Erfahrungen mit der neuen Regelung zu sammeln wären, erlauben, das Gericht wesentlich kleiner zu halten, d. h. mit der Zeit eine nicht unerhebliche Zahl von Senaten einzusparen. Dieses kleine Gericht könnte laufend hochwertiger und homogener besetzt werden, besonders wenn der wirtschaftliche Anreiz, an dieses Gericht zu gehen, noch gesteigert würde."

Weinkauff selbst wusste als Pragmatiker und Realist durchaus, worauf seine Vorschläge hinauslaufen würden: „Sicherlich bedeutet die Beschränkung des Bundesgerichtshofes auf die Funktion der einheitlichen Auslegung und Fortbildung des Rechts einen nicht leicht zu nehmenden Bruch mit einer langen Rechtstradition. Sie ist aber m. E. auch mit dem allgemeinen Interesse und mit dem Interesse der Rechtsuchenden durchaus vereinbar."

Wie Weinkauff sich die von ihm bislang nur theoretisch beschriebene Richteraristokratie vorstellte, kann an einem Beispiel verdeutlicht werden: Es handelt sich um Emil Niethammer. Als dieser am 19. Februar 1956 im Alter von 86 Jahren verstorben war, war es Weinkauff, der ihn lobpreiste: „Seiner Bedeutung wird man nur unvollkommen gerecht, wenn man bloß die Daten seines bürgerlichen Werdeganges an sich vorüberziehen lässt, obwohl sich auch schon in ihnen die Weite und die Tiefe seiner Persönlichkeit abspiegelt."[24] Wie sah Niethammers Lebensweg aus? Zunächst war er, der 1869 geboren war, Richter in Württemberg; im 1. Weltkrieg brachte er es als Hauptmann der Reserve bis zum Regimentskommandeur. Sodann wurde er Reichsanwalt (1922) und schließlich Reichsgerichtsrat (1930) in verschiedenen Strafsenaten, ehe er 1937 in den Ruhestand ging. Der NSDAP trat er nicht bei.[25] Das hinderte ihn aber nicht daran, sich als Strafrechtskommentator „als aktiver Gestalter der ‚nationalsozialistischen Rechtspflege'"[26] hervorzutun und 1937 das Reichsgericht „als Schrittmacher des Strafverfahrens nach geltendem Recht und in Zukunft"[27] zu loben. Auch nach 1945 kannte er keine Scheu, die These zu vertreten, „alle Entscheidungen" des Reichsgerichts seien „auf Menschlichkeit, Wahrheit und Gerechtigkeit ausgerichtet" gewesen, so dass sein „Werk [...] uneingeschränkt weiter"[28] wirke.

Nach 1945, im hochbetagten Alter, wurde er Professor in Tübingen, ehe er zum Präsidenten des dortigen Oberlandesgerichts ernannt wurde. Weinkauff war von ihm fasziniert und merkte ehrfürchtig an: „In Deutschland tritt [...] der Richter, auch der hohe Richter, so gut wie nie aus der Anonymität heraus; das deutsche Volk kennt im Allgemeinen seine Richter nicht. Niethammer hat diesen Ring der Anonymität kraft seiner Persönlichkeit wenigstens teilweise gesprengt; er hätte es darüber hinaus verdient, vom ganzen Volke als Vorbild, als Urbild des Richters gekannt zu sein." Weinkauff begründete seinen Wunsch auch: Er habe „in einer seltenen Weise Männlichkeit, Energie und Willenskraft mit hoher Geistigkeit, Wärme des Herzens und gelassener edler Menschlichkeit" vereint. Er habe „ein leidenschaftliches Gefühl für das Recht" besessen. Er sei „aber auch von einer leidenschaftlichen Unbeugsamkeit gegenüber dem Unrecht" gewesen und er habe „sich im Kampf dagegen schonungslos eingesetzt".

3. Ein Widerstandsrecht nur für Eliten?

Als der IV. Zivilsenat des Bundesgerichtshofes am 14. Juli 1961 unter Vorsitz des Senatspräsidenten Ascher, über den noch zu reden sein wird, in einer Entschädigungssache sein Urteil verkündete, da ahnten die erkennenden Mitglieder des Senats wohl noch nicht, welche massive Kritik ihr Urteil erfahren sollte.

Schon der Leitsatz[29] musste Widerspruch auslösen: „Ein gegen eine bestehende Unrechtsherrschaft geleisteter Widerstand kann nur dann als rechtmäßig und demgemäß eine diesen Widerstand ahndende staatliche Maßnahme nur dann als Unrecht im Rechtssinne angesehen werden, wenn die Widerstandshaltung nach ihren Beweggründen, Zielsetzungen und Erfolgsaussichten als ein ernsthafter und sinnvoller Versuch gewertet werden kann, den bestehenden Unrechtszustand zu beseitigen und in Bezug auf dessen Übel eine allgemeine Wende zum Besseren herbeizuführen." Welcher Sachverhalt lag diesem Urteil zugrunde?[30]

Der Kläger wurde in Bremen am 19. Mai 1914 geboren. Anfang September 1939, unmittelbar nach Kriegsausbruch, erhielt er seinen Gestellungsbefehl.

Der nachfolgende Sachverhalt beruht auf den Angaben des Klägers: Da er sozialdemokratisch gesinnt war und aus dieser Gesinnung heraus das nationalsozialistische Regime ablehnte und weil er den Krieg als einen von Hitler provozierten Angriffskrieg ansah, zerriss er den Gestellungsbefehl. Von einem Kriegsgericht wurde er daraufhin zu 3 ½ Jahren Festungshaft verurteilt. Nach 2 Jahren Festungshaft in Torgau wurde er zu einem Strafbataillon versetzt, das in Russland Schanzarbeiten verrichtete und Minen verlegte. Da er an der Aufstellung von Mordwaffen nicht mitwirken wollte, weigerte er sich, die Minen zu verlegen. Deswegen wurde er von einem Feldgericht zu 1 ½ Jahren Freiheitsstrafe verurteilt, die er zunächst in der Festung Torgau und sodann wieder bei einem Strafbataillon verbüßte. Durch Unterernährung und Misshandlungen während der Haftzeit erlitt er bleibende Gesundheitsschäden.

Der Kläger begehrte eine Entschädigung nach dem „Bundesergänzungsgesetz zur Entschädigung für Opfer der nationalsozialistischen Verfolgung (BEG)".[31]

Die Präambel dieses Gesetzes lautet: „In Anerkennung der Tatsache, dass Personen, die wegen ihrer politischen Überzeugung, aus Gründen der Rasse, des Glaubens oder der Weltanschauung unter der nationalsozialistischen Gewaltherrschaft verfolgt worden sind, Unrecht geschehen ist, und dass der aus Überzeugung oder um des Glaubens oder Gewissens willen gegen die nationalsozialistische Gewaltherrschaft geleistete Widerstand ein Verdienst um das Wohl des Deutschen Volkes und Staates war, hat der Bundestag mit Zustimmung des Bundesrates das nachstehende Gesetz beschlossen." § 1 Abs. 1 BEG gewährte unter folgenden Voraussetzungen eine Entschädigung: „Anspruch auf Entschädigung nach diesem Gesetz hat, wer in der Zeit vom 30. Januar 1933 bis zum 8. Mai 1945 (Verfolgungszeit) wegen seiner gegen den Nationalsozialismus gerichteten politischen Überzeugung, aus Gründen der Rasse, des Glaubens oder der Weltanschauung (Verfolgungsgründe) durch nationalsozialistische Gewaltmaßnahmen verfolgt worden ist und hierdurch Schaden an Leben, Körper, Gesundheit, Freiheit, Eigentum, Vermögen oder in seinem beruflichen und wirtschaftlichen Fortkommen erlitten hat (Verfolgter)."[32]

In letzter Instanz hielt der Bundesgerichtshof die Entschädigungsansprüche des Klägers für unbegründet. In den Entscheidungsgründen führte der IV. Zivilsenat u. a. Folgendes aus: Soweit das Berufungsgericht (Oberlandesgericht Bremen) „eine Verfolgung des Klägers aus Gründen politischer Gegnerschaft schon deshalb angenommen" habe, „weil nach seiner Überzeugung dem Kriegsgericht bei der ersten Verurteilung des Klägers dessen politische Gegnerschaft zum Nationalsozialismus bekannt gewesen" sei, so sei diese Argumentation „nicht frei von rechtlichen Bedenken". Und zu diesen Bedenken führte der IV. Zivilsenat aus: „Aus dieser Tatsache konnte indes noch nicht gefolgert werden, dass die politische Einstellung des Klägers sich bei seiner Verurteilung, insbesondere bei der Strafzumessung, nachteilig für ihn ausgewirkt hat. Der Kläger ist nach den Feststellungen des Berufungsgerichts wegen Kriegsdienstverweigerung (Zersetzung der Wehrkraft) verurteilt worden. Die gegen ihn verhängte Strafe ist, wenn das ihm damals zur Last gelegte Verhalten so gewesen ist, wie er es jetzt darstellt, im Vergleich zu den Strafen, die sonst wegen militärischer Vergehen dieser Art ausgesprochen wurden, als auffallend milde zu bezeichnen."

Das Glück, das dem Kläger vor 1945 widerfahren war, wurde nach 1945 zu seinem Nachteil. Dabei mag dahingestellt bleiben, ob die Ansicht des IV. Zivilsenats schon per se juristisch unhaltbar war. Das Skandalöse an seiner Argumentation war aber, dass er zur Untermauerung, ja zur Legitimation seiner obigen Feststellung, pauschal Entscheidungen des Reichskriegsgerichts zitierte[33], ohne sich mit dessen tatsächlichen und rechtlichen Darlegungen auseinander zu setzen. Ob diese Vorgehensweise aus naiver Unkenntnis über die „Rechtsprechung" des Reichskriegsgerichts[34] oder sogar in Kenntnis der wahren Abläufe erfolgte, muss zwar unbeantwortet bleiben, jedoch belegt dieses Urteil insoweit, mit welcher Methodik die bundesdeutsche Justiz Gegnern des NS-Regimes juristisch gegenübertrat: Die NS-Rechtsprechung wurde zur Verneinung eines Anspruchs eingesetzt, der durch ein demokratisch legitimiertes Gesetz geschaffen worden war.

Der Senat kam folglich zum Ergebnis, dass „die Voraussetzungen für die Annahme einer Verfolgung aus Gründen der politischen Gegnerschaft nicht gegeben" seien. Er bejahte eine solche Verfolgung nur dann, „wenn die Verfolgung ihren Grund darin hatte, dass der Verfolgte auf politischem Gebiet als ein Gegner der NS-Herrschaft oder NS-Bestrebungen oder -Gedanken angesehen wurde, wenn er mit anderen Worten nach der Absicht des Verfolgers durch die ihm zugefügte Schädigung wegen seiner politischen Gegnerschaft getroffen werden sollte."

Der Senat musste sich allerdings mit noch einer weiteren rechtlichen Frage beschäftigen; diese betraf die Präambel des BEG. Hiernach war der Anspruch zu bejahen, wenn „die Handlung, derentwegen der Kläger bestraft worden ist, als eine zur Bekämpfung der NS-Gewaltherrschaft vorgenommene, im Sinne einer übergesetzlichen Rechtsordnung rechtmäßige[35] Widerstandshandlung gegen eine bestehende Unrechtsordnung angesehen werden muss".

Was glaubte der Senat unter einer Widerstandshandlung in diesem Sinne verstehen zu müssen? „Erforderlich ist danach eine Handlung, die auf einer einigermaßen sinnvollen Planung beruhte und vom damaligen Standpunkt aus geeignet war, der NS-Gewaltherrschaft Abbruch zu tun oder wenigstens ihre schlimmen Folgen in beachtenswerter Weise zu mildern. [...] Diese Voraussetzungen können nach dem [...] festgestellten Sachverhalt beim Kläger nicht als gegeben angesehen werden."

Folglich musste der Senat zunächst die allgemeine Wehrdienstverweigerung des Klägers rechtlich bewerten. Dieser habe zwar die Wehrkraft des nationalsozialistischen Staates geschwächt. „Dieser Kräfteausfall" sei jedoch für die deutsche Wehrmacht „verschwindend gering" gewesen. Im Ergebnis sei „seine Handlungsweise nicht geeignet" gewesen, „der NS-Gewaltherrschaft in nennenswertem Ausmaß Abbruch zu tun."

Sodann musste der Senat die Feststellungen des Berufungsgerichts rechtlich einordnen, dass der Kläger nämlich „die NS-Gewaltherrschaft durch einen aus Überzeugung gegen die staatliche Gewalt geleisteten Widerstand bekämpft" habe. Was der Senat zur Begründung insoweit ausführte, verlieh seinem Urteil die Brisanz, die eine Diskussion in der juristischen Öffentlichkeit auslöste:

„Ein gegen eine bestehende Unrechtsherrschaft geleisteter Widerstand kann nur dann – im Sinne der wahren, derzeit an ihrer Verwirklichung gewaltsam verhinderten übergesetzlichen Rechtsordnung – als sinnvoll und demgemäss eine diesen Widerstand ahndende staatliche Maßnahme nur dann als Unrecht im Rechtssinne angesehen werden, wenn die Widerstandshandlung nach ihrer Art und ihrem Gewicht wenigstens eine gewisse Aussicht bietet, in Bezug auf die Übel der bestehenden Unrechtsherrschaft eine wirkliche Wende zum Besseren herbeizuführen. Zwar kann es nicht von ihrem tatsächlichen unmittelbaren Erfolg oder Misserfolg abhängen, ob ihr der Charakter der Rechtmäßigkeit im Sinne einer Offenbarmachung und Verwirklichung (Vollstreckung) des wahren Rechts durch die Beseitigung oder Entmächtigung der seine Geltung tatsächlich verneinenden und gewaltsam unterdrückenden Kräfte zukommt. Sie muss aber in jedem Falle nach ihren Beweggründen, Zielsetzungen und Erfolgsaussichten als ein ernsthafter und sinnvoller Versuch zur Beseitigung des bestehenden Unrechtszustandes gewertet werden können, der einen lebens- und entwicklungsfähigen Keim des Erfolges in sich trägt, durch den er selbst bei seinem etwaigen äußeren Scheitern als ein gültiges und wirksames Zeugnis für das Recht und für den in dem unterdrückten Volk noch lebendigen Willen zum Recht in die Zukunft hinaus wirkt und so jedenfalls zur Vorbereitung der schließlichen Überwindung des allgemeinen Unrechtszustandes einen entscheidenden Beitrag leistet."

Nach diesen Ausführungen kam der Senat nicht umhin, einen Fall rechtmäßigen Widerstandes zu beschreiben: „Von dieser Art war der Widerstand der Männer des 20. Juli 1944, den der Gesetzgeber in der Präambel zum BEG ersichtlich als den beispielhaften Fall eines rechtmäßigen[36] Widerstandes angesehen hat." Die Widerstandshandlung des Klägers tat der Senat als „eine Einzelaktion" ab, „die an den bestehenden Verhältnissen nichts zu ändern vermochte."

Als das Urteil 1962 in der Neuen Juristischen Wochenschrift veröffentlicht wurde, war es für informierte Juristen keine Überraschung, dass wesentliche Passagen der Entscheidungsbegründung von Weinkauff hätten stammen können.[37] Denn dieser hatte sich bereits Jahre zuvor in zahlreichen Schriften zum Thema „Widerstandsrecht" geäußert.[38]

Bereits 1952 gründeten Offiziere, Historiker, Juristen und Theologen in München eine Arbeitsgemeinschaft unter der Bezeichnung „Europäische Publikation".[39] Diese verfolgte das Ziel, die Geschichte des militärischen Widerstandes gegen Hitler „an Hand der bereits greifbaren Unterlagen und von Befragungen noch lebender Zeugen zu erforschen und darüber eine umfassende Darstellung vorzulegen". Diese Arbeitsgemeinschaft gab auch drei Gutachten zum Widerstandsrecht in Auftrag. Das erste legte Weinkauff mit dem Thema „Die Militäropposition gegen Hitler und das Widerstandsrecht" am 10. September 1953 vor.[40]

Zunächst untersuchte er folgende Frage:[41] „Die Widerstandsakte der militärischen Widerstandsbewegung nach dem zur Zeit ihrer Begehung geltenden positiven Strafrecht". Seine Feststellung, dass „die Männer der militärischen Widerstandsbewegung", den „äußeren Tatbestand" verschiedener „gegen Hochverrat, Landesverrat und Kriegsverrat gerichteten Vorschriften des damaligen (vor 1945 geltenden)[42] Strafgesetzbuches verletzt" hätten, war nicht zwingend. Seine These begründete er wie folgt: „Die Frage, ob die Männer der Militäropposition dem Hitler-Regime zu Recht oder zu Unrecht Widerstand entgegensetzten, kann nicht auf dem Umwege gelöst werden, dass man den äußeren Tatbestand der Strafbestimmungen gegen Hoch- und Landesverrat entgegen ihrem nächsten Sinn presst. Sie entscheidet sich vielmehr danach, ob dieser Widerstand, obwohl er den äußeren Tatbestand der Strafdrohungen gegen Hoch- und Landesverrat verletzte, nicht gleichwohl rechtmäßig und schuldlos war." Der Gegenmeinung, die schon einen Verstoß gegen den äußeren Tatbestand verneinte, weil der NS-Staat ein „Unstaat" bzw. ein „Unrechtsstaat" gewesen sei, stellte er seinen Staatsrechtsbegriff entgegen: „Zwar hat sich der nationalsozialistische Staat während seines ganzen Bestehens ständig durch schwerstes von ihm selbst gesetztes Unrecht und durch furchtbarste von ihm selbst begangene Verbrechen befleckt. Trotzdem kann ihm der Staatscharakter

nicht einfach abgesprochen werden. Denn er hielt eine bestimmte Ordnung des staatlichen und gesellschaftlichen Gefüges aufrecht." Und
warum er dieser Ansicht war, machte er auch deutlich: „Man würde ja
auch ein von niemandem mehr zu beherrschendes, völlig unerträgli-
ches rechtliches Chaos herbeiführen, wenn man dem nationalsozialistisch beherrschten Staat für die ganze Dauer seines Bestehens den
Staatscharakter absprechen würde. Jeder Staat hat aber um der von ihm
vollbrachten Ordnungsfunktion willen grundsätzlich das Recht, sich
durch Strafdrohungen gegen gewaltsame Angriffe auf seinen inneren und
äußeren Bestand zu schützen." Dass die Nationalsozialisten von vornherein mittels Strafdrohungen ihre nach innen und gegen außen gerichteten Untaten vornehmlich absichern wollten, diese Ziel verschwieg
Weinkauff. So kam er zwangsläufig zu der Frage, die er mit seiner Argumentation angestrebt hatte: „Damit ist die entscheidende Frage gestellt, ob die Widerstandsakte der Militär-Opposition rechtswidrig oder
rechtmäßig waren." Dabei stellte er in den Kern seiner Überlegungen
die weitere Überlegung, ob die Widerstandskämpfer „das Recht zum
Widerstand hatten".

Hier nun offenbarte Weinkauff einen Aspekt der von ihm vertretenen
Naturrechtslehre, die die christlichen Werte in den Mittelpunkt stellte
und damit stark thomistisch[43] ausgerichtet war: „Das Widerstandsrecht
gegen den staatlichen Gewalthaber, der das Recht bricht, Verbrechen
begeht und das Volk in das Unglück führt, gründet sich rechtlich auf
Folgendes. Kein staatlicher Gewalthaber, kein menschlicher Gesetzgeber ist rechtlich allmächtig. Es gibt vielmehr so etwas wie eine rechtliche Urordnung, die unabhängig von der menschlichen und staatlichen
Rechtsetzung gilt und die auch den staatlichen Gewalthaber streng bindet. Diese naturrechtliche Urordnung gebietet, den Rechtsgenossen als
Menschen, als Person, als Geschöpf Gottes zu achten und seinen
menschlichen Adel nicht anzutasten, der darin besteht, dass er sich aus
eigener Verantwortung und deswegen notwendig frei zu dem Gesollten
bestimmen kann."

Weinkauffs Schlussfolgerungen hätten abstrakter nicht sein können. Er
vermied es, diejenigen zu benennen, die dem Gewalthaber das Unrecht
erst ermöglicht hatten: Juristen, Beamte, Offiziere, die alle im Dritten
Reich funktionierten. „Wenn daher" – so Weinkauff weiter – „der staatliche Gewalthaber selbst planmäßig Leben, Freiheit und Eigentum der
Rechtsgenossen bedroht und vernichtet [...], wenn er Gewalt und

Gesinnungszwang übt, wenn er eine Atmosphäre des Schreckens, der Furcht, der Drohung und der lügnerischen Hetze schafft, um seine Gewalt aufrechtzuerhalten, so handelt er zutiefst rechtswidrig."

Nachdem Weinkauff diese Gedanken weiter vertieft hatte, kam er zur Ausgangsfrage – dem Recht auf Widerstand – zurück, die er wie folgt im Ergebnis beantwortete: Wenn „der Träger der Staatsgewalt" zum „Tyrannen" wird, „dann wahrlich, hat er jedoch das Recht auf Gehorsam und Unterordnung tausendfach verwirkt; dann tritt die eigene Verantwortung des Staatsvolkes für die geschändete Rechtsordnung unbezwingbar hervor, dann ist Widerstand erlaubt und gefordert, leidender und tätiger und wenn es sein muss, gewaltsamer Widerstand."

Über die Verhältnisse im Dritten Reich führte er aus: „Das Unrecht, das die nationalsozialistische Staatsführung beging, ist im Übrigen von solcher Art, dass es die rein rechtliche Betrachtung sprengt. Es handelt sich hier greifbar um einen Einbruch des Satanischen in den Raum des Staatlichen. Deswegen war jedermann zum äußeren Widerstand berufen und aufgerufen. Doch soll diese Seite der Sache hier nicht weiter verfolgt werden." Mit diesem Ergebnis konnte Weinkauff aber nicht zufrieden sein. So fand er mit sophistischer Begründung einen Weg, das Widerstandsrecht für „jedermann" wieder einzugrenzen: „Wer sind nun die Träger solchen Widerstandsrechtes? Da alle Staatsbürger kraft ihrer sittlichen Freiheit die Verantwortung dafür tragen, dass in ihrem Staat das Recht gewahrt und dem Unrecht und Verbrechen gesteuert werde, und da sie alle berufen sind, an der Bildung des Staatswillens mitzuwirken, sind sie grundsätzlich alle zum Widerstand berechtigt." Wie dieser Grundsatz verstanden werden sollte, ließ er nicht unerwähnt: „Gegenüber dem durchorganisierten Gewalt- und Schreckensregiment des Nationalsozialismus, das jede freie Regung maschinenmäßig erdrückte und dessen Zwangherrschaft lückenlos schloss, kann eine Beschränkung des Widerstandsrechtes auf ‚Amtsträger', auf Vertretungskörperschaften des Volkes nicht anerkannt und nicht durchgeführt werden." Und hieraus zog er sodann seine Schlüsse: „Wo Offiziere oder Beamte Widerstand leisteten, taten sie es wahrlich nicht kraft ihres Amtes und konnten es gar nicht tun, da sie im Amt überall von Verrat umlauert waren, sondern sie taten es als kühne, von ihrem Gewissen getriebene Einzelne, sie taten es als die Edelsten der Nation, die nur kraft ihres persönlichen Mutes und ihres persönlichen Opfers, nicht kraft einer äußeren Amtsstellung das Widerstandsrecht des Volkes ausübten."

Demgegenüber lehnte er ein Widerstandsrecht für jedermann mit folgender Begründung ab:

„Gerade weil im modernen Terrorstaat vom Typ des nationalsozialistischen Widerstand gegen das Regime so ungeheuer erschwert und fast aussichtslos ist [...], gerade deswegen muss man hier jedem Einzelnen, dem das Widerstandsrecht kraft seiner sittlichen Verantwortung für Staat und Volk und kraft seines Rechts, an der staatlichen Willensbildung mitzuwirken, zukommt, auch die Ausübung dieses Rechts zuerkennen und darf ihn nicht durch fiktive Amtsträger mediatisieren lassen."

Geschickt gab Weinkauff sodann seiner Argumentation aber eine ganz andere Richtung: „So liegt es, wenn man unter ‚Amtsträgern' nur Personen versteht, die ein herausgehobenes Amt in der staatlichen Hierarchie innehaben. Sollte dagegen mit der Behauptung, nur Amtsträgern komme das Widerstandsrecht zu, gemeint sein, die Ausübung des grundsätzlich jedem zustehenden Widerstandsrechts sei an gewisse Voraussetzungen gebunden, in diesem Sinne müsse man zum Widerstand ‚berufen' sein, so trifft diese Behauptung zu." Durch diese indirekte Frage, die er in seinem Sinne beantwortete, konnte er zu seinem von ihm stets angestrebten Ergebnis kommen: Ein Widerstandsrecht für jedermann war zu verneinen.

Hiernach konnte er nunmehr die Voraussetzungen für ein rechtmäßiges Widerstandsrecht erläutern: „In der Tat darf nicht jeder auf jede Weise blindlings, ungeordnet, in jeder Form und nach seinem bloßen Belieben Widerstand leisten. Die Ausübung des Widerstandsrechts ist vielmehr der Natur der Sache nach an gewisse Voraussetzungen gebunden. [...] Es gilt bei der Ausübung des Widerstandsrechts wie überall sonst im Recht zunächst der Grundsatz der Güterabwägung. [...] Im einzelnen Fall handelt es sich hier um Tatfragen; von allgemeiner rechtlicher[44] Bedeutung ist nur der Grundsatz der Güterabwägung selbst." Dieser Hinweis war für Weinkauff aber nur von untergeordneter Bedeutung. Den Kern seiner Darlegungen bildeten die beiden nachfolgenden Voraussetzungen, die ein Widerstandsrecht nur für Eliten begründeten: „Weiter muss ich, um von Rechts wegen Widerstand leisten zu dürfen, ein klares und sicheres Urteil darüber haben und mir zutrauen dürfen, dass und warum die Staatsführung, gegen die ich angehe, so sehr gegen Recht und Pflicht verstößt, dass der gewaltsame Widerstand dagegen erforderlich und unerlässlich ist, sowie ein Urteil darüber, in wel-

chem Grade der Widerstand notwendig ist. [...] Ich darf weiter im Allgemeinen Widerstand nur leisten, wenn ich einigermaßen die begründete Hoffnung haben darf, dass mein Widerstand die Sache zum Besseren wenden wird. Aliqua spes eventus wurde von der Widerstands-
lehre immer gefordert."

Hatte Weinkauff damit einen Widerstand nur für Eliten bejaht, so beließ er es nicht bei dieser Feststellung. Vielmehr stellte er noch Bedingungen: „Besonders gesteigert wird die Verantwortung, wenn sich der
Widerstandsakt im Kriege vollzieht und wenn der gewaltsame Umstoß
das Schicksaal des Volksganzen, auch seiner kommenden Geschlechter, aufs Spiel setzen kann. [...] In äußersten Ausnahmefällen kann der
Widerstand allerdings auch dann rechtmäßig sein, wenn die Hoffnung
auf äußeren Erfolg unsicher, ja gering ist." Hiermit sprach er indirekt den
gescheiterten Umsturzversuch am 20. Juli 1944 an, dessen Rechtmäßigkeit er nicht verneinen konnte.

Für Weinkauff war es aber ein Anliegen, ein weiteres Kriterium zu nennen, das von vornherein ein Widerstandsrecht ausschloss. Dieses Kriterium hatten auch die Mitglieder des IV. Zivilsenats im oben zitierten
Urteil benannt: „So können beispielsweise Desertionen oder Gehorsams-
verweigerungen einzelner Heeresangehöriger, die im Kriege mit der
Begründung vorgenommen werden, es handele sich um einen ungerechten Krieg oder um einen notwendig zum eigenen Untergang führenden Krieg, in der Regel nicht als rechtmäßige Widerstandsakte anerkannt werden."

Allerdings konnte Weinkauff einen Einzelakt nicht verschweigen, den
er auf seine Art und Weise beschrieb: „Einer gesonderten Betrachtung
bedarf aber jener Widerstandsakt, den ein Mitglied der Militäropposition
in den ersten Monaten des Jahres 1940 dadurch beging, dass es den
Kriegsgegner über die gegen Belgien und Holland geplanten Kriegs-
maßnahmen und über die in Aussicht genommenen Angriffstermine
unterrichtete." Dabei verschwieg er, dass Belgien und Holland neutral
waren und dass die deutsche Wehrmacht im Rahmen des sog. Frank-
reich-Feldzuges ohne Kriegserklärung in beide Länder im Mai 1940 ein-
fiel. Warum er auch den Namen des betreffenden Offiziers nicht nannte, mag Spekulation bleiben. Bei diesem Offizier handelte es sich um
Generalmajor Hans Oster.[45] Dieser war Berufssoldat und überzeugter
Pazifist. Nach der Machtergreifung wurde er zu einem erbitterten Geg-

ner der Nationalsozialisten, deren Kriegspläne er strikt ablehnte. Dem holländischen Militärattaché in Berlin, Oberstleutnant Sas, unterrichtete er über die deutschen Angriffspläne im Westen.[46] Nach dem gescheiterten Attentat am 20. Juli 1944 wurde Oster verhaftet und am 9. April 1945 im Konzentrationslager Flossenbürg ermordet.

An sich hätte Weinkauff bei konsequenter Anwendung seiner Thesen Osters Handlungsweise als Einzeltat einordnen müssen, denn mit ihr war keine begründete Hoffnung zum Besseren verbunden. Folglich hätte Oster keinen rechtmäßigen Widerstand geleistet. Doch eine solche Feststellung wollte Weinkauff ganz offensichtlich nicht treffen. Allerdings wurde aus seiner Formulierung, mit der er Osters Widerstand beschrieb und bewertete, offensichtlich, dass er, der Reserveoffizier des 1. Weltkrieges, dessen Taten mit Widerwillen betrachtete: „Er wollte durch sein Vorgehen ersichtlich dazu beitragen, die militärische Entscheidung in der Schwebe zu halten, um so den inneren Umsturz und einen frühen Ausgleichsfrieden eher möglich zu machen. Der Konzeption kann eine äußerste Folgerichtigkeit und Geschlossenheit nicht abgesprochen werden. Von der äußerst weit gehenden, folgen- und opferreichen Maßnahme, die hier ein Einzelner ergriff, konnte erwartet werden, sie werde dazu beitragen, die Beschränkung des Krieges auf den Westen zu erzwingen. Bei der ungemeinen Härte des hier aufgebrochenen und durchgestandenen, mehr als tragischen Pflichtenwiderstreites und bei der ungemein objektiven Schwere der Entscheidung wird man jedoch nicht wagen dürfen, dem Handelnden abzusprechen, dass er auch hier noch an sein Recht zum Widerstand glauben durfte."

Die Kritik an Weinkauffs Gutachten und am oben zitierten Urteil formulierte, quasi als Wortführer, der amtierende Generalstaatsanwalt in Frankfurt am Main, Fritz Bauer.[47] Bauer, Sozialist und Jude, war bis 1936 KZ-Häftling und konnte nur mit viel Glück emigrieren. Während er für eine „säkularisierte Demokratie"[48] eintrat und gegen ein „obrigkeitsstaatliches und elitäres Politikerverständnis" Stellung bezog, waren das Urteil vom 14. Juli 1961 und Weinkauffs Ansichten zum Widerstandsrecht demgegenüber Beispiele „obrigkeitsstaatlicher Deutungsmuster".[49] Gegen die „Widerstandsprivilegien", die der Bundesgerichtshof in seinem Urteil festgeschrieben hatte, setzte Bauer „das Widerstandsrecht des kleinen Mannes."[50] Und Weinkauff bezeichnete er als den „geistigen Vater"[51] des Urteils. Welche Konsequenzen dieses Urteil hatte, darüber ließ Bauer keinen Zweifel aufkommen: „Das Urteil ist in der Öffentlichkeit viel kritisiert worden. Mit Recht. Etwas kann hier nicht stimmen. Nicht nur alle Mitläufer des Naziregimes, wo immer sie standen oder saßen, können sich zum Beweis der Rechtmäßigkeit ihrer Passivität oder mehr oder minder dubiosen Aktivität auf das Urteil berufen."[52] Damit hätte er die verhängnisvollen Folgen dieses Urteils nicht besser zum Ausdruck bringen können, das über den zu beurteilenden Sachverhalt hinaus Signalwirkung auch für die ehemaligen NS-Juristen hatte: Die juristische Elite des Dritten Reiches konnte sich durch dieses Urteil exkulpiert fühlen.

Nur die etablierten Juristen verteidigten das Urteil: „Es ist [...] in Betracht zu ziehen, dass der Senat nicht mit der allgemeinen Frage des Widerstandsrechts befasst war, sondern mit der begrenzten Rechtsfrage, unter welchen Voraussetzungen das BEG einen Entschädigungsanspruch gewährt."[53] Diese Art von Argumentation wurde stets dann ins Feld geführt, wenn Urteile vor Kritik in Schutz genommen werden sollten und wenn es galt, die Außenwirkung des Urteils herunterzuspielen. Dabei wurde der Leitsatz wohlwollend als „umstritten"[54] eingeordnet.[55]

4. Gegen die Gleichberechtigung von Mann und Frau: die Verschiedenheit „in ihrer seinsmäßigen, schöpfungsmäßigen Zueinanderordnung zu sich"

Ohne einen kurzen Exkurs ins Verfassungsrecht ist dieses Kapitel nur schwer nachvollziehbar. Nach Artikel 100 Abs. 1 Satz 1 des Grundgesetzes (konkrete Normenkontrolle) ist das Verfahren (der Rechtsstreit) auszusetzen, wenn ein Gericht ein Gesetz für verfassungswidrig hält, „auf dessen Gültigkeit es bei der Entscheidung ankommt." Das Gericht hat dann, wenn es sich um die Verletzung des Grundgesetzes handelt, die Entscheidung des Bundesverfassungsgerichts einzuholen. Nach § 13 Ziffer 11 des „Gesetzes über das Bundesverfassungsgericht" vom 12. März 1951[56] entscheidet das Bundesverfassungsgericht „in den vom Grundgesetz bestimmten Fällen, und zwar über die Vereinbarkeit eines Bundesgesetzes [...] mit dem Grundgesetz [...] auf Antrag eines Gerichts (Artikel 100 Abs. 1 des Grundgesetzes)". Und wie das Gericht zu verfahren hatte, das einen Verstoß gegen das Grundgesetz annahm, regelte § 80 Abs. 1 a. F.[57] des „Gesetzes über das Bundesverfassungsgericht": „Sind die Voraussetzungen des Artikels 100 Abs. 1 des Grundgesetzes gegeben, so holen die oberen Bundesgerichte unmittelbar, die übrigen Gerichte (d. h. die Untergerichte) über das zuständige obere Bundesgericht (z. B. über den Bundesgerichtshof) [...] die Entscheidung des Bundesverfassungsgerichts ein."

Diese Bestimmung war interpretationsbedürftig, soweit die Formulierung „über das zuständige obere Bundesgericht" in Frage stand. Das Bundesverfassungsgericht stellte sich im November 1951 auf den Standpunkt, dass das weiterleitende Gericht „das Recht zu einer eigenen Stellungnahme"[58] habe. Diese Ansicht wurde auch vom Bundesgerichtshof geteilt, der es sich nicht nehmen ließ, in Normenkontrollverfahren eine rege „Gutachterpraxis"[59] zu entwickeln.

Der erste Senat des Bundesverfassungsgerichts änderte allerdings 1955 seine Meinung; von nun ab hielt er eine Begutachtung der Normenkontrollanträge der Untergerichte für unzulässig.[60] Dass Weinkauff diese Ansicht nicht teilte, war abzusehen. Er rechtfertigte die Gutachterpraxis des Bundesgerichtshofes mit Thesen, die beim Bundesverfassungsgericht nur als Affront empfunden werden konnten: „Eine Auseinandersetzung des Bundesverfassungsgerichts mit den Ansichten der weiterleitenden Gerichte" finde oft nicht statt, „so dass für diese ‚fast eine Notwehrlage' gegeben sei."[61] Diesen Streit beendete der Gesetzgeber 1956, indem er durch § 80 Abs. 1. n. F. eine direkte Zuleitung zum Bundesverfassungsgericht für die Untergerichte eröffnete.[62]

Nach Gründung des Bundesgerichtshofes war damit noch § 80 Abs. 1 a. F. BVerfGG Ausgangspunkt und Grundlage der Gutachtertätigkeit des Bundesgerichtshofes. Weinkauff erkannte sogleich, welche Chancen und Möglichkeiten durch das „Gesetz über das Bundesverfassungsgericht" vom 12. März 1951 dem Bundesgerichtshof geboten wurden. Geschickt brachte er diese „Zuständigkeit" des Bundesgerichtshofes im Präsidium zur Sprache. Das Gremium beriet in seiner Sitzung am 29. August 1951 kurz „die Verteilung der Aufgaben, die dem Bundesgerichtshof gemäß § 80 [...] des Gesetzes über das Bundesverfassungsgericht zugefallen"[63] seien. Dann wurde der Beschluss gefasst, die Entscheidung hierüber „wegen der rechtlichen Schwierigkeiten bis zum Ende der Gerichtsferien zurückzustellen, um sie so einer Behandlung durch das Präsidium in voller Besetzung zugänglich zu machen." Diese Zeit wollte man nutzen, damit „ein kurzer gutachtlicher Aufriss über die verschiedenen Rechtsmeinungen erstellt werden" konnte.

Weinkauff selbst übernahm diese gutachtliche Arbeit. Er kam zum Ergebnis, dass sein Senat die Gutachtertätigkeit i. S. d. § 80 Abs. 1 BVerfGG zukünftig übernehmen sollte. Dass er dieses Ziel von Anfang an angestrebt hatte, wurde in der Präsidiumssitzung am 22. September 1951 offenbar, an der alle Mitglieder dieses Gremiums teilnahmen: „Es wurde [...] in die Erörterung über die Behandlung der Vorlagen an das Bundesverfassungsgericht [...] eingetreten.

Chefpräsident Weinkauff trug zunächst die Gesetzesgeschichte vor. Die Vorsitzenden der einzelnen Senate berichteten dann über die Auffassung der Mitglieder ihrer Senate über die zweckmäßige Art der Behandlung der Vorlagesachen."[64] Dabei kamen folgende Gesichtspunkte zur Sprache: „a) Es bestand Einigkeit, dass die rechtliche Möglichkeit bestehe, sachlich Stellung zu nehmen, und zwar durch eine gutachtliche Äußerung zu der aufgeworfenen Rechtsfrage. b) Das Präsidium war der Meinung, der BGH solle in diesen Sachen, soweit sie nicht gänzlich unbedeutend seien, sachlich Stellung nehmen. c) Die Mehrheit des Präsidiums vertrat die Ansicht, die Vorlage der Sachen nach § 80 sei vom Gesetz den richterlichen Gremien, [...] den Senaten übertragen. d) Die ganz überwiegende Mehrheit des Präsidiums kam zu dem Ergebnis, dass es zweckmäßig sei, die Behandlung der Vorlagen im Wege der Geschäftsverteilung bei einem einzigen Senat zusammenzufassen." Und dann wurde ohne weitere Diskussion der entscheidende Beschluss gefasst, indem der Geschäftsverteilungsplan wie folgt ergänzt wurde: „Die Vorlagen gemäß §§ 80 [...] des Gesetzes über das Bundesverfassungsgericht werden dem I. Zivilsenat zugeteilt."[65]

Damit war der I. Zivilsenat zum „Verfassungssenat"[66] avanciert, da er für alle Normenkontrollsachen gutachtlich tätig sein konnte. Dass Weinkauff dabei die entscheidende Rolle spielte, versteht sich von selbst. Auf seinen Einfluss war es zurückzuführen, dass sich die Ansichten des I. Zivilsenats und des Bundesverfassungsgerichts zum Teil konträr gegenüberstanden.[67]

Der Rechtsstreit, den das Oberlandesgericht Frankfurt zu entscheiden hatte, hatte eine Ehescheidung zum Gegenstand.[68] Die Ehe der Parteien war vom Landgericht geschieden worden. Die Beklagte legte Berufung ein. Als Berufungsklägerin beantragte sie nach dem 1. April 1953 – auf diesen Zeitpunkt wird es noch ankommen –, dem Kläger und Berufungsbeklagten die Zahlung eines Prozesskostenvorschusses aufzuerlegen, den er auch leisten konnte. Die Berufungsklägerin war hierzu außerstande. Gegen diesen Antrag machte der Kläger Folgendes geltend: Seit dem 1. April 1953 fehle es für den Antrag an einer Rechtsgrundlage. Die einzig in Frage kommende Anspruchsgrundlage sei § 1387 Nr. 1 BGB. Diese Bestimmung sei als eine des gesetzlichen Güterstands der Verwaltung und Nutznießung durch Artikel 117 Abs. 1 GG in Verbindung mit Artikel 3 Abs. 2 GG mit Ablauf des 31. März 1953 außer Kraft gesetzt worden.

Diese Einwände des Klägers bedürfen der folgenden Erläuterung:

§ 1387 Nr. 1 BGB in der 1953 geltenden Fassung bestimmte: „Der Mann ist der Frau gegenüber verpflichtet, zu tragen: 1. die Kosten eines Rechtsstreits, in welchem er ein zum eingebrachten Gute gehörendes Recht geltend macht, sowie die Kosten eines Rechtsstreits, den die Frau führt, sofern nicht die Kosten dem Vorbehaltsgute zur Last fallen." Der Kläger verneinte also nicht das Vorliegen dieser Tatbestandsvoraussetzungen. Vielmehr machte er geltend, dass § 1387 Nr. 1 BGB seit dem 1. April 1953 nicht mehr gelte.

Der Kläger vertrat die Ansicht, dass sein Standpunkt durch das Grundgesetz gedeckt sei. In der Tat hatte der Parlamentarische Rat in Artikel 3 Abs. 2 Satz 1 GG festgelegt, „Männer und Frauen sind gleichberechtigt." Im Zeitpunkt des Inkrafttretens des Grundgesetzes hatten u. a. noch die alten Bestimmungen über das eheliche Güterrecht, so auch § 1387 Nr. 1 BGB, Gültigkeit. Daher hatten die Mitglieder des Parlamentarischen Rates beschlossen, dass der Gesetzgeber im Rahmen einer Frist die Vorschriften des ehelichen Güterrechts auf der Grundlage des Grundgesetzes (Artikel 3 Abs. 2 GG) zu reformieren habe. Artikel 117 Abs. 1 GG sollte die Umsetzung dieses Zieles gewährleisten: „Das dem Artikel 3 Abs. 2 entgegenstehende Recht bleibt bis zu seiner Anpassung an diese Bestimmung des Grundgesetzes in Kraft, jedoch nicht länger als bis zum 31. März 1953."

Den 21 Mitgliedern des Hauptausschusses des Parlamentarischen Rates war bereits im Zeitpunkt dieser Beschlussfassung klar, dass die in Artikel 117 Abs. 1 GG enthaltene Fristsetzung problematisch war. Es bestand die Gefahr, dass der Gesetzgeber diese Frist untätig verstreichen ließ.[69] In der Tat kam der Deutsche Bundestag dieser Auflage nicht fristgerecht nach. Erst durch das Gleichberechtigungsgesetz vom 18. Juni 1957, das erst ab 1. Juli 1958 in Kraft trat[70], wurde auf dem Gebiet des Familienrechts ein erster Schritt getan, um die Gleichberechtigung von Mann und Frau gesetzlich zu verankern.

Als das Oberlandesgericht über den Prozesskostenvorschussantrag der Berufungsklägerin zu entscheiden hatte, war folglich die in Artikel 117 Abs. 1 GG festgeschriebene Frist, 31. März 1953, bereits abgelaufen. Der zuständige Senat musste also eine Entscheidung treffen. Er entschied sich am 22. April 1953 für einen Vorlagebeschluss.

Zu diesem Zeitpunkt galt noch § 80 Abs. 1 a. F. des „Gesetzes über das Bundesverfassungsgericht", so dass der I. Zivilsenat des Bundesgerichtshofes gutachtlich zu diesem Vorlagebeschluss Stellung nehmen konnte, bevor das Bundesverfassungsgericht hierüber entschied.

Was hatte das Oberlandesgericht Frankfurt zu seinem Vorlagebeschluss veranlasst? Es bejahte § 1387 Nr. 1 BGB als einzige Anspruchsgrundlage für den Prozesskostenvorschussantrag der Berufungsklägerin. Diese Vorschrift setzte aber voraus, dass die Eheleute im Güterstand der Verwaltung und Nutznießung lebten. Diesen Güterstand hielt das Oberlandesgericht aber mit Artikel 3 Abs. 2 GG für unvereinbar. Es hätte daher eine Vorschusspflicht des Ehemannes verneinen müssen, wenn nach Artikel 117 Abs. 1 zweiter Halbsatz GG das bürgerliche Recht auf dem Gebiete der Ehe und Familie, soweit es Artikel 3 Abs. 2 GG entgegenstand, mit Ablauf des 31. März 1953 außer Kraft getreten wäre. Andererseits war es jedoch der Ansicht, dass Artikel 117 Abs. 1 GG „insoweit, als er das dem Art. 3 Abs. 2 entgegenstehende Recht bereits vor Erlass eines Anpassungsgesetzes außer Kraft setzen sollte, wegen Verstoßes gegen übergeordnete Verfassungsnormen nichtig sei."[71] Das Oberlandesgericht hatte also grundsätzlich die Absicht, eine Vorschusspflicht des Ehemannes gemäß § 1387 Nr. 1 BGB zu bejahen. Es sah sich aber durch Artikel 100 Abs. 1 GG daran gehindert, den einer solchen Entscheidung entgegenstehenden Artikel 117 Abs. 1 zweiter Halbsatz GG als eine vorgeblich nichtige Verfassungsnorm unangewendet zu lassen.

Was den angeblichen Verstoß gegen übergeordnete Verfassungsnormen anging, so führte das Oberlandesgericht Folgendes aus: „Die Rechtssicherheit gehört als ein Prinzip der Gerechtigkeit überhaupt zu den obersten Zielsetzungen des Rechtsstaats. Ihre Erhaltung oder Wiederherstellung ist deshalb auch ein ungeschriebenes Gebot des GG, und zwar ein solches von höchstem Rang. Wenn das GG in der Einzelvorschrift des Art. 117 Abs. 1 in einem Maße wie hier vor seiner selbst gestellten Aufgabe, Rechtssicherheit zu schaffen, versagt, verstößt es gegen eine Verfassungsnorm höheren Ranges. Damit wird es zur Aufgabe des Richters, der sonst um der Rechtssicherheit willen streng an das Ges.(etz) gebunden sein muss, die Rechtssicherheit durch Abweichung vom Ges.(etz) zu wahren. Dies hat hier nach Ansicht des Senats dadurch zu geschehen, dass, wie es der Verfassungsgeber gewollt hat, dem BGB unveränderte Weitergeltung bis zu seiner legislatorischen Anpassung an Art. 3 Abs. 2 GG zugebilligt und nur der Frist des Art. 117 Abs. 1 GG ihre rechtsändernde Kraft aberkannt wird. [...] Der Senat hält die Anordnung des Art. 117 Abs. 1, dass Art. 3 Abs. 2 auch ohne Anpassungsges.(etz) das ihm entgegenstehende Recht vom 1.4.1953 an ersetzt, aber auch deshalb für verfassungswidrig, weil sich diese Anordnung über die Aufgabenteilung zwischen Gesetzgebung und Rspr. (Rechtsprechung) hinwegsetzt, die einen Wesenszug der staatlichen Ordnung nach dem GG bildet, und weil auch hierdurch höhere Verfassungsnormen verletzt sind. Die Aufgabe, Art. 3 Abs. 2 GG durchzuführen, ist nämlich im Bereich des Familienrechts keine richterliche, sondern eine gesetzgeberische. Auf dem Gebiet des Familienrechts entzieht sich Art. 3 Abs. 2 GG der Verwirklichung durch die Rspr. (Rechtsprechung) und kann nach seinem eigenen sachlichen Gehalt wie infolge seines Zusammenhanges mit Art. 6 Abs. 1 GG[72] nur durch den Gesetzgeber zu unmittelbar auf den Streitfall anzuwendendem Recht gestaltet werden. [...] Diese gesetzgeberische Gestaltung ist unerlässliche Vorbedingung der Rspr. nicht nur auf dem Gebiet der persönlichen Beziehungen der Eheleute und der Personensorge für das Kind, sondern auch auf dem der Vermögensbeziehungen in Ehe und Familie. [...] Der geschilderte zweifache Verstoß des Art. 117 Abs. 1 GG gegen Verfassungsrecht höherer Ordnung führt nach Ansicht des Senats zur Nichtigkeit des Art. 117 Abs. 1, soweit die darin enthaltene Frist das bürgerliche Recht auf dem Gebiet von Ehe und Familie am 1.4.1953 außer Kraft setzen sollte."[73]

Das Oberlandesgericht Frankfurt, das sei hervorgehoben, erachtete Artikel 3 Abs. 2 GG – die Gleichberechtigung von Mann und Frau – für verfassungskonform.

Was der I. Zivilsenat des Bundesgerichtshofes als „Verfassungssenat" sodann in seiner gutachtlichen Stellungnahme vom 6. September 1953 zum Teil ausführte, hatte mit dem Fall des Oberlandesgerichts Frankfurt nicht das Geringste mehr zu tun. Er prüfte nämlich Artikel 3 Abs. 2 Satz 1 GG auf seine Verfassungskonformität, obwohl der Beschluss des Oberlandesgerichts hierzu keine Veranlassung gab. Dieses war Weinkauff sehr wohl bewusst, was sein Schreiben vom 11. September 1953 an

Staatssekretär Strauß (Bundesjustizministerium) belegt: „In der Anlage überreichte ich mit der Bitte um Kenntnisnahme eine gutachtliche Äußerung, die der I. Zivilsenat des Bundesgerichtshofes [...] für das Bundesverfassungsgericht in der Frage abgegeben hat, ob die Bestimmung des Art. 117 Abs. 1 Grundgesetz, soweit sie das dem Art. 3 Abs. 2 Grundgesetz (Gleichberechtigung von Mann und Frau) entgegenstehende Recht nicht länger als bis zum 31. März 1953 in Kraft lässt, verfassungsmäßig oder verfassungswidrig ist. Das Gutachten prüft gleichzeitig (!) den Grundsatz von der Gleichberechtigung von Mann und Frau in seinen Hauptanwendungsfällen nach. Von dem Gutachten soll nach außen hin nicht Gebrauch gemacht werden, bevor nicht die Entscheidung des Bundesverfassungsgerichts vorliegt."[74]

Das Gutachten des I. Zivilsenats ist ein Beispiel dafür, dass eindeutige Vorgaben des Grundgesetzes zumindest verwässert werden sollten. Gleichzeitig belegt es, dass die Mitglieder des Senats, soweit sie das Gutachten mittrugen, gesellschaftspolitische Ansichten vertraten, die mit den Zielen des Grundgesetzes nur schwer zu vereinbaren waren. Dahinter stand das Anliegen, das geplante Gleichberechtigungsgesetz inhaltlich im Sinne des Senats zu beeinflussen und darüber hinaus das Bundesverfassungsgericht zu zwingen, seine Haltung hierüber zu offenbaren. Dass Weinkauff der Ideengeber für diese Stellungnahme war, wird durch die Art und Weise der Argumentation deutlich. Demgegenüber sind die Passagen des Gutachtens zur Frage, ob Artikel 117 Abs. 1 GG nichtig war oder nicht, von untergeordneter Bedeutung. Der I. Zivilsenat bejahte im Übrigen die Verfassungskonformität dieses Artikels.

Der Bundesgerichtshof stellte bei seinen Darlegungen vorrangig auf Artikel 3 Abs. 1 GG ab („Alle Menschen sind vor dem Gesetz gleich"). Hiervon ausgehend merkte er an: Diese Bestimmung habe „im höchsten Maße übergesetzlichen Rang, so dass weder der einfache noch der Verfassungsgesetzgeber" von ihm „irgendeine Ausnahme zulassen" könne. Dieser Artikel sei „für menschliche Rechtsetzung schlechthin undurchbrechbar". Artikel 3 Abs. 2 GG sei „nur die Anwendung des allgemeinen Gleichheitssatzes (des Art. 3 Abs. 1) auf das Verhältnis von Mann und Frau", so dass er „sich streng im Rahmen des allgemeinen Gleichheitssatzes halten" müsse. Mit dieser These konnte der I. Zivilsenat natürlich zu dem von ihm gewollten Ergebnis kommen: „Er (Art. 3 Abs. 2 GG) darf selbst überhaupt nicht anders ausgelegt werden als so, dass er sich im Rahmen des allgemeinen Gleichheitssatzes hält und ihm nicht widerspricht. Der allgemeine Gleichheitssatz gebietet aber zweifellos, Gleiches gleich und Ungleiches ungleich zu behandeln." Und hiernach wurde der I. Zivilsenat konkret: „Der Art. 3 Abs. 2 kann und darf daher gar nicht so ausgelegt werden, dass er gebiete, bei der Frage nach der Gleichheitsberechtigung von Mann und Frau von dem Unterschied der Geschlechter schlechthin abzusehen und so zu tun, als sei er nicht vorhanden."

Diese Thesen vertiefte der Senat noch, indem er sich Weinkauffs Naturrechtsgedanken bediente: „Im Übrigen ist die Frage unrichtig gestellt, wenn man eng nur nach der biologisch-geschlechtlichen Verschiedenheit von Mann und Frau fragt. Es kommt vielmehr Folgendes in Betracht: Was die Menschen- und Personenwürde angeht, so sind Mann und Frau völlig gleich; und das muss streng in allem Recht zum Ausdruck kommen. Streng verschieden sind sie aber nicht nur im eigentlich Biologisch-Geschlechtlichen, sondern auch in ihrer seinsmäßigen, schöpfungsmäßigen Zueinanderordnung zu sich und dem Kind in der Ordnung der Familie, die von Gott gestiftet und daher für den menschlichen Gesetzgeber undurchbrechbar ist. Die Familie ist nach der Schöpfungsordnung eine streng ihrer eigenen Ordnung folgende Einheit; Mann und Frau sind ‚ein Fleisch'. An diesen Urtatbestand (außerhalb des ehewirtschaftlichen Bereichs) Rechtsformen gesellschaftlicher Art herantragen zu wollen, ist widersinnig. Innerhalb der strengen Einheit der Familie sind Stellung und Aufgabe von Mann und Frau durchaus verschieden. Der Mann zeugt Kinder; die Frau empfängt, gebiert und nährt sie und zieht die Unmündigen auf. Der Mann sichert, vorwiegend nach außen gewandt, Bestand, Entwicklung und Zukunft der Familie; er vertritt sie nach außen; in diesem Sinne ist er ihr ‚Haupt'. Die Frau widmet sich, vorwiegend nach innen gewandt, der inneren Ordnung und dem inneren Aufbau der Familie. An dieser fundamentalen Verschiedenheit kann das Recht nicht doktrinär vorübergehen, wenn es nach der Gleichberechtigung der Geschlechter in der Ordnung der Familie fragt. Demgemäß bezeugen die christlichen Kirchen, unter sich völlig übereinstimmend und in völliger Übereinstimmung mit der klaren Aussage der Heiligen Schrift Alten und Neuen Testamentes [...] und mit der uralten Ehe- und Familienordnung der Völker, nach der von Gott gestifteten Ordnung der Familie sei der Mann ihr ‚Haupt'. Das hat nicht nur sittliche, sondern durchaus auch rechtliche Bedeutung, und keine menschliche Familienordnung ist von diesem übergreifenden Gebot entbunden; in diesem Bereich gibt es keine autonome ‚bürgerliche' Ehe."

Dem I. Zivilsenat war natürlich klar, dass nach diesen Thesen die Stellung des Mannes einer Korrektur bedurfte, um sich nicht dem Vorwurf der Frauenfeindlichkeit ausgesetzt zu sehen: Dem Manne komme kein „persönliches Vorrecht" zu. „Beide Ehegatten" hätten „mit Ernst die gemeinsame Entscheidung in allen ehelichen Angelegenheiten zu suchen." Nur wenn dies „trotz redlichen Bestrebens" nicht gelinge, so komme „allerdings dem Mann die letzte Entscheidung zu". Die Begründung dieser These war mit dem Geist des Grundgesetzes nur schwerlich in Einklang zu bringen: Das „innerliche Gebilde der Ehe" ertrage „in der Regel keinen Eingriff von außen, insbesondere nicht den Eingriff eines beamteten staatlichen Funktionärs". Geschickt milderte der Senat sodann seine Auffassung ab: Nur „eine die Meinung der Frau achtende und pflichtmäßig am Wohl der Familie ausgerichtete Entscheidung" des Mannes könne akzeptiert werden. „Eine missbräuchliche Entscheidung des Mannes bindet nicht."

Zur Untermauerung seiner Argumentation verwies der Senat sodann auf Artikel 6 Abs. 1 GG („Ehe und Familie stehen unter dem besonderen Schutze der staatlichen Ordnung"): „In diesem Sinne versteht Art. 6 Abs. 1 [...] die überkommene christlich-abendländische Gestalt der Ehe und Familie. In diesem Sinne bindet er auch rechtlich. Artikel 3 Abs. 2 [...] darf daher nicht davon abweichend ausgelegt werden."

Den Mitgliedern des „Verfassungssenats" konnte natürlich nicht verborgen geblieben sein, dass nicht nur der 2. Weltkrieg, sondern auch die Nachkriegsverhältnisse die innere Ordnung der Familien entscheidend verändert hatten. Diesem Umstand sollte aber keine entscheidende Bedeutung zukommen: „Zwar ist die urtümliche Ordnung der Familie heute mannigfach zivilisatorisch verzerrt. Aber nicht nach diesen Verzerrungen, sondern nach der gewöhnlichen, typischen Gestalt der Ehe hat sich ihre rechtliche Ordnung zu richten." In Verkennung der wahren Verhältnisse nach 1945 verstieg sich der Senat sodann zu folgender These: „Auch heute aber ist es noch ganz überwiegend der Mann, der durch seinen Beruf allein für den äußeren Bestand und den Unterhalt der Familie sorgt, während die Frau auch heute noch ganz überwiegend nur im Innern der Familie wirkt, ohne nach außen wirtschaftlich tätig zu sein."

Ohne die nachfolgenden Thesen zu belegen, führte der Senat weiter aus, die Ehe und die Familie seien „heute in besonderem Maße gefährdet, da weithin keine festen, selbstverständlichen, gemeinsamen Vorstellungen über ihr Wesen, Sinn und ihre Heiligkeit mehr" bestünden. Warnend und von einer frauenfeindlichen Einstellung getragen führte er schließlich aus: „Umso gefährlicher wäre eine Auflösung ihrer überkommenen, Jahrtausende alten Ordnung. Es wäre in hohem Maße gefährlich, die ehemännliche Familienleitung aufzuheben und, was die Entscheidung der gemeinsamen ehelichen Angelegenheit angeht, die Anarchie in die Ehe einzuführen. Das würde bedeuten, dass auf diesem ungemein bedeutsamen Gebiete nicht das Recht, sondern die Willkür und die Gewalt herrschen würden; ein schlechthin unvollziehbarer Gedanke."

Nachdem der Senat seine Grundzüge zur Gleichberechtigung von Mann und Frau im Einzelnen erläutert hatte, zog er sein Resümee: „Was ist nun demgegenüber noch der rechtlich mögliche Inhalt des Artikel 3 Abs. 2 [...]? Offenbar dies: Gleichberechtigung der Geschlechter in der Ordnung der Familie, soweit als irgend möglich, aber keine doktrinäre Gleichberechtigung dort, wo die Schöpfung selbst unaufhebbare Verschiedenheiten der seinsmäßigen Zueinanderordnung von Mann und Frau in der Einheit der Familie gesetzt hat. [...] Der Artikel 3 Abs. 2 bedeutet darüber hinaus offenbar noch dies, dass in allen Fällen, in denen nach dem oben Dargelegten noch ein Ermessensspielraum besteht, in der Anwendung des allgemeinen Gleichheitssatzes auf das Verhältnis Mann und Frau dieses Ermessen zugunsten der Gleichberechtigung der Frau auszuüben ist. Daraus ergibt sich aber auch noch Folgendes: Während dem allgemeinen Gleichheitssatz des Artikel 3 Abs. 1 [...] ein streng übergesetzlicher Charakter zukommt, kommt der besonderen Vorschrift des Artikel 3 Abs. 2 [...] ein solcher Charakter keineswegs zu. Es handelt sich vielmehr nur um ein von dem Verfassungsgesetzgeber allein geschaffenes Grundrecht."

Es wäre zu oberflächlich argumentiert, das Gutachten – soweit es referiert wurde – als ein Beispiel inhaltlicher Kontinuität anzusehen. Zwar ähnelten die naturrechtlichen Darlegungen des I. Zivilsenats den nationalsozialistischen Phrasen in ganz auffallender Weise. Seine Auffassung zur Gleichberechtigung von Mann und Frau war jedoch auch in kirchlichen Kreisen schon vor und auch nach 1945 Programm.

Dass das Gutachten mit dem Grundgesetz insoweit nicht im Einklang stand, machte der I. Senat des Bundesverfassungsgerichts in seinem Urteil vom 18. Dezember 1953 sodann deutlich. Er setzte sich nicht nur mit dem Vorlagebeschluss des Oberlandesgerichts Frankfurt auseinander, sondern bezog auch zum Gutachten des Bundesgerichtshofes Stellung.[75] Dass die Entscheidungsformel des Bundesverfassungsgerichts lautete: „Artikel 117 Absatz 1 GG ist insoweit wirksam, als er das dem Artikel 3 Absatz 2 GG entgegenstehende bürgerliche Recht auf dem Gebiete von Ehe und Familie mit Ablauf des 31. März 1953 außer Kraft setzt", sei vollständigkeitshalber erwähnt.

Aufschlussreicher ist, was das Verfassungsgericht zum Gutachten des Bundesgerichtshofes mit aller Bestimmtheit und streng an das Grundgesetz angelehnt ausführte. Es war eine unzweideutige Zurechtweisung des I. Zivilsenats: „Um Art. 3 Abs. 2 dem Willen des Grundgesetzes entsprechend als Rechtssatz zu erkennen und anzuwenden, ist es freilich erforderlich, dem Begriff ‚Gleichberechtigung' den ihm immanenten präzisen juristischen Sinn abzugewinnen und ihn nicht durch eine Gleichsetzung mit den manchmal polemisch verwendeten, rechtlich kaum fassbaren Vokabeln ‚Gleichwertigkeit' oder ‚Gleichmacherei' zu entwerten. Mit ‚Gleichwertigkeit' hat ‚Gleichberechtigung' nämlich nur insofern zu tun, als Gleichberechtigung stets – nicht nur im Verhältnis zu Mann und Frau – auf Gleichwertigkeit aufbaut, die die Andersartigkeit anerkennt [...]. Von ‚Gleichmacherei' wesensmäßig verschiedener Kategorien kann im Zusammenhang mit dem Begriff der Gleichberechtigung schon deshalb nicht die Rede sein, weil das Differenzierungsverbot des Artikel 3 Abs. 2 GG ebenso wie das des Absatzes 3 nur die Bedeutung hat, dass die aufgeführten faktischen Verschiedenheiten keine rechtliche, nicht aber auch, dass sie keine gesellschaftliche, soziologische, psychologische oder sonstige Wirkung haben dürfen. Im Recht ist ferner das Differenzierungsverbot beschränkt auf die in den Vergleichstatbeständen benannten unterschiedlichen Eigenschaften, z. B. Mann-Frau, Protestant-Katholik usw. Differenzierungen, die auf anderen Unterschiedlichkeiten der Personen oder auf Unterschiedlichkeiten der Lebensumstände beruhen, bleiben von dem Differenzierungsverbot unberührt."

Dann kam das Bundesverfassungsgericht auf Artikel 6 Abs. 1 GG zu sprechen, den der Bundesgerichtshof in seine Begründung mit einbezogen hatte: „Gelegentlich wird von Gerichten dem Art. 3 Abs. 2 GG der Charakter als Rechtsnorm auch deshalb abgesprochen, weil sich aus ihm infolge seines inneren Zusammenhanges mit Art. 6 Abs. 1 GG, welcher Ehe und Familie unter den besonderen Schutz der staatlichen Ordnung stellt, ein klarer Rechtsgehalt nicht gewinnen lasse. Die Entwicklung lehrt demgegenüber, dass der Verfassungsgeber selbst die beiden Prinzipien ohne Bedenken als vereinbar angesehen hat: Der Gesetzgeber der Weimarer Verfassung hatte ihr Verhältnis zueinander dadurch klar zum Ausdruck gebracht, dass er sie in Artikel 119 Abs. 1 unmittelbar nebeneinander aufführte; dort hieß es: ‚Die Ehe steht als Grundlage des Familienlebens und der Erhaltung und der Vermehrung der Nation unter dem besonderen Schutz der Verfassung. Sie beruht auf der Gleichberechtigung der beiden Geschlechter.' Der Gesetzgeber des Bonner Grundgesetzes wollte über den damaligen Zustand nur insoweit hinausgehen, als er die programmatisch gemeinten Bestimmungen der Weimarer Verfassung in aktuell geltendes Recht fortentwickeln wollte. [...] Da mithin kein Zweifel sein kann, dass der Verfassungsgeber Artikel 6 Abs. 1 und Artikel 3 Abs. 2 GG für vereinbar hielt, kann eine Auslegung, die dieser Vorstellung des Gesetzgebers Rechnung trägt, nur zu dem Ergebnis kommen: Auch in Ehe und Familie sind Mann und Frau gleichberechtigt."

Wie kontrovers sich die Ansichten des Verfassungsgerichts und die des Bundesgerichtshofes gegenüberstanden, wird durch diese Passage im Urteil mehr als deutlich: „Bei richtiger Zusammenschau von Artikel 3 Abs. 2 und Artikel 6 Abs. 1 GG ist also nicht die Gefährdung der einen Bestimmung durch die andere zu befürchten, vielmehr anzunehmen, dass sie, der Absicht des Grundgesetzes entsprechen, dazu dienen werden, einander zu erfüllen."

5. Das Ende der Apologie?: Das Urteil des 5. Strafsenats des Bundesgerichtshofs vom 16. November 1995

Ob 1954 die Masse der bundesdeutschen Justizjuristen überhaupt zur Kenntnis nahm, dass das Reichsgericht am 1. Oktober 1879 errichtet worden war, mag bezweifelt werden.

Weinkauff nahm den 75-jährigen Gründungstag des Reichsgerichts[76] zum Anlass, in einer Feierstunde am 2. Oktober 1954 dieses Ereignis zu würdigen: Er bezeichnete den Bundesgerichtshof als „Nachfolgegericht des Reichsgerichts", dessen Leistungen er aufs höchste lobte. Doch darum ging es ihm ganz offensichtlich nicht vorrangig. Diese Veranstaltung diente ihm nämlich auch dazu, die Richter am Reichsgericht zu exkulpieren, die während des Dritten Reiches in Leipzig gewirkt hatten. Geschickt kam er auf sein Anliegen zu sprechen, indem er ausführte, „die Auslese der Richter zum Reichsgericht" sei „bis in die Zeit, in der sie durch den Nationalsozialismus korrumpiert" worden sei, „befriedigend" vonstatten gegangen. Dabei hob er hervor, dass „die Länder damals regelmäßig ihre besten Kräfte zum Reichsgericht" geschickt hätten. „Den Typus des engen Fachmannes" – so Weinkauff weiter – „fand man fast nie unter ihnen." Seiner Ansicht nach war der Richter am Reichsgericht in fachlicher und menschlicher Hinsicht also eine Ausnahmeerscheinung gewesen. Trotz dieser Eigenschaft, zu der Kritikfähigkeit und analytisches Denken gehört, scheute sich Weinkauff dann aber nicht, seine ehemaligen Kollegen quasi als nicht der Reflexion fähige Juristen darzustellen: „Das Reichsgericht befolgte in seiner ganzen Rechtsprechung die Übung, die der positiven Rechtsordnung vorausliegenden philosophischen Grundfragen des Rechts nicht anzurühren, zu ihnen nicht Stellung zu nehmen, sondern sich auf die sinnvolle Anwendung des im Wesentlichen ungeprüft hingenommenen gesetzten Rechts auf den Einzelfall zu beschränken [...]. Nun entspricht eine solche Praxis sicher alter richterlicher Weisheit; sie setzt aber zweierlei voraus: einmal, dass sich das gesetzte Recht, gewissermaßen selbstverständlich, im Rahmen der rechtlichen Ur-Ordnung hält, und dann, dass in einer Gesellschaft gewisse Grundprinzipien des Rechts und der Ethik in allgemeiner, unbezweifelter, wenn auch stillschweigender Geltung stehen. Als daher diese Voraussetzungen entfielen, als unter dem Nationalsozialismus grobes, vom Staate selbst in die Form des Gesetzesbefehls gebrachtes Unrecht in die Rechtsordnung eindrang, konnte man vom Boden dieser Auffassung des Rechts und des Richtertums aus keine der Schwere des Angriffs entsprechende Gegenwehr leisten."

Diese pauschalierenden Behauptungen ließen jede Selbstkritik bewusst vermissen. Offensichtlich wollte er die juristische Öffentlichkeit davon überzeugen, dass sich der vermeintliche Glaube an den Rechtspositivismus auch auf das „Gesetz zum Schutze des deutschen Blutes und der deutschen Ehre" vom 15. September 1935 bezogen habe, das die sog. Rassenschande für strafbar erklärte. Die für dieses „Gesetz" zuständigen Strafsenate des Reichsgerichts legten – wie beschrieben[77]– dessen Bestimmungen im vorauseilenden Gehorsam und ohne hierzu gezwungen worden zu sein, extensiv zu Lasten der Angeklagten aus. Diese Art von „Rechtsprechung" wird denn auch als „Blutschutzrechtsprechung" bezeichnet. Und nach diesen Vorgaben des Reichsgerichts richteten sich selbstverständlich die unteren Instanzen, so dass das Reichsgebiet sozusagen vollflächig von dieser „Blutschutzrechtsprechung" überzogen wurde.

Weinkauffs am 2. Oktober 1954 vertretene Ansicht fand auch noch in späteren Jahren Anhänger in Karlsruhe. Als markantes Beispiel ist der am 31. März 1960 erfolgte Präsidentenwechsel am Bundesgerichtshof zu erwähnen. An diesem Tag wurde Bruno Heusinger als Nachfolger von Weinkauff eingeführt.

Der dienstälteste Senatspräsident Friedrich Tasche[78] leitete die Festveranstaltung. Zu ihm ist Folgendes anzumerken: Tasche war er erst nach seiner Ernennung zum Oberlandesgerichtsrat im Jahre 1936 der NSDAP beigetreten (1. Mai 1937). Auch war an seiner juristischen Befähigung nicht zu zweifeln. Doch seine gesellschaftspolitische Vergangenheit vor 1933 hätte hellhörig machen müssen. Denn 1920 trat er dem deutschvölkischen Schutz- und Trutzbund bei, der 1922 wegen seiner antisemitischen Ziele und wegen seines aggressiven Nationalismus verboten wurde. Die Mitglieder dieses Bundes waren bedingungslose Gegner der Weimarer Republik und gehörten zu den geistigen Wegbereitern des Nationalismus.[79] Tasche war ab 1936 stets Mitglied des Oberlandesgerichts Celle und wurde bereits 1944 „vorzugsweise" für die Ernennung zum Reichsgerichtsrat durch den zuständigen Oberlandesgerichtspräsidenten vorgeschlagen. Dass er im Dezember 1950 zum Bundesrichter und 1953 zum Senatspräsidenten ernannt wurde, war folglich kein Zufall. Ob die Festgemeinde wusste, dass ein Antisemit und Republikgegner durch die Ernennungsfeier führte, muss unbeantwortet bleiben.

Selbstverständlich war auch der amtierende Bundesminister der Justiz, Fritz Schäffer (CSU)[80], anwesend. Was er zu sagen hatte, wird Weinkauff gefallen haben. Schäffer ließ sich die Gelegenheit nicht entgehen, auf die sog. Braunbuchkampagne der DDR einzugehen.

Diese Kampagne prangerte aus propagandistischen Gründen an, dass ehemalige NS-Juristen wieder in der bundesdeutschen Justiz tätig waren, was in Justizkreisen für viel Unruhe sorgte.[81] Schäffer verstieg sich zu folgenden Thesen: „Wie erfolgreich der Wiederaufbau des Rechtsstaates unter maßgeblicher Führung durch den Bundesgerichtshof war, beweisen die Ereignisse der letzten Monate mit den aus dem Osten kommenden Versuchen, das Vertrauen in unsere Justiz zu untergraben. Wir nehmen diese Angriffe durchaus nicht leicht. Das Gebot, im eigenen Hause Ordnung zu schaffen, steht für uns auch hier über allem, auch dann, wenn man bei den meisten von sowjetzonaler Seite ausgehenden Vorwürfen gegen amtierende Richter und Staatsanwälte mit gutem, sehr gutem Recht nach der Legitimation dieser ‚Verteidiger' der Gerechtigkeit fragen kann. [...] Der Angriff wird scheitern. Unser Rechtsstaat ist gefestigt."[82] Die Behauptungen Schäffers entbehrten jeder Grundlage, war doch der Inhalt der sog. Braunbücher mit Ausnahme weniger Fehler unangreifbar. Dennoch blieben seine Anmerkungen zu dieser Kampagne in Justizkreisen ohne Widerspruch.

Weinkauff nahm natürlich im Rahmen seiner Rede zu den Ausführungen Schäffers Stellung. In altgewohnter Manier frönte er seiner Apologie. Gleichsam in abstrakter Distanziertheit führte er aus: „Dann kam der Einbruch des Nationalsozialismus in das Recht und die Gerichte. Davon soll man nicht in dem lauten, grellen, nur halbechten Tone reden, der leider üblich geworden ist. [...] Das bekannte kantische Wort: ‚Wenn die Gerechtigkeit untergeht, hat es keinen Wert mehr, dass Menschen leben', das allmählich schon zu einer abgegriffenen Scheidemünze für Festreden herabgesunken war, bekam damals eine erschreckende, eine – wie man heute sagt – existentielle, eine den innersten Kern des Menschen und des Juristen treffende Bedeutung.

Fragen standen auf und ließen sich nicht abweisen wie die: Wäre das, was an staatlich gesetztem Unrecht damals geschehen ist, wirklich möglich gewesen, wenn das Recht in unserem Volke eine lebendig wirkende, eine gefühlte und anerkannte Macht und nicht bloß ein fernes, fremdes, nur halbverständliches Ding gewesen wäre? Wäre es weiter möglich gewesen, wenn die deutschen Juristen in Wissenschaft und Praxis noch etwas von den naturrechtlichen und ethischen Grundlagen jeder positiven Rechtsordnung gewusst hätten, während sie sich doch seit fast einem Jahrhundert in einem kläglichen Erlahmen des rechtsphilosophischen und ethischen Vermögens und verleitet von dem Irrlicht der angeblichen Wissenschaftlichkeit des Rechts völlig einem schwächlichen Rechtspositivismus ausgeliefert hatten? Wäre es endlich möglich gewesen, wenn der deutsche Richter, statt beamtenmäßig organisiert und zum blinden Gesetzesgehorsam erzogen zu sein, eine selbständige, nur vom Recht her legitimierte Stellung in der Gesellschaft gehabt hätte und eines starken Vertrauens im Volke sicher gewesen wäre?"[83] Auf seine Fragen gab Weinkauff allerdings keine Antworten.

Dass der Bundesgerichtshof noch 1979 als Nachfolgegericht des Reichsgerichts angesehen wurde, machte der Vortrag des damals amtierenden Präsidenten Pfeiffer[84] deutlich, den dieser auf der Gedenkstunde
zum hundertsten Geburtstag des Reichsgerichts am 1. Oktober 1979
hielt. Seinen Vortrag betitelte er „Das Reichsgericht und seine Rechtsprechung".[85] Da seine Ausführungen auch den Zeitraum bis 1945 betrafen, kam er nicht umhin, sich mit den Verhältnissen während des Dritten Reiches auseinander zu setzen. Hier nun zeigte sich, dass Pfeiffer
eine, wenn auch differenzierte Apologie hinsichtlich der NS-Juristen
nicht fremd war. Im Kern vertrat er die Thesen Weinkauffs. Dabei scheute
er sich nicht, pauschal zu behaupten, das Reichsgericht habe „die Weimarer Verfassung loyal angewandt". Und in beschönigender Form führte
er hierzu aus: „Aber mit dem Herzen, auch das können wir wohl sagen, waren die Richter nicht der Republik und der Demokratie ver-
schworen." Warum Pfeiffer einer abgemilderten Apologie anhing, offenbarte er in seiner Rede: „Wenn ich im Folgenden diese Entwicklung (die
Rechtsprechung des Reichsgerichts von 1933 bis 1945) in groben Zügen nachzeichne, so gewiss nicht in der Rolle des Pharisäers. Ich gehöre noch zu der Generation, die den Geschmack der Unfreiheit in ihrer
Jugend gekostet hat." Aus seiner Sicht war es sodann nur konsequent,
wenn er die Reichsgerichtsräte in Schutz nahm: „Von den Angehörigen
der nachgewachsenen Generationen, aufgewachsen in unserer Freiheit,
möge jeder für sich die Frage beantworten, wie er in vergleichbarer
Situation des äußeren Drucks, der Furcht und des Misstrauens handeln
würde. Und keiner möge sich diese Gewissenerforschung zu leicht
machen!"

Für seine Mahnung glaubte er einen geeigneten Zeugen zu haben:
Weinkauff als ehemaliger Reichsgerichtsrat habe „berichtet, wie die
Nationalsozialisten das Reichsgericht durch ihre Personalpolitik und
durch Terror politisch, menschlich und rechtlich zu zersetzen versucht"
hätten, „und dass ihnen dies auch teilweise gelungen" sei. Die kritiklo-
se Übernahme von Weinkauffs Thesen, die viel zu pauschal waren und
die letztlich auch nichts mit den wahren Abläufen gemein hatten, sprachen nicht gerade für Pfeiffer.

Nachdem er einen detaillierten Überblick über die „Rechtsprechung"
des Reichsgerichts im nationalsozialistischen Staat gegeben hatte, drängte sich natürlich eine Frage auf, die er auch stellte: „Was können wir
aus der Geschichte des Reichsgerichts lernen?". Seine Antworten hier-

auf beinhalteten die hinlänglich bekannten Klischees: „Der Glaube" der Reichsgerichtsräte, „durch Konzessionen an das klar erkannte Unrecht Schlimmeres verhüten zu können", habe „sich als furchtbarer Irrtum erwiesen". Die damals vorherrschende „positivistische Grundhaltung", die sich „mit obrigkeitsstaatlichem Denken" vermischt habe, habe „die Richter gegenüber entschlossenen Machthabern gerade in dem Stadium wehrlos" gemacht, „in dem Widerstand unter Berufung auf ein über dem bloßen Befehl stehendes Recht noch aussichtsreich gewesen wäre, nämlich in den Anfängen des Unrechtsstaates."

Pfeiffers Nachfolger, Walter Odersky, der von 1988 bis 1996 Chefpräsident war[86], nahm am 30. Januar 1990 die Gelegenheit wahr, der Justizopfer des Dritten Reiches zu gedenken. An diesem Tag wurde im Bundesgerichtshof ein Mahnmal enthüllt, das die Inschrift trägt: „Im Gedenken an die Frauen und Männer, denen im Namen des Deutschen Volkes Unrecht geschah. 1933 – 1945."[87] Diese Inschrift war Thema seiner Ansprache. Er brauchte sich folglich nicht mit den Gründen des Versagens der NS-Richter auseinander zu setzen. Das tat Odersky auch nicht; vielmehr sprach er lediglich in abstrakter Weise die NS-Justiz und die von ihr verübten Taten an. Insoweit ließ er es aber an Eindeutigkeit nicht fehlen: „Es ist nicht der Sinn des Mahnmals, das hier aufgestellt wird, im Einzelnen juristisch nachzumessen, zu zergliedern, wo die eine, wo die andere Form jener Anfechtungen und Pervertierungen des Rechts waren. Nein, es gilt, sich dem bedrückenden Ergebnis zu stellen: es war Unrecht, das den Menschen auch durch oder unter Mitwirkung von Justizorganen geschah, Unrecht, das viele von ihnen um das Leben gebracht, andere in bitterste Not gestürzt und ihren Angehörigen schwerstes Leid zugefügt hat." In diesem Zusammenhang erwähnte er nicht nur den Volksgerichtshof, sondern auch – und diese Tatsache wurde von einem Chefpräsidenten zum ersten Mal in dieser Eindeutigkeit beim Namen genannt – die ordentlichen Gerichte: „Aber es gilt, sich der Erkenntnis zu stellen, dass Unrecht [...] auch von diesen Gerichten verursacht wurde."

Für Odersky bot sich am 10. Februar 1994 wiederum die Gelegenheit, sich mit der Vergangenheit auseinander zu setzen. An diesem Tag wäre Weinkauff 100 Jahre alt geworden. Der Chefpräsident wollte diesen Geburtstag nicht unerwähnt lassen.

Während das Bundesministerium der Justiz wenig Neigung zeigte, dieses Ereignis zu würdigen, veröffentlichte Odersky in Absprache mit dem

Ministerium[88] einen Kurzbeitrag in der Neuen Juristischen Wochenschrift mit der Überschrift „Hermann Weinkauff zur Erinnerung".[89] Zur Rolle Weinkauffs während des Dritten Reiches meinte Odersky: „Es mag bezeichnend sein, dass sich in unserer Zeit schnell die Frage erhebt: Konnte man 1936[90] Reichsgerichtsrat werden und doch so wenig mit dem Nationalsozialismus zu tun haben, dass man nach dem Zusammenbruch maßgeblicher Repräsentant der neuen rechtsstaatlichen Ordnung sein konnte? Entgegen mancher pauschalierender Neigung der Gegenwart zeigt uns der Lebensweg von Hermann Weinkauff, dass eine auf Verallgemeinerung gestützte Abwertung nicht gerechtfertigt, sondern dass bei der Einschätzung jener Zeiten nüchterne Differenzierung geboten ist. Die Mitwelt hat Hermann Weinkauff als einen untadeligen Mann des Rechts hoch geachtet und über den Verstorbenen hat der damals amtierende Präsident [...] Pfeiffer gesagt, Hermann Weinkauff habe unbeirrt im Glauben an unwandelbare rechtliche Grundwerte den Anfechtungen des Dritten Reiches standgehalten. Ohne die geringste persönliche Wertung damit verbinden zu wollen, vielmehr in eigener Demut, dürfen wir vielleicht aber auch hinzusetzen, dass es sich bei Hermann Weinkauff so gefügt hatte, dass er in den Rechtsbereichen des I. Zivilsenats arbeiten konnte."

Geschickt hatte sich Odersky damit von der Meinung seines Vorgängers abgesetzt. In der Tat war Weinkauff während des Dritten Reiches als aktiver Reichsgerichtsrat keinerlei Anfechtungen ausgesetzt gewesen. Allerdings stimmte er mit Weinkauffs Bewertung der NS-Justiz nicht völlig überein. Ohne diesem Vorwürfe zu machen, führte er insoweit aus: „Bei der Diagnose der Rolle der Justiz im Dritten Reich hatte Hermann Weinkauff nach unserem heutigen Urteil allerdings eine zu einseitige Sicht, die die Justiz zu sehr als das Opfer der Überwältigung durch die brutalen Machthaber, zu wenig dagegen sah, dass es eben auch Gerichte und Justizstellen waren, die – unbeschadet manchen Versuchs eines hinhaltenden Widerstandes – Unrecht mit verwirklichten und zur Aufrechterhaltung der Gewaltherrschaft beitrugen. Solche nach unserem Urteil der ganzen Wirklichkeit nicht gerecht werdende Akzentsetzung enthielt auch das von Hermann Weinkauff herausgegebene Sammelwerk: ‚Die deutsche Justiz und der Nationalsozialismus' [...]. Dass die Zeitgenossen jene Sicht hatten, ist selbst ein Faktum, das uns nachdenklich machen sollte, und zwar allgemein in Bezug auf die Menschen und vor allem auf uns selbst. Und es mag uns mahnen, uns zugleich in Behutsamkeit und in Festigkeit um das Erfassen der differenzierten Wirklichkeit und ihre Bewertung zu bemühen." Dass Odersky von Widerstandsversuchen in der NS-Justiz ausging, ohne ein Beispiel überhaupt zu nennen, verdeutlicht seine Art von Apologie.

Dabei beließ es Odersky aber nicht. Zur Bedeutung Weinkauffs als Chefpräsident führte er aus: „Hermann Weinkauff war ein ausgezeichneter, versierter Jurist und er war ein starker Richter. Er hatte auf seine Umgebung großen Einfluss und hat viel dazu beigetragen, das Ansehen des BGH und der Rechtsprechung in der jungen Bundesrepublik im In- und Ausland zu stärken und das Vertrauen in sie zu festigen."

Die Justiz begrüßte Oderskys Darlegungen. Laute Kritik an seiner pauschalen Lobpreisung Weinkauffs blieb aus. Nur der Vorsitzende der Deutsch-Israelischen Juristenvereinigung, Werner Himmelmann, übte Kritik: „Ist ein solches Urteil wirklich gerechtfertigt? Zwar erwähnt Odersky, dass Weinkauff [...] ab 1936 Reichsgerichtsrat gewesen ist. Es klingt auch die Frage an, ob man 1936 Reichsgerichtsrat werden konnte, ohne überzeugter Nationalsozialist zu sein. Nicht ausreichend deutlich wird jedoch, welch anfechtbare Urteile in der Ära Weinkauff zu beklagen sind und wie weit die – von Odersky nur angedeuteten – Leugnungstendenzen in dem von Weinkauff herausgegebenen und zum Teil selbst geschriebenen Werk ‚Die deutsche Justiz und der Nationalsozialismus' reichen."[91]

Nach diesen einleitenden Worten kam Himmelmann zur Sache: „Über die Gerichtsbarkeit im Allgemeinen erklärt Weinkauff in dem genannten Werk, es sei für die Rechtsprechung ‚schlechterdings unvermeidlich' gewesen, dass in ihr eine ‚Entfaltung der in den betreffenden Gesetzen niedergelegten nationalsozialistischen Grundgedanken' zum Tragen gekommen sei. ‚Ähnlich verhielt es sich, wenn die Rechtsprechung nun bei der Ausfüllung der Generalklauseln, der allgemeinen Begriffe und der Lücken des fortbestehenden früheren Rechts, wie von ihr gefordert, in einem gewissen Umfang nationalsozialistische Gedanken zugrunde legt. Dem konnte sie sich gar nicht entziehen.' Noch 1968 sieht Weinkauff somit die widerstandslose Unterwerfung der Justiz unter das nationalsozialistische Gedankengut als ‚unvermeidlich' an."

Welche Thesen hatte Weinkauff in diesem Zusammenhang in seiner erwähnten Abhandlung vertreten? Konnten diese überhaupt eine derartige Kritik hervorrufen? Wurde doch sein Buch von dem bekannten Bundesrichter Werner Sarstedt, der von Oktober 1956[92] bis zu seiner

Pensionierung im Jahre 1977 den 5. Strafsenat leitete,[93] aufs höchste gelobt: „Weinkauffs ‚Überblick' ist eine tiefe und weite Schau von großer Prägnanz. Er klagt nicht an, er verteidigt nicht, er richtet nicht. Er stellt fest, dass wir Juristen, besonders wir Richter, vor der Aufgabe, die nationalsozialistische Rechtsverwüstung zu hindern, versagt haben. Den Grund sieht er darin, dass wir für diesen Kampf nicht gerüstet waren. [...] Das erzählende Imperfekt dieser Darstellung erinnert in seiner stilistischen Vollendung an Lion Feuchtwangers ‚Erfolg', wo mit dem gleichen Kunstmittel trockenen Tones die Justiz der (damaligen) Gegenwart vernichtend kritisiert wird. Weinkauff beschreibt diese Vergangenheit so, dass der Leser sich fragt: Was ist heute denn anders? [...] Weinkauffs ‚Überblick' [...] (ist) in seiner Knappheit, seinem Gedankenreichtum, seiner Lesbarkeit, eine vorzügliche, zum Nachdenken anregende Einführung'."[94]

Was Himmelmann kritisierte und Sarstedt lobte, liest sich in Weinkauffs Abhandlung wie folgt: „An sich kann Recht auch durch Richterspruch geschaffen werden [...]. Im Deutschland der letzten hundert Jahre vor 1933 spielte dagegen die Erzeugung von Richterrecht nur eine verhältnismäßig geringe Rolle. Unter der nationalsozialistischen Herrschaft, die mit einer allgemeinen starken Degradierung der Gerichte einherging, war die Schaffung selbständigen Richterrechtes noch schwieriger geworden. Zwar hätten sich insofern Möglichkeiten geboten, als die neuen nationalsozialistischen Gesetze im Allgemeinen keine völlig durchgearbeiteten und vor allem keine in das Einzelne gehende Regelungen der betreffenden Rechtsgebiete [...] boten [...], sondern gewöhnlich nur die allgemeinen Grundzüge dieser Regelung festlegten und für ihre Ausfüllung im Einzelnen auf die nationalsozialistische Weltanschauung, das gesunde Volksempfinden und auf die Vorsprüche der Gesetze verwiesen, die ihrerseits Grund und Ziel der Regelungen zu bezeichnen pflegten. [...] In diesem Bereich musste sich daher in einem gewissen Maße ein Richterrecht ausbilden, das sich als eine Entfaltung der in den betreffenden Gesetzen niedergelegten nationalsozialistischen Grundgedanken darstellte. Das geschah auch [...] und das war für die Rechtsprechung schlechterdings unvermeidlich. Ähnlich verhielt es sich, wenn die Rechtsprechung nun bei der Ausfüllung der Generalklauseln, der allgemeinen Begriffe und der Lücken des fortbestehenden früheren Rechtes, wie von ihr gefordert, in einem gewissen Umfange nationalsozialistische Gedanken zugrunde legte. Dem konnte sie sich gar nicht entziehen; sie folgte dabei nur dem Grundsatz, der für sie von jeher verbindlich gewesen war, dass bei der Gesetzesauslegung die im Volke herrschenden allgemeinen Rechtsüberzeugungen und ihr geschichtlicher Wechsel zu berücksichtigen seien."[95]

Himmelmann beließ es jedoch nicht bei dieser Kritik: „Hinsichtlich der Richter erklärt Weinkauff, ihnen sei ‚in ihrer Mehrzahl die so genannte nationalsozialistische Weltanschauung fremd gewesen und immer fremd geblieben'. Schon die Tatsache, dass ein Richter der NS-Zeit von der ‚so genannten' nationalsozialistischen Weltanschauung schreibt, zeigt eine peinliche Distanzierung desjenigen, der als Reichsgerichtsrat jahrelang inmitten dieser Weltanschauung gestanden hatte. Wider besseres Wissen oder nach erfolgter vollkommener Verdrängung schreibt Weinkauff weiter, die Richter seien ‚überwiegend gar nicht in der Lage (gewesen), die nationalsozialistischen Rechtsvorstellungen aus einer echten Überzeugung heraus ihren Entscheidungen zugrunde zu legen.' Weinkauff geht dabei so weit, zu behaupten, es habe ein ‚Verkleiden der aufgrund der wirklichen Rechtsmeinung getroffenen Entscheidung mit nationalsozialistischen Redensarten und Scheingründen' gegeben. So als hätten die Richter in der NS-Zeit ihre Entscheidungen sozusagen nur mit nationalsozialistischen Redensarten verziert, um sie nach außen hin genehm zu machen."

Weinkauff hatte insoweit in seinem Buch Folgendes ausgeführt: „Einmal waren die Richter, denen in ihrer Mehrzahl die so genannte nationalsozialistische Weltanschauung fremd war, und immer fremd blieb, überwiegend gar nicht in der Lage, die nationalsozialistischen Rechtsvorstelllungen aus einer echten Überzeugung heraus ihren Entscheidungen zugrunde zu legen. Der Ausweg, der Richter sei verpflichtet, herrschende Wert- und Rechtsvorstellungen auch dann seinen Entscheidungen zugrunde zu legen, wenn er sie persönlich nicht teile, und das sei ihm jedenfalls möglich, führte hier auch nicht, oder doch nur unvollkommen, weiter. Es gab ja kein geschlossenes, rational einsichtiges System nationalsozialistischer Rechtsgedanken, sondern es gab nur unklare, primitive, gefühls- und ressentimentegeladene und vielfach ungerechte Allgemeinvorstellungen rechtlicher Art, die im Grunde nur der anwenden und einigermaßen konkretisieren konnte, der selbst von ihnen emotional ergriffen war. [...] In alledem offenbart sich nur, in welch innerlich unwahre, künstliche, im Grunde unerträgliche und unmögliche Lage die Rechtsprechung durch den Nationalsozialismus gedrängt worden war. Sie sollte Recht sprechen auf Grund einer ihr anbefohlenen, aufgezwungenen, von ihr aber gleichwohl mit innerer Wärme zu betätigenden Gesinnung, die in Wahrheit – mindestens bei einem sehr großen Teil der Richter – nicht die ihre war und nicht die ihre sein konnte. Daraus konnte bei allen Richtern, die nicht überzeugte Nationalsozialisten waren, nur ein unheilvoller Bruch in der richterlichen Haltung hervorgehen, ein Konflikt zwischen der wirklichen und der nach außen hin zur Schau getragenen Rechtsmeinung, zuweilen ein Verkleiden der aufgrund der wirklichen Rechtsmeinung getroffenen Entscheidung mit nationalsozialistischen Redensarten und Scheingründen, jedenfalls ein Gesamtzustand, der mit der richterlichen Existenz, mit dem Amt des unabhängigen, nur dem Recht und seinem Gewissen verpflichteten Richters, schlechthin unvereinbar war."[96]

Angesichts dieser Thesen ist die Kritik Himmelmanns noch als zurückhaltend zu bezeichnen, der abschließend feststellte: „Wer die Rechtsprechung in der NS-Zeit auf ihren sachlichen Gehalt überprüft, dem bleibt unverständlich, dass ein Richter, der selbst beteiligt war, nachträglich derartige Ausflüchte und Entschuldigungen dafür sucht, dass der ganz Stand der Juristen ohne maßgeblichen Widerstand das nationalsozialistische Gedankengut übernommen und mitgetragen hat."[97]

Himmelmanns Kritik wurde zwar in der neuen Juristischen Wochenschrift veröffentlicht, sie löste 1994 jedoch keine Diskussion in der Öffentlichkeit mehr aus; die NS-Justiz und die damit zusammenhängenden Fragen und Probleme gehörten der Vergangenheit an. Als sich am 1. Oktober 2000 zum fünfzigsten Mal der Tag der Errichtung des Bundesgerichtshofes jährte, da waren die NS-Juristen kein Thema mehr, als der amtierende Chefpräsident Karlmann Geiß[98] dieses Ereignis in einem Vortrag würdigte.[99] Im Jahre 2000 ging es darum, die Leistungen dieses Gerichts hervorzuheben. Folglich schnitt Geiß die NS-Vergangenheit nur kurz an: Die Anfangsjahre des Bundesgerichtshofes seien von der Vorstellung geprägt gewesen, „dass in dem [...] Bundesgerichtshof das Reichsgericht real und ideell seine Fortsetzung" gefunden habe." „Die Schatten über dem Reichsgericht blieben demgegenüber beim Bundesgerichtshof eher ausgeblendet und im Kern über lange Jahre unproblematisiert." „Spät erst, im Ausgang der siebziger Jahre, als weithin in der Justiz sich Apologie und Verdrängung aufzulösen" begonnen hätten, habe „sich auch die Sicht auf das Reichsgericht" geändert, habe „sich auch bei uns der Blick auf die dunklen Zeiten seiner Geschichte"[100] geweitet.

Als am 8. März 2002 der amtierende Chefpräsident Hirsch auf einem Festakt anlässlich des 100. Geburtstags des ermordeten Widerstandskämpfers Hans von Dohnanyi[101] eine Ansprache hielt, nahm er diese Gelegenheit wahr, sich auch mit der Nachkriegsjustiz auseinander zu setzen. Seine deutlichen Worte mussten überraschen, hatten doch seine Vorgänger mehr oder weniger verhalten dieses Thema angesprochen: „Kein einziger Richter, kein Staatsanwalt wurde in der Bundesrepublik wegen der tausendfachen Justizverbrechen im Dritten Reich verurteilt. [...] Dieses Versagen der Nachkriegsjustiz ist ein dunkles Kapitel in der deutschen Justizgeschichte und wird dies bleiben."[102] Die Gründe hierfür benannte Hirsch jedoch nicht. Nur den ehemaligen NS-Richter Rehse, der zusammen mit Roland Freisler im Volksgerichtshof an einer Vielzahl von Todesurteilen mitgewirkt hatte, erwähnte er in diesem Zusammenhang. Dass der 5. Strafsenat des Bundesgerichtshofes in der Strafsache gegen Rehse in seinem Urteil vom 30. April 1968 unter Vorsitz des bekannten Senatspräsidenten Sarstedt die Voraussetzungen mitgeschaffen hatte, dass kein NS-Richter und kein NS-Staatsanwalt u. a. wegen Rechtsbeugung nach 1945 zur Rechenschaft gezogen werden konnte, muss hier vollständigkeitshalber angemerkt werden. Der 5. Strafsenat glaubte nämlich, Folgendes in der Strafsache gegen Rehse feststellen zu müssen: „Das Schwurgericht verurteilt den Angeklagten wegen Beihilfe zum Mord und zum Mordversuch, weil er als berufsrichterlicher Beisitzer des Volksgerichtshofs in sieben Fällen der Todesstrafe zugestimmt hat, die Freisler als damaliger Vorsitzender des 1. Senats jeweils vorgeschlagen hatte. Die von der Staatsanwaltschaft und dem Angeklagten erhobenen Sachrügen führen zur Aufhebung der angefochtenen Entscheidung.

1. Beide Rechtsmittel machen übereinstimmend und zutreffend geltend, dass das Schwurgericht den Angeklagten zu Unrecht als Gehilfen Freislers angesehen hat. Solche Beurteilung wird der rechtlichen Stellung eines Berufsrichters nicht gerecht. Diese folgt und folgte auch zur Tatzeit unmittelbar aus § 1 GVG. Sie kann und konnte nicht durch irgendwelche tatsächlichen Verhältnisse in dem Maße geändert werden, wie das Schwurgericht annimmt. Als Mitglied eines Kollegialgerichts war der Angeklagte bei der Abstimmung nach dem auch damals geltenden Recht unabhängig, gleichberechtigt, nur dem Gesetz unterworfen und seinem Gewissen verantwortlich. Seine Pflicht forderte, allein der eigenen Rechtsüberzeugung zu folgen. Das konnte ihm kein anderer, auch kein Vorsitzender von der Art Freislers, abneh-

men. Falls also der Angeklagte bewusst gegen seine richterliche Überzeugung von der Rechtslage für ein Todesurteil stimmte, so leistete er einen höchstpersönlichen Beitrag und konnte, wenn das Urteil rechtswidrig war, nur Täter, nicht Gehilfe eines Tötungsverbrechens sein.

2. Daraus folgt für die innere Tatseite, dass der Angeklagte nur noch bestraft werden kann, wenn er selbst aus niedrigen Beweggründen für die Todesstrafe stimmte. Das lassen die Urteilsgründer weder erkennen, noch schließen sie die Möglichkeit völlig aus. Was das Schwurgericht über die innere Einstellung des Angeklagten ausführt, erlaubt dem Senat nicht, selbst die rechtliche Würdigung vorzunehmen. Es enthält erstens Unklarheiten und Widersprüche, u. a. übrigens auch im Zusammenhang mit den Ausdrücken ‚Rechtsblindheit' und ‚Verblendung', die, im üblichen Sinne verstanden, mit dem Vorsatz der Rechtsbeugung nicht vereinbar erscheinen. Der Inhalt des Schwurgerichtsurteils kann zweitens nicht als abschließende tatsächliche Grundlage für eine Bewertung der Beweggründe des Angeklagten durch das Revisionsgericht dienen; denn der Tatrichter wollte eine solche Grundlage gar nicht liefern, glaubte vielmehr, es komme nur auf die Beweggründe Freislers und darauf an, ob der Angeklagte sie kannte. Der Senat musste daher die Sache zur neuen Verhandlung zurückverweisen. Er verkennt hierbei nicht, dass ein Gericht vor eine besonders schwierige Aufgabe gestellt wird, wenn es nach so langer Zeit innere Vorgänge aufklären und werten soll, die sich möglicherweise aus einer Anzahl verschiedenartiger Beweggründe zusammensetzen. Es bleibt indessen auch in solchen Fällen Aufgabe des Tatrichters, sich von bestimmten Vorgängen eine Überzeugung zu verschaffen oder darzulegen, dass dies nicht möglich sei. [...]"[103]

Diese Konstruktion des Senats, Rehse juristisch als Täter einzuordnen und vorsätzliches Handeln vorauszusetzen, war ein geschickter Schachzug, um alle ehemaligen NS-Richter und NS-Staatsanwälte ungeschoren davonkommen zu lassen. Das war auch der Fall, wie Hirsch in seiner Ansprache zu Recht kritisierte.

Hatte Hirsch die Entscheidung des 5. Strafsenats vom 30. April 1968 weder explizit genannt noch daraus zitiert, so erwähnte er ein Urteil desselben Senats, das am 16. November 1995 verkündet worden war.[104] Bevor er auf den Inhalt dieses Urteils zu sprechen kam, führte er einleitend hierzu aus: „Nach dem Fall der Mauer standen deutsche Gerichte zum zweiten Mal binnen einiger Jahrzehnte vor dem Problem, das Verhalten von Richtern als Handlanger totalitärer Regime justiziell aufzuarbeiten. [...] In dieser Situation wurde die Justiz nicht nur ihrer Verantwortung zur Aufarbeitung von Justizunrecht gerecht, der Bundesgerichtshof ergriff auch diese historische Gelegenheit, um sich von seiner eigenen Rechtsprechung [...] zu distanzieren. Dies wird häufig vergessen, wenn die Rolle der deutschen Justiz bei der Aufarbeitung von Justizunrecht kritisch gewürdigt wird."

Dass Hirsch diese Leistung des Bundesgerichtshofes positiv herausstellte, kann nicht verwundern. Allerdings bleibt anzumerken, dass der 5. Strafsenat in seinem noch zu zitierenden Urteil vom 16. November 1995 letztlich gar nicht anders konnte, als sich von der Rechtsprechung des Bundesgerichtshofes in Sachen NS-Justiz zu distanzieren. Anderenfalls hätte nämlich jede moralische Legitimation gefehlt, ehemalige DDR-Richter u. a. wegen Rechtsbeugung zu verurteilen.

Der 5. Strafsenat unter Vorsitz von Heinrich Laufhütte verwarf durch Urteil vom 16. November 1995 die Revision der Staatsanwaltschaft, des Angeklagten und des Nebenklägers gegen das Urteil des Landgerichts Berlin vom 17. Juni 1994. Das Landgericht hatte den Angeklagten u. a. wegen Rechtsbeugung zu einer mehrjährigen Freiheitsstrafe verurteilt. Zur NS-Justiz und zur bundesdeutschen Justiz führte er aus, worauf sich Hirsch auch berief: „Das menschenverachtende nationalsozialistische Regime wurde durch willfährige Richter und Staatsanwälte gestützt, die das Recht pervertierten. Die Grausamkeit, die das Bild der Justiz in der NS-Zeit prägt, gipfelte in einem beispiellosen Missbrauch der Todesstrafe. [...] Die nationalsozialistische Gewaltherrschaft hatte eine ‚Perversion der Rechtsordnung' bewirkt, wie sie schlimmer kaum vorstellbar war, und die damalige Rechtsprechung ist angesichts exzessiver Verhängung von Todesstrafen nicht zu Unrecht oft als ‚Blutjustiz' bezeichnet worden. Obwohl die Korrumpierung von Justizangehörigen durch die Machthaber des NS-Regimes offenkundig war, haben sich bei der strafrechtlichen Verfolgung des NS-Unrechts auf diesem Gebiet erhebliche Schwierigkeiten ergeben. Die vom Volksgerichtshof gefällten Todesurteile sind ungesühnt geblieben, keiner der am Volksgerichtshof tätigen Berufsrichter und Staatsanwälte wurde wegen Rechtsbeugung verurteilt; ebensowenig Richter der Sondergerichte und der Kriegsgerichte. Einen wesentlichen Anteil an dieser Entwicklung hatte nicht zuletzt die

Rechtsprechung des Bundesgerichtshofs. Diese Rechtssprechung ist auf erhebliche Kritik gestoßen, die der Senat als berechtigt erachtet. Insgesamt neigt der Senat zu dem Befund, dass das Scheitern der Verfolgung von NS-Richtern vornehmlich durch eine zu weitgehende Einschränkung bei der Auslegung der subjektiven Voraussetzungen des Rechtsbeugungstatbestandes bedingt war."

Das Verdienst des 5. Strafsenats liegt darin, dass aus der Mitte der Richterschaft des Bundesgerichtshofes die Vergangenheit des eigenen Gerichts in unzweideutiger Art und Weise angesprochen wurde, ohne noch etwas zu beschönigen. Insoweit wird dieses Urteil auch auf die amtierenden Justizjuristen, wenn diese es denn zur Kenntnis nahmen, seine Wirkung nicht verfehlt haben. Zu einer Krititk an der Rechtsprechung des Bundesgerichtshofes hinsichtlich der NS-Justiz, die genauso rigoros hätte ausfallen müssen, wie die des 5. Strafsenats, konnte sich bis 1995 kein amtierender Chefpräsident des Bundesgerichtshofes entschließen. Für Hirsch war es ein glücklicher Umstand, dass der 5. Strafsenat 1995 seine eigene Rechtsprechung in der Strafsache gegen Rehse aus dem Jahre 1968 verwarf.

Es muss bezweifelt werden, ob die Masse der 1995 und heute noch amtierenden Justizjuristen überhaupt das Urteil vom 16. November 1995 und die Ansprache von Hirsch vom 8. März 2002 kennen. Eine solche Unkenntnis hat aber zur Folge, dass die so oft beklagte Apologie in vielen Köpfen der Richterschaft heute noch womöglich lebendig ist. Diesen Umstand sprach Hirsch in seiner Rede natürlich nicht an. Doch seine Forderung: „Die Justiz ist ein Spiegel der Gesellschaft, aber die Richter müssen mehr sein, als nur Reflektoren gesellschaftlicher Stereotypen oder politischer Vorgaben", kann auch dahin verstanden werden, dass kein Mitglied der Judikative für apologetische Thesen auf diesem Gebiet mehr anfällig sein dürfte. Um dieser Gefahr überhaupt begegnen zu können, bedürfte es nicht nur technokratischer, sondern auch intensiver zeitgeschichtlicher Fortbildungsveranstaltungen.

6. Weinkauffs vorzeitiger Eintritt in den Ruhestand (31. März 1960) und sein Nachfolger Bruno Heusinger

Am 12. Dezember 1959[105] fand im Bundesgerichtshof die Jahresendpräsidialsitzung statt, auf der die Verteilung der Senatsvorsitze für das Jahr 1960 beschlossen wurde. Bereits zuvor hatte Weinkauff den

Entschluss gefasst, 1960 in den Ruhestand zu treten. Er, der am 10. Februar 1894[106] geboren war, hätte an sich bis zu seinem 68. Lebensjahr den Bundesgerichtshof leiten können.[107] Nachdem er sich aber anders entschieden hatte, musste er natürlich in der Präsidialsitzung am 12. Dezember 1959 seine Absicht offenbaren. Kaum hatte Weinkauff seine Entscheidung „notgedrungen"[108] den Präsidiumsmitgliedern bekannt gegeben, da vermeldete bereits am 28. Dezember 1959 die Deutsche Presseagentur diese Neuigkeit: „Der Chefpräsident [...] wird wegen seines angegriffenen Gesundheitszustandes am 1. März 1960 in den Ruhestand treten." Ob Weinkauff sich wirklich aus diesem Grunde aufs Altenteil zurückziehen musste, erscheint höchst zweifelhaft. Hiergegen sprach schon die Tatsache, dass er seinen Beruf über alles liebte. Auch brauchte er sich ganz offensichtlich 1959/1960 keine Sorgen wegen seiner Gesundheit zu machen. Diese Feststellung gewinnt angesichts seines Todes am 9. Juli 1981, er wurde also 87 Jahre alt, noch an Plausibilität und wird durch den Ablauf seines Rücktritts letztlich bestätigt.

Die wirklichen Gründe, warum er 1960 aus dem aktiven Dienst ausscheiden wollte, waren nicht persönlicher, sondern vielmehr sachlicher Art. Ihn störte, ja ärgerte immer mehr, auf welche Art und Weise der Bundesgerichtshof und auch er von der Exekutive, d. h. vom Bundesjustizministerium, behandelt wurden und wie das Ministerium mit dem obersten Spruchkörper der ordentlichen Gerichtsbarkeit umsprang. Dass ihm diese Entwicklung überhaupt nicht passte, machte er bereits in einem Schreiben vom 17. April 1957 deutlich, dessen Inhalt symptomatisch für Weinkauffs Einstellung war. Sein Schreiben allerdings nur als eine Petitesse abtun zu wollen, wäre völlig falsch. Weinkauff wollte vielmehr Grundsätzliches kritisch anmerken, das den Staatsaufbau der jungen Republik betraf. Seinen Brief richtete er an Staatssekretär Strauß persönlich: „Lieber Herr Strauß! [...] Es geschieht in der letzten Zeit – im Gegensatz zu der Übung, die in den ersten Jahren nach der Errichtung des Bundesgerichtshofes bestand, im Gegensatz wohl auch zu der ständigen Übung, die das Reichsjustizministerium im dienstlichen Verkehr mit dem Präsidenten des Reichsgerichtes beobachtete – immer häufiger, dass ich dienstliche Anweisungen des Ministeriums erhalte, die von einem Ministerialdirigenten oder einem Ministerialrat unterzeichnet sind. Allein in der ersten Hälfte des Monats April habe ich drei auf solche Weise gezeichnete dienstliche Weisungen erhalten: [...] Manche dieser Erlasse sind überdies in dem bekannten sanften ministeriellen Belehrungston gehalten. Nun nehme ich persönlich diese Dinge keineswegs tragisch. Ich habe aber allgemein den Eindruck, dass man die oberen Bundesgerichte immer mehr in die bürokratische Schablone der ‚oberen Bundesbehörden' zu pressen sucht und dabei mehr oder minder geflissentlich davon absieht, dass sie in Wirklichkeit die obersten Träger der verfassungsmäßig selbständigen rechtsprechende Gewalt sind. Mich gegen eine solche Entwicklung, auch in kleinen Dingen, zu stemmen, sehe ich allerdings als meine Aufgabe an. Ich wäre deswegen dankbar, wenn das Ministerium zu der Übung zurückkehren würde, dass dienstliche Weisungen an mich, wenn sie notwendig sein sollten, Ihrer Unterschrift bedürfen."[109]

Am Schluss seines Briefes kam Weinkauff auf Dinge zu sprechen, die man auch heute noch kaum für möglich halten würde. Seine Kritik bezog sich auf einen Erlass des Bundesjustizministeriums, der die Benutzung von Dienstwagen restriktiv regelte. Weinkauff hielt eine solche Anordnung für überflüssig, weil diese nicht gerade arbeitsfördernd sei: „Wir können schlechterdings nicht auf die Praxis verzichten, einigen kranken Mitgliedern des Bundesgerichtshofes ausnahmsweise die Dienstwagen für die Fahrt von ihrer Wohnung zum Gericht zur Verfügung zu stellen. Wir haben leider eine sehr große Zahl körperlich ungemein hinfälliger Richter; das ist eine Folge der in dieser Beziehung von mir oft beklagten Personalpolitik der Länder. Wenn wir beispielsweise einen Senatspräsidenten, der einen doppelten Herzinfarkt hinter sich hat und der 12 bis 15 Minuten vor der nächsten Straßenbahnhaltestelle entfernt wohnt, hier im Wagen zum Gericht holen lassen, so ist das im Interesse des Dienstes unerlässlich. Anderenfalls fällt uns der Mann eben aus. Haushaltsbürokratische Bedenken können demgegenüber nicht den Ausschlag geben. Ebenso liegt es durchaus im dienstlichen Interesse, dass wir einzelnen Mitgliedern des Bundesgerichtshofes, die kleine Vorlesungen über ihr Spezialgebiet an den nahe gelegenen benachbarten Hochschulen halten, um die diese Hochschulen sehr froh sind, Kraftwagen gegen Vergütung des verbrauchten Treibstoffes und gegen Vergütung der Reisekosten der Fahrer zur Verfügung stellen, was nur ganz selten und ausnahmsweise geschieht. Der Wert eines Bundesrichters für einen Senat wird durch eine in mäßigen Grenzen gehaltene wissenschaftliche Vorlesungstätigkeit erheblich gesteigert. Der Zeitverlust, der für den Betreffenden entsteht, wird gerade durch den Gebrauch des Kraftwagens auf das Äußerste eingeschränkt. Würden wir die Herren auf die Bahn verweisen, so würden sie sehr viel länger ihrer hiesigen Tätigkeit entzogen sein. Wir würden überdies sehr viel böses Blut erzeugen, wenn wir den Betreffenden nun die bisher gewährte kleine Vergünstigung wieder entziehen würden. Ich empfinde überhaupt dieses Hineinregieren in jede Kleinigkeit unserer Verwaltung, dessen sich besonders die Haushaltsleute schuldig machen, als einigermaßen peinlich und schwer erträglich. Ich bitte Sie (Strauß), mir es nicht zu verübeln, dass ich diese Dinge Ihnen gegenüber in dieser Form persönlich anspreche. Das Verhältnis zwischen dem Ministerium und dem Bundesgerichtshof war früher ausgezeichnet. Es ist in letzter Zeit manchen Trübungen ausgesetzt gewesen."

In seiner Antwort widersprach Strauß der Kritik Weinkauffs nicht. Vielmehr machte auch er zwischen den Zeilen deutlich, dass sich im Ministerium selbst noch keine hinreichende Sensibilität für die bestehende Gewalteinteilung entwickelt habe: „Sie (Weinkauff) wissen, dass es keineswegs meiner Auffassung entspricht, Obere Bundesgerichte im üblichen Behördenstil zu behandeln. Wir brauchen aber wohl längere Zeit, bis wir diese Art von Bürokratismus vertrieben haben."[110]

Was nun Weinkauffs Ruhestandspläne anging, so wollten diesbezügliche Meldungen in der Presse nicht verstummen. Auch die Gerüchteküche innerhalb des Bundesgerichtshofes lebte munter fort. Dabei standen reine Spekulationen über den Nachfolger im Mittelpunkt. Daher entschloss sich Weinkauff am 4. Januar 1960, dem Bundesminister der Justiz vertraulich einen Nachfolger vorzuschlagen: „Wiederholte Pressemeldungen nennen als meinen möglichen Nachfolger u. a. den Senatspräsidenten am Bundesgerichtshof und[111] Bundesverfassungsrichter Dr. Willi Geiger. Das veranlasst mich zu der Bitte, mir Gelegenheit zu einer mündlichen Äußerung zu geben, wenn erwogen werden sollte, ein richterliches Mitglied des Bundesgerichtshofes zu meinem Nachfolger vorzuschlagen."[112] Über Geiger und warum Weinkauff diesen als seinen Nachfolger ablehnte, wird noch zu reden sein.[113] Jedenfalls hatte Weinkauff bereits seit längerem einen aus seiner Sicht fähigen Nachfolger auserkoren. Es war dies der amtierende Präsident des Oberlandesgerichts Celle, Bruno Heusinger.[114] Auch Staatssekretär Strauß favorisierte diesen; Geiger hatte er überhaupt nicht in seine Überlegungen einbezogen.[115] Heusingers Name wurde mittlerweile auch schon im Bundesgerichtshof gehandelt. Gerede und Gerüchte machten dort die Runde. Diese Atmosphäre stieß auf Weinkauffs Ablehnung, der ganz offensichtlich von seinen Richtern eine größere intellektuelle Distanz zum Chefwechsel forderte und dem das Spekulieren seiner Kollegen zuwider war: „Hier ist das Gerede über meinen Nachfolger natürlich nach wie vor im Gange. Das neueste Gerücht will wissen, dass Herr (Heusinger) die ihm angetragene Kandidatur schon abgelehnt habe."[116]

Anfang Februar 1960 schien bereits geklärt zu sein, dass Bruno Heusinger zum Nachfolger Weinkauffs berufen werden sollte. Am 4. Februar 1960 kamen Bundesjustizminister Schäffer, Staatssekretär Strauß und Weinkauff überein, dass Weinkauff erst zum 1. April 1960 ausscheiden sollte, da erst zu diesem Zeitpunkt Heusinger das Amt übernehmen konnte. In diesem Gespräch hatte sich Weinkauff nochmals für Heusinger stark gemacht: „Unter den gegenwärtigen Chefpräsidenten" gebe es „keine Persönlichkeit", die mit „Heusinger vergleichbar sei".[117] Erst nachdem Heusinger seine Bereitschaft erklärt hatte, Chefpräsident in Karlsruhe zu werden, schickte Weinkauff verabredungsgemäß sein Entlassungsgesuch an den Bundesjustizminister ab. Am 4. März 1960 teilte er diesem lapidar mit: „Ich bitte, mich mit Wirkung vom 1. April 1960 in den Ruhestand zu versetzen."[118]

Warum, so bleibt zu fragen, war Bruno Heusinger der Favorit von Weinkauff und Strauß?[119] Zwar hatte er beide Examen (1924 und 1927) mit gut bestanden. Für seine Karriere waren allerdings noch andere Gründe ausschlaggebend. Heusinger, der am 2. März 1900 geboren wurde, war im 1. Weltkrieg Frontkämpfer, zuletzt im Range eines Vizefeldwebels. Insbesondere die Tatsache, dass er also freiwillig „zu den Fahnen geeilt" war – wie es damals hieß –, machte ihn bei den Nationalsozialisten förderungswürdig. Aber bereits vor der Machtergreifung hatte er Karriere gemacht. Im Alter von nur 30 Jahren wurde er Oberlandesgerichtsrat, und nach der Machtergreifung wurde er in Braunschweig im Mai 1933 „mit der Wahrnehmung der Geschäfte eines vortragenden Beamten im Justiz- und Finanzministerium"[120] beauftragt. Hier lernte er den amtierenden braunschweigischen Justizminister, SS-Standartenführer Alpers, kennen - selbst erst knapp über 30 Jahre alt -, der Heusinger bald zu schätzen wusste: „Wegen des Mangels an geeigneten Juristen unter den alten Nationalsozialisten ist aus sachlichen Gründen Heusinger in das Amt des Justizreferenten [...] berufen (worden). [...] In der Folgezeit hat er als Justizreferent sämtliche Arbeiten erledigt, die erforderlich waren, die nationalsozialistischen Maßnahmen der Staatsregierung durchzuführen. Er ist in jeder Hinsicht den politischen Forderungen des braunschw. Staatsministeriums nachgekommen, insbesondere bei Durchführung der Personalpolitik auf Grund des

Berufsbeamtengesetzes."[121] Heusinger trug also mit dazu bei, dass das bereits erwähnte „Gesetz zur Wiederherstellung des Berufsbeamtentums" vom 7. April 1933, das den Nationalsozialisten als „rechtlicher" Hebel zur Durchsetzung ihrer rassistischen und nationalsozialistischen Personalpolitik diente, in die Praxis umgesetzt wurde. Und für diese Tätigkeit als Ministerialbeamter, der sein Handwerk ganz offensichtlich verstand, waren ihm die Nationalsozialisten dankbar. Alpers war es denn auch, der Heusingers Karriere weiter beförderte. Am 1. Juni 1933, im Alter von kaum 33 Jahren, wurde Heusinger zum Oberlandesgerichtspräsidenten in Braunschweig ernannt. Anlässlich seiner Einführung in das neue Amt in Gegenwart Alpers bekannte sich Heusinger zum neuen Staat: „Die Generation, der ich angehört habe und die seit ihrer Jugend durch den Krieg und zwei Revolutionen hindurchgegangen ist, hat jedoch nicht danach zu fragen, wie das persönliche Leben am glücklichsten gestaltet wird. Sie hat vielmehr gelernt, das eigene Wünschen zurückzustellen hinter dem, was Volk und Vaterland verlangt. Wer vom Kriege zurückgekehrt ist, bleibt nahe verwandt den Kameraden, die draußen geblieben sind. Sein Leben steht unter dem Satz: ‚Auf den Waffen und den Opfern ruht der Staat'. So habe ich die sachlichen und persönlichen Bedenken zurückgestellt und den Mut gehabt zu gehorchen, wo andere den Mut gehabt haben, zu befehlen. Ich will [...] nicht entwickeln, welche Ziele ich im Einzelnen an dieser Stelle verfolgen werde. In Zeiten des Umbruchs tut Gesinnung Not auf die großen treibenden Kräfte. Mein Denken über Recht und Staat ist durch den Krieg entscheidend gestaltet. [...] Dass diese seelische Haltung wieder Gemeingut unseres Volkes wird, ist das Verdienst der Männer, die den heutigen Staat geschaffen haben. Alles Gemeinschaftsleben schließt zugleich die Notwendigkeit rechtlicher Ordnung in sich. Wer erlebt hat, dass der Wert der Persönlichkeit ohne die Volksgemeinschaft nicht bestehen kann, ist sich der Grundlagen von Recht und Staat für immer bewusst geworden."[122]

Doch Heusinger war nicht nur Karrierejurist, sondern auch ein Mann mit Rückgrat, Zivilcourage und „selbständigem festen Charakter".[123] Und diese Eigenschaften waren es, die ihn auf Kollisionskurs mit den Nationalsozialisten brachten. So protestierte er bei Justizminister Alpers u. a. im Juni und Juli 1933 gegen Misshandlungen und Morde, die die Nationalsozialisten in Braunschweig begangen hatten.[124] Justizminister Alpers konnte Heusingers Verhalten natürlich nicht billigen und kritisierte diesen: „Nach seiner [...] Ernennung zum Oberlandesgerichtspräsidenten

nahm Heusinger dem (braunschweigischen) Staatsministerium gegenüber eine andere Haltung ein. [...] Heusinger entfernte sich sichtbar von
der nationalsozialistischen Linie. So trat er bei dem preuß. Justizministerium für die Söhne des Nichtariers, Oberlandesgerichtsrat
Mansfeld,[125] ein, die preußische Referendare waren.[126] Heusinger nahm
an der Beerdigung des Rechtsanwalts Meine teil, gegen den ein Strafverfahren und Disziplinarverfahren lief und der eine Nichtarierin [...]
zur Frau hatte.[127]

Heusinger erklärte hierzu, dass er nicht in seiner Eigenschaft als Oberlandesgerichtspräsident teilgenommen habe, sondern lediglich aus
menschlichen Gründen. [...] Das Verhalten Heusingers bei der Abnahme des Eides der Amtswalter ergibt sich bereits aus den Akten."[128]

Was meinte Alpers hiermit?[129] Heusinger war Amtswalter[130] im Bund
Nationalsozialistischer Deutscher Juristen (BNSDJ); er war innerhalb
dieser Organisation Fachleiter für Richter und Staatsanwälte. Im Februar 1934 sollte er auf Verlangen des zuständigen Gauführers des BNSDJ
folgenden Eid ablegen: „Ich schwöre Adolf Hitler unverbrüchliche Treue,
ihm und den von ihm bestimmten Führern unbedingten Gehorsam."[131]
Heusinger hatte als Richter bis zu diesem Zeitpunkt folgenden Eid geleistet: „Ich schwöre: Ich werde Volk und Vaterland die Treue halten,
Verfassung und Gesetze beachten und meine Amtspflichten gewissenhaft erfüllen, so wahr mir Gott helfe."[132] An dem vom Gauführer geforderten Eid kritisierte Heusinger insbesondere die Formulierung „und den
von ihm bestimmten Führern unbedingten Gehorsam". Er machte im
Hinblick auf § 1 GVG geltend, dass er als Richter „nur dem Gesetz
unterworfen"[133] sei, so dass der von ihm geforderte Eid mit seinen Pflichten als Richter kollidiere. Diese Bedenken stießen nicht gerade auf das
Wohlwollen des braunschweigischen Justizministers Alpers. Nach längerem Zögern unterschrieb Heusinger jedoch Ende Februar 1934 die
Bescheinigung mit der vom Gauführer des BNSDJ geforderten Eidesfor-
mel.[134]

Die anfängliche Weigerung Heusingers, diesen Eid zu leisten, darf nicht
fehlinterpretiert werden. Sie machte lediglich deutlich, dass er als Bil-
dungsbürger, aus einem Akademikerhaushalt stammend, die Funktionäre
der NSDAP mit ihrem oftmals pöbelhaften Auftreten ablehnte. Ihn wi-
derte der braune Mob offensichtlich an. Den neuen Staat begrüßte er
aber und bejahte auch dessen politische Ziele, so wie diese nach der
Machtergreifung von der Staatsführung formuliert worden waren.

Dass seine nachträgliche Eidesleistung lediglich aus Opportunismus erfolgt war, erkannten auch die zuständige Gauführung des BNSDJ und Justizminister Alpers. Zwar hatte Heusinger im April 1933 noch seine Aufnahme in die NSDAP beantragt. Am 24. April 1933[135] wurde sein Antrag aber abgelehnt, was auf sein vorangegangenes Taktieren zurückzuführen war. Zwei Tage zuvor hatte er sich allerdings mit Erfolg als „Förderndes Mitglied der SS"[136] beworben. Dadurch konnte er seine Lage jedoch nicht verbessern. Sowohl die Gauführung der NSDAP als auch Justizminister Alpers wollten seine Ablösung. Alpers meinte denn auch unmissverständlich: „Eine Zusammenarbeit mit Heusinger war in der Folgezeit nicht möglich und von Heusinger auch gar nicht angestrebt. [...] Da die erforderliche Zusammenarbeit mit der Partei und den übrigen staatlichen Organen nicht möglich für die Zukunft erscheint, muss eine Möglichkeit geschaffen werden, um durch Umbesetzung am Oberlandesgericht für die Zukunft die Zusammenarbeit mit der Partei und den anderen staatlichen Stellen sicherzustellen. Um dies ohne besondere Härte für Heusinger zu gestalten, ist es zweckentsprechend, Heusinger seiner eigentlichen richterlichen Aufgabe wieder zuzuführen und ihn in die nächstniedrige Richter-Stelle, in die eines Senatspräsidenten, zu versetzen."[137]

Und als „Rechtsgrundlage" für diesen Schritt diente das „Gesetz zur Wiederherstellung des Berufsbeamtentums" vom 7. April 1933. § 5 Abs. 1 dieses „Gesetzes" eröffnete folgende Vorgehensweise: „Jeder Beamte muss sich die Versetzung in ein anderes Amt derselben oder einer gleichwertigen Laufbahn, auch in ein solches von geringerem Rang und planmäßigem Diensteinkommen [...] gefallen lassen, wenn es das dienstliche Bedürfnis erfordert. Bei Versetzung in ein Amt von geringerem Rang und planmäßigem Diensteinkommen behält der Beamte seine bisherige Amtsbezeichnung und das Diensteinkommen der bisherigen Stelle." Entsprechend dieser „gesetzlichen" Vorgabe wurde Heusinger mit Verfügung vom 29. Dezember 1934 zum 1. Januar 1935 in das Amt eines Senatspräsidenten beim Oberlandesgericht Braunschweig versetzt, wobei er seine bisherige Amtsbezeichnung und sein Dienstzimmer behielt.[138] Er wurde damit selbst Opfer des „Gesetzes", das er als Ministerialbeamter vor gar nicht so langer Zeit in den Augen von Alpers konsequent umgesetzt hatte.

Nachfolger Heusingers wurde Günther Nebelung, der seit 1928 Parteigenosse und Träger des Goldenen Ehrenzeichens der NSDAP war[139] und

der ihn am 27. Januar 1937 wie folgt beurteilte: „[...] Die früher zuweilen geäußerten Bedenken gegen seine politische Zuverlässigkeit sind
mehr und mehr verstummt, nachdem er auch die Tatsache der Zurück-
verweisung in das Amt eines Senatspräsidenten durch kraftvollen, rückhaltlosen Einsatz in der neuen Stelle und mit einer beachtenswerten
Rechtsprechung seines Senats beantwortet hat. Wenn Heusinger auch
den Äußerungen und Maßnahmen gewisser Unterführer der Partei oder
ihrer Gliederungen ablehnend gegenübersteht, so ist doch der Gesamt-
eindruck der, dass er heute als politisch zuverlässig angesehen werden
kann. [...]"[140] Heusinger nahm von Anfang an bis zu dessen Ende am
2. Weltkrieg teil, zuletzt im Range eines Majors der Reserve. Nachdem
er 1948 im Rahmen der Entnazifizierung als „nicht betroffen" eingestuft
worden war, konnte er eine neue Karriere beginnen. Zum 1. August
1948 wurde er wieder Oberlandesgerichtspräsident in Braunschweig,
von wo er zum 1. Mai 1955 an das Oberlandesgericht Celle wechselte.[141]

1   Vgl. hierzu Winkler, Der lange Weg nach Westen, Bd. 2, S. 144
     ff.

2   Winkler, a. a. O., Bd. 2, S. 145.

3   Winkler, a. a. O., Bd. 2, S. 145; Hohnsbein, Böse von Jugend auf,
     a. a. O., S. 157 ff.

4   Winkler, a. a. O., Bd. 2, S. 145.

5   Vgl. Egen, Die Entstehung des Evangelischen Arbeitskreises der CDU/CSU, S. 66 ff.; Hohnsbein, a. a. O., S. 157 ff.

6   Egen, a. a. O., S. 86.

7   Meyers Großes Taschenlexikon, Bd. 13, S. 151 f.

8   Meyers Großes Taschenlexikon, Bd. 22, S. 54.

9   Vgl. Frei, Vergangenheitspolitik, S. 313 m. Anm. 14.

10   Vgl. II. Teil, Kap. 3.

11   Wortlaut bei Egen, a. a. O., Anhang S. XXIX f.

12   Sonderdruck aus dem Rheinischen Merkur Nr. 15, v. 8.4.1971.

13   Das Folgende aus: Weinkauff, Die deutsche Justiz und der Nationalsozialismus, S. 179 ff. (187 f).

14   Weinkauff, Die gegenwärtige Lage der Justiz, Bamberg, den 21.4.1947, in: AdL, N1/386.

15   Das Folgende aus: Weinkauff, Der Naturrechtsgedanke in der Rechtsprechung des Bundesgerichtshofes, in: NJW 1960, S. 1689 ff.; vgl. auch Weinkauff, Richtertum und Rechtsfindung in Deutschland, a. a. O., S. 29 ff.

16   Vgl. hierzu Gottwald, Das allgemeine Persönlichkeitsrecht, S. 157 ff.

17   Weinkauff, a. a. O., S. 1690.

18   Vgl. auch Weinkauff, Für Gerichtskörper mit Allzuständigkeit, in: Die Dritte Gewalt, 1.9.1952, S. 11.

19   Weinkauff, Die große Justizreform, in: DRiZ 1958, S. 93 f; Weinkauff, Warum und wie große Justizreform?, a. a. O., S. 3 ff.; vgl. auch Weinkauff, Die deutsche Justiz und der Nationalsozialismus, S. 184 ff.

20   Weinkauff, Vertrauenskrise und Justizreform, in: DRiZ 1951, S. 85 f.

21   So Weinkauff in einem Vermerk „Grundsätzliches zu der Referentendenkschrift über das künftige Richtergesetz", in: IfZ, ED 94/160.

22   Weinkauff, Die deutsche Justiz und der Nationalsozialismus, S. 187 f.

23 Das Folgende aus: Schreiben Weinkauff an den Bundesjustizminister v. 16.2.1954 „Betr.: Gesetzgeberische Vorschläge des Bundesgerichtshofes zur Entlastung des Bundesgerichtshofes und zur Neuordnung des Revisionsverfahrens", in: IfZ, ED 94/193.

24 Das Folgende aus: Weinkauff, Emil Niethammer, in: Juristenzeitung 1956, S. 230.

25 Vgl. Kaul, Geschichte des Reichsgerichts, S. 283.

26 Müller, Furchtbare Juristen, S. 200 f.

27 Zitiert nach Müller, a. a. O., S. 229 m. Anm. 40.

28 Zitiert nach Müller, a. a. O., S. 229 m. Anm. 41.

29 Das Urteil v. 14.7.1961 ist veröffentlicht, in: NJW 1962, S. 195 f. Die Akten befinden sich im BA Koblenz, B 283/50573; der Tatbestand des Urteils ist dieser Quelle entnommen worden.

30 Vgl. auch Erdsiek, Zur Naturrechtstagung der Internationalen Juristenkommission – Aktives und passives Widerstandsrecht, in: NJW 1962, S. 192 und BGH, in: NJW 1962, S. 195.

31 BEG v. 18.9.1953 (BGBl. I, S. 1387 ff). Nach § 98 Abs. 1 BEG sind Entschädigungsgerichte: „das Landgericht (Entschädigungskammer), das Oberlandesgericht (Entschädigungssenat), der Bundesgerichtshof".

32 § 1 Abs. 2 BEG bestimmt weiter: „Der Verfolgung wegen politischer Überzeugung wird gleichgestellt eine Verfolgung, die darauf beruhte, dass der Verfolgte auf Grund eigener Gewissensentscheidung sich unter Gefährdung seiner Person aktiv gegen die Missachtung der Menschenwürde oder gegen die sittlich, auch durch den Krieg, nicht gerechtfertigte Vernichtung von Menschenleben eingesetzt hat." § 1 Abs. 3 BEG legt fest: „Nationalsozialistische Gewaltmaßnahmen sind solche Maßnahmen, die auf Veranlassung oder mit Billigung einer Dienststelle oder eines Amtsträgers des Reichs und eines Landes oder einer sonstigen Körperschaft, Anstalt oder Stiftung des öffentlichen Rechtes oder der NSDAP oder ihrer Gliederungen oder angeschlossener Verbände aus den Verfolgungsgründen gegen den Verfolgten gerichtet worden sind. Es wird vermutet, dass solche Maßnahmen gegen den Verfolgten gerichtet worden sind, wenn dieser zu einem Personen-

kreis gehörte, den in seiner Gesamtheit die deutsche Regierung oder die NSDAP durch ihre Maßnahmen vom kulturellen und wirtschaftlichen Leben Deutschlands auszuschließen beabsichtigte."

33 Band 2, S. 44, 144 ff., 155, 161, 166.

34 Vgl. hierzu Haase, Das Reichskriegsgericht und der Widerstand gegen die nationalsozialistische Herrschaft.

35 Hervorhebung im Urteil.

36 Hervorhebung im Urteil.

37 Der Senat zitierte denn auch Weinkauffs Schrift „Über das Widerstandsrecht".

38 Die Militäropposition gegen Hitler und das Widerstandsrechts (1954); Über das Widerstandsrecht (1956).

39 Das Folgende aus: Einleitung zu Weinkauff, Die Militäropposition gegen Hitler und das Widerstandsrecht, hrsg. von der Bundeszentrale für Heimatdienst, Bonn 1954.

40 Vgl. Einleitung zu Weinkauff, Die Militäropposition gegen Hitler und das Widerstandsrecht, in: Aus Politik und Zeitgeschichte, Beilage zur Wochenzeitung „Das Parlament" v. 4.5.1954.

41 Das Folgende aus: Weinkauff, Die Militäropposition gegen Hitler und das Widerstandsrecht, hrsg. von der Bundeszentrale für Heimatdienst, S. 5 ff.

42 Anm. des Verfassers.

43 Vgl. Gottwald, Das allgemeine Persönlichkeitsrecht, S. 162 f.

44 Hervorhebung von Weinkauff.

45 Hierzu: Reichsgraf von Thun-Hohenstein, Der Verschwörer.

46 Reichsgraf von Thun-Hohenstein, a. a. O., S. 53 f., 1522 ff., 175 f., 181 ff., 186 f., 191 ff.

47 Hierzu vgl. Staff, Fritz Bauer (1903 – 1968). „Im Kampf um des Menschen Rechte", in: Streitbare Juristen, Kritische Justiz (Hrsg.), Baden-Baden 1988, S. 440 ff.

48 Fröhlich, Im Spannungsfeld von Justiz und Politik. Fritz Bauer in den 1960er Jahren, in: Vorgänge, Heft 1, März 2002, S. 134 ff (135).

49 Fröhlich, a. a. O., S. 135 f.

50 Bauer, Das Widerstandsrecht des kleinen Mannes, in: Geist und Tat, Heft 1, 1962, S. 78 ff, Bauer, Justiz als Symptom, a. a. O., S. 228 f.

51 Bauer, a. a. O., S. 82.

52 Bauer, a. a. O., S. 78.

53 Erdsiek, Zur Naturrechtstagung der Internationalen Juristenkommission – Aktives und passives Widerstandsrecht, in: NJW 1962, S. 192 f.

54 Erdsiek, a. a. O., S. 192.

55 Am Urteil des BGH v. 14.7.1961 wirkten Senatspräsident Ascher und die Bundesrichter Raske, Johannsen, Wüstenberg und Dr. Graf mit (BA Koblenz, B 283/50573).

56 BGBl. I, S. 243 ff.

57 Das Folgende aus: Kirn, Verfassungsumsturz oder Rechtskontinuität?, S. 228 ff.

58 Kirn, a. a. O., S. 229 m. Anm. 103.

59 Kirn, a. a. O., S. 229.

60 Hierzu Kirn, a. a. O., S. 229 m. w. N.

61 Zitiert nach Kirn, a. a. O., S. 230 m. Anm. 115.

62 Vgl. § 80 Abs. 1 n. F. BVerfGG gemäß Gesetz v. 21.7.1956 (BGBl. I, S. 662) – zitiert nach Kirn, a. a. O., S. 230 m. Anm. 117.

63 Sammelakten des BGH – Beschlüsse des Präsidiums, Bl. 75.

64 Sammelakten des BGH – Beschlüsse des Präsidiums, Bl. 83 f.

65 Sammelakten des BGH – Beschlüsse des Präsidiums, B. 83 R.

66 Kirn, a. a. O., S. 229.

67 So auch bei der Frage, ob bestimmte Beamtenverhältnisse mit dem Zusammenbruch des Dritten Reiches untergegangen seien; insoweit war auch das „Gesetz zur Regelung der Rechtsverhältnisse der unter Artikel 131 des Grundgesetzes fallenden Personen" v. 11.5.1951 (BGBl. I, S. 307 ff) involviert; vgl. hierzu die umfassende Studie von Kirn, Verfassungsumsturz oder Rechtskontinuität?

68 Das Folgende aus: OLG Frankfurt, Beschluss v. 22.4.1953, in: NJW 1953, S. 746 ff.

69 Vgl. die zweite Lesung des Artikel 103 c – 2 (später Artikel 117 GG) in der 39. Sitzung des Hauptausschusses am 14. Januar 1949, a. a. O., S. 483 ff. (487 f.): Während das CDU-Mitglied Süsterhenn vorschlug, die alten Vorschriften über die Stellung der Frau seien „bis zum 31. März 1953 anzupassen", war Zinn (SPD) anderer Meinung: „Die Normierung einer derartigen Verpflichtung ist graue Theorie. Sie (gemeint war Süsterhenn) können den Gesetzgeber nicht zur Erfüllung dieser Verpflichtung zwingen. Den einzigen Zwang, den Sie ausüben können, besteht darin, dass Sie vorschreiben, dass zu einem bestimmten Zeitpunkt entgegenstehendes Recht außer Kraft tritt. Dann bleibt dem Gesetzgeber gar nichts anderes übrig, als rechtzeitig an die Reform des bürgerlichen Rechts heranzugehen. Wenn Sie es schon mit der Vorschrift der Grundrechte ernst meinen, die die Gleichberechtigung der Frau festlegt, dann müssen Sie auch auf die von mir angeregte Art einen Zwang auf den Gesetzgeber ausüben. Alles andere ist nichts weiter als Deklaration." Im Hauptausschuss stimmten in der zweiten Lesung – zukünftig änderte sich hieran nichts – von 21 Mitgliedern 19 für Zinns Vorschlag, 2 enthielten sich der Stimme.

70 BGBl. I, S. 609.

71 Zitiert aus dem Gutachten des I. Zivilsenats v. 6.9.1953 (I VRG 11/53), in: BGHZ 11, Anhang S. 34 ff. (37).

72 „Ehe und Familie stehen unter dem besonderen Schutze der staatlichen Ordnung."

73 OLG Frankfurt, a. a. O., S. 747 f.

74 IfZ, ED 94/157; bereits mit Schreiben v. 6.9.1953 hatte Weinkauff das Gutachten des I. Senats v. 6.9.1953 an den Vorsitzenden des I. Senats des Bundesverfassungsgerichts gesandt (a. a. O.).

75 Das Folgende aus: BVerfGE 3, S. 225 ff.

76 Das Folgende aus: Weinkauff, 75 Jahre Reichsgericht, in: DRiZ 1954, S. 251 ff.

77 Vgl. I, Teil, Kap. 1.3.2.

78 Angaben aus PA Tasche, in: BA Koblenz Pers. 101/48946 – 48950.

79 Meyers Grosses Taschenlexikon, Bd. 5, S. 215.

80 Schäffer war von 1957 – 1961 Justizminister (Schuhmacher, M. d. B., Nr. 4930).

81 Vgl. hierzu Godau-Schüttke, Ich habe nur dem Recht gedient, S. 91 ff.

82 Präsidentenwechsel beim Bundesgerichtshof, in: DRiZ 1960, S. 129 f.

83 Präsidentenwechsel am Bundesgerichtshof, a. a. O., S. 133 f.

84 Gerd Pfeiffer wurde 1966 Bundesrichter, 1970 Vorsitzender Richter und 1976 Vizepräsident des BGH; von 1977 – 1987 war er Chefpräsident (50 Jahre Bundesgerichtshof, S. 787).

85 Das Folgende stammt aus dieser Rede, in: Bibliothek des BGH, Signatur: Min 51972.

86 50 Jahre Bundesgerichtshof, S. 787.

87 Das Folgende aus: Odersky „Es war Unrecht, das den Menschen durch Mitwirkung von Justizorganen geschah." Ansprache des Präsidenten des Bundesgerichtshofes, Prof. Dr. Walter Odersky, bei der Gedenkstunde am 30. Januar 1990 im Bundesgerichtshof in Karlsruhe, in: „recht" 1990, Nr. 1, S. 5.

88 Am 11.11.1993 übermittelte der Leiter der Abteilung Z Odersky fernmündlich die Anregung, er möge „aus Anlass des 100. Geburtstages einen würdigen Aufsatz in einer Fachzeitschrift" veröffentlichen. Gleichzeitig teilte er dem Präsidenten mit, dass er „darüber hinausgehende Aktivitäten, auch aus Präzedenzgründen, nicht für angezeigt" halte. Hierauf ging Odersky ein, indem er „die Anregung dankbar" aufnahm und erklärte, „er halte dies für die angemessene Form der Würdigung." (Vermerk des Abteilungsleiters Stein v. 11.11.1993, in: PA Weinkauff (BA Koblenz Pers. 101/ 39881)).

89 Das Folgende aus: NJW 1994, S. 370 f.

90 Weinkauff wurde allerdings erst am 1.3.1937 zum Reichsgerichtsrat ernannt.

91 Himmelmann, Hermann Weinkauff – ein starker Richter?, in: NJW 1994, S. 1268 f.

92 Anhang zum Geschäftsverteilungsplan des BGH für das Jahr 1956 – Besetzung der Senate des BGH nach dem Stand vom 1.10.1956, S. 3.

93 50 Jahre Bundesgerichtshof, S. 790.

94 Sarstedt, Warum wir versagt haben, in: Der Spiegel, 1968, Heft 52, S. 134 f.

95 Weinkauff, Die deutsche Justiz und der Nationalsozialismus, S. 92 f.

96 Weinkauff, a. a. O., S. 93 f.

97 Himmelmann, a. a. O.; vgl. auch Himmelmann, Das Funktionieren der Justiz, in: Juristische Zeitgeschichte, Bd. 8, S. 1 ff.

98 Vom 1.8.1996 – 31.5.2000 Präsident des BGH (50 Jahre Bundesgerichtshof, S. 787).

99 Vortrag – 50 Jahre Bundesgerichtshof – am 1.2.2000 gehalten, in: Jahrbuch der Juristischen Zeitgeschichte, Bd. 1 (1999/2000), S. 393 ff.

100 Geiß, a. a. O., S. 396.

101 Dohnanyi war am 1.1.1902 geboren (Das großes Lexikon des Dritten Reiches, S. 130).

102 Ansprache des Präsidenten des Bundesgerichtshofes beim Festakt aus Anlass des 100. Geburtstags von Hans von Dohnanyi am 8. März 2002, in: Internet BGH, S. 3.

103 Urteil v. 30.4.1968 (5 StR 670/67) = NJW 1968, S. 1339 f.

104 5 StR 747/94.

105 Das Folgende aus: PA Weinkauff, in: BA Koblenz Pers. 101/39881.

106 In der Festschrift 50 Jahre Bundesgerichtshof, S. 787, wird das Geburtsdatum fälschlicherweise mit 10.02.18<u>84</u> angegeben.

107 Die Richter der obersten Gerichtshöfe des Bundes traten bis zum Ablauf des Jahres 1954 mit 72 Jahren (Gesetz v. 19.12.1952, BGBl. I, S. 806) und bis zum Ablauf des Jahres 1956 mit 70 Jahren in den Ruhestand (Zweites Altersgrenzengesetz v. 26.12.1956, BGBl. I, S. 502); bis zum 1.1.1986 galt das 68. Lebensjahr als Altersgrenze (Drittes Altersgrenzengesetz v. 28.11.1956, BGBl. I, S. 884). Nunmehr treten die Richter des Bundesgerichtshofes „mit dem Ende

des Monats in den Ruhestand, in dem sie das fünfundsechzigste Lebensjahr vollenden." (§ 48 Abs. 1 DRiG); vgl. hierzu Schmidt-Räntsch, Deutsches Richtergesetz, 5. Aufl., Rdnr. 5 zu § 48 DRiG).

108 So Weinkauff in einem Schreiben v. 29.12.1959 an Bundesjustiz-minister Schäffer (PA Weinkauff, a. a. O.).

109 Schreiben Weinkauff an Strauß v. 17.4.1957, in: IfZ, ED 94/216.

110 Schreiben Strauß an Weinkauff v. 3.5.1957, in: IfZ, ED 94/216.

111 Art. 94 Abs. 1 Satz 1 GG bestimmt, dass das Bundesverfassungs-gericht aus Bundesrichtern und anderen Mitgliedern besteht (vgl. auch § 2 Abs. 3 BVerfGG). Mit Inkrafttreten des Deutschen Richter-gesetzes v. 8.9.1961 (BGBl. I, S. 1665 ff) am 1.7.1962 (§ 126 DRiG) wurde diese Doppelfunktion der Bundesrichter aufgehoben. § 70 Abs. 1 DRiG bestimmt nämlich: „Die Rechte und Pflichten eines Richters an den obersten Gerichtshöfen des Bundes ruhen, solan-ge er Mitglied des Bundesverfassungsgerichts ist." (vgl. hierzu Schmidt-Räntsch, Deutsches Richtergesetz, 5. Aufl., Rdnr. 2 zu § 70).

112 Schreiben Weinkauff an den Bundesjustizminister o. V. i. A. v. 4.1.1960, in: IfZ, ED 94/216.

113 Zur Person Geigers vgl. IV. Teil, Kap. 2.8.

114 Vermerk Strauß v. 4.2.1960, in: PA Weinkauff (BA Koblenz Pers. 101/39881).

115 Schreiben Strauß an Weinkauff v. 5.1.1960: „[...] Bisher ist der Vorschlag Geiger hier völlig unbekannt und würde auch auf mei-nen lebhaften Widerstand stoßen. Herr Dr. Heusinger ist erfreuli-cherweise soweit hergestellt, dass ich ihn nächste Woche sprechen werde. Sollte sich überhaupt die Notwendigkeit ergeben, an eine andere Persönlichkeit zu denken, so erachte ich es für selbstver-ständlich, dass wir das vorher mit Ihnen erörtern. [...]" (IfZ,ED 94/216).

116 So Weinkauff in einem Schreiben an Strauß v. 11.1.1960, in: IfZ, ED 94/216.

117 Vermerk Strauß v. 4.2.1960, in: IfZ, ED 94/216.

118 PA Weinkauff, in: BA Koblenz Pers. 101/39881.

119 Das Folgende aus: PA Heusinger, in: BA Koblenz Pers. 101/48810
 – 48817; Gruchmann, Justiz im Dritten Reich, S. 206 f., 240, 271;
 Flotho, Bruno Heusinger, a. a. O., S. 349 ff.

120 Flotho, a. a. O., S. 355.

121 Vermerk Alpers v. 24.12.1934, in: PA Heusinger (BA Koblenz Pers.
 101/48816).

122 Braunschweiger Nachrichten v. 2.6.1933, in: PA Heusinger (BA
 Koblenz Pers. 101/48814).

123 Beurteilung Heusingers nach Ernennung zum Oberlandesgerichtspräsidenten, offensichtlich durch Justizminister Alpers – ohne Datum –: „selbständiger fester Charakter, vorsichtig und gewissenhaft,
 dabei freundlich und bescheiden, zurückhaltend – dem Führer zweifellos treu", in: PA Heusinger (BA Koblenz Pers. 101/48812).

124 Lein, Braunschweiger Justiz im Nationalsozialismus, a. a. O., S. 61
 ff (73).

125 Mansfeld wurde nach 1945 erster Präsident des Oberlandesgerichts Braunschweig und setzte sich für die Rückkehr Heusingers
 in die Justiz ein (Flotho, a. a. O., S. 363).

126 Vgl. hierzu Flotho, a. a. O. , S. 363.

127 Vgl. hierzu Flotho, a. a. O., S. 363.

128 Vermerk Alpers v. 24.12.1934 in: PA Heusinger (BA Koblenz Pers.
 101/48816).

129 Vgl. PA Heusinger, in: BA Koblenz Pers. 101/48812, 48816; Flotho,
 a. a. O., S. 363 ff.; Gruchmann, Justiz im Dritten Reich, S. 206 f.

130 Nationalsozialistisches Synonym für „Beamte", das bevorzugt für
 berufliche Funktionäre der Partei und ihrer Gliederungen verwendet wurde (Das große Lexikon des Dritten Reiches, S. 24).

131 Text in PA Heusinger, in: BA Koblenz, Pers. 101/48812.

132 „VO über die Vereidigung der Beamten und der Soldaten der
 Wehrmacht" v. 2.12.1933 (Reichsgesetzblatt I, S. 1017). Erst durch
 das „Gesetz über die Vereidigung der Beamten und Soldaten der
 Wehrmacht v. 20.8.1934 (Reichsgesetzblatt I, S. 785) wurde folgender Eid eingeführt: „Ich schwöre: Ich werde dem Führer des

Deutschen Reiches und Volkes Adolf Hitler treu und gehorsam sein, die Gesetze beachten und meine Amtspflichten gewissenhaft erfüllen, so wahr mir Gott helfe."

133 Undatierte Stellungnahme Heusingers in: PA Heusinger (BA Koblenz Pers. 101/48812).

134 Vermerk des BNSDJ-Funktionärs Regierungsrat Hoffmeister v. 2.3.1934, in: PA Heusinger (BA Koblenz Pers. 101/48816).

135 PA Heusinger, in: BA Koblenz Pers. 101/48816; Flotho, a. a. O., S. 365 spricht fälschlicherweise vom 26.4.1933.

136 Vgl. II. Teil, Kap. 3.

137 Vermerk Alpers v. 24.12.1934, a. a. O.

138 PA Heusinger, in: BA Koblenz Pers. 101/48816.

139 Gruchmann, Justiz im Dritten Reich, S. 271.

140 PA Heusinger, in: BA Koblenz Pers. 101/48812; vgl. auch Flotho a. a. O., S. 366.

141 PA Heusinger, in: BA Koblenz Pers. 101/48810.

IV. Teil

Richter und Richterinnen am Bundesgerichtshof (1950 – 1953)

1. Die Juristen: Ein soziologischer, sozial-psychologischer und statistischer Überblick

Vom 1. Oktober 1950 bis zum 30. Juni 1953 – dem hier in Frage stehenden Zeitabschnitt – wurden 100 Bundesrichter/Bundesrichterinnen ernannt. Hermann Weinkauff als erster Präsident des Bundesgerichtshofes und die Senatspräsidenten sind in dieser Anzahl enthalten.[1]

Insgesamt konnten 68 Personalakten dieser Richter/Richterinnen eingesehen werden. 1 weitere Personalakte betrifft den Bundesrichter Werner Hülle, der im Januar 1955 Oberlandesgerichtspräsident in Oldenburg wurde. Die für den statistischen Teil notwendigen Daten sind dem Verfasser zur Verfügung gestellt worden.[2] Letztlich konnten damit nur 32 Personalakten u. a. aufgrund personalaktenrechtlicher Regelungen (§ 90 ff Bundesbeamtengesetz) nicht eingesehen werden.[3] Bei den nachfolgenden Untersuchungen werden aber 69 Personalakten als Basiszahl (= 100 %) zugrunde gelegt.[4]

Tabelle 1: Die soziale Herkunft der Richter/Richterinnen am Bundesgerichtshof (1. Oktober 1950 – 30. Juni 1953)[5]

Der Beruf des Vaters

I. Oberschicht	II. Obere Mittelschicht	III. Untere Mittelschicht
Industrielle	Freie Berufe	Beamte des mittleren und
Rittergutsbesitzer	Beamte des höheren Dienstes	einfachen Dienstes
Generalhaushalt	Selbständige Geschäftsleute	Selbständige Gewerbetreibende
Präsidentenhaushalt	mit größerem Betrieb	und Handwerker
	Leitende Angestellte	Mittlere und einfache Angestellte
	Beamte des gehobenen Dienstes	Selbständige und mithelfende
		Familienangehörige
		in Land- und Forstwirtschaft
5	50	13
(7,2 %)	(72,5 %)	(18,8 %)

IV. Obere Unterschicht	V. Untere Unterschicht
Gelernte Arbeiter	Angelernte und ungelernte Arbeiter in Fabriken und Werkstätten
Facharbeiter	Angelernte und ungelernte Arbeiter in persönlichen Diensten
Abhängige Handwerker	Abhängige Beschäftigte in Land- und Forstwirtschaft
1	-
(1,5 %)	

Diese statistische Auswertung belegt, dass die Richterschaft des Bundesgerichtshofes zumindest in der Zeit vom 1. Oktober 1950 bis zum 30. Juni 1953 keine soziale Pluralität aufwies.[6] Das Milieu der beiden Mittelschichten überwog deutlich. Bemerkenswert ist, dass 8 Juristen/Juristinnen einen Vater hatten, der ebenfalls einem richterlichen Beruf nachging. Hervorzuheben ist weiter, dass der Vater von vier Richtern/Richterinnen Rechtsanwalt und/oder Notar war. Beide Gruppen sind in der Oberen Mittelschicht angesiedelt: der Richter als Beamter des höheren Dienstes und der Rechtsanwalt bzw. Notar als Freiberufler. Schließlich bleibt noch zu erwähnen, dass 11 Richter/Richterinnen angaben, einen Kaufmann als Vater zu haben, der als der Oberen Mittelschicht zugehörig zu betrachten ist. Zwar ist die Bezeichnung „Kaufmann" an sich indifferent und müsste noch hinterfragt werden. Da aber Anfang der 50er Jahre die sozialen Strukturen noch starr waren und das Selbstverständnis und das Ansehen eines Kaufmannes überwiegend noch konservativ/seriös waren, erscheint es sachgerecht, den Beruf eines Kaufmannes in soziologischer Hinsicht in der Oberen Mittelschicht anzusiedeln.

Tabelle 2: Ergebnisse 1. und 2. Examen

	ausgezeichnet	sehr gut	gut	voll befriedigend	befriedigend	ausreichend
1. Examen:	8	-	31	2	12	15
	(11,8 %)	-	(45,6 %)	(3,0 %)	(17,6 %)	(22,0 %)
2. Examen:	5	5	43	5	4	6
	(7,4 %)	(7,4 %)	(63,0 %)	(7,4 %)	(5,9 %)	(8,9 %)

Da die Personalakten des Bundesrichters Richard Selowsky[7] über dessen Examensnoten keine Auskunft geben, ist bei der Tabelle 2 nicht mehr die Basiszahl 69 (= 100 %), sondern die Basiszahl 68 (= 100 %) zugrunde gelegt worden.

Soweit die Note „ausreichend" zur Diskussion steht, sind folgende Anmerkungen vonnöten. Ob diese Benotung im eigentlichen Sinne gilt, erscheint zumindest fraglich zu sein. Auffallend ist nämlich, dass diese Zensur im 1. Examen 22,0 % ausmacht, während sie im 2. Examen auf 8,9 % absinkt. Von den 15 Bundesrichtern, die das 1. Examen mit „ausreichend" bestanden, hatten 9 bis zum Jahre 1914 diese Prüfung abgelegt. Ob bis zu diesem Zeitpunkt diese Benotung im Sinne einer besseren zu interpretieren ist, kann nicht eindeutig beantwortet werden. So hatte Bundesrichter Karl Hertel 1903 das 1. Examen mit „ausreichend" bestanden[8], während Fritz Lindenmaier für diese Prüfung 1903 ein „gut" erhielt.[9] Andererseits ist in den Personalakten des Bundesrichters Hans Richter[10] hinsichtlich des von ihm 1913 – also vor dem Jahre 1914 – abgelegten 2. Staatsexamens ein „ausreichend" vermerkt, jedoch mit dem Zusatz „nahezu gut". Allerdings sind von den hier in Frage stehenden 68 Bundesrichtern/Richterinnen nur 4 auszumachen, die in beiden Prüfungen ein „ausreichend" erhielten. Dabei fällt auf, dass davon 3 beide Examen bis 1914 ablegten. Vor 1945 waren diese 4 Juristen bereits als Staatsanwalt bzw. Richter tätig.

Von den 68 Bundesrichtern/Bundesrichterinnen der Tabelle 2 waren 12 vor 1945 als Rechtsanwalt tätig. Revisionserfahrung, damit für den Bundesgerichtshof prädestiniert, konnten hiervon lediglich 2 aufweisen; es waren dies die bereits erwähnten ehemaligen Rechtsanwälte am Reichsgericht Benkhard und Drost.[11] Dass von den 12 ehemaligen Rechtsanwälten 4 am Oberlandesgericht Breslau zugelassen waren, muss kein Zufall gewesen sein. Es handelt sich einmal um Hans Drost, der von 1911 bis zu seiner Berufung zum Rechtsanwalt am Reichsgericht im Jahre 1927 dort arbeitete. Er wurde am 15. Januar 1951 Bundesrichter. Am 25. Juni 1951 wurde Georg Kuhn Richter am Bundesgerichtshof, der von 1933 bis 1945 vor dem Oberlandesgericht Breslau auftrat.[12] Georg Heimann-Trosien hatte bereits 1929 seine Zulassung zum Oberlandesgericht Breslau erhalten; bis 1945 übte er diese Tätigkeit aus. Am 3. November 1952 wurde er Bundesrichter.[13] Am 20. Februar 1953 wurde Erich Schalscha zum Bundesgerichtshof berufen; auch er war von 1924 bis 1936 am höchsten ordentlichen Gericht in Schlesien zugelassen.[14]

Nicht überraschend ist, dass sowohl im 1. als auch im 2. Examen die Note „gut" 45,6 % bzw. 63 % ausmacht. Während in der 1. Staatsprüfung 11,8 % der Bundesrichter die Benotung „ausgezeichnet" erhielten, das Prädikat „sehr gut" ist nicht festzustellen, änderte sich das Ergebnis in der 2. Staatsprüfung bei den Spitzenergebnissen „ausgezeichnet" und „sehr gut" nicht entscheidend, die beide zusammen 14,8 % ergaben.

Wenn die Noten „ausgezeichnet", „sehr gut" und „gut" jeweils innerhalb der beiden Examen ins Verhältnis zu den Bewertungen „voll befriedigend" und „befriedigend" gesetzt werden, so stellt sich das Bild wie folgt dar: In der 1. Prüfung erzielten 57,4 % der Bundesrichter Spitzenergebnisse, während bei 20,6 % die Noten „voll befriedigend" und „befriedigend" festzustellen sind. Im 2. Examen ist der Unterschied wesentlich gravierender, nämlich 77,8 % zu 13,3 %.

Folglich kann, auch unter Berücksichtigung der zur Note „ausreichend"
gemachten Anmerkungen, die These aufgestellt werden, dass nur juristische Spitzenkräfte im Untersuchungszeitraum an den Bundesgerichtshof berufen wurden. Auch wenn die Examensnoten allein nicht immer
über die Fähigkeit etwas aussagen müssen, so bedarf diese Feststellung
angesichts der oben dargelegten vergleichenden Darstellung keiner Einschränkung.

Tabelle 3: Konfessionszugehörigkeit und rassisch Verfolgte

1. evangelisch	2. katholisch	3. gottgläubig[15]	4. ohne Bekenntnis	5. dav. rassisch Verfolgte
47	20	1	1	9 von (69)
(68,2 %)	(29,0 %)	(1,4 %)	(1,4 %)	(13,0 %)

Auch wenn im Untersuchungszeitraum die Konfessionszugehörigkeit
von nur 69 Richtern/Richterinnen hinterfragt werden konnte, kann dennoch die Aussage getroffen werden, dass von einer Balance der Kon-
fessionen nicht gesprochen werden kann. Der evangelische Anteil mit
68,2 % überwog gegenüber dem katholischen mit nur 29 % deutlich.
Es bleibt allerdings fraglich, ob das jeweilige Glaubensbekenntnis auch
ausgeübt wurde. Dass ganz offensichtlich die Religionszugehörigkeit als
Qualifikationsmerkmal bei der Wahl der Bundesrichter/Bundesrichterin-
nen außer Acht gelassen wurde, spricht für eine im Richterwahlausschuss praktizierte Toleranz. Nicht verwunderlich ist, dass beide christlichen Religionen 97,2 % ausmachten.

9 Bundesrichter wurden im Dritten Reich aus rassischen Gründen, weil
sie als Juden galten, verfolgt.[16] Dass sich hiervon 6 zum evangelischen
Glauben bekannten, hatte historische Gründe. Schon deren Eltern bzw.
Großeltern hatten von der in Preußen bestehenden Möglichkeit Ge-
brauch gemacht, offiziell zum evangelischen Glauben überzutreten.
Damit erlangten sie das sog. Eintrittsbillet in die Gesellschaft und konn-
ten daher z. B. die Beamten- bzw. Justizdienstlaufbahn einschlagen.
Nicht überraschend ist folglich, dass von den 9 hier in Frage stehenden
Bundesrichtern nur 2 dem katholischen Glauben angehörten und so-
gar 1 gottgläubig war.

Tabelle 4: Zugehörigkeit zur NSDAP

Beitritt	1. vor 1933	2. 1933	3. 1937	4. nach 1937
	-	6	15	6

Von den 69 Bundesrichtern – Bundesrichterinnen gehörten der NSDAP nicht an – waren insgesamt 27 Mitglieder der NSDAP, was 39,1 % ausmacht. Zur Erläuterung muss aber Folgendes angemerkt werden: Nachdem Hitler 1933 zum Reichskanzler ernannt worden war, insbesondere aber nach der Reichstagswahl am 5. März 1933, traten viele der NSDAP bei. Sie wurden als sog. Märzgefallene bezeichnet. Da die NSDAP aber kein Interesse daran hatte, nur Opportunisten in ihre Reihen aufzunehmen, erließ die Parteiführung zum 1. Mai 1933 eine Aufnahmesperre, die an sich bis zum 1. Mai 1939 galt. Allerdings wurde diese am 20. April 1937 zu Hitlers Geburtstag gelockert. Von nun ab konnten diejenigen die Aufnahme in die Partei beantragen, die sich als deren Funktionsträger nützlich gemacht oder die für länger als zwei Jahre einer ihrer Gliederungen angehört hatten. Dies mag der Grund dafür sein, dass 1937 und danach 21 Bundesrichter in die Partei eintreten konnten. Für diese Mitgliedschaften wurde das einheitliche Aufnahmedatum 1. Mai 1937 festgestellt, so dass insoweit nachvollziehbar ist, dass gerade dieses Datum in vielen Personalakten erscheint. Erst ab März 1939 war die Zugehörigkeit zur Partei oder einer ihrer Gliederungen zwingende Voraussetzung für die Anstellung als Staatsanwalt oder Richter. Anzumerken bleibt aber, dass ab Februar 1942 wieder eine allgemeine Mitgliedersperre verhängt wurde.[17] Wenn hiernach die zuständige Gauleitung ausnahmsweise einen Parteibeitritt genehmigte, wurde als Eintrittsdatum ein Zeitpunkt vor Februar 1942 bestimmt.[18] Für eine Beförderungsstelle war ab August 1942 die NSDAP-Mitgliedschaft allerdings zwingend vorgeschrieben.

Von den 27 Mitgliedern der NSDAP wurden nach Ausbruch des 2. Weltkrieges 3 zeitweilig Wehrmachtsrichter. Insoweit fielen sie unter § 26 des Wehrgesetzes vom 21. Mai 1935[19], wonach ihnen untersagt war, sich politisch zu betätigen, solange sie diese Funktion ausübten. Ihren Beitritt in die NSDAP brauchten sie allerdings nicht rückgängig zu machen; denn die Zugehörigkeit zur NSDAP ruhte nur für die Dauer ihres Wehrdienstes.[20]

Von den 27 Mitgliedern der NSDAP gehörten lediglich 2 vor 1933 einer Partei an. Es waren dies die bereits vorgestellten Richter Fritz Lindenmaier (DVP) und Friedrich Tasche (deutsch-völkischer Schutz- und Trutzbund). Beide von ihrer parteipolitischen Einstellung her als Freunde der Weimarer Republik bezeichnen zu wollen, würde den Tatsachen nicht gerecht werden. Nach 1945 trat keiner dieser 27 Bundesrichter mehr einer Partei bei. Bemerkenswert ist aber, dass von den 27 Parteigenossen gleichzeitig noch 5 der SA angehörten und 3 Fördernde Mitglieder der SS waren; 19 gaben als Glaubensbekenntnis „evangelisch" und 8 „katholisch" an.

Von den übrigen 42 Bundesrichtern, die nicht der NSDAP beigetreten waren – dies entsprach einer Quote von 60,9 % -, waren 2 Fördernde Mitglieder der SS, und 2 waren zeitweilig Mitglieder eines Sondergerichts. Bei den Nicht-Parteigenossen war die Zahl derer, die bereits vor 1933 parteipolitisch gebunden waren, weitaus höher als bei den Mitgliedern der NSDAP. Von den 42 Bundesrichtern gehörten 13 vor 1933 einer Partei an. 10 von ihnen waren Mitglieder von Parteien – SPD, DDP, Zentrum, DVP –, die zum demokratischen Spektrum der Weimarer Republik zu zählen sind, wobei bei der DVP insoweit allerdings Vorbehalte angebracht sind. Zwei gehörten der DNVP an und können damit als ausgewiesene Gegner der Weimarer Republik betrachtet werden. 1 Bundesrichter war Mitglied der Freikonservativen Partei, jedoch nur bis 1918. Von diesen 13 Richtern traten nach 1945 2 wieder einer Partei bei, nämlich der CDU; sie waren vor 1933 Mitglied der DDP gewesen.

Auch wenn diese statistische Untersuchung angesichts ihrer schmalen Basis keine allgemeingültige Aussage zulässt, so fällt doch bei den Nicht-Parteigenossen folgender Umstand auf. Während sich 10 Bundesrichter vor 1933 einer demokratischen Partei zugewandt hatten, waren es nach 1945 nur 2. Die These aufstellen zu wollen, dass das Bekenntnis zur Demokratie und Republik vor 1933 ausgeprägter war als nach 1945, scheint gewagt zu sein. Diese Frage könnte allenfalls auf der Grundlage einer umfangreicheren statistischen Untersuchung beantwortet werden. Allerdings ist anzumerken, dass von den 27 Mitgliedern der NSDAP lediglich 2 vor 1933 bereits parteipolitisch – als Gegner der Weimarer Republik – gebunden waren. Die Vermutung, dass der Beitritt zur NSDAP auch aus opportunistischen Gründen erfolgte, scheint daher nicht ganz abwegig zu sein.

Tabelle 5: Teilnahme am 1. Weltkrieg

Rang:	Offiziere	Unteroffiziere	Mannschaftsdienstgrad	keine Teilnahme
	26	7	7	27
	(38,9 %)	(10,4 %)	(10,4 %)	(40,3 %)

Von den 69 Personalakten beziehen sich 2 auf Bundesrichterinnen. Für die folgende Analyse ist daher die Basiszahl 67 = 100 % maßgebend.

Nicht überraschend ist, dass 26 Bundesrichter, was 38,9 % ausmacht, als Reserveoffiziere am 1. Weltkrieg teilnahmen. Folglich fiel die Quote der Unteroffiziere und die der Mannschaftsdienstgrade mit jeweils 10,4 % gering aus. Allerdings bleibt insoweit anzumerken, dass von den beiden letzten Gruppen Bundesrichter betroffen waren, die fast ausschließlich wegen ihres jugendlichen Alters zu keinen Reserveoffizieren befördert wurden. Die hohe Zahl (40,3 %) derjenigen, die nicht eingezogen wurden, lag darin begründet, dass diese Bundesrichter für eine Kriegsteilnahme entweder schon zu alt oder noch zu jung waren.

Als bedeutsame soziologische Aussage kann festgestellt werden, dass von den 67 Bundesrichtern insgesamt 40 (59,7 %) am 1. Weltkrieg teilnahmen. Diese Tatsache wird sie menschlich und gesellschaftspolitisch wesentlich geprägt haben. Ihr Bestreben, die Schmach des verlorenen Krieges vergessen zu machen, kann nicht hoch genug eingeschätzt werden.

Die politischen Verhältnisse in der Weimarer Republik entsprachen nicht ihrer Überzeugung. In ihren Köpfen wird sich vielmehr die Ansicht durchgesetzt haben, dass nur ein autoritäres Staatswesen mit einer starken Wehrmacht die Ergebnisse des Versailler Diktatfriedens wieder kassieren könnte.

Wenn die nachfolgende Frage auch keine allgemein gültige Antwort erlaubt, so bleibt sie dennoch untersuchenswert: Wie viele Bundesrichter haben sich, auf ihren Rang bezogen, 1933 und später der NSDAP zugewandt?

Von den 26 Reserveoffizieren traten 10 = 38,46 % der NSDAP bei. Diese Quote liegt bei den 7 Unteroffizieren bei 28,6 %, da von ihnen 2 Parteigenossen wurden. Bei den Mannschaftsdienstgraden ist die Parteibindung am höchsten. 5 von 7 Rekruten, Kanonieren pp. wurden Anhänger der NSDAP, was 71,4 % ausmacht.

Die Hypothese aufzustellen, dass dieser Umstand darauf zurückzuführen sei, dass der Mangel an soldatischer Fortune durch eine NSDAP-Mitgliedschaft wettgemacht werden sollte, ist nicht plausibel. Nach 1933 war für eine berufliche Karriere vielmehr ein anderer Umstand ausschlaggebender. Wer sog. Frontkämpfer des 1. Weltkrieges war, hatte beste Aufstiegschancen. Diese Qualifikation erfüllte nicht nur der Reserveoffizier, sondern auch der Rekrut.

Von den 27 Bundesrichtern, die nicht zu den Waffen gerufen wurden, traten lediglich 7 (25,9 %) der NSDAP bei. Wenn für diesen Umstand auch noch andere Tatsachen ursächlich waren – die 1933 bereits gemachte Karriere war zum Beispiel faktisch zu Ende –, so untermauert diese Quote doch die Annahme, dass die Nichtteilnahme am 1. Weltkrieg einem Beitritt in die NSDAP nicht gerade förderlich war.

Von den rassisch Verfolgten (9) nahmen 4 (2 Reserveoffiziere und 2 Rekruten) am 1. Weltkrieg teil. Die übrigen 5 Bundesrichter wurden nicht eingezogen.

Tabelle 6: Teilnahme am 2. Weltkrieg

Rang/Funktion:	Offiziere	Unteroffiziere	Mannschaftsdienstgrade	
	10	2	9	
	(17,3 %)	(3,4 %)	(15,5 %)	
	Wehrmachtsjustiz/Oberkommando der Wehrmacht/Kriegsverwaltung		UK	Nichtteilnahme
	10		13	14
	(17,3 %)		(22,4 %)	(24,1 %)

Die Basiszahl für die Tabelle 6 ist um neun rassisch Verfolgte, die am 2. Weltkrieg natürlich nicht teilnahmen, und um zwei Frauen zu mindern, so dass die Basiszahl 58 = 100 % ausmacht.

10 Offiziere, 2 Unteroffiziere und 9 Angehörige der Mannschaftsdienstgrade waren entweder während des ganzen 2. Weltkrieges oder nur zeitweilig an der Front eingesetzt. Das macht eine Quote von 36,2 % aus. Soweit die Spalte Wehrmachtsjustiz pp. in der Tabelle aufgeführt ist, waren von den 10 Bundesrichtern, die alle einen Offiziersrang hatten, 6 in der Wehrmachtsjustiz tätig. 2 Bundesrichter arbeiteten als Juristen im Oberkommando des Heeres, während 2 in der Kriegsverwaltung eingesetzt waren.

Aufschlussreich ist die Spalte „uk" – unabkömmlich im Reichsverteidigungsinteresse –, die 13 Bundesrichter (22,4 %) betraf; von diesen gehörten bemerkenswerterweise 10 der NSDAP an. Am 2. Weltkrieg nahmen die meisten Bundesrichter nicht teil. Wenn die Spalten „uk" und „Nichtteilnahme" zusammen betrachtet werden, dann waren insgesamt 27 Bundesrichter (46,5 %) keine Kriegsteilnehmer. Allerdings müssen die 10 Bundesrichter, die in der Wehrmachtsjustiz pp. eingesetzt waren, an sich als Nichtteilnehmer behandelt werden, da sie ja nicht aktiv an der Front kämpften. Unter diesem Aspekt würde sich die Quote der Nichtteilnehmer auf 37 erhöhen, was 63,8 % ergibt. Die Nichtteilnahme am 2. Weltkrieg beruhte z. B. auf Altersgründen und auf Krankheit.

Was den letzten Beruf bzw. die letzte Stellung vor 1945 angeht, so ist der wirklich ausgeübte Beruf berücksichtigt worden. Wenn Bundesrichter also nach Ausbruch des 2. Weltkrieges zeitweilig Wehrmachtsrichter wurden, so ist in die nachfolgende Statistik nur der davor ausgeübte zivile Beruf eingeflossen. Anders verhält es sich bei den Bundesrichtern Ernst Mantel und Werner Hülle, die 1937 aus der ordentlichen Justiz ausschieden und in die Heeresjustiz (Oberkommando des Heeres) eintraten, wo sie es bis zum Oberst- bzw. Generalrichter brachten.[21] Eine ähnliche Biographie weist Bundesrichter Wilhelm Weber auf.[22] Er wechselte 1937 als Oberlandesgerichtsrat zum Reichskriegsgericht, wo er es bis zum Oberstkriegsgerichtsrat brachte. Soweit der Beruf von rassisch Verfolgten in Frage steht, so ist der vor der Emigration ausgeübte statistisch erfasst worden.

Von den 69 Bundesrichtern/Bundesrichterinnen waren 51 bereits vor 1945 Justizjuristen, d. h. sie hatten entweder als Richter oder als Staatsanwalt gearbeitet. Dies macht eine Quote von 73,9 % aus. Hierunter befanden sich u. a. 16 Kammergerichtsräte bzw. Oberlandesgerichtsräte. Landgerichtsdirektoren waren ehemals 5 gewesen. Überraschend ist der hohe Anteil von Landgerichtsräten (9) und Amtsgerichtsräten (5). Dieser Umstand bedarf einer näheren Betrachtung, da eine Karriere zum Beispiel vom Landgerichtsrat zum Bundesrichter doch als außergewöhnlich anzusehen ist.

Die 14 Amtsgerichts- bzw. Landgerichtsräte wiesen alle gute bis sehr gute Examen auf. Gleich nach Ausbruch des 2. Weltkrieges oder kurze Zeit danach wurden 12 von ihnen (da männlich) zur Wehrmacht eingezogen, in der sie bis zur Kapitulation blieben. Da sie während dieser Zeit – was als unüblich angesehen werden muss – nicht befördert wurden, war ihr Karrieresprung nach 1945 durch ihre Ernennung zum Bundesrichter besonders groß. Von den hier in Frage stehenden 14 Bundesrichtern/Bundesrichterinnen bedürfen die nachfolgenden allerdings einer besonderen Erwähnung: Bundesrichter Kurt Pagendarm[23], Jahrgang 1902, gehörte dem Zentrum an. In den Wahlkämpfen zum Reichstag in den Jahren 1932/1933 hatte er mutig gegen die Nationalsozialisten öffentlich Stellung bezogen. Eine drohende Entlassung konnte er nur mit Mühe vermeiden. Im September 1933 wurde er aus dem Oberlandesgerichtsbezirk Kassel in den Oberlandesgerichtsbezirk Hamm strafversetzt. Als Landgerichtsrat in Bochum bearbeitete er Zivilsachen 1. Instanz, ehe er 1943 eingezogen wurde. Er blieb bis zur Kapitulation – zuletzt im Range eines Obergefreiten – in der Wehrmacht. Pagendarm war einer von wenigen, der durch aktives Tun die Nationalsozialisten politisch bekämpfte.

Elisabeth Krumme war vor 1933 Mitglied der SPD. Aus diesem Grunde blieb sie Amtsgerichtsrätin. Else Koffka verließ 1935 als Amtsrichterin den Justizdienst, um rassische Verfolgungsmaßnahmen zu vermeiden.

Auch der hohe Anteil von 12 ehemaligen Rechtsanwälten bzw. Notaren überrascht, der immerhin 17,4 % ausmacht. Vergleicht man das Verhältnis der ehemaligen Justizjuristen mit den sonstigen juristischen Berufen, die vor 1945 ausgeübt wurden, so ergibt sich ein Verhältnis von 51 zu 18 (74 % zu 26 %). Folglich ist die Feststellung gerechtfertigt, dass von einer soziologischen Pluralität der Bundesrichter in den Anfangsjahren des Bundesgerichtshofes keine Rede sein kann. Die Justizjuristen blieben am Bundesgerichtshof letztlich wieder unter sich.

Tabelle 7: Eintrittsalter in den Bundesgerichtshof

Lebensalter:	40 – 50	50 – 60	60 – 70	70 – 80
	18	29	16	6
	(26,1 %)	(42 %)	(23,2 %)	(8,7 %)

Wenn 6 Bundesrichter im Zeitpunkt ihrer Ernennung bereits über 70 Jahre alt waren, so war dies nach der damaligen Gesetzeslage zulässig. Bis zum Ablauf des Jahres 1954 betrug das Ruhestandsalter 72 Jahre; bis zum Ablauf des Jahres 1956 betrug es 70. Bis zum 1. Januar 1986 galt das 68. Lebensjahr als Altersgrenze. Nach dem „Gesetz zur Änderung des Gesetzes über das Bundesverfassungsgericht und zur Änderung des Deutschen Richtergesetzes" vom 12. Dezember 1985[24] ist die Altersgrenze der Bundesrichter/Bundesrichterinnen nunmehr das 65. Lebensjahr.[25]

Aus heutiger Sicht ist erstaunlich, dass insgesamt 22 Bundesrichter im Zeitpunkt ihrer Ernennung bereits das 60. Lebensjahr vollendet hatten (32,4 %). Der hohe Anteil der 50 bis 60 Jahre alten Bundesrichter weist eine Quote von 42 % aus (29 Bundesrichter). Wenn berücksichtigt wird, dass die Gesundheit der deutschen Bevölkerung Anfang der 50er Jahre schon wegen der Kriegsereignisse keinen hohen Standard aufwies, so kann diese Altersstruktur nicht gerade als günstig betrachtet werden.

Dies gilt insbesondere deshalb, weil im Zeitpunkt ihrer Ernennung bereits 51 Bundesrichter das fünfzigste Lebensjahr vollendet hatten, was 73,9 % ausmacht. Dieser Umstand war auch durch den 2. Weltkrieg bedingt. Ein weiterer Grund hierfür war aber auch das Bestreben, erfahrene Juristen für den Bundesgerichtshof zu gewinnen.

Zusammenfassend ist festzustellen, dass die Altersstruktur des Bundesgerichtshofes in seinen Anfangsjahren ungünstig war. Dies hatte schließlich zur Folge, dass zunächst eine große Personalfluktuation vorhanden war, wobei der relativ hohe Krankenstand hinzukam. Diese Tatsachen werden das Bemühen, in den Senaten eine langfristig angelegte Rechtsprechung aufzubauen, schwierig gestaltet haben.

Von dem jeweiligen Eintrittsalter hing es natürlich grundsätzlich ab, wie lange – auch unter Berücksichtigung der sich verändernden Altersgrenzen – der jeweilige Bundesrichter am Bundesgerichtshof verweilte. Die nachfolgende Statistik enthält auch diejenigen Bundesrichter/Bundesrichterinnen, die kurz nach ihrer Ernennung starben oder die das Gericht wieder verließen, um zum Beispiel Oberlandesgerichtspräsident/Oberlandesgerichtspräsidentin zu werden.

Bis zu drei Jahren blieben insgesamt 19 Bundesrichter (27,5 %) am Bundesgerichtshof. Da Weinkauff die Einarbeitungszeit eines Bundesrichters auf zwei bis drei Jahre veranschlagte[26], wird dieser hohe Anteil nicht gerade die Effizienz des Bundesgerichtshofes in den Anfangsjahren begünstigt haben. 50 Bundesrichter blieben länger als vier Jahre am Bundesgerichtshof (72,5 %). Diejenigen, die sogar länger als zehn Jahre an diesem Gericht arbeiteten, machten eine Quote von 39,1 % (27 Bundesrichter/Bundesrichterinnen) aus. 3 Bundesrichter erreichten sogar eine Dienstzeit von mehr als zwanzig Jahren.

Im Untersuchungszeitraum wurden nur 2 Bundesrichterinnen ernannt. Es waren dies Else Koffka und Elisabeth Krumme, die es beide auf fünfzehn Dienstjahre brachten.

2. Juristische Lebensläufe: Auswahl und Charakterisierung

2.1. Walther Ascher: Personelle Diskontinuität – inhaltliche Kontinuität?

Ascher[27], Jahrgang 1900, wurde im Juni 1933 aufgrund des „Gesetzes zur Wiederherstellung des Beamtentums" vom 7. April 1933[28] als Amtsgerichtsrat in Offenbach in den Ruhestand versetzt, weil er als Volljude galt.[29] Ascher, der beide Examen mit gut bestanden hatte, gehörte vor 1933 keiner Partei an, hatte aber 1932 das Zentrum und 1933 die SPD gewählt. Sein Bekenntnis zur Weimarer Republik offenbarte er weiter dadurch, dass er bis 1933 dem hessischen republikanischen Richterbund angehörte. Seine berufliche Heimat hatte er also in Hessen, ein Umstand, der ihm nach 1945 noch förderlich sein sollte.

Um sein Leben zu retten, wanderte er nach seiner Entlassung nach Palästina aus, wo er sich in Tel Aviv als Rechtsanwalt durchschlug. So ist es nicht verwunderlich, dass er nach der Kapitulation nach Deutschland zurückstrebte. Er galt als rassisch Verfolgter. Doch dieser Umstand beeinflusste seinen zukünftigen beruflichen Werdegang, wenn überhaupt, nur mittelbar. Als Remigrant genoss er keine Privilegien. Vielmehr musste er sich durch juristisches Können hervortun. Das tat er auch. Im Juli 1947 wurde er beauftragter Richter am Landgericht Darmstadt; er hatte damit noch keine Planstelle inne. Trotz seines Schicksals und seiner bemerkenswerten richterlichen Fähigkeiten[30] belegt gerade seine Biografie, dass Remigranten die übliche Ochsentour zu durchlaufen hatten. Allerdings hatte er einen Förderer, der ihm bei seinem beruflichen Neuanfang behilflich war. Es war Karl Kanka, Rechtsanwalt und Notar in Hessen.

Von 1946 bis 1958 war dieser Mitglied des hessischen Landtags; er war stellvertretender Vorsitzender der CDU-Fraktion.[31] Kanka wandte sich am 6. August 1947 an den amtierenden hessischen Justizminister Georg August Zinn, um Ascher, den er bereits vor 1933 kennen gelernt hatte, zu protegieren. Aus seinem Schreiben wird mittelbar deutlich, wie schwer es Remigranten an sich hatten, wenn sie in der Heimat wieder beruflich Fuß fassen wollten: „Auch wenn alle Juristen, auf die man gerechterweise warten muss, bereits zur Stelle wären, würde es keinen Zweifel dulden, dass man einen Mann wie Ascher mindestens in die Stelle bringen muss, die er erreicht hätte, ‚wenn das schädigende Ereignis nicht eingetreten wäre'." Mit den letzten Worten umschrieb Kanka in klinischer Distanziertheit den Umstand, dass Ascher rassisch Verfolgter war. Allerdings hinterließen diese „schwersten Erfahrungen, die (Ascher) in der Zeit des Nationalsozialismus" durchleben musste, bei ihm „keine Spur der Verbitterung"[32]. Er war willens und bereit, im neuen Deutschland wieder als Richter zu arbeiten. Der hessische Justizminister Zinn reagierte auf den Vorstoß Kankas prompt. Unterstützt wurde er durch seinen Personalreferenten, Ministerialrat Puttfarken, der vor 1945 wie Ascher Amtsgerichtsrat war. Aber nicht nur diese Tatsache verband Puttfarken mit Ascher. Puttfarkens Ehefrau war nach nationalsozialistischer Auffassung jüdischer Abstammung. Deswegen konnte Puttfarken nur mit einflussreichen Helfern bis 1945 im Amt bleiben.[33]

Der berufliche Werdegang Aschers gestaltete sich nach Kankas Hilfe erfolgreich. Anfang 1948 wurde er Oberlandesgerichtsrat in Frankfurt/ Main, wo er im Januar 1949 auch eine Planstelle erhielt. Doch lange blieb er nicht in Frankfurt. Zinn war es wieder, der Ascher erfolgreich zum Bundesrichter vorschlug. Am 11. Oktober 1950 legte Ascher, der mit dem Leben nur knapp davongekommen war, vor Präsident Weinkauff den Eid auf das Grundgesetz ab. 1958 wurde er auf Vorschlag des Bundesministers der Justiz, Fritz Schäffers (CSU), zum Senatspräsidenten am Bundesgerichtshof ernannt. Als er im Dezember 1967 in den Ruhestand trat, hatte er über 17 Jahre an diesem Gericht gearbeitet. Er wurde damit einer der dienstältesten Richter am Bundesgerichtshof.

Vor diesem biographischen Hintergrund stimmt die Beteiligung Aschers an dem am 7. Januar 1956 verkündete Urteil des IV. Zivilsenats nachdenklich, dessen Berichterstatter er war.[34]

Diese Tatsache lässt allerdings noch keine Schlussfolgerung im Sinne eines Strengbeweises dahin zu, auch Ascher habe für dieses Urteil gestimmt. Denn nach § 139 Abs. 1 GVG sind fünf Mitglieder eines Senats einschließlich des Vorsitzenden zur Entscheidung berufen. So haben auch alle zuständigen Mitglieder des Senats dieses Urteil unterschrieben: Senatspräsident Guido Schmidt und die Bundesrichter Wilhelm Kregel, Fritz von Werner, Kurt Wüstenberg und Walter Ascher. Damit ist aber noch nicht gesagt, dass auch alle für diese Entscheidung stimmten. Denn nach § 196 Abs. 1 GVG brauchten die Mitglieder des Senats das Urteil nicht einstimmig zu fällen; vielmehr konnte mit absoluter Mehrheit entschieden werden. Eine solche von 3 : 2 hätte also ausgereicht. Da nach § 193 GVG die Beratungen und Abstimmungen geheim sind, kann nicht zweifelsfrei festgestellt werden, dass auch Ascher für dieses Urteil votierte. Der Umstand, dass er Berichterstatter war, hat allerdings eine starke Indizwirkung für diese Annahme.

Das am 7. Januar 1956 verkündete Urteil wurde im Nachschlagewerk Lindenmaier/Möhring unter Nr. 16 zu § 1 BEG – „Bundesergänzungsgesetz zur Entschädigung für Opfer der nationalsozialistischen Verfolgung" vom 18. September 1953[35] - veröffentlicht[36]. Der Leitsatz lautet:

„Die im April 1940 durchgeführte Umsiedlung der Zigeuner aus der Grenzzone und den angrenzenden Gebieten nach dem Generalgouvernement ist keine nationalsozialistische Gewaltmaßnahme aus Gründen der Rasse i. S. d. § 1 BEG."

Hinter diesem Leitsatz verbirgt sich folgender Sachverhalt: „Der Kläger, ein Zigeunermischling, wurde im Mai 1940 verhaftet und mit einem Sammeltransport nach dem Generalgouvernement in ein Lager gebracht. Dort wurde er 1945 von den Russen befreit. Wegen dieser Verschleppungsmaßnahme begehrte er eine Entschädigung."

Mit derartigen Sachverhalten hatten sich die Gerichte nach 1945 nicht selten zu beschäftigen. Als Anspruchsgrundlage diente dem Kläger § 1 Abs. 1 BEG: „Anspruch auf Entschädigung [...] hat, wer in der Zeit vom 30. Januar 1933 bis zum 8. Mai 1945 [...] aus Gründen der Rasse [...] durch nationalsozialistische Gewaltmaßnahmen verfolgt worden ist und hierdurch Schaden an Leben, Körper, Gesundheit, Freiheit, Eigentum, Vermögen [...] erlitten hat [...]."[37]

Der Leitsatz des Urteils, der zur Entscheidung anstehende Sachverhalt und die einschlägige Anspruchsgrundlage lassen noch nicht erahnen, warum das Urteil auch im Katalog zur Ausstellung des Bundesministers der Justiz „Im Namen des Deutschen Volkes – Justiz im Nationalsozialismus" zum Themenkreis „Unrecht wird bestätigt" veröffentlicht wurde.[38]

Um diesen Hintergrund überhaupt nachvollziehen zu können, ist ein kurzer Exkurs über die nationalsozialistische Rassenpolitik, die Zigeuner betreffend, vonnöten.

Am 8. Dezember 1938 verfügte Heinrich Himmler – Reichsführer SS und Chef der Deutschen Polizei[39] – einen Erlass, den er mit „Bekämpfung der Zigeunerplage" betitelte.[40] Dessen Zielsetzung war eindeutig: Die „Zigeunerfrage" sollte „aus dem Wesen dieser Rasse heraus in Angriff" genommen werden. „Es war die erste gegen Zigeuner gerichtete Verordnung, die sich ausdrücklich auf den Rassenbegriff bezog." Zunächst hatten die NS-Machthaber die in den ersten Jahren nach der Machtergreifung gegen die Zigeuner gerichteten Verfolgungsmaßnahmen noch mit sozialen Gründen zu rechtfertigen versucht. Die Zigeuner hatten nach nationalsozialistischer Auffassung kriminelle Neigungen, die es abzuwehren galt. Durch den Erlass vom 8. Dezember 1938 wurde ihre Verfolgung erstmalig auf rassische Gründe gestützt, da die Zigeuner als „eine fremde und minderwertige Rasse" galten.

Nachdem Deutschland am 1. September 1939 Polen überfallen und damit den 2. Weltkrieg ausgelöst hatte, verschärften sich die Verfolgungsmaßnahmen gegen die Zigeuner und Zigeunermischlinge. Am 2. September 1939 trat die sog. Grenzzonenverordnung[41] in Kraft, durch die das „Umherziehen von Zigeunern und nach Zigeunerart" in der Grenzzone verboten wurde. Kurz vor Abschluss des sog. Polenfeldzugs Ende September 1939 ordnete Hitler sodann die Abschiebung der Juden und der „restlichen 30.000 Zigeuner" aus dem Reich an, die alle innerhalb eines Jahres im östlichen Teil des besetzten Polens – dem späteren Generalgouvernement[42] – angesiedelt werden sollten. Dieses Ziel musste natürlich bürokratisch vorbereitet werden. Am 17. Oktober 1939 erging daraufhin der sog. Festsetzungserlass, durch den auch den Zigeunern „jegliche Bewegungsfreiheit" genommen wurde und durch den die „Zigeunerfrage in Kürze im gesamten Reich grundsätzlich" geregelt werden sollte. Zigeuner und Zigeunermischlinge wurden durch die örtlichen Polizeidienststellen erfasst und dahin überprüft, ob sie „in den letzten fünf Jahren einer geregelten Arbeit nachgegangen waren", „ob sie in der Lage gewesen waren, für ihren eigenen Lebensunterhalt und den ihrer Familien aufzukommen", „ob sie einen ständigen Wohnsitz hatten" und „ob einer der Ehepartner Arier" war. Fiel eine dieser Fragen negativ aus, dann waren die Zigeuner und Zigeunermischlinge „bis zu ihrem endgültigen Abtransport" in Lagern unterzubringen. Diese bürokratischen Anordnungen konnten deshalb schnell umgesetzt werden, da bereits durch den Erlass vom 8. Dezember 1938 „Bekämpfung der Zigeunerplage" die entsprechenden Vorarbeiten erledigt worden waren.

Im Februar 1940 wurde die Vertreibung der Zigeuner und der Zigeunermischlinge in das Generalgouvernement in die Tat umgesetzt. Der Erlass vom 27. April 1940 „Umsiedlung von Zigeunern"[43] regelte die Einzelheiten. Mitte Mai 1940 wurden 2.500 Zigeuner und Zigeunermischlinge – diese Gesamtzahl sollte nicht überschritten werden – in geschlossenen Sippen deportiert, nachdem sie aufgrund des Festsetzungserlasses vom 17. Oktober 1939 selektiert worden waren. Im Generalgouvernement wurden sie über Dörfer verteilt oder in Lagern untergebracht. Eine Rückkehr nach Deutschland war den Deportierten verboten. Dennoch kehrte eine unbekannte Anzahl der 2.500 Zigeuner und Zigeunermischlinge nach Deutschland zurück.[44]

Ungeklärt ist, wie viele der 2.500 Zigeuner und Zigeunermischlinge überlebten. Die Lebensbedingungen waren „häufig sehr hart, und viele sind bekanntermaßen an Entbehrungen oder Misshandlungen gestorben." Zwar gingen die deutschen Dienststellen von ihrer Rückkehr nach Deutschland nicht aus. Dennoch war ihre Deportation in das Generalgouvernement „nicht gleichbedeutend mit einem Todesurteil". Ein Plan für ihre physische Vernichtung bestand für die 2.500 Zigeuner und Zigeunermischlinge bis zur Kapitulation nicht. So konnte ein Teil von ihnen, die genaue Zahl ist unbekannt, durch die Rote Armee auf deren Vormarsch nach Westen – darunter der Kläger – befreit werden.

Die eigentliche Vernichtung der Zigeuner und Zigeunermischlinge setzte erst mit dem von Himmler herausgegebenen sog. Auschwitz-Erlass vom 16. Dezember 1942 ein, dessen Einzelheiten am 29. Januar 1943 niedergelegt wurden.[45]

Mit diesem historischen Sachverhalt hatte sich der IV. Zivilsenat in seinem Urteil auseinander zu setzen. Er würdigte das Klagbegehren des Klägers rechtlich wie folgt:

Das Oberlandesgericht Koblenz als Berufungsinstanz in dem hier in Rede stehenden Urteil hatte die Deportation des Klägers im Jahre 1940 auf den Erlass vom 8. Dezember 1938 „Bekämpfung der Zigeunerplage" zurückgeführt. Folglich stellte es fest, dass diese Umsiedlungsaktion „wesentlich durch Rassengründe bestimmt"[46] gewesen sei. Der IV. Zivilsenat war da ganz anderer Meinung: „Die vom (Berufungsgericht) festgestellten Tatsachen reichen nicht aus, um in der Umsiedlungsaktion eine rassische Verfolgung der davon betroffenen Zigeuner zu sehen."

Natürlich hatte der Senat Recht mit seiner Meinung, dass die Deportation des Klägers auf dem Erlass vom 27. April 1940 „Umsiedlung von Zigeunern" beruhte. Insoweit musste allerdings der Senat diesen Erlass analysieren: „Die Frage nach dem Charakter (dieses Erlasses) beruht in erster Linie auf der Auslegung dieser Anordnung. Da es sich um einen (Verwaltungsakt) handelt, ist (der Senat) an die Auslegung des (Berufungsgerichts) nicht gebunden." Damit hatte sich der Senat einen Weg für eine eigene Interpretation dieses Erlasses geschaffen: „Diese Anordnung war nicht die einzige gegen die Zigeuner getroffene Maßnahme der (nationalsozialistischen) Gewaltherrschaft. Um ihre Bedeutung richtig zu ermessen, ist sie in den Zusammenhang dieser anderen Maßnahmen zu stellen. Es kommt für die Auslegung und das Verständnis (des Erlasses vom 27.4.1940) zunächst darauf an, ob die Abschiebung von Zigeunern nach dem Generalgouvernement aus dem Grenzgebiet i. S. der (Grenzzonenverordnung vom) 2.9.1939 [...] eine Verfolgungsmaßnahme oder eine wesentlich aus militärischen oder allgemein sicherheitspolizeilichen Gründen erfolgte Maßnahme war."

Schon diese Einengung der Interpretation allein auf die sog. Grenzzonenverordnung beruhte entweder auf Unkenntnis oder war vom Senat zielgerichtet so gewollt. Denn die sog. Grenzzonenverordnung war für die Deportation des Klägers letztlich schon aus folgenden Gründen bedeutungslos. Militärische Erwägungen – „etwa im Zusammenhang mit dem bevorstehenden Angriff auf Frankreich" – konnten schlechthin nicht für die Deportation ursächlich sein: Warum setzten die nationalsozialistischen Machthaber den Erlass vom 27. April 1940 erst im Mai 1940, „eine Woche nach dem Einmarsch in die Niederlande", um? „Warum beschränkte (der Erlass) die Deportation auf zweitausendfünfhundert Personen? Warum nahm er ausländische Zigeuner und nach Zigeunerart Umherziehende, die im Allgemeinen als genauso verdächtig angesehen wurden wie deutsche Zigeuner, von der Aktion aus? Und warum ließ er die Festgenommenen ins Generalgouvernement bringen, das ebenfalls ein Grenzgebiet war, in dem die Zigeuner möglicherweise mehr Schaden anrichten konnten als in Deutschland, wo sie unter strenger Überwachung standen? Die Anzahl der zu Deportierenden auf zweitausendfünfhundert zu begrenzen ergibt keinen Sinn, wenn diese Maßnahme in militärischen Sicherheitserwägungen begründet lag."[47]

Da der IV. Zivilsenat eine rassische Verfolgungsmaßnahme verneinte, hätte er bei stringenter Gedankenführung an sich sogleich begründen müssen, warum er militärische und sicherheitspolizeiliche Gründe als ursächlich für die Deportation ansah. Das tat er aber nicht. Vielmehr versuchte er, die Zigeuner der Rasse nach einzuordnen. Zur Untermauerung seiner Thesen berief er sich kritiklos auf die Rassenkommentatoren des Dritten Reiches – Stuckart und Globke: „Unzweifelhaft sind die in Europa lebenden Zigeuner ethnologisch eine besondere, sich von den Völkern ihrer europäischen Umwelt durch Herkunft und Sitten unterscheidende Volksgruppe. Sie sind demgemäß auch von den (nationalsozialistischen) Gewalthabern als dem deutschen Volk ‚artfremd' behandelt worden. Zigeuner konnten nicht Reichsbürger werden (Stuckart – Globke, RBürgerG, BlutschutzG, EhegesundheitsG, 1936, S. 55 unter Ziff. 3 b zu § 2 RbürgerG). Daraus darf aber nicht geschlossen werden, dass alle Maßnahmen, die von den (nationalsozialistischen) Gewalthabern gegen Zigeuner in der Verfolgungszeit ergriffen wurden, solche sind, die in dem nach § 1 Abs. 1 BEG notwendigen Sinn aus Gründen der Rasse ergriffen wurden."

Um diese These plausibel erscheinen zu lassen, glaubte der Senat einen historisch/rassischen Abriss geben zu müssen: Die Zigeuner sind „im europäischen Kulturkreis schon alsbald nach ihrem ersten Auftreten – in Deutschland zu Beginn des 15. Jahrhunderts – Gegenstand besonderer, auf sie beschränkter Maßnahmen der öffentlichen Gewalt geworden. Das hängt mit der Eigenart dieses Volkes zusammen. Die Zigeuner in ihrer überwiegenden Mehrheit sind seit unvordenklichen Zeiten Nomaden, die keinen festen Wohnsitz haben, sondern von Ort zu Ort ziehen und deren Verhaltensweise in der menschlichen Gesellschaft durch dieses (vom Standpunkt der seit langem sesshaft gewordenen Umweltbevölkerung aus gesehen) unstete Leben bestimmt ist. Da die Zigeuner sich in weitem Maße einer Sesshaftmachung und damit der Anpassung an die sesshafte Bevölkerung widersetzt haben, gelten sie als asozial. Sie neigen, wie die Erfahrung zeigt, zur Kriminalität, besonders zu Diebstählen und Betrügereien, es fehlen ihnen vielfach die sittlichen Antriebe der Achtung vor fremdem Eigentum [...]. Sie wurden deshalb allgemein von der Bevölkerung als Landplage empfunden."

Dass der Senat diese Thesen ohne kritische Distanz einfach zu seinen eigenen machte, belegt, welcher konfusen Ausgrenzungsmentalität die dieses Urteil befürwortenden Richter anhingen. Die Wurzeln ihres Denkens lagen, wie der Senat selbst deutlich machte, weit vor 1933. Diesen Umstand hob der Senat denn auch besonders hervor, um sein Ergebnis nicht nur zu untermauern, sondern letztlich auch zu rechtfertigen: Die Landplage hat „die Staatsgewalt [...] veranlasst, gegen sie vorbeugende Sondermaßnahmen zu ergreifen und sie auch in ihrer Freiheit besonderen Beschränkungen zu unterwerfen.

Gesetze, die Sondermaßnahmen gegen die Zigeuner als solche enthalten, sind schon vor 1933 erlassen worden, um die übrige Bevölkerung vor Straftaten der Zigeuner zu schützen und ihr sicherheitspolizeilich als besonders gefährlich angesehenes Umherziehen zu unterbinden [...]."

Der Senat sah natürlich die Gefahren, die seiner Argumentation inne wohnten. Um den Vorwurf entgegenzutreten, er lasse sich dabei von rassischen Beweggründen und Gedanken leiten, glaubte er Folgendes apodiktisch klarstellen zu müssen, ohne sich offenbar bewusst zu werden, dass seine Ausführungen schon in sich rassistischen Charakter hatten: „Der Zweck aller Maßnahmen der öffentlichen Gewalt, wenigstens soweit sie nach dem Zeitalter der Aufklärung erlassen sind, war nicht, Zigeuner gerade wegen ihrer Rasse zu verfolgen, sondern die übrige Gesellschaft vor ihren sozialschädlichen, auf eigentümlichen Gruppeneigenschaften beruhenden Handlungen zu schützen."

Dass dieses Meinungsbild vor 1933 nicht nur in Deutschland, sondern auch im Ausland vorherrschte, unterstrich der Senat, um seinen Feststellungen die nötige Legitimation zu verleihen: „Um solche Maßnahmen erfolgreicher durchführen zu können, wurde im Jahre 1929 in München die Zigeunerpolizeistelle geschaffen, eine ähnliche Institution auf (internationaler) Basis war die am Sitz der Bundespolizeidirektion in Wien eingesetzte (internationale) Zentralstelle zur Bekämpfung des Zigeunerwesens, eine Institution der (Internationalen) Kriminalpolizeilichen Kommission.

Bei diesen Maßnahmen, die durch die öffentliche Gewalt vor 1933 geschaffen worden sind, fällt auf, dass sie sich gegen die Zigeuner als solche richten und von der Individualität des Betroffenen und seinen sozialen oder asozialen Eigenschaften mehr oder weniger absehen. Das hat seinen auch rechtsstaatlich nicht zu beanstandenden Grund darin, dass schon das Volk der Zigeuner in seinen Stämmen und Sippen als solches und seine Lebensweise den wirklich kriminellen Volksangehörigen einen Rückhalt bietet und die Möglichkeit verschafft, sich der Strafverfolgung zu entziehen. Vorbeugende Maßnahmen mussten daher, wenn sie Erfolg haben sollten, sich auch gegen nicht kriminell gewordene Zigeuner richten und sie in ihrer Freiheit Beschränkungen unterwerfen."

Von diesem gedanklichen Ansatz her war es für den Senat ein Leichtes, das Jahr 1933 nicht als Bruch einzustufen und die vor und nach 1933 vorherrschende Terminologie unkritisch zu übernehmen: „Die nach 1933 von seiten der (nationalsozialistischen) Gewalthaber gegen die Zigeuner ergriffenen Maßnahmen unterscheiden sich nicht samt und sonders von ähnlichen auch vor dem Jahre 1933 getroffenen Handlungen zur Bekämpfung des Zigeunerwesens. (Das Oberlandesgericht) führt selbst aus, dass bei den polizeilichen Maßnahmen der Zigeunerplage rassische Gesichtspunkte erst allmählich in den Vordergrund getreten sind. [...] Erst in späteren Anordnungen der (nationalsozialistischen) Zentralstellen – insbes. in dem noch zu erörternden (Erlass) v. 8.12.1938 – will (das Oberlandesgericht) rassenpolitische Maßnahmen gegen die Zigeuner sehen. (Das Oberlandesgericht) meint, deshalb sei auch die Umsiedlungsaktion im April 1940, die zeitlich nach dem [...] 8.12.1938 durchgeführt wurde, wesentlich durch Rassengründe bestimmt gewesen."

Diesen Feststellungen des Oberlandesgerichts widersprach der IV. Zivilsenat, der meinte, dass „die Umsiedlungsaktion 1940 ausschließlich auf militärischen Erwägungen" beruht habe oder dass diese „als militärische und sicherheitspolitische Maßnahme anzusehen sei und dass erst der sog. Auschwitz-Erlass [...] eine grundlegende Wendung in der Einstellung der (nationalsozialistischen) Gewalthaber gegenüber der Zigeunerfrage" bedeutet habe.

Diese Ansicht musste der Senat begründen. Dabei spielte der Erlass vom 8. Dezember 1938 „Bekämpfung der Zigeunerplage" eine entscheidende Rolle, der die „Zigeunerfrage aus dem Wesen dieser Rasse heraus in Angriff" nehmen wollte. Diese Zielsetzung ließ der Senat in seiner nachfolgenden Begründung einfach unter den Tisch fallen. Zudem bediente er sich auch einer Sprache, die der nationalsozialistischen nicht unähnlich war.

Das Oberlandesgericht hatte den Erlass vom 27. April 1940 noch „in die Kette der gegen die Zigeuner als Rasse getroffenen Maßnahmen" gestellt, die schon mit dem Erlass vom 8. Dezember 1938 begonnen hätten und die „mit der Anordnung über die Beschäftigung von Zigeunern v. 13.3.1942 [...] fortgeführt" worden seien, „durch die die Zigeuner arbeitsrechtlich den Juden gleichgestellt worden" [48] seien; die Verfolgungsmaßnahmen gegen die Zigeuner hätten im sog. Auschwitz-Erlass gegipfelt. Der IV. Senat lehnte diese Auffassung strikt ab: „Fasst man zunächst den Runderlass [...] v. 8.12.1938 [...], dem (das Oberlandesgericht) eine ausschlaggebende Bedeutung beimisst, ins Auge, dann lässt gerade er jedoch erkennen, dass trotz des Hervortretens rassenideologischer Gesichtspunkte nicht die Rasse als solche der Grund für die darin getroffenen Anordnungen bildet, sondern die bereits erwähnten asozialen Eigenschaften der Zigeuner, die auch schon früher Anlass gegeben hatten, die Angehörigen dieses Volkes besonderen Beschränkungen zu unterwerfen."

Die unkritische Übernahme des Erlassinhalts und die ergänzende Kommentierung des Senats mündeten sodann in folgende Darlegungen: „Es wird einleitend nicht nur auf die rassenbiologischen Erkenntnisse, sondern auch auf die bei der Bekämpfung der Zigeunerplage gesammelten Erfahrungen hingewiesen, die es angezeigt erscheinen ließen, die Regelung der Zigeunerfrage aus dem Wesen dieser Rasse heraus in Angriff zu nehmen. Als Grund für die angeordneten Maßnahmen wird angegeben, dass die Mischlinge den größten Anteil an der Kriminalität der Zigeuner hätten, und dass andererseits die Versuche, die Zigeuner sesshaft zu machen, infolge ihres starken Wandertriebs misslungen seien. Es sei deshalb nötig, bei der endgültigen Lösung der Zigeunerfrage die rassenreinen Zigeuner und die Mischlinge getrennt zu behandeln. Dazu sei es erforderlich, die Rassenzugehörigkeit der einzelnen im Deutschen Reich lebenden Zigeuner und der nach Zigeunerart lebenden Personen festzustellen. Die in dem Erlass vorgesehenen Maßnahmen können ihrem Wesen nach nicht als spezifisch rassenverfolgende angesehen werden, sondern halten sich noch im Rahmen polizeilicher Vorbeugungs- und Sicherungsmaßnahmen."

Um seine These, der Erlass vom 27. April 1940 fuße nicht auf rassischen Erwägungen, noch zu untermauern, ging der Senat auch noch auf den sog. Festsetzungserlass vom 17. Oktober 1939 ein, den er als „keine spezifisch rassenpolitische", sondern als eine „übliche polizeiliche Präventivmaßnahme" ansah. Um rassenpolitische Gesichtspunkte insoweit gänzlich ausschließen zu können, stellte der Senat zudem auf das Datum dieses Erlasses ab: Da dieser „zu Beginn des zweiten Weltkrieges" ergangen sei, müsse hieraus „aber weiter entnommen werden, dass die dort vorgesehene Beschränkung der Bewegungsfreiheit der Zigeuner im Zusammenhang mit den durch den Krieg geschaffenen Verhältnissen" gestanden habe. Diese durch Vorurteile geprägte Argumentation setzte der Senat fort: „Denn schon die Grenzzonenverordnung v. 2.9.1939 [...], von der man als einer Kriegsmaßnahme vermuten kann, dass sie von langer Hand vorbereitet war, verbietet [...] das Umherziehen von Zigeunern und nach Zigeunerart offenbar, um der daraus sich möglicherweise ergebenden Gefahr der Spionage durch Zigeuner vorzubeugen. Es kann angenommen werden, dass (der Festsetzungserlass vom 17. Oktober 1939) auf der durch den Krieg geschaffenen Lage beruht und nur das Verbot des Umherwanderns auf das ganze Reichsgebiet ausdehnt, um allgemein die Möglichkeit der Spionage zu unterbinden." Dass diese thesenartige Begründung keiner kritischen Hinterfragung standhält, wurde bereits oben dargelegt. Doch aus Sicht des Senats war diese Vorgehensweise vonnöten: „Angesichts dieser vor der Umsiedlungsaktion gegen Zigeuner getroffenen Maßnahmen kann aber in dem (Erlass vom 27. April 1940), der die Umsiedlung und die Art und Weise ihrer Durchführung anordnet, auch nicht mehr gesehen werden als eine starke Verschärfung der gegen die Zigeuner aus Gründen der Kriegsführung getroffenen Maßnahmen. Dies ergibt sich einmal aus dem zeitlichen Zusammenhang mit dem unmittelbar bevorstehenden Westfeldzug und dann auch daraus, dass in (dem Erlass vom 27. April 1940) auf den (Festsetzungserlass vom 17. Oktober 1939) Bezug genommen wird, der seinerseits, wie dargelegt ist, eine im Interesse der Kriegsführung getroffene Maßnahme bedeutet."

Das Oberlandesgericht hatte in seiner Entscheidung der Umsiedlungsaktion auch militärische und sicherheitspolitische Gründe beigemessen. Und hierauf ging der IV. Zivilsenat am Schluss seines Urteils noch einmal ein, um offensichtlich eine aus seiner Sicht notwendige Klarstellung zu treffen: „Gegen diese Ansicht (des Oberlandesgerichts) spricht einmal der Zusammenhang der Umsiedlung mit den Kriegsereignissen und den vorher getroffenen, mit diesen zusammenhängenden Maßnahmen (Grenzzonenverordnung [...] v. 17.10.1939), dann aber auch der Inhalt (des Erlasses vom 27.4.1940) selbst. Denn von der Verschiebung werden bestimmte Klassen ausgenommen, wie alte und gebrechliche Leute, mit Deutschblütigen Verheiratete, Zigeuner mit Grundbesitz und Zigeuner mit fremder Staatsangehörigkeit. Beachtet man, dass die letzteren schon auf Grund ihrer Ausländereigenschaft besonders scharfen Aufenthaltsverboten und Beschränkungen unterlagen [...], dann handelt es sich bei den von der Umsiedlung ausgenommenen Personen um solche, von denen eine Gefahr für Kriegsführung durch Spionage und dergleichen wegen ihrer körperlichen und geistigen Verfassung oder wegen ihrer sozialen Stellung nicht zu befürchten war wie bei den von der Umsiedlung Betroffenen."

Diese allein auf die Kriegsereignisse abzielende Begründung verschüttete die Rassenpolitik der Nationalsozialisten. Denn bei alten und gebrechlichen Zigeunern konnte eine biologische Lösung, ohne noch Kosten für eine Deportation aufwenden zu müssen, abgewartet werden. Sie konnten also noch im Reich verbleiben.

Da der Senat offensichtlich selbst noch von seiner Entscheidung überzeugt werden musste, mündete sein Urteil am Schluss in eine Art von

Phraseologie: „Dass die Umsiedlungsaktion rechtsstaatlichen Grundsätzen widerspricht und die Art der Durchführung als grausam und unmenschlich bezeichnet werden muss, darf nicht dazu verleiten, schon aus diesem Grund in der Umsiedlungsaktion eine rassische Verfolgungsmaßnahme zu sehen. Die (nationalsozialistischen) Gewalthaber haben ungezählte unmenschliche Gewaltakte begangen, die die Grundsätze des Rechtsstaates außer Acht ließen, die aber nicht auf den in § 1 BEG aufgeführten Gründen beruhten und deshalb keine Entschädigungsansprüche nach dem BEG für die davon Betroffenen begründen können."

Letztlich muss offen bleiben, ob Bundesrichter Ascher als Berichterstatter auch für dieses Urteil stimmte. Aber es bleibt zu fragen, ob die These von den „personellen und inhaltlichen Kontinuitäten als Folge einer gescheiterten Entnazifizierung" angesichts dieses Falles nicht doch plausibel ist. Weiter ist zu erörtern, ob ehemalige NS-Richter für Urteile dieser Art allein verantwortlich sind, durch die nationalsozialistisches Unrecht bestätigt wurde. Diese brisanten Überlegungen können hier nicht weiter vertieft werden. Falls Bundesrichter Ascher für dieses Urteil gestimmt haben sollte, bliebe noch zu analysieren, mit welchem Bewusstsein er gehandelt hat.[49] Einerseits wird das rechtsstaatliche Normensystem, hier das Bundesentschädigungsgesetz, maßgeblich gewesen sein. Insoweit war durch eine juristische Subsumtion das klägerische Begehren zu prüfen. Anderseits werden aber auch gesellschaftspolitische Überlegungen, ob bewusst oder unbewusst, in diese Entscheidung eingeflossen sein. Ob Ascher sich durch autoritär-nationalistische Überzeugungen und Ausgrenzungsgedanken bei diesem Urteil hat leiten lassen, muss letztlich unbeantwortet bleiben. Bei seinem Lebensschicksal vermuten zu wollen, auch ihm seien – soweit Zigeuner in Frage stehen – rassistische Vorurteile nicht fremd gewesen, verbietet sich, wenn diese auch vor 1933 nichts Außergewöhnliches waren. Allerdings trägt das Urteil vom 7. Januar 1956 seinen Namen. Und gerade Entscheidungen dieser Art mit ihrer einschlägigen Terminologie und ihrer unangemessenen, gefühllosen Sprache werden zu Recht für eine sich nach 1945 perpetuierende nationalsozialistische/rassistische Denkweise beispielhaft zitiert.

2.2. Wilhelm Dotterweich: „Groß sind die Aufgaben des Rechtswahrers, besonders auf dem Gebiete der Rassenerkenntnis"...

Am 13. Oktober 1938 berichtete die Fränkische Zeitung über die Einführung des neu ernannten Chefs der Staatsanwaltschaft beim Landgericht Ansbach, indem sie den Bericht überschwänglich mit der Überschrift „Das höchste Glück des Volkes ist sein Recht" versah. Neuer Leiter der dortigen Staatsanwaltschaft wurde Oberstaatsanwalt Wilhelm Dotterweich.[50]

Als er im Oktober 1938 diese Stellung erlangte, war er 40 Jahre alt. Nach der Kapitulation, als er das übliche Entnazifizierungsverfahren durchlief, wurde er als Mitläufer eingestuft. Und im bayerischen Staatsministerium der Justiz wurde 1949 die Meinung vertreten, dass Dotterweichs „Beförderung zum Oberstaatsanwalt [...] nicht auf politischen Einfluss zurückzuführen" sei, sondern dass diese „seiner guten Qualifikation"[51] entsprochen habe. Keine Frage, Dotterweich konnte gute Examensergebnisse vorweisen,[52] und auch seine Leistungen als I. Staatsanwalt bewertete der Generalstaatsanwalt (München) mit „ganz besonders tüchtig".[53] Von seinen Leistungen her war seine berufliche Laufbahn, er wurde im Oktober 1934 im Alter von 36 Jahren zum Landgerichtsrat ernannt, durchaus nachvollziehbar. Ob seine Ernennung zum Oberstaatsanwalt aber allein auf seine Leistungen zurückzuführen war, muss zumindest hinterfragt werden. Dotterweichs Eintritt in die NSDAP im Mai 1937 war wohl nicht nur ein opportunistischer Akt, sondern wird seiner Überzeugung entsprochen haben, wenn dem Bericht der Fränkischen Zeitung vom 13. Oktober 1938 über seine Einführung zum Oberstaatsanwalt gefolgt wird.

Bei dieser Feier hielt auch der amtierende Generalstaatsanwalt Emil Bems (Nürnberg), der 1937 mit Unterstützung des Gauleiters in Franken, Julius Streicher, diese Position erlangte,[54] eine Rede, auf die noch zurückzukommen ist. Dass gerade Streicher[55], der 1923 die antisemitische Zeitschrift „Der Stürmer" begründete, die wilde Hetzartikel gegen jüdische Mitbürger veröffentlichte, Protegé von Bems war, sprach nicht gerade für diesen. Doch auch Dotterweich genoss das Vertrauen Streichers, der sich schon seit geraumer Zeit dafür eingesetzt hatte, dass dieser die Stelle in Ansbach erlangte. Offensichtlich war Streicher auf Dotterweich aufmerksam geworden, weil dieser eine antisemitische Einstellung hatte, die er bereits vor der Machtübernahme als Amtsgerichtsrat in Nürnberg (1929 – 1933) an den Tag gelegt hatte.[56] Dass sowohl Bems (Parteimitglied seit Mai 1937) als auch Dotterweich nicht nur überzeugte Nationalsozialisten waren, sondern auch den rassistischen Ideen dieser Partei anhingen, wird durch ihre Reden auf der bereits erwähnten Feier deutlich.[57]

Bems machte aus seiner rassistischen Haltung keinen Hehl, indem er in seiner Ansprache auch die Judenfrage ansprach, „wobei er besonders auf die notwendige strenge Bestrafung all jener hinwies, die sich an unserer Rasse vergreifen" würden. Dotterweichs Rede ließ an Eindeutigkeit insoweit auch nichts vermissen: Er sei bestrebt, „nicht am toten Buchstaben des Gesetzes zu kleben, sondern dem wahren Recht zum Sieg verhelfen zu wollen", dem Recht, wie es im „Volke" schlummere und „durch die Bewegung wieder zum Sieg gebracht worden" sei. „Groß seien die Aufgaben des Rechtswahrers besonders auf dem Gebiete der Rassenerkenntnis."

Dotterweich, der als Gefreiter von 1916 bis 1919 den 1. Weltkrieg miterlebte, war während des 2. Weltkrieges uk-gestellt; er konnte also bis zur Kapitulation sein Amt in Ansbach ausüben. Nach dem Zusammenbruch setzte er seine berufliche Karriere mit einer zeitlichen Unterbrechung fort. 1947 wurde er Landgerichtsrat in Ansbach und 1949 Oberlandesgerichtsrat in Nürnberg. Ganz offensichtlich durch das bayerische Staatsministerium der Justiz angeregt, bewarb er sich im Oktober 1950 um die Stelle eines Richters beim Bundesgericht.[58] Diese Bewerbung hatte Erfolg.

Im Richterwahlausschuss scheint die Wahl Dotterweichs ohne Schwierigkeiten vonstatten gegangen zu sein. Berichterstatter war Ministerialdirektor Konrad aus dem bayerischen Staatsministerium der Justiz. Mitberichterstatter war Hermann Höpker-Aschoff (FDP), der am 7. September 1951 zum ersten Präsidenten des Bundesverfassungsgerichts ernannt wurde.[59]

Beide Juristen waren keine Nationalsozialisten. Dotterweich wurde im Alter von 52 Jahren im Januar 1951 zum Bundesrichter ernannt; am Bundesgerichtshof blieb er über 15 Jahre, ehe er am 31. Dezember 1966 in den Ruhestand trat. Er war stets Mitglied des 2. Strafsenats.

2.3. Ernst Dürig - Oberlandesgerichtspräsident in Bamberg: Die Keimzelle des "Bamberger Kartells"

Der 1888 geborene Dürig[60] war offensichtlich eine zwiegespaltene Persönlichkeit. Als hoch dekorierter Oberleutnant der Reserve hatte er den 1. Weltkrieg von Anfang an bis zum Ende miterlebt. Angesichts der Erfahrungen aus diesem Lebensabschnitt hätte es nahe gelegen, dass er zukünftig entschlussfreudig und nicht wankelmütig handeln würde.

Dass er über einen strengen Gerechtigkeitssinn verbunden mit „unbestechlicher Unparteilichkeit"[61] verfügte, wie es über ihn hieß, sollte sich in späteren Jahren nicht bestätigen.

Er, der als „der typische Vorgesetzte alten Stils"[62] galt, war fachlich eine Spitzenkraft. Im Februar 1934, im Alter von 46 Jahren, hatte er es bereits zum Amtsgerichtspräsidenten in München gebracht. Dürig, der als Rotary-Club-Mitglied einerseits bürgerliches Elitebewusstsein offenbarte, pflegte andererseits aber auch eine intellektuell-barocke Lebensweise. Er war Mitglied in der „Schlaraffia".[63] Ihn als überzeugten Nationalsozialisten zu bezeichnen, wäre unzutreffend, obwohl er am 1. Mai 1937[64] der NSDAP beitrat. Dieses Bekenntnis erfolgte allein aus beruflich-opportunistischen Gründen. Er wollte Präsident des Landgerichts München I werden, was ihm zum 1. November 1937 auch gelang. Zu diesem Zeitpunkt schien ihm die NSDAP, zumindest im Gau Oberbayern, noch wohl gesonnen zu sein. Der zuständige Gauleiter Adolf Wagner[65], ein fanatischer Nationalsozialist und Antisemit, ließ vor Dürigs Ernennung mitteilen, es bestünden gegen dessen politische Zuverlässigkeit „keine Bedenken".[66] Doch das Wohlwollen der Partei hielt nicht lange an.

Als 1938 der Präsident des Oberlandesgerichts in Bamberg die Altersgrenze erreichte, glaubten Parteikreise, diesen Posten mit einem überzeugten Nationalsozialisten besetzen zu können. Dabei handelte es sich um den Würzburger Landgerichtspräsidenten Karl Bauer, der bereits seit 1925 der NSDAP angehörte.[67] Doch das Reichsjustizministerium unter der Leitung von Minister Gürtner hatte Dürig ins Auge gefasst, dessen Ernennung zum 1. November 1939 nach längerer Kontroverse mit der Partei durchgesetzt werden konnte. Insbesondere die Gauleiter von Mainfranken und Bayerische Ostmark – der Oberlandesgerichtsbezirk Bamberg deckte sich mit diesen beiden Gauen – konnten Dürigs Ernennung zum Oberlandesgerichtspräsidenten in Bamberg nicht verwinden. Sie ließen zukünftig nichts unversucht, ihn von diesem Posten zu entfernen. Ihr Ansinnen hatte Erfolg.

Obwohl Dürig an der berüchtigten „Euthanasie"-Tagung in Berlin am 23./24. April 1941 teilnahm[68], also mit dazu beitrug, dass die Morde im Rahmen der NS-Euthanasie strafrechtlich nicht verfolgt wurden[69], konnte er beide Gauleiter nicht für sich gewinnen. Anfang 1944 unternahmen diese den entscheidenden Schritt, um seine Entfernung aus dem Amt einzuleiten. Mittlerweile stand Otto Thierack dem Reichsjustizministerium vor, der am 20. August 1942 Minister geworden war. In diesem getreuen Gefolgsmann Hitlers, der zuvor Präsident des Volksgerichtshofes gewesen war, fanden beide Gauleiter einen Befürworter ihres Anliegens. Über die Parteikanzlei fädelten sie die Abberufung Dürigs ein. Amtschef (Staatssekretär) der Parteikanzlei war Gerhard Klopfer, der Teilnehmer auf der sog. Wannseekonferenz am 20. Januar 1942 war und folglich die „Endlösung der Judenfrage" bürokratisch mit organisierte.[70] Dieser ausgemachte Schreibtischtäter wandte sich Anfang 1944 schriftlich an seinen Kollegen im Reichsjustizministerium, Herbert Klemm, der 1947 im Nürnberger Juristen-Prozess noch zu lebenslanger Haft verurteilt werden sollte, jedoch bereits 1957 vorzeitig entlassen wurde.[71] Was Klopfer seinem Kollegen, den er natürlich duzte, mitzuteilen hatte, gibt einen Einblick in die nationalsozialistische Personalpolitik:

„Lieber Herbert! Die Gauleiter Wächtler (Bayerische Ostmark) und Hellmuth (Mainfranken) erhoben erneut wegen der Abberufung des Oberlandesgerichtspräsidenten Dr. Dürig [...] Vorstellungen. (Seine Ernennung im November 1939 erfolgte) gegen den Willen der Partei-Kanzlei. (Er) vermochte [...] kein engeres Verhältnis zu den örtlichen Parteidienststellen herzustellen. Er stattete Gauleiter Wächtler erstmals nach der Rede des Führers am 26. April 1942 einen Besuch ab, obwohl er [...] bereits über zwei Jahre Chefpräsident war. [...] Es wurde auch die Befürchtung ausgesprochen, er könne einen ungünstigen weltanschaulichen und politischen Einfluss auf die ihm unterstellten Präsidenten ausüben. Ich halte es unter diesen Umständen für ausgeschlossen, dass [...] Dürig sich jemals das Vertrauen der beiden Gauleiter erringen wird. Seine Abberufung erscheint nun deshalb dringend erforderlich. [...]"

Diese Zeilen verfehlten ihre Wirkung nicht. Offensichtlich übte zudem das Reichsjustizministerium Druck auf Dürig aus. Am 25. Juli 1944, also 5 Tage nach dem Attentat auf Hitler, musste er bei Reichsjustizminister Thierack vorsprechen. Dieser legte ihm nahe, „mit Rücksicht auf die politische Belastung, die er durch sein Verhältnis zu seinen beiden Gauleitern für die Justiz bedeutete, um seine Versetzung in den Ruhestand nachzusuchen."[72] Dürig willigte ein. Die Spitze des Reichsjustizministeriums hatte an sich vor, dass er am 1. Oktober 1944 in den Ruhestand treten sollte, um für Bauer Platz zu machen, der als Nachfolger Dürigs Präsident des Landgerichts München I geworden war.

Doch so einfach war dieser Schritt nicht zu bewerkstelligen. Denn die gesetzlichen Bestimmungen erlaubten eine Versetzung in den Ruhestand nur, wenn dauernde Dienstunfähigkeit bejaht werden konnte. Eine solche lag bei Dürig ganz offensichtlich nicht vor. Folglich konnte er nur noch aus „politischen Erfordernissen"[73] in den Ruhestand versetzt werden. Eine solche Möglichkeit sollte sich bald ergeben. Als der Präsident des Oberlandesgerichts in Leitmeritz (Sudetenland) zur Wehrmacht eingezogen werden sollte, fragte das Reichsjustizministerium bei Dürig an, ob er gewillt sei, das dortige Oberlandesgericht vorläufig zu führen.[74] Dürig willigte ein, indem er Thierack am 8. August 1944 Folgendes mitteilte:

„Sehr geehrter Herr Reichsjustizminister! [...] beehre ich mich zu versichern, dass ich bereit bin, die vorläufige Führung des Oberlandesgerichts Leitmeritz [...] zu übernehmen. Was die sofortige Herstellung der Verbindung mit dem Gauleiter und der Partei anlangt, so betrachte auch ich sie als eine Selbstverständlichkeit und hoffe nur, dort etwas mehr Gegenliebe zu finden, als mir in meinem bisherigen Wirkungskreis beschieden war. [...] Heil Hitler."[75] Dürig hatte ganz offensichtlich aus opportunistischen Gründen einem Wechsel nach Leitmeritz zugestimmt. Er, der nach seinem Parteibeitritt „fast niemals das Parteiabzeichen"[76] trug, trat am 20. September 1944 seinen Dienst in Leitmeritz an; er blieb bis zum 20. April 1945 dort tätig.

Nach der Kapitulation musste Dürig das übliche Entnazifizierungsverfahren durchlaufen. Zuständig war die Spruchkammer in Bamberg. Und diese ging nicht gerade wohlwollend mit ihm um. Am 30. September 1947 wurde er in die Gruppe III (Minderbelasteter) eingestuft. Dies hatte zur Folge, dass er mit keiner Wiederverwendung als Richter rechnen konnte. Doch er hatte einen Förderer, den er bereits vor der Kapitulation dienstlich und persönlich kennen gelernt hatte. Es war Thomas Dehler, der in Bamberg Rechtsanwalt gewesen war und der nach dem Zusammenbruch das Amt übernahm, das Dürig ehemals dort inne hatte. Am 17. Juni 1947 wurde Dehler Präsident des Oberlandesgerichts in Bamberg. Aber nicht nur Dehler bekleidete in Bamberg nach der Kapitulation eine Spitzenposition in der Justiz. Auch Weinkauff hatte es dort, worüber bereits berichtet worden ist, am 1. April 1946 zum Landgerichtspräsidenten gebracht.[77] Dehler und Weinkauff waren ein erfolgreiches Tandem, wenn es darum ging, bei den Amerikanern, zu deren Besatzungsgebiet Bamberg gehörte, Personalvorschläge in der Justiz erfolgreich durchzuboxen.

Als Dürigs Entnazifizierung zu scheitern drohte, trat Dehler als Oberlandesgerichtspräsident auf den Plan. Die Spruchkammer hatte nämlich am 30. September 1947 die Einstufung Dürigs in die Gruppe III damit begründet, er habe zwar den Nationalsozialismus ablehnend gegenübergestanden. Doch allein in der Tatsache, dass er das Amt des Oberlandesgerichtspräsidenten in Bamberg und Leitmeritz bekleidet habe, erblickte die Spruchkammer „eine wesentliche Förderung des Nationalsozialismus"[78]. Dieses Ergebnis hielt Dehler, der mit Dürig noch etwas vorhatte, nach seinen „genauen Kenntnissen der Verhältnisse (für) unhaltbar".[79] Die von Dürig gegen diesen Spruch eingelegte Berufung hatte Erfolg. Am 10. Februar 1948 wurde er in die Gruppe V (Entlasteter) eingestuft, so dass er in der Justiz wieder verwendet werden konnte. Sogleich wurde Dehler aktiv, der dem amtierenden bayerischen Justizminister Josef Müller (CSU), der sein Duzfreund war, mitteilte,[80] er halte Dürig „für eine besonders wertvolle Richterpersönlichkeit und glaube, dass die Justiz Wege sichern sollte, sich seine reichen Erfahrungen zu sichern."[81] Doch die bayerische Justiz hatte keine Verwendung für Dürig.[82]

Auch als Dehler 1949 erster Bundesminister der Justiz wurde und damit Bamberg verließ, vergaß er Dürig nicht. Aber nicht nur zu ihm hielt er engen Kontakt, sondern auch zu Weinkauff, der sein Nachfolger als Oberlandesgerichtspräsident in Bamberg am 9. September 1949 wurde. Dürig brachte er erfolgreich als Bundesrichter ins Gespräch. Am 30. Oktober 1950 wurde dieser im Alter von 62 Jahren Senatspräsident am Bundesgerichtshof und Vorsitzender des IV. Zivilsenats. Da er aber bereits am 8. Januar 1951 verstarb, konnte er sein neues Amt faktisch nicht mehr ausüben.

Die „Geschichte" des Oberlandesgerichtsbezirks Bamberg bliebe aber mit den oben erwähnten Personen unvollständig wiedergegeben, wenn nicht noch zwei weitere Juristen Erwähnung finden würden Es handelt sich einmal um Willi Geiger, über den noch zu berichten sein wird und Hans Winners. Willi Geiger war jahrelang Landgerichtsrat am Landgericht Bamberg, während Hans Winners als Amtsgerichtsrat in Bamberg tätig war. Beide holte Dehler ins Bundesjustizministerium. Geiger wurde dort zunächst Dehlers persönlicher Referent, während Winners für Personalangelegenheiten an den Bundesgerichten zuständig war. In den ersten Jahren der jungen Bundesrepublik waren folglich mit Dehler, Weinkauff, Geiger und Winners vier ehemalige Richter aus dem

Oberlandesgerichtsbezirk Bamberg in Spitzenpositionen der Bundes-
justiz gerückt, von wo aus sie ihren Einfluss geltend machen konnten.

2.4. Hans Koeniger: Über die Weigerung, Richter am Sondergericht München zu werden

Die Personalakten von Bundesrichter Koeniger[83] zeichnen sich durch
eine Besonderheit aus. Koenigers Angaben über seinen beruflichen Werdegang vor 1945, die er nach der Kapitulation im Rahmen der Entnazifizierung machte, werden durch Urkunden belegt. Zunächst muss aber
ein kurzer Überblick über die Funktion und Arbeitsweise der Sondergerichte des Dritten Reiches gegeben werden.

Sondergerichte waren keine Erfindung der Nationalsozialisten. Bereits
am 21. März 1933 erging die „Verordnung der Reichsregierung über
die Bildung von Sondergerichten".[84] Hintergrund dieser Verordnung war,
dass sich Hermann Göring[85] gleich nach der Machtergreifung über die
Justiz beschwerte, die seiner Meinung nach nur unzureichend gegen
politische Gegner des neuen Regimes vorging.[86] Das Reichsjustizministerium reagierte prompt. Dabei konnte die Ministerialbürokratie auf
Verordnungen zurückgreifen, die bereits in der Endphase der Weimarer Republik erlassen wurden, um u. a. die Gewalttaten im Rahmen der
politischen Straßenkämpfe schnell aburteilen zu können.[87] Diesem Ziel
sollte die „Dritte Verordnung des Reichspräsidenten zur Sicherung von
Wirtschaft und Finanzen und zur Bekämpfung politischer Ausschreitun-
gen" vom 6. Oktober 1931[88] dienen, die auch eine Ermächtigung zur
Errichtung von Sondergerichten enthielt. Von dieser machte aber erst
Reichskanzler Franz von Papen durch die „Verordnung des Reichspräsidenten gegen den politischen Terror" vom 9. August 1932[89] Gebrauch.
Durch Sondergerichte sollte hiernach dem politischen Terror in Berlin,
im Ruhrgebiet und in Schlesien Einhalt geboten werden.[90] Der Einsatz
von Sondergerichten sollte aber zeitlich begrenzt sein. Nur bis zum
19. Dezember 1932[91] konnten Anklagen bei ihnen erhoben werden.

Die Nationalsozialisten gingen radikaler vor. Gestützt auf die immer
noch in Kraft befindliche „Verordnung zur Bekämpfung politischer Aus-
schreitungen" vom 6. Oktober 1931 wurde die oben bereits erwähnte
Verordnung vom 21. März 1933 erlassen, die zeitlich unbegrenzt war
und durch die in jedem Oberlandesgerichtsbezirk ein Sondergericht zu
bilden war. Dies erfolgte auch. Sondergerichte wurden auch in Justiz-

kreisen grundsätzlich begrüßt. Sie lagen im politischen Trend jener Zeit und „entsprachen dem Ende der zwanziger Jahre verbreiteten Ruf nach einem ‚autoritären Strafrecht'".[92] Ziel der Sondergerichte sollte der schnelle Prozess sein. Zu diesem Zweck wurden erhebliche rechtsstaatliche Einschränkungen vorgenommen: Die Ladungsfrist konnte auf 24 Stunden verkürzt werden. Die an sich damals übliche gerichtliche Voruntersuchung und der Beschluss zur Eröffnung der Hauptverhandlung entfielen. Der Umfang der Beweisergebung unterlag dem Ermessen des Sondergerichts. Die Urteile wurden sofort rechtskräftig.

Diese rechtsstaatlichen Einschnitte geben in ihrer juristischen Beschreibung allerdings kein ausreichendes Bild davon, was die nationalsozialistischen Machthaber mit den Sondergerichten an sich bezweckten. Ministerialdirektor Wilhelm Crohne, Leiter der Abteilung II (Strafrechtspflege) im Reichsjustizministerium, der ab 1942 Vizepräsident des berüchtigten Volksgerichtshofes wurde, ließ insoweit bereits 1933 keine Zweifel aufkommen: „Im Frieden sind die Sondergerichte dazu berufen [...], durch schnelle und nachdrückliche Ausübung der Strafgewalt darauf hinzuwirken, dass unruhige Gemüter gewarnt oder beseitigt werden und dass der reibungslose Gang der Staatsmaschine nicht gestört wird. Um diesen Erfolg zu gewährleisten, gibt der Gesetzgeber gewöhnlich den Sondergerichten neue, schneidende Waffen zur Hand." Und für den Fall des Krieges hatten seiner Meinung nach die Sondergerichte die Aufgabe zu übernehmen, „Kampf und Geist der Truppe zu unterstützen". Von den Richtern forderte er unmissverständlich: „In Kriegs- und Notzeiten wird Milde zur Schwäche und der rücksichtslose Rechtsbrecher triumphiert über den Staat, der seine strafrechtlichen Waffen durch seine Waffenträger, die Richter, nicht zu gebrauchen versteht. Eine glatte Auflehnung gegen das Gesetz bedeutet es, wenn der Richter dem nicht bei der Strafzumessung Rechnung trüge."[93] Die Sondergerichte entschieden in der Besetzung mit einem Vorsitzenden und zwei Beisitzern. Ab 1943 konnte bei „geringfügigen Sachen" das Urteil durch zwei Richter oder einen Einzelrichter gefällt werden.

Die Verordnung vom 21. März 1933 beschränkte die Zuständigkeit der Sondergerichte auf einen kleinen Bereich (§ 2): „Verordnung des Reichspräsidenten zum Schutz von Volk und Staat" vom 28. Februar 1933[94] – auch „Reichstagsbrandverordnung" genannt – und „Verordnung zur Abwehr heimtückischer Angriffe gegen die Regierung der nationalen Erhebung" vom 21. März 1933[95] – auch als „Heimtückeverordnung" bezeichnet, die am 20. Dezember 1934 durch das „Gesetz gegen heimtückische Angriffe auf Staat und Partei und zum Schutz der Parteiuniformen"[96] novelliert wurde.

Gerade § 2 Abs. 1 des Gesetzes vom 20. Dezember 1934 verdeutlicht, dass durch „offene Tatbestände"[97] eine allumfassende Strafverfolgung bezweckt werden sollte: „Wer öffentlich gehässige, hetzerische oder von niedriger Gesinnung zeugende Äußerungen über leitende Persönlichkeiten des Staates oder der NSDAP, über ihre Anordnungen oder die von ihnen geschaffenen Einrichtungen macht, die geeignet sind, das Vertrauen des Volkes zur politischen Führung zu untergraben, wird mit Gefängnis bestraft." Dass diese Bestimmung besonders häufig angewandt wurde, versteht sich von selbst.

Begrenzte die Verordnung vom 21. März 1933 die Zuständigkeit der Sondergerichte noch, so änderte sich dies nach Ausbruch des 2. Weltkrieges entscheidend.[98] Einige Beispiele des sog. Kriegsstrafrechts, das den Sondergerichten zugewiesen war, seien hier genannt: „Kriegswirtschaftsverordnung" vom 4. September 1939[99], die u. a. die Verschwendung der zum lebenswichtigen Bedarf der Bevölkerung gehörenden Rohstoffe unter Strafe stellte; „Verordnung gegen Gewaltverbrecher" vom 5. Dezember 1939[100], die in § 1 Abs. 1 bestimmte: „Wer bei einer Notzucht, einem Straßenraub, Bankraub oder einer anderen schweren Gewalttat Schuss-, Hieb- oder Stoßwaffen oder andere gleich gefährliche Mittel anwendet oder mit einer solchen Waffe einen anderen an Leib oder Leben bedroht, wird mit dem Tode bestraft"; „Verordnung gegen Volksschädlinge" vom 5. September 1939[101], die in § 3 („Ausnutzung des Kriegszustandes als Strafschärfung") festlegte: „Wer vorsätzlich unter Ausnutzung der durch den Kriegszustand verursachten außergewöhnlichen Verhältnisse eine sonstige Straftat (§ 1 dieser Verordnung hatte die Plünderung in freigemachten Gebieten, § 2 Verbrechen bei Fliegergefahr und § 3 gemeingefährliche Verbrechen zum Gegenstand) begeht, wird unter Überschreitung des regelmäßigen Strafrahmens mit Zuchthaus bis zu 15 Jahren, mit lebenslangem Zuchthaus oder mit dem Tode bestraft, wenn dies das gesunde Volksempfinden wegen der besonderen Verwerflichkeit der Straftat erfordert"; „Verordnung zur Ergänzung der Strafvorschriften zum Schutz der Wehrkraft des Deutschen Volkes" vom 25. November 1939[102], die in § 4 („Verbotener Umgang mit Kriegsgefangenen") Abs. 1 Folgendes unter Strafe stellte: „Wer vorsätzlich gegen eine zur Regelung des Umgangs mit Kriegsge-

fangenen erlassene Vorschrift verstößt oder sonst mit einem Kriegsgefangenen in einer Weise Umgang pflegt, die das gesunde Volksempfinden gröblich verletzt, wird mit Gefängnis, in schweren Fällen mit Zuchthaus bestraft."

Diese Bestimmung kam dann zur Anwendung, wenn zum Beispiel Frau-
en ein Liebesverhältnis zu Kriegsgefangenen unterhielten, wobei sich
die ausgeworfenen Strafen nach der Nationalität der Kriegsgefangenen
richtete. Kam der Kriegsgefangene aus Italien oder Frankreich, dann ließen die Sondergerichte noch „Milde" walten. Ganz anders urteilten sie,
wenn ein polnischer Kriegsgefangener und eine Bäuerin ein Verhältnis
hatten. Dann verhängten die Sondergerichte gegen die Frau mehrjäh-
rige Freiheitsstrafen, während der Pole in ein KZ eingeliefert wurde. Diese
rassistische „Rechtsprechung"[103] wurde nach 1945 natürlich nach Möglichkeit nicht thematisiert.

Schon durch diese wenigen Beispiele wird deutlich, dass den Sondergerichten insbesondere während des Krieges eine ganz bestimmte Aufgabe zugedacht war. Der berüchtigte Präsident des Volksgerichtshofes,
Roland Freisler, sprach denn auch von „den Sondergerichten als Pan-
zertruppe der Rechtspflege".[104]

Angesichts der Zuständigkeiten der Sondergerichte drängt sich die Frage auf, auf welchem Wege das richterliche Personal für die Besetzung
dieser „Gerichte" ausgewählt wurde. In der Regel existierte für die Sondergerichte kein Geschäftsverteilungsplan; sie wurden „ad hoc"[105]
besetzt.[106] Die Landgerichtspräsidenten bestimmten über den zuständigen Oberlandesgerichtspräsidenten diejenigen Richter, die an das Sondergericht abgeordnet werden sollten. Dabei wurde in der Regel das
Einverständnis des Betreffenden eingeholt, wenn eine längere Abordnung vorgesehen war. Natürlich waren die Spitzen der Justiz bestrebt,
nur zuverlässige Richter zu rekrutieren, was aber nicht immer gelang,
da es insbesondere nach Ausbruch des 2. Weltkrieges immer weniger
„alte Parteigenossen" gab. Die juristische Qualifikation scheint keine
große Rolle gespielt zu haben, wenn eine Tätigkeit am Sondergericht
in Frage stand. „Gefragt waren Anpassungs-Bereitschaft und politische
Gesinnungstüchtigkeit."[107] Mit diesen Eigenschaften konnte Hans
Koeniger nicht aufwarten.

Koeniger, Jahrgang 1886, kam aus einem katholischen Elternhaus, dem
ein Volksschulhauptlehrer vorstand. Gute Examensergebnisse verspra-

chen ein schnelles berufliches Fortkommen. Nachdem er von 1914 bis 1918 den 1. Weltkrieg trotz mehrerer Verwundungen überlebt hatte, strebte er in die Justiz. 1936 hatte er es bis zum Oberlandesgerichtsrat (München) gebracht. Da er zum Zeitpunkt dieser Beförderung schon 50 Jahre alt war, war realistischerweise an eine weitere Karriere in der Justiz nicht mehr zu denken. Dennoch trat er im Mai 1937 der NSDAP bei. Nach 1945 gab er hierzu an, er sei nicht freiwillig Mitglied geworden. Insoweit hatte sich Folgendes abgespielt: Am 14. Mai 1937 wandte sich der Nationalsozialistische Rechtswahrerbund (NSRB) schriftlich an Koeniger: „Der Gauleiter beabsichtigt, Sie zur Aufnahme in die Partei vorzuschlagen. Ich ersuche Sie deshalb umgehend[108] den nachfolgenden Antrag auszufüllen und unterschrieben der Gauführung des NSRB [...] wieder vorzulegen. [...]"[109] Warum er diesem Ersuchen nachkam, muss offen bleiben. Jedenfalls beförderte sein Beitritt in die Partei keine weitere Karriere. Er blieb bis 1945 Oberlandesgerichtsrat am Oberlandesgericht München.

Dass er erst nach Aufforderung der Gauleitung in die NSDAP eintrat, wird ihn in Parteikreisen nicht gerade beliebter gemacht haben. Zwar hatte die zuständige NSDAP-Gauleitung ihn vor seiner Ernennung zum Oberlandesgerichtsrat 1936 noch als „parteipolitisch" zuverlässig erachtet, obwohl er zu diesem Zeitpunkt nur Mitglied des NSRB war. Jedenfalls konnte er angesichts seines nur zögerlichen Bekenntnisses zum nationalsozialistischen Staat aus Parteikreisen keine Unterstützung erwarten, als es darum ging, eine Abordnung an das Sondergericht zu verhindern, die sich Mitte 1944 abzeichnete.

Diese Möglichkeit eröffnete die „Verordnung über Maßnahmen auf dem Gebiete der Gerichtsverfassung und der Rechtspflege" vom 1. September 1939.[110] Sie versetzte die Justizverwaltung in die Lage, die dünne Personaldecke an den Gerichten, die nach dem Ausbruch des 2. Weltkrieges eingetreten war, flexibler zu handhaben. So verpflichtete § 2 dieser Verordnung jeden Richter „auf Anordnung des Oberlandesgerichtspräsidenten innerhalb des betreffenden Oberlandesgerichtsbezirks jegliche richterlichen [...] Aufgaben bei jedem ordentlichen oder besonderen Gericht [...] wahrzunehmen".[111] So wurde Koeniger im Dezember 1943 in seiner Funktion als Oberlandesgerichtsrat auch zum Hilfsrichter beim Landgericht München I eingesetzt; diese Abordnung sollte bis zum 31. Dezember 1944 dauern. Diese zusätzliche Arbeit nahm er noch widerspruchslos auf sich. Allerdings musste er am 19. August

1944 eine Verfügung des Oberlandesgerichtspräsidenten (München) zur Kenntnis nehmen, durch die er von seinen Aufgaben als Hilfsrichter beim Landgericht München I entbunden und „mit sofortiger Wirkung für den Rest des Geschäftsjahres 1944 zum Vorsitzenden des Sondergerichtes 3" bestellt wurde.

Im Rahmen seiner Entnazifizierung nach der Kapitulation nahm Koeniger hierzu Stellung: Er habe die Bestellung zum Vorsitzenden des Sondergerichts München 3 abgelehnt. „Trotz Drohung, bei Ablehnung in die Industrie abgeschoben zu werden", sei er bei seiner Weigerung geblieben. Seine Bestellung zum Vorsitzenden des Sondergerichts sei rückgängig gemacht worden.[112]

In der Tat widerrief der Oberlandesgerichtspräsident mit Verfügung vom 29. August 1944 seine Abordnung zum Sondergericht mit Ablauf des 14. September 1944. Berufliche Nachteile erlitt Koeniger nicht. Zum 4. Oktober 1944 wurde er als Laborhelfer kriegsverpflichtet. Diesen Umstand als persönlichen Nachteil Koenigers einordnen zu wollen, wäre angesichts der damaligen Verhältnisse nicht sachgerecht.

Allerdings sollen folgende Tatsachen nicht unerwähnt bleiben, ohne die Koenigers Weigerung nicht umfassend gewürdigt werden könnte. Zum damaligen Zeitpunkt war Walther Stepp Präsident des Oberlandesgerichts in München.[113] Er war SA-Mitglied und Parteigenosse seit 1931; im November 1933 trat er von der SA zur SS über. Er war ein unbedingter Befürworter des nationalsozialistischen Systems, der abwechselnd sowohl als Staatsanwalt bzw. Richter als auch als Ministerialbeamter dem Dritten Reich ein williger Diener war. Nach der Machtergreifung war er zunächst noch Amtsgerichtsrat in Frankenthal. Doch dann gestaltete sich seine Karriere rasant. Im Juni 1933 wurde er zum I. Staatsanwalt beim Landgericht München I ernannt und im Juli 1934 zum Landgerichtsrat befördert. In dieser Eigenschaft wurde er im Januar 1935 zur politischen Polizei abgeordnet. Ende 1935 wechselte er, mittlerweile SS-Standartenführer (Oberst), zur politischen Polizei. Hier wurde er als Oberregierungsrat stellvertretender Leiter der bayerischen politischen Polizei, ehe er es zum Chef der Staatspolizeileitstelle München brachte. In diesen Funktionen war er ein enger Mitarbeiter von Heydrich und Himmler. Dass die NS-Machthaber einen Mann wie Stepp auch für die Justiz suchten, wird durch dessen weitere Karriere deutlich. Im Herbst 1937 trat er wieder in die Justiz ein und wurde Landgerichtspräsident in Kaiserslautern. Anfang 1943 beförderte ihn der berüchtigte Reichsjustizminister Otto Thierack, „der auf gute Beziehungen zwischen Justiz und Gestapo auch auf regionaler Ebene Wert legte", zum Oberlandesgerichtspräsidenten in München.

Der Werdegang Stepps nach 1933 macht deutlich, was von ihm zu halten war. Einem Nationalsozialisten wie ihm war damit alles zuzutrauen. Hiervon musste auch Koeniger ausgehen, als er sich einer Abordnung an das Sondergericht widersetzte.

Daher zeigt gerade sein Beispiel, dass eine Tätigkeit am Sondergericht abgelehnt werden konnte. Eine Gefahr für Leib und Leben war damit nicht verbunden. Selbst wenn in seinem Fall einmal unterstellt wird, dass er einen weiteren beruflichen Aufstieg nach seiner Ernennung zum Oberlandesgerichtsrat für unrealistisch hielt und es ihm deshalb womöglich leicht fiel, sich zu verweigern, wird seine gezeigte Haltung hierdurch nicht geschmälert. Sein Bekenntnis hätte vielen seiner Kollegen als Vorbild dienen können. Dem Präsidenten des Bayrischen Obersten Landesgerichts ist zuzustimmen, der in einer Beurteilung am 28. August 1950 (Koeniger war seit September 1948 Oberlandesgerichtsrat an diesem Gericht) ausführte: Koeniger habe seine „Abscheu gegen die Terrormethoden des Dritten Reiches mit einer kaum zu überbietenden Deutlichkeit rückhaltlos Ausdruck verliehen".

So war es keine Überraschung, dass das bayerische Staatsministerium der Justiz ihn zum Bundesrichter vorschlug. Koeniger war über 64 Jahre alt, als er seine neue Aufgabe am Bundesgerichtshof aufnahm. Von Januar 1951 bis Oktober 1956 arbeitete er an diesem Gericht, zunächst im 3. und schließlich im 1. Strafsenat.

2.5. Ernst Mantel: Ein Sonderrichter und Generalrichter des Dritten Reiches mit antisemitischer Vergangenheit

Am 31. August 1959 gab die Pressestelle des Bundesgerichtshofes über Ernst Mantel bekannt[114], dass er an diesem Tage „aus Gesundheitsgründen" in den Ruhestand trete und dass der Bundespräsident (Theodor Heuss) ihm „in Würdigung seiner Verdienste um die höchstrichterliche Rechtsprechung [...] das Große Verdienstkreuz des Verdienstordens der Bundesrepublik Deutschland verliehen" habe. Damit wurde ein Bundesrichter öffentlich geehrt, der eine Vergangenheit aufzuweisen hatte, die mit der Charakterisierung „einschlägig" geradezu zynisch beschrieben werden würde. Warum er in den Genuss dieser Würdigung kam, bleibt zu hinterfragen, waren doch die Erkenntnisquellen über seine Vergangenheit damals wie heute dieselben. Denn seine Personalakten gaben und geben hierüber detailliert Aufschluss, aus denen das nachfolgend Gesagte stammt.

Mantel (Jahrgang 1897) hatte sich, bevor er überhaupt an einen zivilen Beruf denken konnte, im 1. Weltkrieg zu bewähren, was er auch tat. Hoch dekoriert konnte er als Leutnant der Reserve nach dem Ende des Krieges seine juristischen Studien aufnehmen, die er 1922 und 1924 mit den beiden Examen sehr erfolgreich beendete. So konnte er 1925 ohne Schwierigkeiten in der bayerischen Justiz eine Karriere starten. 1932 hatte er es im Alter von 35 Jahren zum I. Staatsanwalt gebracht. Obwohl er von 1924 bis 1929 der DVP angehörte und kein Parteigenosse war – er trat nie in die NSDAP ein –, wurde er trotzdem im September 1933, also nach der Machtübernahme, Landgerichtsrat am Landgericht München I. An seinem Beispiel wird deutlich, dass eine Mitgliedschaft in der NSDAP für eine Karriere als Jurist nicht zwingend war. Mantel als Reserveoffizier des 1. Weltkrieges und anschließender Freikorpskämpfer im Ruhrgebiet hatte stets den Ruf, „im nationalen Lager" zu stehen, und auch nach der Machtergreifung glaubten seine Vorgesetzten erkannt zu haben, was sich als kein Irrtum herausstellen sollte, dass er „jederzeit"[115] rückhaltlos für den nationalsozialistischen Staat eintreten werden würde.

Offensichtlich wollte Mantel seine nationale Haltung und seine Hinwendung zum neuen Staat auch durch berufliche Flexibilität nach außen kundtun. So wurde er vom 1. Dezember 1933 bis zum 31. Juli 1934 ordentliches Mitglied des Sondergerichts München. Auf diesem „verantwortungsvollen Posten" – so der Vorsitzende des Sondergerichts, Landgerichtsdirektor Adolf Braun in einer Beurteilung[116] –, „der an den Richter ganz besondere Anforderungen" stelle, habe sich Mantel „hervorragend bewährt". Doch dieser wollte sich weiter entsprechend der nationalsozialistischen Ziele qualifizieren. Mit Wirkung vom 1. August 1934 ab ließ er sich als Untersuchungsrichter für Sachen des Volksgerichtshofes abordnen. Er bearbeitete Voruntersuchungen wegen Hochverrats, Landesverrats und Verrats militärischer Geheimnisse. Die anschließenden Strafverfahren wurden vor dem Obersten Landesgericht in München verhandelt. Nachdem er 11 Voruntersuchungen in Hochverratssachen bearbeitet hatte, galt er als „ein Untersuchungsrichter mit scharfem Blick für das Wesentliche", dessen Tätigkeit „sich nicht in Nebensächlichkeiten"[117] verlieren würde.

Als ob Mantel seinen Einsatz für den neuen Staat noch nicht als ausreichend angesehen hätte, gab er zudem eine Erklärung für seine Personalakten ab, die eine von ihm 1920 begangene Handlung betraf. Nachdem die Justizbehörden seine Angaben überprüft und als wahrheitsgemäß erachtet hatten, fand der Vorgang wie folgt Eingang in seine Personalakten: „3 Mark grob. Unfug /Ankleben von Zetteln antisemitischen Inhalts". Mantel war also schon in jungen Jahren erklärter Antisemit und brüstete sich damit nach der Machtergreifung. Aber nicht nur hierdurch zeichnete er sich aus. Er war auch ein ausgemachter Antikommunist. Wie bereits erwähnt, war er nach dem Ende des 1. Weltkrieges Freikorpskämpfer. 1919/1920 gehörte er dem Freikorps Epp an,[118] das 1920 den kommunistischen Ruhraufstand rückhaltlos mit niederschlug. Mantel verfügte damit an sich über all die Eigenschaften, die die NS-Machthaber von einem Juristen erwarteten. Zudem hatte er gezeigt, dass er sich nicht scheute, in den neuen juristischen Institutionen des Dritten Reiches effektiv mitzuarbeiten.

Nichts hätte also näher gelegen, als einem Mann wie ihm, der eine juristische Spitzenkraft war und der die im Dritten Reich verfolgten Ziele verinnerlicht hatte, eine Beförderung zuteil werden zu lassen. Als sich eine solche nicht abzeichnete, unternahm er einen überraschenden Schritt. Er wechselte zum 1. Juni 1937 in den Heeresjustizdienst. Diesen Entschluss erläuterte er nach der Kapitulation schönredend wie folgt: „Ende 1936" sei ihm bekannt geworden, „dass das Oberkommando des Heeres Richter und Staatsanwälte zur Übernahme als Heeresrichter suche." Er habe sich für einen Wechsel entschlossen, weil er „davon überzeugt" gewesen sei, „dass die Parteieinflüsse auf die allgemeine Justiz immer stärker" werden würden, „das Heer aber der NSDAP danach überwiegend ablehnend gegenüber"[119] gestanden habe. Das Gegenteil war der Fall. Mantel war aus Überzeugung und aus Karrieregründen in den Heeresjustizdienst eingetreten.

Sein Entschluss zahlte sich aus. Er machte – die verwirrenden Amtsbezeichnungen einmal außer Acht gelassen – in der Heeresjustiz Karriere. 1937 wurde er sogleich Oberkriegsgerichtsrat, was der Stellung eines Oberlandesgerichtsrats entsprach. 1938 wechselte er in die Heeresrechtsabteilung des Oberkommandos des Heeres (OKH). Dort wurde er zum Oberregierungsrat ernannt und 1940 zum Ministerialrat befördert. Mit Wirkung vom 1. Mai 1944 ab wurde er mit der Bezeichnung Oberstrichter[120], damit als aktiver Offizier im Truppensonderdienst des Heeres angestellt. Überwiegend war er nun als Heeresrichter tätig. Am 20. April 1945 brachte er es noch zum Generalrichter. Ein Beförderung zu diesem Zeitpunkt – der Krieg war ersichtlich verloren – findet sich häufiger in den Personalakten. Das lässt darauf schließen, dass man in Verwaltung und Justiz sonst für die Zeit danach karrieremäßig vorsorgen wollte.

Als Mantel 1938 in die Heeresrechtsabteilung des OKH wechselte, lernte er Generalleutnant Eugen Müller kennen. Dieser hatte sich als Generalquartiermeister im Oberkommando des Heeres nicht bewährt und wurde deshalb im September 1940 von diesem Posten abgelöst. Entlassen wurde er aber nicht; vielmehr erhielt er den Titel eines „Generals zur besonderen Verwendung (v. b. V.) beim ObdH (Oberbefehlshaber des Heeres)".[121] In dieser Eigenschaft leitete er die Gruppe III (Rechtswesen) für das Feldheer.[122] Er war Mantels Vorgesetzter.

Vor dem Überfall auf Russland hatte Hitler die Anweisung gegeben, über die „Behandlung politischer Hoheitsträger", damit war deren Ermordung gemeint, einen schriftlichen Befehl zu formulieren. Dieser wurde als sog. Kommissarbefehl („Richtlinien für die Behandlung politischer Kommissare")[123] bekannt.

Es war Müllers Idee, „alle"[124] gefangen genommenen sowjetischen politischen Kommissare der Roten Armee zu liquidieren. Mit diesem Ansinnen konnte sich Müller nicht durchsetzen. Der sog. Kommissarbefehl in seiner Fassung vom 6. Juni 1941[125] hatte zwar einen abgemilderten, jedoch weiterhin verbrecherischen Inhalt. Danach waren im Operationsgebiet politische Kommissare, die sich gegen die Truppe gewandt hatten bzw. im Verdacht standen, gegen diese gekämpft zu haben, noch auf dem Gefechtsfeld von den Kriegsgefangenen abzusondern und zu erledigen.[126]

Mantel war Müllers engster Mitarbeiter. Müller lobte dessen Fähigkeiten 1943 aufs höchste: „Ich bitte, dass [...] Mantel, einem bewährten und verdienten Mitarbeiter [...] eine Auszeichnung möglichst in Form einer bevorzugten Beförderung zuteil wird. Es ist mir bekannt, dass [...] Mantel [...] schon vor dem Kriege in der Zivil- und Militärjustiz mehrfach an bevorzugter Stelle verwendet war. Seit Beginn des Krieges arbeitet er unter mir [...]. Ich habe ihn in der jahrelangen Zusammenarbeit, auch unter schwierigen Verhältnissen genau kennen und schätzen gelernt. Er hat sich in seiner Tätigkeit zunächst in der Gruppe Rechtswesen und jetzt in der Heeresfeldjustizabteilung ganz besonders bewährt. [...] Besonders anzuerkennen ist, dass in seiner Arbeit vor allem auch der Soldat und Mensch zur Geltung kommt, wobei er die besonderen Belange und Bedürfnisse der Truppe jederzeit in den Vordergrund stellt. Er ist ein schneller und gründlicher Arbeiter, der sofort das Wesentliche einer Sache erkennt und herausarbeitet, außerdem geschickt im Verkehr und in der Verhandlung mit anderen Dienststellen. Persönlich ist er im Wesen bescheiden, als Kamerad beliebt. [...]"[127]

Quellen belegen nicht, dass Mantel an der Ausarbeitung des sog. Kommissarbefehls beteiligt war. Er kannte diesen aber und war auch ein Befürworter desselben. Gleich nach Ausbruch des Russlandfeldzuges waren es nämlich Müller und Mantel, die die jeweiligen Befehlshaber der Armeen auf diesen Befehl einschworen.[128]

Neben seiner Heeresrichtertätigkeit im Truppensonderdienst war Mantel zum Ende des Krieges auch damit beschäftigt, für den Chef der Heeresjustiz im OKH zu Gnadengesuchen von verurteilten Soldaten und Offizieren gutachterlich Stellung zu nehmen. Ein solches Gutachten datiert vom 29. April 1945, als er bereits zum Generalrichter befördert worden war.[129] Und wie er noch kurz vor dem Ende des 2. Weltkrieges als Jurist glaubte handeln zu müssen, wird durch nachfolgenden Fall deutlich.

Ein 23 Jahre alter unverheirateter Arbeiter wurde am 1. Januar 1941 zur Luftwaffe eingezogen. Dort wurde er als Flugzeugmechaniker ausgebildet. Im September 1943 wurde er wegen unerlaubter Entfernung von der Truppe zu 1 Jahr Gefängnis verurteilt. Nach Verbüßung eines Teils der Strafe wurde der Rest zur Frontbewährung in Russland ausgesetzt.

Dort erlitt er Erfrierungen und eine Verwundung durch Granatsplitter am Oberkiefer. Am 14. Februar 1945 wurde er aus einem Feldlazarett als geheilt entlassen. Er erhielt den Marschbefehl zu seiner Truppe. Er meldete sich aber am nächsten Tag wieder bei der Krankensammelstelle mit der Behauptung, Schmerzen im Oberkiefer zu haben. Daraufhin wurde er nachbehandelt. Bereits am 16. Februar 1945 wurde er wieder dienstfähig zur Truppe in Marsch gesetzt. Er kehrte aber nicht dorthin zurück. Vielmehr meldete er sich erneut am 18. Februar 1945 bei der Krankensammelstelle „mit einer von ihm angeblich auf den Rat eines

Kameraden fälschlich angefertigten Überweisung zur Krankensammelstelle." Der dortige behandelnde Arzt erkannte diese Fälschung.

Das Gericht der Feldkommandantur 819 verurteilte ihn durch Urteil vom 21. Februar 1945 zum Tode. Die Vollstreckung wurde jedoch ausgesetzt, da der Verurteilte ein Gnadengesuch eingereicht hatte. Der Oberbefehlshaber der 16. Armee, zur üblichen Stellungnahme aufgefordert, lehnte die Befürwortung eines Gnadenerweises ab und schlug vor, den Verurteilten an die Gestapo auszuliefern. Als Begründung gab er an: „Der Verurteilte sei Bewährungssoldat und habe trotzdem in schwerer Weise gegen seine soldatischen Pflichten gefehlt. Es erscheine jedoch vertretbar, ihn als Arbeitskraft zu erhalten."

Zu diesem Sachverhalt und zu diesem Vorschlag musste Mantel als Gutachter Stellung nehmen. Seine Meinung fasste er wie folgt zusammen: „Ablehnung eines Gnadenerweises. Aussetzung der Vollstreckung der Todesstrafe und Überstellung des Verurteilten an die Gestapo [...] aus den Gründen des Oberbefehlshabers der 16. Armee." Das Schicksal des Verurteilten ist unbekannt.

Mantel hatte nach 1945 keine Probleme, wieder eine berufliche Karriere zu starten. 1949 wurde er zunächst Oberstaatsanwalt in Kempten, also Behördenchef der dortigen Staatsanwaltschaft, und schließlich im April 1950 Chef der Staatsanwaltschaft bei dem Landgericht Nürnberg. Auf Vorschlag des bayerischen Staatsministeriums der Justiz wurde er am 7. Dezember 1950 im Alter von 53 Jahren Bundesrichter. Er wurde dem 1. Strafsenat zugeteilt, dem er bis zu seiner Pensionierung angehörte.

Zum 31. August 1959, er hatte das Pensionsalter noch nicht erreicht, ging er in den vorzeitigen Ruhestand. Ob dies aus Gesundheitsgründen erfolgte, erscheint zweifelhaft zu sein. Vielmehr ist nicht auszuschließen, dass ihn seine Vergangenheit eingeholt hatte. Diese kam nämlich im Schörner-Prozess zur Sprache.

Generalfeldmarschall Ferdinand Schörner war zum Ende des Krieges noch Heeresgruppen-Oberbefehlshaber geworden. Er war ein fanatischer Nationalsozialist. Bei Hitler war er wegen seiner brutalen Disziplinierungsmaßnahmen, Erschießungen und Himmelfahrtskommandos beliebt. Er verheizte seine Truppe rückhaltlos. Nachdem er sich feige am 11. Mai 1945 von seinen Truppen in Böhmen in Zivil abgesetzt hatte, um nach Österreich zu fliehen, wurde er dort von den Amerikanern festgenommen. Zunächst wurde er an die Russen ausgeliefert, wo er bis 1945 in Gefängnissen und Kriegsverbrecherlagern festgehalten wurde. Nach Deutschland zurückgekehrt (1954) wurde Schörner im Oktober 1957 wegen Totschlags von einem Schwurgericht zu 4 ½ Jahren Haft verurteilt. Diese Verurteilung beruhte u. a. auf den von ihm befohlenen Erschießungen und auf den von ihm eingesetzten Standgerichten.[130]

Schörners Verteidiger hatten vergeblich versucht, den Beweis zu führen, dass dieser sich letztlich nur nach den verbindlichen Befehlen Hitlers gerichtet und keine andere Möglichkeit gehabt habe, hiervon abzuweichen. Zu diesen Behauptungen benannten sie auch Bundesrichter Mantel als Zeugen.[131] Dieser Beweisantrag war nicht aus der Luft gegriffen. Mantel war seit dem 1. Mai 1944 im Truppensonderdienst als Heeresrichter eingesetzt. Und was dieser Truppensonderdienst bezwecken sollte, war klar. Mit Hilfe auch von Standgerichten sollte die sog. Mannszucht der Truppe aufrecht erhalten werden. Warum die Schwurgerichtskammer Mantel nicht als Zeugen vernahm, entsprach der Strafprozessordnung. Er stand nämlich in Verdacht, an Standgerichtsurteilen beteiligt gewesen zu sein, die in Schörners Befehlsgebiet ergingen. Daher war nicht auszuschließen, dass er Mittäter Schörners war. Die Schwurgerichtskammer vernahm Mantel folglich nicht.[132] Gegen das von der Schwurgerichtskammer (Landgericht München I) am 15. Oktober 1957 gefällte Urteil legte Schörner beim Bundesgerichtshof Revision ein. Für diese war der 1. Strafsenat zuständig, dem Mantel angehörte.[133] Er hätte als möglicher Mittäter über die Revision des Täters mit entscheiden müssen.

Jahrzehnte später war Mantel, wenn auch anonymisiert, Gegenstand einer Ansprache des BGH-Präsidenten Hirsch auf einem Festakt aus Anlass des 100. Geburtstags des Widerstandskämpfers Hans von Dohnanyi am 10. März 2002.[134] Dabei unterlief Hirsch ein Fehler, indem er Mantels Position vor 1945 mit „Oberkriegsgerichtsrat" angab. Hirschs Ausführungen bezogen sich auf die deutsche Vor- und Nachkriegsjustiz. Er durchbrach dabei ein beim Bundesgerichtshof bis dato vorherrschendes Tabu. Er legte ein Bekenntnis ab, dass noch kein Chefpräsident vor ihm so eindringlich und klar formuliert hatte: „Für dieses Urteil des Bundesgerichtshofs, an dem im Übrigen ein Richter mitgewirkt hat, der im Dritten Reich Beisitzer eines Sondergerichts und später Oberkriegsgerichtsrat war, muss man sich schämen. Ich sage dies ausdrücklich an Sie gerichtet, die Angehörigen der Familien von Dohnanyi,

Bonhoeffer, Goerdeler und der übrigen Opfer der vom Bundesgerichtshof ungesühnt gelassenen Justizmorde." Es fällt auf, dass auch Hirsch
sich nicht durchringen konnte, die Namen derjenigen Richter zu nennen, die das von ihm angesprochene Urteil unterschrieben hatten. Ihre
Namensnennung wird noch erfolgen. Aber welches Urteil des Bundesgerichtshofs war gemeint?

Hirsch führte hierzu aus: „Hans von Dohnanyi wurde am 6. April 1945
im KZ Sachsenhausen (Sachsenhausen-Oranienburg) von einem SS-
Standgericht auf Befehl Hitlers zum Tode verurteilt und hingerichtet. Am
9. April wurden Admiral Canaris, General Oster, Heereschefrichter Dr.
Sack, Pastor Dietrich Bonhoeffer und Hauptmann Gehre im KZ Flossen-
burg ebenfalls von einem SS-Standgericht zum Tode verurteilt und hingerichtet. Vorsitzender des SS-Standgerichts war Dr. (Otto) Thorbeck,
Ankläger war Walter Huppenkothen. Selbst nach damals geltendem
Gesetz verstießen die Verfahren in schwerwiegenster Weise gegen for-
melles und materielles Recht. So war z.B. das SS-Standgericht für die
Angeklagten, die nicht SS-Mitglieder waren, überhaupt nicht zuständig,
das Gericht war mit dem KZ-Lagerkommandanten als Beisitzer nicht
ordnungsgemäß besetzt, Verteidiger waren nicht bestellt, Protokollfüh-
rer gab es nicht, die Angeklagten waren offenkundig gefoltert worden,
die Beweismittel entsprachen nicht den Vorschriften. Deshalb wurden
Huppenkothen und Thorbeck nach dem Ende des Nazi-Regimes u.a.
wegen Beihilfe zum Mord angeklagt. Der Bundesgerichtshof war dreimal mit diesem Verfahren befasst. In den ersten beiden Urteilen hob er
die jeweiligen Freisprüche des Schwurgerichts auf und wies in beein-
druckender Weise darauf hin, dass Gesetze, die die Gerechtigkeit nicht
einmal anstreben und allen Kulturvölkern gemeinsame Rechtsüberzeugungen von Wert und Würde der menschlichen Persönlichkeit gröblich missachten, kein Recht schaffen, und ein solchen Gesetzen entspre-
chendes Verhalten Unrecht bleibt.

Nachdem hierauf die Angeklagten im dritten Durchgang wegen Beihilfe zum Morde zu hohen Zuchthausstrafen verurteilt worden waren, änderte der Bundesgerichtshof seine Auffassung grundlegend, hob (am 19.
Juni) 1956 diese Verurteilungen auf und sprach die Angeklagten von dem
Vorwurf frei, durch die Standgerichtsverfahren Beihilfe zum Mord geleistet zu haben. In der Begründung behandelte der Bundesgerichtshof
das SS-Standgericht als ordnungsgemäßes Gericht, das offenkundige
Scheinverfahren als ordnungsgemäßes Gerichtsverfahren und das Ur-

teil als dem damaligen Recht entsprechend. Die Begründung ist ein Schlag ins Gesicht. Den Widerstandskämpfern wird attestiert, sie hätten ‚nach dem damals geltenden und in ihrer rechtlichen Wirksamkeit an sich nicht bestreitbaren Gesetze' Landes- und Hochverrat begangen. Den SS-Richtern könne nicht zum Vorwurf gemacht werden, dass sie die Frage der Rechtfertigung des Verhaltens der Angeklagten nicht geprüft hätten. [...] Im Ergebnis ließ der Bundesgerichtshof allerdings die Verurteilung Huppenkothens (6 Jahre Zuchthaus) wegen Beihilfe zum Mord an Bonhoeffer, Canaris, Oster, Sack und Gehre allerdings bestehen, und zwar nicht wegen der Verhängung der Todesurteile, sondern weil er an der Vollstreckung dieser Urteile mitgewirkt hatte, ohne die notwendige Bestätigung des Urteils durch den „obersten Gerichtsherrn" einzuholen. Dies macht das Urteil nicht besser, sondern eher noch schlimmer. Dies gilt umso mehr, als Huppenkothen trotz seiner unstreitigen Beteiligung auch an der Vollstreckung des Todesurteils gegen von Dohnanyi selbst insoweit mangels Beweises freigesprochen wurde, da ungeklärt geblieben sei, ob auch dieses Urteil ohne die Bestätigung durch den „Gerichtsherrn" vollstreckt wurde.

Das von Hirsch angesprochene Urteil hatte der 1. Strafsenat am 19. Juni 1956 verkündet. Chefpräsident Hirsch konnte natürlich nicht alle Einzelheiten dieser Morde und ihrer Vorgeschichte schildern.[135] So wurden Canaris, Oster, Sack, Bonhoeffer und Gehre „in völlig nacktem Zustand durch Erhängen"[136] ermordet. Von Dohnanyi, der krank war, wurde auf einer Bahre liegend zum Tode verurteilt und in einem Exekutionsgraben im KZ-Sachsenhaun durch Erschießen ermordet.

Bei den von Hirsch erwähnten drei Urteilen handelt es sich um die Folgenden: Das Urteil vom 12. Februar 1952 (nur Huppenkothen betreffend) trägt die Namen von Hans Richter (Senatspräsident), Ernst Mantel, Friedrich-Wilhelm Geier, Roderich Glanzmann und Heinrich Jagusch. Das Urteil vom 30. November 1954 unterschrieben Max Hörchner, Ludwig Peetz, Ernst Mantel, Erich Schalscha und Engelbert Hübner. Das von Hirsch angesprochene Urteil vom 19. Juni 1956 wurde von Hörchner, Peetz, Mantel, Hübner und Ludwig Martin (später Gerneralbundesanwalt von 1963-1974) gefällt.

2.6. Wilhelm Meiß: Eintritt in die NSDAP aus Karrieregründen

Als Wilhelm Meiß[137] im Oktober 1950 im Alter von 57 Jahren Bundesrichter wurde, da wird sich für den Karrierejuristen ganz offensichtlich ein Traum erfüllt haben. Obwohl er beide Examen (1915 und 1921) mit gut bestanden hatte, war er erst 1939 zum Oberlandesgerichtsrat ernannt worden. Er, der aus einem katholische Elternhaus stammte und der von 1915 bis 1918 als Vizewachtmeister im 1. Weltkrieg gekämpft hatte, damit sog. Frontkämpfer war, war wie seine Frau bekennender Katholik. Diese Tatsache war aber nicht der Grund, warum er trotz seiner guten juristischen Leistungen erst 1939 eine Beförderungsstelle erlangte. Zuvor war er Amtsgerichtsrat gewesen.

Meiß wurde 1933 Mitglied des NSRB, und 1934 trat er der Nationalsozialistischen Volkswohlfahrt (NSV) bei. Parteigenosse wurde er aber erst zum 1. Mai 1937. Warum er diesen Schritt unternahm, darüber soll berichtet werden.

Meiß, der 1928/1929 als Hilfsrichter am Oberlandesgericht Köln sein sog. 3. Staatsexamen erfolgreich abgelegt hatte, bewarb sich bereits 1935 um eine frei gewordene Oberlandesgerichtsratstelle nicht nur am Oberlandesgericht Köln, sondern auch an anderen Oberlandesgerichten. Dabei wurde er vom Oberlandesgerichtspräsidenten Bergmann (Köln) unterstützt, der ihm beste Beurteilungen ausstellte. Doch die NSDAP war gegen eine Beförderung, die Oberlandesgerichtspräsident Bergmann unmissverständlich Folgendes klarmachte: „[...] Meiß war ein eifriger Anhänger des Zentrums und ist auch nach der Machtergreifung derselbe geblieben. Er hat es noch nicht einmal für nötig gehalten, dem Opferring[138] beizutreten. Er ist zwar Mitglied der NSV, gibt bei Sammlungen jedoch stets den geringsten Satz und ist nicht zu bewegen, seinem Einkommen gemäß zu spenden. Seine Frau führte jahrelang den Vorsitz im (katholischen) Frauenbund und hat auch den Weg zur NS-Frauenschaft[139] noch nicht gefunden. Die Übertragung einer Beförderungsstelle wird abgelehnt."[140]

Während Bergmann hierauf nicht reagierte, zeigte der zuständige Landgerichtspräsident in Trier Courage, der sich schriftlich an die zuständige Gauleitung wandte: „Der Meinung der Gauleitung kann ich nicht beitreten. Meiß ist nach meiner Überzeugung dem gegenwärtigen Staat treu ergeben. [...] Er ist allerdings, ebenso seine Ehefrau, sehr religiös. Aber daraus auf eine Zentrumseinstellung zu schließen und ihn als früheren Zentrumsanhänger zu bezeichnen, ist unrecht. [...] Das ist Verquickung von Religion und Politik, über die wir doch glücklich hinaus sein sollten. [...] Meiß hat sich freilich nicht, wie viele andere, gleich nach der Machtergreifung zur Partei gemeldet. Das haben zahlreiche Männer von Charakter bekanntlich ebenso gemacht, da für sie der Gedanke unerträglich war, man könne ihren Schritt als Ausnutzung der Konjunktur betrachten. [...] Mir hat auch der stellvertretende Kreisleiter ebenso wie der Landrat [...] bei einer mündlichen Besprechung heute Morgen zugegeben, dass politisch gegen Meiß nichts einzuwenden sei. [...]"[141]

Offensichtlich durch die Unterstützungsaktion des Landgerichtspräsidenten ermutigt, setzte sich Anfang 1936 Oberlandesgerichtspräsident Bergmann wieder für Meiß bei der Gauleitung ein.[142] Doch diese zeigte kein Entgegenkommen, das Gegenteil war der Fall: „Hierdurch teile ich Ihnen (gemeint ist Bergmann) mit, dass die Gauleitung nach wie vor auf ihrem Standpunkt verharrt, d. h. dass sie die Übertragung einer Beförderungsstelle an [...] Meiß [...] ablehnt. Allein den Dienststellen der NSDAP obliegt die Aufgabe eines politischen Werturteils, dem auch der (Landgerichtspräsident) [...] nichts hinzuzufügen haben dürfte."[143]

Da die örtliche Kreisleitung offensichtlich gegen Meiß intrigierte und die zuständige Gauleitung insoweit beeinflusste, wurde Meiß 1936 vom Amtsgericht Daun (Landgerichtsbezirk Trier) an das Amtsgericht Köln versetzt, um ihn aus der Schusslinie der dortigen Partei zu nehmen. Diese Versetzung wäre ohne Unterstützung von Oberlandesgerichtspräsident Bergmann nicht möglich gewesen. Auch das Reichsjustizministerium hatte zu dieser Versetzung seine Zustimmung erteilt.[144]

Selbst wenn Meiß 1935 oder 1936 der NSDAP hätte beitreten wollen, so hätte er seinen Entschluss angesichts der im Mai 1933 von der NSDAP-Führung ausgesprochenen Mitgliedersperre nicht in die Tat umsetzen können. Diese Mitgliedersperre wurde erst durch eine Anordnung des NSDAP-Schatzmeisters am 20. April 1937 (Hitlers Geburtstag) gelockert. Danach konnten diejenigen in die NSDAP aufgenommen werden, die sich zum Beispiel in einer ihrer Gliederungen, zum Beispiel in der NSV, bewährt hatten. Diese Eintritte erhielten das einheitliche Datum 1. Mai 1937.[145] Kaum war die Aufnahme für Meiß möglich, der ja seit 1934 der NSV angehörte, da wurde er auch schon vom Amtsgerichtspräsidenten (Köln) aufgefordert, in die Partei einzutreten.[146] Meiß kam dieser Aufforderung offensichtlich nach. Am 26. Februar 1938 teilte er dem Amtsgerichtspräsidenten mit, dass er rückwirkend zum 1. Mai 1937 Mitglied der NSDAP wäre. Doch bei diesem förmlichen Parteibeitritt beließ er es nicht. Er zeigte noch andere politische Aktivitäten.

Am 22. August 1938 zeigte er dem Amtsgerichtspräsidenten an, „dass er als Amtswalter der NSV vom Blockwalter[147] zum Zellenkassenwalter der Ortsgruppe Marienburg befördert worden" sei. Und im Amtsgericht Köln blieb es nicht unbekannt, dass er 1938 zum Reichsparteitag auf Weisung des Ortsgruppenleiters der Ortsgruppe Marienburg der NSV als Delegierter entsandt wurde. Der „Reichsparteitag Großdeutschlands"[148] fand vom 5. bis zum 12. September 1938 statt, nachdem im März 1938 Österreich dem Deutschen Reich angeschlossen worden war. Der Einsatz von Meiß für die Partei kannte keine Grenzen. Im November 1938 gab er dem Amtsgerichtspräsidenten bekannt, „dass er ab 1.11.1938 in der Ortsgruppe Marienburg der NSDAP als politischer Leiter eingesetzt und mit der Leitung eines Blocks beauftragt worden" sei.[149]

Seine Aktivitäten sollten schließlich belohnt werden. Nachdem er sich Ende 1938 um eine Stelle am Oberlandesgericht Köln beworben hatte, war die zuständige Gauleitung hiermit einverstanden. Da er gute Leistungen aufweisen konnte, war es keine Überraschung, dass er 1939 diese Beförderungsstelle erlangte. Dort blieb er, während des 2. Weltkrieges stets u.k.-gestellt, bis zur Kapitulation tätig.

Im Rahmen der Entnazifizierung wurde er 1949 als „entlastet" eingestuft.[150] Zuvor war er aber bereits wieder zum Oberlandesgerichtsrat in Köln ernannt worden. Seine Berufung zum Bundesrichter 1950 stellte aber noch nicht das Ende seiner Karriere dar. Am 15. Mai 1953 wurde er noch zum Senatspräsidenten befördert. Bis zu seiner Pensionierung im Jahre 1959 leitete er den 3. Zivilsenat.

2.7. Karl Meyer: Ein jüdischer Jurist kämpft gegen seine Entlassung

Am 30. Mai 1933 richtete Landgerichtsrat Meyer ein elfseitiges Schreiben an den Präsidenten des Landgerichts Bonn, Mosler, in dem er unter anderem ausführte: „Ich bin [...] im Elternhaus und in der Schule nie unter einer anderen Vorstellung erzogen worden, als dass ich in Treue und Pflicht zu meinem Vaterland zu gehören hätte. [...] Auch [...] habe ich in der Diskussion aufs schärfste autoritäres Denken dem liberalen entgegengestellt und sogar gefordert, Gesetzesänderungen bis zu dem hoffentlich baldigen Siege des autoritären Staates zurückzustellen."[151] Dass seine Zeilen allein zweckgerichtet waren, verstand sich von selbst. Folglich nahm er zu seinem in der Personalakte enthaltenen Glaubensbekenntnis „katholisch" Stellung: „[...] so weise ich [...] daraufhin, dass mein Übertritt zum Katholizismus allein auf religiös-weltanschauliche

Gründe zurückgeht. Um jeder Missdeutung aus dem Wege zu gehen, habe ich [...] diesen 1927 erfolgten Schritt erst der Behörde gemeldet, als dies 1931 bei Ausfüllung eines Personalbogens nötig wurde."

Als Meyer diese Zeilen schrieb, war er 33 Jahre alt und hatte es bereits bis zum Landgerichtsrat am Landgericht Bonn gebracht. Seine Karriere als Richter hätte angesichts seiner guten Qualifikation damit ihren Anfang nehmen können, wenn er nicht von den Nationalsozialisten als Volljude angesehen worden wäre. Das bereits erwähnte „Gesetz zur Wiederherstellung des Berufsbeamtentums" vom 7. April 1933 sah in § 3 Abs. 1 vor, dass „Beamte, die nicht arischer Abstammung" waren, „in den Ruhestand zu versetzen" waren. Allerdings machte § 3 Abs. 2 dieses Gesetzes eine Ausnahme, wonach Beamte dann im Dienst verbleiben durften, wenn sie „im Weltkrieg an der Front für das Deutsche Reich" gekämpft hatten. Obwohl Meyer als Rekrut noch von Juli 1918 bis November 1918 im 1. Weltkrieg eingesetzt war, galt er offensichtlich nicht als sog. Frontkämpfer im Sinne dieser Bestimmung, so dass er zum 1. November 1933 ohne Bezüge in den Ruhestand versetzt wurde. Er emigrierte nach England.

Doch sein Schreiben vom 30. Mai 1933 stellt nicht die einzige Intervention dar, mit der er seine endgültige Entlassung vermeiden wollte. Noch bevor das bereits erwähnte Gesetz vom 7. April 1935 in Kraft getreten war, wurde die Justizverwaltung im vorauseilenden Gehorsam aktiv. Am 4. April 1933 teilte der zuständige Oberlandesgerichtspräsident (Köln) Meyer schriftlich mit: „Ihr Einverständnis voraussetzend beurlaube ich Sie [...] im Auftrage des [...] Justizministers bis auf weiteres von der Wahrnehmung Ihrer Dienstobliegenheiten." Doch damit wollte sich Meyer nicht abfinden. Noch am 6. April 1933 antwortete er dem Oberlandesgerichtspräsidenten: „[...] Ich habe zunächst rechtliche Bedenken, ob die Beurlaubung [...] zulässig ist. Ich habe infolgedessen weiter [...] Bedenken, ob Gerichte, an denen ein Richter aus einem nicht vorgesehenen Grunde fehlt, ordnungsgemäß besetzt sind und ob nicht sogar infolge hiervon die Rechtsgültigkeit richterlicher Entscheidungen zweifelhaft erscheinen kann. Diese meine Bedenken vorzutragen, sehe ich als meine Pflicht an. [...] Ich [...] setze [...] voraus, dass meine beamtenmäßigen Rechte [...] weder geschmälert noch gefördert werden."

Diese Worte lassen – wenn überhaupt – nur erahnen, in welcher Notlage sich Meyer befand, der als 33 Jahre alter Mann die unmittelbare

Gefahr erkannt hatte, von heute auf morgen seiner beruflichen Existenz beraubt zu werden. Auch waren seine Zeilen mutig. Die NS-Machthaber kannten nämlich an sich kein Pardon, wenn politische Gegner des Systems oder gar Juden auf ihre Rechte pochten.

Auf das Schreiben Meyers vom 6. April 1933 reagierte der Kölner Oberlandesgerichtspräsident über den zuständigen Landgerichtspräsidenten (Bonn) mit bürokratischer Kälte, indem er dem Amtsgerichtsrat in drohendem Unterton seine ausweglose Lage mitteilen ließ: „Ich bitte [...] Meyer darauf hinweisen zu wollen, dass seine Beurlaubung in Ausführung der durch den Funkspruch des Herrn Justizministers vom 31.3. (dieses Jahres) gegebenen Weisung erfolgt ist, die auf der Erwägung beruht, dass angesichts der gegen die Juden herrschenden starken Animositäten mit Angriffen auf jüdische Beamte, insbesondere auch Richter zu rechnen ist, die schon im Interesse der Staatsautorität unbedingt vermieden werden müssen. Die Beurlaubung dürfte insofern aber auch im eigenen Interesse Meyers liegen. [...]. Falls er seine Einwendungen gegen die Beurlaubung aufrechterhalten sollte, ersuche ich ihn darauf hinzuweisen, dass, mangels etwaiger anderer Regelung, eine Wiederaufnahme des Dienstes [...] nicht in Frage kommt. [...]"[152]

Nach diesen Zeilen schien es Meyer ratsam zu sein, seine Bedenken gegen seine Beurlaubung nicht mehr aufrechtzuerhalten, womöglich von der Hoffnung getragen, auf diesem Weg eine endgültige Entlassung doch noch vermeiden zu können.[153] Offensichtlich erkannte er erst hiernach, dass seine Entfernung aus dem Amt bereits beschlossene Sache war. Um diese doch noch zu verhindern, wandte er sich mit dem bereits eingangs erwähnten Schreiben vom 30. Mai 1933 an Mosler, den Präsidenten des Landgerichts Bonn, von dem bekannt war, dass er dem Nationalsozialismus ablehnend gegenüberstand. Er wurde dann auch am 22. Juli 1933 vorzeitig in den Ruhestand versetzt.[154] In Mosler hatte sich Meyer nicht getäuscht. Dieser gab sein elfseitiges Schreiben auf dem Dienstweg an den Oberlandesgerichtspräsidenten weiter. Allerdings beließ es Mosler dabei nicht. Vielmehr fügte er eine eigene Stellungnahme bei, indem er Meyers Gesuch, mit dem sich dieser doch noch gegen eine Entfernung aus dem Dienst zu wehren versuchte, wärmstens befürwortete und ausführte: „Dr. Meyer ist [...] von seinem Berufe, in dem er sein Ideal sieht, begeistert. Sowohl nach der richterlichen wie menschlichen Seite hin ist daher [...] der große Wert darauf zu legen, ihn der Justizverwaltung zu erhalten.[155]

Die Justizverwaltung reagierte auf Meyers letzte Intervention nicht. Vielmehr wurde er – wie bereits erwähnt – im November 1933 ohne Bezüge in den Ruhestand versetzt. Indem er nach England auswanderte, rettete er sein Leben. Während des 2. Weltkrieges konnte Rechtsanwalt Robert Ellscheid II (Köln) mit Meyer die Verbindung aufrechterhalten. Nach der Kapitulation war es dieser, der sich für Meyers Wiedereinstellung beim Kölner Oberlandesgerichtspräsidenten stark machte. Meyer wollte nach Deutschland zurück.[156] Auf die Anfrage Ellscheids vom 8. Dezember 1945 reagierte der Oberlandesgerichtspräsident prompt. Am 13. Dezember 1945 antwortete er, dass Meyer wieder eingestellt werden könne. Doch dessen Rückkehr verzögerte sich aus unbekannten Gründen. Erst im Dezember 1948 scheint seine Remigration beschlossene Sache gewesen zu sein. Am 13. Dezember 1948 teilte er dem Oberlandesgerichtspräsidenten (Köln) mit, dass er wegen des Umzugs beurlaubt werden müsste, es sich aber „von selbst" verstünde, dass er „für eine derartige Zeit keine Gehaltsansprüche geltend machen würde".

Gleich nach seiner Rückkehr wurde er zum 1. Oktober 1949 Landgerichtsdirektor (Köln). Am 21. März 1952 wurde er zum Bundesrichter ernannt. Nach über 12 Jahren Tätigkeit an diesem Gericht ging er zum 31. Oktober 1964 vorzeitig in den Ruhestand. Im Alter von 67 Jahren verstarb er.

2.8. Willi Geiger: Anstiftung zur Rechtsbeugung?

Kein anderer Bundesrichter bzw. Bundesverfassungsrichter beeinflusste nach 1945 die Gesetzgebung und die Rechtsprechung sowohl des Bundesgerichtshofes als auch des Bundesverfassungsgerichts so stark wie Geiger.[157] Über keinen wurde justizintern so viel diskutiert wie über ihn und über seine Vergangenheit. Keinem anderen hohen Richter der Nachkriegszeit sind so viele öffentliche Ehrungen zuteil geworden wie ihm.

Als Kardinal Höffner am 17. Januar 1978 dem Pensionär Geiger in Bonn im Namen von Papst Paul VI. das Komturkreuz mit Stern des Ordens vom heiligen Gregor dem Großen verlieh, da hob der Kirchenfürst insbesondere Geigers Verdienste um die katholische Kirche hervor: „[...] Mir bleibt heute die Aufgabe, auf einen Aspekt Ihres Wirkens hinzuweisen, der bisher noch keine angemessene Würdigung erfahren hat. Ich meine Ihre Mitarbeit als katholischer Laie in der Kirche, und zwar als ein Laie, der, wie es in einem der letzten Beschlüsse des Bundesverfassungsgerichts, an dem Sie mitgewirkt haben, heißt, kein ‚kirchenfremdes Element' ist, sondern ein Glied der Kirche, dessen ‚Würde und Verantwortung' [...] die Priester und Bischöfe anerkennen, dessen ‚klugen Rat' sie suchen und dessen ‚gerechte Freiheit' sie achten sollen [...]. Diesem Bild des katholischen Laien sind Sie in vorbildlicher und vielfältiger Weise gerecht geworden [...]. Als Präsident des Deutschen Katholikentages im Jahre 1966 und als Mitglied der Gemeinsamen Synode der Bistümer in der Bundesrepublik Deutschland haben Sie unmittelbar kirchliche Funktionen ausgeübt. Ich denke dabei vor allem an Ihre Mitarbeit an den Synodenvorlagen über ‚Kirche und Massenkommunikationsmittel' [...] sowie an den Vorlagen ‚Der ausländische Arbeitnehmer und seine Stellung in Kirche und Gesellschaft' und ‚Der Religionsunterricht in der Schule'. Ihre Äußerungen in der Synode waren stets von tiefer Glaubenseinsicht und umfassender Sachkenntnis geprägt. [...]"

In seiner Erwiderung zeigte sich Geiger natürlich dankbar und nahm die Gelegenheit wahr, seine christlichen Grundüberzeugungen kundzutun: „[...] Mir geht in diesem Augenblick mancherlei durch den Kopf, das zu kommentieren mir nahe läge: die Rolle der Kirche in der Gesellschaft, das Verhältnis der Kirchen zueinander, die Beziehungen der Kirchen zur Politik, die Aufgabe des Christen im öffentlichen Leben, die Verletzlichkeit des Wertes der Person unter den gegenwärtigen Verhältnissen [...]. Wir sind dabei – ich meine: uns in der Welt und in der Kirche der Bundesrepublik Deutschland –, die allgemein verbindlichen und von allen als verbindlich anerkannten Maßstäbe zu verlieren.[158] [...] Es ist schon schlimm genug, dass im weltlichen Bereich rechtliche Vorschriften immer weniger ernst genommen werden, dass – mit dem Anspruch der Wissenschaftlichkeit – die Rechtsordnung von einigen einfach als Reflex der Verhaltenspraxis der Gesellschaft verstanden wird, von anderen als ein kausal erklärbarer Mechanismus, der das Verhalten des Menschen steuert, oder als eine bloß formale Ordnung, für deren zufälligen Inhalt irgendeine Ideologie verantwortlich ist, oder nur als ein Verfahrenssystem, das sich in Formeln und Gleichungen nach der Art mathematischer oder physikalischer Formeln erfassen lässt, dass Werte immer fragwürdiger werden und dass das Verhältnis des Menschen zu ihnen von ihrer Anerkennung über ihre Beachtung, ihre Berücksichtigung hinab bis zur bloß unverbindlichen Orientierung an ihnen reicht. Wie soll unter solchen Prämissen Recht noch etwas Maßgebendes sein können? [...]

Die objektive Existenz und die Verbindlichkeit sittlicher Normen geraten ins Zwielicht; sie verlieren im Bewusstsein der Christen ihre prinzipielle Bedeutung. Die Folge davon ist u. a., dass eine Motivierung menschlichen Verhaltens aus einem Sollensgrund heraus mehr und mehr schwindet; das Verhalten wird dann von anderen Motivationen bestimmt. Ohne das Normenraster entbehren auch Mitleid, Tröstung, Verzeihung ihres zureichenden inneren Grundes. Verlieren die expliziten Regelsätze sittlicher Ordnung im Bewusstsein, vor allem im unreflektierten Bewusstsein des Menschen ihre Bedeutung, so geht schließlich auch der damit verbundene Entlastungseffekt verloren, dessen der Mensch bedarf, um in der modernen Welt mit ihrem ununterbrochenen Entscheidungszwang bestehen zu können. [...]

Das Fazit meiner Überlegungen und die dahintersteckende Position sind klar [...]. Ich will am Ende nur hinzufügen: Für mich war vor allem auch Freiheit ein Leben lang nur denkbar auf der Grundlage einer festen, aus expliziten objektiven und verbindlichen Sollenssätzen bestehenden sittlichen Ordnung. Auch wer Fortschritt will – es gibt auch Schritte in die falsche Richtung! –, auch wer das aggiornamento will, bedarf des Rückhalts an jener Ordnung. Offensein für den Fortschritt, also Bestehendes verbessern und Neues anpacken und wagen, liberal sein und liberal handeln, Freiheitsräume verwirklichen in die Zukunft hinein, ist, ich wiederhole es und alle Erfahrung bestätigt es, nur auf dem Boden einer nicht zweckhaft, instrumental verwendbaren, nicht manipulierbaren Ordnung möglich und verantwortbar. [...]"

Nicht nur die katholische Kirche verneigte sich vor den Verdiensten Geigers. Als sich am 22. Mai 1979 sein 70. Geburtstag näherte, da meinte auch das Bundesjustizministerium, „mit Rücksicht auf die Persönlichkeit des Jubilars" sei es „angezeigt", „dass auch Herr Minister ein – über den bei ähnlichen Anlässen hinausgehenden Standardtext hinausgehendes – Glückwunschtelegramm"[159] an den Jubilar übersenden solle. Dem Vorschlag seiner Ministerialbeamten folgte Bundesjustizminister Jochen Vogel (SPD): „[...] zu Ihrem 70. Geburtstag sende ich Ihnen meine herzlichsten Glückwünsche. Ich gedenke dabei auch Ihrer Tätigkeit als Angehöriger des Bundesministeriums der Justiz und als Senatspräsident im Bundesgerichtshof. Unter Thomas Dehler haben Sie seinerzeit den Entwurf eines Bundesverfassungsgerichtsgesetzes vorbereitet und damit selbst an den rechtlichen Grundlagen für Ihr engagiertes Wirken als Mitglied des Bundesverfassungsgerichts mit gearbeitet. Keiner der Richter der ersten Stunde hat über einen so langen Zeitraum hinweg wie Sie maßgeblichen Einfluss auf die Rechtsprechung des Gerichts nehmen können. Zu Ihrem 65. Geburtstag sind Sie durch eine bedeutende Festschrift geehrt worden, Ihr Titel ist zugleich eines der Leitmotive Ihres Denkens: ‚Menschenwürde und freiheitliche Rechtsordnung.' [...]"

Entsprechend diesen hehren Zielen glaubte Geiger sein Handeln immer ausgerichtet zu haben, wenn seiner Rede gefolgt wird, die er 1959 in Würzburg anlässlich der 50. Wiederkehr des Gründungstages des Deutschen Richterbundes (Gründungstag: 28. Juni 1908 – Tätigkeit aufgenommen am 1. Januar 1909) hielt. Das Thema seines Festvortrages hatte er auf die damalige justizpolitische Diskussion abgestellt: „Von der Aufgabe und der Bedrängnis des Richters".[160] Zur Rolle des Richters in einem demokratischen Gemeinwesen führte er aus: „Ja, mir scheint, dass es dem Bild des Richters, das der Verfassung vorschwebt, nicht einmal entspricht, wenn die Richter gegenüber dem Politischen Abstinenz üben; der Richter des Grundgesetzes ist der an den politischen Fragen, an den politischen Entwicklungen seines Landes Anteil nehmende Richter. Das bedarf, um Missdeutungen vorzubeugen, einiger ergänzender Bemerkungen: Innere, vorbehaltlose Bejahung des Staates und seiner Verfassungsordnung ist nicht unkritische Identifizierung mit jeder Maßnahme eines Organs, auch eines Verfassungsorgans, dessen Handlung dem Staat zuzurechnen ist, und nicht Verzicht auf Wirksamkeit mit dem Ziel der Verbesserung verbesserungswürdiger Verhältnisse und Rechtsvorschriften im Rahmen der Verfassung. Und Anteilnahme des Richters am politischen Leben verlangt nicht Teilnahme am parteipolitischen Tagesgetümmel, sondern verantwortliches Einstehen für eine politische Meinung, die – beim Richter – sich orientiert eben nicht an politischer oder gar parteipolitischer Zweckmäßigkeit und Vorteilhaftigkeit, sondern an Rechtlichkeit, Gerechtigkeit, Ausgleich der Interessen und Einbindung der Sonderinteressen in das Wohl des Ganzen."

Unabhängig von weiteren Fragen, die er in seiner Ansprache anschnitt, die aber hier nicht referiert werden sollen, konnte er den obigen Gedanken natürlich nicht geschichtlich isoliert abhandeln. Die Forderungen, die er insoweit aufstellte, betrafen auch Richter, die bereits im Dritten Reich tätig waren. Also musste er, der selbst vor 1945 Richter war, seine eigene Vergangenheit und die seiner betroffenen Kollegen erläutern und rechtfertigen. Ob er dies freiwillig tat, scheint fraglich zu sein. Denn zum Zeitpunkt seiner Rede hatte die DDR bereits in sog. Braunbüchern die bundesdeutsche Justiz wegen ihrer Vergangenheit angeprangert.[161] Die amtierende Richterschaft musste hierauf reagieren. Geiger nahm die Feier des Deutschen Richterbundes zum Anlass, seine Sicht der Dinge der Öffentlichkeit vorzustellen:

„[...] eine besondere, außerordentliche, in der Situation liegende Schwierigkeit, vor der der Richter steht, muss noch angesprochen werden: Man fragt ihn und er fragt sich, ob und wie er die Vergangenheit, jene bitteren zwölf Jahre voll Not, Hohn und Verbrechen bewältigt hat; vor allem diejenigen von uns, die in jenen Jahren schon richterliche Verantwortung getragen haben, stehen vor dieser Frage, und keiner von uns kann ihr dadurch entgehen, dass er sich dagegen wehrt, nach rückwärts zu schauen. Was ist dazu zu sagen? Ich spreche nicht von der Last, die unsere Generation und noch manche Generation nach uns – alle Deutschen gemeinsam – innerlich annehmen, bejahen und tragen müssen, weil sie sich nicht lossagen können von ihrem Volk, das Krieg, Elend, millionenfaches Leid und millionenfachen Tod über die Völker gebracht hat und in dessen Namen Verbrechen ohne Zahl begangen worden sind. Den Richter, dem die Wahrung und der Schutz des Rechts anvertraut ist und der nicht vergessen kann, dass das deutsche Richtertum einmal einen unbestritten glanzvollen Ruf besessen hat, bedrängt mehr: Es ist nicht zu bestreiten, dass damals im Namen des Rechts Urteile gefällt worden sind, die gröbstes, beschämendes Unrecht waren. Die Justiz hat sich damals den Verhältnissen und, was schlimmer ist, ihrer Aufgabe nicht gewachsen erwiesen. Wenn wir das sagen – nicht leichthin –, dann verlangt die Gerechtigkeit und Wahrhaftigkeit, hinzuzufügen: Selbst in der bösesten Zeit hat das Gros der deutschen Richter nicht aufgehört, hartnäckig danach zu streben – oft in einem verzweifelten Kampf mit Gesetz und Macht! –, Recht zu sprechen. Und bevor man über ‚die‘ Richter jener Jahre das Schuldig spricht, weil ihr Streben allein nicht genügt und ihre Erkenntnisse teilweise nach unseren Maßstäben unzureichend sind, soll man füglich – ich werde das im Einzelnen nicht darlegen – wenigstens zur Kenntnis nehmen die nicht eben kleine Zahl jener bekannten und unbekannten Richter, die nicht nur vorbildlich in ihrem Amt gewirkt, sondern sich auch mutig exponiert und gefährdet haben [...], soll man ernsthaft würdigen, was nationalsozialistischer Terror damals in Wirklichkeit bedeutete und in welche Verstrickung ein Richter geraten musste, der aufgewachsen ist mit der damals so gut wie unbestrittenen Lehre von der strikten Verbindlichkeit dessen, was immer das Gesetz gebietet. Wir haben nach alledem gewiss keinen Grund

zur Selbstzufriedenheit. Wir wagen aber, diejenigen, die so laut anklagen, zu fragen, wer denn glaubhaft dafür einstehen kann, dass er und
seinesgleichen damals in derselben Lage und in derselben Prüfung, in
der die Richter gestanden haben, besser abgeschnitten hätte. Unbeschadet dessen ist gewiss, wer diese schmachvolle Periode unserer Geschichte durchlebt und wer als Richter ganz unmittelbar und persönlich jene
spezifische Erfahrung innerhalb seines Standes und Berufes gemacht
hat, ist nicht mehr derselbe, der er vorher war. Man darf den Richtern
glauben – und die Judikatur beweist es –, dass sie daraus gelernt haben. Ich meine aber überdies, keinem von uns, der das alles ernst nimmt,
bleibt erspart sich zu prüfen, ob er sich einen Vorwurf zu machen hat.
Die redliche Antwort auf diese Gewissensfrage nimmt uns niemand ab.
Das heißt aber auch – und auch das darf ich nun sagen, ohne miss-
verstanden zu werden –, dass niemand, er sei, wer er wolle, legitimiert
ist, für andere, für seine Kollegen, ein Schuldbekenntnis abzulegen.
Selbst die bloße Andeutung, er vermisse das Schuldbekenntnis seiner
Standesgenossen, scheint mir die Grenze des moralisch und juristisch
Unanfechtbaren zu überschreiten. [...]"

Geiger als praktizierender Katholik hatte mit diesen Darlegungen genau die Worte gefunden, die seine Kollegen hören wollten. Mit einer
christlich verbrämten Begründung beschönigte und rechtfertigte er die
Vergangenheit der NS-Juristen. Und diesen sollte es überlassen bleiben
– ein öffentliches Bekenntnis der Fehlbarkeit legte kein NS-Jurist jemals
ab –, eine Katharsis durchleben zu wollen, freilich im Stillen. Wie sah
nun Geigers Vergangenheit aus, mit der er offensichtlich im Reinen war?

Geiger, der am 22. Mai 1909 geboren wurde, begann seine Laufbahn
im Oberlandesgerichtsbezirk Bamberg, nachdem er beide Examen 1932
und 1936 mit gut abgelegt hatte. Dieser Oberlandesgerichtsbezirk, wie
bereits dargestellt wurde, deckte sich mit den Gauen Mainfranken und
Bayerische Ostmark.[162] Folglich mussten die zuständigen Gauleiter Otto
Helmuth[163] und Fritz Wächtler[164], die beide bereits in den 20er Jahren
in die NSDAP eingetreten waren, zu Personalentscheidungen in der
Justiz angehört werden. Als Geiger 1936 als Assessor in den Justizdienst
aufgenommen werden sollte, da war es Gauleiter Helmuth, der gegen
seine Einstellung Vorbehalte anmeldete. Am 12. Mai 1936 teilte er dem
amtierenden Oberlandesgerichtspräsidenten Albert Heuwieser mit, dass
Geiger „wenig Sympathie für das Dritte Reich" zeige. „Ein besonderes
Eintreten für den nationalsozialistischen Staat" könne „zunächst jeden-

falls nicht erwartet werden", so dass ein Parteigenosse „ihm bei der Besetzung der Stelle vorzuziehen"[165] sei. Warum hatte die Partei gegen
Geiger Vorbehalte, war er doch bereits im Januar 1934 in die SA eingetreten und am 5. Februar 1934 zum Rottenführer (Gefreiter) ernannt
worden?

Am 26. Juni 1933 berichtete das Nürnberger Volksblatt über Verhaftungen, die in Pirmasens stattgefunden hatten: „[...] Der im Zusammenhang
mit der allgemeinen Aktion gegen die BVP (Bayerische Volkspartei) ge-
meldeten Festnahme des Bezirksschulrates Geiger in Pirmasens ist eine
Reihe weiterer Verhaftungen [...] gefolgt. Es handelt sich dabei um die
Festnahme des Sohnes von Bezirksschulrat Geiger, des Referendars Willi
Geiger [...]."[166]

Persönliche und berufliche Nachteile erwuchsen Geiger aus dieser Verhaftung nicht. Er konnte 1936 sein 2. Examen ablegen, musste allerdings
zunächst als Assessor bei einem Rechtsanwalt in Würzburg arbeiten, da
die NSDAP seine Anstellung in der Justiz ja verhindert hatte. Obwohl
diese noch am 12. Mai 1936 gegen ihn opponiert hatte, wurde er dennoch bereits zum 1. Juli 1936 als Assessor im Probedienst übernommen.
Oberlandesgerichtspräsident Heuwieser[167] war es also gelungen, Geiger zu fördern. Nachdem er auch noch zum 1. Mai 1937 Parteimitglied
geworden war, gab die Leitung des Gaues Mainfranken offensichtlich
ihren Widerstand gegen Geiger auf. Denn bereits zum 16. Juli 1937
wurde er Gerichtsassessor beim Landgericht und Amtsgericht Bamberg.
Der Einstieg in den Justizdienst war ihm damit gelungen. Nun musste
er nur noch eine Hürde nehmen, nämlich eine Planstelle erlangen. Aber
zuvor galt es, eine zustimmende Erklärung der Gauleitung zu erwirken.
Da nur der Gau Mainfranken Geiger nicht wohlgesonnen war, ging
Oberlandesgerichtspräsident Heuwieser, dessen Pensionierung zum
1. November 1938 anstand, taktisch geschickt vor. Also wandte er sich
an den ebenfalls für den Oberlandesgerichtsbezirk Bamberg zuständigen Gauleiter, Fritz Wächtler, der dem Gau Bayerische Ostmark vorstand. Dieser schien dem Gerichtsassessor Geiger keine Steine mehr in
den Weg legen zu wollen; denn am 10. Februar 1938 teilte er Heuwieser
Folgendes mit: „Gerichtsassessor Willi Geiger [...] ist seit dem Jahre 1933
SA-Angehöriger und steht heute im Range eines Rottenführers. Weiterhin versieht er bei der SA das Amt eines Schulungs- und Pressereferen-
ten. Mitgliedschaft bei der NSV und dem NSRB besteht. Am 1.5.1937
erwarb er sich [...] die Mitgliedschaft bei der NSDAP. Die Partei-

veranstaltungen werden von Pg. Geiger regelmäßig besucht. Den politischen Geschehnissen steht er durchaus positiv gegenüber. In charakterlicher Hinsicht wird er als aufrichtig und bescheiden bezeichnet. Gegen die planmäßige Anstellung des Pg. Geiger im Reichsjustizdienst ist in politischer Hinsicht nichts einzuwenden." Am 1. Mai 1938 wurde Geiger zum Landgerichtsrat beim Landgericht Bamberg ernannt.

Doch damit wollte er sich nicht zufrieden geben. Am 17. Oktober 1938 wurde er als Hilfsrichter an das Oberlandesgericht Bamberg abgeordnet, um dort die sog. 3. Staatsprüfung abzulegen, die für eine Beförderung zum Oberlandesgerichtsrat oder Landgerichtsdirektor Voraussetzung war. Am 1. Januar 1940 wurde er zudem dort noch Leiter der Übungsgemeinschaft der Referendare.[168] Aber Geigers Arbeitsfeld wäre damit nur unvollkommen beschrieben. Sein Engagement und sein Ehrgeiz kannten keine Grenzen. Seit August 1938 hatte er bereits in dem am Oberlandesgericht Bamberg eingerichteten Berufsseminar des NSRB mitgearbeitet. Im Wintersemester 1938/1939 übernahm er im Rahmen der Volksbildungsstätte Bamberg zwei Vortragsreihen zum Thema „Rechtsfragen des Alltags" und „Politischer Rückblick, politische Ausschau".[169] Seine Aktivitäten waren dem seit dem 1. November 1939 amtierenden Oberlandesgerichtspräsidenten Dürig nicht verborgen geblieben, der über seinen Hilfsrichter zu berichten wusste: „Geiger verfügt über vortreffliche Anlagen und Geistesgaben, besitzt ausgezeichnete Kenntnisse, ist nicht nur praktisch, sondern auch wissenschaftlich sehr gut befähigt und leistet – wo er auch verwendet werden mag – ganz besonders Tüchtiges. Sein großer Fleiß, die Bereitwilligkeit, mit der er jede Arbeit auch bei stärkster Geschäftsbelastung freudig übernimmt, seine Entschlussfreudigkeit sowie die Selbständigkeit und Treffsicherheit seines Urteils sind besonders hervorzuheben. [...] Geiger ist ein zielbewusster, energischer, pflichtbewusster Mann mit frischem, einnehmenden Wesen. In seinem Auftreten zeigt er bescheidene Zurückhaltung und ruhige Bestimmtheit. Er besitzt gute Umgangsformen, ist liebenswürdig und zuvorkommend und macht auch äußerlich durch seine große schlanke Erscheinung einen vorteilhaften Eindruck. Seine Führung ist einwandfrei. Er ist ein aufrechter, gediegener Charakter und auch politisch voll zuverlässig."

Mit Wirkung vom 20. Juni 1940 wurde Geiger an die Staatsanwaltschaft bei dem Landgericht Bamberg und an die Staatsanwaltschaft beim Sondergericht Bamberg abgeordnet. Die Abordnung an eine Staatsanwaltschaft bei einem Sondergericht konnte letztlich nicht erzwungen werden. Bei einer Weigerung, diese Aufgabe zu übernehmen, war zwar nicht auszuschließen, dass der Betroffene nicht mehr befördert wurde. Eine Entlassung aus dem Dienst war jedoch nicht zu befürchten. Allenfalls erfolgte nach einer diesbezüglichen Weigerung die Einberufung zur Wehrmacht oder eine Dienstverpflichtung für einen kriegswichtigen Betrieb.[170] Geiger erwähnte nach 1945 seine Tätigkeit bei der Staatsanwaltschaft beim Sondergericht Bamberg mit keinem Wort. In dem von ihm 1951 ausgefüllten und unterschriebenen Formblatt („Über meine persönlichen Verhältnisse und meinen beruflichen Werdegang gebe ich folgende Erklärung ab") nebst Lebenslauf hieß es : „seit Anfang 1940 Referendararbeitsgemeinschaftsleiter und Mitglied des Prüfungsamts für die vereinf. große Staatsprüfung sowie Mitarbeiter bei der StA beim Landgericht Bamberg". Und in seinem von ihm am 10. Juni 1951 gefertigten Lebenslauf führte er aus: „1936 wurde ich als Assessor im Probedienst in den bayerischen Justizdienst übernommen, 1938 als Landgerichtsrat in Bamberg ernannt und als Hilfsrichter an das Oberlandesgericht abgeordnet. Ich war dort im Zivilsenat und in der Verwaltungsabteilung beschäftigt, daneben Mitglied des Prüfungsamtes für die vereinfachte große juristische Staatsprüfung und Hilfsarbeiter bei der Staatsanwaltschaft Bamberg."[171] Und auch Thomas Dehler, der Geiger bereits vor 1945 in Bamberg kennen gelernt hatte und der von 1947 bis 1949 Oberlandesgerichtspräsident in Bamberg war, beurteilte 1948 Geiger – seit August 1947 wieder Landgerichtsrat in Bamberg –, ohne mit einem Wort dessen Tätigkeit bei der Statsanwaltschaft beim Sondergericht Bamberg zu erwähnen.[172]

Unbeantwortet muss die Frage bleiben, ob Dehler diese „Ungenauigkeit" beabsichtigte, obwohl aus den Personalakten, die ihm vorlagen, sich unzweifelhaft ergab, dass Geiger ehemals als Staatsanwalt Sondergerichtssachen bearbeitete. Denn in einer Beurteilung vom 7. Januar 1943 führte der amtierende Oberlandesgerichtspräsident Dürig über Geigers Leistungen insoweit aus: „Hervorzuheben ist endlich seine sehr ersprießliche Tätigkeit im Dienste der Staatsanwaltschaft, besonders beim Sondergericht, wo er sich in mehreren großen Strafprozessen als Vertreter der Anklage durch klaren, wirkungsvollen und geschickten Vortrag hervorgetan hat." Zu fragen bleibt, mit welchen Leistungen Geiger vor dem Sondergericht Bamberg glänzte.

Am 7. Oktober 1941 verurteilte das Sondergericht für den Oberlandesgerichtsbezirk Bamberg den 19 Jahre alten, polnischen Landarbeiter

Kazimirz St. zum Tode. Dieser musste seit Anfang 1940 bei Bauern in Wolkshausen arbeiten, zuletzt bei der Bäuerin Marie M., deren Ehemann zur Wehrmacht eingezogen worden war. Das Urteil wurde am 15. November 1941 vollstreckt.[173] Das Sondergericht sah folgenden Sachverhalt als erwiesen an: „Anfang August 1941 befand sich der Angeklagte (zukünftig: A) zusammen mit dem 5 Jahre alten Sohn seiner Dienstherrin, Edgar M., und der am 26.4.1935 geborenen Schreinerstochter Rosa S. in der Schneidekammer des Anwesens [...], um dort das Viehfutter herzurichten. Während nun bei dieser Gelegenheit der kleine Edgar M. im Auftrage des A eine Gabel herbeiholte, erfasste der A die anwesende Rosa S., legte sie nach rückwärts auf das in der Nähe befindliche Kleeheu und knüpfte ihr hierbei die Hose ab. Hierauf entblößte er sein eigenes Geschlechtsteil, legte sich auf das Kind hinauf, führte sein Geschlechtsteil an das des Kindes und versuchte, indem er beischlafähnliche Stoßbewegungen ausführte, mit dem Kinde den Geschlechtsverkehr auszuführen. Infolge des kleinen und noch zierlichen Körperbaus des Kindes gelang dem A jedoch die Einführung seines Geschlechtsteiles nicht und er ließ deshalb nach kurzer Zeit von dem Kinde ab. Beim Weggehen des Kindes ermahnte er dasselbe, über den Vorfall zu keinem Menschen etwas zu sagen."

Auf die Beweiswürdigung des Gerichts soll hier nicht eingegangen werden. Vielmehr werden dessen Rechtsausführungen referiert und gewürdigt. Dabei ist hervorzuheben, dass Landgerichtsrat Geiger als Vertreter der Anklagebehörde in diesem Strafverfahren die Todesstrafe gegen den Angeklagten beantragte. Sein Antrag nahm genau auf die Strafbestimmungen Bezug, die auch das Sondergericht als erfüllt ansah: § 176 Abs. 1 Ziffer 3 RStGB (Unzucht mit Kindern), § 4 der „Verordnung gegen Volksschädlinge" vom 5. September 1939[174] und § 1 des „Gesetzes zur Änderung des Reichsstrafgesetzbuchs" vom 4. September 1941.[175] Die beiden letztgenannten Bestimmungen sollen im Mittelpunkt der nachfolgenden Darlegungen stehen.

§ 4 der sog. Volksschädlingsverordnung, der mit der Bezeichnung „Ausnutzung des Kriegszustandes als Strafschärfung" versehen war, lautete: „Wer vorsätzlich unter Ausnutzung der durch den Kriegszustand verursachten außergewöhnlichen Verhältnisse eine sonstige Straftat begeht, wird unter Überschreitung des regelmäßigen Strafrahmens mit Zuchthaus bis zu 15 Jahren, mit lebenslangem Zuchthaus oder mit dem Tode bestraft, wenn dies das gesunde Volksempfinden wegen der besonderen Verwerflichkeit der Straftat erfordert." Um diese Bestimmung überhaupt anwenden zu können, musste das Sondergericht die vorsätzliche Verwirklichung des ersten Teils der obigen Vorschrift bejahen. Insoweit führte es aus:

„Diese Straftat hat der A unter Ausnutzung der durch den Kriegszustand verursachten außergewöhnlichen Verhältnisse begangen. Der A gelangte nur infolge des durch den Krieg bedingten außergewöhnlichen Mangels an deutschen Arbeitskräften in das Altreich. Er wäre zu Friedenszeiten zweifellos nie als landwirtschaftlicher Arbeiter nach Deutschland gekommen. Insbesondere wäre er nicht als Landarbeiter bei der Bauersfrau Marie M. in Wolkshausen eingesetzt worden, wenn nicht der Ehemann schon seit Dezember 1939 wegen des Krieges zum Heeresdienste eingezogen wäre. Zum Mindesten hätte der A aber bei der Anwesenheit des Ehemanns [...] auf dem Anwesen schärfer beaufsichtigt werden können und wäre damit kaum in die Lage gekommen, mit dem Kinde S. die gegenständigen Unzuchtshandlungen vorzunehmen. Infolge dieser durch den Krieg herbeigeführten besonderen Verhältnisse wurde also die Tat des A nicht nur erleichtert und begünstigt, sie wurde darüber hinaus durch diese außergewöhnlichen Umstände überhaupt erst ermöglicht. Dessen war sich der A bei der Begehung seiner Handlung auch bewusst. Er wusste, dass sein Einsatz im Altreiche, besonders auf dem Hofe des M. durch den Mangel deutscher Arbeitskräfte und durch die Einziehung des Ehemanns M. zum Heeresdienste, also durch kriegsbedingte Umstände verursacht war. Ihm war, wie er selbst zugibt, vor allem auch bekannt, dass der Ehemann M. zur Zeit der Tat zum Heeresdienste eingezogen und somit nicht zu Hause war. Der A hat also wissentlich die Kriegsverhältnisse bei der Ausführung seines Sittlichkeitsverbrechens ausgenutzt."

Diese Darlegungen des Sondergerichts bedürfen keiner eingehenden Analyse. Selbst bei wohlwollender Kritik können sie nur als rechtsbeugerisch bezeichnet werden. Diese Feststellung trifft auch für nachfolgende Urteilspassagen zu.

§ 4 der sog. Volksschädlingsverordnung setzte aber – um die Todesstrafe verhängen zu können – noch die Bejahung der weiteren Tatbestandsvoraussetzung – „wenn dies das gesunde Volksempfinden wegen der besonderen Verwerflichkeit der Straftat erfordert" – voraus. Das Sondergericht meinte hierzu: „Der A ist auch als Volksschädling anzusehen. Zum Volksschädling brandmarkt ihn schon allein seine Tat. Als Angehöriger eines fremden Volkstums, das ihm ein wirtschaftliches Auskommen nicht mehr bieten konnte, war er zur Arbeitsleistung im Altreich eingesetzt worden. Er hatte hier nicht allein genügend Brot und Verdienst gefunden, sondern konnte darüber hinaus auch in Sicherheit vor den weiteren Gefahren des Krieges dahinleben. Er wäre aus diesem Grunde an sich dem deutschen Reiche zu besonderem Danke verpflichtet gewesen. Statt dessen verging er sich nun an einem der jüngsten Angehörigen dieses ihm bereitwilligst Gastrecht gewährenden deutschen Volkes. Der A hat sich nicht gescheut, seine hemmungslose Begierde gegen ein Mädchen im zartesten Kindesalter zu richten und dasselbe aufs schamloseste zu missbrauchen. Wenn auch an dem missbrauchten Kinde an sich keine körperlichen Schäden festgestellt werden konnten, so ist die Tat des A zweifellos von schweren sittlichen Schäden für das Kind begleitet. Denn die allgemeine Lebenserfahrung lehrt, dass derartige hässliche Erlebnisse bei einem jungen Menschen später immer gewisse Auswirkungen zeigen und dann nicht selten die schwersten sittlichen und seelischen Beeinträchtigungen offenbaren. Die Tatsache, dass der A sich bisher nach den Angaben seiner Dienstherrin als brauchbare und fleißige Arbeitskraft gezeigt hat, besagt demgegenüber nichts und kann ihn in keinem günstigeren Persönlichkeitsbilde erscheinen lassen. Seine schamlose Tat und seine zutage getretene Hemmungslosigkeit stempeln ihn zu dem Typ eines Volksschädlings.

Daneben beweist sich die Tat des A auch als besonders verwerflich. Wesentliches Erfordernis für den Bestand und die Zukunft eines Volkes ist immer das Vorhandensein einer gesunden und sittlich sauberen Jugend. Die Reinheit und Sauberkeit der Jugend zu wahren, ist daher oberste Pflicht eines jeden Volksgenossen. Wer dagegen angeht, verletzt nicht allein den betreffenden Menschen, sondern versündigt sich darüber hinaus auch an dem gesamten deutschen Volke. Mehr als jedes andere Sittlichkeitsverbrechen verdient daher die Unzucht mit Kindern schwerste Strafe und Sühne. Erweist sich deshalb eine derartige Unzuchtshandlung schon allein von seiten eines deutschen Mannes als besonders verwerflich, so steigert sich diese Verwerflichkeit noch erheblich, wenn ein derartiger Angriff von einer volksfremden Person aus erfolgt. Das gesunde Volksempfinden verlangt in einem solchen Falle die Ausmerzung des Täters und damit dessen Tod."

Das Gericht und Geiger als Staatsanwalt wollten ihr Ziel offensichtlich rechtlich noch weiter untermauern. Denn sie erachteten auch § 1 des

„Gesetzes zur Änderung des Reichsstrafgesetzbuches" vom 4. September 1941 für einschlägig. Dieser lautete wie folgt: „Der gefährliche Gewohnheitsverbrecher [...] und der Sittlichkeitsverbrecher [...] verfallen der Todesstrafe, wenn der Schutz der Volksgemeinschaft oder das Bedürfnis nach gerechter Sühne es erfordern." Rechtsbeugerisch führte das Sondergericht insoweit aus: „Diese Bestimmung schafft keinen neuen Straftatbestand, sondern erweitert den Strafrahmen für die Sittlichkeitsverbrechen [...] unter gewissen Voraussetzungen. Es handelt sich also hier um eine Strafschärfung, nicht aber um ein Sonderverbrechen. Das erkennende Gericht hat deshalb auch keine Bedenken, die Strafbestimmung des § 1 [...] neben jener des § 4 der (Volksschädlingsverordnung) zur Anwendung zu bringen. Im Übrigen sind aber die tatbestandlichen Voraussetzungen des § 1 [...] erfüllt. Der Begriff des Sittlichkeitsverbrechers im Sinne der genannten Strafbestimmung hat nun nicht allein den sog. Hang- und Gewohnheitsverbrecher [...] im Auge, es genügt zur Erfüllung dieses Tatbestandes die Begehung einer einzigen Straftat, wenn sich in ihr bezüglich des Täters der Typ eines Sittlichkeitsverbrechers offenbart. Letzteres richtet sich aber neben dem Persönlichkeitsbild des Täters vor allem nach der Art und Ausführung und der Zielrichtung seiner Tat. Der A ist, wie bereits oben ausgeführt worden ist, als ein Volksschädling zu erachten. Er hat auf sittlichem Gebiete einen besonders ausgeprägten verbrecherischen Willen an den Tag gelegt, indem er sich nicht davor zurückhielt, sich an einem der jüngsten und kleinsten Kinder zu vergreifen. Seine Tatausführung, die bis zum geschlechtlichen Missbrauch des Kindes ging, stempelt ihn ohne weiteres zu dem Typ eines Sittlichkeitsverbrechers. Im Übrigen bewies der A bei seiner Handlung einen hohen Grad von Unbeherrschtheit und Haltlosigkeit auf sittlichem Gebiet. Diese Hemmungslosigkeit und Zügellosigkeit begründet eine ernste Gefahr für die deutsche Jugend und damit für das gesamte deutsche Volk. Die Sühne für dieses Verbrechen und der Schutz der deutschen Jugend vor den polnischen Sittlichkeitsverbrechern fordern die Ausmerzung des Täters." Am 15. November 1941 wurde die Todesstrafe im Beisein Geigers im Strafgefängnis München-Stadelheim vollstreckt, nachdem das Begnadigungsgesuch des Verurteilten erfolglos geblieben war.[176]

Die dem Urteil zugrunde liegende Tat – Unzucht mit Kindern – wurde natürlich zu Recht geahndet. Die Frage ist nur, ob die Todesstrafe verhängt werden durfte. Dies ist zu verneinen. Denn nur durch eine rechtsbeugerische Begründung konnte überhaupt auf die Todesstrafe erkannt werden. Als Staatsanwalt, der allein sein Antragsrecht wahrnehmen konnte, können Geiger zwar nicht die rechtsbeugerischen Passagen dieses Urteils unmittelbar zugerechnet werden. Dennoch trägt auch er für dieses Todesurteil Verantwortung. Denn aus seinem Strafantrag wird zweifelsfrei deutlich, dass auch er § 4 der sog. Volksschädlingsverordnung und § 1 des „Gesetzes zur Änderung des Strafgesetzbuchs" vom 4. September 1941 für einschlägig hielt. Als glänzendem Juristen konnte ihm nicht entgangen sein, dass dieser Antrag nur durch Rechtsbeugung zum Erfolg führen konnte.

Geiger, der in seiner Funktion als Staatsanwalt vor dem Sondergericht Bamberg in mindestens 5 Fällen die Todesstrafe beantragte, die auch vollstreckt wurde, wirkte in einer Vielzahl von weiteren Fällen vor diesem Gericht mit.[177] Ein Beispiel aus dem politischen Strafrecht soll Geigers weiteres Wirken vor dem Sondergericht verdeutlichen.

Am 10. November 1942 verurteilte das Sondergericht Bamberg den 53 Jahre alten Kaufmann Kunibert E. „wegen Zersetzung des Wehrwillens des deutschen Volkes und hetzerischer Äußerungen gegen den Führer, die Regierung und die Partei" zu einer Zuchthausstrafe von 3 Jahren. Der Verurteilte saß seit dem 5. September 1942 in Untersuchungshaft; den diesbezüglichen Haftbefehl hatte Geiger beantragt. Er trat auch als Vertreter der Anklage in diesem Strafverfahren auf und hatte die verhängte Zuchthausstrafe beantragt. Sein Antrag bezog sich genau auf diejenigen Strafvorschriften, die auch das Sondergericht in seinem Urteil bejahte.

Zum einen kam § 5 Abs. 1 Ziffer 1 der „Verordnung über das Sonderstrafrecht im Kriege und bei besonderem Einsatz" vom 17. August 1938[178] – auch „Kriegssonderstrafrechtsverordnung" genannt – zur Anwendung: „Wegen Zersetzung der Wehrkraft wird mit dem Tode bestraft: 1. wer öffentlich dazu auffordert oder anreizt, die Erfüllung der Dienstpflicht in der deutschen [...] Wehrmacht zu verweigern, oder sonst öffentlich den Willen des deutschen [...] Volkes zur wehrhaften Selbstbehauptung zu lähmen oder zu zersetzen sucht." Absatz 2 dieser Bestimmung drohte in „minder schweren Fällen" Zuchthaus oder Gefängnis an.

In Tateinheit wandte das Sondergericht Artikel 1 § 2 Abs. 1 und 2 des „Gesetzes gegen heimtückische Angriffe auf Staat und Partei und zum Schutz der Parteiuniformen" vom 20. Dezember 1934[179] an, das auch als sog. Heimtückegesetz bezeichnet wird. § 2 Abs. 1 lautete: „Wer öffentlich gehässige, hetzerische oder von niedriger Gesinnung zeugende Äußerungen über leitende Persönlichkeiten des Staates oder der NSDAP, über ihre Anordnungen oder die von ihnen geschaffenen Einrichtungen macht, die geeignet sind, das Vertrauen des Volkes zur politischen Führung zu untergraben, wird mit Gefängnis bestraft." § 2 Abs. 2 hatte folgenden Wortlaut: „Den öffentlichen Äußerungen stehen nichtöffentliche böswillige Äußerungen gleich, wenn der Täter damit rechnet oder damit rechnen muss, dass die Äußerungen in die Öffentlichkeit dringen werden."

In seinem Urteil vom 10. November 1942[180] legte das Sondergericht folgenden Sachverhalt zugrunde: „Der Angeklagte (zukünftig: A) ist am 2.12.1888 in Würzburg geboren worden. Nach dem Besuch der Volksschule war er kaufmännischer Lehrling und genügte dann seiner Wehrpflicht von 1909 bis 1911 [...]. Infolge des Verlustes eines Auges wurde er dann wehruntauglich und machte den Weltkrieg nicht mit. [...] 1912 heiratete er; die Ehe wurde 1924 wieder geschieden. Seit seiner Scheidung verfiel der A dem Alkohol und wurde mehrfach wegen Bettelns und wegen Zechbetrügereien bestraft. Im Jahre 1933 wurde er auf 1 Jahr, im Jahre 1935 auf 2 Jahre ins Arbeitshaus gebracht, jedoch nach 17 Monaten im Jahre 1937 entlassen. Danach war er als Hoteldiener tätig und kam am 27.5.1941 zur Firma [...] in Schweinfurt. Auf dem Weg zu seiner Arbeitsstätte – der A fuhr täglich von Würzburg nach Schweinfurt – äußerte er der in der gleichen Firma wie er selbst beschäftigten Katharina H. gegenüber etwa um Pfingsten 1942 Folgendes: ‚Nur diejenigen haben Brot- und Fleischmarken, die sie nicht brauchen, die Nazischweine. Die Nazis fressen alles weg, es ist eine große Schwindelei.' Weiter äußerte er: ‚Die Regierung gehört erschossen, ganz besonders das Nazischwein der Hitler; der Handwerksbursch war nicht mehr wie ein Maurergeselle und dem wird von uns auch noch geholfen, wenn es auch noch etwas dauert.' Ferner ließ der A noch folgende Äußerungen fallen: ‚Der Hitler, das Nazischwein, hat bis jetzt jedes Volk überfallen und nicht die Franzosen, Engländer, Belgier, Tschechen und Polen haben Deutschland überfallen, sondern der Hund war es, der Russland und die anderen Länder überfallen hat. Diese armen Völker haben viel Blut unschuldig vergießen müssen. Wenn Hitler nicht wäre, so wäre der Krieg schon lange aus; wenn er nicht zur Macht gekommen wäre, wäre es auch nicht zum Krieg gekommen. Den Krieg gewinnen wir nicht, das ist ja ganz klar, wir müssen alle viel zu viel hungern. Der Russe ist der Stärkere, Deutschland wird den Krieg nie gewinnen. Der Führer ist ein Nazischwein, ein Handwerksbursche; er macht das ganze Volk unglücklich. Der Russe wäre nicht gegen uns gegangen, wenn die Deutschen nicht gegen ihn gegangen wären.' Beim Betreten der Fabrikanlage, als die zur Arbeit gehenden Arbeiter den Pförtner mit dem deutschen Gruß grüßten, sagte der A zu der H.: ,Ich unterlasse den deutschen Gruß, ich will dieses Nazischwein nicht noch im Gruß nennen.' Er fügte schließlich noch hinzu: ,Ich war schon einmal in Dachau, aber für mich hätte dieses Nazischwein dort hingehört, denn der ist ein Massenmörder. Wenn ich ein junger Kerl und Soldat wäre, hätte ich ihn schon längst an der Front herausgesucht und erschossen.' Die gleichen Äußerungen wiederholte der A etwa 14 Tage später der Zeugin H. gegenüber nochmals dem Sinne nach. Etwa Mitte August begleitete der A die Arbeiterin Emmy O. [...] vom Bahnhof zur Arbeit. Bei dieser Gelegenheit äußerte er unvermittelt und ohne dass bei dem vorhergehenden Gespräch ein Anlass hierzu gegeben war: ,Das könnte dem so passen, dass er die ganze Macht an sich reißt; wir sind aber auch noch da und werden es verhüten.'"

Das Sondergericht Bamberg würdigte diesen Sachverhalt dahin, dass der Angeklagte „sich eines fortgesetzten Verbrechens nach § 5 der Kriegssonderstrafrechts-VO in Tateinheit mit einem fortgesetzten Vergehen nach § 2 Abs. I und II des Heimtückegesetzes schuldig gemacht hat".

Zum Merkmal „öffentlich" im Rahmen des § 5 Abs. 1 Ziffer 1 der sog. Kriegssonderstrafrechtsverordnung führte das Sondergericht Folgendes aus: „Wenn (hierin) derjenige wegen Zersetzung der Wehrkraft bestraft wird, der öffentlich die Wehrkraft zu lähmen oder zu zersetzen versucht, dann kann der Begriff der Öffentlichkeit im Sinne dieser Strafvorschrift nicht nur einen unbestimmten, aus einer Vielzahl einzelner Personen bestehenden Kreis bezeichnen. Diese Auslegung wäre zu eng und würde nicht die Erfassung derjenigen Täter ermöglichen, die ihre zersetzenden Äußerungen zwar einer Vielzahl von Personen gegenüber, aber nur nach und nach jedem Einzelnen gegenüber machen. Es handelt demnach auch derjenige öffentlich, der sich einer unbestimmten Anzahl von Personen gegenüber nach und nach zersetzend äußert. Hiernach hat also der A öffentlich Äußerungen getan, die die Wehrkraft des deutschen Volkes zu lähmen und zu zersetzen geeignet sind. Die Äußerungen, die eingangs festgestellt sind, sollen nach der Tendenz des Täters Misstrauen säen und den Widerstandswillen der von ihm angesprochenen Personen lähmen."

Dass diese Begründung schlechthin Willkür war, bedarf keiner weiteren Darlegung. Allerdings hatte der Angeklagte Glück, dass er nicht mit dem Tode bestraft wurde. Das Sondergericht nahm nämlich einen minder schweren Fall an und führte hierzu aus: „Zu dieser Überzeugung ist das Gericht um deswillen gelangt, weil der A in beiden Fällen durch sein plumpes Auftreten keinerlei schädliche Folgen verursacht hat und weil die Zeugin H. innerlich so gefestigt war, dass sie die Äußerungen sofort gemeldet hat, sobald hierzu Gelegenheit war."

Zum 4. Januar 1943 hob Oberlandesgerichtspräsident Dürig Geigers Abordnung an die Staatsanwaltschaft bei dem Sondergericht Bamberg mit sofortiger Wirkung auf. Hintergrund dieser Maßnahme war seine Einberufung zur Wehrmacht, die zum 29. März 1943 erfolgte. Er wurde zum Oberfähnrich befördert. Während seiner Einberufung zur Wehrmacht war es nicht nur bei ihm üblich, dass eine Beförderung vorgenommen werden sollte. Eine solche wollte Dürig ganz offensichtlich mit seiner Beurteilung vom 29. August 1944 in die Wege leiten, der Geiger „für jede Beförderungsstelle in besonderem Maße (für) geeignet" hielt. Obwohl sich aus Geigers Personalakten nichts Einschlägiges ergibt, erklärte dieser nach der Kapitulation, dass seine Beförderung im Januar 1944 am Widerspruch der „Gauleitungen in Würzburg und Bayreuth" gescheitert sei, die ihn als „unzuverlässig"[181] bezeichnet hätten.

Geiger hatte als Soldat Glück; bereits am 19. Juni 1945 wurde er aus der Gefangenschaft entlassen.[182] Als er nach Bamberg zurückgekehrt war, entließ ihn allerdings die amerikanische Militärregering zum 27. Juli 1945 aus dem Dienst; die Zahlung seiner Dienstbezüge war bereits zum 30. Juni 1945 eingestellt worden.[183] Daher galt es führ ihn, wieder in der Justiz Fuß zu fassen. Doch zunächst musste er die Entnazifizierung durchlaufen, was er mit Erfolg bewerkstelligte. Dabei waren ihm Personen hilfreich, aus denen das bereits erwähnte Bamberger „Kartell" bestand: Thomas Dehler, der Geiger schon vor 1945 in Bamberg kennen gelernt hatte, als dieser dort Landgerichtsrat war. Dehler wusste also auch über dessen Tätigkeit bei der Staatsanwaltschaft beim Sondergericht Bamberg Bescheid. Aber diesen störte die einschlägige Vergangenheit Geigers nicht, den er „großzügig"[184] protegierte. Dehler war hierzu auch imstande, da er nach 1945 in Bamberg selbst wichtige Positionen einnahm. So wurde er am 17. Juni 1947 Oberlandesgerichtspräsident in Bamberg; diese Position hatte er bis 1949 inne. Am 20. September 1949 wurde er erster Bundesminister der Justiz und wechselte daher von Bamberg nach Bonn. Sein Nachfolger wurde am 9. September 1949 Hermann Weinkauff, der zuvor seit dem 1. April 1946 Präsident des Landgerichts Bamberg gewesen war. Diese beiden Personen sollten über Jahre hinweg Geigers Förderer werden.

Doch um die Entnazifizierung erfolgreich überstehen zu können, musste auch Geiger selbst aktiv werden. Dabei verstand er es, seine Vergangenheit ins rechte Licht zu rücken: „[...] Ich stamme aus einer Familie, die aus ihrer christlichen Lebenshaltung heraus auch im öffentlichen Leben sich stets zu einer Partei bekannte, die christliche Grundsätze vertrat. Mein Vater war Anhänger des pfälzischen Zentrums, später der Bayerischen Volkspartei. Als Student trat ich der ältesten katholischen Studentenverbindung in München bei, betätigte mich aktiv im kath. Akademikerausschuss durch Übernahme von Vorträgen über die christliche Sozial- und Staatslehre, war 1931 Führer der kath. Fraktion im Allgemeinen Studentenausschuss der Universität München und hatte als solcher oft genug Gelegenheit zu Auseinandersetzungen mit dem NSDStB, der damals unter den Studenten mehr und mehr Anhänger gewann [...]. Ich beteiligte mich [...] an den Wahlkämpfen der Jahre 1931/1932, sprach im Bezirk Pirmasens [...] in den Versammlungen des Zentrums und der BVP für deren Programm und gegen den Nationalsozialismus. Zur selben Zeit organisierte ich im kath. Jungmännerverband Pirmasens Vortrags- und Ausspracheabende, in denen unter Beteiligung werktätiger Jugend, Gewerkschaftsangehörige und Sozialisten, die politischen, wirtschaftlichen und kulturellen Tagesfragen vom christlichen Standpunkt aus diskutiert wurden. Ende 1932 war ich noch an der Aufstellung der ‚Pfalzwacht' in Pirmasens beteiligt, einer Organisation, die als Gegengewicht gegen die SA den Versammlungen der beiden christlichen Parteien den erforderlichen Schutz gewähren sollte [...]. Wegen dieser meiner politischen Tätigkeit wurde ich im Juni 1933 [...] zusammen mit meinem Vater und mehreren führenden Persönlichkeiten des Pirmasenser Zentrums und der BVP von der ‚politischen Polizei' in Haft genommen und ins Amtsgerichtsgefängnis Pirmasens eingeliefert. [...] ich [...] sollte ins Konzentrationslager Dachau gebracht werden. Den Bemühungen einiger Freunde gelang es, [...] später eine Haftunterbrechung für mich zu erwirken. Man eröffnete mir, dass der Haftbefehl gegen mich fortbestehe, dass ich Pirmasens nicht verlassen dürfe, mich dreimal täglich bei der politischen Polizei zu melden habe und mich von 9.00 Uhr abends bis 7.00 Uhr früh in meiner Wohnung aufhalten müsse. Diese Polizeiaufsicht und Aufenthaltsbeschränkung dauerte bis zum November 1933. [...] Ich besaß 1933 keine Möglichkeit ins Ausland zu gehen, um dort den Bedrängnissen der Nazi zu entgehen. Wer den nationalsozialistischen Terror kennt, wer vor allem von dem wohl ausgebauten Schnüffel- und Spitzeldienst des Partei- und Staatsapparats eine Ahnung hat, wird deshalb verstehen, dass ich in der Folgezeit jede unvorsichtige Äußerung der Kritik und Opposition unterdrücken und mich tarnen musste, um nicht die Fortsetzung polizeilicher Maßnahmen und Verfolgungen gegen mich auszulösen. In dieser Zwangslage trat ich, um zunächst einmal zu verhüten, dass der noch immer bestehende Haftbefehl gegen mich wieder vollzogen wird, dem Stahlhelm bei, der damals die einzige von der NSDAP geduldete, noch nicht nationalsozialistische Organisation war. Dass der Stahlhelm schon ein Jahr später der SA eingegliedert würde, sah ich nicht voraus. So wurde ich im Jahre 1934 ohne mein Zutun in einem ‚Stahlhelmsturm‘ Mitglied der SA. Irgendeine Führerstellung oder ein Amt bekleidete ich in der Parteigliederung nicht. Nach Ausbruch des Krieges konnte ich mich dem SA-Dienst größtenteils entziehen und nach 1940 nahm ich an ihm nicht mehr teil [...]. Der NSDAP musste ich im Spätherbst 1937 beitreten. Während in den ersten Jahren nach Regierungsübernahme durch die Partei auf den Einzelnen im Allgemeinen kein Druck zum Eintritt in die NSDAP ausgeübt wurde, forderte die NS-Propaganda später [...], dass die Beamten, besonders die Beamten der Justiz, Parteimitglieder sein müssen. [...] In öffentlichen Versammlungen wurden [...] Beamte, die sich weigerten, die Parteimitgliedschaft zu erwerben, nicht nur als Feinde der Partei, sondern als Staats- und Volksfeinde gebrandmarkt. Darüber hinaus verteilten die Vertrauensleute der Partei in den Ämtern, auch in den Bamberger Gerichten, an die Beamten, die nicht Parteimitglieder waren, ähnlich gehaltene schriftliche Aufrufe, in denen zum Eintritt in die NSDAP aufgefordert wurde. Schließlich wurde mir wie vielen anderen Beamten das Aufnahmeformular zur Unterschrift vorgelegt. Unter diesen Umständen konnte von einem freiwilligen Beitritt nicht mehr die Rede sein. [...] Mit meiner Einziehung zur Wehrmacht im Februar 1943 und der Einstellung meiner Beitragszahlungen endeten die letzten äußerlichen Beziehungen zur Partei. Von der späteren Möglichkeit, auch als Soldat Parteimitglied zu werden, habe ich keinen Gebrauch gemacht. [...] Das Bild meiner Beziehungen zur NSDAP wäre aber unvollständig, wenn ich nicht auch darauf hinweisen würde: Angesichts der Bemühungen der Partei, alle in der Öffentlichkeit bekannteren Persönlichkeiten zu aktivem Einsatz für die Partei heranzuziehen, hätte ich, wenn ich mich dazu hergegeben hätte, zweifellos innerhalb der Partei und SA rasch Karriere machen können. Dass ich in der Partei niemals ein Amt innehatte und von 1934 bis 1937 oder 1938 es in der SA – ohne mein Zutun und ohne dass damit auch nur die kleinste Führer- oder Verwaltungsaufgabe verbunden gewesen wäre – nicht weiter als bis zum Rottenführer brachte, beweist eindeutiger als alles andere, dass ich nie Nazi war und auch als solcher von den Parteistellen nie betrachtet wurde. [...] Es wird öfter im Tone des Vorwurfs die Frage gestellt, wie aufrechte Richter es überhaupt verantworten konnten, unter dem nationalsozialistischen Regime ihr Amt weiterzuführen. Dazu muss gesagt werden: Ich habe nicht Recht gesprochen für die Partei oder den nationalsozialistischen Staat, sondern für mein Volk, das nie mit jener Partei und jenem Staat identisch war. Und ich kann wie jeder andere aufrechte Richter und Staatsanwalt aus meiner Praxis erzählen und beweisen, wie diese so gefährlich elastischen nationalsozialistischen Gesetze, die sich auf alles anwenden ließen, auch ihren ‚Vorteil' hatten: Dem Nazi dienten sie dazu, Parteifreunde zu decken und vor Strafe zu schützen und den politischen Gegner zu treffen; dem anständigen Richter erlaubten sie, auch nationalsozialistische Verbrecher zur Rechenschaft zu ziehen – ich erinnere mich z. B., dass ich, weil sie Verbrecher waren, gegen den Widerspruch und die Bemühungen der Parteidienststellen einen Ehrenzeichenträger ins Gefängnis, einen SA-Sturmführer auf 8 Jahre ins Zuchthaus und einen SS-Hauptsturmführer unters Fallbeil brachte – und Unschuldige, aber politisch Missliebige vor ungerechter Strafe zu bewahren [...]. Und diese damals undankbare, nicht ungefährliche, von niemand gekannte und gewürdigte Arbeit war, glaube ich, auch ein Beitrag zur Wahrung des ewigen Rechts, dem der Richter zu dienen im Gewissen verpflichtet ist."[185]

Diese Darlegungen Geigers vom 8. Dezember 1945 erwähnten mit keinem Wort seine Tätigkeit als Staatsanwalt beim Sondergericht Bamberg. Im Rahmen der Entnazifizierung legte jeder Betroffene natürlich Wert darauf, nicht nur von höher gestellten Persönlichkeiten sog. Persilscheine zu erhalten. Es machte sich immer gut, wenn diese ein breites soziales Spektrum abdeckten.

Bei Hans Winners war dies der Fall, der vor 1945 bereits Amtsgerichtsrat in Bamberg war und der Geiger einen sog. Persilschein ausstellte.[186] Dieser bestätigte in pauschaler Form die obigen Darlegungen Geigers. Es war damit kein Zufall, dass Winners als Mann des Bamberger „Kartells" nach 1945 noch Karriere im Bundesministerium der Justiz machte.

Geigers Aktivitäten im Rahmen der Entnazifizierung zeitigten bereits im Juli 1946 ihren ersten Erfolg. Der beim Landgericht Bamberg eingesetzte Vorprüfungsausschuss, der sich aus zwei Richtern und einem Rechtsanwalt aus dem Oberlandesgerichtsbezirk Bamberg zusammensetzte, erstellte für den zuständigen Entnazifizierungsausschuss ein Gutachten mit dem Vorschlag, Geiger in die Gruppe „entlastet" einzustufen.[187]

Kaum war dieses Gutachten vom 5. Juli 1946 bekannt geworden, da wurde eine andere Person aus dem Bamberger „Kartell" aktiv. Es war Hermann Weinkauff, der als amtierender Landgerichtspräsident in Bamberg am 8. Juli 1946 dem Chefpräsidenten mitteilte: „[...] Geiger war [...] von Anfang bis Ende aus einer unbeirrbaren inneren Grundhaltung heraus ein leidenschaftlicher Gegner des Nationalsozialismus. Er hat als Richter und Staatsanwalt sein Amt nicht nur dem wirklichen Rechte entsprechend geführt, sondern sich darüber hinaus höchst aktiv und mit bemerkenswertem Mut gegen nationalsozialistisches Unrecht eingesetzt und dabei [...] sehr erhebliche Gefahren auf sich genommen. [...]"[188] Chefpräsident zum damaligen Zeitpunkt war Lorenz Krapp, der 1933 seinen Posten als Landgerichtspräsident in Bamberg verloren hatte. Er war mit Thomas Dehler gut bekannt, mit dem er nach 1945 die Bamberger Justiz aufbaute. Als Krapp, der Mitglied der CSU war, am 21. Mai 1947 verstarb, wurde Dehler sein Nachfolger.[189] So war es keine Überraschung, dass auch Krapp der Beurteilung Weinkauffs zustimmte.[190] Über ein so engmaschiges Helfernetz konnte Geiger natürlich nur froh sein. Dass sowohl Weinkauff als auch Krapp für ihn eintraten, verfehlte seine Wirkung beim Entnazifizierungsausschuss nicht. Am 17. April 1947 fällte die Spruchkammer Bamberg-Stadt ihre Entscheidung und stufte Geiger in die Gruppe V (Entlasteter) ein. Die Spruchkammer bestand aus einem Vorsitzenden, der parteilos war und aus Beisitzern, die SPD-, CSU-, FDP- und KPD-Mitglieder waren. In der Begründung hieß es: „[...] Die Kammer hat sich den Ausführungen des Betroffenen angeschlossen. [...] Der Betroffene konnte nachweisen, dass er versucht hat, als Jurist eine Stellung anderswo als beim Gericht zu finden. Er legte die Durchschriften von Anstellungsgesuchen und die darauf erfolgten Absagen der Kammer vor. Es ist begreiflich, dass er unter dem Druck dieser Absagen dann 1937 in die NSDAP eintrat. Er hat sich in dieser nicht nur niemals für die Ziele des NS (NS-Staates) eingesetzt, sondern immer aktiv dagegen gearbeitet. Er hat dies sogar unter den komplizierten Verhältnissen bei der Anklagebehörde am Sondergerichtshof gemacht. Sowohl der Zeuge S. als auch der Zeuge Dr. Winners haben

ausgesagt, dass er bei der Durchlöcherung der nazistischen Rechtsprechung auch vor formalen Dienstvergehen nicht zurückgeschreckt ist,
indem er dem Verteidiger der Angeklagten Kenntnis von Tatsachen gab,
die diesen die Begründung milderer Urteile ermöglichten. Er hat unter
Umgehung des Dienstweges Erlasse von der Anklage auf Todesstrafe zu
erreichen versucht. Er hat dann auch da, wo vom RJM (Reichsjustizministerium) die Antragstellung auf Todesstrafe direkt gefordert wurde,
[...] diese nicht beantragt und hat in Fällen des Heimtückegesetzes den
Antrag auf Freisprechung gestellt. Auf der anderen Seite aber hat er nicht
davor Halt gemacht, bei prominenten Nationalsozialisten, die sich ver-
brecherischer Handlungen im Sinne des StGB schuldig gemacht haben,
entgegen den Beeinflussungsversuchen nationalsozialistischer Dienststellen Recht walten zu lassen. [...] Der Betroffene, der 1933 politisch
Verfolgter war, hat damit bewiesen, dass er tatsächlich im Rahmen des
ihm Möglichen jeden erdenklichen Widerstand geleistet hat [...]."[191]

Diese Entscheidung brachte natürlich den Durchbruch. Landgerichtspräsident Weinkauff ließ im Juli 1947 auf dem Dienstweg Dehler wissen, der seit dem 17. Juni 1947 Oberlandesgerichtspräsident war, dass
er gegen eine Verwendung Geigers „in leitenden Stellen oder in Stellen, die mit Personalsachen befasst"[192] seien, keine Bedenken habe.
Dehler reagierte prompt. Mit Schreiben vom 11. Juli 1947 wandte er
sich an das bayerische Staatsministerium der Justiz und schlug vor, Geiger wieder als Landgerichtsrat in Bamberg einzustellen, wobei er darauf hinwies, dass die „Zustimmungserklärung der Militärregierung
Bamberg"[193] vorliege. Am 16. August 1947 wurde Geiger wieder Landgerichtsrat; gleichzeitig wurde er zur Dienstleistung an das Oberlandesgericht Bamberg abgeordnet. Dass Geiger durch seine Leistungen auf
sich aufmerksam machen konnte, verwundert nicht. Insbesondere
Oberlandesgerichtspräsident Dehler war geradezu von ihm in jeder
Hinsicht angetan und lobte ihn aufs höchste: „Er erfüllt wie selten einer
die Voraussetzung für die Tätigkeit an einer gehobenen Stelle. [...] An-
geborene Intelligenz, beste Schulung und eherner Fleiß sind die Voraussetzungen für wertvollste Leistungen. [...] Geiger ist auch ein ethisch
hoch stehender Mann von untadeliger Haltung. Er hat wie selten einer
das Zeug zu einer großen Richterpersönlichkeit. Er ist erfüllt von der
hohen Aufgabe des Richterberufes [...]. Seine Erlebnisse haben ihn über
seine Jahre hinaus zu menschlicher und beruflicher Überlegenheit ge-
reift. [...]"[194] Folgerichtig wurde Geiger am 16. Februar 1949 Oberlandesgerichtsrat in Bamberg. Doch lange sollte er dort nicht bleiben. Nach-

dem Dehler am 20. September 1949 Bundesminister der Justiz geworden war, holte er Geiger ins Ministerium nach Bonn. Vom 28. September 1949 bis zum 6. September 1951 blieb er im Ministerium. Während dieser Zeit stieg er unaufhaltsam in immer einflussreichere Positionen auf.

Zunächst blieb er zwar noch Oberlandesgerichtsrat, doch Dehler machte ihn sogleich zu seinem persönlichen Referenten. Während seiner Zeit
in Bonn war er „an allen wesentlichen Entscheidungen beteiligt".[195] Er
wurde des Ministers engster Mitarbeiter und Intimus.[196] Da Geiger zudem an der Spitze des Personalreferats stand, konnte Dehler mit seiner
Hilfe die Personalpolitik im Ministerium selbst dominieren.[197] Seine Ernennung zum Ministerialrat am 16. Februar 1950 war daher nur Form-
sache. Doch Geiger wollte ganz offensichtlich keine Karriere als Ministerialbeamter machen. Sein Ziel war es, wieder in den Richterberuf zurückzukehren. Diese Gelegenheit ergab sich bald. Nachdem der Bundesgerichtshof am 1. Oktober 1950 seine Arbeit aufgenommen hatte,
wurde Geiger zum 26. Oktober 1950 Richter am Bundesgerichtshof.
Dehler selbst hatte veranlasst, dass er dem Richterwahlausschuss „in
Vorschlag"[198] gebracht wurde. Seine Arbeit nahm er jedoch in Karlsruhe nicht auf; er blieb auf Drängen Dehlers weiterhin als Bundesrichter
an das Bundesjustizministerium abgeordnet.

Zudem arbeitete er noch als Referent für Verfassungsrecht[199] den Entwurf eines Gesetzes über das Bundesverfassungsgericht aus, das am
12. März 1951 in Kraft trat. Schon von daher war er prädestiniert, auch
zum Bundesverfassungsrichter berufen zu werden. Insoweit kam ihm
eine Bestimmung im Grundgesetz zugute: Artikel 94 Abs. 1 Satz 1 legt
fest, dass das Bundesverfassungsgericht aus Bundesrichtern und anderen Mitgliedern bestehen muss.

Entsprechend dieser grundgesetzlichen Regelung bestimmte § 4 Abs. 1
des „Gesetzes über das Bundesverfassungsgericht" vom 12. März
1951[200] noch Folgendes: „Vier Richter jedes Senates werden aus der Zahl
der Richter an den oberen Bundesgerichten für die Dauer ihres Amtes
an diesen Gerichten gewählt." Durch spätere Änderungen dieses Gesetzes im Jahre 1970/1971 wurden die beiden Senate von ursprünglich
je zwölf auf je acht Richter verkleinert. Heute werden nicht mehr vier,
sondern nur noch drei Bundesrichter in jeden Senat gewählt.[201] Was die
Person Geigers angeht, so interessiert nur die 1951 geltende Fassung

des „Gesetzes über das Bundesverfassungsgericht" mit der Folge, dass zur damaligen Zeit eine Doppelfunktion von der Gesetzeslage her möglich war. Ein Richter des Bundesgerichtshofes, der zum Bundesverfassungsrichter gewählt worden war, konnte also beide Ämter ausüben. Am 6. September 1951 wurden vier Richter des Bundesgerichtshofes, darunter Geiger, zu Bundesverfassungsrichtern gewählt.[202] Geiger hatten die Bundesfraktion der CDU/CSU,[203] die bayerische Staatsregierung[204] und die Bundesregierung[205] vorgeschlagen. Für seine Wahl stimmten auch die Wahlmänner der SPD.[206] Erst nach seiner Wahl zum Bundesverfassungsrichter schied er aus dem Bundesministerium der Justiz aus. Sein Einfluss auf die Rechtsprechung des Bundesgerichtshofes, er gehörte dem III. Zivilsenat an,[207] und auf die des Bundesverfassungsgerichts war damit groß, was hier nicht näher ausgeführt werden kann. Auch sein Wirken hinter den Kulissen ist Legende. Und als Bundesverfassungsrichter, er gehörte dem Zweiten Senat an, nahm er offensichtlich das Beratungsgeheimnis nicht allzu ernst. Er galt „vor allem"[208] als die undichte Stelle an diesem Gericht.

Als er sodann am 15. Mai 1953 auch noch zum Senatspräsidenten am Bundesgerichtshof ernannt wurde und den Vorsitz des III. Zivilsenats übernahm, da machte er keine Anstalten, eines seiner beiden Ämter aufzugeben. Damit war Chefpräsident Weinkauff überhaupt nicht einverstanden, der natürlich sein Gericht personell effektiv auszustatten gedachte.[209] Geigers Entschluss, auch zukünftig in Doppelfunktion tätig zu sein, war der Beginn einer sich immer mehr verstärkenden Meinungsverschiedenheit zwischen ihm und Weinkauff. Beide verband letztlich eine Intimfeindschaft, die aber nicht öffentlich, sondern hinter den Kulissen ausgetragen wurde.

Weinkauff, der neben Dehler derjenige war, der Geiger wieder als Richter sozusagen hoffähig gemacht hatte, sah mit wachsendem Unmut, wie dieser sein Amt als Vorsitzender des III. Zivilsenats schleifen ließ. Das Fass war übergelaufen, als Geiger an Weinkauff am 15. Dezember 1959 folgende Zeilen richtete, ohne den Chefpräsidenten überhaupt mit einer Anrede zu versehen. „Ich zeige an, dass ich mich leider außerstande sehe, ab 1. Januar 1960 bis auf weiteres mein Amt als Vorsitzender des III. Zivilsenates auszuüben."[210] Nun wurde Weinkauff aktiv, der sich in einem persönlichen Schreiben am 18. Dezember 1959 an den Bundesminister der Justiz wandte. Dabei zitierte Weinkauff Geigers Schreiben vom 15. Dezember 1959 und führte aus: Das Schreiben vom 15. Dezember 1959 habe ihm Geiger ohne Vorankündigung übersandt, obwohl am 12. Dezember 1959 eine Jahresendpräsidialsitzung stattgefunden habe, in der auch die Belastung des III. Zivilsenats erörtert worden sei. Nach dieser Einleitung kam Weinkauff zur Sache:

„Da ich daraus (gemeint ist Geigers Schreiben) nicht entnehmen konnte, worum es sich eigentlich handelte, und da ich auch die Tonart des Schreibens zumindest als ungewöhnlich empfand, ersuchte ich [...] Geiger, sich genauer zu seinem Schreiben zu äußern und insbesondere anzugeben, aus welchen Gründen und auf welche Zeit er ‚sich außerstande sehe, sein Amt als Vorsitzender des III. Zivilsenates auszuüben.' Er antwortete mir nun, und zwar wiederum in einer Tonart, die ich nicht als angemessen empfinde, mit Wirkung vom 1. Januar 1960 sei beim Bundesverfassungsgericht eine neue Geschäftsverteilung zu Lasten seines, des Zweiten Senates beschlossen worden. Er rechne damit, dass sich die Mehrbelastung des Zweiten Senates des Bundesverfassungsgerichtes durch eine Änderung des Arbeitsstiles werde auffangen lassen. Während der dazu erforderlichen Übergangzeit werde es sich allerdings nicht vermeiden lassen, dass er im Bundesverfassungsgericht so in Anspruch genommen werde, dass er den Vorsitz im III. Zivilsenat nicht wahrnehmen könne. Sein Amt als Senatspräsident beim Bundesgerichtshof beabsichtige er nicht niederzulegen. [...]

Dieses Doppelamt brachte bisher keine wesentlichen Schwierigkeiten für den Bundesgerichtshof mit sich, weil die Mitglieder des Zweiten Senates des Bundesverfassungsgerichtes bisher, wie allgemein bekannt ist, sehr stark unterbeschäftigt waren. Wie weit sich das durch die am 1. Januar 1960 in Kraft tretende neue Geschäftsordnung beim Bundesverfassungsgericht ändern wird, vermag ich naturgemäß nicht ausreichend zu überblicken. Ich bin bisher – der entsprechende Beschluss des Bundesverfassungsgerichtes liegt schon einige Zeit zurück – davon ausgegangen, dass der Unterschied nicht allzu erheblich sein werde. Sollte die neue Geschäftsverteilung beim Bundesverfassungsgericht allerdings dazu führen, dass Dr. Geiger beim Bundesverfassungsgericht stärker oder überwiegend oder völlig in Anspruch genommen würde, so könnte er naturgemäß sein Amt beim Bundesgerichtshof nicht mehr beibehalten. Das Amt eines Senatspräsidenten beim Bundesgerichtshof erfordert eine volle, praktisch ungeteilte Arbeitskraft. Es geht m. E. auch nicht an, dass ein Senatspräsident beim Bundesgerichtshof nach seinem eigenen Ermessen kurzfristig erklärt, er werde sein Amt beim Bundesgerichtshof zunächst auf unbestimmte Zeit nicht mehr ausüben. Ich schlage daher vor, zunächst während einiger Monate zu überprüfen, wie weit Herr Dr. Geiger künftig beim Bundesverfassungsgericht belastet sein wird. Sollte sich dann herausstellen, dass er dort mit einem erheblichen Teil seiner Arbeitskraft in Anspruch genommen ist, dann müsste man m. E. mit dem Ersuchen an ihn herantreten, sein Amt als Senatspräsident beim Bundesgerichtshof niederzulegen. Es liegt auf der Hand, dass niemand, der als Mitglied des Bundesverfassungsgerichtes voll oder überwiegend oder auch nur zu einem erheblichen Teil in Anspruch genommen ist, zugleich noch das grundsätzlich eine ganze Arbeitskraft erfordernde Amt eines Senatspräsidenten beim Bundesgerichtshof ausüben kann. Das trifft auf Herrn Dr. Geiger in besonderem Maße zu, weil er noch zahlreiche Nebenbeschäftigungen ausübt."

Als Weinkauff dieses Schreiben aufsetzte, kursierten in der Presse und auch im Bundesgerichtshof bereits die ersten Gerüchte über seine Pläne, bald in Pension gehen zu wollen. Dass damit auch die Frage gestellt wurde, wer sein Nachfolger werden würde, verstand sich von selbst. Wie bereits geschildert, hatte sich Weinkauff bereits Ende 1959 auf Bruno Heusinger als seinen Nachfolger festgelegt. Weinkauff hatte sich auch im Bundesjustizministerium für Heusinger und gegen Geiger stark gemacht. Von Weinkauffs Wirken hinter den Kulissen wird Geiger zweifellos Kenntnis bekommen haben, zumal auch er als Chefpräsident gehandelt wurde. Und als Geiger erkennen musste, dass seine Pläne zu scheitern drohten, zeigte er offensichtlich wenig Neigung, seine Arbeit im Bundesgerichtshof fortzusetzen, solange jedenfalls Weinkauff dort noch als Chefpräsident amtierte.

Jedenfalls bewirkte Weinkauffs Schreiben vom 18. Dezember 1959, dass auch im Bundesjustizministerium Überlegungen angestellt wurden, wie das Problem Geiger zu lösen sei. Allerdings sah man keine rechtliche Handhabe, diesen zu zwingen, als Senatspräsident beim Bundesgerichtshof auszuscheiden.[211] Damit wollte sich Weinkauff aber nicht abfinden, der diese Frage noch vor seinem Ausscheiden regeln wollte. So machte er Druck, indem er Bundesjustizminister Schäffer am 4. Februar 1960 aufsuchte und diesem unmissverständlich mitteilte, dass „eine längere Beurlaubung von Dr. Geiger in seiner Eigenschaft als Vorsitzender" des III. Zivilsenats „dienstlich nicht vertretbar"[212] sei.

Geiger aber machte keine Anstalten, seine Arbeit im Bundesgerichtshof wieder aufzunehmen. Erst am 1. April 1960, also einen Tag nach

Weinkauffs Pensionierung, trat er seinen Dienst im Bundesgerichtshof wieder an.[213] Nun wurde offenbar, wie es um das Verhältnis zwischen Weinkauff und Geiger wirklich bestellt war. Doch eine Frage blieb weiterhin klärungsbedürftig. Wie konnte man Geiger dazu bringen, sein Amt als Bundesrichter aufzugeben? Denn eine Doppelfunktion, darüber waren sich alle Verantwortlichen im Bundesgerichtshof und im Bundesverfassungsgericht einig, war schon wegen der Arbeitsbelastung nicht mehr hinnehmbar.

Es muss bezweifelt werden, ob Geiger letztlich aus freien Stücken den Entschluss fasste, aus dem Bundesgerichtshof auszuscheiden. Denn nach langen Diskussionen und Beratungen im Bundestag und im Bundesrat, konnte das von der Richterschaft lang ersehnte Richtergesetz verabschiedet werden. Das „Deutsche Richtergesetz" vom 8. September 1961[214] trat zwar erst zum 1. Juli 1962 (§ 126) in Kraft, doch es enthielt in § 70 eine Regelung, die quasi einer Lex Geiger gleichkam. § 70 lautete: „Die Rechte und Pflichten eines Richters an den oberen Bundesgerichten ruhen, solange er Mitglied des Bundesverfassungsgerichts ist." Juristisch war es allerdings überaus fraglich, ob diese Bestimmung überhaupt auf Geiger anwendbar war, da er bereits seit 1951 die beschriebene Doppelfunktion ausübte. Doch der Sinn und Zweck dieser Regelung war eindeutig. So konnte Chefpräsident Heusinger, der vermutlich auf Geiger in diesem Sinne eingewirkt hatte, dem Bundesminister der Justiz eine Erklärung Geigers vom 16. September 1961 übersenden,[215] in der dieser pathetisch und nicht ohne Eigenlob ausführte: „Ich trage dieser Entscheidung (gemeint ist § 70), die effektiv ausschließlich mich betrifft, Rechnung, indem ich erkläre, dass ich unverzüglich meine Tätigkeit als Vorsitzender des III. Zivilsenates einstelle; um der Justizverwaltung Zeit zu geben, die notwendigen personellen Maßnahmen zu treffen, und um in meinem Senat die Erledigung der Arbeiten nicht zu stören, werde ich meine Pflichten als Senatspräsident beim Bundesgerichtshof zum 31. Oktober 1961 ruhen lassen. Ich möchte nicht verfehlen, bei dieser Gelegenheit zum Ausdruck zu bringen, wie sehr ich es bedaure, dass meine Tätigkeit am Bundesgerichtshof, die ich ohne Beeinträchtigung meiner Pflichten am Bundesverfassungsgericht über acht Jahre ausgeübt habe, einstellen muss und dass ich an der Aufgabe, die mir als Vorsitzendem des III. Zivilsenates besonders am Herzen lag – Schutz des Eigentums gegen Eingriffe von hoher Hand und Schutz des Bürgers vor Amtspflichtverletzungen der Angehörigen des öffentlichen Dienstes – in dem von mir geführten Senat des Bundesgerichtshofes nicht weiter mitwirken kann."[216] Zum 2. November 1977, im Alter von 68 Jahren, trat Geiger als Verfassungsrichter in den Ruhestand. Bundespräsident Scheel sprach ihm wie üblich „für die dem deutschen Volke geleisteten treuen Dienste" Dank und Anerkennung aus und verlieh ihm das Große Verdienstkreuz mit Stern und Schulterband des Verdienstordens der Bundesrepublik Deutschland.[217] Ungestört konnte Geiger allerdings seinen Ruhestand nicht genießen. Bereits während seiner Amtszeit als Bundesverfassungsrichter wurde er mit seiner Vergangenheit konfrontiert. Doch nur Weniges drang hiervon bislang an die Öffentlichkeit.

Alles begann mit einem Artikel des „Vorwärts" vom 27. Juli 1966 mit dem Titel „Des Geigers braune Weste"[218], der seine Tätigkeit als Staatsanwalt am Sondergericht Bamberg anprangert, insbesondere aber seine 1941 veröffentlichte Doktorarbeit: „Das ‚völkische Saitenspiel' eines sich inzwischen zum Demokraten gemauserten ‚Geigers' hat in der vergangenen Woche die sonst so beschauliche Ruhe der Karlsruher Bundesgerichte gestört. Ein Buch, das in fast jeder größeren Universitäts- oder Staatsbibliothek und seit Jahren auch griffbereit in den Regalen der Bücherei des Bundesgerichtshofes ruht, wäre über Nacht zum lokalen Bestseller der Juristen und der ‚Residenz des Rechts' geworden, wenn mehr als ein Exemplar vorhanden gewesen wäre. Es heißt ‚Die Rechtsstellung des Schriftleiters nach dem Gesetz vom 4. Oktober 1933'. Gewisse Töne, die das Buch anschlägt, waren 1941 Schöpfung eines Dr. Willi Geiger, der inzwischen Richter am Bundesverfassungsgericht in Karlsruhe ist und vor wenigen Tagen als Präsident des 81. Deutschen Katholikentages in Bamberg wegen seiner NS-Vergangenheit Schwierigkeiten ausgesetzt war. Doch zuerst einige Zitate aus [...] Geigers ‚völkischem Saitenspiel', das er selbst einen ‚systematischen Grundriss des deutschen Schriftleiterrechts' nennt und in germanischer Treue seiner ‚lieben Frau' gewidmet hatte. Geiger schrieb: ‚Das Jahrhundert des Liberalismus ist bei uns abgelöst durch ein Zeitalter völkischen Gemeinschaftsgeistes; und wenn nicht alles trügt, steht die ganze abendländische Welt an einer Zeitenwende, die zur Neubestimmung des Verhältnisses von Einzelpersönlichkeit zu Volk und Staat führt. Das tritt denn auch in der Neuordnung unseres Rechts, durch die das neue starke und gesunde Rechtsempfinden des Volkes Gestalt gewinnt, zutage und muss sich am ehesten auswirken auf einem Gebiet, das wie die Presse solche Verhältnisse entscheidend zu gestalten berufen ist. Von besonderer Bedeutung ist dabei, dass Deutschland auf diesem Wege nicht allein vorwärts schreitet; das faschistische Italien hat schon vor Jahren den gleichen Versuch unternommen; und man muss sagen, er gelang und war in wesentlichen Punkten Vorbild für die deutsche Lösung dieser Frage. [...] Es bleibt noch eine letzte Voraussetzung zu nennen, die in keinem Recht ein Gegenstück findet und den nationalsozialistischen Geist offenbart, der das Schriftleitergesetz beherrscht: Der Schriftleiter muss grundsätzlich arischer Abstammung sein. [...] Als nichtarisch gilt danach, wer von nichtarischen, insbesondere jüdischen Eltern- oder Großelternteilen nichtarischen oder jüdischen Blutes ist. Die Vorschrift hat mit einem Schlag den übermächtigen, volksschädigenden und kulturzersetzenden Einfluss der jüdischen Rasse auf dem Gebiet der Presse beseitigt.'"

Und was der „Vorwärts" aus Geigers Doktorarbeit zitierte, hatte dieser auch geschrieben. Sein Doktorvater war Wilhelm Laforet, der vor 1933 der Bayerischen Volkspartei angehörte. Er wurde 1927 Professor für Staats- und Verwaltungsrecht in Würzburg. Nach der Machtergreifung scheiterten Versuche, „ihn in Pension zu schicken"[219], da er als Fachmann unentbehrlich erschien. 1945 zählte er zu den Gründungsmitgliedern der CSU in Unterfranken. Er war Mitglied des Deutschen Bundestages (1949 – 1953). Als Vorsitzender des Ausschusses für Rechtswesen und Verfassungsrecht hatte er in enger Zusammenarbeit mit seinem ehemaligen Doktoranden Geiger maßgeblichen Anteil am Zustandekommen des Bundesverfassungsgerichtsgesetzes. Er war ebenfalls Mitglied des ersten Richterwahlausschusses und beeinflusste damit die personelle Zusammensetzung des Bundesgerichtshofes während dessen Aufbaus.[220]

Geigers Doktorarbeit hatte das „Schriftleitergesetz" vom 4. Oktober 1933[221] zum Gegenstand. § 1 des Gesetzes bestimmte: „Die im Hauptberuf oder auf Grund der Bestellung zum Hauptschriftleiter ausgeübte Mitwirkung an der Gestaltung des geistigen Inhalts der im Reichsgebiet herausgegebenen Zeitungen und politischen Zeitschriften durch Wort, Nachricht oder Bild ist eine in ihren beruflichen Pflichten und Rechten vom Staat durch dieses Gesetz geregelte öffentliche Aufgabe. Ihre Träger heißen Schriftleiter. Niemand darf sich Schriftleiter nennen, der nicht nach diesem Gesetz dazu befugt ist." Schriftleiter konnte neben anderen Voraussetzungen nur der werden, der „arischer Abstammung" war und „nicht mit einer Person von nichtarischer Abstammung verheiratet" war (§ 5 Nr. 3). Dieses vom Reichsminister für Volksaufklärung und Propaganda, Goebbels, initiierte „Gesetz" verfolgte natürlich das Ziel, die Presse auf die nationalsozialistische Politik einzuschwören. Nur in diesem Sinne konnte auch § 13 verstanden werden: „Schriftleiter haben die Aufgabe, die Gegenstände, die sie behandeln, wahrhaft darzustellen und nach ihrem besten Wissen zu beurteilen." Damit aber insoweit kein Irrtum aufkommen konnte, umriss § 14 die eigentlichen Aufgaben eines jeden Schriftleiters: „Schriftleiter sind in Sonderheit verpflichtet, aus den Zeitungen alles fern zu halten: 1. was eigennützige Zwecke mit gemeinnützigen in einer die Öffentlichkeit irreführenden Weise vermengt, 2. was geeignet ist, die Kraft des Deutschen Reiches nach außen oder im Innern, den Gemeinschaftswillen des deutschen Volkes, die deutsche Wehrhaftigkeit, Kultur oder Wirtschaft zu schwächen oder die religiösen Empfindungen anderer zu verletzen, 3. was gegen die Ehre und Würde eines Deutschen verstößt, 4. was die Ehre und das Wohl eines andern widerrechtlich verletzt, seinem Rufe schadet, ihn lächerlich oder verächtlich macht, 5. was aus anderen Gründen sittenwidrig ist."

Was hatte nun Geiger in seiner Doktorarbeit geschrieben? Um sich einen Überblick zu verschaffen, gab der amtierende Präsident des Bundesverfassungsgerichts, Gebhard Müller (CDU), der von 1929 bis 1945 Amts- und Landgerichtsrat war, hausintern eine gutachtliche Stellungnahme in Auftrag. Diese Entscheidung traf Müller aber erst, nachdem der „Vorwärts" den oben zitierten Artikel veröffentlicht hatte. Datum und Autor der gutachtlichen Stellungnahme sind nicht mehr feststellbar gewesen.[222]

Auf diese gutachtliche Stellungnahme griff Präsident Müller zurück, nachdem aus Israel ein Protestschreiben beim Bundesverfassungsgericht eingegangen war. Absender war der frühere deutsche Rechtsanwalt Dr. Ernst Linz, der als Kriegsfreiwilliger im 1. Weltkrieg gekämpft hatte und mehrfach ausgezeichnet wurde. Er musste nach 1933 emigrieren und lebte fortan in Israel. Dort hatte er offensichtlich den „Vorwärts" vom 27. Juli 1966 gelesen. Im August 1966 wandte er sich von dort schriftlich an Gebhard Müller, der Geiger eine Fotokopie dieses Schreibens zur „Kenntnisnahme" überließ. In diesem Schreiben führte Linz aus:

„Mit großer Bestürzung las ich [...], was über den Bundesrichter Dr. Geiger gesagt war. Ich darf vorausschicken, dass mindestens 75 % der Israelis gegen alle Beziehungen mit Deutschland sind. Ich gehöre zu den 25 %, die sich für eine langsame Verständigung mit einem demokratischen Deutschland in Wort und Schrift einsetzen. Ich darf Sie (gemeint ist der Präsident des Bundesverfassungsgerichts) fragen: Wie kann ich die genannten 75 % anderen zu meinem Standpunkt bekehren, wenn zu lesen ist, dass ein heutiger Bundesrichter Nazi und Antisemit im Stil eines ‚Stürmer'-Streicher war? Sein seltsamer Kommentar enthält die wüstesten Beschimpfungen der Juden. Auch das Werk des Dr. Geiger hat zu einem Teil Auschwitz möglich gemacht. Wie kann dieser Bundesrichter sich mit dem Artikel 3 Abs. 3 GG einverstanden erklären, wonach ‚niemand wegen [...] seiner Rasse [...] benachteiligt werden darf'? Es ist ausgeschlossen, dass ein so rabiater Antisemit wie Dr. Geiger innerlich die Grundrechte des Grundgesetzes billigt. Er ist und bleibt insoweit unglaubwürdig. Es erhebt sich die Frage, wie es möglich war, dass Dr. Geiger Bundesrichter werden konnte. Und man kannte dessen Nazi-Vergangenheit einschließlich seines Kommentars. Und ist er jetzt noch Bundesrichter? Ist er wenigstens beurlaubt oder aus dem Amt geschieden? Er dürfte nicht einmal Amtsgerichtsrat in Durlach sein. Was nützen alle guten und schönen Reden ehrlicher Demokraten dort, wenn es einen Bundesrichter Dr. Geiger geben durfte! Haben wirklich diejenigen Recht, die in Israel Deutschland für einen hoffnungslosen Fall halten? Ich möchte das nicht tun. Sonst würde dieser Brief nie geschrieben worden sein. Aber man sollte mir und den Gleichgesinnten unsere Sache nicht erschweren. [...]"[223]

Müllers Antwort an Linz vom 9. September 1966 war nahezu inhaltlich mit der von ihm in Auftrag gegebenen gutachtlichen Stellungnahme identisch: „Sehr geehrter Herr Dr. Linz! Ich danke Ihnen bestens für Ihr Schreiben vom 26. August 1966, dem ich mit Genugtuung entnehme, dass Ihnen vor allem an einer Verständigung zwischen Ihren Landsleuten und einem demokratischen Deutschland liegt.

Nach den geltenden gesetzlichen Bestimmungen kann Dr. Geiger, der seit 1951 dem Bundesgerichtshof und dem Bundesverfassungsgericht angehört, für die 1941 erschienene, aber schon 1936 verfasste Schrift ‚Die Rechtstellung des Schriftleiters nach dem Gesetz vom 4. Oktober 1933' nicht zur Verantwortung gezogen werden, zumal er auf dieses Werk im Entnazifizierungsverfahren ausdrücklich hingewiesen hat.

Zur Beurteilung dieser Schrift und des Verhaltens Dr. Geigers während der nationalsozialistischen Zeit darf ich auf Folgendes hinweisen:

1. Geiger war bei der Abfassung der Schrift 27 Jahre alt. Die Schrift selbst ist nur in einer ganz geringen Auflage erschienen und war nur

in großen Bibliotheken zugänglich. Das Thema wurde angeregt von dem Universitätslehrer Geigers, Professor Laforet, von ihm als Dissertation angenommen, auch in einer von Laforet mitherausgegebenen Schriftenreihe der Universität Würzburg veröffentlicht und nach Form und Inhalt offensichtlich gebilligt. Laforet selbst hat nie der NSDAP angehört; er hat als Mitglied des Parlamentarischen Rates wie durch seine Veröffentlichungen nach 1945 wesentlich an der Ausarbeitung des Grundgesetzes und dessen Kommentierung mitgewirkt.

Die Schrift selbst geht im Wesentlichen völlig von den Motiven des damaligen Gesetzgebers aus, übernimmt sie ohne grundsätzliche Kritik und erläutert auf dieser Grundlage das Gesetzgebungswerk nach den üblichen Auslegungsmethoden. Als Grundlagen des Schriftleitergesetzes werden herausgestellt der Kampf gegen die rein zersetzende Presse, Wahrheitspflicht als oberstes Prinzip, Wirken im Sinne der Förderung der geistigen und ethischen Gesamthaltung eines Volkes, Pflege der lebenswichtigen Interessen der Allgemeinheit. Diese Grundgedanken können in der Theorie jedenfalls durchaus diskutabel erscheinen und idealistischen Motiven entspringen, wenn eben nicht – wie auf allen Gebieten – die Praxis völlig anders gewesen und die im Gesetz gegebenen staatlichen Eingriffsmöglichkeiten nicht zur völligen Unterdrückung und Gleichschaltung der Presse für verbrecherische Zwecke geführt hätten. Das nicht rechtzeitig erkannt und trotz Kenntnis und Ablehnung des nationalsozialistischen Regimes das Werk veröffentlich zu haben, scheint mir das Kernproblem derartiger Veröffentlichungen und ihrer heutigen Beurteilung zu sein. Dieser Vorwurf muss aber einer nicht geringen Zahl von Staatsrechtslehrern und sonstigen publizistischen und literarischen Autoren, auch kirchlichen Stellen aller Bekenntnisse und Organisationen gemacht werden, selbst dem damaligen höchsten deutschen Gericht. Geiger hat versucht klarzulegen, dass der Schriftleiterberuf ein ‚öffentlicher' Beruf sei, die Presse eine öffentliche, organisch dem Staat eingegliederte Einrichtung, das Presserecht nicht Polizei-, sondern Standesrecht. Dabei hat er sich bemüht, das Schriftleitergesetz so auszulegen, dass es möglichst rechtsstaatlich gehandhabt werden konnte: Abschaffung der Zensur als Voraussetzung jeder Pressefreiheit (S. 2) – englische Pressefreiheit als Vorbild (S. 4 ff) – gegen revolutionäre Zweckmäßigkeit statt Rechtmäßigkeit wie in Russland (S. 5) – nach Übergangzeit überhaupt Verzicht auf staatliche Einwirkung (S. 28) – Befürwortung weitgehender Ausnahmen vom Arierprinzip (S. 40) – Lob für die Tätigkeit des Reichsverbandes der deutschen Presse vor 1933 (S. 75) u. a. Das kann nicht daran hindern, festzustellen, dass einige Stellen weder in ihrer Formulierung geboten noch irgendwie sachlich vertretbar waren: Billigung des Gesetzes betr. Widerruf von Einbürgerungen und Aberkennung der deutschen Staatsangehörigkeit (S. 34) – Ausschluss der Nichtarier vom Schriftleiterberuf im Grundsätzlichen (S. 39/40) – Ausdehnung der Löschung aus der Schriftleiterliste bei späterer Wiederverheiratung mit einer nichtarischen Person (S. 49) – Pflicht, die Wahrheit zu verschweigen, wenn das Gemeinwohl es erfordert (S. 62). Bemerkenswert ist, dass die Schrift in der 1942 erschienenen Bibliographie des nationalsozialistischen Schrifttums negativ beurteilt wird."

Welche Kritik musste sich Geiger, nicht 1942, sondern 1941 nach Erscheinen seiner 129 Seiten langen Doktorarbeit gefallen lassen? In der Kritik hieß es: „Die Schrift soll nach dem Vorwort des Verfassers die Grundlagen wiedergeben, auf denen das Ansehen, die Vertrauenswürdigkeit und die Schlagkraft unseres Zeitungswesens beruhen, man soll ferner durch sie die Grundsätze erfahren, nach denen Schriftleiter ausgewählt, erzogen, eingesetzt und geführt werden, und man soll die Garantien kennen lernen, die die Sachlichkeit, Wahrhaftigkeit und Lauterkeit unserer Presse verbürgen. Die Erfüllung dieser Aufgabe würde zweifellos zu einer wertvollen Bereicherung unseres Rechtsschrifttums führen. Die Schrift des Verfassers wird dieser Aufgabe jedoch nicht gerecht. Die Stellung des nationalsozialistischen Schriftleiters, der mit an der Spitze der Funktionärsträger der Gemeinschaft steht, kann man nicht durch Zusammenstellung und Auslegung von Gesetzesbestimmungen – zumeist noch anhand liberaler Literatur – darlegen, sondern das Wichtigste ist die ideologische Klarstellung und die Einreihung der Gesetzesbestimmungen von dieser Grundlage aus. Wenn man so an die Aufgabe herangeht, dann stehen in der Literatur nicht Anschütz, Jellinek, Otto Mayer u. a. im Vordergrund, sondern ‚Mein Kampf' und die Führerreden, die Reden und Aufsätze von Dr. Goebbels, des Reichspressechefs Dr. Dietrich und der maßgebenden Männer der Reichskulturkammer, und in der Rechtsliteratur kann an neuen Werken, wie denen von Höhn, Huber, Maunz, nicht vorübergegangen werden. Man würde auch in den Ausführungen nicht auf Schritt und Tritt den Begriffen des liberalen Verwaltungsrechts wie Gewaltverhältnis, Staat als Herrschaftsgewalt, Verwaltungsakt auf Unterwerfung usw. begegnen [...]. Am Anfang der Ausführungen würde auch nicht die privatrechtliche Stellung des Schrift-

leiters stehen, sondern seine Stellung in und gegenüber der Gemeinschaft, und einen wesentlichen Teil der Schrift würde die Stellung der
Partei und ihre Einflussnahme auf den Schriftleiterberuf ausmachen, was
im vorliegenden Falle völlig fehlt."[224]

Aus dieser Rezension zitierte Müller in seinem Antwortschreiben an Linz
nicht. Vielmehr glaubte er zu Geigers Entlastung noch Folgendes anmerken zu müssen:

2. Über die tatsächliche Einstellung Dr. Geigers zum Nationalsozialismus geben folgende Tatsachen, die auch in dem seinen Widerstand
anerkennenden Entnazifizierungsverfahren ausführlich erörtert und
belegt worden sind, Aufschluss. Dabei ist zu beachten, dass vor allem Hermann Weinkauff, der erste Präsident des Bundesgerichtshofs,
und Dr. Thomas Dehler, der erste Justizminister der Bundesrepublik
Deutschland, nachdrücklich für Geiger eingetreten sind, ihn nach
1945 maßgeblich gefördert und seine antinationalsozialistische Haltung vor und nach 1933 immer wieder aus ihrer langjährigen unmittelbaren Kenntnis seiner Person und seines Wirkens bezeugt haben. Dr. Dehler hat ihn für die Berufung in das Bundesjustizministerium und an den Bundesgerichtshof wie in das Bundesverfassungsgericht vorgeschlagen.

Stichwortartig sei hervorgehoben:

a) Geiger ist 1931 – 1933 in zahlreichen Versammlungen gegen die
NSDAP als öffentlicher Redner aufgetreten.

b) Er ist Mitbegründer der Bayernwacht als Gegenorganisation gegen
SA und SS gewesen.

c) Er ist am Tage der Machtübernahme verhaftet worden. Seine Verhaftung wurde damals in allen Zeitungen seiner Heimat mit großen
Überschriften als ‚im Zuge einer Aktion gegen Volksfeinde' erfolgt
bekannt gegeben. Geiger war damals Justizreferendar. Mit ihm wurde sein Vater (Bezirksschulrat) als Nazigegner verhaftet; er erkrank-
te in der Haft lebensgefährlich. Vater und Sohn verloren Beamten-
stellung und Existenz. Geiger selbst war mehrere Wochen inhaftiert.
Seine Wohnung wurde wiederholt, auch bei Nacht, durchsucht. Nach
seiner Entlassung wurde er unter Aufrechterhaltung des Schutzhaft-
befehles unter Polizeiaufsicht gestellt und musste sich dreimal täglich bei der Polizei melden, bis er unter Aufgabe seines Wohnsitzes

nach auswärts übersiedeln konnte. Dass er dann im Vorbereitungs-
dienst der Justiz verbleiben konnte, hat er offensichtlich nur seinen
hervorragenden Prüfungsergebnissen und seinen Leistungen sowie
dem Wohlwollen und dem Geschick seiner Vorgesetzten zu verdanken. Es ist aber verständlich, dass er Jahre um seine Existenz bangen
musste, zumal nach seiner Verheiratung.

d) Noch 1936 hatte die Gauleitung Mainfranken der NSDAP seiner ständigen Anstellung als Richter mit der Bemerkung widersprochen: ‚zeigt
wenig Sympathie für das Dritte Reich. Ein besonderes Eintreten für
den nationalsozialistischen Staat kann zunächst jedenfalls nicht erwartet werden. Ein Parteigenosse ist ihm bei der Besetzung der Stelle vorzuziehen.'

e) Auch seine Beförderung, die 1944 erfolgen sollte, wurde von den
Parteidienststellen hintertrieben, obwohl Geiger als Soldat in Russland
Frontdienste leistete.

f) Er hat in einer Reihe von Fällen vom Nationalsozialismus Verfolgten
geholfen, ihre Haftentlassung durchgesetzt, andere rechtzeitig auf
Grund seiner Kenntnisse als Staatsanwalt gewarnt, ihre Anwälte über
das zweckmäßigste Verteidigungsvorhaben beraten, andererseits trotz
Intervention hoher Parteistellen gegen nationalsozialistische Verbrecher Strafverfahren durchgeführt und in einem Fall gegen einen maßgeblichen Parteifunktionär wegen Vergewaltigung von Fremdarbeiterinnen die Todesstrafe beantragt. Dies alles wird von den beim
Landgericht Bamberg tätigen Richtern und Rechtsanwälten anhand
zahlreicher Einzelfälle und noch vorhandener Akten bezeugt.

g) beanstandete Schrift ist das einzige Werk Geigers aus jener unseli-
gen Zeit. Er hätte auf Grund seiner Befähigung vielfach Gelegenheit
gehabt, in weiterem Umfang schriftstellerisch tätig zu werden. Der
Eindruck drängt sich geradezu auf, dass diese Schrift, von Professor
Laforet gebilligt und gefördert, eine der Konzessionen zur Erhaltung
der Existenz war [...].

h) Nach 1945 hat Professor Geiger in über 80 Veröffentlichungen
Grundlegendes und Wesentliches zur Förderung des freiheitlichen
Rechtsstaates beigetragen. Ich muss es bei dieser Gesamtbetrachtung
Ihnen, sehr geehrter Herr Dr. Linz, überlassen, ob es richtig und gerecht ist, auf Grund einer vor 30 Jahren erschienenen und damals
offensichtlich unbeachtet gebliebenen Schrift die jetzige Stellung Professor Geigers anzutasten und ihn für untragbar zu erklären."[225]

Wie Linz auf Müllers Antwort reagierte, ist nicht bekannt. Doch Linz muss zu Bundesverfassungsrichter Gregor Geller Kontakt gehabt haben. Denn dieser, der von September 1963 bis Dezember 1971 am Verfassungsgericht tätig war[226], wandte sich mit einem mehrseitigen Schreiben vom 27. Januar 1967 an seinen Präsidenten. Geller gehörte wie Geiger dem Zweiten Senat des Bundesverfassungsgerichts an; beide kannten sich also. Im Gegensatz zu Geiger konnte Geller einen Lebenslauf vorweisen, der zu dem seines Kollegen nicht unterschiedlicher hätte sein können: 1903 geboren wurde er nach der Kapitulation Senatspräsident am Oberlandesgericht Düsseldorf. Von dort wechselte er 1955 als Ministerialdirektor ins Bundesministerium für Arbeit und Sozialordnung. 1960 erfolgte seine Berufung zum Leiter der Rechts-, Organisations- und Personal-Division im Intergovernemental Committee for European Migration (ICEM) in Genf. Hiernach erfolgte seine Wahl zum Bundesverfassungsrichter.

Was Geller seinem Präsidenten mitteilte, beinhaltete nicht nur eine Kritik an dessen Schreiben vom 9. September 1966. Vielmehr machte er auch aus seiner Ablehnung gegen die Art und Weise der nach 1945 betriebenen Vergangenheitsbewältigung kein Geheimnis. Sein mehrseitiges Schreiben, von dem er nur dem Vizepräsidenten des Verfassungsgerichts eine Abschrift zuleitete,[227] war quasi eine Abrechnung mit denjenigen, die als ehemalige NS-Juristen ihre Vergangenheit in einem anderen Licht erscheinen ließen und die sich als Kämpfer für das Recht darstellen wollten. Dabei war Geller natürlich zurückhaltend genug, diese Verhaltensweisen nicht mit drastischen Worten zu beschreiben. Begriffe wie Schönrednerei, Verharmlosung oder gar Verlogenheit fehlten in seinen Ausführungen, obwohl seine Analysen und Feststellungen nur in diesem Sinne verstanden werden konnten. Wären seine Zeilen an die Öffentlichkeit gelangt, dann hätten sich all jene bestätigt gefühlt, die die Entnazifizierungsverfahren de facto als Scheinverfahren bezeichnet hatten. Dass auch ein Verfassungsrichter zu diesem Ergebnis gelangte und dasselbe auch noch schriftlich fixierte, war für jene Zeit außergewöhnlich. Zudem stellte Gellers Schreiben auch eine vernichtende Kritik an Müllers Antwort dar:

„Trotz der inzwischen verflossenen Zeit darf ich mir erlauben, auf Ihr Schreiben [...] mit der beigefügten Korrespondenz zwischen Ihnen und Herrn Dr. Linz [...] zurückzukommen. Mir liegt daran, klarzustellen, dass Ihr Schreiben an Herrn Dr. Linz vom 9. September 1966 nicht als offizielle Stellungnahme des Gerichts angesehen werden kann. Für eine solche Stellungnahme wäre nur das Plenum zuständig; denn die Angelegenheit betrifft einen Richter, nicht einen Beamten. Ihr Schreiben an Herrn Dr. Linz enthält infolgedessen nichts anderes als Ihre persönliche Meinung. Ich bedauere sehr, dass Sie das – wie es sonst üblich ist – nicht besonders zum Ausdruck gebracht haben. Herr Dr. Linz wird sich sehr wahrscheinlich nicht darüber im Klaren sein, dass das Bundesverfassungsgericht nicht hierarchisch organisiert ist und wird möglicherweise annehmen, Ihre Stellungnahme entspräche der allgemeinen Auffassung des Richterkollegiums. Hiervon kann aber, da das Richterkollegium nicht befragt worden ist, keine Rede sein. Ich persönlich teile jedenfalls Ihre Meinung in der Angelegenheit Geiger nicht.

1. Sie betonen zu Beginn Ihres Schreibens, dass die Geiger'sche Schrift nur in einer ganz geringen Auflage erschienen und nur in großen Bibliotheken zugänglich gewesen sei. Abgesehen davon, dass solche Monographien niemals größere Auflagen erreichen und diese spezielle Schrift kriegsbedingten Beschränkungen unterlag, trifft der Hinweis auch nicht das, was Herrn Dr. Linz offensichtlich bewegte. Es kümmerte ihn wohl wenig, ob und wieviele Deutsche Zugang zu der Monographie hatten und sich durch ihre Lektüre noch in letzter Minute von der Notwendigkeit einer Reinigung der Presse von ‚prominenten Journalisten' die ‚in Presse machten' [...], und von dem ‚übermächtigen und kulturzersetzenden Einfluss der jüdischen Rasse' sowie von der Zulässigkeit der Unterdrückung der Wahrheit überzeugen ließen. Was ihn erregte war die Frage, wieso der Autor einer solchen Schrift in der Bundesrepublik Mitglied des höchsten Gerichtes, das u. a. auch über die Verwirklichung des Art. 3 Abs. 3 GG zu wachen hat, werden konnte. Die Erklärung, die Sie in Ihrem Schreiben geben, ist für kritische Menschen im In- und Ausland wenig überzeugend, am allerwenigsten für die aus Deutschland stammenden Israelis.

2. Sie führen aus, die Schrift gehe im Wesentlichen völlig von den Motiven des damaligen Gesetzgebers aus, übernehme sie ohne grundsätzliche Kritik und erläutere auf dieser Grundlage das Gesetzgebungswerk nach den üblichen Auslegungsmethoden. Die so entwickelten Grundgedanken könnten Ihrer Ansicht nach ‚in der Theorie jedenfalls durchaus diskutabel erscheinen und idealistischen Motiven entspringen'. Das muss den – sicherlich von Ihnen gar nicht be-

absichtigten – Eindruck erwecken, als ob das Schriftleitergesetz von 1934 (Schreibfehler Gellers) ein durchaus rechtsstaatliches Gesetz darstelle, das nur von den braunen Machthabern missbraucht worden sei. Demgegenüber ist jedoch offenkundig, dass das Schriftleitergesetz ein ‚Goebbels-Gesetz' und von Anfang an bis ins letzte Wort vergiftet war. Es wurde nicht missbraucht, sondern in dem Sinn, in dem es gemeint war, ausgeführt. Gerade die heuchlerischen Formulierungen zeigen das am besten. Jetzt musste ‚das Recht zum Schreiben durch sittliche und nationale Reife erworben werden' (Goebbels nach Geiger S. 33); aber die ‚sittliche und nationale Reife' wurde nunmehr Figuren wie Streicher, d'Alquen[228] und ihren Gesinnungsgenossen sowie denjenigen, die alles taten, um als solche zu gelten, zuerkannt. Bernhard[229] war verjagt, Ossietzky ins KZ eingewiesen, wo er umkam. Die Zwecke und Ziele des Schriftleitergesetzes waren schon z. Zt. seines Erlasses [...] voraussehbar. Im Jahre 1936 konnte sie auch ein Blinder sehen, geschweige denn ein so intelligenter Mann wie Herr Geiger. Die Wahl bzw. die Annahme eines solchen Themas unter den damals obliegenden Umständen ist schon an sich nicht zu rechtfertigen. Für eine Dissertation standen viele andere unverfängliche Fragen zur Verfügung.

Dass der gleiche Vorwurf wie Herrn Geiger auch, wie Sie sagen, eine ‚nicht geringe Zahl von Staatsrechtslehrern' trifft, die in der Bundesrepublik wieder die juristische Jugend ausbilden und unter denen sogar einer Kultusminister[230] hat werden können, wird jedenfalls in Israel kaum zur Beruhigung beitragen. Von den Kirchen schweigt des Sängers Höflichkeit.

3. Aus Ihrem Schreiben gewinnt man den Eindruck, dass Sie die peinliche Schrift als eine Art ‚Jugendsünde' entschuldigen wollen. Mit 27 Jahren ist man aber nicht mehr jugendlich; für seine Handlungen muss man die volle Verantwortung übernehmen. Übrigens, 1940, als Herr Geiger sein Vorwort zu der Veröffentlichung schrieb und dem Werk durch die Widmung an ‚seine liebe Frau' noch eine persönliche Note verlieh, war er überdies schon 31 Jahre alt. Sorgen um die ‚Existenzsicherung' konnten ihn nicht mehr quälen. Er war seit 1938 Landgerichtsrat, nachdem die ablehnende Haltung der Gauleitung Mainfranken der NSDAP inzwischen offensichtlich erfolgreich überwunden worden war. Zudem war er in die NSDAP als Mitglied – auf seinen Antrag natürlich – aufgenommen worden; er gehörte der SA an. Er

hatte sich damit völlig assimiliert. Man fragt sich, wieso es dann noch geboten war, diese Schrift zu veröffentlichen anstatt sie zu verbrennen. Zudem hat er in seinem Vorwort die Arbeit ausdrücklich bestätigt und sich mit ihrem Inhalt völlig identifiziert. Von jugendlicher Unbesonnenheit kann wirklich keine Rede sein. Nun weisen Sie darauf hin, dass Männer wie Dehler und Weinkauff die ‚antinationalsozialistische Haltung‘ Geigers nicht nur vor, sondern auch nach 1933 bezeugt hätten. D. h. doch mit anderen Worten, dass Geiger seine das Schriftleitergesetz bejahende, von Goebbels-Zitaten ausgefüllte, mit zahlreichen Sternchen angereicherte und mit antisemitischen Bemerkungen durchsetzte Schrift gegen (Unterstreichung Gellers) seine eigentliche Überzeugung verfasst hat, und dies zur ‚Existenzsicherung‘ ‚zumal nach seiner Verheiratung‘, sprich: seines Fortkommens wegen. Glauben Sie wirklich, dass es als Empfehlung und Rechtfertigung dienen kann, wenn man von einem Mann sagt, er habe seines Vorteils wegen in einer wissenschaftlich aufbereiteten Arbeit gegen seine bisherige Ansicht Dinge geschrieben, nur um sich bei den Machthabern beliebt zu machen? Glauben Sie wirklich, dass daraufhin die zur Aufrechnung gestellten über 80 so rechtsstaatlichen Arbeiten – geschrieben in einer Zeit, in der auch dies äußerst förderlich war – so ohne weiteres akzeptiert werden? Wer einmal seine Überzeugung seiner Karriere geopfert hat, muss sich gefallen lassen, dass man auch seine späteren Handlungen auf die Motive, denen sie entspringen, prüft.

4. Sie weisen auf S. 4 zu f) Ihres Schreibens auf Vorgänge hin, die offenbar aus den im Wiedereinstellungsverfahren produzierten sog. ‚Persilscheinen‘ stammen. Nun weiß man aus den Entnazifizierungsverfahren, wie problematisch derartige pauschale Entlastungserklärungen sind. Sie waren zweckbestimmt, einseitig und ergaben naturgemäß alle dasselbe Bild, indem zur wirksamen Unterstützung des Betroffenen die Farben möglichst dick aufgetragen waren. Wenn man den Passus zu f) Ihres Schreibens ohne die an sich gebotenen Vorbehalte liest, müsste man zu dem Schluss kommen, der Landgerichtsrat Dr. Geiger in Bamberg habe sich mannhaft und – im Gegensatz zu früher – ohne Rücksicht auf seine Existenzsicherung der Partei-Willkür und dem NS-Terror entgegengestellt. Er sei in Wirklichkeit nicht das, als was ihn seine Monographie erscheinen lassen muss, sondern eine Art Widerstandskämpfer gewesen. Der Duktus Ihres Schreibens lässt erkennen, dass Sie selbst diesen Schluss nicht zie-

hen zu können glauben. Denn sonst wäre dieses stärkste Argument ja sicherlich in den Mittelpunkt gerückt worden; es hätte allein für sich schon genügt zu erklären, warum auch aus politischen Gründen keine Bedenken gegen eine Berufung von Herrn Geiger in das höchste Gericht bestehen konnten. In Ihrer Darstellung wirkt der Punkt f) sozusagen unproportioniert. Man fragt sich, worum es sich im Einzelnen gehandelt hat, damit man die gesamten Umstände abwägen und ggf. auch den Verdacht der sog. ‚Rückversicherung' ausschließen kann. In einem Punkt ergibt sich allerdings schon nach dem ersten Anschein, dass das durch Persilscheine vermittelte Bild zumindest stark verzeichnet ist. Wenn ein Staatsanwalt gegen einen maßgeblichen Parteifunktionär wegen Vergewaltigung von Fremdarbeiterinnen die Todesstrafe beantragt, so beweist das noch lange nicht die antinationalsozialistische Haltung des Staatsanwalts. In dem bis ins Mark korrupten NS-Staat konnte ein maßgeblicher Parteifunktionär nur dann gerichtlich verfolgt werden, wenn er sich im Intrigennetz seiner Partei verfangen hatte und von seinem noch maßgeblicheren Parteifunktionär fallen gelassen, d. h. der sonst so verachteten Justiz zum Fraß überlassen wurde. Dann aber konnte der Staatsanwalt beantragen, was er wollte. Von Interesse wäre allerdings der Wortlaut des Plädoyers, mit dem Herr Geiger gegen seinen hohen Parteigenossen die Todesstrafe beantragt hat.

Ich habe Ihnen, sehr geehrter Herr Präsident, in aller Offenheit meinen Standpunkt so ausführlich dargelegt, weil ich ernstlich befürchte, dass Ihre Argumentation in den Kreisen der aus Deutschland stammenden Israelis, deren Familien in ihrem ursprünglichen Heimatland ein so grauenhaftes Schicksal ereilt hat, nicht die von Ihnen erhoffte Wirkung zeitigt. Herr Dr. Linz hat Ihnen zwar – offenbar in der ersten Freude über den persönlichen und so liebenswürdigen Brief des Präsidenten des Bundesverfassungsgerichts – seinen Dank ausgesprochen und sich für überzeugt erklärt. Wie mir Freunde, die mit Israel in Verbindung stehen, mitteilten, hat Herr Dr. Linz jedoch die Korrespondenz mit Ihnen nach einem – glücklich überstandenen – Herzinfarkt im Zuge der Bereinigung seiner Papiere für den Fall eines späteren plötzlichen Unglücks vernichtet. Er will also nicht, dass man den Briefwechsel in seinem Nachlass findet. Das spricht nicht dafür, dass er die von Ihnen dargelegten Argumente für ausreichend hält, in seinem Kreis in Israel für ein besseres Verständnis der Bundesrepublik zu werben. Das ist nicht verwunderlich. Ich habe lange genug in internationalen Kreisen gelebt, um beurteilen

zu können, wie belastend es für die Bundesrepublik ist, dass so mancher, der sich durch Tat, Wort oder Schrift den NS-Machthabern dienst-
bar erwiesen hat, jetzt wieder in höheren oder hohen Stellungen wirkt.

Ich habe volles Verständnis dafür, dass Sie in Ihrer Sorge um das Ansehen des Gerichts von sich aus den Versuch unternahmen, das in der
Öffentlichkeit ins Zwielicht geratene Mitglied des Richterkollegiums zu
verteidigen, und es liegt mir fern, an Ihrer guten Absicht Kritik zu üben.
Ich bin nur der Ansicht, dass es wünschenswert und der Sache dien-
lich gewesen wäre, von der für das Ausland bestimmten Stellungnahme in dieser äußerst peinlichen Angelegenheit die Entscheidung des zuständigen Richterkollegiums herbeizuführen [...]."[231]

Natürlich musste Müller hierauf reagieren, was er mit einem Schreiben
vom 27. Februar 1967 auch vorhatte. Dieses schickte er aber nicht an
Geller ab. Vielmehr erörterte er dessen Inhalt in einem persönlichen
Gespräch mit diesem.[232] Der Inhalt dieses Schreibens lautete: „[...] Auch
wenn Sie zum Teil eindringliche Kritik an meinem Schreiben an Dr. Linz
üben, begrüße ich doch Ihre Auseinandersetzung, da ich selbst erst nach
langer Prüfung und reiflicher Überlegung zu einem abschließenden Ergebnis gekommen bin. Ich muss mich zunächst darauf beschränken, auf
Folgendes hinzuweisen: [...] Bei den Unterlagen, die ich benützt habe,
handelt es sich nicht um die üblichen ‚Persilscheine'. Es lagen mir die
vollständigen Personalakten des Oberlandesgerichts Bamberg vor, unter ihnen das Protokoll der Entnazifizierungsverhandlung, die mehrere
Tage dauerte und bei der zahlreiche Zeugen zum Teil eidlich vernom-
men wurden, ebenso alle noch erreichbaren Ureile des Sondergerichts,
soweit Dr. Geiger bei dessen Verhandlungen als Staatsanwalt mitgewirkt
hat; dazu die Zeitungsausschnitte über seine Verhaftung. [...]"

Müller hatte also nur noch einmal herausgehoben, welche Quellen seinem Schreiben vom 9. September 1966 zugrunde gelegen hatten. Insoweit verwundert es, dass er angesichts der eingesehenen Urteile des
Sondergerichts Bamberg Geigers Vergangenheit so schönredend darstellte. Schon die oben genannten zwei Beispiele belegen, dass Geiger
als Staatsanwalt vor dem Sondergericht Bamberg Anträge stellte, die,
wenn sie denn zum Erfolg führen sollten, auf Rechtsbeugung hinausliefen. Um diese Feststellung zu erhärten, soll noch das folgende Strafverfahren vor dem Sondergericht Bamberg, an dem Geiger wieder als Ver-
treter der Anklage teilnahm, geschildert werden. Auch dieses Urteil will

Müller, folgt man dessen Angaben in seinem Schreiben vom 27. Februar 1967, überprüft haben.

Am 25. Februar 1942 verurteilte das Sondergericht Bamberg den 30 Jahre alten Arbeiter Jakob S. wegen 6 rechtlich zusammentreffender Verbrechen nach § 1 der „Verordnung gegen Gewaltverbrecher" in Verbindung mit Mordversuch in Tateinheit mit 6 rechtlich zusammentreffender Verbrechen nach § 2 der „Verordnung gegen Volksschädlinge" in Verbindung mit Mordversuch zum Tode. Geiger hatte als Staatsanwalt beantragt, „den Angeklagten wegen sechsfachen, unter Anwendung einer Stoßwaffe und Ausnützung der Verdunkelung begangenen Mordversuches als Gewaltverbrecher zum Tode zu verurteilen."[233] Wenn Geiger in seinem Antrag die Formulierung benutzte „unter Anwendung einer Stoßwaffe", so meinte er hiermit die „Verordnung gegen Gewaltverbrecher" vom 5. Dezember 1939,[234] während die Formulierung „Ausnützung der Verdunkelung" die „Verordnung gegen Volksschädlinge" zum Gegenstand hatte. Den rechtlichen Bewertungen, die seinem Antrag zugrunde lagen, folgte auch das Sondergericht. Zunächst soll § 2 der „Verordnung gegen Volksschädlinge" vom 5. September 1939[235] diskutiert werden. § 2 (Verbrechen bei Fliegergefahr) lautete: „Wer unter Ausnutzung der zur Abwehr von Fliegergefahr getroffenen Maßnahmen ein Verbrechen [...] gegen Leib, Leben [...] begeht, wird mit Zuchthaus bis zu 15 Jahren oder mit lebenslangem Zuchthaus, in besonders schweren Fällen mit dem Tode bestraft."

Das Sondergericht Bamberg sah folgenden Sachverhalt als erwiesen an: „Der Angeklagte (zukünftig: A) ist Weißrusse. Er ist am 14.11.1911 [...] geboren. Im Jahre 1939 wurde er zum polnischen Heer einberufen und im September 1939 mit seinem Truppenteil gefangen genommen. Er kam dann als Kriegsgefangener nach Deutschland. Da er nicht polnischer Volksangehöriger ist, wurde er als Weißrusse im Januar 1941 aus der Kriegsgefangenschaft entlassen und blieb als Arbeiter in Deutschland. Er kam mit einem Trupp anderer Weißrussen in die Porzellanfabrik Winterling in Oberröslau. [...] Am 19.10.1941 erschien der A [...] gegen 19.00 Uhr in Begleitung seines Lagerkameraden Arsyuta [...] in der Wirtschaft Wunschel. Sie nahmen ihr Abendessen ein und tranken dazu Bier. (Der Lagerkamerad) verließ die Wirtschaft etwa nach 20.00 Uhr; der A blieb allein zurück. Er trank weiter Bier und, als der Wirt ihm nach 20.00 Uhr keines mehr geben wollte und ihn zum Verlassen der Wirtschaft aufforderte, lärmte [...]. Trotz wiederholter gütlicher Ermahnungen und danach energischer Aufforderungen blieb der A sitzen und verlangte Bier wie die Deutschen, da er auch wie sie arbeiten müsse. Einige junge Burschen, die gegen 19.30 Uhr in die Wirtschaft gekommen waren, brachen gerade wieder auf. Sie forderten den A zum Mitkommen auf. Als er seine Zeche bezahlt hatte, verlangte er jedoch abermals Bier. Der Wirt verweigerte es ihm und die Burschen hoben ihn, da er nicht freiwillig gehen wollte, vom Stuhl hoch. Der A lehnte sich zurück und griff nach seinem Hut, um ihn noch mitzunehmen. Nachdem er ihn hatte, schoben ihn die Burschen weiter zur Tür hin. Dort sträubte er sich, stemmte sich etwas dagegen, ließ sich aber dann doch durch die Tür in den Hausplatz, der durch eine mit einem Tuch verhängte Lampe notdürftig erleuchtet war, bringen. Draußen schoben die Burschen ihn weiter zur Treppe. Dorthin gelangt drehte er sich plötzlich blitzschnell um und führte gegen die nichtsahnenden Burschen mit einem Messer, das er unbemerkt gezogen hatte, heftige Stiche. Die Burschen, die infolge der mangelhaften Beleuchtung das Messer nicht sehen konnten, wurden nacheinander getroffen. Einer nach dem anderen ging ins Gastzimmer zurück. Der A tobte indes auf dem Hausplatz, riss vor dem Haus eine Zaunlatte ab und drang in die Gaststube ein. Einen Stuhl, den der Zeuge P. zur Abwehr in die Hand genommen hatte, entriss er diesem und schleuderte ihn in die Stube. Die anwesenden Gäste sowie die verwundeten und schwer blutenden Burschen flüchteten durch die rückwärtigen Fenster aus dem Haus. [...] Rechtlich beurteilt sich die Handlungsweise des A als 6 Mordversuche an den 6 Burschen [...] nach §§ 211, 43 RStGB. Der A hatte den Entschluss gefasst, die 6 Burschen, die arglos und nichtsahnend mit ihm das Haus verlassen wollten, zu töten. [...]"

Es soll nicht der Frage nachgegangen werden, ob das Sondergericht zu Recht Mordversuch in 6 Fällen bejahte. Zunächst soll die Begründung hinsichtlich § 2 der sog. Volksschädlingsverordnung referiert werden. Das Sondergericht führte insoweit aus: „Der A hat die Tat gleichzeitig unter Ausnutzung der zur Abwehr von Fliegergefahr getroffenen Maßnahmen begangen (§ 2 der VolksschädlingsVO). Er hat den hinterlistigen Überfall nicht in der hell erleuchteten Gaststube vorgenommen, sondern erst im Hausplatz, wo die an der Decke befindliche Lampe durch ein schwarzes Tuch verdeckt, nur spärliches Licht gab. Dieser Umstand ermöglichte dem A erst, unbemerkt das Messer zu ziehen und die Tat auszuführen. Er hat demnach die Verdunklung des Hausplatzes zur Ausführung der Tat planmäßig ausgenutzt."

Dass § 2 der sog. Volksschädlingsverordnung, der ausdrücklich mit „Verbrechen bei Fliegergefahr" überschrieben war, eine andere Zweckbestimmung hatte, als vom Sondergericht in diesem Fall angenommen, bedarf keiner weiteren Darlegung. Hinzu kommt, dass die Taten in dem kleinen Ort Oberröslau begangen worden waren, in einer Gegend also, in der eine Fliegergefahr überhaupt nicht drohte. Schon von daher lag die erste Voraussetzung des § 2 nicht vor. Allerdings musste das Sondergericht auch noch das Merkmal „Volksschädling" bejahen, um nach § 2 dieser Verordnung die Todesstrafe aussprechen zu können. Hierzu stellte das Sondergericht fest: „Er ist auch als Volksschädling im Sinne der VolksschädlingsVO anzusehen. Dies zeigten einerseits die Tat, ihre Ausführung, andererseits die Persönlichkeit des A selbst. Er war als polnischer Kriegsgefangener nach Deutschland gekommen, jedoch schon im Januar 1941 wegen seiner Zugehörigkeit zum weißrussischen Volkstum entlassen und als Zivilarbeiter beschäftigt worden. Als solcher genoss er beträchtliche Vorteile (Schwerstarbeiterzulagen bei Lebensmittelzuteilung), einen reichlichen Lohn und eine verhältnismäßig große Freiheit in seiner Lebensführung [...]. Trotz der günstigen Lebenslage, die er in seiner Heimat überhaupt nicht hätte finden können, hat er sich bei der Arbeit aufsässig gezeigt und gleich aufgemuckt, wenn ihm nicht gleich alles so gewährt wurde, wie er es wünschte. Hinzu kommt noch, dass er auch schon früher gewalttätig war. [...] So ergibt sich auch aus der Persönlichkeit des A der des Volksschädlings, der hemmungslos, brutal und gefahrdrohend der Allgemeinheit gegenüber steht."

Da das Sondergericht § 2 der sog. Volksschädlingsverordnung zur Anwendung brachte, hätte es an sich auf § 1 der sog. Gewaltverbrecherordnung nicht mehr einzugehen brauchen. Offensichtlich wollte das Gericht jedoch die Todesstrafe sozusagen doppelt absichern, so dass es auch die Voraussetzungen des § 1 Abs. 1 dieser Verordnung als erfüllt ansah: „Wer bei einer Notzucht, einem Straßenraub, Bankraub oder einer anderen schweren Gewalttat Schuss-, Hieb- oder Stoßwaffen oder andere gleich gefährliche Mittel anwendet oder mit einer solchen Waffe einen anderen an Leib oder Leben bedroht, wird mit dem Tode bestraft." Insoweit führte das Sondergericht aus: „Der A hat bei Begehung der Mordversuche eine Stoßwaffe benutzt. Seine Angabe, er habe nur ein kleines zusammenklappbares Taschenmesser gehabt, ist nach den verursachten Verletzungen unwahr. Der Sachverständige [...] kommt zu dem Schluss, dass der A zur Tat ein fest stehendes Messer benutzt haben muss, dessen Klinge 10 – 15 cm lang und 2 – 3 cm breit gewesen ist. [...] Die Ausführung der Tat zeigt den A auch als Gewaltverbrecher. In seiner Wut [...] hat der A wild um sich gestochen und Verletzungen verursacht, die der Sachverständige [...], der schon viele Messerstichverletzungen behandelt hat, als erschreckend und besonders auffallend bezeichnet hat. Die Gewalttätigkeit des A zeigte sich auch nach Ausführung der Tat, als er in die Gaststube eindrang, nachdem er vorher die Latten eines Gartenzaunes abgerissen hatte und [...] wie ein wildes Tier tobte. Schließlich wird das blind wütende Toben des A auch dadurch verdeutlicht, dass die sämtlichen in der Wirtschaft befindlichen Personen [...] nach dem rückwärtigen Saal und durchs Fenster flüchteten. Bezeichnend für die gewalttätige Art ist auch die vom A auf der Straße ausgestoßene Drohung, er werde noch 20 Deutsche niederstechen. Die bereits oben geschilderte Persönlichkeit des A erweist ihn ebenfalls als den Gewaltverbrecher, der durch (die Verordnung vom 5. Dezember 1939) getroffen werden soll. Er greift sofort zum Messer, ohne angegriffen zu sein [...]. Angesichts dieser Tatsachen kann dem Umstand, dass der A nicht nachweisbar vorbestraft ist, keine entscheidende Bedeutung beigemessen werden. Seine brutale und rohe Gesinnung und die Art und Ausführung der Straftat brandmarken ihn als Gewaltverbrecher."

Wie ging nun Geiger mit seiner Vergangenheit als Staatsanwalt vor dem Sondergericht Bamberg um? Im Rahmen seiner Entnazifizierung wurde nur einmal die Anklagebehörde am Sondergericht Bamberg erwähnt. Der bereits zitierte Beschluss der Spruchkammer Bamberg-Stadt vom 17. April 1947 führte insoweit Folgendes aus: „Es ist begreiflich, dass er (Geiger) unter dem Druck [...] in die NSDAP eintrat. Er hat sich in dieser nicht nur niemals für die Ziele des NS (NS-Staates) eingesetzt, sondern immer aktiv dagegen gearbeitet. Er hat dies sogar unter den komplizierten Verhältnissen bei der Anklagebehörde am Sondergerichtshof (so die Formulierung im Beschluss) gemacht."

Als Geiger als Richter des Bundesverfassungsgerichts vorgeschlagen worden war, wurde er im Mai 1951 von Dehler „entsprechend einem Wunsche des Richterwahlausschusses" gebeten, einen „selbst gefertigten Lebenslauf"[236] vorzulegen. Diesem Wunsche kam er natürlich nach. Doch wie bereits dargelegt worden ist, konnte aus Geigers Angaben nur der Schluss gezogen werden, dass er „Mitarbeiter" bzw. „Hilfsarbeiter" bei der Staatsanwaltschaft beim Landgericht Bamberg gewesen war. Mit keinem Wort erwähnte er in diesem Zusammenhang die Staatsanwaltschaft bei dem Sondergericht Bamberg.

Nun enthielt das „Gesetz über das Bundesverfassungsgericht" vom 12. März 1951 eine Bestimmung, die unter Berücksichtigung der von Geiger gemachten Angaben möglicherweise zu seinem Nachteil einschlägig gewesen wäre. § 105 Abs. 1 Nr. 2 in der damaligen Fassung lautete: „Das Bundesverfassungsgericht kann den Bundespräsidenten ermächtigen, [...] einen Richter des Bundesverfassungsgerichts zu entlassen, wenn er wegen einer entehrenden Handlung [...] oder wenn er sich einer so groben Pflichtverletzung schuldig gemacht hat, dass sein Verbleiben im Amt ausgeschlossen ist." Und in der Tat ließ Präsident Gebhard Müller diese Vorschrift in Bezug auf die Person Geigers überprüfen. Doch diese bereits erwähnte gutachtliche Stellungnahme ließ Müller erst erstellen, nachdem der bereits erwähnte Artikel über Geigers Doktorarbeit im „Vorwärts" erschienen war. Folglich war Gegenstand der gutachtlichen Stellungnahme nur Geigers Doktorarbeit, die zu folgendem Ergebnis kam: „Ein Verfahren nach § 105 BVerfGG scheidet schon deshalb aus, weil er (Geiger) sich während seiner Amtszeit als Richter des Bundesverfassungsgerichts keiner Pflichtverletzung schuldig gemacht hat. Auch muss darauf hingewiesen werden, dass er im Entnazifizierungsverfahren die beanstandete Schrift stets in den wiederholt eingeforderten Fragebogen angegeben hat und dass seine Wahl zum Bundesverfassungsrichter im Wesentlichen auf Vorschlag Dr. Dehlers erfolgt sein dürfte, dessen Mitarbeiter er war und der sein Verhalten im Dritten Reich genauestens kannte."[237]

Als dann aber ein Hans Michael Empell nach Geigers Pensionierung am 30. März 1978 ein Schreiben an das Bundesverfassungsgericht sandte, in dem er anregte, „das Bundesverfassungsgericht möge den Herrn Bundespräsidenten ermächtigen, die Ernennung des Richters am Bundesverfassungsgericht im Ruhestand Dr. Willi Geiger zum Richter am Bundesverfassungsgericht zurückzunehmen",[238] da mussten der amtierende Bundesverfassungsgerichtspräsident Ernst Benda und sein Stellvertreter Zeidler handeln. Denn Empell hatte seinem Schreiben eine umfangreiche Dokumentation beigefügt, aus der Geigers Wirken als Staatsanwalt vor dem Sondergericht Bamberg ersichtlich war. Diese bestand aus fotokopierten Originaldokumenten, wobei das Schreiben und die Dokumentation zu den Personalakten Geigers genommen wurden.

Die umfangreichen Quellen, deren Echtheit nie in Zweifel gezogen wurde, veranlassten Benda, ein Gutachten zu § 105 BVerfGG anfertigen zu lassen. Mit der Erstellung des Gutachtens wurde Bundesverfassungsrichter Ernst Träger beauftragt, der im Oktober 1977 als

Nachfolger Geigers zum Bundesverfassungsrichter gewählt worden war.[239]

Am 11. April 1978 legte Träger Vizepräsident Zeidler sein Gutachten vor. Dessen wesentliche Passagen lauteten: „[...] § 105 Abs. 1 Nr. 2 BVerfGG kennt die Möglichkeit der Einleitung des Verfahrens mit dem Ziel der Entlassung nur ‚wegen einer entehrenden Handlung [...] oder einer so groben Pflichtverletzung [...], dass sein (des Richters) Verbleiben im Amt ausgeschlossen ist.' Der zum Gegenstand eines solchen Vorwurfs gemachte Inhalt muss nach dem klaren Wortlaut des Gesetzes zeitlich in die Amtszeit des Verfassungsrichters fallen. Das trifft für die hier behauptete Täuschungshandlung offensichtlich nicht zu. [...] Im Übrigen fehlen aber auch alle tatsächlichen Voraussetzungen, auf die der Vorwurf einer ‚arglistigen Täuschung' gestützt werden könnte. Im Einzelnen ist dazu zu bemerken:

1. Bamberg war vor 1945 eine Stadt, in der innerhalb des Kreises der ansässigen Juristen und der mit den Juristen Umgang pflegenden Gruppen, insbesondere innerhalb der Richterschaft, jeder jeden genau kannte und seine berufliche Tätigkeit verfolgt hat. Dies kann als allgemein bekannt unterstellt werden.

2. Das Justizgebäude in Bamberg blieb im Kriege unbeschädigt; kein Aktenstück wurde ausgelagert. Insbesondere alle Strafakten waren bei Kriegsende registriert und vorhanden.

3. Diese Aktenbestände wurden – das folgt aus den Personalakten Dr. Geigers – insgesamt dreimal überprüft, und zwar vom Ankläger in den Entnazifizierungsverfahren, vom amerikanischen Gerichtsoffizier und vom Landgerichtspräsidenten, ohne dass Professor Geiger gegenüber eine Beanstandung erhoben wurde.

4. Auf Antrag von Professor Geiger wurde über seine Entnazifizierung mündlich verhandelt. Darüber geben ebenfalls die Personalakten Aufschluss. Bei dieser Verhandlung wurden u. a. auch die Einzelheiten seiner Tätigkeit bei der Staatsanwaltschaft erörtert. Es lagen die Geschäftsverteilungspläne der Staatsanwaltschaft und die vom Gericht beigezogenen Strafakten vor. Der Spruchkammerbescheid, der dieses ausweist, hat Herrn Dr. Geiger in die Gruppe der ‚Entlasteten' eingestuft.

5. Unabhängig davon haben bei der Wiedereinstellung Professor Geigers in den Justizdienst sowohl der amerikanische Gerichtsoffizier als

auch der damalige Landgerichtspräsident Weinkauff die Herrn Geiger betreffenden Unterlagen aus der Zeit vor 1945 genau überprüft. Auch hierzu liegen Erklärungen bei den Personalakten.

6. Dr. Thomas Dehler, vor 1945 Anwalt in Bamberg, nach 1945 Generalstaatsanwalt und Oberlandesgerichtspräsident, später Bundesjustizminister, hat Herrn Dr. Geiger und seine Tätigkeit in Bamberg vor 1945 aus nächster Nähe und in freundschaftlicher Verbundenheit aufs genaueste gekannt. Dr. Dehler hat auch dem von ihm selbst präsidierten Richterwahlausschuss über Dr. Geiger berichtet. Bei der Wahl Dr. Geigers zum Bundesrichter lagen die Spruchkammerakten und selbstverständlich auch die Personalakten mit den Tätigkeitsnachweisen vor. Die gleichen Unterlagen standen auch dem Wahlausschuss des Bundesrates zur Verfügung. Dass bei solcher Sachlage keinerlei Raum für die Annahme eines Irrtums oder gar einer Täuschung der für die Berufung Dr. Geigers in das Amt des Verfassungsrichters zuständigen Organe bleibt, liegt auf der Hand."[240]

Am 19. Januar 1994 verstarb Geiger im 85. Lebensjahr. Am 1. Februar 1994 tagte der „Protokollausschuss" des Bundesverfassungsgerichts; den Vorsitz führte Bundesverfassungsgerichtspräsident Herzog. Dem „Ergebnisprotokoll"[241] über diese Sitzung, an der auch Vizepräsident Mahrenholz und die Verfassungsrichter Grimm, Seibert, Winter und Sommer teilnahmen, ist unter „Verschiedenes" (TOP 12) Folgendes zu entnehmen: „Präsident Prof. Dr. Herzog unterrichtete den Ausschuss über den Inhalt eines Schreibens des Sohnes des verstorbenen Bundesverfassungsrichters a. D. Prof. Dr. Geiger, aus dem sich der Wunsch der Familie Geiger ergebe, dass im Anschluss an das Requiem am 3. Februar 1994 [...] ein Vertreter des Bundesverfassungsgerichts einen kurzen Nachruf auf den Verstorbenen spreche. Präsident Prof. Dr. Herzog teilte mit, er beabsichtige, diesem Wunsche zu entsprechen. Der Ausschuss erklärte sich damit voll einverstanden."

2.9. Otto Riese: Ordentlicher Professor in Lausanne und Mitglied der Auslandsorganisation der NSDAP/Schweiz

Am Lebenslauf Rieses[242] wird deutlich, dass Bundesjustizminister Dehler bestrebt war, den Bundesgerichtshof mit juristischen Könnern zu bestücken, die eine jahrzehntelange Bewährung als Richter bzw. Ministerialbeamter aufzuweisen hatten. Dehler war es denn auch, der Riese 1951 bewegte, aus der Schweiz wieder nach Deutschland zurückzukehren. Wie aber war dieser in die Schweiz gelangt?

Als Riese 1914 im Alter von 20 Jahren in den 1. Weltkrieg zog, da ahnte er natürlich nicht, dass er 1953 Mitglied des Gerichtshofs bei der Europäischen Gemeinschaft für Kohle und Stahl werden sollte. Republik, Diktatur und Demokratie diente er damit als juristische Spitzenkraft.[243]

Als er 1918 als Leutnant der Reserve, dekoriert mit dem EK II, I und dem Ehrenkreuz für Frontkämpfer, in das zivile Leben zurückkehrte, da erst begann für ihn mit 24 Jahren die eigentliche Berufsausbildung als Student und Gerichtsreferendar. 1927 hatte er es bereits zum Landgerichtsrat gebracht. Das Reichsjustizministerium unter seinem Staatssekretär Curt Joël,[244] der als „Graue Eminenz" und Zentralfigur der Weimarer Justiz die Justizpersonalpolitik fest in Händen hatte, holte Riese ins Reichsjustizministerium. 1929 wurde er dort Oberregierungsrat und 1934 Ministerialrat. Seit 1932 hatte er bereits einen Lehrauftrag an der Universität Lausanne (Schweiz) für Bürgerliches Recht und Handelsrecht. Die Verantwortlichen dieser Universität – diese Tradition wird bis heute gepflegt – hatten es sich zu ihrer Aufgabe gemacht, deutsches Recht als Vorlesung anzubieten. Riese, der im Reichsjustizministerium planmäßig weiterhin als Ministerialrat geführt wurde, erhielt 1935 in Lausanne sogar eine außerordentliche Professur. Er sollte bis Kriegsende nicht wieder nach Deutschland zurückkehren.

Da er für seine Tätigkeit in der Schweiz lediglich beurlaubt worden war, musste Riese intervallmäßig durch das Reichsjustizministerium seine Beurlaubung verlängern lassen. Je länger der Krieg dauerte, desto größer war natürlich sein Bestreben, in der neutralen Schweiz bleiben zu können.[245] Um dieses Ziel zu erreichen, passte er sich parteipolitisch an.

Nicht nur in der Schweiz war die NSDAP im Rahmen ihrer Auslandsorganisation (AO)[246] aktiv. Diese versorgte die im Ausland lebenden Parteimitglieder mit politischen Schriften und einschlägigem Propagandamaterial. Als Riese nach Lausanne kam, da fungierte Wilhelm Gustloff[247] als Landesgruppenleiter der Auslandsorganisation der NSDAP in der Schweiz. Gustloff, der 1929 Parteimitglied wurde, achtete mit Eifer darauf, dass die in der Schweiz lebenden Deutschen mit deutschem Pass sich zum Dritten Reich bekannten. Obwohl Gustloff 1936 ermordet wurde, erkannte auch Riese, dass er ein Bekenntnis im Sinne der Nationalsozialisten ablegen musste, wollte er nicht Gefahr laufen, wieder nach Deutschland zurückkehren zu müssen. Denn nicht nur die Personalabteilung im Reichsjustizministerium, sondern auch der Leiter der Auslandsorganisation der NSDAP, Ernst Wilhelm Bohle,[248] legten auf eine nach außen sichtbare deutsche Einstellung gesteigerten Wert.[249] So trat Riese, der seit 1934 bereits Mitglied des Nationalsozialistischen Rechtswahrerbundes (NSRB) war, im Mai 1939 der Auslandsorganisation der NSDAP in der Schweiz bei.

Als sich 1942 wieder einmal die Beurlaubung ihrem Ende näherte, musste Riese die Verlängerung derselben wie gewöhnlich beim Reichsjustizministerium beantragen. Sein Schreiben vom 10. März 1942 nach Berlin lässt erahnen, wie viel Geschick Riese an den Tag legen musste, um sein Ziel zu erreichen: „[...] bitte ich gehorsamst, meine Beurlaubung nach Lausanne zur Fortsetzung meiner hiesigen Lehrtätigkeit bis zum 15. Oktober 1943 verlängern zu wollen. Die Universität Lausanne wünscht den Lehrstuhl für Deutsches Recht beizubehalten, scheut aber einen Personenwechsel während des Krieges. Mit meinem Fortgang wäre daher der Verlust des deutschen Lehrstuhls zu befürchten. Die hiesigen deutschen Amts- und Parteistellen haben mir erklärt, dass sie deshalb ebenfalls mein Hierbleiben für geboten halten. [...]"[250] Das Gesuch wurde in Berlin bewilligt. Dieser bürokratische Ablauf wiederholte sich. Am 10. März 1943 verlängerte das Reichsjustizministerium seine Beurlaubung bis zum 15. Oktober 1945. So konnte er in Lausanne in komfortablen Verhältnissen bis zum Ende des 2. Weltkrieges ungestört leben. Auch hiernach musste er Lausanne nicht verlassen. 1949 wurde er sogar ordentlicher Professor an der dortigen Universität.

Bundesjustizminister Dehler, der natürlich von Rieses Existenz Kenntnis hatte, gelang es, diesen zur Rückkehr nach Deutschland zu bewegen. Am 20. September 1951 wurde Riese zum Senatspräsidenten am Bundesgerichtshof ernannt; er übernahm die Leitung des III. Zivilsenats. Diese Position hatte er aber nur für eine kurze Zeit inne. Bereits am 1. Januar 1953 wurde er Mitglied des bereits erwähnten Europäischen Gerichtshofs.

2.10. Hans Eberhard Rotberg: Ein Senatspräsident wird strafversetzt

Als Rotberg im November 1931 zum Amtsgerichtsrat ernannt wurde, da war erst 28 Jahre alt.[251] Für den „hoch befähigten Richter",[252] der beide Examen mit gut bestanden und der seine Promotion mit „magna cum laude" abgelegt hatte, hätte eine steile Karriere eine Selbstverständlichkeit sein müssen. Doch es kam anders. Zwar wurde er 1937 noch Landgerichtsrat in Koblenz; auf Jahre sollte dann jedoch eine Beförderung auf sich warten lassen.

Rotberg, der aus einem streng katholischen Elternhaus kam, war nach der Machtergreifung zwar der NSV und dem NSRB beigetreten, Parteigenosse wurde er aber erst später. Sein Lebenslauf und sein beruflicher Werdegang machen anschaulich deutlich, dass er ein Mann war, der sich einerseits durch Mut, einen starken Willen und durch die Fähigkeit zu einem Bekenntnis auszeichnete, andererseits aber auch Angepasstheit zeigte, wenn es seine Karriere betraf.

Als der Oberlandesgerichtspräsident von Köln 1939 seine Beförderung ins Auge fasste und daher bei der zuständigen Gauleitung vorstellig wurde, ob diese hiergegen Einwände habe, war deren Antwort eindeutig: „[...] dass ich (Gauamtsleiter) einer Beförderung des Landgerichtsrats Dr. Rotberg vorläufig noch nicht zustimmen kann. Wenn ich ihm auch die politische und fachliche Befähigung für eine Beförderung zum Landgerichtsdirektor oder zum Oberlandesgerichtsrat nicht abspreche, so erscheint es mir doch geboten, seine Beförderung unter allen Umständen zunächst auf längere Zeit zurückzustellen, bis eindeutig erkennbar ist, dass er sich wirklich aus innerer Überzeugung zum Nationalsozialismus und dessen Totalitätsanspruch gegenüber anderen Weltanschauungen bekennt. Dr. Rotberg hat aus seiner streng kathol. Einstellung starke weltanschauliche Hemmungen, die sein inneres, überzeugungsmäßiges Bekenntnis zum Nationalsozialismus ernstlich in Zweifel ziehen."[253]

Ende 1941 unternahm der Landgerichtspräsident von Koblenz seinerseits einen Anlauf, um Rotberg zum Oberlandesgerichtsrat befördern zu lassen. Die Gauleitung war hiermit nunmehr einverstanden, wies aber ausdrücklich darauf hin, dass er für „keine behördenleitende oder Landgerichtsdirektorenstelle"[254] in Frage kommen dürfe. Rotberg erhielt natürlich von der Meinung der Gauleitung Kenntnis. Diese nahm er nicht widerspruchslos hin, sondern wandte sich mit einem mehrseitigen Schreiben am 11. Februar 1942 an den für Personalfragen zuständigen „Gauinspecteur"[255] des NSRB: „Unter Bezugnahme auf die mir gewährte Rücksprache darf ich Ihnen Folgendes mitteilen: Wie mir der hiesige Herr Landgerichtspräsident eröffnet hat, hat sich das Gaupersonalamt gegen meine Beförderung zum Landgerichtsdirektor ausgesprochen. Die hierüber an den Herrn Landgerichtspräsidenten erfolgte schriftliche Mitteilung [...] enthält nach Angabe des Herrn Präsidenten keinerlei Angabe von Gründen. Auf Rückfrage bei dem Leiter des Gaupersonalamtes soll ihm dieser [...] erklärt haben, man habe bei der Gauleitung den Eindruck, dass ich im entscheidenden Falle ‚mehr dem Papst als dem Führer gehorchen' würde. Worauf sich diese Auffassung stützt, ist mir nicht näher bekannt geworden. [...] Ich kann [...] die Stellungnahme des Personalamtes sowohl mit Rücksicht auf meine berufliche Stellung wie auch im Hinblick auf meine persönlichen Belange nicht unwidersprochen hinnehmen. Ein Schweigen zu der Äußerung des Gaupersonalamts kann mir überdies auch deshalb nicht zugemutet werden, weil mir durch Ihren Mund bekannt ist, dass der Leiter des Gaurechtsamtes und auch Sie selbst als Gauinspecteur gegen meine Verwendung als Landgerichtsdirektor nichts einzuwenden haben. [...]

Die Einstellung des Personalamtes steht in krassem Widerspruch zu der Art, wie man mich bisher als Richter und als Mitarbeiter an den verschiedenen öffentlichen Aufgaben eingesetzt hat. Sie wissen, dass ich u. a. fast 1 Jahr lang als Vorsitzender der Sonderstrafkammer bestellt war, die für fast das ganze Reichsgebiet sämtliche Strafsachen abzuurteilen hatte, die gegen Geistliche und Ordensangehörige wegen Sittlichkeitsverbrechen anhängig waren. Man hat mir damit von Seiten der Justizverwaltung ohne irgendeinen Widerspruch aus Parteikreisen gerade dasjenige Richteramt anvertraut, das – ich darf wohl sagen – am meisten in ganz Preußen innere Unabhängigkeit gegenüber kirchlichen Bindungen und Loyalität gegenüber den Belangen von Partei und Staat erforderte. Ich glaube nicht irrezugehen, wenn ich hervorhebe, dass ich diese ungewöhnlich exponierte Tätigkeit zur vollen Zufriedenheit aller Beteiligten, insbesondere aber im völligen Einklang mit den Interessen der nationalsozialistischen Staatsführung ausgeübt habe. Es wird ein Leichtes sein, durch entsprechende Rückfrage bei der zur Bearbeitung der so genannten Klosterstrafsachen bestellten Sonderstaatsanwaltschaft festzustellen, wie ich das ungewöhnlich wichtige und schwierige Richteramt des Vorsitzenden der[256] Sonderstrafkammer für Klostersachen versehen habe. Jedenfalls wird man über meine berufliche Zukunft den Stab nicht mit der unsubstantiierten Behauptung kirchlicher Gebundenheit brechen können, solange man nicht zu der Überzeugung gekommen ist, dass ich mich gerade in der besonderen Feuerprobe des Vorsitzenden der Sonderstrafkammer für Klostersachen nicht bewährt hätte. Ich muss sogar annehmen, dass dem Gaupersonalamt bei seiner

Stellungnahme die Tatsache der vorbeschriebenen besonderen Tätigkeit in ‚Brüdersachen' überhaupt nicht bekannt war. Ich kann mir sonst nicht vorstellen, dass man ausgerechnet den Richter glaubt wegen angeblicher Abhängigkeit vom Papst (noch dazu in weltlichen Dingen!) nicht als Landgerichtsdirektor verwenden zu können, der wie kaum ein anderer Gelegenheit hatte, seine innere Unabhängigkeit gegenüber der Kirche durch eine gewichtige Sondertätigkeit in bedeutsamen Strafsachen gegen Kirchenangehörige zu beweisen."[257]

In der Tat hatte sich Rotberg freiwillig einer Aufgabe gestellt, die ihre Ursache im Kampf der Nationalsozialisten gegen die katholische Kirche hatte.[258] Die sog. Priesterprozesse[259] waren ein Teil dieses Kampfes. Sie betrafen Verfahren gegen Priester und Ordensangehörige, die sich nicht nur wegen Sittlichkeitsvergehen strafbar gemacht hatten, sondern die auch u. a. wegen angeblicher Devisenvergehen verfolgt wurden. Die Justiz hatte also nicht nur eine juristische, sondern auch eine brisante politische Aufgabe zu erledigen. Um den Einfluss der NSDAP möglichst gering zu halten, ließ Reichsjustizminister Gürtner für diese Verfahren, die 1936/1937 verhandelt wurden, eine „Sonderstaatsanwaltschaft Koblenz" einrichten. Hierdurch gelang es ihm, „den Übergriffen der Gestapo bei den Ermittlungen" Einhalt zu gebieten und „einen geordneten Rechtsweg"[260] zu sichern. Analog zur Sonderstaatsanwaltschaft Koblenz wurde beim Landgericht Koblenz die von Rotberg erwähnte Sonderstrafkammer geschaffen. Warum Rotberg sich als Katholik dieser Aufgabe freiwillig stellte, muss unbeantwortet bleiben. Jedenfalls bewies er, dass er im Sinne der Nationalsozialisten Verantwortung zu tragen gewillt war.

In seinem Schreiben erwähnte er aber noch eine andere Begebenheit, die zwar Jahre zurücklag, die ihm aber geglaubt wurde. Hierdurch wollte er die Glauleitung davon überzeugen, dass er bereits vor der Machtergreifung einer deutsch-völkischen Denkweise angehangen hatte: „Dass meine positive Einstellung zu den Aufgaben der NSDAP und der heutigen Staatsführung nicht erst von gestern stammt, mag im Übrigen aus einem von mir mit unterzeichneten Aufruf entnommen werden, den ich als Oberprimaner bereits im Jahre 1920 verfasst habe. Ich füge diesen Aufruf in Urschrift bei. Er lässt erkennen, dass ich schon damals zu den Aktivisten einer Erneuerungsbewegung im völkisch-nationalen Sinne gehört habe, deren Grundgedanke den Leitideen des Nationalsozialismus sehr verwandt sind, und die sich ohne jede konfessionelle Bindung (von Religion oder ähnlichen Dingen ist in dem Aufruf keine Rede) auf das Volk als Ganzes gerichtet hat."

Der von Rotberg und von seinem Mitschüler Hammes gefertigte und unterzeichnete Aufruf hatte u. a. folgenden Inhalt:

„An unsere deutschgesinnten Mitschüler:

Der deutsch-völkische Jugendbund ist kläglich zusammengebrochen. Ihm konnte wegen Mangel an innerer Geschlossenheit und ungenügender geistiger Triebkraft keine lange Lebensdauer beschieden sein. Der völkische Gedanke darf jedoch nicht mit zu Grunde gehen! Er muss heute mehr denn je gepflegt und gefördert werden! Wir Jungdeutschen sind dies schuldig uns selbst, unserer Zukunft, unserem Volke, das in seinem innersten Mark zerstört wird durch die zersetzende Wirkung der kommunistisch-internationalen ‚Entschiedenen Jugendbewegung'. Hier kann nur eine der ‚Entschiedenen' an Schwung und innerem Gehalt gleichwertige Bewegung die Jugend und damit Deutschlands Zukunft vor dem Untergang bewahren! Es gilt hier endlich einmal Ernst zu machen und die Augen aufzureißen vor der ungeheuer drohenden Gefahr, der wir in unverantwortlicher Verblendung entgegeneilen. Nur eine ganze Tat kann uns retten, eine Tat, die nicht stecken bleibt in äußeren nebensächlichen Formen, nicht einen neuen Verein schafft neben den schon reichlich vorhandenen alten, sondern die entschlossen auf den Kern der Sache geht und zu einer wirklichen Lebensgemeinschaft der deutsch denkenden Jugend führt.

Kein Verein, sondern Lebensgemeinschaft, auf der Grundlage wahrer Freundschaft soll eine Pflegestätte des deutschen Gedankens werden. Denn der muss uns Lebensinhalt, Lebensregel werden. Nicht nur der Verstand, sondern vor allem auch das Gemüt müssen dabei helfen: Wanderungen im deutschen Land, Volkslied und Volkstanz, Leseabende und Beschäftigung mit den Kulturwerten der deutschen Vergangenheit und den Lebensfragen und den völkischen Problemen der Gegenwart sollen die vorzüglichsten Mittel zur allseitigen Förderung unseres Volkstums sein.

Wir wenden uns an euch, die Träger der deutschen Zukunft. Jeder, der vom aufrichtigen inneren Bedürfnis und von Verantwortung gegen sein Volk getrieben, unserer Anregung folgen will, wende sich zwecks näherer Aussprache an die Oberprimaner."[261]

Und zum Schluss führte Rotberg in seinem Schreiben vom 11. Februar 1942 unmissverständlich aus: „Sollten auch bei Beachtung des Inhalts dieser meiner Eingabe noch irgendwelche Aufklärungen von mir gewünscht werden, so bitte ich mir hierzu Gelegenheit zu geben und nicht, wie dies seitens des Gaupersonalamtes geschehen ist, über mich zu Gericht zu sitzen, ohne mich zu hören. Es geht m. E. nicht an, dass es nur von der Loyalität des jeweiligen Behördenvorstandes abhängt, ob ein Beamter von einem Verdikt über ihn überhaupt Kenntnis erlangt und demgemäß die Möglichkeit hat, sich zu wehren."

Sein Schreiben stimmte die Gauleitung Moselland um, die am 30. März 1942 dem Landgerichtspräsidenten in Koblenz wissen ließ: „Nach nochmaliger Überprüfung der Angelegenheit [...] Rotberg teile ich Ihnen nunmehr mit, dass ich nichts mehr dagegen einzuwenden habe, dass Dr. Rotberg nicht nur eine Oberlandesgerichtsratstelle, sondern auch eine Landgerichtsdirektorenstelle – allerdings nicht im Landgerichtsbezirk Koblenz – erhält."[262]

Da die NSDAP-Mitgliedschaft für eine Beförderungsstelle – wie bereits erwähnt[263] - ab August 1942 zwingend vorgeschrieben war, trat Rotberg im November 1942 der Partei bei. Am 1. August 1943 wurde er sodann Landgerichtsdirektor am Landgericht Bonn.

Nach dem Krieg meinte Bundesjustizminister Dehler zu Rotbergs Parteizugehörigkeit Folgendes ausführen zu müssen: Gegen ihn sei durch die Gauleitung „ein Kesseltreiben veranstaltet" worden, „derart", „dass er zur Sicherung seiner Person und seiner Familie den äußeren Beitritt zur Partei nicht mehr vermeiden zu können glaubte."[264] Ein Kesseltreiben, das entsprechend Dehlers Ausführungen vor November 1942 – Rotbergs Parteibeitritt – stattgefunden haben müsste, ist in den Personalakten nicht belegt. Allerdings geriet Rotberg später mit der Gestapo und der Justiz in Konflikt.

Im Juli 1943 besuchte ihn ein ehemaliger Schulfreund, der an der Ostfront eingesetzt war und sich auf Heimaturlaub befand. Dieser übernachtete auch bei Rotberg. Er wurde hiernach wegen „Hochverrats" angeklagt, durch den Volksgerichtshof zum Tode verurteilt und 1944 hingerichtet. Im Rahmen dieses „Strafverfahrens" wurde der Gestapo bekannt, dass der Schulfreund von seinen Umsturzplänen Rotberg erzählt hatte. Die zuständige Staatspolizeileitstelle leitete daraufhin gegen Rotberg ein Ermittlungsverfahren wegen Nichtanzeige eines hoch verräterischen Unternehmens ein (§ 139 StGB der damaligen Fassung). Die Ermittlungsbehörden waren von vornherein gegen Rotberg eingestellt, was seine Lage nicht gerade erleichterte: „Wenn es ihm auch aus noch nicht festgestellten Beweggründen gelungen ist, Aufnahme in die Partei zu finden und zur Mitarbeit in der Bewegung herangezogen zu werden, so scheint seine politische Einstellung durchaus nicht positiv zum Nationalsozialismus zu sein. Für seine Einstellung zur Partei ist schon bezeichnend, dass er nicht einmal die Zeit seiner Aufnahme in die NSDAP mit Sicherheit anzugeben vermag. Er scheint also selbst dieser Aufnahme in die Partei keine besondere Bedeutung beigemessen zu haben."[265]

Nur mit viel Glück[266] stellte im Juli 1944 der Oberreichsanwalt beim Volksgerichtshof das gegen ihn anhängige Ermittlungsverfahren ein.[267] Die Gestapo hatte ihn zuvor aber unmissverständlich verwarnt: „Falls Sie erneut in staatspolizeilicher Hinsicht in Erscheinung treten sollten, haben Sie ggfs. mit der Anwendung schärfster staatspolizeilicher Maßnahmen zu rechnen."[268]

Einzige Konsequenz für Rotberg war, dass seine uk-Stellung per 5. Oktober 1944 aufgehoben und dass er als Rekrut zur Wehrmacht eingezogen wurde. Im Juli 1945 kehrte er nach Koblenz zurück. 1946 wurde er Landgerichtsdirektor und im Mai 1948 Senatspräsident am Oberlandesgericht Koblenz. Diese richterliche Tätigkeit übte er aber überhaupt nicht aus. Vielmehr wurde er bereits 1946 als Landgerichtsdirektor Leiter der Gesetzgebungsabteilung im Justizministerium Rheinland-Pfalz. Justizminister zu jener Zeit war der CDU-Politiker Adolf Süsterhenn[269], der vor 1933 Mitglied des Zentrums war. Als Rechtsanwalt machte er sich als Verteidiger in Strafverfahren gegen NS-Gegner nach der Machtergreifung einen Namen. Er war es, der Rotbergs weitere Karriere entscheidend beeinflusste. Nach seinem Willen sollte Rotberg in dem im Aufbau begriffenen Bundesjustizministerium eine führende Position einnehmen. Seinen Vorschlag begründete er gegenüber Dehler auf diplomatisch geschickte Art und Weise: „[...] Ich möchte [...] nochmals [...] Ihre Aufmerksamkeit auf [...] Rotberg [...] lenken. [...] Herr Staatssekretär Dr. Strauß hat zwar [...] erklärt, dass der Verwendung von [...] Rotberg die Tatsache entgegenstehen könnte, dass [...] Rotberg seit 1942 Parteigenosse sei. Ich möchte natürlich Ihre Entscheidung in keiner Weise vorgreifen, glaube aber [...], dass diese geringe politische Belastung um so weniger ins Gewicht fallen dürfte, als [...]

Rotberg wegen seiner politischen Einstellung mit Gestapo und Volksgerichtshof in Konflikt geraten ist. [...]"[270]

Dehler war mit Süsterhenn einer Meinung, so dass Rotberg, der der CDU
nahe stand,[271] am 1. Februar 1950 zum Ministerialdirigenten ernannt
wurde. In dieser Eigenschaft leitete er die Abteilung II (Strafrecht) im Bundesministerium der Justiz.[272] Diese Personalentscheidung erläuterte
Dehler wenige Monate später dem amtierenden Bundesminister des Inneren (Gustav Heinemann). Denn dieser hatte in einer Kabinettssitzung
am 31. August 1950 einen Beschluss mit folgendem Inhalt angeregt:
Hiernach sollten die Stellen der Abteilungsleiter, Personalreferenten und
Ministerialbürodirektoren in den obersten Bundesbehörden nicht mit früheren Mitgliedern der NSDAP besetzt werden, „[...] es sei denn, dass
es sich um Beamte handelt, die den Bestrebungen des Dritten Reiches
nachweislich Widerstand entgegengesetzt haben."[273] Das Kabinett, allen voran Bundeskanzler Adenauer, hielt aber eine entsprechende förm-
liche Beschlussfassung für entbehrlich. Die Bundesregierung einigte sich
allerdings dahin, „es sich zur allgemeinen Richtlinie zu machen, entsprechend dem vom Bundesinnenminister formulierten Beschluss zu verfahren."

Erst im Oktober 1950, die Gründe hierfür bleiben ungeklärt, hielt es
Dehler in einem mehrseitigen Schreiben für erforderlich, Bundesinnenminister Heinemann von dieser Personalentscheidung in Kenntnis zu
setzen und diese zu rechtfertigen: Rotbergs Parteimitgliedschaft seit 1942
habe nur formalen Charakter gehabt. Dagegen sei seine „dauernde ne-
gative Haltung gegenüber dem Nationalsozialismus" aus den Personalakten beweisbar. Auch sei er an „Widerstandsversuchen" beteiligt gewesen. „Unter den von mir dargelegten Umständen trage ich keine
Bedenken, dass die Ernennung von Dr. Rotberg zum Ministerialdirigenten und Abteilungsleiter sich im Rahmen der Erörterungen hält, die in
der Kabinettssitzung vom 31. August 1950 stattgefunden haben."[274]

Sowohl Dehler als auch Süsterhenn erwähnten im Rahmen ihres
Eintretens für Rotberg mit keinem Wort dessen Funktion als Vorsitzender der Sonderstrafkammer während des Dritten Reiches. Aber nicht nur
diese beiden Politiker protegierten ihn. Diese Absicht hatte auch ein SPD-
Politiker; es war der bereits erwähnte „Kronjurist" der SPD, Adolf Arndt.
Dieser verfolgte das Ziel, Fritz Bauer[275] zum Richter am Bundesverfassungsgericht wählen zu lassen. Und im Rahmen der insoweit vorab

geführten politischen Gespräche bzw. Absprachen glaubte Arndt, Rotberg ins Spiel bringen zu können, der ebenfalls Richter am Bundesverfassungsgericht werden sollte.[276] Arndt konnte seine Pläne aber nicht realisieren. Dies lag an Rotberg, der eine andere Karriere machen wollte.

Wie sehr sich Rotberg seiner Fähigkeiten bewusst war, wird aus einem Vermerk von Staatssekretär Strauß deutlich: „Ich habe heute [...] Rotberg fernmündlich davon unterrichtet, dass der Richterwahlausschuss [...] seine Wahl zum Bundesrichter [...] vorgenommen hat, nachdem Herr Minister dem Richterwahlausschuss davon Kenntnis gegeben hat, dass [...] Rotberg sich die Entschließung über seine Bereitschaft zur Annahme der Wahl noch vorbehalten habe und dass Herr Minister beabsichtige, Dr. Rotberg bei dem Revirement am Jahresende zum Senatspräsidenten zu ernennen. Dr. Rotberg bat um Überlegungsfrist und wird sich binnen kurzem erklären."[277] Warum sich Rotberg eine Überlegungsfrist vorbehalten hatte, muss ungeklärt bleiben. Möglicherweise glaubte er, im Ministerium noch zum Ministerialdirektor befördert zu werden. Da dies offensichtlich nicht möglich war, nahm er seine Wahl zum Bundesrichter am 7. April 1952 an. Wie Dehler vorhergesagt hatte, wurde er sodann am 22. Januar 1953 Senatspräsident am Bundesgerichtshof. Er wurde Vorsitzender des 3. Strafsenats.

Rotberg war trotz seines Parteibeitritts kein überzeugter Nationalsozialist. Er hatte während des Dritten Reiches sogar Mut bewiesen, indem er seine Kritik an der Personalpolitik des Gauleiters nicht verhehlte. Auch zeigte er Rückgrat und Standfestigkeit, als er seinen Schulfreund nicht der Gestapo auslieferte, der im Juli 1943 den Krieg als verloren ansah. Da Rotberg die – so der damalige Sprachgebrauch – defätistischen Äußerungen seines Freundes für sich behielt, drohte ihm selbst ein Strafverfahren, das er nur mit List und Tücke abzuwenden wusste.

Rotbergs Personalakten belegen all diese Ereignisse. Insoweit war er – von politisch und rassisch Verfolgten abgesehen – im Vergleich zu den meisten seiner Kollegen am Bundesgerichtshof eine Ausnahme. Diese hatten nämlich vor 1945 still, beflissen und sogar mit vorauseilendem Gehorsam ihre Arbeit getan. Rotberg zeichnete sich zudem durch eine weitere Eigenschaft aus. Seine Überzeugung, ein Ausnahmejurist zu sein, behielt er nicht für sich, sondern offenbarte diese auf arrogante Art und Weise. Schon aus diesem Grunde war es quasi eine Zwangsläufigkeit, dass er mit einem Kollegen in Konflikt geriet. Und dieser Kollege war gleichzeitig sein Dienstvorgesetzter: Hermann Weinkauff, der ebenfalls ein von sich überzeugter Jurist war und der keine Nähe zuließ. Beide duldeten keinen Kollegen neben sich, der dieselben Eigenschaften wie sie aufwies. Ein Unterschied bestand aber zwischen beiden. Weinkauff war Dienstvorgesetzter Rotbergs und hatte insoweit das Sagen. Und davon machte er gegenüber Rotberg auch Gebrauch.[278]

Am 23. Mai 1953, Rotberg war erst seit dem 7. April 1952 am Bundesgerichtshof, wandte sich Weinkauff schriftlich an Ministerialrat Winners im Bundesjustizministerium, der für Personalangelegenheiten an den Bundesgerichten zuständig war: „Ich habe mich leider veranlasst gesehen, das in Abschrift beigefügte Schreiben an Herrn Senatspräsidenten Dr. Rotberg zu richten. Die dauernden ungenehmigten Abwesenheiten Herrn Dr. Rotbergs von Karlsruhe nehmen allmählich Formen an, die nicht mehr ertragen werden können."

Was Weinkauff Rotberg mitzuteilen hatte, konnte nicht eindeutiger sein: „[...] Ich bin leider gezwungen, Ihre Aufmerksamkeit auf folgenden Umstand zu lenken.

Am Freitag, den 15. Mai 1953 ist der Versuch gemacht worden, Sie zu einer an diesem Tage stattfindenden Konferenz der Senatspräsidenten zu laden. Das erwies sich als unmöglich. Auf eine Anfrage in Ihrer Wohnung wurde mitgeteilt, Sie seien verreist und kämen erst am Montag der folgenden Woche wieder. Ihre Abwesenheit von Karlsruhe hatten Sie meinem Vertreter, Herrn Senatspräsidenten Dr. Groß, nicht mitgeteilt; Sie hatten auch seine Zustimmung dazu nicht eingeholt.

Am Donnerstag, den 21. Mai 1953 wurde der Versuch gemacht, Sie zu einer am kommenden Tag stattfindenden Präsidialsitzung zu laden. Das erwies sich wiederum als unmöglich. Auf Anfrage in Ihrer Wohnung wurde mitgeteilt, Sie seien seit Mittwoch, den 20. Mai 1953 verreist und kämen erst am Dienstag, den 26. Mai 1953 wieder zurück. Sie haben mir Ihre Abwesenheit von Karlsruhe nicht mitgeteilt; auch meine Zustimmung dazu nicht eingeholt. Während Ihrer Zugehörigkeit zum VI. Zivilsenat sind an mich Klagen aus der Anwaltschaft beim Bundesgerichtshof herangetragen worden über Ihre häufigen Abwesenheiten von Karlsruhe und die dadurch bedingte verzögerte Erledigung von Prozessen.

Die Rechtslage ist Ihnen aus wiederholten allgemeinen Mitteilungen an die richterlichen Mitglieder des Bundesgerichtshofes bekannt. Auch für

Bundesrichter und Senatspräsidenten besteht gesetzlich die Residenz-pflicht. Dazu ist bei uns mit Zustimmung der Richterversammlung im Einzelnen Folgendes bestimmt worden. Richterliche Mitglieder des Bundesgerichtshofes können ohne meine Zustimmung auf 24 Stunden Karlsruhe verlassen. Außerdem können richterliche Mitglieder des Bundesgerichtshofes, deren Familien, wie die Ihrige, noch nicht hier wohnen, ohne meine Zustimmung am Wochenende während der Feiertage und außerdem für einen weiteren Zeitraum von 36 Stunden Karlsruhe verlassen. Jede andere Abwesenheit bedarf meiner Zustimmung, die durch einen einfachen fernmündlichen Anruf in meinem Vorzimmer (eingeholt) werden kann. Diese Zustimmung wird stets in weitestem Umfang erteilt.

Sie bringen mich dadurch, dass Sie sich wiederholt über diese Anordnungen hinwegsetzten, die im Interesse des Dienstes und der gleichmäßigen Behandlung aller Angehörigen des Bundesgerichtshofes unerlässlich sind, in eine ausgesprochen schwierige Lage gegenüber allen jenen Angehörigen des Bundesgerichtshofes, die sich an die Anordnungen halten. Ich muss außerdem befürchten, dass derartige häufige lang dauernde Abwesenheiten von Karlsruhe nicht ohne dienstlichen Nachteil für die Führung Ihres bekanntermaßen sehr stark überbelasteten Senats sein können. Diese Abwesenheiten haben nun in zwei aufeinander folgenden Wochen dazu geführt, dass Sie an einer wichtigen Konferenz der Senatspräsidenten und an einer wichtigen Präsidialsitzung nicht teilgenommen haben, obwohl die Teilnahme an solchen Sitzungen zu Ihren dienstlichen Obliegenheiten gehört. Ich wäre Ihnen zu besonderem Dank verpflichtet, wenn Sie sich künftig an die bestehenden Anordnungen halten wollten. [...]"[279]

Ganz offensichtlich glaubte Rotberg, die bestehenden Anordnungen weiterhin negieren zu können. Die Folge war, dass ihm mit Wirkung vom 21. Juli 1954, ohne dass er hiervon zuvor in Kenntnis gesetzt worden war, die Leitung des 3. Strafsenats entzogen wurde. Gleichzeitig wurde er durch eine entsprechende Verfügung des Bundesministers der Justiz „in die freie Planstelle der Besoldungsgruppe B 6 beim Bundesgerichtshof – Strafsenat in Berlin"[280] eingewiesen. Zuvor hatte das Präsidium des Bundesgerichtshofes eine entsprechende Geschäftsverteilung beschlossen.[281]

Weinkauff hatte im Hintergrund also ganze Arbeit geleistet. Rotberg, der sich keiner Verfehlung bewusst war, glaubte, durch seine guten Kontakte zum Bundesjustizministerium seine „Versetzung" rückgängig machen zu können. Dabei hielt er nicht den Dienstweg ein, ein gewollter Affront gegenüber Weinkauff, sondern wandte sich mit Schreiben vom 30. Oktober 1954 direkt an Ministerialrat Winners, den er aus seiner Zeit im Bundesjustizministerium ja gut kannte. In seiner ihm eigenen Art ließ er Winners Folgendes wissen: „[...] Durch eine Verfügung des Herrn Bundesjustizministers [...] bin ich [...] in eine Planstelle beim Bundesgerichtshof – Strafsenat in Berlin – eingewiesen worden. Ich wäre Ihnen sehr verbunden, wenn Sie mich freundlicherweise über die Gründe dieser Maßnahme unterrichten würden. [...] Ich wäre Ihnen [...] sehr verbunden, wenn Sie mir andeuten könnten, wann etwa mit der Neubesetzung der beiden durch Altersabgang frei werdenden Senatspräsidentenstellen [...] zu rechnen ist. Ich bin, wie Sie vermuten werden, an dieser Frage interessiert, da die Neubesetzung wahrscheinlich Anlass zur neuen Verteilung des Vorsitzes bei den Strafsenaten führen wird. [...]"[282] Rotberg wollte also wissen, wann wieder eine Planstelle in Karlsruhe frei werden würde.

Winners war bestrebt, die ganze Angelegenheit nicht noch zu verkomplizieren. Mit Schreiben vom 9. November 1954 antwortete er Rotberg in einem persönlichen Schreiben: „[...] Was die frei werdenden Senatspräsidentenstellen angeht, so möchte ich annehmen, dass ihre Wiederbesetzung in angemessener Frist erfolgen wird. Ich bin aber leider nicht in der Lage, hierüber Näheres zu sagen. Diese meine Antwort auf Ihren Brief ist meine persönliche Antwort, nicht eine Antwort des Bundesjustizministeriums. [...]."[283]

Rotberg war natürlich interessiert, seine „Versetzung" nach Berlin so schnell wie möglich wieder rückgängig zu machen, durch die er sich gekränkt fühlte. Nachdem Weinkauff „seinem" Senatspräsidenten gezeigt hatte, wer das Sagen hatte, war auch er bestrebt, diese Personalangelegenheit nicht weiter zu verschärfen. Am 24. Februar 1955 teilte er dem Bundesjustizministerium daher u. a. Folgendes mit: „Soweit sich die Verhältnisse übersehen lassen, ist anzunehmen, dass [...] Rotberg von der Senatspräsidentenkonferenz spätestens bis zum Beginn des Kalenderjahres 1956 eine Senatspräsidentenstelle in Karlsruhe übertragen werden wird."[284]

Rotberg hatte zwar gegen seinen Willen den Berliner Strafsenat übernehmen müssen. Allerdings hatten die Senatspräsidenten ihm zuvor die Zusage gemacht, „alsbald"[285] wieder nach Karlsruhe zurückkehren zu können. Am 11. April 1956 war es so weit; gemäß Beschluss der Senatspräsidenten übernahm er von diesem Tage ab den Vorsitz über den 4. Strafsenat. Am 31. August 1969 im Alter von 66 Jahren trat er in den Ruhestand; hochbetagt verstarb er am 23. Februar 1995.[286]

2.11. Erich Schalscha: Erich Cohn wird adoptiert

Als am 10. Februar 1933 das kinderlose Ehepaar Paul und Else Schalscha sowie Erich Cohn den Breslauer Notar Josef Boronow aufsuchten, handelte es sich um keine gewöhnliche Beurkundung, die der Notar vornehmen sollte.[287] Nur wenige Tage nach der Machtergreifung müssen nicht nur das Ehepaar Schalscha, sondern auch der Breslauer Rechtsanwalt und Notar Erich Karl Cohn, der am 10. Mai 1933 seinen 40. Geburtstag begehen konnte, unheilvolle Vorahnungen gehabt haben. Erich Cohn, der nach nationalsozialistischem Sprachgebrauch als Volljude galt, sollte vom arischen Ehepaar Schalscha an Kindes Statt angenommen werden. Und eine diesbezügliche Beurkundung nahm am 10. Februar 1933 Notar Boronow vor. Aus Dr. Erich Karl Cohn wurde nunmehr Dr. Erich Karl Schalscha. Schalscha alias Cohn war verheiratet und hatte drei Kinder, auf die sich – so der weitere Inhalt der notariellen Urkunde – die Wirkungen der Annahme an Kindes Statt ebenfalls erstreckten. Dasselbe galt nach damaligem Namensrecht auch für seine Ehefrau.

Schalchas Vorahnungen sollten sich bewahrheiten. Der neue Name war von vornherein kein taugliches Mittel, das die nationalsozialistischen Verfolgungsmaßnahmen hätte verhindern können. Doch Schalscha alias Cohn wollte ganz offensichtlich nichts unversucht lassen, Rechtsanwalt und Notar in Breslau zu bleiben. Doch all seine Bemühungen hatten letzten Endes keinen Erfolg.

Bereits im April drohte ihm der Entzug seiner Rechtsanwaltzulassung. § 1 Abs. 1 des „Gesetzes über die Zulassung zur Rechtsanwaltschaft" vom 7. April 1933[288] beinhaltete nämlich, dass „die Zulassung von Rechtsanwälten", die „nicht arischer Abstammung" seien, zurückgenommen werden konnte. Dem wollte Schalscha zuvorkommen, indem er sich an das für ihn zuständige preußische Justizministerium wandte: „[...] Ich bin [...] Kriegsteilnehmer und Frontsoldat gewesen. Meine und meiner Frau Vorfahren [...] sind Deutsche gewesen. Meine Frau ist für vaterländische Verdienste während des Krieges und während des oberschlesischen Abstimmungskampfes mit der Rote-Kreuz-Medaille und dem Schlesischen Adler ausgezeichnet worden. [...]"[289] In der Tat konnte sich Schalscha auf eine Ausnahmebestimmung des obigen Gesetzes berufen, das dann nicht eingreifen sollte, wenn der betroffene Rechtsanwalt „im Weltkriege" – damit war der 1. Weltkrieg gemeint – „an der Front für das Deutsche Reich" gekämpft hatte. Doch weder das nationale Engagement seiner Ehefrau noch seine Teilnahme am 1. Weltkrieg konnten seinen beruflichen Abstieg verhindern. Denn es wurde bekannt, dass er von 1929 bis Anfang 1933 dem Republikanischen Juristenbund in Breslau angehörte. Obwohl er, wie er bei seiner Befragung selbstverleugnend hervorhob, nur „gewöhnliches Mitglied" gewesen sei, zeitigte diese ehemalige Mitgliedschaft Konsequenzen.

Im Sommer 1933 fragten sowohl das preußische Justizministerium als auch das Reichsjustizministerium beim Oberlandesgerichtspräsidenten in Breslau an, „ob und in welcher Weise sich" Schalscha „politisch betätigt"[290] habe. Die von diesem eingeschaltete Geheime Staatspolizei konnte allerdings nur berichten, dass Schalscha „politisch [...] nicht in Erscheinung getreten"[291] sei.

Diese günstige Antwort, von der Schalscha natürlich keine Kenntnis erhielt, konnte weitere Folgerungen für ihn aber nicht verhindern. Denn mittlerweile hatte das preußische Justizministerium nicht nur den Oberlandesgerichtspräsidenten in Breslau, sondern auch den dortigen Generalstaatsanwalt angewiesen, einen gemeinsamen Abschlussbericht über Schalscha zu fertigen. Dessen Inhalt bedeutete sein berufliches Ende: „(Schalscha) [...] hat seit April 1929 dem Republikanischen Juristenbund angehört. Der B.N.S.D.J. Gau Schlesien äußert sich dahin, dass er aus grundsätzlichen Erwägungen eine nationale Zuverlässigkeit des jüdischen Notars nicht bejahen könne. Dieser Stellungnahme schließen wir uns nunmehr an, als Schalscha [...] Mitglied des Republikanischen Juristenbundes war. Einzelheiten bezüglich einer politischen Betätigung des Schalscha [...] haben sich nicht ermitteln lassen."[292]

Bemerkenswert an diesem Bericht ist nicht nur sein Inhalt, sondern auch die Tatsache, wer ihn auf Seiten der Generalstaatsanwaltschaft unterschrieb. Er trug die Unterschrift „i. V. Waschow". Dabei handelte es sich um Kurt Waschow.[293]

Dieser war von November 1927 bis zum 31. Januar 1935 als Oberstaatsanwalt ständiger Vertreter des Breslauer Generalstaatsanwalts. Da Waschow aber als Halbjude galt, wurde er zum 1. Februar 1935 als

Kammergerichtsrat nach Berlin versetzt, jedoch zum 1. April 1943 aus dem Amt entlassen. Nur mit viel Glück konnte er überleben. Im November 1944 wurde er von der Gestapo verhaftet und in ein Arbeitslager verbracht, wo er als Bauarbeiter eingesetzt wurde. Nach der Kapitulation war er zunächst wieder als Kammergerichtsrat bzw. Senatspräsident in Berlin tätig, ehe er am 2. Januar 1952 im Alter von knapp 71 Jahren zum Bundesrichter ernannt wurde. In Karlsruhe sollte er auf Schalscha treffen.

Doch bevor es dazu kam, musste Schalscha einen Leidensweg hinter sich bringen. Aufgrund des gemeinsamen Berichtes des Oberlandesgerichtspräsidenten und des Generalstaatsanwalts in Breslau verlor er im November 1935 sein Amt als Notar. Da er ganz offensichtlich persönliche Nachteile vermeiden wollte, wurde er auf seinen Antrag hin zum 4. Mai 1936 auch aus der Liste der Rechtsanwälte gelöscht. Im Mai 1936 emigrierte er nach England, wo er bis August 1948 blieb. Nach der Kapitulation nahm der hessische Justizminister Zinn mit ihm in England Kontakt auf, um ihn zur Rückkehr nach Deutschland zu bewegen. Hierauf reagierte Schalscha wie folgt: „Ich möchte [...] nochmals betonen, dass die mit den Jahren immer wachsende Sehnsucht nach juristischer Betätigung mich veranlasst, den Versuch der Rückkehr zu unternehmen."[294]

Nachdem er 1948 zunächst Oberlandesgerichtsrat in Frankfurt und sodann Landgerichtsdirektor in Wiesbaden geworden war, wurde er am 20. Februar 1953 zum Bundesrichter ernannt. In Karlsruhe traf er auf Waschow, der ja bereits über ein Jahr lang hier arbeitete. Beide waren noch bis zum Juli 1953 Kollegen, ehe Waschow in den Ruhestand trat. Schalscha blieb noch bis Juni 1961 am Bundesgerichtshof. Im Alter von 68 Jahren trat er dann in den Ruhestand. Ob Waschow und Schalscha jemals über die Zeit vor 1945 geredet haben, ist aus beiden Personalakten nicht zu entnehmen.

2.12. Günther Wilde: Eine „nicht-arische" Ehefrau und die Folgen im Justizapparat

Am 7. Dezember 1936 teilte Wilde dem Reichsjustizministerium Folgendes mit: „Ich stamme aus einer alten, stets national eingestellten Beamtenfamilie und ich bin in der Lage, durch Benennung von Zeugen [...] den [...] Nachweis zu führen, dass ich nicht nur von jeher ein erbitterter Feind der damaligen demokratisch-parlamentarischen Herrschaft war, sondern dass ich mich darüber hinaus immer im nationalen Sinne eingesetzt habe und sogar schon im Sommer 1930 im Kollegenkreis ganz offen für nationalsozialistische Gedankengänge eingetreten bin.[295] Ich bin ferner in der Lage, für die absolut nichtjüdische Geisteshaltung meiner Ehefrau und ihre geradezu 100%ige Assimilation an deutsches Wesen eine große Anzahl von Persönlichkeiten zu benennen. [...]"[296]

Als Wilde diese Zeilen schrieb, war er ein 39 Jahre alter Amts- und Landrichter, also noch ohne Planstelle, dem seine vorzeitige Entfernung aus dem Amt drohte. Er war nämlich mit einer sog. nichtarischen Ehefrau verheiratet. Er, der aus einem Pastorenhaushalt stammte, wollte als Prädikatsjurist[297] natürlich nicht seiner Existenz beraubt werden. Doch das bereits des öfteren erwähnte „Gesetz zur Wiederherstellung des Berufsbeamtentums" vom 7. April 1933 machte dies möglich. § 6 dieses Gesetzes enthielt zwar eine auf den ersten Blick nichtssagende Bestimmung: „Zur Vereinfachung der Verwaltung können Beamte in den Ruhestand versetzt werden, auch wenn sie noch nicht dienstunfähig sind." Doch diese schwammige Formulierung, die gewollt war, erfüllte in diesem Fall ihren Zweck. Diese Vorschrift war an sich auf Wilde selbst nicht anwendbar. Er war zwar kein Parteimitglied, doch 1934 trat er dem NSRB, der NSV und dem Reichsluftschutzbund (RLB) bei, so dass er von seiner nach außen hin gezeigten politischen Einstellung nicht angreifbar war. Auch war er im Dienst untadelig gewesen. Da er aber mit einer nichtarischen Ehefrau verheiratet war, musste ein Grund für seine Entlassung gefunden werden. So griff die Reichsjustizverwaltung auf § 6 dieses Gesetzes zurück. Um sich für die Zukunft nicht jede Berufsausübung als Jurist zu verbauen, beantragte Wilde am 1. März 1937, ihn aus dem Justizdienst zu entlassen und ihn zur Rechtanwaltschaft beim Landgericht Berlin zuzulassen. Doch der Form musste zunächst noch Genüge getan werden. Mit Bescheid vom 24. September 1937 wurde er mit Ablauf des 31. Dezember 1937 in den Ruhestand versetzt. Sein Schreiben vom 7. Dezember 1936 hatte also seinen Zweck verfehlt.

Da Wilde bereits seit 1936 davon ausgehen musste, bald aus dem Dienst entlassen zu werden, suchte er natürlich nach einem Ausweg, um zukünftig ein Einkommen erzielen zu können. Was lag näher, als sich als Rechtsanwalt zu bestätigen. Doch so einfach war es nicht, diesen Beruf zu wählen. Hierzu bedurfte es – wie von ihm beantragt – der Zulassung durch das Reichsjustizministerium. 1938 musste er zur Kenntnis nehmen, dass ihm keine Zulassung zum Rechtsanwalt erteilt wurde.[298] So musste er bis 1945 freiberuflich tätig sein, indem er wissenschaftlicher Hilfsarbeiter bei verschiedenen Rechtsanwälten wurde.

Nach der Kapitulation arbeitete er bis 1949 als Rechtsanwalt und Notar in Berlin, ehe er Richter am Obersten Gerichtshof für die Britische Zone (OGHZ) wurde. Hier traf er auf Ernst Wolff, der diesem Gerichtshof vorstand.[299] So war es nicht verwunderlich, dass es Wolff im September 1950 war, der Wilde zum Bundesrichter vorschlug. Bundesjustizminister Dehler nahm diese Anregung auf und unterbreitete dem Richterwahlausschuss einen diesbezüglichen formellen Vorschlag, dem gefolgt wurde. Im Oktober 1950 wurde Wilde Richter am Bundesgerichtshof. An sich wäre es nicht verwunderlich gewesen, wenn er alles daran gesetzt hätte, seine vor 1945 abrupt zu Ende gegangene Karriere nach der Kapitulation mit Vehemenz voranzutreiben. Doch er war nicht gewillt, unter allen Umständen am Bundesgerichtshof weiter aufzusteigen. Nach seiner Ernennung zum Bundesrichter wurde er Mitglied des I. Zivilsenats, dem Weinkauff vorstand. Als ihm 1956 sowohl der Bundesjustizminister als auch Weinkauff eine Senatspräsidentenstelle antrugen, lehnte er ab. Er fühle, so ließ Wilde mitteilen, sich nur „dem Sachgebiet des I. Zivilsenats gewachsen"[300] und würde nur dessen Vorsitzender werden wollen. Doch dies war unmöglich, da Weinkauff nicht zu verdrängen war. So blieb Wilde weiter Bundesrichter. Als ihm 1959 allerdings nochmals eine Stelle als Senatspräsident angeboten wurde, ging er auf diesen Vorschlag ein, obwohl Weinkauff nach wie vor den I. Zivilsenat leitete. Am 15. April 1959 wurde Wilde im Alter von 59 Jahren Senatspräsident; am 1. Januar 1965 ging er in den Ruhestand. Knapp 10 Jahre war er Mitglied des Bundesgerichtshofes.

---

1   Vgl. 50 Jahre Bundesgerichtshof, S. 787 ff.

2   Mitteilung von Dr. Helmut Kramer am 20.1.2004.

3   In den meisten Fällen sind noch Versorgungsfälle anhängig, so dass eine Einsichtnahme nur mit Einwilligung des Betroffenen oder der jeweiligen Hinterbliebenen möglich ist. Auch waren zum Teil

keine Personalakten mehr vorhanden oder die betreffenden Bundesrichter haben den BGH wieder verlassen, so dass die diesbezüglichen Akten bei anderen Behörden, Gerichten pp. aufbewahrt werden. Aus Zeit-, Geld- und Organisationsgründen sind damit 32 Personalakten nicht ausgewertet worden. Die statistischen Aussagen in diesem Kapitel hätten auch bei Auswertung dieser Personalakten in der Tendenz keine entscheidenden Veränderungen erfahren, was durch sonstige Quellen, die den betreffenden Richter zum Gegenstand haben, deutlich geworden ist. Ihre Analyse hätte den Umfang dieser Arbeit aber gesprengt. Hinsichtlich der Personalakteneinsichtnahme wird auf die Korrespondenz mit dem BJM v. 12.4.2002 und mit dem BVerfG v. 23.5.2003 verwiesen.

4   Kurt Zweigert, geboren am 18.8.1886, wurde am 27.9.1951 Bundesrichter und gleichzeitig Richter des Bundesverfassungsgerichts. Am 1.11.1951 wurde er auf seinen Antrag aus beiden Ämtern entlassen; er wurde Präsident des Oberverwaltungsgerichts Berlin (PA Zweigert, in: BA Koblenz Pers. 101/48964, 48965). In den Personalien „50 Jahre Bundesgerichtshof" ist er nicht aufgeführt. Er ist in der Basiszahl 100 % bzw. 69 enthalten.

5   Bei der Bestimmung der Herkommensschicht der einzelnen Richter/Innen wurde der Beruf des Vaters zugrunde gelegt. Dabei hat der Verfasser die soziale Schichtung um die „Oberschicht" erweitert. Die übrigen vier Schichten sind entnommen worden aus: Richter, Die Richter der Oberlandesgerichte der Bundesrepublik, a. a. O., S. 246 ff; Richter, Zur soziologischen Struktur der deutschen Richterschaft, S. 11 ff; vgl. auch Dahrendorf, Gesellschaft und Demokratie in Deutschland; Feest, Die Bundesrichter, a. a. O., S. 95 ff.; Dahrendorf, Bemerkungen zur sozialen Herkunft und Stellung der Richter an Oberlandesgerichten, a. a. O., S. 260 ff.

6   Vgl. hierzu Bästlein, Zur „Rechts"-Praxis des schleswig-holsteinischen Sondergerichts 1937 – 1945, a. a. O., S. 148 ff.

7   PA Selowsky, in: BA Koblenz Pers. 101/48937 – 48939.

8   PA Hertel, in: BA Berlin R 3002 (RG/PA) / 364.

9   PA Lindenmaier, in: BA Koblenz Pers. 101/39384.

10 PA Richter, in: BA Koblenz Pers. 101/39857.

11 Vgl. II. Teil, Kap. 3.

12   50 Jahre Bundesgerichtshof, S. 791; PA Kuhn, in: BA Koblenz Pers. 101/39827.

13   50 Jahre Bundesgerichtshof, S. 805; PA Heimann-Trosien, in: BA Koblenz Pers. 101/48805.

14   50 Jahre Bundesgerichtshof, S. 806; PA Schalscha, in: BA Koblenz Pers. 101/39861.

15   Durch Erlass v. 26.11.13936 amtliche Bezeichnung für Personen, die aus einer anerkannten Religionsgemeinschaft ausgetreten waren. Damit sollte dokumentiert werden, dass Kirchenferne nicht Ungläubigkeit bedeute, sondern der „arteigenen Frömmigkeit des deutschen Wesens" entspreche. Juden, die ihre Gemeinde verlassen hatten, durften sich daher nicht als gottgläubig bezeichnen. Der Begriff war auch nach dem Krieg noch einige Zeit üblich (Das große Lexikon des Dritten Reiches, S. 224).

16   Als rassisch Verfolgte werden im Rahmen dieser Statistik nur diejenigen Bundesrichter betrachtet, die im Dritten Reich aus sog. rassischen Gründen berufliche Nachteile erlitten, z. B. als Richter oder Rechtsanwalt entlassen wurden. Damit soll das persönliche Schicksal der folgenden Personen aber keineswegs missachtet werden. So wird Bundesrichter Heimann-Trosien (Das Folgende aus: PA Heimann-Trosien, in: BA Koblenz Pers. 48805 – 48809) nicht als rassisch Verfolgter angesehen: Er, Jahrgang 1900, wurde bereits 1929 als Rechtsanwalt am OLG Breslau zugelassen. Seinen Beruf konnte er, obwohl er als Mischling 1. Grades galt, dennoch bis 1945 ausüben, weil sein Vater – Rittergutsbesitzer – im 1. Weltkrieg als Hauptmann der Reserve gefallen war. Heimann-Trosien gehörte der DVP bis zu deren Auflösung an. Er hatte 1918 selbst noch als Fahnenjunker – mit dem EK II ausgezeichnet – am 1. Weltkrieg teilgenommen. Sein Sohn wurde durch Erlass Hitlers in die Hitlerjugend (HJ) aufgenommen. Heimann-Trosien gehörte der NSDAP nicht an. Ebenfalls wird Else Koffka (Das Folgende aus: PA Koffka, in: BA Koblenz Pers. 48845 – 48850) nicht als rassisch Verfolgte berücksichtigt: Sie galt im Dritten Reich als Mischling 2. Grades, da sie einen jüdischen Großvater hatte. Um ihren als Rechtsanwalt zugelassenen Bruder vor Nachteilen zu schützen, quittierte sie 1935 als Gerichtsassessorin den Justizdienst. Fortan arbeitete sie bis zur Kapitulation als Hilfsarbeiterin bei einem Rechtsanwalt oder als Rechtsanwaltsvertreterin.

17 Frei, Hitler-Junge, Jahrgang 1926, in: Die Zeit v. 11.9.2003, Nr. 38, S. 50; Gruchmann, Justiz im Dritten Reich, S. 265 m. Anm. 25.

18 PA Rotberg, in: BA Koblenz Pers. 101/489515; Gruchmann, Justiz im Dritten Reich, S. 216.

19 RGBl. 1935 I, S. 609 ff.

20 § 26 Abs. 1 WehrG lautete: „Die Soldaten dürfen sich politisch nicht betätigen. Die Zugehörigkeit zur NSDAP oder einer ihrer Gliederungen oder zu einem der ihr angeschlossenen Verbände ruht für die Dauer des Wehrdienstes."

21 PA Mantel, in: BA Berlin R 3002 (RG/PA) / 570; BA Koblenz Pers. 101/39839 – 39843, 40007. Zur Person von Hülle vgl. Mitteilung von Helmut Kramer am 20.1.2004.

22 PA Weber, in: BA Koblenz Pers. 101/39886, 39887, 40058 – 40060.

23 PA Pagendarm, in: BA Koblenz Pers. 101/48884 – 48885; PA Krumme, in: BA Koblenz Pers. 101/39825, 39826, 39988 – 39992.

24 BGBl. I, S. 2226.

25 Vgl. Schmidt-Räntsch, Deutsches Richtergesetz, 5. Aufl., S. 653 ff.

26 Vgl. II. Teil, Kap. 2.

27 Angaben aus: PA Ascher, in: BA Koblenz Pers. 101/39931, 39932, 39971, 39972.

28 RGBl. 1933 I, S. 175 ff.; § 3 Abs. 1 lautet: „Beamte, die nicht arischer Abstammung sind, sind in den Ruhestand [...] zu versetzen [...]."

29 Vgl. Reichsbürgergesetz v. 15.9.1933 (RGBl. 1935 I, S. 1145) i. V. m. § 5 der ersten VO v. 14.11.1935 (RGBl. 1935 I, S. 1333 ff.).

30 Beurteilung des Präsidenten des LG Darmstadt v. 6.12.1947: „[...] seine Leistungen weit über den Durchschnitt [...]"; Äußerung des Vizepräsidenten des OLG Frankfurt/Main v. 23.8.1950: Hat Fähigkeit, „als Richter eines führenden Gerichtshofs die Rspr. zu beeinflussen und zu fördern".

31 Schumacher, M. d. B., Nr. 2684.

32 Äußerung des Vizepräsidenten des OLG Frankfurt/Main v. 23.8.1950, in: PA Ascher (BA Koblenz Pers. 101/39772).

33 Angaben aus: PA Hermann Spieler (BA Koblenz Pers. 101/40050).

34 Schriftliche Auskunft des Präsidenten des BGH v. 23.5.2003.

35 BGBl. 1953 I, S. 1387 ff.

36 Aktenzeichen: IV ZR 211/55, in: BGH LM Nr. 16 zu § 1 BEG; vgl. auch Justiz im Nationalsozialismus (Katalog zur Ausstellung), S. 391 f.

37 Vgl. III. Teil, Kap. 3.

38 A. a. O., S. 391 f.

39 Vgl. hierzu Das große Lexikon des Dritten Reiches, S. 254 ff.

40 Das Folgende aus: Lewy, „Rückkehr nicht erwünscht", S. 69 ff.

41 RGBl. 1939 I, S. 1578; das Folgende aus Lewy, a. a. O., S. 117 ff.

42 Vgl. Das große Lexikon des Dritten Reiches, S. 208.

43 Das Folgende aus: Lewy, a. a. O., S. 126 ff., 135 ff.

44 Wegen des Schicksals der Zurückgekehrten vgl. Lewy, a. a. O., S. 137 ff.

45 Lewy, a. a. O., S. 229 ff.

46 Zitiert aus dem Urteil v. 7.1.1956.

47 Vgl. Lewy, a. a. O., S. 124 ff. (133 f).

48 Vgl. hierzu Lewy, a. a. O., S. 172 ff.

49 Vgl. hierzu Perels, Das juristische Erbe des „Dritten Reiches", S. 193 f.

50 Das Folgende aus: PA Dotterweich, in: BA Koblenz Pers. 101/ 48781 – 48785.

51 MinDir Konrad (bay. Staatsm. d. J.) am 13.8.1949 an das Amt der Militärregierung in Bayern, a. a. O.

52 1. Examen (1921): bestanden, 2. Examen (1925): Note 60 (München).

53 Beurteilung der GStA (München) v. 28.9.1934.

54 Gruchmann, Justiz im Dritten Reich, S. 285.

55   Vgl. hierzu Das große Lexikon des Dritten Reiches, S. 566; Baird, Julius Streicher – Der Berufsantisemit, a. a. O., S. 231 ff.

56   Schreiben der NSDAP – Gauleitung, Franken, am 29.3.1938 an das Reichsjustizministerium: „Bei meiner (der Verfasser dieses Briefes ist unbekannt) letzten Unterredung habe ich den Wunsch des hiesigen Gauleiters übermittelt, auf die frei werdende Stelle des Oberstaatsanwalts in Ansbach [...] Dotterweich [...] als Oberstaatsanwalt zu setzen. Dotterweich ist aus seiner früheren Tätigkeit hier in Nürnberg vor der Machtübernahme in guter Erinnerung. Er hat damals den [...] Juden Arpad Axel verurteilt. [...]" (a. a. O.).

57   Das Folgende aus: Fränkische Zeitung v. 13.10.1939 (a. a. O.).

58   Dotterweich am 3.10.1950 an den OLG-Präsidenten (Nürnberg), a. a. O.

59   Vgl. hierzu Wengst, Thomas Dehler, S. 155 f.; Schumacher, M. d. B., Nr. 2340.

60   Das Folgende aus: PA Dürig, in: BA Koblenz Pers. 101/39795, 39798 – 39801, 39961; Gruchmann, Justiz im Dritten Reich, S. 276 f.; Angermund, Deutsche Richterschaft, S. 80 m. Anm. 62.

61   Beurteilung des bay. Staatam. d. J. v. 28. 11.1935, a. a. O.

62   Zitiert nach Gruchmann, a. a. O., S. 276 m. Anm. 42.

63   Lennhoff/Posner, Internationales Freimaurer-Lexikon, S. 1394 f.: Ende 1859 in Prag gegründete deutsche Gemeinschaft freundschaftlich gleichgesinnter Männer: Pflege von Humor und Kunst nach bestimmten Formen, unter Beobachtung eines gewissen Zeremoniells.

64   Im November 1937 wurde er Parteianwärter; 1938 erfolgte seine Aufnahme in die Partei, rückdatiert auf den 1.5.1937 (Gruchmann, a. a. O., S. 276); vgl. hierzu Kap. 1, Teil C.

65   Vgl. hierzu Das große Lexikon des Dritten Reiches, S. 616.

66   Schreiben Wagner v. 8.9.1937 an das RJM.

67   Vgl. hierzu Gruchmann, a. a. O., S. 276.

68   Vgl. Klee, Das Personenlexikon zum Dritten Reich, S. 121.

69 Vgl. hierzu u. a. Kramer, Oberlandesgerichtspräsidenten und Generalstaatsanwälte als Gehilfen der NS-„Euthanasie", a. a. O., S. 25 ff.; Gruchmann, Euthanasie und Justiz im Dritten Reich, a. a. O., S. 235 ff.

70 Vgl. Klee, Das Personenlexikon, S. 317.

71 Peschel-Gutzeit, Das Nürnberger Juristen-Urteil v. 1947, S. 147 ff.; Klee, Das Personenlexikon, S. 315.

72 Vermerk v. 25.7.1944, a. a. O.

73 Vermerk v. 3.8.1944, a. a. O.

74 Vermerk v. 7.8.1944, a. a. O.

75 Schreiben v. 8.8.1944, in: PA Dürig (BA Koblenz Pers. 101/39801).

76 Vgl. Gruchmann, Justiz im Dritten Reich, S. 276 m. Anm. 42.

77 Vgl. I. Teil. Kap. 1.5.1.; vgl. auch Wengst, Thomas Dehler, S. 94. Die Angabe in der Festschrift, 50 Jahre Bundesgerichtshof, S. 788, Dürig sei bis zum 16. Juli 1948 Oberlandesgerichtspräsident in Bamberg gewesen, ist falsch.

78 So Dehler am 13.10.1947 an das bay. Staatsm. d. J., a. a. O.

79 A. a. O.

80 Vgl. I. Teil, Kap. 1.5.1.

81 Dehler an Müller am 16.2.1948, a. a. O.

82 Dürig wurde lediglich eine Stelle als Oberlandesgerichtsrat beim Deutschen Obergericht für das Vereinigte Wirtschaftsgebiet in Köln angeboten; dieses Angebot lehnte er ab (a. a. O.).

83 Das Folgende aus: PA Koeniger, in: BA Koblenz Pers. 48841 – 48844.

84 RGBl. 1933 I, S. 136.

85 Seit Mai 1933 Reichsminister für Luftfahrt und ab 1934 Oberbefehlshaber der Luftwaffe; im Mai 1940 Ernennung zum Reichsmarschall (vgl. Das große Lexikon des Dritten Reiches, S. 222 f).

86 Vgl. hierzu Bästlein, Zur „Rechts"-Praxis des schleswig-holsteinischen Sondergerichts (1937 – 1945), a. a. O., S. 111.

87 Bästlein, a. a. O., S. 111; Angermund, Deutsche Richterschaft 1919 – 1945, S. 137 f.

88 RGBl. 1931 I, S. 537 ff. (Kapitel II, S. 565 ff.).

89 RGBl. 1932 I, S. 403 ff.

90 Vgl. Angermund, a. a. O., S. 137.

91 RGBl. 1932 I, S. 550.

92 Bästlein, a. a. O., S. 112.

93 Zitiert nach Bästlein, a. a. O., S. 111 f. m. Anm. 84, 85.

94 RGBl. 1933 I, S. 83.

95 RGBl. 1933 I, S. 135.

96 RGBl. 1934 I, S. 1269 f.

97 Bästlein, a. a. O., S. 114.

98 Vgl. hierzu Bästlein, a. a. O., S. 114 f.

99 RGBl. 1939 I, S. 1609.

100 RGBl. 1939 I, S. 2378.

101 RGBl. 1939 I, S. 1679.

102 RGBl. 1939 I, S. 2319.

103 Colmorgen/Godau-Schüttke, Frauen vor Gericht, a. a. O., S. 145 ff.

104 Zitiert nach Bästlein, a. a. O., S. 118 m. Anm. 110.

105 Bästlein, a. a. O., S. 153.

106 Das Folgende aus: Bästlein, a. a. O., S. 148 ff.; Angermund, a. a. O., S. 138 f.

107 Zitiert nach Bästlein, a. a. O., S. 151.

108 Unterstreichung im Original des Schreibens.

109 Schreiben v. 14.5.1937, in: PA Koeniger, a. a. O.

110 RGBl. 1939 I, S. 1658.

111 Zitiert nach Gruchmann, Justiz im Dritten Reich, S. 975.

112 So Koeniger am 30.1.1946, in: PA Koeniger, a. a. O.

113 Das Folgende aus: Gruchmann, Justiz im Dritten Reich, S. 235 f., 406 f., 437, 643.

114 Das Folgende aus: PA Mantel, in: BA Berlin R 3002 (RG/PA) / 570 und BA Koblenz Pers. 101/39839 – 39843, 40008; PA Mantel, in: BA Aachen (Zentralnachweisstelle) H2-32120, W-10/2090, 2091.

115 Beurteilung des aufsichtsführenden Kriegsgerichtsrats beim Gericht der 7. Devision (München) v. 8.4.1937, in: BA Aachen, a. a. O.

116 Beurteilung v. 15.9.1934, in: BA Koblenz, a. a. O.

117 Beurteilung des stellvertretenden Präsidenten des Volks-gerichtshofes, Wilhelm Bruner, v. 9.4.1936, in: BA Koblenz, a. a. O.

118 Vgl. I. Teil, Kap. 1.3.3.

119 Erklärung Mantel v. 9.3.1950, in: BA Koblenz, a. a. O.

120 Ab August 1943 wurde die Amtsbezeichnung Oberst-kriegsgerichtsrat anstelle Ministerialrat eingeführt (PA Mantel, in: BA Aachen, a. a. O.); als aktiver Offizier wurde die Bezeichnung Oberstkriegsgerichtsrat in Oberstrichter umbenannt.

121 Das Folgende aus: Hartmann, Halder Generalstabschef Hitlers, S. 245 ff.

122 Das Folgende aus: Krausnick/Wilhelm, Die Truppe des Weltan-schauungskrieges, S. 120 ff., 126 f., 132 f.

123 So seine offizielle Bezeichnung, vgl. Das große Lexikon des Drit-ten Reiches, S. 322.

124 Vgl. Krausnick/ Wilhelm, a. a. O., S. 132 f.

125 Vgl. Hartmann, a. a. O., S. 249 f.; Das große Lexikon des Dritten Reiches, S. 320 f.

126 Kommissare, die im rückwärtigen Heeresgebiet wegen zweifelhaf-ten Verhaltens ergriffen wurden, waren an die Einsatzgruppen der Sicherheitspolizei und des SD abzugeben, vgl. Das große Lexi-kon des Dritten Reiches, a. a. O.

127 Müller an den Chef des Heeresjustizwesens am 12.9.1943, in: BA Aachen, a. a. O.

128 Krausnick/Wilhelm, a. a. O., S. 218 m. Anm. 378.

129 Das Folgende aus: PA Mantel, in: BA Aachen, a. a. O.

130 Vgl. Das große Lexikon des Dritten Reiches, S. 520; Steinkamp, Generalfeldmarschall Ferdinand Schörner, a. a. O., S. 236 ff.

131 Gritschneder, Randbemerkungen, S. 143 f.

132 Vgl. hierzu Kramer, Im Namen des Volkes: Vermummte Justiz, a. a. O., S. 112 m. Anm. 11.

133 Vgl. Gritschneder, a. a. O., S. 144.

134 Ansprache in: Internet BGH, S. 1 ff.

135 Vgl. hierzu Friedrich, Freispruch für die Nazi-Justiz, S. 202 ff.; Friedrich, Die kalte Amnestie, S. 291 ff.; Perels, Das juristische Erbe des „Dritten Reiches", S. 181 ff.; Urteile des 1. Strafsenats des BGH v. 12.2.1952 (1 StR 658/51), v. 30.11.1954 (1 StR 350/53); v. 19.6.1956 (1 StR 50/56).

136 Urteil v. 19.6.1956, S. 5 f.; dieses Urteil wurde erst 1996 veröffentlicht: NStZ 1996, S. 485 ff.

137 Das Folgende aus: PA Meiß, in: BA Koblenz Pers. 101/48867 – 48874.

138 Bezeichnung derjenigen NSDAP-Mitglieder oder Sympathisanten der Partei, die mehr als den geforderten Monatsbeitrag zahlten, (vgl. Das große Lexikon des Dritten Reiches, S. 430).

139 Vgl. hierzu Das große Lexikon des Dritten Reiches, S. 190.

140 Schreiben des Gauleiters des Gaus Koblenz-Trier-Birkenfeld an den OLG-Präsidenten Köln v. 6.12.1935, a. a. O.

141 Schreiben v. 12.12.1935, a. a. O.

142 Schreiben Bergmann an den Gauleiter des Gaus Koblenz-Trier-Birkenfeld v. 13.1.1936, a. a. O.

143 Schreiben der Gauleitung an Bergmann v. 10.2.1936, a. a. O.

144 Schreiben MinDir Nadler an Bergmann v. 26.8.1936, a. a. O.

145 Vgl. V. Teil, Kap. 1.

146 Schreiben v. 22.5.1937 an Meiß, a. a. O.

147 Blockwart oder Blockwalter = Leiter der untersten Dienststellen der NSV (Das große Lexikon des Dritten Reiches, S. 78).

148 Vgl. hierzu Das große Lexikon des Dritten Reiches, S. 480 f.

149 Schreiben v. 5.11.1938, a. a. O.

150 Bescheid v. 22.3.1949, a. a. O.

151 Das Folgende aus: PA Meyer, in: BA Koblenz Pers. 101/39844 – 39846, 40009 – 40013.

152 Schreiben des OLG-Präsidenten v. 7.4.1933 an LG-Präsident (Bonn), a. a. O.

153 Bericht OLG-Präsident (Köln) an preußisches Justizministerium v. 12.4.1933, a. a. O.

154 Schorn, Der Richter im Dritten Reich, S. 387 f.; insoweit sind seine Angaben ausnahmsweise richtig.

155 Mosler am 31.5.1933 an den OLG-Präsidenten, a. a. O.

156 So Ellscheid am 8.12.1945 an den OLG-Präsidenten, a. a. O.

157 Das Folgende aus: PA Geiger – aufbewahrt im BVerfG – Signatur: P 1 – G 1; vgl. auch Kramer, Ein vielseitiger Jurist, in: Kritische Justiz 1994, S 232 ff .

158 Unterstreichung von Geiger. Seine Rede gelangte durch ein Schreiben des Kommissariats der Deutschen Bischöfe – Katholisches Büro Bonn – an den Bundesjustizminister der Justiz v. 21.2.1978 in seine Personalakten, a. a. O.

159 So der wörtliche Vermerk des zuständigen Referenten v. 14.5.1979, a. a. O.

160 DRiZ 1959, S. 336 ff.

161 Vgl. hierzu Godau-Schüttke, Ich habe nur dem Recht gedient, S. 91 ff.

162 Vgl. IV. Teil, Kap. 2.3.

163 Vgl. Klee, Das Personenlexikon zum Dritten Reich, S. 243.

164 Vgl. Klee, Das Personenlexikon zum Dritten Reich, S. 648.

165 Das Schreiben der Gauleitung v. 12.5.1936 ist in der PA Geigers nicht mehr vorhanden. Dessen Inhalt wird insoweit aber an mehreren Stellen in der PA zitiert.

166 Zitiert aus: PA Geiger.

167 Vgl. hierzu Gruchmann, Justiz im Dritten Reich, S. 236, 276.

168 Das Folgende aus: Beurteilung Dürig v. 24.3.1941, in: PA Geiger, a. a. O.

169 Die diesbezüglichen Manuskripte sind in der PA Geiger nicht vorhanden.

170 Vgl. IV. Teil, Kap. 2.4.

171 Formblatt und Lebenslauf v. 10.6.1951, in: PA Geiger, a. a. O.

172 Beurteilung Dehlers v. 23.8.1948: „[...] 17. Oktober 1938 abgeordnet an das Oberlandesgericht Bamberg, dort vom 1. Januar 1940 ab Leiter der Übungsgemeinschaft der Referendare und Ergänzungsprüfer für die vereinfachte große Staatsprüfung, daneben Tätigkeit bei der Staatsanwaltschaft Bamberg. [...]", in: PA Geiger, a. a. O.

173 Auszüge aus der Strafakte gegen Kazimirz St. (Sg. 161/41), in: PA Geiger, a. a. O.

174 RGBl. 1939 I, S. 1679.

175 RGBl. 1941 I, S. 549 f.

176 An der Hinrichtung um 6.00 Uhr früh nahm u. a. auch Geiger als Bearbeiter dieser Strafsache teil. In der ausführlichen Niederschrift über die Vollstreckung, die auch Geiger unterschrieb, heißt es: „Der Hinrichtungsraum war gegen jeden Einblick und Zutritt von Unbeteiligten vollständig gesichert. Die Fallschwertmaschine war, durch einen schwarzen Vorhang verdeckt, verwendungsfähig aufgestellt. Um 6.07 Uhr früh wurde der Verurteilte durch zwei Gefängnisbeamte, begleitet von dem Gefängnisgeistlichen [...], vorgeführt. Er nahm vor einem mit einem schwarzen Tuch bedeckten Tisch Aufstellung. Hierauf verlas Erster Staatsanwalt Dr. Griffel durch Vermittlung des Dolmetschers [...] den erkennenden Teil des Urteils [...] und den Erlass des Reichsministers der Justiz [...], nach welchem von dem Begnadigungsrecht kein Gebrauch gemacht

wurde. Nachdem der Geistliche ein kurzes Gebet gesprochen hatte, wurde der Verurteilte dem Scharfrichter übergeben. Die Gehilfen führten ihn an die Fallschwertmaschine, auf welcher er festgeschnallt und unter das Fallbeil geschoben wurde. Scharfrichter [...] löste sodann das Fallbeil aus, welches das Haupt des Verurteilten sofort vom Rumpfe trennte. Anschließend betete der Geistliche ein kurzes Gebet. (Der Gefängnisarzt) überzeugte sich vom Eintritt des Todes. Von der Übergabe an den Scharfrichter bis zum Fall des Beiles vergingen 14 Sekunden. Der ganze Hinrichtungsvorgang, der sich ohne Zwischenfall vollzog, dauerte vom Verlassen der Zelle an gerechnet 1 Minute 54 Sekunden. Nach der Abnahme von der Fallschwertmaschine wurde die Leiche und das Haupt des Verurteilten in einen bereitstehenden Sarg gelegt und hierauf dem Beauftragten der Anatomischen Anstalt in München [...], der vor dem verschlossenen Tor gewartet hatte, übergeben." Angaben aus: PA Geiger, a. a. O.

177 Insoweit wird auf die Eingabe des Hans Michael Empell – gerichtet an das Bundesverfassungsgericht – v. 30.3.1978 verwiesen, die Geigers Tätigkeit vor dem Sondergericht Bamberg im Einzelnen, ohne erschöpfend zu sein, auflistet, in: PA Geiger, a. a. O.

178 RGBl. 1939 I, S. 1455 f.

179 RGBl. 1934 I, S. 1269 f.

180 Auszüge aus der Strafakte gegen Kunibert E. (Sg 311/42), in: PA Geiger, a. a. O.

181 So Geiger in seinem Schreiben v. 8.12.1945 an den Oberlandesgerichtspräsidenten in Bamberg, in: PA Geiger, a. a. O.

182 Angabe in der Beurteilung des Oberlandesgerichtspräsidenten Dehler v. 23.8.1948, in: PA Geiger, a. a. O.

183 Angaben aus Schreiben des Oberlandesgerichtspräsidenten in Bamberg an das bay. Staatsm. d. J. v. 11.7.1947, in: PA Geiger, a. a. O.

184 Vgl. hierzu Wengst, Thomas Dehler, S. 60, 142 f.

185 Geiger an den Oberlandesgerichtspräsidenten in Bamberg, Lorenz Krapp (Vorgänger Dehlers) v. 8.12.1945. Geiger hat in einem weiteren Schreiben v. 16.2.1947 – gerichtet an die Spruchkammer I in Bamberg – diese Darlegungen im Kern wiederholt. (Vgl. PA Geiger, a. a. O.).

186 Vgl. Schreiben Winners v. 12.12.1945, in: PA Geiger, a. a. O.

187 Gutachten v. 5.7.1946 des Oberlandesgerichtsrat Wehrl, des Oberamtsrichters Sauter und des Rechtsanwalts Dr. Scheick, in: PA Geiger, a. a. O.

188 Schreiben Weinkauff v. 8.7.1946, in: PA Geiger, a. a. O.

189 Vgl. hierzu Wengst, Thomas Dehler, S. 52, 79, 80 f., 84 ff., 94, 114 f.

190 Vermerk Krapp v. 20.7.1946, in: PA Geiger, a. a. O.

191 Spruch v. 17.4.1947, in: PA Geiger, a. a. O.

192 Schreiben Weinkauff an Dehler v. 8.7.1947, in: PA Geiger, a. a. O.

193 PA Geiger, a. a. O.

194 Beurteilung Dehler v. 23.8.1948, in: PA Geiger, a. a. O.

195 Wengst, Thomas Dehler, S. 142.

196 Wengst, Thomas Dehler, S. 216.

197 Wengst, Staatsaufbau, S. 166.

198 Anweisung Dehler an Ministerialdirektor Petersen v. 29.9.1950, in: PA Geiger, a. a. O.

199 Angabe Geigers v. 10.6.1951, in: PA Geiger, a. a. O.

200 BGBl. I, S. 243 ff.

201 Vgl. „Viertes Gesetz zur Änderung des Gesetzes über das Bundesverfassungsgericht" v. 21.12.1970 (BGBl. I, S. 1765 ff) und "Bekanntmachung der Neufassung des Gesetzes über das Bundesverfassungsgericht" v. 3.2.1971 (BGBl. I, S. 105 ff).

202 Erwin Stein, Anton Henneka, Kurt Zweigert, Willi Geiger (vgl. hierzu Wengst, Staatsaufbau, S. 240 ff).

203 Schreiben an Dehler v. 9.5.1951, in: PA Geiger, a. a. O.

204 Schreiben des bay. Staatsm. d. J. an Dehler v. 26.5.1951, in: PA Geiger, a. a. O.

205 PA Geiger, a. a. O.

206 Wengst, Staatsaufbau, S. 231 f.

207 Beschluss des Präsidiums des Bundesgerichtshofes v. 22.9.1951, in: PA Geiger, a. a. O.

208 Baring, Außenpolitik in Adenauers Kanzlerdemokratie, S. 223.

209 Weinkauffs Meinung wird in einem vertraulichen Schreiben an das Bundesjustizministerium v. 19.12.1952 deutlich: „Es ist zur Zeit offenbar Wirbel um Herrn Dr. Geiger vom Verfassungsgericht. Ich habe ihn persönlich noch nicht gesprochen. Sollte er die Absicht haben, drüben (gemeint ist das Bundesverfassungsgericht) wegzugehen und zu uns zu kommen, so würde ich ihn für den geeigneten Präsidenten unseres III. Zivilsenates halten."; in: PA Geiger, a. a. O.

210 Zitiert von Weinkauff in seinem Schreiben an den Bundesminister der Justiz v. 18.12.1959, in: PA Geiger, a. a. O.

211 Schreiben Staatssekretär Strauß an Weinkauff v. 21.1.1960, in: PA Geiger, a. a. O.

212 Vermerk Staatssekretär Strauß v. 4.2.1960, in: PA Geiger, a. a. O.

213 Schreiben Heusingers an BJM v. 20.5.1960, in: PA Geiger, a. a. O.

214 BGBl. I, S. 1665 ff; § 70 Abs. 1 ist durch Gesetz v. 12.12.1985 (BGBl. I, S. 2226) neu gefasst worden: „Die Rechte und Pflichten eines Richters an den obersten Gerichtshöfen des Bundes ruhen, solange er Mitglied des Bundesverfassungsgerichts ist."

215 Schreiben Heusinger v. 19.10.1961, in: PA Geiger, a. a. O.

216 PA Geiger, a. a. O.

217 Vgl. Verlautbarung der Pressestelle des Bundesverfassungsgerichts Nr. 17/89 v. 18.5.1989, in: PA Geiger, a. a. O.

218 „Vorwärts" Nr. 31 - Der Artikel wurde dem Verfasser vom Archiv der sozialen Demokratie zur Verfügung gestellt.

219 Vgl. Wengst, Staatsaufbau, S. 228.

220 Schumacher, M. d. B. Nr. 3276; Wengst, Staatsaufbau, S. 228.

221 RGBl. I, S. 713 ff.

222 Die komplette Stellungnahme ist erhalten geblieben, in: PA Geiger, a. a. O.

223 PA Geiger, a. a. O.

224 Deutsche Verwaltung 1941, S. 244, in: PA Geiger, a. a. O.

225 Schreiben Müller an Linz v. 9.9.1966, in: PA Geiger, a. a. O.

226 Das Folgende aus: Verlautbarungen der Pressestelle des Bundes-verfassungsgerichts v. 4.7.1988 und v. 1.9.1988.

227 Geller vermerkte insoweit „Abschrift dieses Schreibens habe ich – vorläufig nur – dem Vizepräsidenten zugeleitet." Ob er auch Dritten weitere Abschriften seines Schreibens zukommen ließ, ist ungeklärt geblieben.

228 SS-Standartenführer, im Krieg Kommandeur der SS-Kriegsbericht-erstatter-Abteilung, gegen Kriegsende Chef der Propagandaab-teilung der Wehrmacht, vgl. Klee, Das Personenlexikon zum Dritten Reich, S. 13.

229 Georg Bernhard, 1913 Chefredakteur der „Vossischen Zeitung", 1933 emigriert, vgl. Godau-Schüttke, Rechtsverwalter des Reiches, S. 193 f.

230 Gemeint ist Theodor Maunz, der als ehemaliger Nationalsozialist nach 1945 Mitglied der CSU und 1957 bis 1964 bayerischer Kul-tusminister war, vgl. Klee, Das Personenlexikon zum Dritten Reich, S. 395 f.

231 Abschrift des Schreibens v. 27.1.1967, in: PA Geiger, a. a. O.

232 Schreiben v. 27.2.1967 mit dem Vermerk Müllers „Nicht abgegan-gen, mündlich erörtert", in: PA Geiger, a. a. O.

233 Auszüge aus der Strafakte gegen Jakob S. (SG 40/42), in: PA Gei-ger, a. a. O.

234 RGBl. I, S. 2378.

235 RGBl. 1939 I, S. 1679.

236 Schreiben Dehler an Geiger v. 22.5.1951, in: PA Geiger, a. a. O.

237 PA Geiger, a. a. O.

238 Schreiben am 30.3.1978, in: PA Geiger, a. a. O.

239 Schreiben Bundesminister der Justiz v. 9.11.1977, in: PA Geiger, a. a. O.

240 Gutachten v. 11.4.1978, in: PA Geiger, a. a. O.

241 PA Geiger, a. a. O.

242 Angaben aus: PA Riese, in: BA Koblenz Pers. 101/48910 – 48914.

243 Beide Staatsexamen legte er mit „gut" ab (1920/1923). 1921 promovierte er mit der Note „sehr gut", a. a. O.

244 Vgl. hierzu Godau-Schüttke, Rechtsverwalter des Reiches.

245 Zum 1.11.1940 verließ er das Reichsjustizministerium und erhielt eine Planstelle als Senatspräsident am OLG Düsseldorf; er blieb aber weiterhin für seine Lehrtätigkeit in der Schweiz beurlaubt.

246 Hierzu Das große Lexikon des Dritten Reiches, S. 48 f.

247 Hierzu Das große Lexikon des Dritten Reiches, S. 233.

248 Hierzu Das große Lexikon des Dritten Reiches, S. 81.

249 So auch Gruchmann, Justiz im Dritten Reich, S. 261 m. Anm. 106.

250 PA Riese, in: BA Koblenz Pers. 101/48912.

251 Das Folgende aus: PA Rotberg, in: BA Koblenz Pers. 101/48915 – 48920.

252 Beurteilung des Landgerichtspräsidenten Koblenz v. 2.11.1938, a. a. O.

253 Schreiben der NSDAP-Gauleitung Koblenz-Trier v. 21.8.1939, a. a. O.

254 Schreiben der Gauleitung Moselland v. 30.1.1942, a. a. O.

255 So Rotberg in diesem Schreiben.

256 Unterstreichung von Rotberg.

257 PA Rotberg, in: BA Koblenz Pers. 101/48920; die Angabe von Podewin (Braunbuch, S. 384), Rotberg sei Landgerichtsrat beim Sondergericht Naumburg gewesen, wird durch Rotbergs Personalakten nicht bestätigt.

258 Vgl. hierzu Das große Lexikon des Dritten Reiches, S. 311 ff.

259 Vgl. hierzu Das große Lexikon des Dritten Reiches, S. 456.

260 Hierzu Gruchmann, Justiz im Dritten Reich, S. 76 f. m. Anm. 321.

261 PA Rotberg, in: BA Koblenz Pers. 101/48920.

262 PA Rotberg, in: BA Koblenz Pers. 101/48920.

263 Vgl. IV. Teil, Kap. 1.

264 Dehler an den Bundesminister des Inneren am 5.10.1950, in: PA Rotberg (BA Koblenz Pers. 101/48916).

265 Verfügung des SS- und Polizeigerichts Breslau v. 10.9.1943, zitiert aus dem Schreiben v. 5.10.1950.

266 Auf die Schilderung weiterer Einzelheiten muss hier verzichtet werden.

267 Verfügung v. 7.7.1944, in: PA Rotberg (BA Koblenz Pers. 101/48920).

268 Schreiben v. 29.6.1944, a. a. O.

269 Hierzu Schumacher, M. d. B., Nr. 5795.

270 Süsterhenn an Dehler am 18.10.1949, in: PA Rotberg (BA Koblenz Pers. 101/48916).

271 Wengst, Staatsaufbau, S. 166.

272 Geschäftsverteilungsplan gemäß Hausverfügung Nr. 31 des Bundesministers der Justiz v. 10.8.1950, in: IfZ, ED 94/152.

273 Kabinettsprotokolle der Bundesregierung Bd. 2 (1950), S. 667 f. m. Anm. 26; vgl. hierzu auch Wengst, Staatsaufbau, S. 178 ff.

274 Schreiben v. 5.10.1950, in: PA Rotberg (BA Koblenz Pers. 101/48916).

275 Vgl. III. Teil, Kap. 3.

276 Vgl. Schreiben Arndt an Laforet v. 12.5.1952; Schreiben Arndt an Zinn v. 11.2.1952, in: AdsD, Mappe 17.

277 So Strauß am 21.3.1952, a. a. O.

278 Das Folgende aus: PA Rotberg, in: BA Koblenz Pers. 101/48916.

279 Schreiben Weinkauff an Rotberg v. 23.5.1953, a. a. O.

280 Verfügung v. 23.7.1954, a. a. O.

281 Konferenz der Senatspräsidenten am 16.7.1954, a. a. O.

282 Schreiben v. 30.10.1954, a. a. O.

283 Schreiben v. 9.11.1954, a. a. O.

284 Schreiben v. 24.2.1955, a. a. O.

285 So Rotberg in einem Schreiben an Weinkauff am 16.2.1955, a. a. O.

286 50 Jahre Bundesgerichtshof, S. 789.

287 Das Folgende aus: PA Schalscha, in: BA Koblenz Pers. 101/39861 – 39863, 40031, 40032.

288 Reichsgesetzblatt 1933 I, S. 188; vgl. hierzu auch Gruchmann, Justiz im Dritten Reich, S. 139.

289 Schreiben v. 10.4.1933, a. a. O.

290 Schreiben v. 20.6.1933, a. a. O.

291 Schreiben des Polizeipräsidenten in Breslau v. 13.7.1933, a. a. O.

292 Schreiben v. 28.8.1933, a. a. O.

293 Das Folgende aus: PA Waschow, in: BA Koblenz Pers. 101/39874 – 39877, 40054.

294 Schreiben v. 19.3.1948, in: PA Schalscha, a. a. O.

295 Unterstreichung von Wilde.

296 Das Folgende aus: PA Wilde in: BA Koblenz Pers. 101/39888 – 39890, 40061, 40062.

297 Das 1. Examen legte er 1923 mit fast „gut" und das 2. 1927 mit „voll befriedigend" ab, a. a. O.

298 Hatte der Kammergerichtspräsident – dieser war deshalb anzuhören, da Wilde Rechtsanwalt beim Landgericht Berlin werden wollte – keine Einwände gegen seinen Antrag erhoben (Schreiben v. 19.6.1937 an das RJM), lehnten demgegenüber sowohl das RJM aus auch der NSRB seinen Antrag ab (Schreiben RJM v. 31.12.1937 und Schreiben NSRB v. 17.1.1938), in: PA Wilde, a. a. O.

299 Vgl. I. Teil, Kap. 1.5.2.; vom 1.2.1949 – 30.6.1949 war Wilde Oberregierungsrat im Zentraljustizamt für die Britische Zone.

300 PA Wilde in: BA Koblenz Pers. 101/39888.

V. Teil

Fazit und Ausblick

Als der hessische Justizminister Georg August Zinn (SPD) als Vorsitzender des Rechtspflegeausschusses am 6. Mai 1949 dem Plenum des Parlamentarischen Rates einen Beschluss seines Ausschusses mit dem Titel „Die Rechtsprechung" vortrug, wurde deutlich, dass die drei großen demokratischen Parteien (SPD, CDU, FDP) zu diesem Sachverhalt einen Kompromiss geschlossen hatten.

Der Beschluss hatte vorrangig den späteren Artikel 97 Abs. 1 Grundgesetz zum Gegenstand: „Die Richter sind unabhängig und nur dem Gesetz unterworfen." Diese noch auszufüllende Bestimmung sollte mit dem Beschluss, den federführend Georg August Zinn (SPD), Heinrich von Brentano (CDU) und Thomas Dehler (FDP) inhaltlich gestaltet hatten, im Wege einer Interpretation näher konkretisiert werden.

Die Beweggründe für diesen Beschluss resultierten aus Erfahrungen während des Dritten Reiches. Hieran anknüpfend wurden Forderungen für die Zukunft aufgestellt: „Die hinter uns liegenden bitteren Erfahrungen" – so Zinn vor dem Plenum – „erklären sich zu einem nicht unwesentlichen Teil daraus, dass die Richter mit einer schweren, soziologisch und historisch bedingten Hypothek belastet waren, dass [...] der Richter auch nach der Trennung der Gewalten (in der Weimarer Republik) ein 'kleiner Justizbeamter' geblieben war." Als Konsequenz forderten die diesen Beschluss tragenden Parteien daher „einen neuen Richtertyp", um „den besonderen Charakter der Richter als den Repräsentanten der dritten staatlichen Gewalt, eben der Rechtsprechung, deutlich herauszustellen".

Wie dieses Ziel erreicht werden sollte, ließ der Beschluss nicht unerwähnt: „Nunmehr sollen ein besonderes Bundesgesetz bzw. besondere Landesgesetze die Rechtsstellung der Richter regeln und damit, unter Heraushebung aus der übrigen Beamtenschaft, der Besonderheit des Richteramtes gerecht werden."[1] Es wurde jedoch sträflich versäumt, konkrete Vorgaben für den „neuen Richtertyp" zu formulieren. Hierzu wäre der Parlamentarische Rat durchaus in der Lage gewesen. Er hätte zum Beispiel detaillierte und verbindliche Kriterien für die Richterwahl im Grundgesetz festschreiben können. Diese Unterlassung hatte schwerwiegende Auswirkungen zur Folge.

Nun konnte der 1. Deutsche Bundestag mit seiner bürgerlichen Mehrheit selbst bestimmen, wie die Richterwahl zukünftig bewerkstelligt werden sollte. Es zeigte sich, dass die Legislative nicht bereit war, dem „neuen Richtertyp" den Weg zu bereiten. Der § 11 des Richterwahlgesetzes vom 25. August 1950 enthielt lediglich folgende vage Formulierung: „Der Richterwahlausschuss prüft, ob der für ein Richteramt Vorgeschlagene die sachlichen und persönlichen Voraussetzungen für dieses Amt besitzt." Das vom Parlamentarischen Rat erarbeitete „besondere Bundesgesetz" wurde zunächst nicht verabschiedet. Als „Deutsches Richtergesetz" trat es erst 13 Jahre später zum 1. Juli 1962 in Kraft. Für die Aufbaujahre des BGH und der Justiz in Deutschland hatte es daher keine Bedeutung.

Mit diesen unpräzisen Vorgaben sah sich der Richterwahlausschuss konfrontiert, als er nach seiner Konstituierung am 29. September 1950 die ersten Bundesrichter wählte.[2] Außer Weinkauff wurden Walther Ascher, Richard Busch, Friedrich-Wilhelm Geier, Karl Heck, Martin Heidenhain, Werner Hülle, Alexander von Normann, Erich Pritsch, Hans Richter, Richard Karl Selowsky, Wolfhart Werner, Günter Wilde sowie Elisabeth Krumme an den Bundesgerichtshof berufen.

Keiner der Gewählten hatte der NSDAP angehört. Die Tatsache der fehlenden Parteizugehörigkeit sagt allerdings wenig oder sogar nichts darüber aus, ob der Betroffene nicht dennoch politisch und damit persönlich als belastet angesehen werden musste. Zur Beantwortung dieser Frage hätte es einer sorgfältigen Überprüfung der beruflichen Tätigkeit vor 1945 bedurft. Eine solche Prüfung unterblieb aber oder wurde nur kursorisch durchgeführt.

So wurden auch die Wehrmachtsjustiz und die Heeresrechtsabteilung im Oberkommando des Heeres (OKH) nicht kritisch hinterfragt, obwohl aus beiden Bereichen nicht wenige Juristen wieder eingestellt wurden. Insoweit ist an den Generalrichter Ernst Mantel zu erinnern, dessen Vergangenheit und Wirken als Bundesrichter der amtierende Präsident Hirsch in seiner Rede am 10. März 2002 anlässlich des 100. Geburtstages des Widerstandskämpfers Hans von Dohnanyi zur Sprache brachte, ohne allerdings dessen Namen zu nennen.

Auch wurden die Ergebnisse der Entnazifizierungsverfahren vom Richterwahlausschuss in ihrer Relevanz und Stichhaltigkeit überbewertet. Für jeden kritischen Betrachter stand fest, dass realitätsnahe Entscheidungen in diesen Verfahren nicht gefällt wurden. Bereits durch die so genannten Persilscheine wurden vor den Entnazifizierungsausschüssen mehr oder weniger fiktive Lebensumstände behauptet, die dann in der Regel die Grundlage der Entscheidung zur Berufung bildeten. Soweit wahre Begebenheiten hätten näher hinterfragt und untersucht werden müssen, wie z. B. die Tätigkeit an einem NS-Sondergericht, geschah dies nicht, da eine solche Tätigkeit von vornherein als nicht belastend angesehen wurde.

Schließlich ist es fraglich, ob der Richterwahlausschuss bei seinen Entscheidungen soziologische Gesichtspunkte in ausreichendem Maße berücksichtigt hat. Insbesondere die Teilnahme am 1. Weltkrieg hätte besonders bewertet werden müssen. Diese war oftmals ursächlich für eine autoritäre, ja antidemokratische Einstellung. In diesem Zusammenhang ist in Erinnerung zu rufen, dass von den im Untersuchungszeitraum gewählten Bundesrichtern 59,7 % am 1. Weltkrieg teilgenommen hatten.[3]

Die vorliegende Untersuchung belegt, dass der Richterwahlausschuss durchaus bestrebt war, nur persönlich unbelastete Richter zu berufen. Da er jedoch außer der fachlichen Qualifikation selbst keine weiteren Einstellungsvoraussetzungen definierte und lediglich – von Ausnahmen abgesehen – die Mitgliedschaft in der NSDAP als Ausschlusskriterium und nur ein positives Ergebnis im Entnazifizierungsverfahren als zwingende Voraussetzung ansah, wurden Einzelfallentscheidungen getroffen. Damit gelangte zwangsläufig kein neuer Richtertyp an den Bundesgerichtshof.

Auch wenn der „neue Richtertyp" dem Richterwahlausschuss qua Definition nicht konkret umrissen worden war, hätte anhand der protokollierten Diskussionen im Parlamentarischen Rat durchaus ein Anforderungsprofil gewonnen werden können. Insbesondere eine Politikerin, Elisabeth Selbert (SPD), hatte sich mit dem Begriff des „neuen Richtertyps" auseinander gesetzt und ausgeführt: In der Vergangenheit sei „die starke Diskrepanz zwischen dem politischen Leben und der Rechtspflege auch dadurch entstanden, dass die Vertreter der Justiz in etwa das Politische immer in Parenthese gesetzt" hätten. Sie „glaube auch, dass gerade aus dem Gedanken des rechtsstaatlichen Wesens der Demokratie heraus [...] hier endlich einmal eine Brücke geschlagen werde und die Justiz endlich aufhören sollte, das politische Leben als etwas Inferiores anzusehen, aus dem man sich herauslassen sollte [...]. Wir (die SPD) halten es [...] für eine völlige Verkennung des Begriffs der richterlichen Unabhängigkeit, wenn der Richter meint, politisch neutral bleiben zu können. Wer sich aus dieser falsch verstandenen Neutralität über die Partei und damit über den demokratischen Staat stellen will, der stellt sich meines Erachtens unter die Parteien und außerhalb des Staates." Und sie schlussfolgerte: „Wir wollen zwar den politischen Richter, nicht aber den parteipolitischen Richter. Der politische Richter ist der Richter, der den Geist des Staates versteht, der sich als der Diener des Staates, als Repräsentant des Staates fühlt und der nicht hämisch über die Demokratie witzelt."[4]

Zinn war mit Selbert einer Meinung. Auch wenn der von ihm am 6. Mai 1949 im Plenum des Parlamentarischen Rates vorgetragene Beschluss des Rechtspflegeausschusses in seiner Wortwahl nicht so kämpferisch ausfiel, war dieser doch durch einen Kompromiss der drei großen Parteien zustande gekommen. Im Kern waren sich aber die SPD, CDU und die FDP darüber einig geworden, dass ein „neuer Richtertyp" zukünftig das Sagen haben sollte. Allerdings wurden insoweit keine konkreten Anforderungsprofile definiert.

Der „neue Richtertyp" sollte nicht nur auf technokratischem Gebiet Hervorragendes leisten, sondern sich auch zu dem neuen Staat bekennen. Ein solches Bekenntnis sollte kein stilles, sondern ein eher lautes sein: Der „neue Richtertyp" sollte zwar nicht parteipolitisch agieren, jedoch gesellschaftspolitisch wirken, insbesondere in seiner Domäne, nämlich auf juristischem und justizpolitischem Gebiet. Der „neue Richtertyp" sollte also nicht nur rein juristisch tätig sein, sondern auch über seine richterliche Amtsausübung hinaus gesellschaftspolitische Verantwortung übernehmen.

Doch auch diese Kriterien scheinen nicht ausreichend zu sein. Ein Richter, der Hervorragendes auf juristisch-technokratischem Gebiet leistete und seine Meinung der Öffentlichkeit durch viele Publikationen mitteilte, war nämlich kein „neuer Richtertyp" in Selberts Sinne. Die Rede ist von Hermann Weinkauff, dem Ersten Präsidenten des Bundesgerichtshofs. Nationalsozialist war er nicht, doch dürften Zweifel angebracht sein, ob er ein überzeugter Demokrat war.

Weinkauff entsprach nach Maßgabe seines technokratischen Könnens ganz den Zielvorstellungen des Parlamentarischen Rates. Auch seine Leistungen für den Aufbau des Bundesgerichtshofes waren bemerkenswert. Während des Dritten Reiches hatte Weinkauff das Glück, als Reichsgerichtsrat auf unpolitischem Gebiet im I. Zivilsenat zu arbeiten. Aber auch er musste zur Kenntnis nehmen, dass er einem Staat diente, der seine menschenverachtende und mörderische Politik sowohl nach innen als auch nach außen in die Tat umsetzte. Dennoch schwieg Weinkauff und passte sich an. Nach 1945 agierte er jedoch ganz anders: Er konnte jetzt in einem demokratischen Gemeinwesen seine Meinung frei äußern. Sie war allerdings oftmals mit dem Grundgesetz unvereinbar. Beispielhaft seien hier nur noch einmal seine Polemik gegen die Gleichberechtigung von Mann und Frau, seine These, dass nur Eliten zum Widerstand berufen seien, und sein Eintreten für einen so genannten Richterkönig und gegen eine Pluralität in der Richterschaft erwähnt.

Weinkauff war neben Willi Geiger der einzige Bundesrichter, der sich während seiner Amtszeit auf vielfältige Weise öffentlich zu Wort meldete. Ihn als schlichten Justizjuristen zu bezeichnen, wäre deshalb verfehlt. Zwar verkörperte er im Gegensatz zu den meisten seiner Kollegen eine Art von „neuem Richtertyp", jedoch war er kein Richter, der sich als Diener des neuen Staates fühlte. Denn die im Werden begriffene Demokratie in Deutschland entsprach nicht seinem autoritären Gesellschaftsbild, in dem der vom Grundgesetz angestrebte Wertepluralismus keinen Platz hatte. Schon deshalb war Weinkauff keiner, der dem „neuen Richtertyp" das Wort redete; dieser Richtertyp hätte nämlich die von Weinkauff geforderte Entpolitisierung der Judikative in Frage gestellt. Weinkauff selbst aber unternahm ohne Skrupel in seiner Funktion als Richter den Versuch, die Vorgaben des Grundgesetzes zu verwässern oder gar auszuhebeln. Er setzte damit die Judikative durchaus politisch ein, jedoch mit dem Ziel, dem Staat sein Weltbild aufzupfropfen. Aus diesen Gründen war es kein Glücksfall, dass Weinkauff an die Spitze des Bundesgerichtshofs berufen wurde.

Die geschilderten Entwicklungen hätten vielleicht verhindert werden können, wenn der 1. Deutsche Bundestag gleich nach seiner Konstituierung ein Gesetz verabschiedet hätte, das konkrete Qualifikationskriterien für die Berufung von Bundesrichtern im Sinne des Parlamentarischen Rates festgelegt hätte. Bis zum heutigen Tage ist dies allerdings nicht hinreichend vorgenommen worden.

Zwar wurde das vom Parlamentarischen Rat geforderte „besondere Bundesgesetz" am 8. September 1961 verabschiedet. Es handelt sich um das bereits angesprochene „Deutsche Richtergesetz"[5], das zum 1. Juli

1962 in Kraft trat. In § 9 Nr. 2 bestimmt es jedoch nur: „In das Richter-
verhältnis darf nur berufen werden, wer die Gewähr dafür bietet, dass
er jederzeit für die freiheitliche demokratische Grundordnung im Sinne des Grundgesetzes eintritt."

Diese viel zu allgemein formulierte Regelung ist nicht geeignet, die Probleme bei der Richterwahl bzw. -ernennung zu lösen. Zudem wird durch
sie nicht festgeschrieben, dass sich die Vielschichtigkeit der Gesellschaft
in der Richterschaft widerspiegeln soll. Dieser Missstand ist bis heute
nicht beseitigt worden. Die heftigen und kontroversen Diskussionen über
ernannte Bundesrichter und Bundesrichterinnen in jüngster Zeit machen
dies allzu deutlich.

Was den hier in Frage stehenden Untersuchungszeitraum (1950 – 1953)
angeht, kann von einer soziologischen Pluralität der Bundesrichter nicht
gesprochen werden. 91,3 % entstammten den beiden Mittelschichten.
Würde die Oberschicht noch hinzugerechnet werden, ergäbe sich sogar eine Quote von 98,5 %. Demgegenüber gehörten lediglich 1,5 %
der Richter und Richterinnen den beiden Unterschichten an.

Die heute amtierende Richterschaft ist von ihrer Soziologie her zweifellos weitaus pluraler als die ihrer Kollegen in den Jahren 1950 bis 1953.
Dieser Zustand scheint die Rechtspolitiker im Bund und in den Ländern
und die Spitzen in der Judikative zufrieden zu stellen. Doch man kann
die Behauptung aufstellen, dass auch die heute amtierende Richterschaft
den Anforderungen des Parlamentarischen Rates an den „neuen Richtertyp" nicht vollkommen gerecht wird. Denn die Verantwortlichen in Politik und Judikative haben außer der erwähnten Pluralität zwei weitere
Voraussetzungen gänzlich aus den Augen verloren. Dazu gehören das
gesellschaftspolitische Wissen sowie Kenntnis von sozialen und sozial-
psychologischen Strukturen in Deutschland.

Es wäre sicherlich ein Affront gegen die heute amtierenden Richter und
Richterinnen, zu behaupten, sie wären in ihrer Mehrheit an gesellschaftspolitischen und sozial-psychologischen Abläufen nicht interessiert und
würden insoweit in einer Art Lethargie bzw. Passivität verharren. Und
doch müssen sie sich fragen lassen, ob sie in ihrer Gesamtheit die hohen Erwartungen des Parlamentarischen Rates erfüllen, der der Judikative eine herausgehobene verfassungsrechtliche Stellung eingeräumt hat.
Dass die heutige Richterschaft über gesellschaftspolitische Abläufe profunder informiert ist als der so genannte Durchschnittsbürger, kann wohl

nicht behauptet werden. Merkwürdige Gerichtsentscheidungen bestätigen dies nur zu oft.

Wie aber kann dieser Missstand beseitigt werden, damit den hohen Erfordernissen des Parlamentarischen Rates Genüge getan wird? Zukünftig müsste die Vermittlung von gesellschaftspolitischem Wissen und sozialen Zusammenhängen und Abläufen in die Ausbildung der angehenden Juristen mit einbezogen und auch während des Berufslebens kontinuierlich fortentwickelt werden.

Die heutige Richterschaft durchläuft noch immer eine Ausbildung, die sich in den Grundstrukturen gegenüber der Ausbildung zu Beginn des 20. Jahrhunderts nicht geändert hat. Weiterhin bildet das Erlernen des technokratischen Handwerks den Schwerpunkt der Ausbildung. Um einen „neuen Richtertyp" im Sinne des Parlamentarischen Rates installieren zu können, bedarf es aber auch zwingend der Vermittlung von gesellschaftspolitischem Wissen. Deshalb sollten sowohl während des Studiums und des Referendariats als auch begleitend zum Richterdienst regelmäßig Pflichtveranstaltungen über Gesellschaftspolitik im weitesten Sinne stattfinden (1. Forderung). Dieses theoretische Wissen sollte sodann in einem so genannten sozialen Pflichtjahr (2. Forderung) umgesetzt werden. Sämtliche gesellschaftlichen Bereiche, vom Handwerk über soziale Einrichtungen bis hin zum Dienstleistungssektor, sollten dabei durchlaufen werden. Die jeweiligen Arbeitsabläufe und die mit ihnen betrauten Menschen sollten dabei im Mittelpunkt stehen.

Die Einwände gegen diese Forderungen werden von vielfältiger und möglicherweise auch gewichtiger Natur sein. Bliebe man jedoch weiterhin untätig, ohne dass die Forderungen auch nur annähernd in die Tat umgesetzt werden würden, widerspräche diese Passivität den Vorgaben des Parlamentarischen Rates. Ein Verharren auf verkrusteten Strukturen bei immer knapper werdenden Ressourcen wird die bloße Technokratie verfestigen und die Entpolitisierung der Justiz fördern. Auch wäre es nicht von der Hand zu weisen, dass bei einer solchen Entwicklung das Ansehen und die Bedeutung der Richterschaft in der Bevölkerung immer mehr Schaden nehmen würden. Die Richter liefen Gefahr, nicht als eigenständige Dritte Gewalt, sondern nur als Vertreter der Exekutive wahrgenommen zu werden.

Auch eine weitere ganz besonders wichtige Forderung des Parlamentarischen Rates an den „neuen Richtertyp" ist völlig in Vergessenheit ge-

geraten, und zwar die Sensibilität der Richterschaft für autoritäre und antidemokratische Strömungen. Auch diese Eigenschaft muss immanenter Bestandteil jeder richterlichen Persönlichkeit werden (3. Forderung). Dass sie erlernt werden kann, ist nicht zweifelhaft. Denn selbst eine diesbezügliche latente Sensibilität läuft bei den derzeitigen Strukturen Gefahr, gänzlich beseitigt zu werden, weil diese zuerst auf Technokratie und Anpassung setzen. Beide Merkmale sind – wie seit Jahrzehnten - noch immer die entscheidenden Voraussetzungen für eine Beförderung im Richteramt. Damit dürften Juristen und Juristinnen in Spitzenpositionen der Judikative vielfach noch immer nicht den Forderungen des Parlamentarischen Rates entsprechen. Für die junge Richterschaft fehlt es damit an Vorbildern, die dem Anspruch an einen neuen Richtertyp genügen.

Bemühungen, dieses Defizit zu beseitigen, sind nicht ersichtlich. Auf die Justizpolitik sich insoweit verlassen zu wollen, würde keine Wende zum Besseren bringen. Nicht die Legislative oder Exekutive sind in der Pflicht, sondern die Richterschaft selbst. Sie muss Verbesserungen einfordern, konkrete Vorschläge unterbreiten und für neue Strukturen eintreten. Würden die Richter und Richterinnen weiterhin im Nichtstun und in Schweigen verharren, würde offensichtlich werden, dass sie kleine Justizbeamte geblieben sind.

---

[1] Parlamentarischer Rat, Schriftlicher Bericht zum Entwurf des Grundgesetzes für die Bundesrepublik Deutschland (Anlage zum Stenographischen Bericht der 9. Sitzung des Parlamentarischen Rates am 6. Mai 1949), S. 43 ff; vgl. auch Wrobel, Verurteilt zur Demokratie, S. 323 ff.

[2] Vgl. II. Teil, Kap. 4.4.

[3] Vgl. IV. Teil, Kap. 1.

[4] Vgl. Wrobel, Verurteilt zur Demokratie, S. 273 m. Anm. 20; S. 325 f m. Anm. 22, 23; vgl. auch Böttcher a.a.O., S. 963 f; Böttcher, Elisabeth Selbert, in: Schleswig-Holsteinische Anzeigen 1996, S. 309 ff.

[5] BGBl. 1961 I, S. 1665 ff.

VI. Teil

Danksagung

Personalakten einsehen zu können, ist mit Hindernissen verbunden. Dass dies möglich war, ist dem Bundesjustizministerium, dem Präsidenten des Bundesgerichtshofs, dem Präsidenten des Bundesverfassungsgerichts und dem Bundesarchiv Koblenz zu verdanken, die alle in die teilweise Abkürzung von Sperrfristen einwilligten.

Ohne die Hilfe und Unterstützung anderer hätte diese Studie nur schwerlich verfasst werden können. Diesen Helfern und Helferinnen sei Dank gesagt: Ltd. Regierungsdirektor Pannier (BGH-Bibliothek), Ministerialrat Wagner (Bundesverfassungsgericht), Frau Martens und Frau Oldenhage sowie Herr Seul (Bundesarchiv Koblenz), Herr Zarwel (Bundesarchiv Berlin-Lichterfelde), Frau Wittmann (Archiv des Deutschen Liberalismus), Herr Stärke (Archiv der sozialen Demokratie der Friedrich-Ebert-Stiftung), Frau Carstensen und Frau Nissen (Bücherei des Oberlandesgerichts Schleswig), Frau Baldes (Bundesarchiv-Zentralnachweisstelle), Herr Glotz (Institut für Zeitgeschichte), Herr Fenske (Archiv des schleswig-holsteinischen Landtags), Dr. Helmut Kramer (Vorsitzender des „Forum Justizgeschichte e.V."), Hans-Ernst Böttcher (Präsident des Landgerichts Lübeck) und Dr. Holger Schlüter (ehemals Justizakademie NRW). *Itzehoe, im Sommer 2005, Dr. Klaus-Detlev Godau-Schüttke.*

Quellen und Literatur:

A.   Unveröffentlichte Quellen

I.   **Bundesarchiv (Aachen)** - Zentralnachweisstelle

Personalakte Ernst Mantel

II.   **Bundesarchiv Koblenz**

1. Urteil des Bundesgerichtshofes vom 14. Juli 1961 (NJW 1962, S. 195 f.) - Akten dieses Rechtsstreits: B 283/50573

2. Personalakten der Bundesrichter/Innen: Pers. 101/+ Nr.

Walther Ascher	Fritz Lindenmaier
Herbert Ardt	Walter Lisco
Paul-Heinz Baldus	Paul Ludwig
Georg Benkard	Günter Maaß
Werner Birnbach	Ernst Mantel
Hans Bock	Wilhelm Meiß
Richard Busch	Karl Emil Meyer
Karl Wilhelm Canter	Dagobert Moericke
Arthur Christoph	Karl August Nastelski
Helmuth Delbrück	Richard Neumann
Wilhelm Dotterweich	Alexander von Normann
Hans Drost	Richard Oechsler
Ernst Dürig	Karl Ortlieb
Wolfgang Gelhaar	Kurt Pagendarm
Alfred Gross	Ludwig Peetz
Emil Großmann	Erich Pritsch
Hans Hannebeck	August Raske
Walter Hartz	Hans Richter
Martin Heidenhain	Otto Riese
Georg Heimann-Trosien	Hans-Eberhard Rotberg
Karl Hertel	Erich Schalscha
Max Hörchner	Georg Scheffler
Herbert Hückinghaus	Guido Schmidt
Erich Hußla	Heinz Schuster

Hermann Kaul	Richard Selowsky
Carl Kirchner	Friedrich Tasche
Hans Koeniger	Kurt Waschow
Else Koffka	Wilhelm Weber
Theodor Krauss	Hermann Weinkauff
Elisabeth Krumme	Fritz von Werner
Georg Kuhn	Günther Wilde
Emil Lersch	Kurt Zweigert

3. Bundespräsidialamt: B 122/+ Nr.

4. Bundeskanzleramt: B 136/+ Nr.

5. Bundesministerium der Justiz: B 141/+ Nr.

6. Nachlass Walter Wagner: N 1/12887

7. Zentralamt für die britische Zone: Z 21/+ Nr.

III. Bundesarchiv Berlin-Lichterfelde

1. Personalakten der Reichsgerichtsräte: R 3002 (RG/PA)/+ Nr.

Leo Brandenburg	Günther Löhman
Edmund Bryde	Wilhelm Menges
Erwin Bumke	Otto Müller
Heinrich Delius	Richard Neumann
Johannes Dinter	Richard Oesterheld
Hans Elten	Werner Pinzger
Walther Froelich	Hans Richter
Fritz Hartung	Johannes Segelken
Martin Heidenhain	Robert Siller
Max Hörchner	Hermann Schmitz
Eugen Kamecke	Erich Schultze
Carl Kichner	Walter Tölke
Emil Lersch	Hermann Weinkauff
Fritz Lindenmaier	Karl August Werner

2. Reichsgericht
   a) 3. Strafsenat: R 3002 (RG/III. Strafsenat)/+ Nr.
   b) 5. Strafsenat: R 3002 (RG/V. Strafsenat)/+ Nr.
   c) I. Zivilsenat: R 3002 (RG/I. Zivilsenat)/+ Nr.
   d) Generalakten: R 3002 (RG/Gen)/+ Nr.
   e) Bibliothek: R 3002 (RG/Bibliothek)/+ Nr.
3. Akten der Reichsanwaltschaft: R 3003 (RG/ORA)/+ Nr.
4. Reichsjustizministerium
   a) Generalakten: R 3001/+ Nr.

IV. Bundesverfassungsgericht – Personalakte

Karl Heck
Erwin Stein
Willi Geiger

V. Archiv des Deutschen Liberalismus (ADL)

1. Nachlass Thomas Dehler: N1/+ Nr.
2. Protokolle der FDP-Bundestagsfraktion 1949 – 1953: A 40/+ Nr.

VI. Institut für Zeitgeschichte

1. Nachlässe
   a) Walter Strauß: ED 94/+ Nr.
   b) Wilhelm Hoegner: ED 120/+ Nr.
2. Sammlung Robert Strobel: ED 329/+ Nr.

VII. Archiv der sozialen Demokratie der Friedrich-Ebert-Stiftung (AdsD)

1. Nachlässe: Mappe/+ Nr.
   Adolf Arndt
   Fritz Erler
   Carlo Schmidt
2. Protokolle der SPD-Bundestagsfraktion 1949 – 1953: Mappe/+ Nr.

VIII. Landesarchiv Schleswig-Holstein (LAS)

1. Generalakten der Landesregierung Schleswig-Holstein – Ministerium der Justiz: LAS 786/+ Nr.

2. Personalakte Karl Mannzen: LAS 786/+ Nr.

IX. Bibliothek des Bundesgerichtshofes

1. Sammelakten – Beschlüsse des Präsidiums vom 3. Oktober 1950 – 18. Dezember 1953 (Band 1)

2. Pfeiffer, Gerd: Das Reichsgericht und seine Rechtsprechung, Vortrag auf der Gedenkstunde zum hundertsten Geburtstag des Reichsgerichts am 1. Oktober 1979

3. Weinkauff, Hermann: Allgemeines über Aufgaben und Bedeutung des Reichsgerichts

X. Mündliche (m) und schriftliche (s) Auskunft

Wolfgang Weinkauff (s)

Claus Arndt (m/s)

Helmut Kramer (m/s)

B. Periodika

Die Weltbühne

Leipziger Volkszeitung

Huberten-Zeitung

Vossische Zeitung

Berliner Tageblatt

Leipziger Neueste Nachrichten

Die Zeit

Kritische Justiz

Der Spiegel

Neue Juristische Wochenschrift

Neue Strafrechtszeitschrift

Vierteljahreshefte für Zeitgeschichte

Deutsche Justiz

Meyers Großes Taschenbuchlexikon in 24 Bänden, Mannheim, Wien, Zürich 1983

Verhandlungen des Deutschen Bundestages, 1. Wahlperiode 1949 – 1953, Berichte, Stenografische Berichte Band 4, Bonn 1950; Band 12, Bonn 1952.

Verhandlungen des Deutschen Bundestages, 2. Wahlperiode 1953 – 1957, Stenografische Berichte, Band 18, Bonn 1954.

Verhandlungen des Deutschen Bundestages, 1. Wahlperiode 1949 – 1953, Anlagen zu den Stenografischen Berichten, Drucksachen Nr. 1 – 350 (1. Teil), Bonn 1950 und Drucksachen Nr. 901 – 1100 (4. Teil), Bonn 1951.

Verhandlungen des Deutschen Bundestages, 2. Wahlperiode 1953 – 1957, Anlagen zu den Stenografischen Berichten, Drucksachen Nr. 1 – 160, Bonn 1953.

C. Veröffentlichte Quellen und Literatur

Ahrens, Claudia: Generalstaatsanwalt Fritz Bauer und der politische Widerstand gegen die Diktatur (Magisterarbeit – Universität Hannover, Institut für Politische Wissenschaft), vorgelegt im April 1996 (unveröffentlicht).

Angermund, Ralph: Deutsche Richterschaft 1919 – 1945, Frankfurt/Main 1990.

Ansprachen zur Eröffnung des Bundesgerichtshofes in Karlsruhe am 8. Oktober 1950, Karlsruhe o. J. (Signatur Bibliothek des BGH: E 324).

Arndt, Adolf: Das Bild des Richters, in: Schriftenreihe Juristische Studiengesellschaft Karlsruhe, Heft 27, Karlsruhe 1956.

Arndt, Adolf: Die Unabhängigkeit des Richters (1946), in: Gesammelte Juristische Schriften, hrsg. von E.-W. Böckenförde und Walter Lewald, München 1976, S. 315 ff.

Baird, Jay W.: Julius Steicher – Der Berufsantisemit, in: Die braune Elite II, Hrsg. Ronald Smelser, Enrico Syring und Rainer Zitelmann, Darmstadt 1993, S. 231 ff.

Baring, Arnulf: Außenpolitik in Adenauers Kanzlerdemokratie, München und Wien 1969.

Bästlein, Klaus: Vom hanseatischen Richtertum zum nationalsozialistischen Justizverbrechen. Zur Person und Tätigkeit Curt Rothenbergers 1896 – 1959, in: „Für Führer, Volk und Vaterland ...". Hamburger Justiz im Nationalsozialismus, Hamburger Justizbehörde (Hrsg.), Hamburg 1992, S. 74 ff.

Bästlein, Klaus: Zur „Rechts"praxis des Schleswig-Holsteinischen Sondergerichts 1937 – 1945, in: Strafverfolgung und Strafverzicht – Festschrift zum 125-jährigen Bestehen der Staatsanwaltschaft Schleswig-Holstein, Hrsg. Heribert Ostendorf, Köln, Berlin, Bonn, München 1992, S. 93 ff.

Bauer, Fritz: Das Widerstandsrecht des kleinen Mannes, in: Geist und Tat, Heft 1, 1962, S. 78 ff.

Bauer, Fritz: Justiz als Symptom, in: Bestandsaufnahme. Eine Deutsche Bilanz 1962, Hrsg. Hans Werner Richter, München, Wien, Basel 1962, S. 221 ff.

Bracher, Karl Dietrich: Die Auflösung der Weimarer Republik, 5. Auflage, Villingen 1971.

Bracher, Karl Dietrich: Die deutsche Diktatur. Entstehung – Struktur – Folgen des Nationalsozialismus, 6. Aufl., Frankfurt/Main, Berlin, Wien 1979.

Broszat, Martin: Siegerjustiz oder strafrechtliche „Selbstreinigung" – Aspekte der Vergangenheitsbewältigung der deutschen Justiz während der Besatzungszeit 1945 – 1949, in: Vierteljahrshefte für Zeitgeschichte 1981, S. 477 ff.

Bundesminister der Justiz (Hrsg.): Im Namen des Deutschen Volkes – Justiz und Nationalsozialismus, Katalog zur Ausstellung, Köln 1989.

Buschmann, Arno: Reichsgericht und Bundesgerichtshof. Umfang und Grenzen einer Kontinuität, in: Eduard von Simson (1810 – 1899). „Chorführer der Deutschen" und erster Präsident des Reichsgerichts, Hrsg. Bernd-Rüdiger Kern, Klaus-Peter Schroeder, Baden-Baden 2001, S. 132 ff.

Colmorgen, Eckhard/Godau-Schüttke, Klaus-Detlev: Frauen vor Gericht. Die „Rechtsprechung" des Schleswig-Holsteinischen Sondergerichts wegen „verbotenen Umgangs mit Kriegsgefangenen" (1940 – 1945), in: Schleswig-Holsteinische Anzeigen, Teil A, 1995, S. 145 ff.

Dahrendorf, Ralf: Bemerkungen zur sozialen Herkunft und Stellung der Richter an Oberlandesgerichten. Ein Beitrag zur Soziologie der deutschen Oberschicht, in: Hamburger Jahrbuch für Wirtschafts- und Gesellschaftspolitik, Hrsg. Heinz-Dietrich Ortlieb, Tübingen 1960, S. 260 ff.

Dahrendorf, Ralf: Gesellschaft und Demokratie in Deutschland, München 1965.

Dahrendorf, Ralf: Zur Soziologie der juristischen Berufe in Deutschland, in: Anwaltsblatt 1964, S. 216 ff.

Dehler, Thomas: Dr. jur. h. c. Hermann Weinkauff zum 70. Geburtstag, in: NJW 1969, S. 488 f.

Der Parlamentarische Rat 1948 – 1949. Akten und Protokolle, hrsg. vom Deutschen Bundestag und vom Bundesarchiv: (**Band 9**: Plenum, bearb. von Wolfram Werner, München 1996; **Band 13**: Ausschuss für Organisation des Bundes-/Ausschuss für Verfassungsgerichtshof und Rechtspflege, bearb. von Edgar Büttner und Michael Wettengel, München 2002).

Deutsche Richterzeitung: Präsidentenwechsel beim Bundesgerichtshof, in: DRiZ 1960, S. 129 ff.

Deutscher Bundestag/Bundesarchiv (Hrsg.): Der Parlamentarische Rat 1948 – 1949 Akten und Protokolle, Band 9, Plenum, bearbeitet von Wolfram Werner, München 1996.

Ebermayer, Ludwig: Fünfzig Jahre Dienst am Recht, Leipzig, München 1930.

Egen, Peter: Die Entstehung des Evangelischen Arbeitskreises der CDU/CSU. Inaugural-Dissertation zur Erlangung der Doktorwürde der Abteilung für Sozialwissenschaft der Ruhr-Universität Bochum (Tag der mündlichen Prüfung: 8.7.1971).

Elisabeth Selbert und die Sozialdemokratische Frauenpolitik in den westlichen Besatzungszonen, in: Zeitschrift für historische Frauenforschung und feministische Praxis, 1999, S. 22 ff.

Erdsiek, Gerhard: Zur Naturrechtstagung der Internationalen Juristenkommission – Aktives und passives Widerstandsrecht, in: NJW 1962, S. 192 f.

Evers, Hans-Ulrich: Zum unkritischen Naturrechtsbewusstsein in der Rechtsprechung der Gegenwart, in: Juristenzeitung 1961, S. 241 ff.

Feest, Johannes: Die Bundesrichter. Herkunft, Karriere und Auswahl der juristischen Elite, in: Beiträge zur Analyse der deutschen Oberschicht, bearb. und hrsg. von Wolfgang Zapf, 2. Aufl., München 1965, S. 95 ff.

Feldkamp, Michael F.: Der Parlamentarische Rat 1948 – 1949. Die Entstehung des Grundgesetzes, Göttingen 1998.

Flotho, Manfred: Bruno Heusinger – ein Präsident im Konflikt zwischen Solidarität und Gewissen, in: Justiz im Wandel der Zeit. Festschrift des Oberlandesgerichts Braunschweig, Hrsg. Rudolf Wassermann, Braunschweig 1989, S. 349 ff.

Förster, Michael: Jurist im Dienst des Unrechts. Leben und Werk des ehemaligen Staatssekretärs im Reichsjustizministerium, Franz Schlegelberger (1876 – 1970), Baden-Baden 1995.

Frei, Norbert: Hitler-Junge, Jahrgang 1926, in: Die Zeit vom 11.9.2003, Nr. 38, S. 50.

Frei, Norbert: Vergangenheitspolitik. Die Anfänge der Bundesrepublik und die NS-Vergangenheit, München 1996.

Frenzel, Björn Carsten: Das Selbstverständnis der Justiz nach 1945, Frankfurt am Main 2002.

Frhr. Hiller von Gaertringen, Friedrich: Die Deutschnationale Volkspartei, in: Das Ende der Parteien 1933, Hrsg. Erich Matthias/Rudolf Morsey, Königstein/Ts./Düsseldorf 1979, S. 543 ff.

Friedrich, Jörg: Die kalte Amnestie, München 1994.

Friedrich, Jörg: Das Gesetz des Krieges, München, Zürich 1993.

Friedrich, Jörg: Freispruch für die Nazi-Justiz. Die Urteile gegen NS-Richter seit 1948, Reinbek 1983.

Fröhlich, Claudia: Im Spannungsfeld von Justiz und Politik. Fritz Bauer in den 1960er Jahren, in: Vorgänge, Zeitschrift für Bürgerrechte und Gesellschaftspolitik, Heft 1/2002, S. 134 ff.

Fürstenau, Justus: Entnazifizierung. Ein Kapitel deutscher Nachkriegspolitik, Neuwied, Berlin 1969.

Gall, Lothar: Bismarck. Der weiße Revolutionär, Frankfurt/Main, Berlin, Wein, 4. Auflage, 1980.

Geiger, Willi: Begegnungen mit Thomas Dehler, in: Dorn, Wolfram/Henning, Friedrich (Hrsg.), Thomas Dehler. Begegnungen - Gedanken - Entscheidungen, Bonn 1977, S. 94 ff.

Geiger, Willi: Von der Aufgabe und der Bedrängnis des Richters, in: DRiZ 1959, S. 336 ff.

Geiß, Karlmann: 50 Jahre Bundesgerichtshof, in: Jahrbuch der Juristischen Zeitgeschichte, Bd. 1 (1999/2000), Hrsg. Thomas Vormbaum, Baden-Baden 2000, S. 393 ff.

Geiß, Karlmann: 50 Jahre Bundesgerichtshof, in: Jahrbuch der Juristischen Zeitgeschichte, Bd. 1 (1999/2000), Baden-Baden, S. 393 ff.

Geiß, Karlmann: Im Dienst der Einheit und der Fortbildung des Rechts. Die Geschichte des Bundesgerichtshofs als Spiegel der Entfaltung des Rechts- und Sozialstaats, in: FAZ vom 2.2.2000.

Geiß, Karlmann/Nehm, Kay/Bradner, Erich/Hagen, Horst (Hrsg.): 50 Jahre Bundesgerichtshof. Festschrift aus Anlass des fünfzigjährigen Bestehens von Bundesgerichtshof, Bundeslandesanwaltschaft und Rechtsanwaltschaft beim Bundesgerichtshof, Köln, Berlin, Bonn, München 2000.

Gille, Karin/Meyer-Schoppa, Heike: „Frauenrechtlerei" und Sozialismus. Elisabeth Selbert und die Sozialdemokratische Frauenpolitik in den westlichen Besatzungszonen in: Zeitschrift für historische Frauenforschung und feministische Praxis, 1999, S. 22 ff.

Glanzmann, Roderich: Hermann Weinkauff 70 Jahre alt, in: JZ 1964, S. 233 f.

Glöckner, Hans Peter: Die Auflösung des Reichsgerichts im Spiegel der archivalischen Überlieferung, in: Geschichte der Zentraljustiz in Mitteleuropa (= Festschrift für Bernhard Diestelkamp), Hrsg. Friedrich Blattenberg und Filippo Ranieri, Weimar, Köln, Wien 1994, S. 421 ff.

Godau-Schüttke, Klaus-Detlev: Curt Joël – „Graue Eminenz" und Zentralfigur der Weimarer Justiz, in: Kritische Justiz 1992, S. 82 ff.

Godau-Schüttke, Klaus-Detlev: Demokratische Justiz oder Justiz in der Demokratie?, in: Schleswig-Holsteinische Anzeigen, Teil A, 1995, S. 225 ff.

Godau-Schüttke, Klaus-Detlev: Die gescheiterten Reformen des Straf- und Strafprozessrechts in der Weimarer Republik, in: Juristische Rundschau 1999, S. 55 ff.

Godau-Schüttke, Klaus-Detlev: Die Heyde/Sawade-Affäre. Wie Juristen und Mediziner den NS-Euthanasieprofessor Heyde nach 1945 deckten und straflos blieben, 2. Aufl., Baden-Baden 2001.

Godau-Schüttke, Klaus-Detlev: Rechtsverwalter des Reiches – Staatssekretär Dr. Curt Joël, Frankfurt/Main 1981.

Goebbels, Joseph: Die Tagebücher von Joseph Goebbels, hrsg. von Elke Fröhlich, Teil I (Aufzeichnungen), Band 2, München, London, New York, Oxford, Paris 1987.

Goebbels, Joseph: Die Tagebücher von Joseph Goebbels, Hrsg. von Elke Fröhlich, Teil II (Diktate), Band 4, 5, München, New Providence, London, Paris 1995.

Gosewinkel, Dieter: Adolf Arndt. Die Wiederbegründung des Rechtsstaats aus dem Geist der Sozialdemokratie (1945 – 1961), Bonn 1991.

Gottwald, Stefan: Das allgemeine Persönlichkeitsrecht, Berlin 1996.

Grabitz, Helge: In vorauseilendem Gehorsam ... Die Hamburger Justiz im „Führer-Staat", Hamburger Justizbehörde (Hrsg.), 1992, S. 21ff.

Greve, Michael: Der justitielle und rechtspolitische Umgang mit den NS-Gewaltverbrechen in den sechziger Jahren, Frankfurt am Main, Berlin, Bern, Brüssel, New York, Oxford, Wien 2001.

Gritschneder, Otto: Randbemerkungen, Selbstverlag, 3. Aufl., München (ohne Datum).

Gruchmann, Lothar: „Generalangriff gegen die Justiz"? Der Reichstagsbeschluss vom 26. April 1942 und seine Bedeutung für die Maßregelung der deutschen Richter durch Hitler, in: Vierteljahrshefte für Zeitgeschichte 2003, S. 509 ff.

Gruchmann, Lothar: Ein unbequemer Amtsrichter im Dritten Reich. Aus den Personalakten des Dr. Lothar Kreyßig, in: Vierteljahrshefte für Zeitgeschichte 1984, S. 463 ff.

Gruchmann, Lothar: Euthanasie und Justiz im Dritten Reich, in: Vierteljahrshefte für Zeitgeschichte 1972, S. 235 ff.

Gruchmann, Lothar: Justiz im Dritten Reich 1933 – 1940. Anpassung und Unterwerfung in der Ära Gürtner, München 1987.

Haase, Norbert: Das Reichskriegsgericht und der Widerstand gegen die nationalsozialistische Herrschaft, hrsg. von der Gedenkstätte Deutscher Widerstand mit Unterstützung der Senatsverwaltung für Justiz, Berlin 1993.

Hartmann, Christian: Halder Generalstabschef Hitlers 1938 – 1942, Paderborn, München, Wien, Zürich 1991.

Hartung, Fritz: Jurist unter vier Reichen, Köln, Berlin, Bonn, München 1971.

Herbert, Ulrich: Best – Biographische Studien über Radikalismus, Weltanschauung und Vernunft 1903 – 1989, Bonn 1996.

Himmelmann, Werner: Das Funktionieren der Justiz, in: Juristische Zeitgeschichte, Hrsg. Justizinnenministerium des Landes Nordrhein-Westfalen, Bd. 8, Recklinghausen 1999, S. 1 ff.

Himmelmann, Werner: Hermann Weinkauff – ein starker Richter?, in: NJW 1994, S. 1268 f.

Hirsch, Günter: Ansprache des Präsidenten des Bundesgerichtshofes Prof. Dr. Günter Hirsch beim Festakt aus Anlass des 100. Geburtstags von Hans von Dohnanyi am 8. März 2002, in: Internet BGH.

Hirsch, Martin/Majer, Diemut/Meinck, Jürgen (Hrsg.): Recht, Verwaltung und Justiz im Nationalsozialismus – Ausgewählte Schriften, Gesetze und Gerichtsentscheidungen von 1933 bis 1945, Köln 1984.

Hoegner, Wilhelm: Der schwierige Außenseiter. Erinnerungen eines Abgeordneten, Emigranten und Ministerpräsidenten, München 1959.

Hoffmann-Steudner, Vesta: Die Rechtsprechung des Reichsgerichts zu dem Scheidungsgrund des § 49 EheG (EheG 1938) in den Jahren 1938 – 1945, Frankfurt/Main 1999.

Hohnsbein, Hartwig: Böse von Jugend auf, in: Ossietzky, Zweiwochenschrift für Politik, Kultur, Wissenschaft, Nr. 5 (9.3.2002), S. 157 ff.

Holtfort, Werner: Adolf Arndt (1904 – 1974). Kronjurist der SPD, in: Streitbare Juristen, Kritische Justiz (Hrsg.), Baden-Baden 1988, S. 451 ff.

Holzbach, Heidrun: Das „System Hugenberg" – Die Organisation bürgerlicher Sammlungspolitik vor dem Aufstieg der NSDAP, Stuttgart 1981.

Hubensteiner, Benno: Bayerische Geschichte, München 1997.

Johannsen, Kurt: Der Bundesgerichtshof, in: Schleswig-Holsteinische Anzeigen, Teil A, 1951, S. 133 ff.

Jonas, Martin: Das Gesetz über die Mitwirkung des Staatsanwalts in bürgerlichen Rechtssachen v. 15. Juli 1941 (RGBl. I, S. 383), in: Deutsche Justiz 1941, S. 871 f.

Jonas, Martin: Gedanken über die Neugestaltung der Gerichtsorganisation, in: DR 1941, S. 1329 ff.

Jonas, Martin: Gedanken zur Prozessreform. Verhandlungs- und Offizialmaxime, in: DR 1941, S. 1697 ff.

Kaul, Friedrich Karl: Geschichte des Reichsgerichts, Band IV 1933 – 1945, Berlin (Ost) 1971.

Kempner, Robert M. W. (Hrsg.): Der verpasste Nazi-Stopp – Die NSDAP als staats- und republikfeindliche, hochverräterische Verbindung, Frankfurt/Main 1983.

Kempner, Robert M. W.: Ankläger einer Epoche, Frankfurt/Main 1983.

Kirn, Michael: Recht und Justiz im Dritten Reich, in: FAZ vom 21.2.1969.

Kirn, Michael: Verfassungsumsturz oder Rechtskontinuität, Berlin 1972.

Kissel, Otto Rudolf: Kommentar zum Gerichtsverfassungsgesetz, 3. Aufl., München 2001.

Klee, Ernst: Das Personenlexikon zum Dritten Reich. Wer war was vor und nach 1945, Frankfurt/Main 2003.

Kogon, Eugen: Das Recht auf den politischen Irrtum, in: Frankfurter Hefte, Faksimile-Ausgabe der Jahrgänge 1 – 7 (1946 – 1952), 2. Jahrgang 1947, Frankfurt/Main 1978, S. 641 ff.

Kogon, Eugen: Der SS-Staat, München 1974.

Köhler, Henning: Adenauer. Eine politische Biographie, Frankfurt am Main, Berlin 1994.

Kolbe, Dieter: Reichsgerichtspräsident Dr. Erwin Bumke. Studien zum Niedergang des Reichsgerichts und der deutschen Rechtspflege, Karlsruhe 1975.

Koppel, Wolfgang: Justiz im Zwielicht. Dokumentationen, NS-Urteile, Personalakten, Katalog beschuldigter Juristen (Selbstverlag), Karlsruhe 1963.

Kramer, Helmut: Die Aufarbeitung des Faschismus durch die Nachkriegsjustiz in der Bundesrepublik Deutschland, in: Böttcher, Hans-Ernst (Hrsg.), Recht - Justiz - Kritik. Festschrift für Richard Schmid zum 85. Geburtstag, Baden-Baden 1985, S. 107 ff.

Kramer, Helmut: Ein vielseitiger Jurist. Willi Geiger (1909 – 1994), in: Kritische Justiz 1994, S. 232 ff.

Kramer, Helmut: Im Namen des Volkes: Vermummte Justiz, in: Rechtspolitik „mit aufrechtem Gang", Margarete Fabricius-Brand/Edgar Isermann/Jürgen Seifert/Eckart Spoo (Hrsg.), Baden-Baden, 1990, S. 107 ff.

Kramer, Helmut: Oberlandesgerichtspräsidenten und Generalstaatsanwälte als Gehilfen der NS-„Euthanasie"-Selbstentlastung der Justiz für die Teilnahme am Anstaltsmord, in: Kritische Justiz 1984, S. 25 ff.

Krausnick, Helmut/Wilhelm, Hans-Heinrich: Die Truppe des Weltanschauungskrieges, Stuttgart 1981.

Kritzer, Peter: Wilhelm Hoegner. Politische Biographie eines bayerischen Sozialdemokraten, München 1979.

Krüger-Nieland, Gerda (Hrsg.): 25 Jahre Bundesgerichtshof, München 1975.

Krüger-Nieland, Gerda: Hermann Weinkauff, in: NJW 1981, S 2235 f.

Kuhn, Robert: Die Vertrauenskrise der Justiz (1926 – 1928). Der Kampf um die ‚Republikanisierung' der Rechtspflege in der Weimarer Republik, Köln 1983.

Ladwig-Winters, Simone: Anwalt ohne Recht. Das Schicksal jüdischer Rechtsanwälte in Berlin nach 1933, Berlin 1998.

Lein, Albrecht: Braunschweiger Justiz im Nationalsozialismus: Zwischen Anpassung und „innerer Emigration", in: Braunschweig unterm Hakenkreuz, Hrsg. Helmut Kramer, Braunschweig 1981, S. 61 ff.

Lennhoff, Eugen/Posner, Oskar: Internationales Freimaurerlexikon – Unveränderter Nachdruck der Ausgabe Wien 1932, Wien, München 1980.

Lenz, Otto: Im Zentrum der Macht. Das Tagebuch von Staatssekretär Lenz 1951 – 1953, bearb. von Klaus Gotto, Hans-Otto Kleinmann und Reinhard Schreiner, Düsseldorf 1989.

Lewy, Guenter: „Rückkehr nicht erwünscht". Die Verfolgung der Zigeuner im Dritten Reich, Berlin, München 2001.

Lobe, Adolf (Hrsg.): Fünfzig Jahre Reichsgericht, Berlin, Leipzig 1929.

Longerich, Peter: Der ungeschriebene Befehl – Hitler und der Weg zur „Endlösung", München, Zürich 2001.

Lorenzen, Sievert: Das Eindringen der Juden in die Justiz vor 1933. Ein historischer Überblick, in: Deutsche Justiz 1939, S. 956 ff.

Lorenzen, Sievert: Die Juden und die Justiz, 2. Aufl., Berlin, Hamburg 1943.

Maassen, Hermann/Hucko, Elmar: Thomas Dehler, der erste Bundesminister der Justiz, Köln 1977.

Maier-Reimer, Georg: Ernst Wolff (1877 – 1959). Führender Anwalt und Oberster Richter, in: Deutsche Juristen jüdischer Herkunft, Hrsg.: Helmut Heinrichs, Harald Franzki, Klaus Schmalz, Michael Stolleis, München 1993, S. 643 ff.

Majer, Diemut: „Fremdvölkische" im Dritten Reich. Ein Beitrag zur nationalsozialistischen Rechtssetzung und Rechtspraxis in Verwaltung und Justiz unter besonderer Berücksichtigung der eingegliederten Ostgebiete und des Generalgouvernements, Neuauflage, Boppard am Rhein 1993.

Meyer, Birgit: Elisabeth Selbert (1896 - 1986): „Gleichberechtigung ohne Wenn und Aber", in: Streitbare Juristen, Kritische Justiz (Hrsg.), Baden-Baden 1988, S. 427 ff.

Model, Otto: Staatsbürgertaschenbuch, begr. von Otto Model, fortgeführt von Carl Creifelds, Gustav Lichtenberger, ab der 28. Auflage bearb. von Gerhard Zierl, München 1995.

Mommsen, Hans: Die verspielte Freiheit. Der Weg der Republik von Weimar in den Untergang 1918 bis 1933, in: Propyläen Geschichte Deutschlands, Band 8, hrsg. von Dieter Groh, Frankfurt/Main, Berlin 1989.

Morsey, Rudolf: Staatsfeinde im öffentlichen Dienst (1929 – 1932) – Die Beamtenpolitik gegenüber NSDAP-Mitgliedern, in: Festschrift für Karl Hermann Ule, hrsg. von Klaus König, Hans-Werner Laibinger, Friedo Wegener, Köln, Berlin, Bonn, München 1977, S. 111 ff.

Müller, Ingo: Kein Grund zur Nostalgie: das Reichsgericht, in: Betrifft Justiz 2001, S. 12 ff.

Müller, Josef: Bis zur letzten Konsequenz. Ein Leben für Frieden und Freiheit, München 1975.

Nahmmacher, Kathrin: Die Rechtsprechung des Reichsgerichts und der Hamburger Gerichte zum Scheidungsgrund des § 55 EheG 1938 in den Jahren 1938 bis 1945, Frankfurt am Main 1999.

Niethammer, Lutz: Entnazifizierung in Bayern – Säuberung und Rehabilitierung unter amerikanischer Besatzung, Frankfurt/Main 1972.

Normative Grundlagen und politisch-administrative Tendenzen, in: „Für Führer, Volk und Vaterland...", Hamburger Justizbehörde (Hrsg.), Hamburg 1992, S. 21 ff.

Odersky, Walter: „Es war Unrecht, das den Menschen durch Mitwirkung von Justizorganen geschah" – Ansprache des Präsidenten des Bundesgerichtshofes bei der Gedenkstunde am 30. Januar 1990, in: „recht" 1/ 1990, S. 5.

Odersky, Walter: Ansprache des Präsidenten des Bundesgerichtshofes auf der Festveranstaltung am 1. Oktober 1990, in: 40 Jahre Bundesgerichtshof, Heidelberg 1990, S. 16 ff.

Odersky, Walter: Hermann Weinkauff zur Erinnerung, in: NJW 1994, S. 370 f.

Oppler, Kurt: Justiz und Politik, in: DRZ 1947, S. 323 ff.

Ossietzky, Carl von: Der Oberreichsanwalt, in: Die Weltbühne vom 15. März 1927 (Nr. 11).

Parlamentarischer Rat. Grundgesetz für die Bundesrepublik Deutschland (Entwürfe): Formulierungen der Fachausschüsse, des Allgemeinen Redaktionsausschusses, des Hauptausschusses und des Plenums, Bonn 1948/49 (verwahrt in der Forschungsstätte für Zeitgeschichte in Hamburg – FZH – , Signatur: I Se).

Parlamentarischer Rat. Verhandlungen des Hauptausschusses, Bonn 1948/49 (verwahrt im Archiv des Schleswig-Holsteinischen Landtages, Signatur: OV B 4).

Paul, Gerhard: „Herr K. ist nur Politiker und als solcher aus Amerika zurückgekommen", in: Menora und Hakenkreuz, Hrsg. Gerhard Paul und Miriam Gillis-Carlebach, Neumünster 1998, S. 699 ff.

Pauli, Gerhard: Die Rechtsprechung des Reichsgerichts in Strafsachen zwischen 1933 und 1945 und ihre Fortwirkung in der Rechtsprechung des Bundesgerichtshofes, Berlin, New York 1992.

Perels, Joachim: Das juristische Erbe des „Dritten Reiches". Beschädigungen der demokratischen Rechtsordnung, Frankfurt/Main, New York 1999.

Peschel-Gutzeit, Lore Maria (Hrsg.): Das Nürnberger Juristen-Urteil von 1947, Baden-Baden 1996.

Petersen, Georg: Die Tradition des Reichsgerichts, in: Festschrift zur Eröffnung des Bundesgerichtshofes in Karlsruhe, Karlsruhe 1950, S. 25 ff.

Petersen, Peter: Die Richter des Bundesgerichtshofes, in: DRiZ 1960, S. 361 ff.

Pfeiffer, Gerd: Der Bundesgerichtshof, Stuttgart 1987.

Pfeiffer, Gerd: Eduard von Simson (1810 – 1899) – Präsident der Deutschen Nationalversammlung von 1848/1849, des Deutschen Reichstages nach 1871 und des Reichsgerichts, in: Deutsche Juristen jüdischer Herkunft, Hrsg.: Helmut Heinrichs, Harald Franzki, Klaus Schmalz, Michael Stolleis, München 1993, S. 101 ff.

Picker, Henry: Hitlers Tischgespräche im Führerhauptquartier, Neuausgabe, Frankfurt/Main, Berlin 1989.

Podewin, Norbert (Hrsg.): Braunbuch. Kriegs- und Naziverbrecher in der Bundesrepublik und in Berlin (West). Reprint der Ausgabe 1968 (3. Auflage), Berlin (o. J.).

Pohl, Dieter: Nationalsozialistische Judenverfolgung in Ostgalizien 1941 – 1944. Organisation und Durchführung eines staatlichen Massenverbrechens, München 1996.

Pommerin, Reiner: Die Mitglieder des Parlamentarischen Rates. Porträtskizzen des britischen Verbindungsoffiziers Chaput de Saintonge, in: Vierteljahreshefte für Zeitgeschichte 1988, S. 557 ff.

Posser, Diether: Anwalt im Kalten Krieg, München 1991.

Radbruch, Gustav: Des Reichsjustizministeriums Ruhm und Ende, in: SJZ 1948, Sp. 57 ff.

Reichsgraf von Thun-Hohenstein, Romedio Galeazzo: Der Verschwörer. General Oster und die Militäropposition, Berlin 1982.

Reitter, Ekkehard: Franz Gürtner – Politische Biographie eines deutschen Juristen 1881 – 1941, Berlin 1976.

Richter, Walther: Die Richter der Oberlandesgerichte der Bundesrepublik. Eine berufs- und sozialstatistische Analyse, in: Hamburger Jahrbuch für Wirtschafts- und Gesellschaftspolitik, Hrsg. Heinz-Dietrich Ortlieb, Tübingen 1960, S. 241 ff.

Richter, Walther: Zur soziologischen Struktur der deutschen Richterschaft, Stuttgart 1968.

Rotberg, Hans Eberhard: Entpolitisierung der Rechtspflege, in: DRZ 1947, S. 107 ff.

Rüping, Hinrich: Das „kleine" Reichsgericht. Der Oberste Gerichtshof für die Britische Zone als Symbol der Rechtseinheit, in: NStZ 2000, S. 355 ff.

Sandkühler, Thomas: „Endlösung" in Galizien – Der Judenmord in Ostpolen und die Rettungsinitiative von Berthold Beitz 1941 – 1944, Bonn 1996.

Sarstedt, Werner: Warum wir versagt haben, in: Der Spiegel 1968 (Heft 52), S. 134 ff.

Schaefer, August: Das große Sterben im Reichsgericht, in: DRiZ 1957, S. 249 ff.

Schenk, Dieter: Die Post von Danzig, Reinbek 1995.

Schindler, Peter: Datenhandbuch zur Geschichte des Deutschen Bundestages 1949 bis 1999, 3 Bände, Baden-Baden 1999.

Schirmann, Leòn: Altonaer Blutsonntag 17. Juli 1932. Dichtungen und Wahrheit, Hamburg 1994.

Schmidt-Räntsch, Günther/Schmidt-Räntsch, Jürgen: Deutsches Richtergesetz, 5. Aufl., München 1995.

Scholz, Friedrich: Berlin und seine Justiz. Geschichte des Kammergerichts 1945 – 1980, Berlin, New York 1982.

Schorn, Hubert: Der Richter im Dritten Reich, Frankfurt/Main 1959.

Schroeder, Klaus-Peter: Eduard von Simson – Professor, Richter und Parlamentarier, in: Eduard von Simson (1810 – 1899): „Chorführer der Deutschen" und erster Präsident des Reichsgerichts, Hrsg. Bernd-Rüdiger Kern, Klaus-Peter Schroeder, Baden-Baden 2001, S. 1 ff.

Schubert, Werner (Hrsg.): Akademie für Deutsches Recht 1933 – 1945, Protokolle der Ausschüsse, Band VI, Frankfurt/Main 1997.

Schubert, Werner/Glöckner, Hans Peter (Hrsg.): Nachschlagewerk des Reichsgerichts. Bürgerliches Gesetzbuch, Band 1 – 4, Goldbach 1994/1995.

Schubert, Werner/Glöckner, Hans: Vom Reichsgericht zum Bundesgerichtshof, in: NJW 2000, S. 2971 ff.

Schubert, Werner/Regge, Jürgen/Rieß, Peter (Hrsg.): Quellen zur Reform des Straf- und Strafprozessrechts, Band I. Entwürfe zu einem Strafgesetzbuch (1919, 1922, 1924/25 und 1927), Berlin, New York 1995.

Schultze, Erich: Richter und Staatsanwalt im Dritten Reich, in: DRiZ 1933, S. 278 ff.

Schulz, Birger: Der Republikanische Richterbund (1921 – 1933), Frankfurt/Main 1982.

Schulze, Hagen: Otto Braun oder Preußens demokratische Sendung. Eine Biographie, 2. Aufl., Frankfurt/Main, Berlin, Wien 1977.

Schulze, Hagen: Weimar – Deutschland 1917 – 1933, Berlin 1982.

Schumacher, Martin (Hrsg.): M. d. B. Volksvertretung im Wiederaufbau 1946 – 1961. Bundestagskandidaten und Mitglieder der westzonalen Vorparlamente. Eine biographische Dokumentation, Düsseldorf, 2000.

Schweling, Otto Peter: Die deutsche Militärjustiz in der Zeit des Nationalsozialismus, bearbeitet, eingeleitet und herausgegeben von Erich Schwinge, Marburg 1977.

Senfft, Heinrich: Richter und andere Bürger. 150 Jahre politische Justiz und neudeutsche Herrschaftspublizistik, Nördlingen 1988.

Staff, Ilse: Fritz Bauer (1903 – 1968). „Im Kampf um des Menschen Rechte", in: Streitbare Juristen, Kritische Justiz (Hrsg.), Baden-Baden 1988, S. 440 ff.

Steinkamp, Peter: Generalfeldmarschall Ferdinand Schörner, in: Hitlers militärische Elite, Bd. 2: Vom Kriegsbeginn bis zum Weltkriegsende, Gerd R. Ueberschär (Hrsg.), Darmstadt 1998, S. 236 ff.

Stein-Stegemann, Hans-Konrad: In der „Rechtsabteilung" des „Unrechts-Staates", in: „Für Führer, Volk und Vaterland ...". Hamburger Justiz im Nationalsozialismus, Hamburger Justizbehörde (Hrsg.), Hamburg 1992, S. 146 ff.

Stolleis, Michael: Rechtsordnung und Justizpolitik 1945 – 1949, in: Europäisches Rechtsdenken in Geschichte und Gegenwart (= Festschrift für Helmut Coing), Band I, Hrsg. Norbert Horn, München 1982, S. 383 ff.

Thamer, Hans-Ulrich: Verführung und Gewalt. Deutschland 1933 – 1945, Berlin 1986.

Utz Friedemann: Preuße, Protestant und Pragmatiker. Der Staatssekretär Walter Strauß und sein Staat, Tübingen 2003.

Varain, Heinz-Josef: Parteien und Verbände – Eine Studie über ihren Aufbau, ihre Verflechtung und ihr Wirken in Schleswig-Holstein 1945 – 1958, Köln, Opladen 1964.

Vollnhals, Clemens (Hrsg.): Entnazifizierung – Politische Säuberung und Rehabilitierung in den vier Besatzungszonen 1945 – 1949, München 1991.

Von Miquel, Marc: Ahnden oder amnestieren? Westdeutsche Justiz und Vergangenheitspolitik in den sechziger Jahren, Göttingen 2004.

Von Schlabrenndorf, Fabian: Offiziere gegen Hitler, Neue durchgesehene und erweiterte Ausgabe von Walter Bußmann, Berlin 1984.

Wagner, Heinz: Das Strafrecht im Nationalsozialismus, in: Recht und Rechtslehre im Nationalsozialismus – Ringvorlesung der Rechtswissenschaftlichen Fakultät der Christian-Albrechts-Universität zu Kiel, Hrsg. Franz Jürgen Säcker, Baden-Baden 1992, S. 141 ff.

Wassermann, Rudolf: Auch die Justiz kann aus der Geschichte nicht aussteigen, Baden-Baden 1990.

Weinkauff, Hermann: 75 Jahre Reichsgericht, in: Ansprachen aus Anlass der 75. Wiederkehr des Tages des Inkrafttretens der Reichsjustizgesetze und der Errichtung des Reichsgerichts, Hrsg. Bundesminister der Justiz, Bonn 1954, S. 45 ff = DRiZ 1954, S. 251 ff.

Weinkauff, Hermann: Ansprache des Herrn Chefpräsidenten des Bundesgerichtshofes anlässlich der Enthüllung der Gedenktafel für die 34 ehemaligen Mitglieder des Reichsgerichts, die in den Lagern Mühlberg an der Elbe und Buchenwald umgekommen sind (Signatur Bibliothek des BGH: Min 512).

Weinkauff, Hermann: Der Naturrechtsgedanke in der Rechtsprechung des Bundesgerichtshofes, in: Neue Juristische Wochenzeitschrift 1960, S. 1689 ff.

Weinkauff, Hermann: Die deutsche Justiz und der Nationalsozialismus. Ein Überblick, Stuttgart 1968.

Weinkauff, Hermann: Die große Justizreform, in: DRiZ 1958, S. 93 f.

Weinkauff, Hermann: Die Militäropposition gegen Hitler und das Widerstandsrecht, hrsg. von der Bundeszentrale für Heimatdienst, Bonn 1954.

Weinkauff, Hermann: Die Militäropposition gegen Hitler und das Widerstandsrecht, in: Die Vollmacht des Gewissens, hrsg. von der Europäischen Publikation e.V., Frankfurt/Main/ Berlin, S. 137 ff.

Weinkauff, Hermann: Die Militäropposition gegen Hitler und das Widerstandsrecht, in: Aus Politik und Zeitgeschichte, Beilage zur Wochenzeitung „Das Parlament" vom 4. Mai 1954, S. 197 ff.

Weinkauff, Hermann: Für Gerichtskörper mit Allzuständigkeit-Stellungnahme Hermann Weinkauff, in: Die Dritte Gewalt, Sachkritischer Justizpressedienst, Hrsg. Karl Nennstiel, Heidesheim am Rhein, 1. September 1952, S. 11.

Weinkauff, Hermann: Ostverträge vor Gericht? Das Selbstbestimmungsrecht ist kein Formelkram, in: Sonderdruck aus dem Rheinischen Merkur, Nr. 15, vom 8. April 1971.

Weinkauff, Hermann: Richtertum und Rechtsfindung in Deutschland, Vortrag der Berliner Kundgebung am 10. Mai 1952 des deutschen Juristentages, in: Berliner Kundgebung 1952 des deutschen Juristentages, Hrsg. Ständige Deputation des deutschen Juristentages, Tübingen 1952, S. 15 ff.

Weinkauff, Hermann: Richtertum und Rechtsfindung in Deutschland. Vortrag Weinkauffs auf der Berliner Kundgebung am 10.5.1952 des deutschen Juristentages in Berlin-Steglitz, Hrsg. Ständige Deputation des deutschen Juristentages, Tübingen 1952.

Weinkauff, Hermann: Über das Widerstandsrecht, in: Juristische Studiengesellschaft Karlsruhe, Heft 20, Karlsruhe 1956.

Weinkauff, Hermann: Über das Widerstandsrecht, in: Widerstandsrecht, hrsg. von Arthur Kaufmann in Verbindung mit Leonhard E. Backmann, Darmstadt 1972, S. 392 ff.

Weinkauff, Hermann: Über das Widerstandsrecht, Vortrag gehalten vor der Juristischen Studiengesellschaft in Karlsruhe am 24. Februar 1956, in: Juristische Studiengesellschaft Karlsruhe, Heft 20, Karlsruhe 1956, S. 3 ff.

Weinkauff, Hermann: Vertrauenskrise und Justizreform, in: DRiZ 1951, S. 85 f.

Weinkauff, Hermann: Warum und wie große Justizreform?, in: Juristen-Jahrbuch, Bd. 1 (1960), S. 3 ff.

Weinkauff, Hermann: Was heißt das: „Positivismus als juristische Strategie"?, in: Jurizeitung 1970, S. 54 ff.

Weiß, Konrad: Lothar Kreyssig. Prophet der Versöhnung, Gerlingen 1998.

Wengst, Udo: Staatsaufbau und Regierungspraxis 1948 – 1953. Zur Geschichte der Verfassungsorgane der Bundesrepublik Deutschland, Düsseldorf 1984.

Wengst, Udo: Thomas Dehler 1897 – 1967. Eine politische Biographie, München 1997.

Wenzlau, Joachim Reinhold: Der Wiederaufbau der Justiz in Nordwestdeutschland 1945 bis 1949, Königsstein/Ts. 1979.

Wette, Wolfram: Die Wehrmacht. Feindbilder, Vernichtungskrieg, Legenden, Frankfurt am Main 2002.

Winkler, Heinrich August: Der lange Weg nach Westen, Bd. 1: Deutsche Geschichte vom Ende des Alten Reiches bis zum Untergang der Weimarer Republik, 5. Aufl., München 2002.

Winkler, Heinrich August: Der lange Weg nach Westen, Bd. 2: Deutsche Geschichte vom „Dritten Reich" bis zur Wiedervereinigung, 5. Aufl., München 2002.

Winkler, Heinrich August: Von der Revolution zur Stabilisierung. Arbeiter und Arbeiterbewegung in der Weimarer Republik 1918 bis 1924, Berlin, Bonn 1984.

Wrobel, Hans: Der Deutsche Richterbund im Jahre 1933, in: Redaktion Kritischer Justiz (Hrsg.) – Der Unrechts-Staat. Band II, Baden-Baden 1984, S. 73 ff.

Wrobel, Hans: Verurteilt zur Demokratie – Justiz und Justizpolitik in Deutschland 1945 – 1949, Heidelberg 1989.

Zerback, Ralf: Solche Drecksgeschichten, in: Die Zeit vom 20.6.2002 (Nr. 26), S. 88.

Sonstige Quellen

Die Kabinettsprotokolle der Bundesregierung

Bd. 1/1949, bearb. von Ulrich Enders und Konrad Reiser, Boppard am Rhein 1982.

Bd. 2/1950, bearb. von Ulrich Enders und Konrad Reiser, Boppard am Rhein 1984.

Bd. 3/1950, bearb. von Ulrich Enders und Konrad Reiser, Boppard am Rhein 1986.

Bd. 4/1951, bearb. von Ursula Hüllbüsch, Boppard am Rhein 1988.

Bd. 5/1952, bearb. von Kai von Jena, Boppard am Rhein 1989.

Bd. 6/1953, bearb. von Ulrich Enders und Konrad Reiser, Boppard am Rhein 1989.

Bd. 7/1954, bearb. von Ursula Hüllbüsch und Thomas Trumpp, Boppard am Rhein 1993.

Das große Lexikon des Dritten Reiches, Redaktion Friedemann Bedürftig (Ltg.), Reinhard Barth, Heidemarie Gasteiger, Horst Heidtmann, Ulrich Schefold, Augsburg 1993.

Bildnachweise

Richter und Nazi-Richter am Bundesgerichtshof

Abb. 1:   Hermann Weinkauff (BA Koblenz – Pers. 101/39884)

Abb. 2:   Walther Ascher (BA Koblenz – Pers. 101/39771)

Abb. 3:   Wilhelm Dotterweich (BA Koblenz – Pers. 101/48783)

Abb. 4:   Ernst Dürig (BA Koblenz – Pers. 101/39801)

Abb. 5:   Hans Koeniger (BA Koblenz – Pers. 101/48843)

Abb. 6:   Ernst Mantel (BA Zentralnachweisstelle – W-10-2090)

Abb. 7:   Wilhelm Meiß (BA Koblenz – Pers. 101/48873)

Abb. 8:   Karl Meyer (BA Koblenz – Pers. 101/39844)

Abb. 9:   Willi Geiger (PA Geiger – Bundesverfassungsgericht)

Abb. 10:   Otto Riese (BA Koblenz – Pers. 101/48910)

Abb. 11:   Hans Eberhard Rotberg (BA Koblenz – Pers. 101/48915)

Abb. 12:   Erich Schalscha (BA Koblenz – Pers. 101/39861)

Abb. 13:   Günther Wilde (BA Koblenz – Pers. 101/39890)

Richter und Nazi-Richter am Bundesgerichtshof

Abb. 1:

Hermann Weinkauff

(1. Präsident des Bundesgerichtshofs)
circa 1937, im Alter von 43 Jahren
als Reichsgerichtsrat

- I. Teil, Kapitel 1.3.3 -

Pers. 101-39884

(Quelle: Bundesarchiv Koblenz®)

Abb. 2:

Walther Ascher

(Bundesrichter)
1950, im Alter von 50 Jahren

- IV. Teil, Kapitel 2.1 -

Pers. 101-39771

(Quelle: Bundesarchiv Koblenz®)

Abb. 3:

Wilhelm Dotterweich
(Oberstaatsanwalt)
1937, im Alter von 39 Jahren

- IV. Teil, Kapitel 2.2 -

Pers. 101-48783

(Quelle: Bundesarchiv Koblenz®)

Abb. 4:

Ernst Dürig
(Oberlandesgerichtspräsident)
1935, im Alter von 47 Jahren

- IV. Teil, Kapitel 2.3 -

Pers. 101-39801

(Quelle: Bundesarchiv Koblenz®)

Abb. 5:

Hans Koeniger
(Oberlandesgerichtsrat)
1936, im Alter von 50 Jahren

- IV. Teil, Kapitel 2.4 -

Pers. 101-48843

(Quelle: Bundesarchiv Koblenz®)

Abb. 6:

Ernst Mantel
(Oberkriegsgerichtsrat)
1937, im Alter von 40 Jahren

- IV. Teil, Kapitel 2.5 -

Pers. W-10-2090

(Quelle: Bundesarchiv Koblenz®)

Abb. 7:

Wilhelm Meiß
(Amtsgerichtsrat)
1936, im Alter von 43 Jahren

- IV. Teil, Kapitel 2.6 -

Pers. 101-48873

(Quelle: Bundesarchiv Koblenz®)

Abb. 8:

Karl Meyer
(Landgerichtsdirektor)
1950, im Alter von 50 Jahren

- IV. Teil, Kapitel 2.7 -

Pers. 101-39844

(Quelle: Bundesarchiv Koblenz®)

461

Abb. 9:

Willi Geiger

(Landgerichtsrat)

1942, im Alter von 33 Jahren

- IV. Teil, Kapitel 2.8 -

Ausweis-Nr. 35

(Quelle: Bundesarchiv Koblenz®)

Abb. 10:

Otto Riese

(Senatspräsident am Bundesgerichtshof)

1951, im Alter von 57 Jahren

- IV. Teil, Kapitel 2.9 -

Pers. 101-48910

(Quelle: Bundesarchiv Koblenz®)

Abb. 11:

Hans Eberhard Rotberg
(Senatspräsident am Bundesgerichtshof)
1958, im Alter von 55 Jahren

- IV. Teil, Kapitel 2.10 -

Pers. 101-48915

(Quelle: Bundesarchiv Koblenz®)

Abb. 12:

Erich Schalscha alias Cohn
(Landgerichtsdirektor)
1952, im Alter von 60 Jahren

- IV. Teil, Kapitel 2.11 -

Pers. 101-39861

(Quelle: Bundesarchiv Koblenz®)

Abb. 13:

Günther Wilde

(Amts- und Landrichter)

1937, im Alter von 37 Jahren

- IV. Teil, Kapitel 2.12 -

Pers. 101-39890

(Quelle: Bundesarchiv Koblenz®)

Abkürzungen

BA	Bundesarchiv
BGB	Bürgerliches Gesetzbuch
BGBl.	Bundesgesetzblatt
BGH	Bundesgerichtshof
BGHSt	Entscheidungen des Bundesgerichtshofes in Strafsachen
BGHZ	Entscheidungen des Bundesgerichtshofes in Zivilsachen
BHE	Block der Heimatvertriebenen und Entrechteten
BMJ	Bundesjustizministerium
BNSDJ	Bund Nationalsozialistischer Deutscher Juristen
BVP	Bayerische Volkspartei
DDP	Deutsche Demokratische Partei
DNVP	Deutschnationale Volkspartei
DP	Deutsche Partei
DR	Zeitschrift für Deutsches Recht
DRB	Deutscher Richterbund
DRiZ	Deutsche Richterzeitung
DRZ	Deutsche Rechtszeitschrift
DVP	Deutsche Volkspartei
EK	Eisernes Kreuz
Gestapo	Geheime Staatspolizei
GG	Grundgesetz
GVG	Gerichtsverfassungsgesetz
HGB	Handelsgesetzbuch
KPD	Kommunistische Partei Deutschlands
KZ/KL	Konzentrationslager
LG	Landgericht
MinDir	Ministerialdirektor
NJW	Neue Juristische Wochenschrift
NL	Nachlass

NS	Nationalsozialismus, nationalsozialistisch
NSDAP	Nationalsozialistische Deutsche Arbeiter Partei
NSRB	Nationalsozialistischer Rechtswahrerbund
NStZ	Neue Strafrechtszeitschrift
NSV	Nationalsozialistischer Volkswohlfahrt
OLG Präs.	Oberlandesgerichtspräsident
OLG	Oberlandesgericht
ORA	Oberreichsanwalt
OStA	Oberstaatsanwalt
PA	Personalakte
RA	Reichsanwalt/Reichsanwaltschaft
RG	Reichsgericht
RGBl.	Reichsgesetzblatt
RGSt	Entscheidungen des Reichsgerichts in Strafsachen
RGZ	Entscheidungen des Reichsgerichts in Zivilsachen
RJM	Reichsjustizministerium, Reichsjustizminister
SA	Sturmabteilung
SD	Sicherheitsdienst (der SS)
SJZ	Süddeutsche Juristenzeitung
Sp.	Spalte
SPD	Sozialdemokratische Partei Deutschlands
StA	Staatsanwalt, Staatsanwaltschaft
StGB	Strafgesetzbuch
StPO	Strafprozessordnung
StS	Staatssekretär
StVO	Straßenverkehrsordnung
u. k.	unabkömmlich
VfZG	Vierteljahreshefte für Zeitgeschichte
VO	Verordnung
ZPO	Zivilprozessordnung

Namensregister